Internet professionell

Othmar Kyas; Markus a Campo

Internet professionell

2., aktualisierte und erweiterte Auflage

mitp

Die Deutsche Bibliothek - CIP-Einheitsaufnahme

Kyas, Othmar:
Internet professionell/
Othmar Kyas, Markus a Campo
- 2., aktualisierte und erweiterte Auflage - Bonn
MITP-Verlag GmbH, 2001
ISBN 3-8266-4070-5
Ne: a Campo, Markus

ISBN 3-8266-4070-5
2. Auflage 2001

Ein Unternehmen der verlag moderne industrie AG & Co. KG, Landsberg

Grafiken und Satz: Jörg Nestle, München
Umschlaggestaltung: Two B, St. Augustin
Druck: Media-Print, Paderborn

Inhaltsverzeichnis

Abschnitt I:
Internet – Technologien

Das Informationszeitalter

1

... elektromagnetische Technik verwandelt den Menschen in einen Organismus, der nun sein Gehirn außerhalb des Schädels und seine Nerven außerhalb der Haut trägt ... zusätzlich wird es möglich, alles zu speichern und zu übertragen ...

(McLuhan, Die magischen Kanäle)

1.1 Die Informationsgesellschaft

Am Beginn des dritten Jahrtausends stehen wir inmitten eines Umbruchs von ökonomischem und gesellschaftlichem Leben, der in Ausmaß und Auswirkung mit der industriellen Revolution in der zweiten Hälfte des achtzehnten Jahrhun-

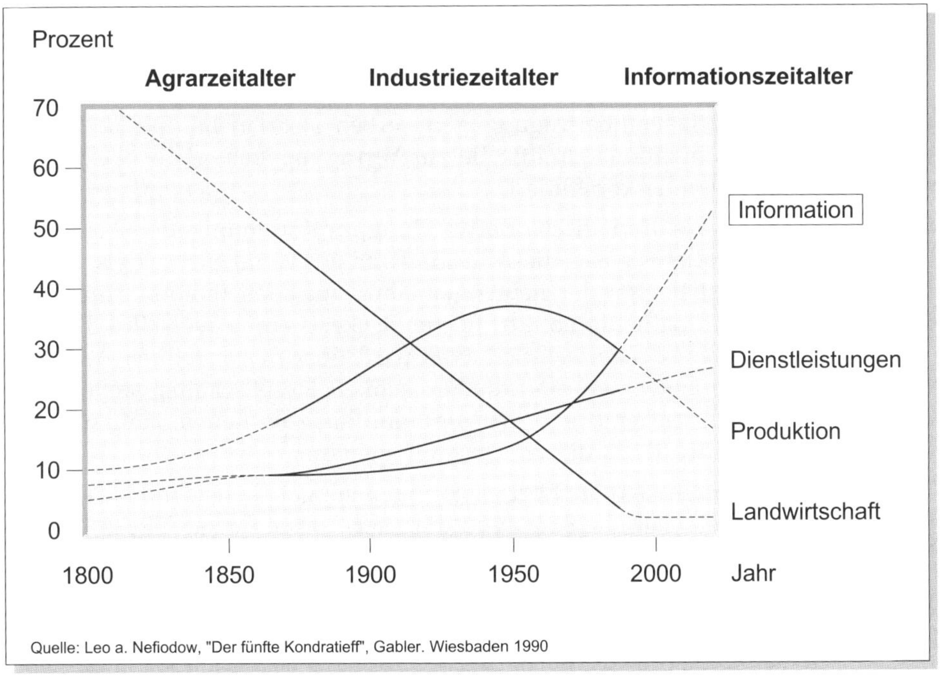

Abb. 1.1: Die Veränderung der Beschäftigtenstruktur in den westlichen Industrieländern sein 1800

derts vergleichbar ist. Ging damals die Ära des Agrarstaates zu Ende und wurde von der Industriegesellschaft abgelöst, so ist nun das Zeitalter der Informationsgesellschaft angebrochen. Im achtzehnten Jahrhundert wurde der Landbesitz als der gesellschaftliche Machtfaktor des Agrarstaates von den Produktionsmitteln der Industriegesellschaft abgelöst. Die Bedeutung der klassischen Produktionsmittel weicht heute in der Informationsgesellschaft dem neuen Machtmittel Information. Diese Entwicklung wird auch bei einer Analyse der Veränderung der Beschäftigtenstruktur in den westlichen Industrieländern seit 1800 deutlich. Am Höhepunkt der industriellen Gesellschaft, in der Mitte dieses Jahrhunderts, waren noch mehr als vierzig Prozent der arbeitenden Bevölkerung im produzierenden Gewerbe tätig, der Anteil der in der Landwirtschaft Beschäftigten hatte sich von über 70 % im Jahr 1800 auf unter 20 % reduziert. Weniger als fünfzig Jahre später steht die Zahl der im Produktionsbereich beschäftigten Personen bereits nur noch an zweiter Stelle, überholt vom geradezu exponentiell anwachsenden Wirtschaftszweig der Informationstechnologien (Abb. 1.1). Bildungs- und Arbeitsmarktpolitik müssen auf diese veränderte Situation reagieren.

1.2 Ein Bit ist ein Bit

Die Kommunikationslandschaft, wie wir sie heute kennen, ist im Begriff, sich in atemberaubender Geschwindigkeit zu verändern. Anstelle von getrennten Telefon-, Fernseh- und Datenübertragungsnetzwerken steht mehr und mehr eine universelle Kommunikationsschnittstelle zur Verfügung stehen, die alle Dienste synergetisch miteinander kombiniert.

Der Auslöser für diese dramatische Entwicklung im Kommunikationsbereich ist die Digitalisierung aller Dienste, die sich, aufgrund des Verfalles der Preise für die Mikroelektronik seit Beginn der neunziger Jahre, auf allen Fronten durchsetzt. Mit ISDN ist in Europa heute nahezu flächendeckend ein universelles digitales Telefon- und Datennetz realisiert. Seit 1996 wird über den Satelliten ASTRA-E digitales Fernsehen angeboten, und die Fernsehkabelgesellschaften stellen auch das analoge Kabelfernsehen durch die Migration hin zum neuen Standard DVB (Digital Video Broadcast) auf digitale Technologien um.

Der wesentliche Vorteil, den die Digitalisierung analoger Dienste mit sich bringt, ist die um ein Vielfaches bessere Nutzung der vorhandenen Übertragungsbandbreiten, und zwar gleichgültig, ob die Dienste drahtlos oder drahtgebunden verbreitet werden. Können heute über die bestehende Fernsehverkabelung mit herkömmlich analoger Technik gut dreißig Kanäle übertragen werden, so werden es (über dieselbe Kabelinfrastruktur) mit Digitaltechnik zweihundert bis dreihundert sein. Ähnliches gilt für TV-Satelliten, die ihre heutige Kapazität mit digitaler Technologie von zwischen dreißig und fünfzig Kanälen auf dreihundert bis fünfhundert erhöhen können.

Durch die Digitalisierung der traditionellen analogen Medien Radio, Fernsehen und Telefon wurde – zumindest aus übertragungstechnischer Sicht – eine Verschmelzung der ursprünglich völlig voneinander getrennten Dienste vollzogen. Die Auswirkungen dieser Entwicklung in ihrer gesamten Tragweite werden erst in den kommenden Jahren vollständig sichtbar werden. Nicolas Negroponte, Chef der MIT Media Labs, beschrieb die so entstandene Situation mit dem Satz: »A Bit is a Bit«. Da es technisch gesehen keinen Unterschied mehr macht, ob die zu übertragenden bzw. zu empfangenden Bits Teile einer Telefonkommunikation, eines Videos oder einer Programmdatei sind, ist es nicht mehr notwendig, dafür drei oder vier verschiedene Geräte zu benutzen. Jeder Personal Computer der Mittelklasse kann bereits heute mit geringem Aufwand zu einem multifunktionalen System ausgebaut werden, das CD-Spieler, DVD-Player, Fernseher und Telefon ersetzt. Trotzdem wird der PC, wie wir ihn heute kennen, nicht das universelle Kommunikationsmedium für die neue digitale Welt sein. Eine neue Gerätegeneration wird in den nächsten Jahren entstehen, die alle Formen der Informationsübertragung übergangslos miteinander kombiniert und sich nahtlos in den Alltag integrieren läßt. So sind beispielsweise kleine, handliche Geräte denkbar – ähnlich wie sie heute als PDAs (Personal Digital Assistants) auf dem Markt sind, die gleichzeitig als PC, als Bildtelefon mit kleinem Videodisplay, als multifunktionale Fernbedienung für den Haushalt sowie als Eingabegerät für interaktives Fernsehen fungieren können (Abb. 1.2).

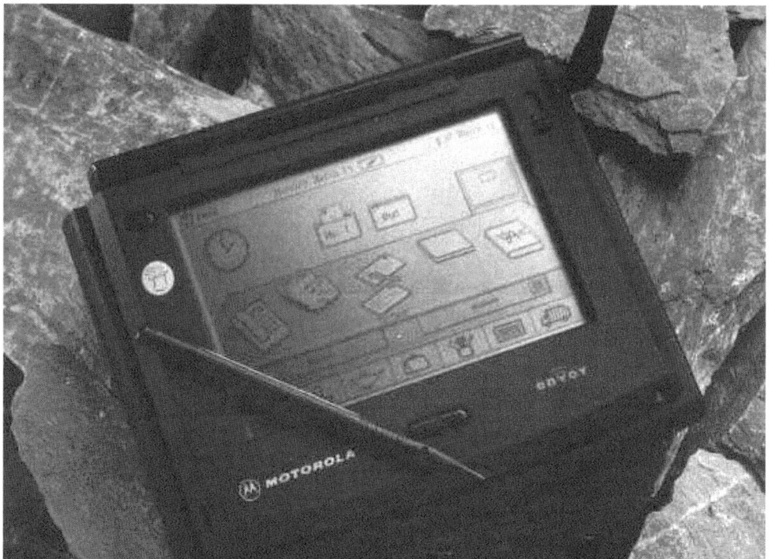

Abb. 1.2: Multifunktionales Telekommunikationsendgerät der ersten Generation

1.3 Der Super-Information-Highway

Als Synonym für die Möglichkeiten, die diese neuen Kommunikationstechnologien versprechen, ist das Schlagwort des Super-Information Highway zum Hoffnungsträger ganzer Industrien geworden. Und in der Tat bieten die Anwendungen und Dienste, die unter diesem Schlagwort firmieren, ein nahezu unerschöpfliches Entwicklungspotential: Forschungs- und Bildungseinrichtungen können unabhängig von Ort und Zeit auf externe Datenbestände und Hochleistungsrechenanlagen zugreifen, und erzielen somit wertvolle Synergieeffekte.

- Schulen, Universitäten und Unternehmen können in Form von »Tele-Teaching« Lehrinhalte unabhängig von personellen Beschränkungen anbieten.
- Interaktive Fernsehdienste ermöglichen eine persönliche Anpassung der Programmgestaltung.
- Interaktive Spiele in höchster Qualität bringen den Cyberspace in das Wohnzimmer.
- Videokonferenzen und Document Sharing ermöglichen Geschäftsbesprechungen unabhängig vom jeweiligen Aufenthaltsort der Teilnehmer. Wertvolle Reisezeiten und -Kosten werden gespart.

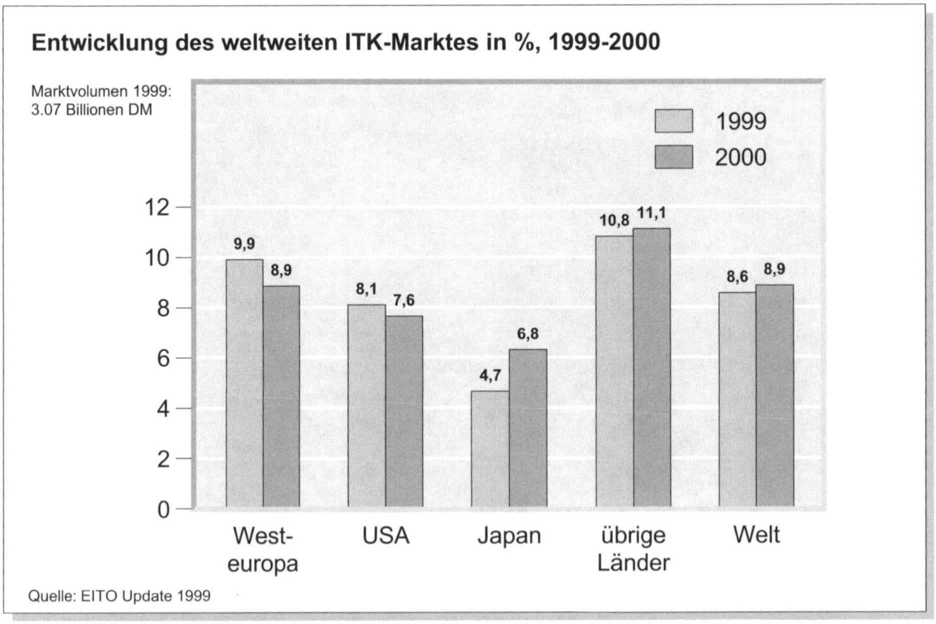

Abb. 1.3: Wachstum in der Informations- und Telekommunikationsindustrie

Die vielfältigen Anwendungen, die mit den neuen digitalen Kommunikationstechnologien möglich sind, führen zu einem enormen Anstieg der Investitionen im Bereich der Daten- und Telekommunikation und verändern Industrie sowie Gesellschaft nachhaltig. Im Unterschied zu vielen anderen industriellen Revolutionen zählt die Telekommunikation allerdings zu den sogenannten sanften Technologien, wie selbst Kritiker dieser Entwicklung zugeben müssen. Der Energiebedarf für Aufbau und Betrieb von Hochgeschwindigkeitsdatenstrecken sind gering, und als eine der Auswirkungen einer erhöhten Anzahl von Datenreisen wird sich der Individualverkehr sowohl im geschäftlichen als auch im privaten Bereich merklich verringern. Die Informations- und Telekommunikations-Branche ist – zusammen mit dem Dienstleistungssektor – zu einem Motor der wirtschaftlichen Aufwärtsbeweung geworden, der den Verlust an Arbeitsplätzen in der klassischen Industrieproduktion und der Landwirtschaft mehr als kompensiert, und das weltweit (Abb. 1.3)

1.4 Die Informationsinfrastruktur in Nordamerika und Europa

Die Voraussetzungen für die Realisierung eines Information-Highway in Nordamerika und Europa sind sehr unterschiedlich. Die Infrastruktur für die Datenübertragung im industriellen Bereich ist in Nordamerika traditionell stärker ausgeprägt. Aufgrund einer völlig unterschiedlichen Preisstruktur sind beispielsweise in den USA Datenübertragungsleitungen mit Kapazitäten von 45 Mbit/s (T3) keine Besonderheit, ebenso wie die Übertragungstechnologie ATM (Asynchroner Transfermode) mit Übertragungsgeschwindigkeiten von 155 Mbit/s bis 622 Mbit/s. In Europa sind dagegen selbst 2 Mbit/s Übertragungswege bereits kostspielig, so daß sie längst noch nicht zum allgemeinen Standard geworden sind. Zudem können in Nordamerika die Kommunikationsdienste praktisch unbeschränkt für Werbezwecke benutzt werden, was für die Industrie einen weiteren Anreiz darstellt, in diesem Markt zu investieren, da hohe Werbeeinnahmen und somit eine rasche Refinanzierung der enormen Kosten für den Aufbau einer Information-Highway-Infrastruktur gesichert scheinen.

In Europa hat man es demgegenüber mit einem multikulturell aufgesplitterten Markt zu tun, in dem beschränkte Werbezeiten, strenger Datenschutz und unterschiedliche Sprachen den Markt regulieren. Als Trumpf hat sich für Europa allerdings das seit 1994 europaweit einheitlich verfügbare digitale Telefon- und Datennetz ISDN erwiesen. Praktisch jedem Haushalt steht damit gegen vergleichsweise geringe Gebühren eine Kommunikationsschnittstelle zur Verfügung, die in der Lage ist, gleichzeitig zwei digitale Sprach- oder Datenkanäle zu übertragen. Werden beide Kanäle zur Datenübertragung genutzt, stehen ansehnliche 128 kbit/s an Bandbreite zur Verfügung – ausreichend, um in mäßiger

Qualität Video in Echtzeit zu empfangen. Selbst die Benutzung von Videokonferenz oder Bildtelefondiensten über ISDN ist aufgrund der rasanten Fortschritte bei den Videokompressionstechniken der vergangenen Jahre mit akzeptabler Bildqualität möglich, obwohl dabei für jede Übertragungsrichtung ein Videokanal zur Verfügung gestellt werden muß und somit für die Videoübertragung nur 64 kbit/s zur Verfügung steht. Zudem ist ISDN modular erweiterbar. Sind 128 kbit/s nicht ausreichend, so kann der Übertragungskanal mit Hilfe einer zweiten Leitung auf 256 kbit/s erweitert werden usw. Die sich über ein Jahrzehnt hinziehenden Standardisierungsanstrengungen für eine europaweit einheitliche digitale Übertragungsschnittstelle scheinen damit letztlich doch Früchte zu tragen. Während der letzten Jahre erkannten auch in den USA die Telefongesellschaften die Vorteile von ISDN und bieten diesen Dienst seitdem verstärkt an. Speziell in Deutschland schließt der von der Telekom als T-DSL angeboten Standard ADSL (Asymmetric Digital Subscriber Line) mit Übertragungsbandbreiten von 768 kBit/s die Lücke zu den USA, wenn eine flächendeckende Ausstattung mit dem Verfahren noch einige Zeit in Anspruch nehmen wird.

Unangefochten an der Spitze befinden sich die USA nach wie vor bei der Anzahl der in den Haushalten verfügbaren PCs und Modems sowie der Anzahl der direkt (permanent) an das Internet angeschlossenen Computer (Internet-Hosts). Insgesamt ist damit jedenfalls ein erheblicher nordamerikanischer Technologievorsprung sowohl bezüglich der vorhandenen Telekommunikationsinfrastruktur als auch der Anzahl der Nutzer im Vergleich zu Europa festzustellen. Insgesamt liegen die Europäer sowohl bei der Entwicklung der Informationsgesellschaft wie auch bei der Leistungsfähigkeit der Informations- und Telekommunikations-Industrie zurück.

	Entwicklung der Informationsgesellschaft Benchmark	Rang
USA	100	1.
D	71	
GB	70	2.
J	70	
F	65	3.
I	53	4.

	Wettbewerbsfähigkeit der IKT-Industrie Benchmark	Rang
J	100	1.
GB	100	
USA	96	2.
D	71	3.
F	71	
I	59	4.

Quelle: prognos 1999

Abb. 1.4: Rangordnung der Industrieländer bei der Informationsgesellschaft

1.5 Datenautobahn Internet

Wir haben also die Schwelle zu einem neuen, von Information und Medien geprägten Zeitalter überschritten, und in wenigen Jahren werden die meisten der eingangs beschriebenen Technologien Wirklichkeit auch für den Normalverbraucher sein. Es existiert jedoch bereits heute einen Ort, an dem ein Super-Information-Highway in Teilen Wirklichkeit geworden ist: das Internet. Mit diesem weltweiten Netzwerk steht jedem eine nahezu grenzenlose Informations- und Kommunikationsinfrastruktur zur Verfügung. Bis vor kurzem war das Internet noch ein akademisch geprägtes Datennetz mit kryptischer Benutzeroberfläche, vorbehalten einer kleinen Kaste von Technik-Freaks aus dem universitären Umfeld (Abb. 1.5).

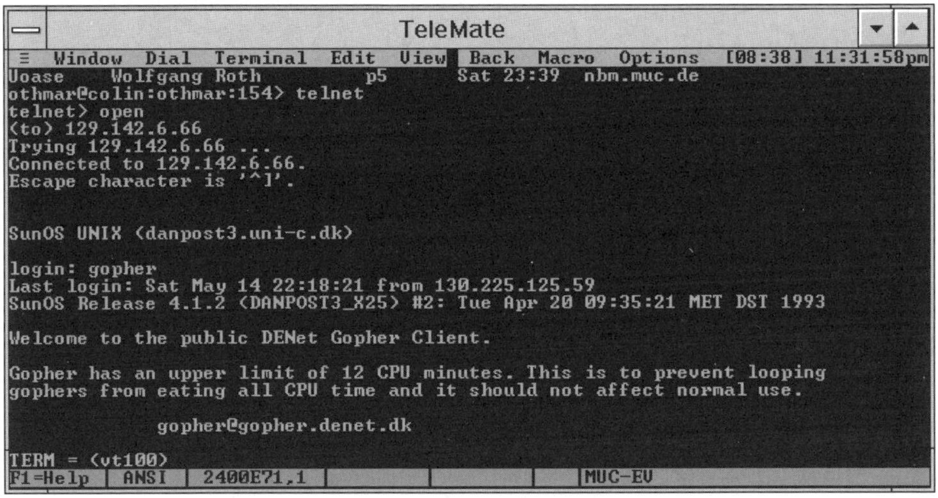

Abb. 1.5: Traditionelle Benutzeroberfläche im Internet

Heute stehen mit Hypermedia-Diensten wie dem World Wide Web, die in der Lage sind, Dokumente, Ton und Videos integriert darzustellen, Bedienoberflächen zur Verfügung, die auch von Laien bedienbar sind.

Schon heute schneidet das Internet beim Vergleich mit herkömmlichen Informationsdiensten und Kommunikationsmedien wie Kabel-TV und Telefon hervorragend ab. Die Hauptschwäche des Internet – seine komplizierte Bedienung – gehört mit der Entwicklung der multifunktionalen World-Wide-Web-Browser der Vergangenheit an. Diese Programme integrieren alle Internetdienste, beginnend bei der Übertragung von Dokumenten, Bild und Ton über Internet-Telefonie bis hin zu Video und 3-D-Virtual-Reality-Darstellung in eine einheitliche Benutzeroberfläche und stellen so eine leistungsfähige, universelle Plattform für das Internet dar (Abb. 1.6). Dabei hat das Internet in den letzten zehn Jahren im Vergleich zu seinen Konkurrenten Telefon und Kabel einen fast unglaublichen Fortschritt gemacht (Abb. 1.7).

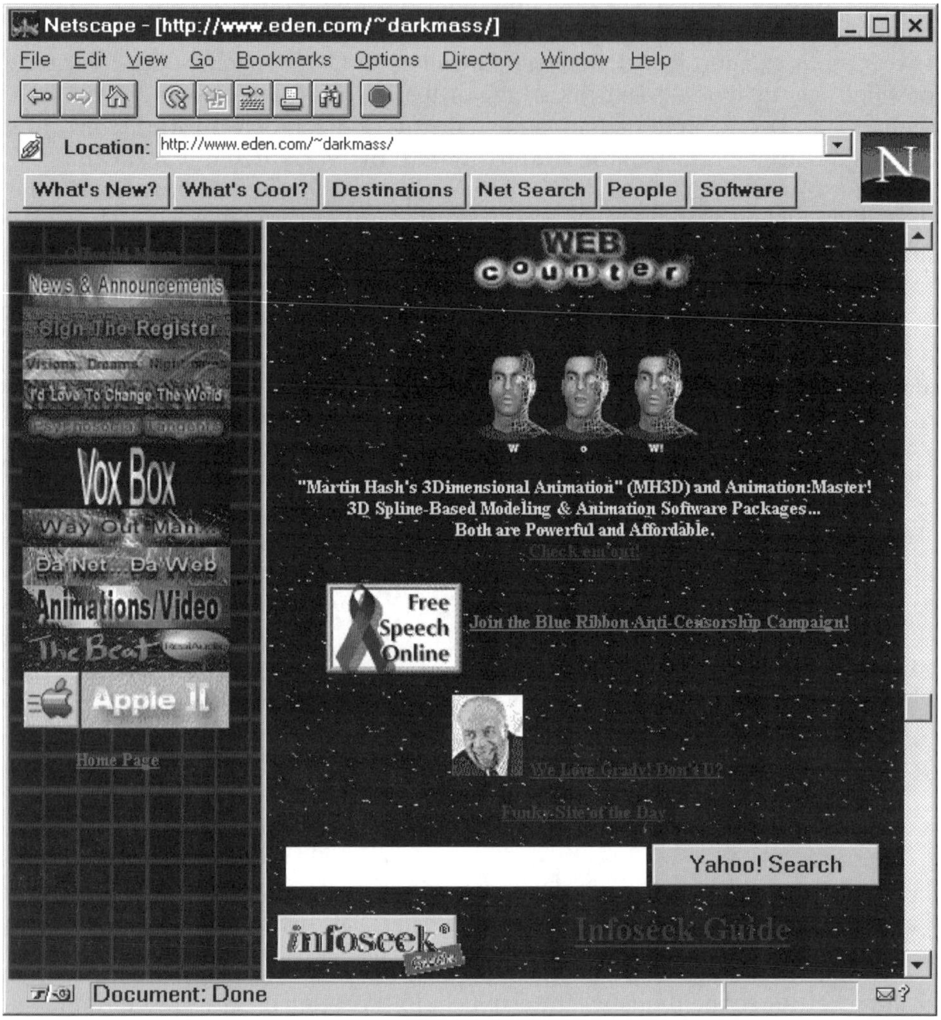

Abb. 1.6: Web-Oberfläche mit Text, Bild, Ton und Video

	Telefon	TV-Kabel	Internet
Verfügbarkeit	1	2-3	1 (1991: 3-4)
Kosten	1	2	1 (1993: 3-4)
Einfachheit	1	1	2 (1991: 5)
Qualität der Inhalte	2	4	3
Offenheit	2	4	1
(1 = sehr gut, 2 = gut, 3 = zufriedenstellend, 4 = mangelhaft, 5 = schlecht)			

Abb. 1.7: Das Internet als Informationsmedium im Vergleich mit Telefon und Kabelfernsehen

1.6 Limitierender Faktor: Mensch

Eines der Haupthindernisse für den endgültigen Durchbruch des Internet zu einem universellen Kommunikationsmedium sind die – trotz der Steigerungen während der letzten Jahre – relativ geringen Datenübertragungsraten, die mit der heute bestehenden Datenübertragungsinfrastruktur erzielt werden. Resultat sind vielfach nervtötende Wartezeiten bei der Übertragung der immer aufwendigeren, multimedialen Internetdokumente bzw. unbefriedigende Bild- und Tonqualität bei der Übertragung von Echtzeitaudio- bzw. Video. Am unteren Bereich der Skala rangiert hier der Modemzugriff über Handy, der das von der Industrie vielfach propagierte Surfen im Internet am Strand zu einer reinen Illusion macht.

Die technischen Spezifikationen für die Weitverkehrsdatennetzwerke, über welche die Datenströme des Internet geleitet werden, stammen zum größten Teil noch aus dem siebziger Jahren und sind nicht dafür ausgelegt, multimediale Daten zu übertragen. Doch ist dafür eine Lösung abzusehen. Ein neuer, auf ATM basierender Standard für Weitverkehrsnetzwerke unter dem Namen B-ISDN (Breitband-ISDN – im Gegensatz zum heute bereits bestehenden Schmalband-ISDN), auf den sich bereits 1989 alle Postgesellschaften weltweit verständigt haben, löst die alten Weitverkehrsdatenleitungen ab. Mit B-ISDN entsteht ein Kommunikationsnetzwerk mit für heutige Verhältnissen enormen Übertragungskapazitäten, welches in der Lage sein wird, alle Kommunikationsdienste (neben Computerdaten also auch Telefon, Fernsehen und Radio) in höchster Qualität zu übertragen. Die Hauptverkehrswege des Internets in Nordamerika sind bereits zum Teil auf diese revolutionäre Kommunikationstechnologie umgestellt, und der Ausbau der B-ISDN-Netzstruktur schreitet voran. In wenigen Jahren wird daher selbst die Übertragung von hochauflösenden, dreidimensionalen und bewegten Bildern ohne Verzögerung über das Internet möglich sein. Die Schnittstelle zum Endkunden wird dann überwiegend mittels ADSL oder dem schnellen Mobiltelefon-Standard UMTS gebildet. Der die Kommunikation limitierende Faktor wird dann nicht mehr das Übertragungsnetzwerk sein, sondern die Reaktions- und Aufnahmefähigkeit des Menschen.

1.7 Die Information ist das Ziel

Mit dem nahezu explosionsartigen Anstieg des Interesses für das Internet in den letzten Jahren ging eine geradezu dramatische Veränderung der angebotenen Dateninhalte einher. Bereits heute werden viele Bereiche bereits von der stark gestiegenen Zahl kommerzieller Anbieter im Netz geprägt, die das Internet als globalen Handelsplatz entdeckt haben. Neben der verstärkten Präsenz von Werbeinhalten hat dies allerdings auch eine spürbare Reduktion der Kosten für Internet-Anschlüsse bei gleichzeitig gestiegener Übertragungsqualität (Übertragungsraten von 28.800 bit/s bis hin zu ADSL) und komfortableren Benutzeroberflächen zur Folge. Die Kosten für den Betrieb des Internet sind heute vernachlässigbar, verglichen mit dem Wert der Inhalte und Informationen, die über dieses Netzwerk transportiert werden. Das Interesse der anbietenden Firmen ist es deshalb nicht mehr, über hohe Zugangsgebühren Gewinne zu erzielen, sondern über möglichst geringe Kosten für den Benutzer einem möglichst großen potentiellen Kundenkreis den Zugang zum Netzwerk attraktiv zu gestalten. Es gilt frei nach Lao Tse das Motto »Die Information ist das Ziel«, vergleichbar mit einem fiktiven Szenario, in dem die Automobilindustrie kostenlos Straßen und Autobahnen baut, um den Absatz ihrer Autos sicherzustellen.

Die Datenautobahn Internet ist heute Realität und für jeden nur soweit entfernt wie das nächste Telefon. Die elektronische Welt, die hinter der Telefonsteckdose beginnt und zu der nur eine elitäre Kaste von Computerfreaks in einsamen Nächten Zugang erlangte, gehört der Vergangenheit an. Anstelle von langatmigen Textdokumenten rasen Bild, Ton und Videosequenzen mit Lichtgeschwindigkeit über die Datenautobahn. Das derzeitige Internet ist mit Sicherheit nicht vergleichbar mit den Super-Information-Highways der nahen Zukunft. Aber es bietet heute schon viele der Möglichkeiten, wie sie erst in fünf oder mehr Jahren der breiten Öffentlichkeit zur Verfügung stehen werden.

1.8 Informationen und Archive im Internet

Bundeswirtschaftsministerium	`http://www.bmwi.de/infothek.html`
Europäische Union	`http://www.euroinfocentre.com/`
MIT Media Lab	`http://www.media.mit.edu/Research/`
ISPO	`http://www.ispo.cec.be/`
Electronic Frontier Foundation	`http://www.eff.org/`

Stichworte für Suchmaschinen

information society
information highway
internet infrastructure
European Union internet
video on demand
interactive video
digital video
telecommuting
telework
digital community
Personal Digital Assistant

Die Entwicklung des Internet: Vom ARPA-Netz zum Information-Highway

2

Out of networked parts – whether insects, neurons, or chips – come learning, evolution and life. Out of a planet-wide swarm of silicon calculators comes an emergent self-governing intelligence: the Net.

(Kevin Kelly)

Die fünfundzwanzigjährige Entwicklungsgeschichte des Internet ist sehr komplex und voll von Widersprüchen. Ein Jahrzehnte dauernder Evolutionsprozess war notwendig, bis sich eine Vielzahl von Netzwerken unterschiedlichster Architektur zu einem einigermaßen einheitlichen Konglomerat vereinigten. Für das Verständnis des Aufbaues und der Struktur des heutigen Internet ist es deshalb wichtig, sich einen Überblick über die wichtigsten Entwicklungsstadien des Internet zu verschaffen.

2.1 Die Ursprünge

Die Ursprünge der elektronischen Datenkommunikationsnetze, wie wir sie heute kennen, liegen, wie bei vielen Entwicklungen aus dem Bereich der Hochtechnologie, in militärischen Forschungsprojekten. Ende der fünfziger Jahre erhielt RAND Corp., eine Denkfabrik im kalifornischen Santa Monica, die Aufgabe, ein Konzept für ein militärisches Kommando- und Überwachungsnetzwerk zu entwickeln, das auch nach einem möglichen Atomschlag und der Zerstörung von großen Teilen seiner Infrastruktur weitestgehend funktionsfähig bleiben sollte. Kern des Konzeptes war es, eine möglichst dezentrale Kommunikationstechnologie zu entwickeln, die auch unter ungünstigsten Umständen in der Lage sein sollte, ein Maximum an Funktionalität aufrecht zu erhalten. Aufbauend auf dieser Zielsetzung, wurde zehn Jahre später das Kommunikationsprotokoll TCP/IP (Transmission Control Protocol/Internet Protocol). Diese ursprüngliche Zielsetzung des Internet-Protokolls ist die Ursache dafür, daß sich dieses Netzwerk seit Beginn der achtziger Jahre bis heute praktisch ohne zentrale Steuerung und Planung mit rasender Geschwindigkeit ausbreitet. Das Wachstum findet dabei an unzähligen Stellen gleichzeitig statt und ist kaum kontrollierbar. Trotzdem stellt das Internet, wie ursprünglich von den Militärstrategen konzipiert, ein außerordentlich zuverlässiges Kommunikationsmedium dar.

2.2 Das ARPANET

Als 1957 die Sowjetunion mit Sputnik den ersten Sateliten in eine Erdumlaufbahn brachte, startete die US-Regierung eine Vielzahl von Forschungsprogrammen mit dem Ziel, die vermeintlich in Rückstand geratene Militär-Technologie der USA in eine weltweit führende Position zu bringen. Dazu wurde unter anderem die »Advanced Research Projects Agency« (ARPA) gegründet, deren Aufgabe es war, neue innovative Technologien zu entwickeln. Eine Aufgabe von ARPA bestand darin, Methoden zur zuverlässigen Datenübertragung zu untersuchen. Die bis dahin angewendete Technik der leitungsorientierten Datenübertragung (Circuit-Switched) war für militärische Zwecke nicht zuverlässig genug. Zur leitungsorientierten Datenübertragung ist der Aufbau einer physikalischen Verbindung zwischen Sender und Empfänger notwendig, bevor Daten überhaupt übertragen werden können (wie z. B. auch bei Telefonverbindungen). Wird diese Leitung gestört, so wird damit auch die Datenübertragung sofort und unmittelbar unterbrochen.

Bei der Suche nach fehlertoleranteren Übertragungsmethoden wurde von den ARPA-Ingenieuren eine völlig neuartige Datenkommunikationstechnik entwickelt: die paketorientierte Datenübertragung.

Diese, aufbauend auf den frühen RAND-Studien Paul Barans neu entwickelte Kommunikationstechnologie war wesentlich unempfindlicher gegenüber Störungen in der Übertragungsinfrastruktur und sollte in den folgenden Jahren die Datenkommunikation revolutionieren (Abb. 2.1).

Bei paketorientierter Datenübertragung werden die zu versendenden Daten in Datenpakete aufgeteilt, die jedes für sich über das Netzwerk versandt werden. Jedes Paket enthält dabei die gesamte Information (Sendeadresse, Empfangsadresse, Identifkationsnummer) die notwendig ist, um es zum Empfänger zu übertragen und dort gemeinsam mit den anderen Datenfragmenten wieder zur ursprünglichen Information zusammenzusetzen. Das Vermitteln der Pakete über die verschiedenen Wegstrecken wird von spezialisierten Computern, sogenannten Routern, erledigt. Abhängig von Verfügbarkeit, Verkehrsbelastung und Übertragungszeit der verschiedenen Netzwerkabschnitte wählen die Router die für die jeweiligen Pakete optimalen Übertragungsstrecken. Die Pakete ein und derselben Datenübertragung können so durchaus verschiedene Wege gehen. Es kann sogar vorkommen, daß ein Paket aufgrund verschiedener Übertragungswege ein vor ihm abgesendetes überholt und früher beim Empfänger anlangt. Gehen Pakete bei der Übertragung verloren, müssen diese zur wiederholten Übertragung angefordert und erneut versendet werden.

Im September 1969 nahm ARPA das erste experimentelle, auf paketorientierter Datenübertragung basierende Netzwerk – das ARPANET – in Betrieb. Das Konzept für dieses Netzwerk sah sogenannte IMPs (Interface-Message Prozessoren)

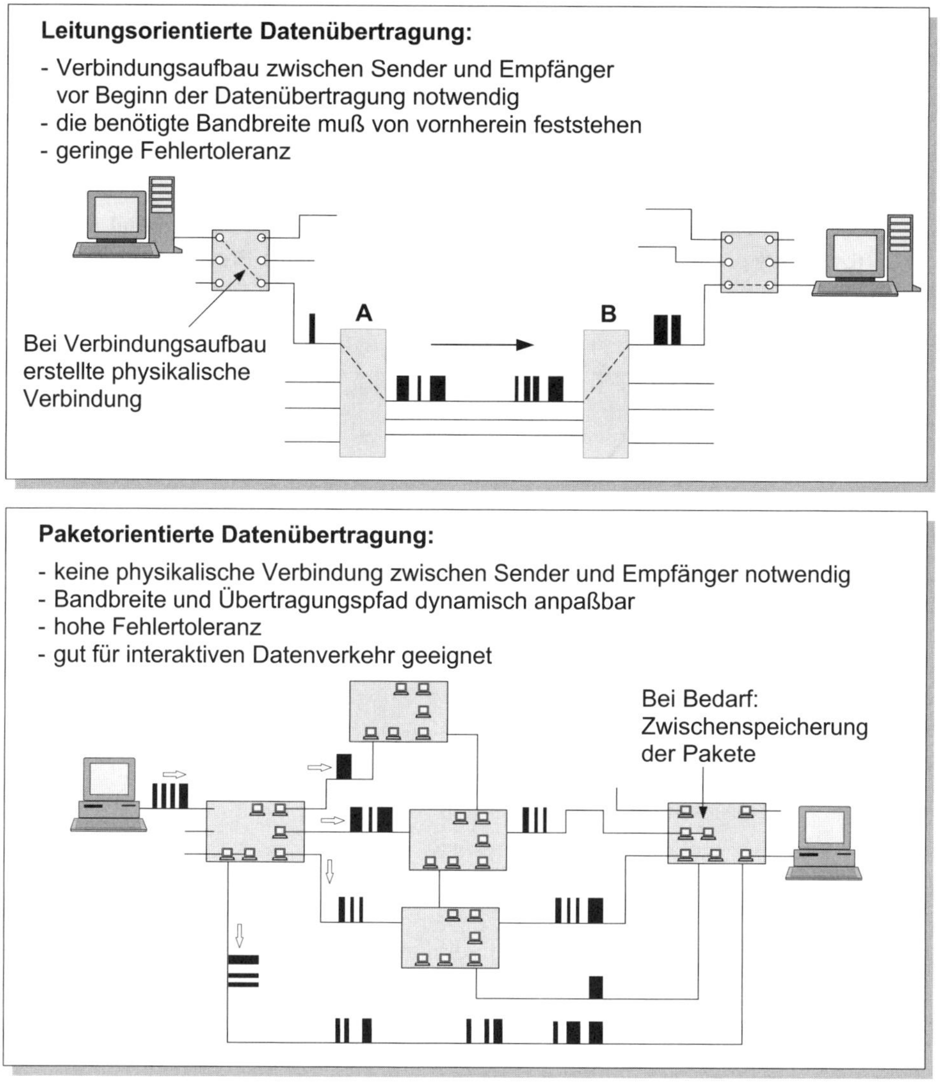

Abb. 2.1: Paket- und leitungsorientierte Übertragung

vor, die, zwischen Computer und Telefonleitung geschaltet, für den Auf- und Abbau der Verbindungen sowie die eigentliche Datenübertragung verantwortlich waren. Die Interface-Message Prozessoren, sogenannte BBN C30 Computer, waren in einer Auftragsarbeit für ARPA von der Firma Bolt, Beranek und Newman (BBN) im Herbst 1968 entwickelt worden. Am 1. September wurde der erste IMP von BBN an die UCLA (University of California at Los Angeles) ausgeliefert, und es konnte mit der Durchführung von Tests begonnen werden. Kurze Zeit später wurden drei weitere IMPs an den Standorten SRI-International, Universität von Kalifornien (Santa Barbara) und Universität von Utah installiert und der Netzwerkbetrieb zwischen den ersten vier Knoten des ARPANET konnte aufgenommen werden (Abb. 2.2).

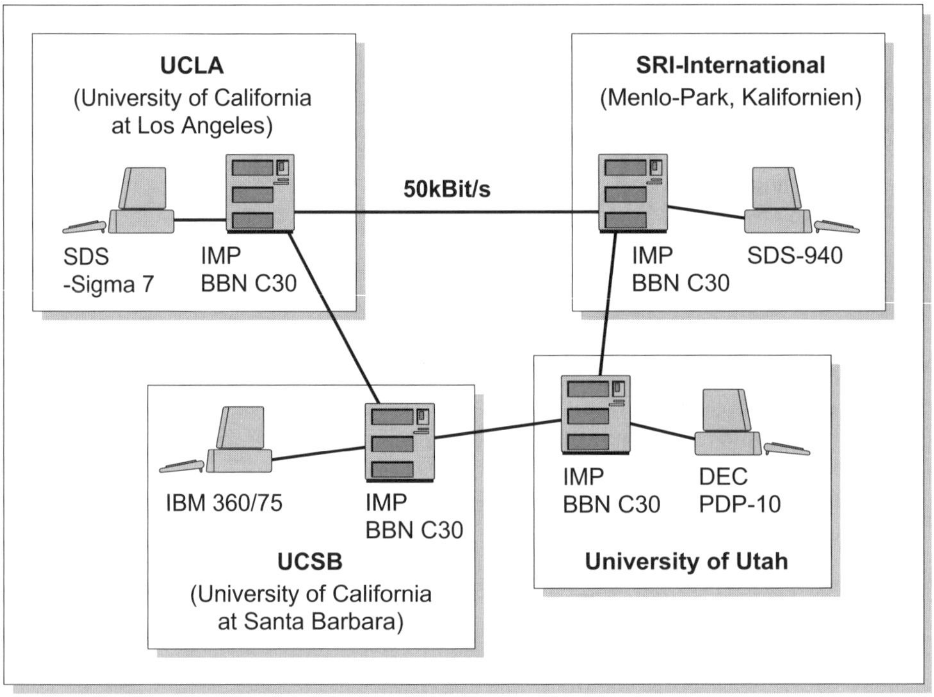

Abb. 2.2: Das ARPANET vom September 1969

Im Jahr 1970 schlossen sich die Eliteuniversitäten Harvard und MIT an das Netzwerk an, und 1971 befanden sich bereits mehr als dreißig Knoten im ARPANET.

2.3 Die Geburt des Internet

Das Kommunikationsprotokoll des ARPANET war zwar paketorientiert, hatte jedoch mit dem im heutigen Internet benutzten TCP/IP-Protokoll noch nichts gemeinsam. 1973 begann die zwischenzeitlich in DARPA umbenannte »Defense Advanced Research Projects Agency« ein Projekt, um die unterschiedlichen Implementierungen von paketorientierten Übertragungsmechanismen, die zwischenzeitlich entstanden waren, miteinander zu verbinden: das Internet-Projekt. Vier Jahre später konnte das erste arbeitsfähige Testnetz seine Funktionsfähigkeit demonstrieren. Vier unterschiedliche paketorientierte Netzwerke – ARPANET, ein paketorientiertes Satelliten-Netzwerk, ein paketorientiertes Funk-Netzwerk sowie das von XEROX-PARC entwickelte Ethernet –wurden über ein »Internet«, basierend auf dem dafür entwickelten TCP/IP-Kommunikationsprotokoll, miteinander verbunden: Das Internet war geboren (Abb. 2.3).

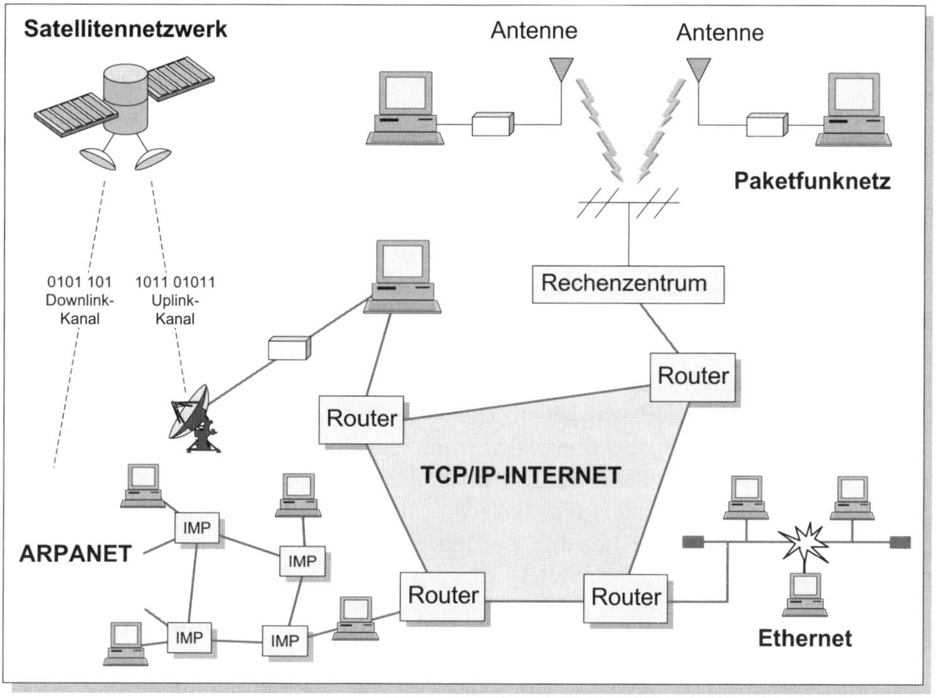

Abb. 2.3: Das Ur-Internet: Verbindung von ARPANET, ETHERNET, Paket-Funknetz und Satellitennetz

1983 hatte das ARPANET eine solche Ausdehnung erreicht, daß es nicht mehr weiter unter dem Status eines experimentellen Forschungsnetzes betrieben werden konnte. Die Kontrolle des ARPANET wurde deshalb von DARPA an die »Defense Communications Agency« (DCA) übertragen. Im Januar 1983 beschloß DCA die Umstellung aller ARPANET-Knoten auf das Kommunikationsprotokoll TCP/IP. Gleichzeitig wurde das Netz in einen militärische Teil (MILNET) und in einen forschungsorientierten Teil (ARPANET) aufgeteilt.

2.4 UNIX und das Kommunikationsprotokoll TCP/IP

Als im Jahr 1969 das ARPANET in Betrieb ging, begann im AT&T Forschungszentrum Bell-Laboratories die Entwicklung eines neues Betriebssystems, das sich vor allem durch Mehrplatzfähigkeit (Multi-User) von bisherigen Betriebssystemen unterschied: UNIX. Mit Unix war es möglich, daß mehrere Benutzer, deren Bildschirme und Tastaturen alle mit derselben Computereinheit verbunden waren, gleichzeitig und unabhängig voneinander arbeiten konnten. Ferner konnten mit Hilfe von Modems und des in UNIX enthaltenem Zusatzprogramms UUCP (Unix to Unix Copy Program) Computer Daten über Telefonleitungen austauschen.

Ursprünglich als Programmierumgebung für Softwareentwickler gedacht, erfreute sich UNIX in den darauffolgenden Jahren besonders im Hochschulbereich wachsender Beliebtheit. 1983 stellte die Universität von Kalifornien in Berkeley die Version 4.2 ihrer UNIX-Implementation vor (4.2 BSD UNIX), die erstmals als integraler Bestandteil auch das im selben Jahr im Internet eingeführte Kommunikationsprotokoll TCP/IP enthielt. In der Folge wurden Versionen dieses Protokolls für alle gängigen Computerplattformen entwickelt. Da die Entwicklung von UNIX 4.2 BSD zum größten Teil mit öffentlichen Geldern der DARPA und des Staates Kalifornien finanziert worden war, mußte für die Benutzung dieser Software keine Lizenzgebühr bezahlt werden. Sie war frei kopierbar und erlangte nicht zuletzt deshalb eine sehr weite Verbreitung.

Daten konnten zwischen UNIX-Computern nun nicht mehr nur mit Hilfe von Modems ausgetauscht werden, sondern wesentlich schneller und zuverlässiger mit dem Protokoll TCP/IP über das Internet oder über lokale Netzwerke (Abb. 2.4).

1973-74	Die Entwicklung des Kommunikationsprotokolls TCP/IP durch Bob Kahn (DARPA) und Vincent Cerf (Stanford University).
1980	Die Entwicklung des Betriebssystems UNIX an der Universität von Kalifornien in Berkeley. Datenaustausch zwischen UNIX-Computern mittels Modem und UUCP (Unix to Unix Copy Program).
1983	UNIX-Version 4.2 BSD mit TCP/IP als integralem Bestandteil wird vorgestellt.

Abb. 2.4: Die Entwicklung von TCP/IP und UNIX

2.5 Internet und die Entwicklung lokaler Netze

Am 24. Juni 1983 wurde ein von Xerox und DEC entwickeltes Verfahren zur Übertragung von Daten in lokalen Netzen – Ethernet – vom IEEE zum internationalen Standard 802.3 erhoben. Die Ethernet-Technologie ermöglichte die zuverlässige und unkomplizierte Verbindung von Computersystemen in Büroumgebungen zu einem lokalen Netzverbund, bei der für damalige Verhältnisse sehr hohen Datenübertragungsrate von 10 Mbit/s. Damit war erstmals eine Netzwerktopologie für den hausinternen, lokalen Einsatz (LAN Local Area Network) entstanden. Als erstes Kommunikationsprotokoll wurde in Ethernet-Netzwerken ebenfalls das Internet-Protokoll TCP/IP eingesetzt. Erst später wurden andere Protokolle (Novell, Banyan Vines, etc.) und neue Technologien (Token Ring, FDDI) speziell für den Einsatz in lokalen Netzen entwickelt. Die Entwicklung der LANs nahm in den darauffolgenden Jahren, obwohl ursprünglich aus dem Internetumfeld entstanden, eine völlig eigenständige Entwicklung. Erst mit dem explosionsartigen Wachstum des Internets in den neunziger Jahren und der Übernahme von Internet-Strukturen in das LAN (Intranet) migrierten Internet und LANs wieder zu einer gemeinsamen Kommunikationsplattform auf Basis von TCP/IP.

2.6 Andere Weitverkehrsnetze im Internetverbund

Neben dem ARPANET und dem MILNET entstanden seit 1980 noch eine Vielzahl von Weitverkehrsnetzen wie das USENET, das Netz der NASA, oder das von IBM finanziell unterstützte BITNET (Because Its Time Network, Mai 1981). Auch die amerikanische NSF (National Science Foundation) richtete 1981 ein unabhängiges wissenschaftlich orientiertes Netzwerk innerhalb des Internet ein, das CSNET (Computer Science Network), da vielen Forschungseinrichtungen aufgrund der nach wie vor grundsätzlich militärischen Ausrichtung des ARPANET dessen Nutzung verwehrt war.

2.6.1 Das USENET

Aufgrund der immer weiteren Verbreitung des Betriebssystems UNIX und der damit verbundene Möglichkeit, mit Modems und dem UUCP-Programm in einfacher Weise Daten über herkömmliche Telefonleitungen zu übertragen, entstand seit 1978 sehr rasch eine große Anzahl informeller Weitverkehrsnetze. Diese bestanden aus jeweils einem Zentralcomputer (UUCP-Server), sowie einer größeren Anzahl von Teilnehmersystemen. Das Netzwerk war so konzipiert, daß zwei Teilnehmersysteme auf indirekte Weise mit Hilfe des UUCP-Servers miteinander kommunizieren konnten: Dazu wählte der zentrale UUCP-Server (in der Regel nachts, aufgrund der geringeren Telefongebühren) reihum alle Teilnehmersysteme an und übertrug die für die jeweiligen Teilnehmer bestimmten Dateien bzw. Nachrichten (Download), bzw. holte zu versendende Daten ab (Upload). Am nächsten Morgen konnten die Netzteilnehmer die in der Nacht zuvor eingetroffenen Nachrichten lesen.

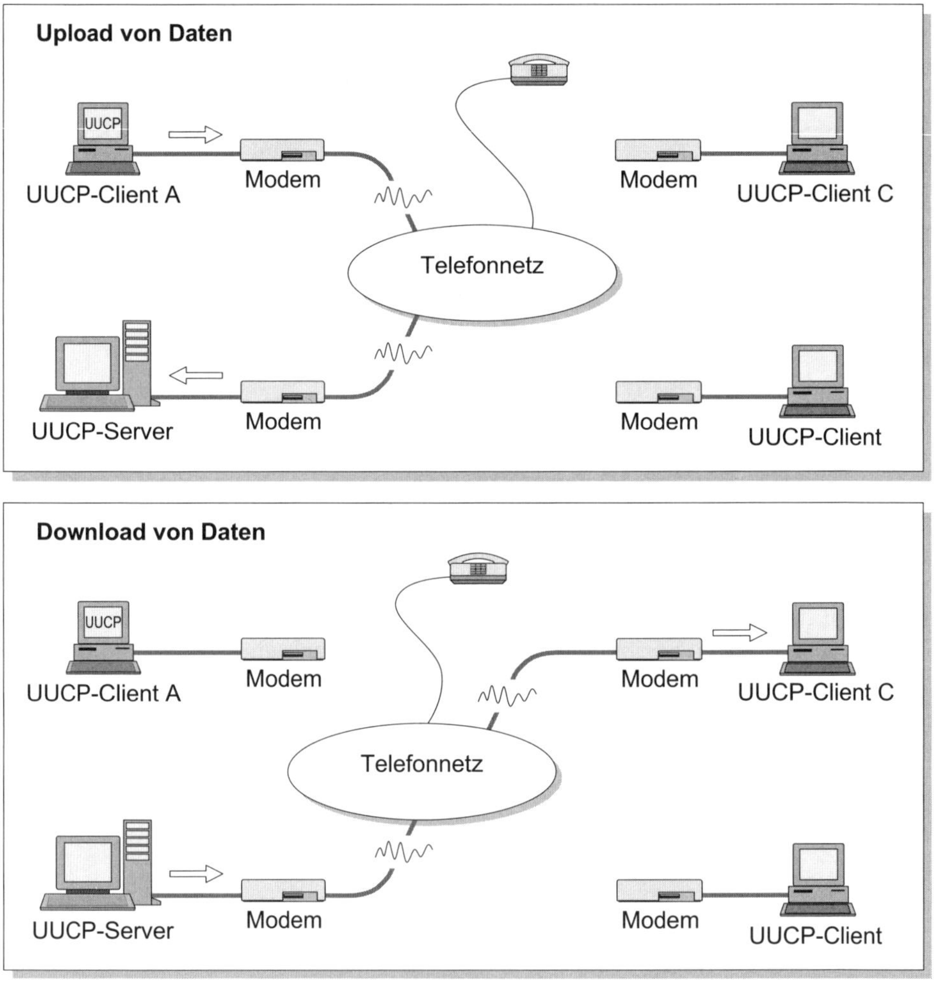

Abb. 2.5: Das Übertragungsprinzip von UUCP-Netzen

Diese sogenannten UUCP-Netzwerke wuchsen außerordentlich schnell, da zur Teilnahme lediglich das Standard-UNIX-Programm UUCP sowie ein Modem und ein Telefonanschluß notwendig waren. UUCP-Netze sind bis heute in Betrieb, verlieren allerdings mit der Popularität des World Wide Web sowie dem Verfall der Preise für vollwertige Internetzugänge mehr und mehr an Bedeutung.

Im Jahr 1979 wurde zwischen den Universitäten von Nord-Carolina und der Duke Universität auf der Basis von UUCP ein Kommunikationsdienst mit dem Namen USENET (Users Network) eingerichtet. Zusätzlich zu der von UUCP-Netzen betriebenen Vermittlung von elektronischen Nachrichten bot das USENET einen neuen Dienst an: Network News. Network News war ein Nachrichten- und Diskussionsforum, das in den Jahren seit seinem Bestehen ein erstaunliches Wachstum erfuhr und heute in mehr als zwanzigtausend Themengruppen unterteilt ein einzigartiges Diskussions- und Informationsforum darstellt. Die Gemeinschaft aller UUCP-Netzwerke, die diesen Dienst übernahmen und ihren Mitgliedern anboten, wurde als USENET bezeichnet. Nicht alle UUCP-Netze führen allerdings (unter anderem aufgrund des hohen Speicherplatzbedarfs) Network News als Dienst. USENET und das UUCP-Netz sind demnach genaugenommen zwei unterschiedliche Netzwerke, die dasselbe Kommunikationsprotokoll benutzen. Das Europäische Pendant zum USENET nannte sich EUnet und nahm zu Beginn der achtziger Jahre seinen Betrieb auf.

Da viele Usenet-Computersysteme neben ihren UUCP-Verbindungen zusätzlich auch eine Verbindung in das Internet besaßen, war es von Beginn an möglich, auch vom Internet aus den Network-News-Dienst zu benutzen. So wurde der Dienst Network News auch rasch zum Bestandteil des Internets. Im Laufe der Jahre wurde auch für das Internet ein Transportprotokoll für Internet-News entwickelt, so daß zwischenzeitlich auch der Network-News-Dienst zu einem echten Internet-Dienst – den Internet-News – geworden ist.

2.6.2 Das CSNET

Das CSNET besaß keine eigene physikalische Infrastruktur, sondern war ein Metanetzwerk, welches die Übertragungseinrichtungen anderer Netzwerke benutzte, auf denen es einheitlich mit Hilfe von TCP/IP realisiert war. Die vier Netzwerke, auf denen das CSNET in seiner Gründungsphase (USA,1981) aufsetzte, waren das ARPANET, das öffentliche X.25-Netzwerk, PHONENET und CYPRESS.

Das PHONENET bestand dabei aus einem zentralen Computersystem, dem CSNET-Relay, welches von jenen Teilnehmern, die weder über ARPA-Anbindung noch über einen X.25-Anschluß verfügten, mittels Telefonleitungen erreicht werden konnten. Das Kommunikationsprinzip war dem im USENET ähnlich, mit dem Unterschied, daß im PHONENET der gesamte Verkehr zentral über das

CSNET-RELAY ablief, während im USENET jeder Teilnehmer mit jedem auch direkt kommunizieren kann. Die Architektur des CYPRESS-Netzwerks bestand aus von CSNET eingerichteten Paketvermittlungsknoten, sogenannte IMPLETS, die über Mietleitungen miteinander kommunizierten.

2.6.3 Das BITNET

Das BITNET (Because It's Time NETwork) wurde 1981 von der City-University in New York und der Yale University gegründet. Die Motivation für die Gründung dieses Netzwerks war es, ein Universitätsdatennetz aufzubauen, welches allen Fakultäten, und nicht nur primär den Informatik-Fakultäten wie im Fall des CSNET, offenstand. Technisch war das BITNET ähnlich aufgebaut wie das CYPRESS-Netzwerk des CSNET. Es gab allerdings keine Paketvermittlungsknoten, sondern die Teilnehmer kommunizierten direkt miteinander. Das verwendete Kommunikationsprotokoll war das von IBM entwickelte »Network Job Entry Protocol« (NJE). Der wichtigste Dienst des in Teilen heute noch in Betrieb befindlichen BITNET ist der File Transfer, es werden jedoch auch andere Dienste wie elektronische Post und der Fernzugriff auf Fremdsysteme unterstützt. Fernzugriffe (Telnet) sind allerdings nur sehr begrenzt möglich, die Antwortzeiten sind lang und die Zuverlässigkeit ist gering. Der Grund dafür liegt im Aufbau des BITNET. Zur Teilnahme am BITNET muß jede Universität eine Mietleitung zum nächstgelegenen BITNET-Teilnehmer finanzieren, und gleichzeitig eine von diesem Partnerknoten finanzierte Leitung an den eigenen Standort gestatten. Durch den eigenen Standort an Dritte gehender Verkehr muß kostenlos weitervermittelt werden.

2.7 Das NSF-Internet-Backbone in Nordamerika

Ein weiteres Projekt (neben dem CSNET), an dem die National Science Foundation zu Beginn der achtziger Jahre beteiligt war, führte zu einer Erneuerung der Hauptübertragungswege (Backbones) des nordamerikanischen Internet. Dabei ging es darum, die mit Supercomputern ausgestatteten Forschungszentren der USA durch ein Hochgeschwindigkeitsnetz miteinander zu verbinden. Ziel war es, einem größeren Kreis von Forschern den Zugang zu den Hochleistungscomputern zu verschaffen. Zu diesem Zweck wurde die Infrastruktur des sogenannten NSF-NET geschaffen, das zunächst mit Übertragungsraten von 56 kbit/s und später mit 1,5 Mbit/s arbeitete. Das NFS-NET ging 1986 in Betrieb und löste die alten Hauptverbindungswege des Internets ab (der Name ARPANET hatte sich in der Zwischenzeit von ARPA-Internet über Federal Research Internet und TCP/IP-Internet zu Internet gewandelt).

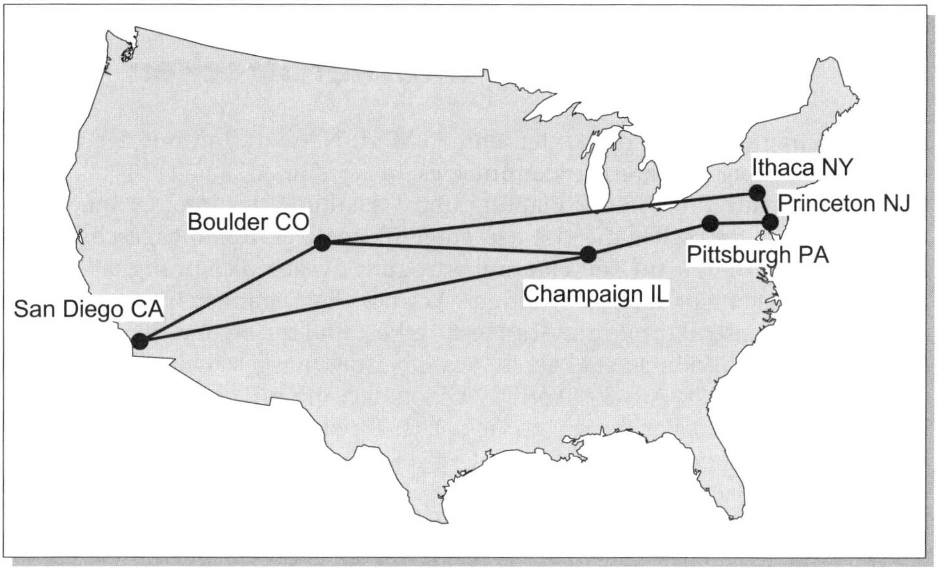

Abb. 2.6: Der NSF-Backbone von 1986

2.8 Die Einführung des Domain-Adressen-Systems

Neben einer numerischen Internetadresse wie z. B. 182.12.23.43 kann sich jeder Internethost zusätzlich unter einem beliebigen Namen registrieren lassen, um die Handhabung mit den unterschiedlichen Internetadressen zu erleichtern. Die Zuordnung von Internetadressen und Namen erfolgte bis Anfang der achtziger Jahre über einer zentralen Datei.

Mitte der achtziger Jahre wurde klar, daß die Adressenverwaltung aller an das Netzwerk angeschlossenen Computer auf diese Weise schon sehr bald der ständig wachsenden Anzahl von Netzwerkteilnehmern nicht mehr gerecht werden konnte. 1986 wurde das Internet deshalb um ein systematisches, hierarchisch organisiertes Namensystem erweitert: das Domain-Namen-System DNS (siehe Kapitel 4). Damit entfiel die Notwendigkeit, auf jedem Netzknoten die gesamte Zuordnungsliste von Internetadressen und Namen abzuspeichern. Dedizierte Computersysteme, sogenannte Namens-Server (Name Server), die im ganzen Internet verteilt sind und über ein eigenes Protokoll untereinander Informationen austauschen, übernehmen seitdem die Aufgabe, Domänennamen die zugehörigen Internetadressen zuzuordnen.

2.9 Die Struktur der heutigen amerikanischen Internet-Strecken

1987 beauftragte die NSF das Unternehmen Merit-Network Inc. mit der Verwaltung und Wartung des Internet-Hauptnetzes. In Nordamerika hatte bis dahin die NSF die führende Rolle in der Planung und Gestaltung des Internet inne. Bald wurde erkannt, daß selbst die erst neu eingeführten Übertragungsgeschwindigkeiten von 1,5 Mbit/s auf den Hauptübertragungswegen die sprunghaft ansteigende Netzlast nicht mehr bewältigen konnte. Es begannen Planungen für eine erneute Umstrukturierung des Netzwerkes, und zu Beginn der 90er Jahre wurde das NSF-Backbone sukkzessiv auf Übertragungsgeschwindigkeiten von 45 Mbit/s umgestellt. Am 30. April 1995 zog sich die NFS endgültig aus dem Betrieb des Internet-Backbones zurück. Die Topologie des ehemaligen NFS-Backbones ging in den Besitz von AOL (America Online) über. Das nordamerikanische Internet-Backbone hörte zu diesem Zeitpunkt auf, in der bisherigen Struktur zu existieren und wurde durch ein System von NAPs (Network Access Points) ersetzt, über welche die Datenströme der jeweiligen nationalen amerikanischen Internetprovider vermittelt werden. Die NAPs werden von großen Serviceprovidern betrieben. Die bis dahin vom NFS für den Internetbetrieb zur Verfügung gestellten Finanzmittel fließen seitdem in das Projekt des nationalen Very High Speed Backbone Network Service-Netzes (vBNS+), einer Netzwerkarchitektur,

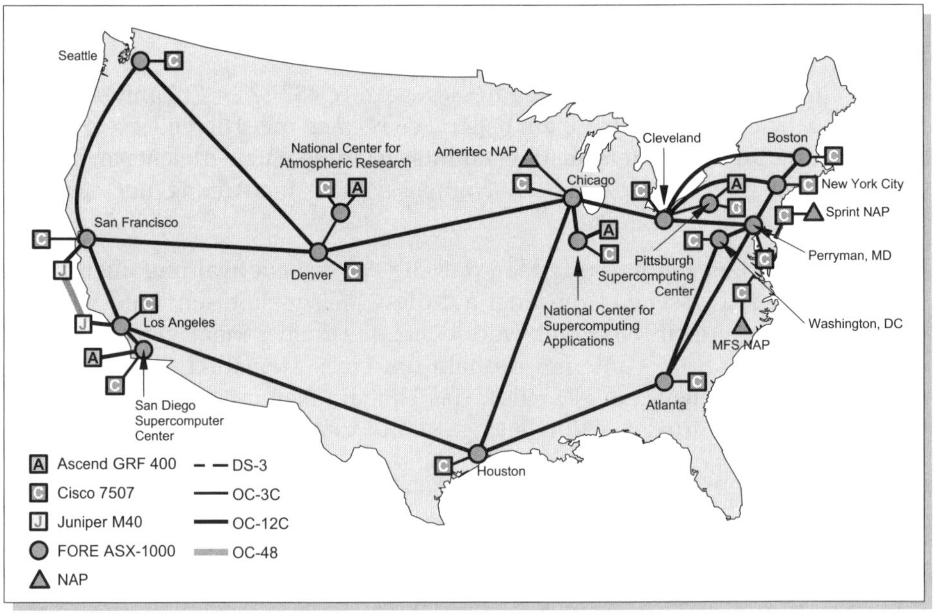

Abb. 2.7: Der vBNS+-Backbone

die auf Basis der neuen SONET- und ATM-Kommunikationstechnologien mit Übertragungsbandbreiten bis zu 2,4 Gbit/s betrieben wird (Abb. 2.7). Kooperationspartner des vBNS+ sind MCI Worldcom und die National Science Foundation.

2.10 Das Internet in Europa

Derzeit befinden sich gut 30 % aller Internet-Knoten in Europa (in Nordamerika ist es knapp die Hälfte). Zu Beginn der achtziger Jahre konzentrierten sich die europäischen Internet-Aktivitäten vor allem auf die skandinavischen Länder. Norwegen, Schweden, Finnland und Dänemark waren im universitären Bereich schon seit jeher viel enger an Nordamerika als an Europa angebunden. Aus diesem Grund fand eine rasche Verbreitung des Internet zu Beginn vor allem in Nordeuropa statt. Unter dem Namen NORDUnet erreichte das skandinavische Internet in kurzer Zeit eine große Ausdehnung. In weiterer Folge entstanden in den meisten europäischen Ländern nationale Forschungsnetze mit Gateways in das weltweite Internet. Bedeutende Netzwerke mit Internet-Anbindung waren EARN, EUnet und der europäische Teil des nordamerikanischen CSNET.

2.10.1 EUnet

Das älteste paneuropäische Weitverkehrsnetzwerk ist das 1982 als europäischer Ableger des amerikanischen Usenet gegründete EUnet (European Network),

Abb. 2.8: KPNQuest in Europa

welches heute mehr als 3000 Organisationen in 26 europäischen und nordafrikanischen Ländern miteinander verbindet. EUnet bietet zusätzlich zu Gateways in das Internet und allen anderen bedeutenden Netzwerken (BITNET, EARN, NORDUnet, USENET, etc.) Netzwerkdienste wie EUnet-Mail oder EUnet-News an. Die Anbindung an EUnet erfolgt über die Kommunikationsprotokolle UUCP oder TCP/IP. Der Ursprung von EUnet liegt in der European Unix Systems User Group – EUUG – (heute EurOpen), die für ihre Mitglieder auf nichtkommerzieller Basis einen internationalen Weitverkehrs-Netzwerkdienst zur Verfügung stellen wollte. Zu Beginn der neunziger Jahre wurde EUnet privatisiert und in einen internationalen Internetprovider namens KPNQwest umgewandelt (Abb. 2.8).

2.10.2 TERENA und EARN

Das europäische Gegenstück zum amerikanischen BITNET war das »European Academic and Research Network« (EARN). Wie das amerikanische BITNET basierte EARN auf dem IBM-Kommunikationsprotokoll NJE (Network Job Entry). Über sogenannte BITEARN-Knoten bestanden eine große Anzahl von Verbindungen in das BITNET nach Nordamerika. 1994 vereinigten sich EARN und RARE zur neuen europäischen Dachorganisation für Wissenschaftsnetze TERENA (Trans European Research and Education Networking Association).

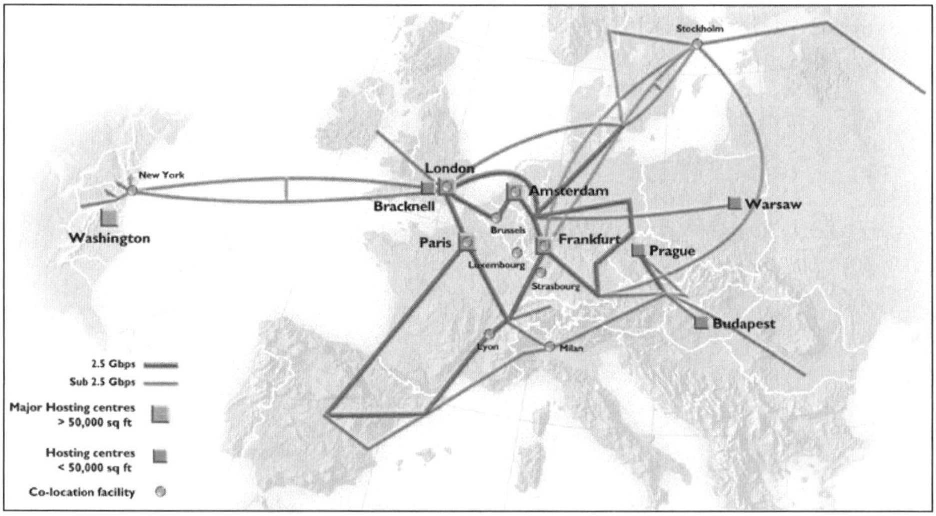

Abb. 2.9: GTS-EBONE

2.10.3 Der erste europäische Backbone: EBONE

Ein gemeinsames europaweites TCP/IP-Internet gab es jedoch bis zu Beginn der neunziger Jahre nicht. Erst durch die EBONE-Initiative (European Backbone) der europäischen Internetorganisiation RARE (Réseaux Associés pour la Recherche Européenne) wurde 1992 der Betrieb eines europaweiten Internet möglich (siehe auch im Kapitel 4, Abb. 4.1) Im Rahmen des EBONE-Projektes wurden erstmals zentrale europäische Internet-Hauptverkehrswege geschaffen. Bis dahin war es beispielsweise durchaus möglich, daß der Kommunikationspfad zwischen zwei europäischen Netzen, die nicht direkt über ein Gateway miteinander verbunden waren, über Nordamerika und zurück führte. Heute sind an den EBONE etwa 150 Provider angeschlossen. Der EBOBE arbeitet mit maximal 10 Gbit/s und wird seit 1998 Jahren von der kommerziellen Gesellschaft GTS betrieben (Abb. 2.9).

2.10.4 Vom EuropaNET zum Géant: weitere europäische Backbones

1991 wurde von RARE die Arbeitsgruppe COSINE (Cooperation for Open Systems Interconnection Networking in Europe) gegründet, um im Rahmen eines EUREKA-Projekts der Europäischen Union (EU) ein paneuropäisches X.25-basierendes Netzwerk zu realisieren: IXI (International X.25 Infrastructure). Nach dem Auslaufen des COSINE-Projekts wurde IXI im Februar 1993 von einem X.25-Netzwerk in das Multiprotokollnetzwerk EuropaNET umgewandelt. Später wurde das EuropaNET von DANTE Ltd. (Delivery of Advanced Network Technology for Europe) verwaltet, einer Vereinigung der nationalen europäischen Wissenschaftsnetzorganisationen. DANTE war auch verantwortlich für die Nachfolgeprojekte 34 Mbit/s-Netz TEN-34 (Trans European Backbone), das 155 Mbit/s-Netz TEN-155 und ist federführend bei der Einführung des neuen Hochgeschwindigkeitsnetzes Géant (Gigant), das mit 2,5 Gbit/s arbeitet.

2.11 Das Internet in Deutschland

1984 wurde in Deutschland der »Verein zur Förderung eines Deutschen Forschungsnetzes« (DFN) mit der Zielsetzung gegründet, die Entwicklung eines leistungsfähigen Datennetzes für die deutschen Forschungsstätten zu fördern. Im Rahmen dieses Auftrages wurde vom DFN gemeinsam mit der Deutschen Bundespost Telekom das Wissenschaftsnetz WIN aufgebaut. Das WIN-Netz war das erste deutsche Netzwerk, welches aufgrund seiner Gateways in das Internet (sowohl für E-Mail als auch für interaktiven Zugriff wie Telnet, FTP etc.) flächendeckend einen Internetzugang für Universitäten und Forschungseinrichtungen zur Verfügung stellen konnte. Heute hat der DFN mehr als 400 Mitglieder, die sich aus Universitäten, Forschungsinstitutionen und Industrieunternehmen zusammensetzen. Seit Oktober 1992 ist die Nutzung des DFN-Netzes nicht mehr an einer Mitgliedschaft im DFN gebunden. Damit ist dieses Netz auch für Unternehmen, die einen bestimmten Anteil an Forschungs- und Entwicklungsarbeit nachweisen können, offen. Die im WIN benutzten Kommunikationsprotokolle sind international standardisierte OSI-Protokolle wie X.400 oder X.500, die auf der Grundlage von X.25 übertragen werden. Ein großer Teil der DFN-Kommunikation wird allerdings wie im Internet über TCP/IP abgewickelt. Der heutige WIN-Backbone besteht aus dem Breitband-WIN (B-WIN) und dem Nachfolger Gigabit-WIN (G-WIN), bei dem an den Anschlußknoten Übertragungsraten von 2,5 Gbit/s erreicht werden (Abb 2.10).

Neben dem DFN waren in Deutschland lange Jahre EUnet und XLINK die einzigen Anbieter von Internet-Diensten. Beide Unternehmen, aus Projekten an Universitäten hervorgegangen, dominierten den deutschen Internetmarkt, bis 1993 der allgemeine Run auf das Internet einsetzte. Seitdem hat sich die Anzahl der regional und national operierenden Internet-Anbieter explosionsartig auf

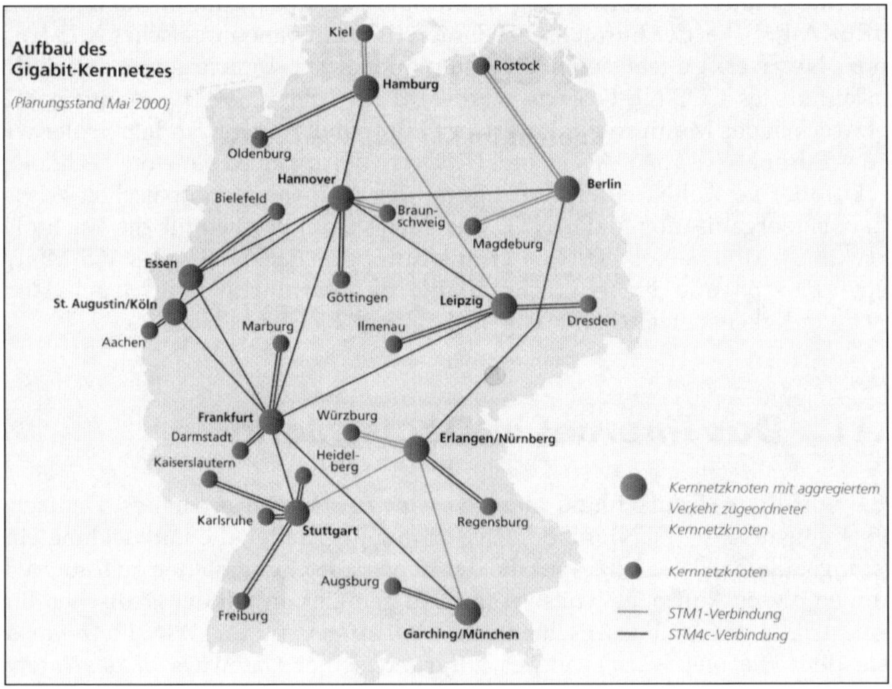

Abb. 2.10: G-WIN-Backbone

mehrere Hundert vergrößert. So wird eine lückenlose Internet-Grundversorgung gewährleistet, die potentiellen Kunden finden sich allerdings im Dschungel aus Bandbreiten und Preisen kaum noch zurecht. Der Heise-Verlag präsentiert im Internet eine ständig aktualisierte Webseite mit Providern (http://www.heise.de/ix/provider/). Für den privaten User sind die hier aufgeführten Anbieter wegen der hohen Preise weniger geeignet. Für diesen Bereich bieten die Online-Dienste AOL (American Online), T-Online und andere vollwertige Internetzugänge sehr kostengünstig an.

2.12 Das Internet auf dem Weg zum Information-Highway

1991 wurde vom amerikanischen Kongreß das NREN (National Research and Education Network) im Rahmen des »High Performance Computing Act« (HPCA) als Nachfolger für das NFS-Netzwerk bestimmt. In einem eigenen Gesetz (High Performance Computing Act) wurde dafür die Planung und die Finanzierung eines umfangreichen Programms zur Förderung der Forschung im Bereich von Hochgeschwindigkeitsdatennetzen beschlossen. Die Ergebnisse der HPCA-Projekte sollen die Grundlage für die Realisierung einer neuen, nationalen Informationsinfrastruktur (NII National Information Infrastrukture) bilden. Die Gesamtheit dieser Maßnahmen soll im Rahmen der vom damaligen Vizepräsidenten Al Gore initiierten NII-Initiative innerhalb der nächsten Jahre Kommunikationsstrukturen schaffen, die jedermann den Zugang zu multimedialer Datenkommunikation ermöglicht. Dafür stehen bis zum Jahr 2007 mehr als 500 Milliarden US $ zur Verfügung. Dem Internet wird im Rahmen dieser Projekte eine zentrale Rolle zufallen. Innerhalb der bestehenden Internetstrukturen ist geplant, die neuen HPCA-Technologien zunächst in Großversuchen zu testen. Darauf aufbauend, soll dann in weiteren Schritten die Infrastruktur für einen national verfügbaren multimedialen Informationsdienst ausgebaut werden. Der erste Schritt in diese Richtung wurde 1995 mit der Inbetriebnahme des weltweit leistungsfähigsten Weitverkehrsnetz, dem »very high speed Backbone Network+« (vBNS+) der National Science Foundation, getan.

Ähnlich der nordamerikanischen NII-Initiative, allerdings in weit kleinerem Maßstab, versucht die Europäische Union ebenfalls die Entwicklung einer zukünftigen Hochleistungsinfrastruktur für Datenkommunikation zu fördern. Im Rahmen einer großangelegten Studie, des sogenannten Bangemann-Reports wurde dabei die strategische Richtung festgelegt. Konkrete Projekte und Fördermaßnahmen, die aus dieser Studie abgeleitet und in einem Aktionsplan zusammengefaßt wurden, sollen im Rahmen von ACT und RACE-Projekten bis zur Jahrtausendwende umgesetzt werden. Zentrale Koordinationsstelle der europäischen Aktivitäten ist ISPO, das »Information Society Project Office« (http://www. ispo.cec.be).

2.13 Informationen und Archive im Internet

ISPO	`http://www.ispo.cec.be/`
Electronic Frontier Foundation	`http://www.eff.org/`
DFN	`http://www.dfn.de/`
Wissenschaftsnetz WIN	`http://www.dfn.de/win/home.html`
NII	`http://nii.nist.gov/`
KPNQwest	`http://www.eunet.com/`
TERENA	`http://www.terena.nl/`
DANTE	`http://www.dante.net/`
EBONE	`http://www.gtsgroup.com/ebone`
vBNS+	`http://www.vbns.net/`
Liste des Heise-Verlags mit Internet-Providern	`http://www.heise.de/ix/provider/`

Stichworte für Suchmaschinen

Internet history
Arpanet infrastructure
vBNS+
National Information Infrastructure Initiative
High speed infrastructure

Das Internet: Standards und Organisationen

3

In the beginning there was chaos,
When the greater gods descended and begat standards.
And each begat a new standard,
And man worshipped the Standards and said,
»Give us more, give us more«.
So the gods begat more standards, and more, and more:
And so, there was chaos once more:

(Encyclopedia Galactica, AD 20085, John Larmouth)

3.1 Die Organisationsstrukturen im Internet

Aufgrund der vielschichtigen Entwicklung des Internet besteht auch seine organisatorische Infrastruktur aus einer Vielfalt von unterschiedlichen nationalen und internationalen Organisationen und Interessensvertretungen.

3.1.1 Die Internet-Gesellschaft (Internet Society ISOC)

Über allen Internet-Organisationen steht die 1991 von CNRI (Corporation for National Research Initiatives), EDUCOM, RARE und IAB gegründete Internet-Gesellschaft (Internet Society, ISOC). Ziel der ISOC ist es, die internationale Weiterentwicklung des Internet zu koordinieren sowie bestehende Dienste zu verbessern und zu erweitern. In einer vierteljährlich erscheinenden Publikation, den Internet Society News, wird über die Aktivitäten der ISOC-Organisationen informiert. Einmal jährlich treffen sich die ISOC-Mitglieder zu einer Jahreskonferenz, der INET. Aktuelle Informationen über die verschiedenen Aktivitäten der ISOC sind über den World-Wide-Web-Server der Internet-Society `http://www.isoc.org` verfügbar.

3.1.2 Die nordamerikanischen Internet-Organisationen IAB, IETF und IRTF

Die technischen Entscheidungen und Richtlinien für das nordamerikanische Internet werden seit 1983 vom »Internet Architecture Board« getroffen (IAB `http:/`

/www.iab.org/). 1989 wurde das IAB reorganisiert. Die Aktivitäten des IAB sind seitdem auf die beiden Hauptabteilungen »Internet Research Task Force« (IRTF) und »Internet Engineering Task Force« (IETF) aufgeteilt. Das IETF ist für kurz- bzw. mittelfristige Projekte zuständig, die IETF für organisatorische Belange. Die verschiedenen Aufgaben sind dabei jeweils in Arbeitsgruppen organisiert (Abb. 3.1). 1991 wurde das IAB in die Internet-Gesellschaft eingegliedert. Seitdem arbeiten in den Arbeitsgruppen von IRTF und IETF zunehmend auch internationale Vertreter mit.

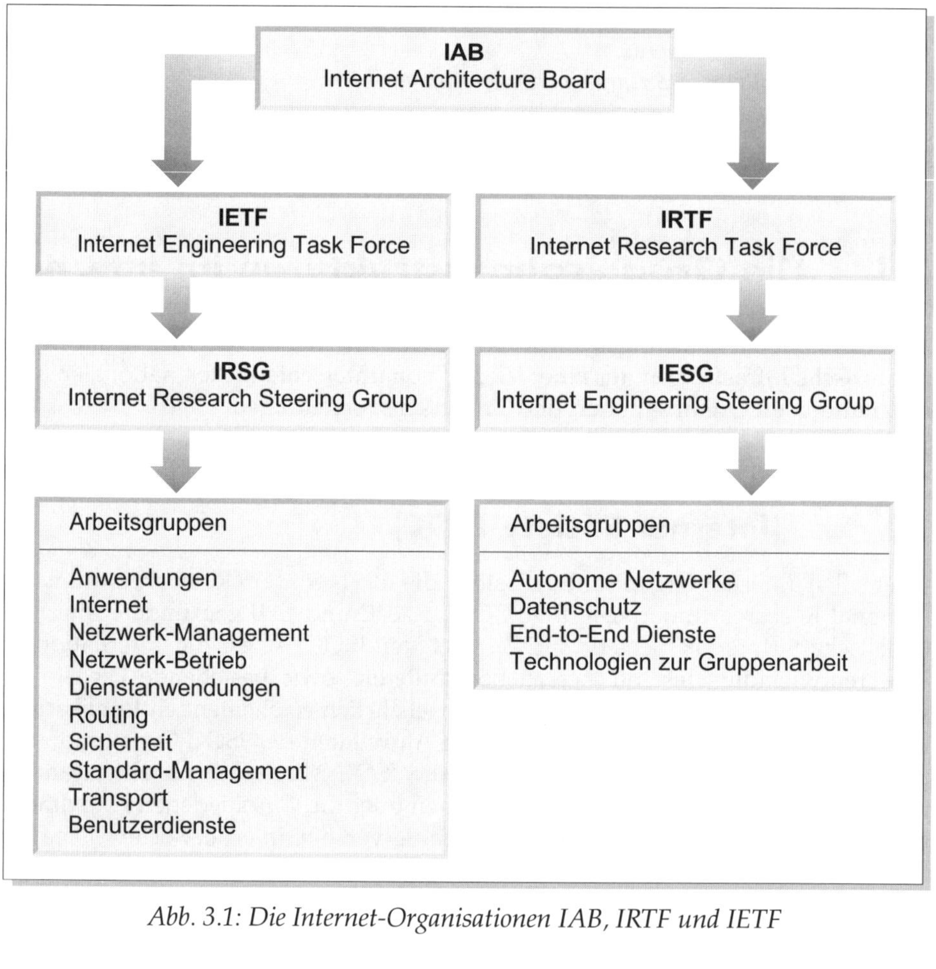

Abb. 3.1: Die Internet-Organisationen IAB, IRTF und IETF

Eine der wichtigsten Aufgaben der IETF ist es, die Spezifikationen zu entwickeln, die in weiterer Folge zu Internetstandards werden sollen. Die Vorschläge sowie die technischen Details dafür werden in einer Vielzahl von Arbeitsgruppen erstellt. Derzeit existieren über achtzig Arbeitsgruppen mit mehr als 700 Mitgliedern, die für die zehn IETF-Arbeitsbereiche Vorschläge erarbeiten (`http://www.ietf.cnri.reston.va.us/home.html`).

3.1.3 Die europäische Internet-Organisation TERENA

Die europäische Organisation TERENA (Trans-European Research and Education Networking Association `http://www.terena.nl/`) ging 1994 aus der Vereinigung der beiden europäischen Organisationen EARN und RARE hervor und repräsentiert die Vereinigung der Europäischen Forschungsnetze sowie einiger angeschlossener Institutionen (Abb 3.2) . RARE (Réseaux Associes pour la Recherche Européenne) war 1986 mit dem Ziel gegründet worden, den Aufbau einer paneuropäischen Hochgeschwindigkeitsinfrastruktur für die Datenübertragung zwischen den Forschungs- und Entwicklungseinrichtungen der verschiedenen Länder zu fördern. Im Auftrag der EU betreibt und organisiert TERENA heute auf europäischer Ebene verschiedene Netzwerkdienste und ist für die vom RIPE-NCC betriebene europäische Internetzentrale verantwortlich.

CEENet
Cisco
DANTE
EMBL
ESA
Eunet
Europäisches Zentrum für mittelfristige Wettervorhersage
IBM
NORDUnet
Teleglobe

ständiger Beobachter: Europäische Komission

TERENA-Mitglieder Stand 10/2000

Abb. 3.2: TERENA: Nationale Mitglieder und angeschlossene Organisationen

3.1.4 Das RIPE-NCC (Réseaux IP Européens – Network Coordination Center)

Die 1989 von verschiedenen europäischen Internetbetreibern gegründete RIPE (Réseaux IP Européens) hat die Aufgabe, alle das Internet betreffenden Aktivitäten in Europa zu koordinieren, sowie die europäischen Internetorganisationen nach außen hin zu vertreten (`http://www.ripe.net`). RIPE NCC (Réseaux IP Européens, Network Coordination Center) betreibt darüber hinaus im Auftrag der Europäischen Kommission und von TERENA die europäische Internetzentrale in Amsterdam. Dies umfaßt das Management der europäische Netzwerk-Management-Datenbank für das Internet mit allen Informationen über IP-Adressen, DNS-Domänennamen sowie die Erstellung von IP-Routing-Richtlinien. Darüber hinaus fungiert RIPE als europäische Registrierungsbehörde für das Internet. So werden die Vergabe der nationalen Domains koordiniert, europaweite Internetstatistiken erstellt und graphische Karten der europäischen Internet-IP-Netzwerke generiert (Abb. 3.3).

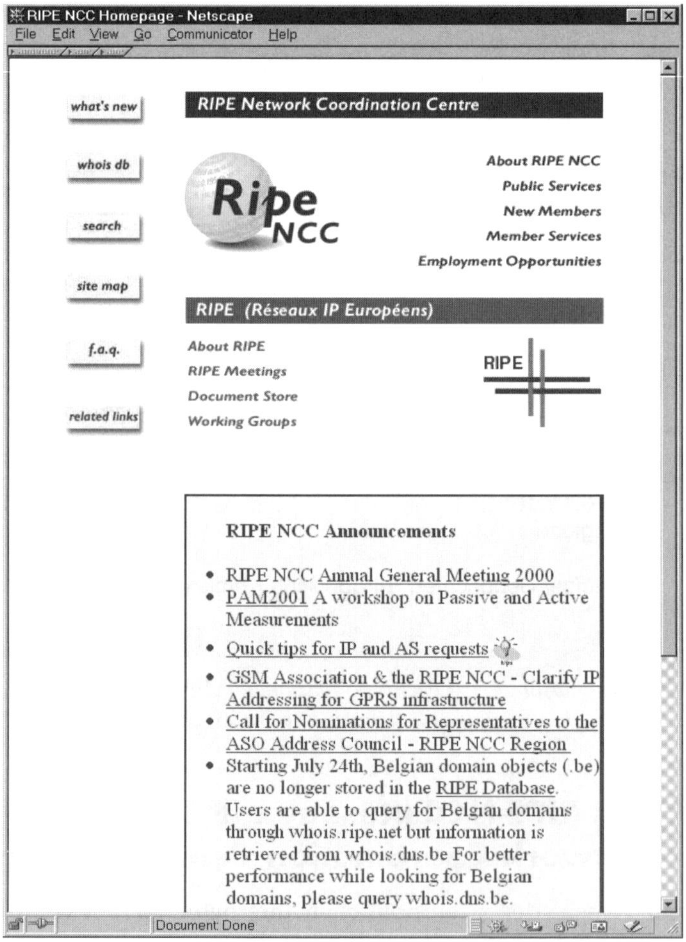

Abb. 3.3: Die europäische »Internet-Zentrale« RIPE-NCC

3.1.5 DANTE Ltd. (Delivery of Advanced Network Technology to Europe)

DANTE ist die Dachorganisation der europäischen Betreiber von Wissenschaftsnetzen (Deutschland ist über das DFN vertreten). Die Aufgabe von DANTE Ltd. ist es, das aus dem EUREKA-Projekt IXI (International X.25 Interconnect) hervorgegangene, neben dem EBONE zweite paneuropäische Multiprotokoll-Backbone-Netzwerk TEN-155 bzw. Géant zu koordinieren.

3.1.6 CEENet

1994 wurde mit CEENet (`http://www.ceenet.org/`) eine weitere internationale Netzwerk-Organisation gegründet, die vor allem die Internet-Aktivitäten der osteuropäischen Länder koordinieren soll. CEENet ist auch Mitglied der europäischen Dachorganisation TERENA.

Albanien	Litauen	Rumänien
Armenien	Lroatien	Rußland
Beloruβland	Mazedonien	Slowakien
Bulgarien	Moldawien	Slowenien
Estland	Mongolei	Tschechien
Georgien	Österreich	Ungarn
Lettland	Polen	Usbekistan

Abb. 3.4: Die Mitglieder von CEENet

3.1.7 CCIRN (Coordinating Committee for Intercontinental Research Networks)

Die Gründung von CCIRN erfolgte 1987 während eines Treffens von europäischen und amerikanischen Organisationen für Forschungsnetze in Washington. Hauptziel von CCIRN ist es, die Entstehung eines internationalen Forschungsnetzwerks zu koordinieren und zu fördern. CCIRN selbst besteht aus drei Teilorganisationen für Europa (Euro-CCIRN), Nordamerika (NA-CCIRN) und Asien (AP-CCIRN Asia-Pacific).

Während CCIRN für die organisatorische Koordination der weltweiten Forschungsnetz-Infrastruktur sorgt, werden die detaillierten technischen Planungen von der ihr untergeordneten »Intercontinental Engineering Planning Group« (IEPG) ausgeführt. Die IEPG besteht aus einem europäischen (EEPG) und einem nordamerikanischen (FEPG) Zweig. Durch die Arbeit der IEPG soll die Interoperabilität bestehender und noch zu gründender internationaler Netzwerke gesichert beziehungsweise verbessert werden. In die Planungen der IEPG werden dabei nicht nur die Forschungsnetze, sondern in zunehmendem Maße auch die kommerziellen Internet-Netzwerke eingebunden. In Abb. 3.5 und 3.6 sind in einer Übersicht die wichtigsten internationalen Internet-Organisationen dargestellt.

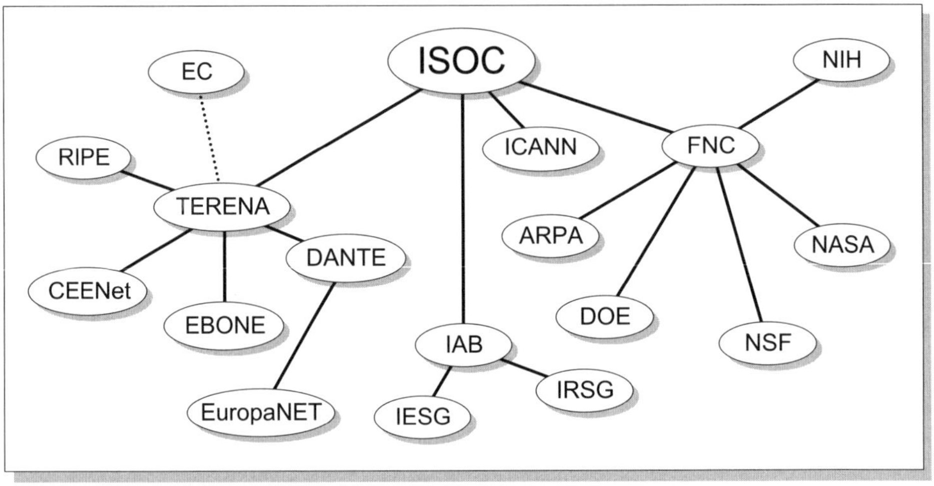

Abb. 3.5: Weltweite Internetorganisationen

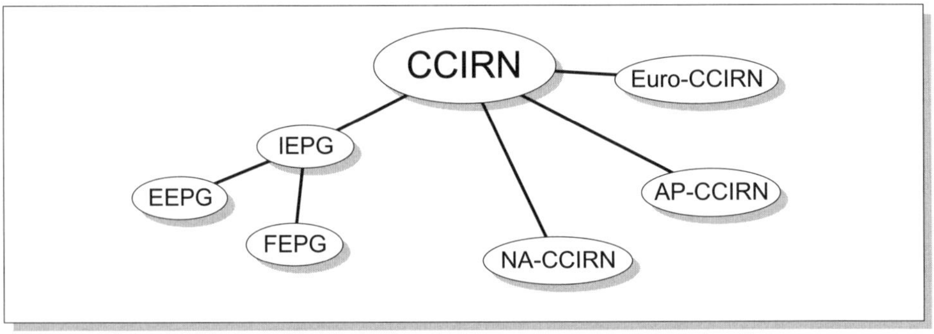

Abb. 3.6: Organisationen zur interkontinentalen Internet-Koordination

3.2 Die Schaffung von Internet-Standards

Spezifikationen, Vorschläge, Ideen und Richtlinien das Internet betreffend werden in Form von sogenannten RFCs (Request for Comments) veröffentlicht. Seit 1989 ist die Struktur und der Aufbau von RFCs durch die RFC 1111 geregelt. Ein sogenannter RFC-Editor koordiniert als Mitglied des IAB die Veröffentlichung der jeweiligen RFCs sowie ihre Verteilung im Netz. Die RFC-Dokumente werden grundsätzlich in der Reihenfolge ihres Erscheinens sequenziell numeriert. Eine offizielle thematische Gruppierung gibt es leider nicht. RFC 1000 ordnet immerhin die RFCs 1 – 999, die im Zeitraum zwischen 1969 und 1987 erschienen sind, themenspezifisch in 16 Haupt- und mehrere Untergruppen, und kann so für die vor 1987 erschienenen RFCs als Suchhilfe dienen (Abb. 3.7). Verwaltet werden die RFCs vom Informatik-Institut der Universität von Südkalifornien (USC-ISI – University of Southern California – Information Sciences Institute http://www.iab.org).

1	Administrative
2	Requirements, Documents and Major Protocol Revisions
3	Network Interface Level
4	Internet Level
5	Host Level
6	Application Level
7	Program Documentation
8	Network Specific
9	Measurement
10	Privacy and Security
11	Network Experience and Demonstrations
12	Site Documentation
13	Protocol Standards by other Groups of Interest to the Internet
14	Interoperability with other Applications and Protocols
15	Miscellaneous
16	Unissued

Abb. 3.7: Die thematische Unterteilung der RFC-Dokumente in 16 Hauptgruppen nach RFC 1000

Alle RFCs, die den Status von offiziellen IAB-Internet-Standards erreichen, werden in der RFC »Internet Official Protocol Standards« zusammengefaßt (RFC 2600). Ein Dokument, das sich zu einem Internet-Standard entwickeln soll, muß dabei drei Stadien erfolgreich absolvieren. Zunächst wird geprüft, ob die beschriebenen Spezifikationen ausreichend stabil ist, keine damit zusammenhängenden Probleme bekannt sind und der Vorschlag technisch ausgereift ist. Danach wird das Dokument zu einem Standardvorschlag (Proposed Standard) ernannt. Nachdem entsprechend dem Standardvorschlag mindestens zwei unabhängige Implementationen im Internet realisiert sind, und diese auch Interoperabilität nachgewiesen haben, wird das Dokument zu einem Draft-Standard. Nach weiteren vier Monaten kann, falls sich die Spezifikation auch im Feldversuch bewährt hat und ausreichendes Interesse innerhalb der Internet-Organisationen besteht, der Draft-Standard in einen Internet-Standard umgewandelt werden.

RFCs können über das Internet von vielen Sites abgerufen werden. Details dazu sowie eine Liste der wichtigsten RFCs sind im Anhang G aufgeführt. Eine komfortable Hypertext-Bedienoberfläche für den Zugriff auf RFCs steht mit dem RFC-Hypertext-Archive unter `http://sunsite.auc.dk/RFC/` zur Verfügung.

3.3 IANA (Internet Assigned Numbers Authority)

Alle im Internet öffentlich nutzbaren Dienste (Telnet, E-Mail, WWW, FTP etc.) erfordern eine global einheitliche Konfiguration auf den jeweiligen Internet-Hosts, um die Interoperabilität der Netzwerkteilnehmer sicherzustellen. Daher sind die Softwareadressen, unter denen die wichtigsten Internetdienste auf Basis von TCP/IP angesprochen werden können, internetweit einheitlich festgelegt. Diese Adressen werden TCP/IP- bzw. UDP/IP-Protokoll-Ports oder einfach nur Ports genannt (ein Port ist also nichts anderes als eine logische Zieladresse auf einem Netzwerkknoten die, wird sie angesprochen, zu einem bestimmten Dienstprogramm verzweigt). Die Zuordnung von Portnummern zu Diensten im Internet erfolgt von einer zentralen Stelle, der IANA (Internet Assigned Numbers Authority). Portnummer 23 bezeichnet so zum Beispiel den Telnet-Dienst, Portnummer 21 das File Transfer Protocol FTP und Portnummer 80 einen Server für das World Wide Web.

RFC 1060 enthält eine Liste aller global definierten Protokoll-Ports (well known ports). Näheres zu Protokoll-Ports in Kapitel 4 (Architektur und Übertragungsmechanismen im Internet).

In den Verantwortungsbereich der IANA fällt auch die Vergabe der Internetadressen sowie die Organisation des Domain-Namen-Systems. Die Durchführung dieser Aufgaben wurde allerdings an das InterNIC (International Network Information Center) delegiert.

In den Verantwortungsbereich der IANA fiel bisher auch die Vergabe der Internetadressen sowie die Organisation des Domain-Namen-Systems. Die Durchführung dieser Aufgaben wird allerdings jetzt vom ICANN (Internet Corporation for Assigned Names and Numbers) wahrgenommen.

3.3.1 InterNIC, RIPE-NCC und APNIC

Die Vergabe von Internetadressen und Domänennamen erfolgt im Internet zentral durch das amerikanische Network Information Center (InterNIC), (`http://www.internic.net`). Für Asien und Europa wurde diese Aufgabe an das APNIC (`http://www.apnic.net`) bzw. das RIPE NCC (`http://www.ripe.net`) delegiert, von wo wiederum die Aktivitäten der jeweiligen nationalen NICs koordiniert werden. Für Deutschland nimmt so der DE-NIC (`http://www.denic.de/`)im Auftrag des RIPE-NCC die Aufgabe der Adressenzuweisung wahr.

3.3.2 ICANN (Internet Corporation for Assigned Names and Numbers)

Im Zuge der Globalisierung des Internets wurde eine Reihe von Aufgaben, die bisher von US-amerikanischen Institutionen wahrgenommen wurden, an das international besetzte ICANN übergeben. Der Sitz von ICANN ist allerdings ebenfalls in den USA. Hier werden einige für die reibungslose Funktion des Internets unverzichtbare administrative Tätigkeiten ausgeführt, so etwa die Koordination von Protokoll-Parametern, die Verwaltung des Domain-Name-Systems mit seinen Root-Servern oder die Zuweisung von IP-Adressen.
(`http://www.icann.org/`)

3.4 Informationen und Archive im Internet

The Electronic Frontier Foundation	`http://www.eff.org/`
Internet Architecture Board	`http://www.iab.org/`
International Engineering Task Force	`http://www.ietf.org/`
Internet Society	`http://www.isoc.org/`
The Institute for Global Communications	`http://www.igc.apc.org/`
The World Wide Web Consortium (W3C)	`http://www.w3.org/`
DANTE	`http://www.dante.net/`
RIPE (Réseaux IP Européen)	`http://www.ripe.net/`
TERENA	`http://www.terena.nl/`
CEENet	`http://www.ceenet.org/`
InterNIC	`http://www.internic.net/`
DE-NIC	`http://www.denic.de/`
DFN	`http://www.dfn.de/`
ICANN	`http://www.icann.org/`
RFC Archiv	`http://sunsite.auc.dk/`
Standards und Standardorganisationen	`http://www.iso.ch/`
ITU (CCITT)	`http://www.itu.ch/`

Stichworte für Suchmaschinen

Internet RFC
telecommunication standards
internet standard bodies
internet task force
internic

Das Internet: Infrastruktur und Übertragungsmechanismen

4

»Cyberspace ...the ether that lies inside and occupies the in-betweens of all the computers.«

(Sardar Z. & Ravetz J.R.)

4.1 Die Infrastruktur des Internet

Die physikalische Infrastruktur des Internet besteht aus einem komplexem Konglomerat von hierarchisch strukturierten Datenmietleitungen. Transkontinentalkabel und Satelliten verbinden dabei die Hauptverbindungswege (Backbones) der Kontinente, an die sich die Datennetze von nationalen Internetprovidern ankoppeln. Über die Einwahlpunkte (Points of Presence POPs) der nationalen Internetprovider sind wiederum kleinere, regional operierende Internetdienstleister und Endkunden an das Internet angeschlossen.

4.1.1 Die europäische Internetstruktur

Die Hauptverbindungswege der europäischen Internetstruktur bestehen aus den beiden paneuropäischen Backbone-Netzwerken EBONE (European Backbone `http://www.gtsgroup.com/ebone`) und TEN-155 bzw. Géant (`http://www.dante.net/`).

EBONE wird von der Firma GTS mit Hauptsitz in London betrieben, und besteht aus einem Netz von Übertragungsleitungen mit Kapazitäten von 64 kbit/s bis zu 10 Gbit/s. Etwa 150 Internet-Provider bieten ihre Leistungen über den EBONE an, so daß etwa 25% aller europäischen Internet-Nutzer direkt oder indirekt am EBONE hängen. Der Zugang zum EBONE erfolgt über POPs in 34 europäischen und amerikanischen Städten. (Abb 4.1).

Das zweite europäische Backbone-Netzwerk ist das aus dem Pilotnetz IXI (International X.25 Interconnect) hervorgegangene TEN-155 bzw. Géant. Mit Übertragungsgeschwindigkeiten von bis zu 155 Mbit/s bzw. 2,5 Gbit/s verbinden diese Netze hauptsächlich die nationalen Forschungsnetze in Europa. Die Zentrale des TEN-155 befindet sich bei der europäischen Betreiberoganisation DANTE in

Cambridge. Über ein Gateway ist TEN-155 mit EBONE und internationalen Netzwerken verbunden (Abb. 4.2 und 4.3).

Neben der Anbindung an die beiden europäischen Internet-Backbones unterhalten die großen europäischen Internetprovider auch eigene Transatlantikleitungen zur nordamerikanische Internet-Backbone-Struktur und schließen sich auch außerhalb von EBONE und TEN-155 über Kooperationen zu kommerziellen innereuropäischen Übertragungswegen zusammen.

Amsterdam	Bukarest	Hannover	München	Stockholm
Antwerpen	Dresden	Kopenhagen	New York (USA)	Strasburg
Barcelona	Düsseldorf	London	Oslo	Stuttgart
Basel	Frankfurt	Luxemburg	Paris	Valenzia
Berlin	Genf	Lyon	Pennsauken (USA)	Warschau
Bratislava	Göteborg	Madrid	Prag	Wien
Brüssel	Hamburg	Mailand	Rotterdam	Zürich

Stand: 10/2000

Abb. 4.1: POPs des EBONE

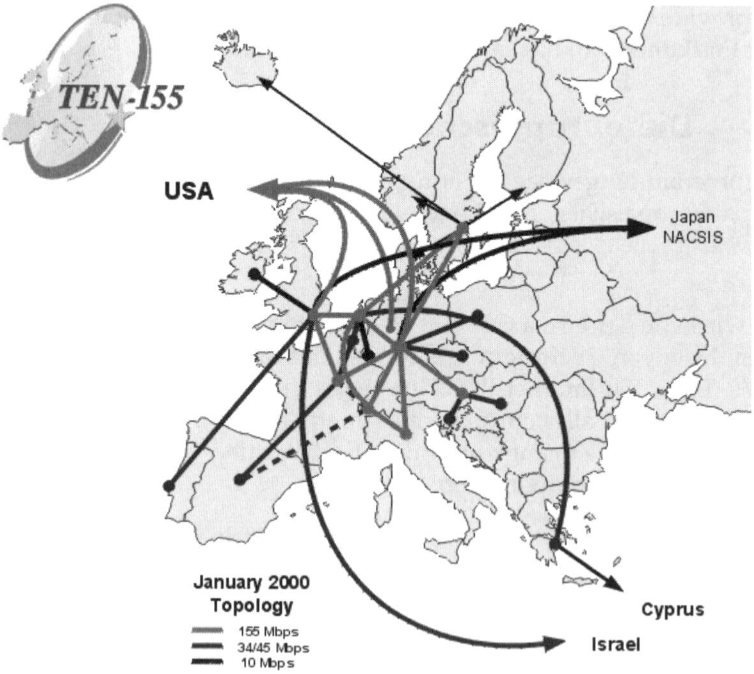

Abb. 4.2: POPs von TEN-155

Amsterdam	Genf	Madrid	Prag
Athen	Lissabon	Mailand	Solna
Budapest	Ljubljana	New York (USA)	Wien
Dublin	London	Paris	Zaventem
Frankfurt	Luxemburg	Poznan	

Stand: 10/2000

Abb. 4.3: Anbindung von TEN-155

4.1.2 Die deutsche Internetstruktur

In Deutschland basiert das Internet im wesentlichen auf der Infrastruktur der großen Internetprovider, die bundesweit Internet-Dienste anbieten. Die über das

AboveNet Deutschland GmbH, Frankfurt
Cable & Wireless Deutschland GmbH, Düsseldorf
Cable & Wireless ECRC GmbH, München
callisto germany.net GmbH, Frankfurt
Carrier 1 GmbH, Frankfurt
Cignal Global Communications Germany GmbH, Frankfurt
COLT TELECOM GmbH, Frankfurt
CompuServe Interactive Services GmbH & Co. KG., Unterhaching
Cybernet Internet-Dienstleistungen AG, München
Easynet GmbH, Erlangen
Ecore Kommunikations AG, Bamberg
EDS Industrien (Deutschland) GmbH, Rüsselsheim
EuroNet Internet BV, Amsterdam (NL)
Evolution Systems GmbH, Ampfing
EWE TEL GmbH, Oldenburg
Exodus Communications Inc., Santa Clara, US
Fiducia AG, Kassel
Gigabell AG, Frankfurt (mittlerweile in Konkurs)
Global Access Telecommunication, Inc., Frankfurt
Globix Ltd., London
GX Networks Ltd., London
iaxis GmbH, Frankfurt
IBM Deutschland, Sindelfingen
Interactive Network GmbH, Frankfurt
Interactive Networx GmbH, Berlin
Internet Network Services Ltd, London (GB)
IPergy Communications, Brussels (B)
ISION Internet AG, Hamburg
ISDNET, Velizy (F)
KPNQwest Germany GmbH, Karlsruhe
Level (3) Communications GmbH, Frankfurt
Madge.web Limited, Wexham (UK)
Mannesmann Arcor AG & Co., Eschborn
MediaWays GmbH, Gütersloh
NACAMAR Data Communications GmbH, Dreieich
NDH IT-Service AG, Köln
NetUSE AG, Kiel
Nextra AS, Oslo
Nextra Baden Württemberg GmbH, Stuttgart
Nikoma Media Works GmbH, Hamburg
Nildram Limited, Buckinghamshire (GB)
Plus.Line Systemhaus GmbH, Frankfurt
POP Point of Presence GmbH, Hamburg
profi.net AG, Augsburg
PSINet Germany GmbH, Ismaning
regio.[NET] GmbH, Fulda
Schlund + Partner AG, Karlsruhe
Sonera Deutschland GmbH, Düsseldorf
Sontheimer Datentechnik GmbH, Aalen
Spacenet GmbH, München
sunrise communications AG, Rümlang (CH)
Talkline GmbH, Elmshorn
Telia Telekommunikation GmbH, Frankfurt
TCP/IP GmbH, Berlin
Teleglobe GmbH, Frankfurt
TelePassport Service AG, Erfurt
TESION - CNS Communicationsnetze Süd-West GmbH & Co. KG, Stuttgart
Topnet AG, Düsseldorf
Transmedia Netzwerktechnik GmbH, Berlin
Twinwave, Frankfurt
UUNET Deutschland GmbH, Dortmund
VIAG INTERKOM GmbH & Co., München
VIA NET.WORKS Deutschland GmbH, Duisburg
Wirehub! Internet BV, Rotterdam (NL)
Worldcom Advanced Networkservice GmbH, Unterhaching
World Online GmbH, Dreieich
ZET.NET AG, München

Stand 7/2000

Abb. 4.4: Kommerzielle Teilnehmer am DE-CIX

gesamte Bundesgebiet verteilten Einwahlpunkte (POPs = Point of Presence) werden dabei in der Regel sternförmig zur Zentrale des jeweiligen Providers geführt. Von dort erfolgt die Ankopplung an die europäischen Hauptverkehrswege und an Transatlantikleitungen. Um den innerdeutschen Datenverkehr zu beschleunigen, wurden zusätzlich zwei innerdeutsche Gateways als Datenübergabepunkt zwischen den einzelnen Provider-Netzen geschaffen: DE-CIX in Frankfurt zwischen den Netzen des WIN und einer Reihe von deutschen Internet-Providern (Abb. 4.4) sowie den kleineren INXS in München.

An die Zugangspunkte (POPs) der nationalen Internetprovider können Internetkunden (Firmen, Universitäten Einzelpersonen, etc.) direkt angeschlossen werden. Die Anbindung an die POPs kann dabei wahlweise je nach Bedarf über eine

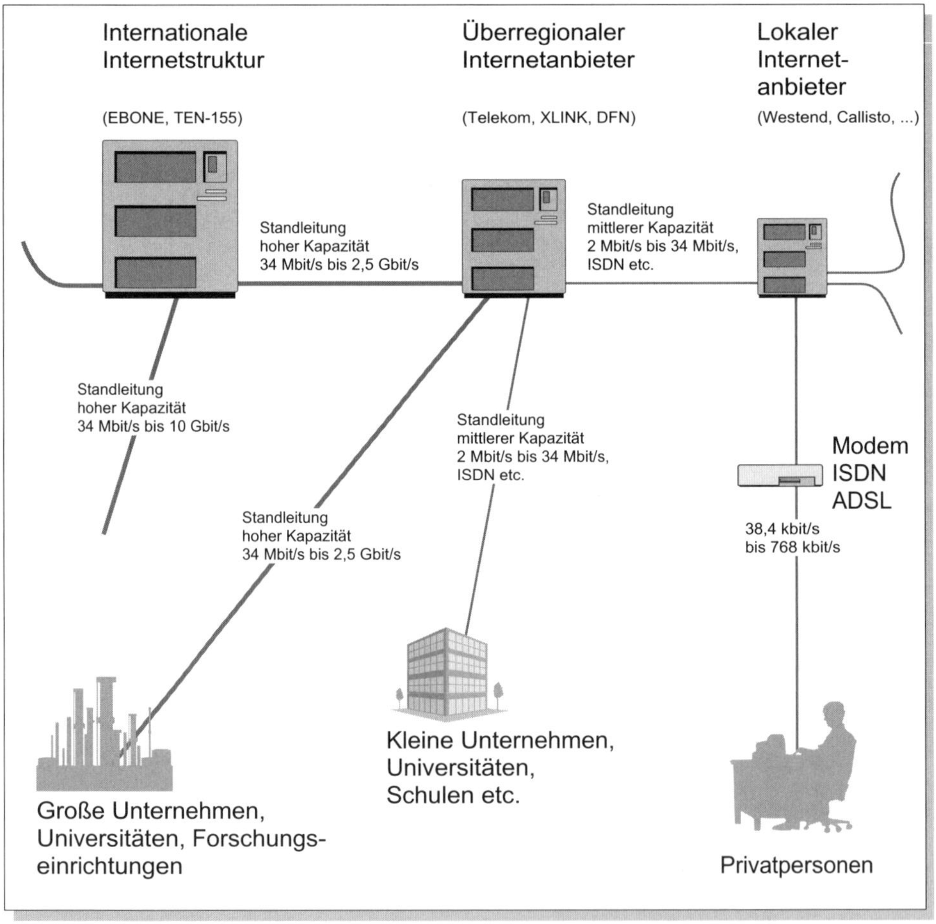

Abb. 4.5: Kundenanbindung an die Internet-Infrastruktur

feste Datenleitung (in der Regel 2 Mbit/s bis zu 34 MBit/s), über ISDN, analoge Telefonleitungen oder ADSL erfolgen. In Abb. 4.5 ist die Infrastruktur des Internet schematisch nach Benutzerhierarchien dargestellt. Die Anbindung über ein Modem, ISDN oder ADSL stellt dabei die kostengünstigste Variante dar und wird vor allem von Privatpersonen genutzt. Die dabei zu erzielenden Übertragungsgeschwindigkeiten liegen zwischen 38,4 Kit/s und 56,6 KBit/s. Über das digitale Telefonnetz ISDN können dagegen Übertragunsgeschwindigkeiten bis zu 128 kbit/s erzielt werden, bei ADSL sogar bis zu 768 KBit/s, allerdings nur in eine Richtung (Download).

Der Zugang zum Internet über Standleitungen (2 Mbit/s – 2,5 Gbit/s, zum Teil sogar 10 GBit/s) kommt hingegen vor allem für professionelle Anwender (Unternehmen, Universitäten) in Frage. Standleitungen (Datenfestverbindungen) sind permanente Übertragungsleitungen, die auf Antrag wie ein Telefonanschluß von der jeweiligen Postverwaltung zur Verfügung gestellt werden. Ein Verbindungsaufbau durch Anwahl wie beim herkömmlichen Telefonnetz ist bei dieser Art der Datenübertragung nicht notwendig, da sich die Datenleitung in ständiger Sende- bzw. Empfangsbereitschaft befindet. Je nach Übertragungsgeschwindigkeit und zu überbrückender Entfernung betragen die Leitungsgebühren von mehreren hundert bis zu einigen tausend DM im Monat. Soll ein permanenter Dienst wie z. B. ein WWW-Server im Internet angeboten werden, dann ist allerdings die Internetanbindung über eine solche permanente Datenmietleitung zwingend erforderlich (Abb. 4.6).

Abb. 4.6: Permanente Datenleitungen bei einem Internet-Provider

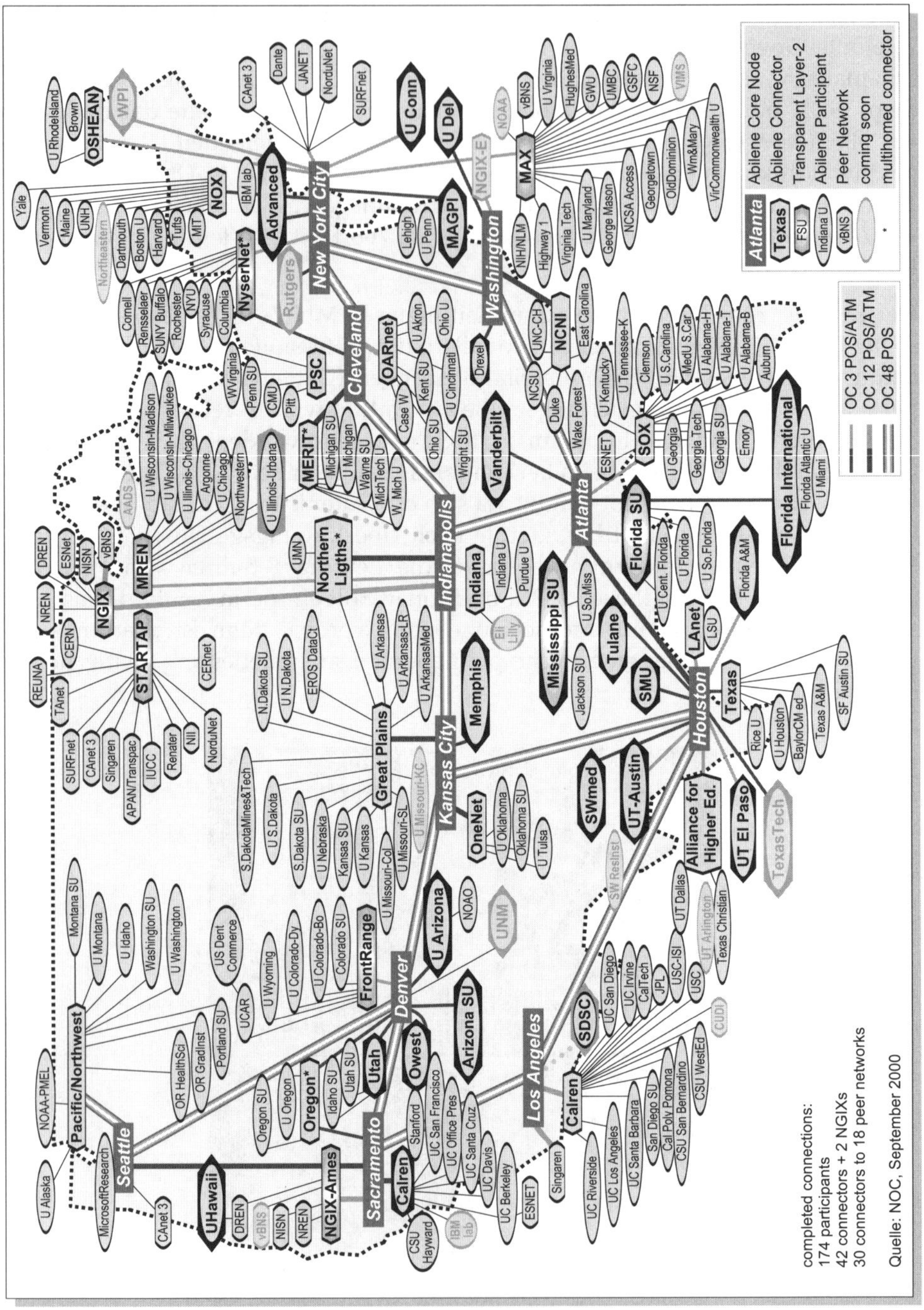

Abb. 4.7: Struktur von Abilene

4.1.3 Die nordamerikanische Internetstruktur

Die nordamerikanische Internet-Infrastruktur wurde während der vergangenen Jahre konsequent ausgebaut. Noch bis vor wenigen Jahren lagen die erreichten Geschwindigkeiten eine Größenordnung über den europäischen Daten-Hauptverkehrswegen. Durch konsequenten Ausbau der europäischen Backbones besteht dieser Vorsprung heute nicht mehr.

Seit der Auflösung des von der National Science Foundation finanzierten NFS-Backbone am 30.04.1995 wird die Infrastruktur der nordamerikanischen Internet-Hauptverkehrsstrecken durch über das ganze Land verteilte NAPs (National Access Points) gebildet, die von großen amerikanischen Telekommunikationsanbietern betrieben werden und untereinander mit den ehemaligen NFS-Hochgeschwindigkeitsdatenleitungen, die nun von allen kommerziellen Internetprovidern kostenlos benutzt werden dürfen, verbunden sind. Jeder National Access Point selbst besteht aus einer Vielzahl von Zugangsknoten unterschiedlicher Netzbetreiber, die sich im Ballungsgebiet rund um den eigentlichen Access Point befinden.

Am oberen Ende der Leistungsskala stehen die Netzwerke, die unter dem Projekt Internet2 zusammengefaßt sind. Neben dem bereits erwähnten vBNS+ (very high speed Backbone Network+, Abb 2.7) ist das Netz Abilene der zweite große Bestandteil von Internet2 (Abb 4.7). Basis von Abilene sind 622 Mbit/s-ATM-Strecken, die gebündelt werden können. So können auch hier Bandbreiten im Gigabit-Bereich erzielt werden. Der Zugang zum Internet2 geschieht über die sogenannten GigaPOPs, die sich an Universitäten, Regierungseinrichtungen und anderen großen Institutionen befinden. Andere High-Speed-Netzwerke in den USA sind CA*net 3, DREN, ESnet, NREN und STAR TAP.

4.2 Die logische Internet-Architektur

Die Internet-Infrastruktur muß in der Lage sein, eine ganze Reihe von komplexen Aufgaben zuverlässig und effizient zu erfüllen. So hat es die Aufgabe, eine Vielzahl von Netzen, unabhängig von der jeweiligen zugrunde liegenden Hardware-Technologie, miteinander zu verbinden. Da es nicht möglich ist, jedes Netzwerk mit jedem zu verbinden, muß die Kommunikation auch indirekt über unbeteiligte dritte Netzwerke möglich sein. Und schließlich müssen alle Teilnehmer des Internets eine gemeinsame, einheitliche Adressenstruktur benutzen, die eine rasche und eindeutige Identifizierung von Sender und Empfänger ermöglicht. Mit dem im Internet benutzten Kommunikationsprotokoll IP (Internet Protokoll) können alle drei Forderungen erfüllt werden (Abb. 4.8).

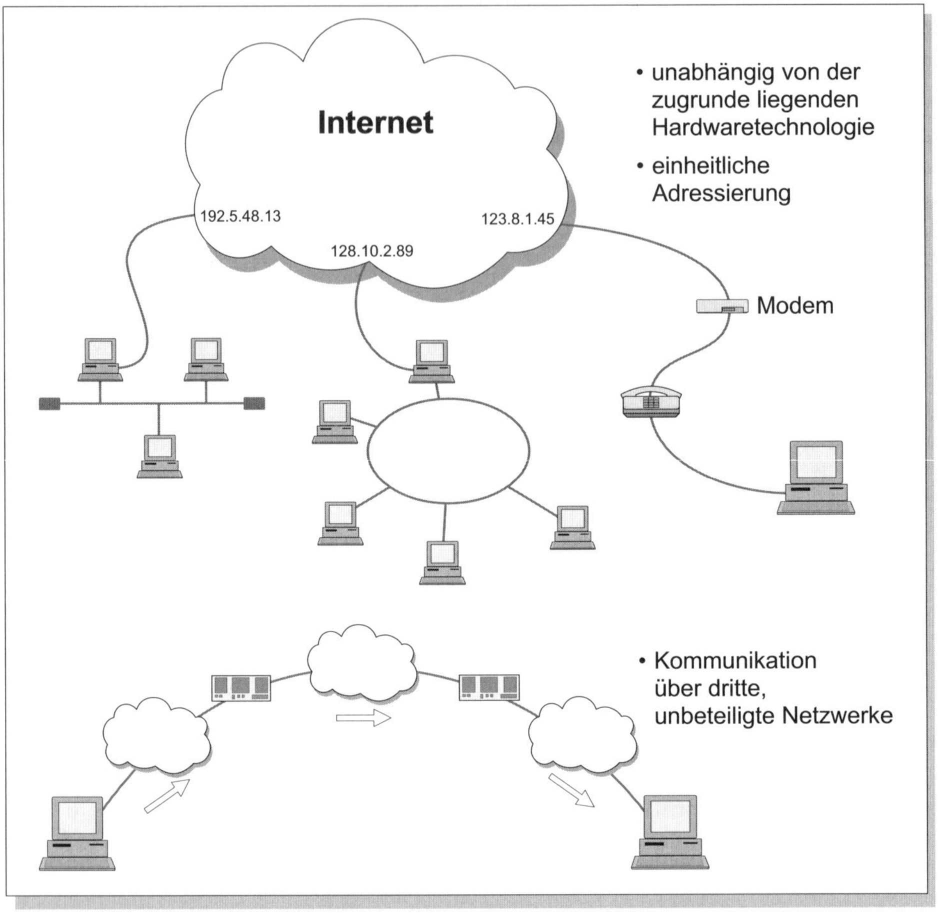

Abb. 4.8: Die Grundfunktionen der logischen Netzwerkstruktur im Internet

4.3 Die Kommunikationsprotokolle im Internet

Die Regeln, nach denen die Kommunikation zwischen Computersystemen abläuft, werden als Protokoll bezeichnet. In der Regel sind diese Protokolle in Module unterteilt, wobei jedes Modul eine bestimmte Aufgabe innerhalb des Kommunikationsprozesses zu erfüllen hat (z. B. Verbindungsaufbau, Datenübertragung, Fehlerkorrektur, etc.). Die Funktionen der einzelnen Module wurden 1983 von der »Internationalen Standard Organisation« (ISO) standardisiert, und ihre Anzahl auf sieben festgelegt. Man spricht daher vom OSI-7-Schichten-Modell (Abb. 4.9).

OSI-Schicht 1	**Die Bitübertragungsschicht** (Physical Layer) RS-232, RS-449, Ethernet-Schicht-1 etc.
OSI-Schicht 2	**Die Sicherungsschicht** (Data Link Layer) HDLC, SDLC, LAP, 802.2 LLC etc.
OSI-Schicht 3	**Die Vermittlungsschicht** (Network-Layer) IP, X.25, ARP (Adress Resolution Protocol), IPX etc.
OSI-Schicht 4	**Die Transportschicht** (Transport-Layer) TCP, UDP, XNS, ATP (Apple Talk Transaction Protocol) etc.
OSI-Schicht 5	**Die Sitzungsschicht** (Session-Layer) DNS-Distributed Name Service, NetBIOS, NetBEUI etc.
OSI-Schicht 6	**Die Darstellungsschicht** (Presentation-Layer) 3270 Codierung, SCS/SNA Character Stream, IPDS-Intelligent Printer Data Stream etc.
OSI-Schicht 7	**Die Anwendungsschicht** (Application-Layer) FTP, Telnet, SMTP, IBM SNA, Novell NCP etc.

Abb. 4.9: Das OSI-7-Schichten-Modell

OSI-Schicht-1: Die Bitübertragungsschicht (Physical Layer)

Die Bitübertragungsschicht legt die elektrischen und mechanischen Parameter einer Kommunikationsbeziehung fest. Dazu gehören beispielsweise Spannungspegel, Datenübertragungsrate, Stecker, etc. Die Bitübertragungsschicht für die serielle Druckerschnittstelle eines Personalcomputers ist zum Beispiel durch die Schnittstellen-Spezifikation RS-232C festgelegt. Eine RS-232C-Schnittstelle benutzt demnach eine Schwellenspannung von ± 3 Volt bei einer maximalen Datenübertragungsrate von 20 kbit/s und einem DB-25 Datenstecker. Das Vorhandensein einer Schicht-1-Verbindung ist somit die Voraussetzung für jegliche Kommunikation.

OSI-Schicht-2: Die Sicherungsschicht (Data Link Layer)

Die Sicherungsschicht hat die Aufgabe, die zu versendenden Daten in sogenannte Datenpakete aufzuteilen. Zu diesem Zweck werden bestimmte Bitmuster eingefügt, die das Erkennen von Anfang und Ende dieser Datenpakete ermöglichen. Werden Datenpakete nicht oder nur unvollständig übertragen, so sorgt die Sicherungsschicht für die wiederholte Übertragung der verlorengegangenen Daten.

OSI-Schicht-3: Die Vermittlungsschicht (Network Layer)

Die wichtigste Aufgabe der Vermittlungsschicht ist die Auswahl der Übertragungswege für die Datenpakete. In den weitverzweigten Strukturen des Internet gibt es eine Vielzahl von Übertragungswegen, die ein Datenpaket zu ein und demselben Ziel führen können. Die Vermittlungsschicht wählt nun nach Kriterien wie Übertragungszeit, Auslastung des Übertragungsweges usw. den optimalen Weg für die Datenpakete aus.

OSI-Schicht-4: Die Transportschicht (Transport Layer)

Die Transportschicht übernimmt die Daten der ihr übergeordneten Sitzungsschicht, paßt sie an die Formate der OSI-Schicht-3 an und reicht sie an diese weiter. In dieser Schicht können, abhängig vom eingesetzten Protokoll, Sicherungsmaßnahmen wie Quittungen oder Paketwiederholungen getroffen werden.

OSI-Schicht-5: Die Sitzungsschicht (Session Layer)

Bei sogenannten Multi-User-Systemen haben mehrere Nutzer gleichzeitig die Möglichkeit, ein und denselben Computer zu benutzen. Die Aktivität jedes Benutzers wird dabei als Sitzung (Session) bezeichnet. Die Kommunikation von Sessions mit der Außenwelt wird von der Sitzungsschicht administriert.

OSI-Schicht-6: Die Darstellungsschicht (Presentation Layer)

Die Darstellungsschicht konvertiert die internen Darstellungsformate von Computersystemen (z. B. Zeichencodes wie ASCII, EBCDIC, etc.) in die Standarddarstellung der Kommunikationsbeziehung bzw. des Netzwerkes. Dies erspart dem Benutzer die manuellen Einstellungen und Anpassungen des eigenen Systems an die Netzwerkstandardeinstellungen.

OSI-Schicht-7: Die Anwendungsschicht (Application Layer)

Die Anwendungsschicht beinhaltet schließlich die Dienstprogramme für die verschiedenen Funktionen, die über die Kommunikationsbeziehung bzw. das Netzwerk realisiert werden sollen. Dazu gehören beispielsweise Terminalprogramme, elektronische Post oder Dateitransfers.

Das Kommunikationsprotokoll im Internet ist das TCP/IP-Protokoll. TCP (Transmission Control Protocol) bezeichnet dabei ein OSI-Schicht-4-Protokoll, IP (Internet-Protocol) die darunterliegende OSI-Schicht-3. TCP/IP bildet gemeinsam mit den auf TCP aufbauenden Anwendungsprogrammen (Telnet, FTP, WWW, etc.) sowie mit den für IP geeigneten Transportmechanismen (Lokale Netze, X.25, SLIP, etc.) die Familie der TCP/IP-Kommunikationsprotokolle (Abb. 4.10).

Wie Abb. 4.10 zeigt, ist das Internetprotokoll die Schlüsselkomponenten der gesamten Internet-Protokoll-Familie. Aufbauend auf IP-Verbindungen, nutzen die wichtigsten Internet-Applikationen das »Transmission Control Protocol« (TCP), einige auch das »User-Datagram-Protocol« (UDP). UDP ist einfacher aufgebaut als TCP, überträgt die Daten unzuverlässiger und ist auch aus sicherheitstechnischer Sicht als bedenklich einzustufen. Wird beispielsweise die ursprüngliche Paketreihenfolge während einer Übertragung verändert, so wird diese – im Gegensatz zu TCP – durch UDP nicht wieder hergestellt, da dieses Protokoll keinerlei Sequenznummern kennt. Weiterhin existiert in UDP keinerlei Mechanismus zur Bestätigung von vollständig empfangenen Paketen oder zur Anforderung einer erneuten Übertragungen verlorener Daten. Beide Funktionen sind dagegen integraler Bestandteil von TCP.

Die Netzwerktopologien, über die die Internet-Protokolle übertragen werden können, sind vielfältig und reichen von lokalen Netze wie Ethernet, Token Ring, FDDI oder ATM über Weitverkehrsnetze wie X.25 und Frame Relay bis zur seriellen Übertragung via Telefonleitungen (PPP oder SLIP).

4.3.1 Das Internet Protocol (IP)

Das Internet-Protokoll (IP) ist das Basis-Kommunikationsprotokoll im Internet. Die Art und Weise, mit der damit die Daten übertragen werden, wird als paketorientiert, verbindungslos und nicht garantiert bezeichnet. Paketorientiert bedeutet dabei, daß alle zu übertragenden Daten in Datenpakete zerlegt werden. Das Internet-Protokoll legt damit das Paketformat aller Datenübertragungen im Internet fest. Die Pakete werden ferner verbindungslos übertragen, das heißt, daß jedes Paket für sich betrachtet wird und die Übertragung unabhängig von vorhergehenden oder nachfolgenden Paketen erfolgt. Nicht garantiert bedeutet schließlich, daß kein Mechanismus im Internet-Protokoll vorgesehen ist, der für eine wiederholte Übertragung von verloren gegangenen Paketen sorgt. Abb. 4.11 zeigt das Format eines IP-Datenpaketes.

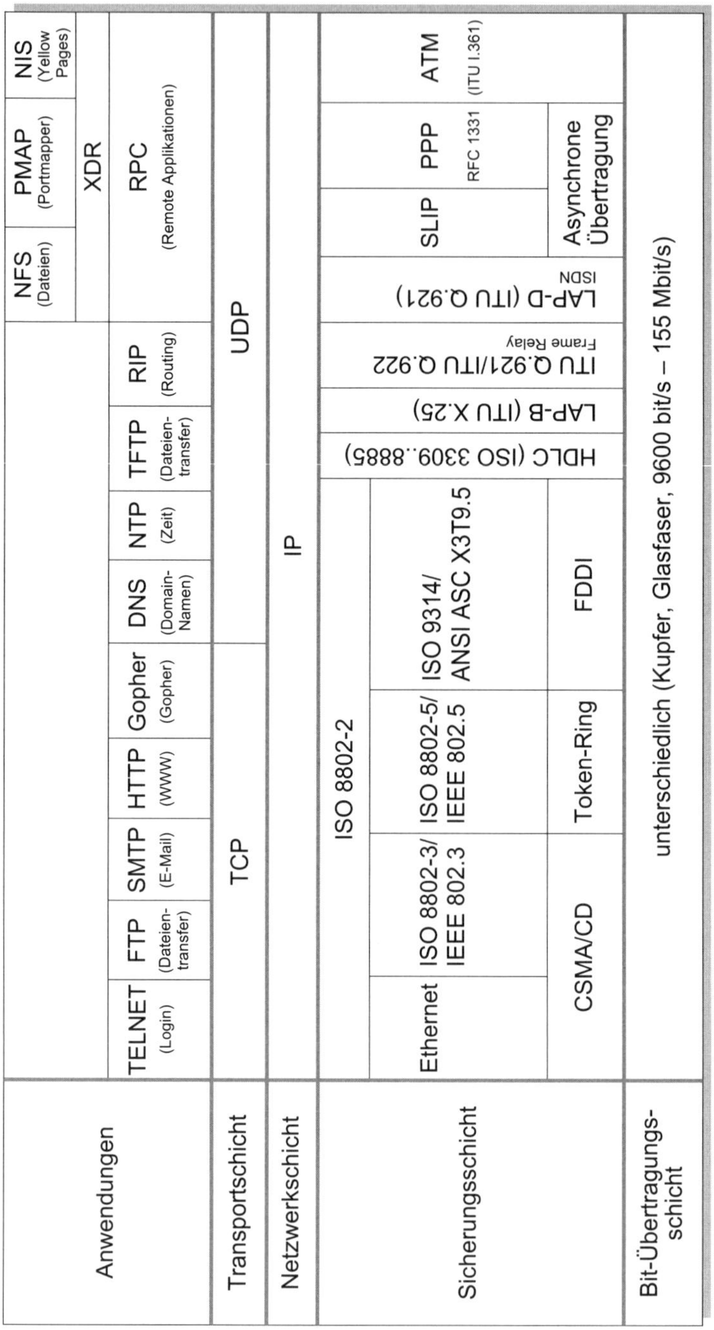

Abb. 4.10: Die Familie des TCP/IP-Protokolls

Die maximale Länge von IP-Datenpaketen beträgt 65.535 Bytes. Je nachdem, über welche Netzwerkinfrastruktur ein IP-Datenpaket übertragen wird, kann allerdings die Notwendigkeit bestehen, dieses zu fragmentieren, also in mehrere kleinere Datenpakete aufzuspalten. In lokalen Netzen vom Typ Ethernet beträgt die maximal zu übertragende Nutzlast pro Paket beispielsweise lediglich 1.500 Bytes. Auch manche Gateways sind nicht in der Lage, Pakete mit der maximalen Länge von 65.535 Bytes zu übertragen. Die Spezifikation des Internet-

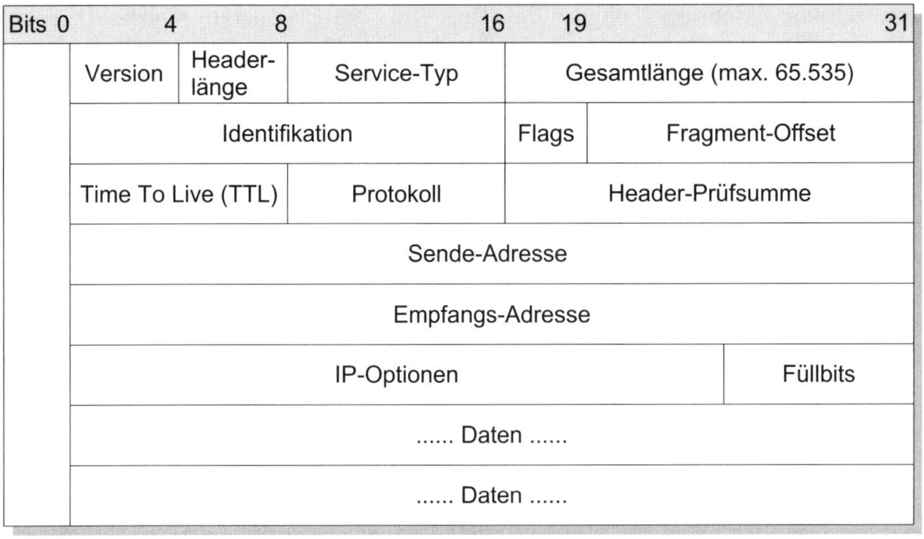

Abb. 4.11: Das Format eines IP-Datenpaketes

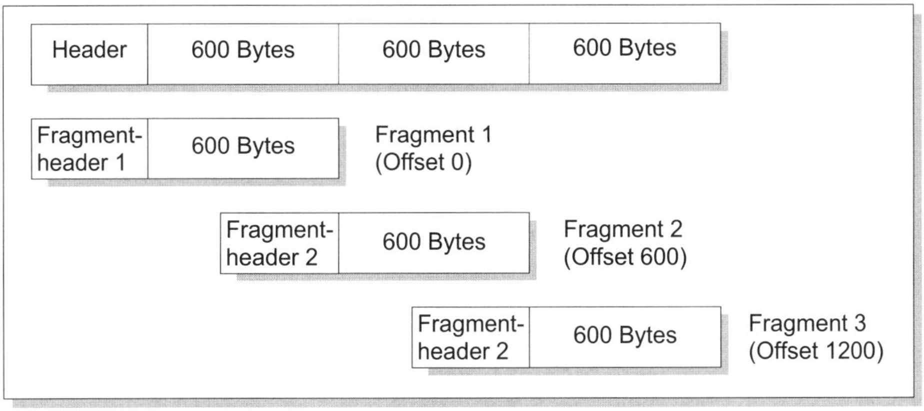

Abb. 4.12: Das Segmentieren von IP-Paketen

Protokolles sieht vor, daß ein Internetgateway bzw. eine Internetstation Pakete mit einer Mindestlänge von 566 Bytes verarbeiten können muß. Jedes Paket-Fragment hat selbst wieder das Format eines gewöhnlichen IP-Paketes. Die Belegung der drei Felder Identifikation, Flag und Fragment-Offset ermöglichen das Reassemblieren des ursprünglichen IP-Datenpaketes an der Zielstation (Abb. 4.12). Die Fragmentierung kann durch das Setzen des ersten Flag-Bits auf den Wert Eins unterdrückt werden (Do-Not-Fragment-Bit). Kann ein Paket nicht übertragen werden, wird es verworfen und eine Fehlermeldung gesendet.

Ein weiteres wichtiges Feld ist das Time To Live (TTL)-Byte. Dieses Feld beschränkt die maximale Zeitdauer, während der sich ein IP-Paket im Internet befinden darf. Während seiner Reise durch das Netzwerk wird der TTL-Zähler an jedem Vermittlungsknoten reduziert. Erreicht der Zähler den Wert Null, bevor das Paket sein Ziel erreicht hat, so wird es verworfen. Auf das Prüfsummenfeld, welches zur Verifizierung der fehlerfreien Übertragung der Header-Felder dient, folgen schließlich die 32 Bit langen Internetadressen von Sender und Empfänger des Datenpaketes sowie die Nutzlast.

4.3.2 Das Transmission Control Protocol (TCP)

Das zweitwichtigste Protokoll im Internet ist das auf IP aufsetzende Transmission Control Protocol. Der wichtigste Unterschied zu IP ist, daß TCP die Daten im Rahmen einer virtuellen Verbindung »garantiert« überträgt (zur Erinnerung: Das Internet-Protokoll überträgt verbindungslos und nicht garantiert!). Das heißt TCP fügt der IP-Funktionalität Mechanismen hinzu, die überprüfen, ob ein Datenpaket tatsächlich beim Empfänger eingetroffen ist. Geht ein Datenpaket verloren, so wird seine wiederholte Übertragung angefordert.

Das TCP-Protokoll teilt den zu übertragenden Datenstrom dazu zunächst in Segmente ein. Je nach Kapazität der Pufferspeicher der kommunizierenden Computersysteme wird dazu eine maximale Segmentgröße vereinbart. Die Standardsegmentgröße beträgt 536 Bytes (dies entspricht der Standard-IP-Paketlänge von 566 Bytes minus den 40 IP-Header-Bytes). Jedes Segment wird vor seiner Übertragung mit einer fortlaufenden Segmentnummer, welche von der Empfangsstation zur Erkennung von verlorenen Datenpaketen sowie zur Empfangsbestätigung benutzt wird, versehen. Die Empfangsbestätigung wird nicht für jedes Paket durchgeführt, sondern nur für jedes n-te Paket, wobei n als Fenstergröße bezeichnet wird (Abb. 4.13).

Bei einer Fenstergröße von n kann die Sendestation n-Pakete übertragen, ohne auf eine Empfangsbestätigung der Empfängerstation zu warten. Spätestens nach dem Versenden des n-ten Paketes muß allerdings die Empfangsbestätigung für Paket Nummer 1 oder eines der später versendeten Pakete eintreffen. Erst dann darf Paket n + 1 gesendet werden. Die Empfängerstation bestätigt in der Regel ganze Gruppen von Paketen. Wird zum Beispiel mit der ersten Empfangsbestäti-

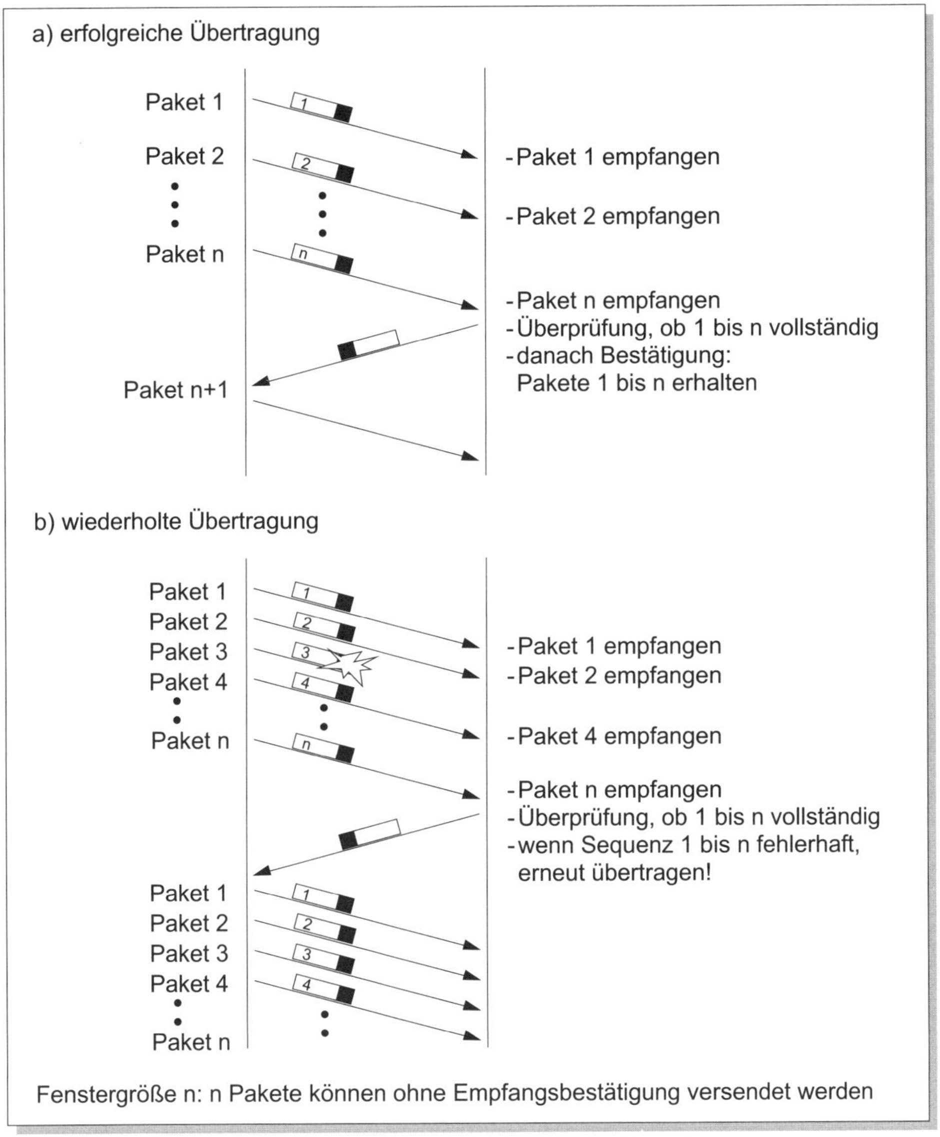

Abb. 4.13: Gesicherte Übertragung mit dem TCP-Protokoll

gung Paketnummer n – 1 bestätigt, so gelten damit auch die Pakete 1 bis n – 2 als bestätigt. Anhand der fortlaufenden Sequenznummer kann die Empfangsstation ja erkennen, ob eine empfangene Paketsequenz unvollständig ist. Ist dies der Fall, so muß allerdings die gesamte Paketsequenz seit der letzten Bestätigung nochmals übertragen werden.

Die Adressierung auf der Ebene von TCP erfolgt über sogenannte Sende- und Empfangsports. TCP-Ports sind dabei jene Software-Adressen, an denen sich auf TCP aufsetzende Internet-Dienstprogramme orientieren. Soll zu einer Anwendung auf einem Computer eine TCP-Verbindung aufgebaut werden, so muß daher ihre TCP-Portnummer bekannt sein. Nach dem Aufbau der Verbindung, unter Angabe des betreffenden Ports, wird so unmittelbar zum betreffenden Dienstprogramm verzweigt.

Multitaskingfähige Computersysteme (Internet-Server) sind in der Lage, mehrere Kommunikationsprozesse mit unterschiedlichen Dienstprogrammen gleichzeitig

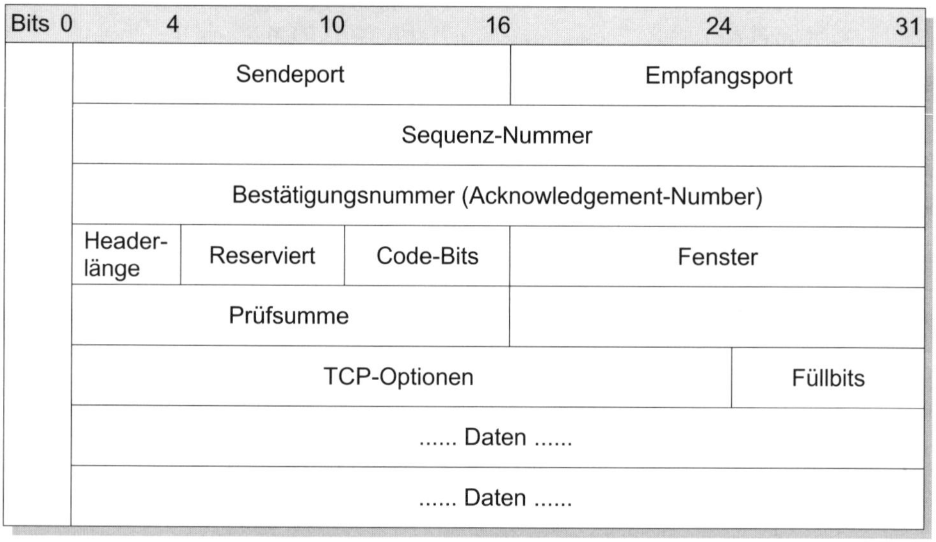

Abb. 4.14: Das Format eines TCP-Pakets

Portnummer	Protokoll	Name	Beschreibung
20	TCP	ftp-data	FTP Datenkanal
21	TCP	ftp	FTP Steuerkanal
23	TCP	telnet	Telnet Server
25	TCP	smtp	E-Mail
53	TCP/UDP	dns	Domain Name Server
80	TCP	www	Web Server

Abb. 4.15: Einige der gebräuchlichsten reservierten TCP-Port-Nummern

ablaufen zu lassen, wobei jedem Dienstprogramm eine andere Portnummer zugewiesen ist. Die Portadressen für öffentliche Dienstprogramme (WWW, FTP, etc.) sind internetweit einheitlich festgelegt, die Portnummern für interne Applikationen können vom Systemverwalter beliebig im Portnummernbereich ab 1.024 konfiguriert werden (Abb. 4.15).

4.3.3 Das User Datagram Protocol (UDP)

Das ebenfalls auf dem Internet-Protokoll aufsetzende User-Datagram-Protocol ist eine simplifizierte Version von TCP, und beschränkt seine Funktionalität auf die Zuordnung von Applikationen zu UDP-Portadressen. Eine garantierte Übertragung der Datenpakete in der richtigen Reihenfolge kann UDP nicht leisten. Ereignisse wie Paketverluste, Übertragungsverzögerungen oder vertauschte Paketreihenfolgen müssen von der jeweiligen auf UDP aufsetzenden Applikation kompensiert werden (Abb. 4.16).

Bits 0 4 10	16 24 31
UDP-Sendeport	UDP-Empfangsport
UDP-Paketlänge	UDP-Prüfsumme
...... Daten	
...... Daten	

Abb. 4.16: Das Format eines UDP-Pakets

4.3.4 Internet-Protokolle für serielle Leitungen

Um unabhängig vom Ort jederzeit unbeschränkten Zugang zum Internet erlangen zu können, ist es notwendig, auch über Telefonleitungen oder andere serielle Datenwählleitungen das Internet Protocol (IP) benutzen zu können. Dies kann mit Hilfe des »Serial Line Interface Protocol« (SLIP) oder des »Point to Point Protocol« (PPP) geschehen.

Serial Line Interface Protocol (SLIP)

Das Serial Line Interface Protocol (SLIP) wurde 1984 von Rick Adams für die Berkeley Unix Version 4.2 entwickelt, um Internet-Protocol-Datenpakete über Telefonleitungen zu übertragen. Der dazu benutzte Algorithmus ist denkbar einfach. SLIP benötigt lediglich zwei Steuerzeichen, nämlich das END-Zeichen (Oktal 300 bzw. Dezimal 192) sowie das ESC-Zeichen (Oktal 333 bzw. Dezimal 219) (nicht zu verwechseln mit dem ASCII-Escape-Zeichen!).

Um nun ein IP-Paket zu versenden, wird begonnen, die Daten zu übertragen. Am Ende des Paketes wird ein SLIP-END-Zeichen hinzugefügt. Tritt innerhalb der zu übertragenden Daten zufällig die Bitfolge des END-Zeichens selbst auf, so werden vor dieses zwei Bytes mit ESC und ein Byte mit der Bitfolge für Dezimal 220 eingefügt. Enthalten die Daten die Bitfolge des ESC-Zeichens, so werden zwei Bytes mit ESC und ein Byte mit der Bitfolge für Dezimal 221 eingefügt (Abb. 4.17).

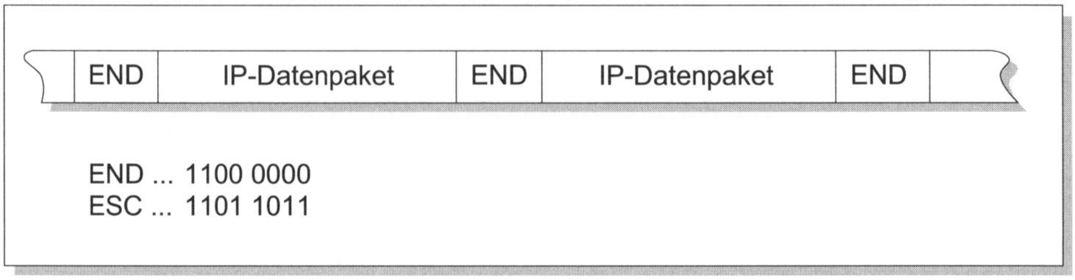

Abb. 4.17: Das SLIP-Protokoll

Einige SLIP-Implementationen fügen vor der Übertragung des Datenpaketes ein END-Zeichen ein, um etwaige Fehlerbytes, verursacht durch Leitungsstörungen, zu beseitigen. Da SLIP kein offizieller Standard ist, gibt es auch keine eindeutig definierte maximale Paketlänge. Als Richtlinie wird im allgemeinen die SLIP-Implementation für das Berkeley-UNIX betrachtet, die eine maximale Paketlänge von 1.006 Bytes festlegt (ohne END und ESC Zeichen).

Aufgrund seiner Einfachheit ist SLIP sehr leicht zu implementieren. Es gibt jedoch einige wesentliche funktionelle Einschränkungen. So können keine Adreßinformationen über SLIP ausgetauscht werden. Beiden Computersystemen muß daher von vornherein die jeweilige andere IP-Adresse bekannt sein, um miteinander kommunizieren zu können.

SLIP besitzt des weiteren kein Protokoll-Typenfeld. Es kann daher nur ein Protokoll zur Zeit übertragen werden. Die Verbindung zweier Multiprotokoll-Systeme wird damit unmöglich.

Und schließlich ist in SLIP keinerlei Fehlerkorrekturmechanismus integriert. Diese Funktion kann zwar auch vom TCP-Protokoll übernommen werden, es ist jedoch effizienter, wenn bereits auf unterster Übertragungsebene ein einfacher Korrekturmechanismus existiert. So müssen erst mehrere Pakete übertragen werden (je nach TCP-Fenstergröße), bis der TCP-Fehlerkorrekturmechanismus eingreifen kann. Bei Leitungen mit hoher Bitfehlerrate kann dies zu einer merklichen Reduktion der effektiven Übertragungsrate führen.

Das Point-to-Point-Protokoll (PPP)

Das Point-to-Point-Protokoll (RFC 1331 Dez. 1993) ermöglicht die Übertragung von Datenpaketen unterschiedlicher Protokolle über serielle Datenleitungen. Es ist wesentlich komplexer als SLIP, und hat im Gegensatz zu diesem eine Vielzahl von Funktionen wie Fehlerkorrektur oder die Möglichkeit der Zuweisung von Netzwerkadressen implementiert. PPP ist deshalb ein weit verbreitetes Protokoll.

PPP besteht aus drei Komponenten: der Enkapsulierung der Datenpakete, dem Link Control Protocol zum Aufbau der Datenverbindung sowie verschiedenen

Flag	Address	Control	Protocol	Information	FCS	Flag
0111 1110	1111 1111	0000 0011	16 Bits		16 Bits	011101110

Protokoll-Feld-Codes:

0001	Padding Protocol
0003 to 001f	reserved (transparency inefficient)
0021	Internet Protocol
0023	OSI Network Layer
0025	Xerox NS IDP
0027	DECnet Phase IV
0029	AppleTalk
002b	Novell IPX
002d	Van Jakobson Compressed TCP/IP
002f	Van Jakobson Uncompressed TCP/IP
0031	Bridging PDU
0033	Stream Protocol (ST-II)
0035	Banyan Vines
0037	unused
0039	AppleTalk EDDP
003b	AppleTalk SmartBuffered
003d	Multi-Link
005d	reserved (compression inefficient)
00cf	reserved (PPP NLPID)
00fd	1st choise compression
00ff	reserved (compression inefficient)
0201	802.1d Hello Packets
0203	IBM Source Routing BPDU
0231	Luxcom
0233	Sigma Network Systems
8021	Internet Protocol Control Protocol
8023	OSI Network Layer Control Protocol
8025	Xerox NS IDP Control Protocol
8027	DECnet Phase IV Control Protocol
8029	AppleTalk Control Protocol
802b	Novell IPX Control Protocol
802d	Reserved
802f	Reserved
8031	Bridging NCP
8033	Stream Protocol Control Protocol
8035	Banyan Vines Control Protocol
8037	unused
8039	Reserved
803b	Reserved
803d	Multi-Link Control Protocol
80fd	Compression Control Protocol
80ff	Reserved
c021	Link Control Protocol
c023	Password Authentication Protocol
c025	Link Quality Report
c223	Challenge Handshake Authentication Protocol

Abb. 4.18: Das Format des PPP-Datenpaket

Netzwerk-Kontrollprotokollen zur Konfiguration der Parameter für die unterschiedlichen Netzwerkprotokolle (IP, IPX, DECnet etc.).

Die PPP-Enkapsulierung

PPP enkapsuliert die zu übertragenden Datenpakete in HDLC-Format (Highlevel Data Link Control ISO 3309-1979). Abb. 4.18 zeigt das daraus resultierende Datenformat eines PPP-Datenpakets (bei asynchroner Übertragung werden von HDLC zusätzlich vor und nach jedem Byte ein Start bzw. Stop-Bit eingefügt. Diese Start- und Stop-Bits sind in 4.18 nicht berücksichtigt).

Mit dem Flag-Feld 01111110 zeigt HDLC den Beginn bzw. das Ende eines Datenpaketes an. Das Adressenfeld wird für PPP immer mit der Bitfolge 11111111 belegt (der HDLC-Wert für »Alle Stationen«), das Kontrollfeld mit 00000011 (die HDLC-Belegung für Unnumbered Information (UI)). Im zwei Bytes langen Protokollfeld wird der Typ des enkapsulierten Protokolls angegeben. Das Informationsfeld kann eine Länge zwischen 0 und 1.500 Bytes aufweisen. Abgeschlossen wird das Datenpaket durch eine 2 Byte lange Frame Check Sequence sowie das Ende-Flag 01111110.

Das PPP Link Control Protocol (LCP)

Das LCP-Protokoll hat die Aufgabe, die serielle Punkt-zu-Punkt-Verbindung aufzubauen, zu überwachen, Netzwerk-Kontrollprotokolle aufzurufen sowie nach dem Ende der Datenübertragung die Verbindung wieder abzubauen. Werden in einem PPP-Paket LCP-Daten übertragen, so ist dieses am Protokoll-Typenfeld »hex c021 Link Control Protocol« erkennbar. Nachdem der Austausch von LCP-Konfigurationspaketen erfolgt ist, und ein »Configure-Ack«-Paket von der Gegenstelle erhalten wurde, wird die Datenleitung geöffnet. Nun kann (optional) die Leitungsqualität durch das Versenden von LCP Echo-Request- bzw. LCP Echo-Reply-Paketen getestet werden. Nach dieser Testphase ruft das Link-Kontrollprotokoll schließlich das gewünschte Netzwerk-Kontrollprotokoll-Programm (NCP Network Control Protocol) auf.

Das PPP Netzwerk-Kontrollprotokoll für IP

Für jedes Protokoll, dessen Übertragung von PPP unterstützt wird, gibt es ein Netzwerk-Kontrollprotokoll. Die entsprechende Implementation für das Internet-Protokoll nennt sich IPCP (IP Control Protocol). Die Aufgabe des IPCP ist es, die IP-Module auf den beiden kommunizierenden Computersystemen zu aktivieren bzw. zu deaktivieren. IPCP wird in PPP-Paketen mit dem Protokoll-Typenfeld »hex 8021 Internet Protocol Control Protocol« übertragen. Nachdem auch das IPCP die Datenleitung auf Netzwerk-Ebene geöffnet hat, können die eigentlichen IP-Pakete übertragen werden.

4.4 Die Verbindung von Netzwerken im Internet: Gateways und Router

Um Teilnetzwerke miteinander verbinden zu können, werden speziell dafür entworfene Computersysteme benötigt. Diese haben die Aufgabe, die Datenpakete aus einem Netzwerk A mit Ziel in einem Netzwerk B von A nach B zu übertragen und umgekehrt (Abb. 4.19). In welchem Netzwerk sich der Empfänger des betreffenden Datenpaketes befindet, kann aus seiner Internet-Zieladresse ermittelt werden.

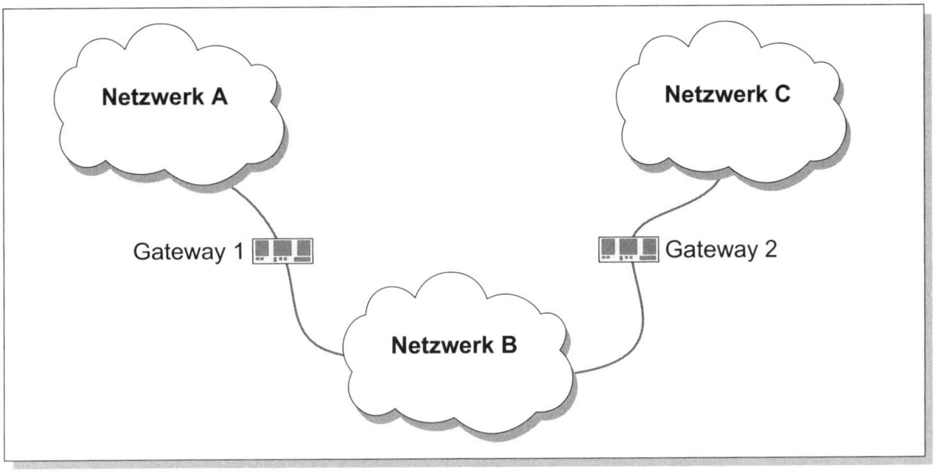

Abb. 4.19: Durch Gateways miteinander verbundene Netzwerke

Die Computer, die diese Aufgaben erfüllen, werden als Router oder Gateways bezeichnet. Entscheidend für das Vermittlungsprinzip im Internet ist, daß die Weiterleitung von Datenpaketen auf Netzwerk-Ebene passiert, und nicht auf Computerebene. Das heißt, ein Gateway kümmert sich lediglich darum, daß ein Paket in sein Zielnetzwerk befördert wird, nicht jedoch darum, ob und wie es der Empfänger im Zielnetzwerk erhält. Die Menge der Informationen, die die Internet-Gateways für diese Aufgabe benötigen, ist daher proportional zur Anzahl der Netzwerke, nicht aber proportional zur Anzahl der Netzwerkteilnehmer!

Da die Vermittlung der Datenpakete auf der Ebene des Internet-Protokolles geschieht, sind aus Sicht der Internet-Gateways auch alle Netzwerke gleichberechtigt. Auf welcher Übertragungstechnologie das einzelne Netzwerk beruht (Ethernet, X.25, PPP etc.), ist für Gateways nicht sichtbar. Dieser hohe Grad an Abstraktion von der tatsächlichen Infrastruktur der verschiedenen Teilnetze ist ein Hauptgrund für die Flexibilität und Zuverlässigkeit des Internet. Der Benutzer des Internet selbst befindet sich noch eine weitere Abstraktionsstufe über den Gateways. Für ihn stellt sich das Internet als ein einziges riesiges Netzwerk dar, an welches jeder Netzknoten direkt angebunden ist (Abb. 4.20).

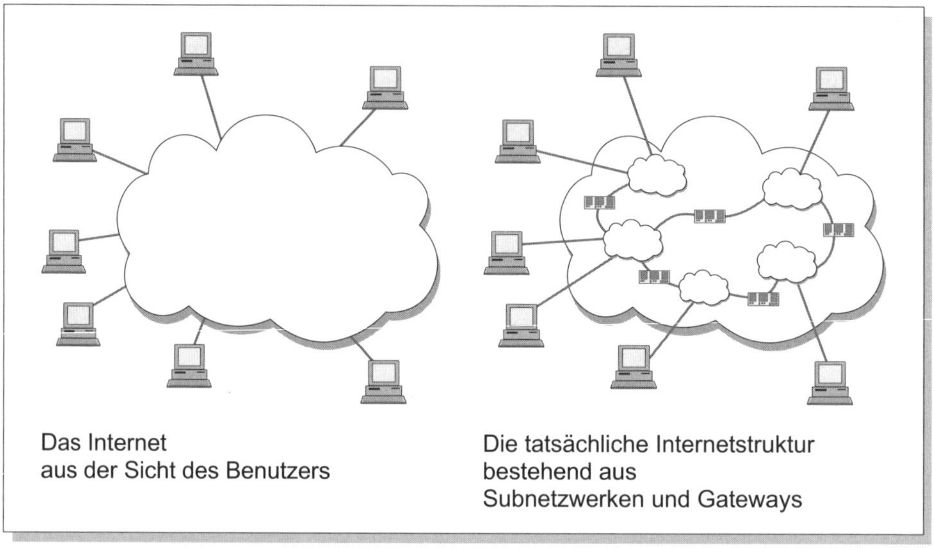

Abb. 4.20 : Die Netzwerkstruktur des Internet aus Benutzersicht

4.5 Die Adressierung im Internet: IP-Adressen

Die im Internet benutzte Adressierungsstruktur wurde mit dem Ziel geschaffen, eine möglichst effiziente Vermittlung der zu übertragenden Datenpakete über mehrere Teilnetzwerke hinweg zu gewährleisten. Die Internetadressen geben deshalb nicht nur darüber Auskunft, wer der betreffende Netzteilnehmer ist, sondern darüber hinaus auch, wo er sich befindet und über welche Übertragungswege er erreichbar ist.

Jedem Internet-Teilnehmer wird eine, im weltweiten Internet einmalige, 32 Bit (4 Bytes) lange Internetadresse als Identifikation zugeordnet. Jede Adresse besteht dabei aus zwei Teilen: der Netzidentifikation (netid) und der Benutzeridentifikation (host-id). Es gibt fünf verschiedenen Klassen von Internetadressen A, B, C, D und E, die sich durch die Länge der Felder Netzidentifikation- bzw. Benutzeridentifikation unterscheiden (Abb. 4.21).

Adressklasse	Größe der Netzwerk-adresse	Größe der Benutzer-adresse	Anzahl der Netzwerke (theoretisch)	Anzahl der Benutzer pro Netzwerk
A	7 Bits	24 Bits	128	16.777.214
B	14 Bits	16 Bits	16.384	65.534
C	21 Bits	8 Bits	2.097.152	254

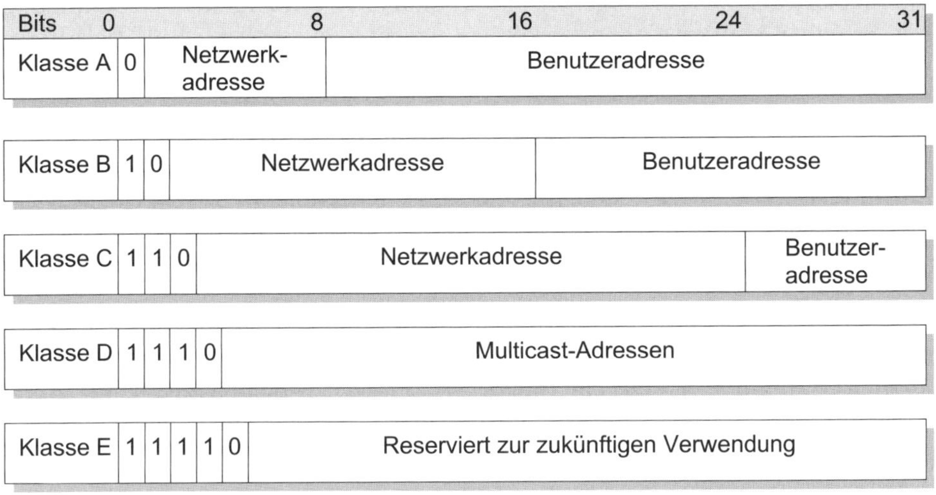

Abb. 4.21: Die fünf Klassen von Internetadressen

Die Schreibweise der Internetadressen ist im allgemeinen so, daß jedes Byte als Dezimalzahl dargestellt wird und durch einen Punkt vom Nachbar-Byte getrennt ist (z. B. 193.174.4.13). Jedem an das Internet angebundene Netzwerk wird so eine bestimmte Netzidentifikation zugeordnet. Die zu der jeweiligen Netzidentifikation gehörende Benutzeridentifikation kann der lokale Netzwerkbetreiber selbst vergeben. Jede Netzidentifikation der Internet-Adreßklasse A beinhaltet nun (da 21 Bit dafür zur Verfügung stehen) 2^{21} oder 2.097.152 Benutzeridentifikationen. Allerdings stehen weltweit nur 126 Klasse-A-Adressen zur Verfügung. Die 16.383 Klasse-B-Adressen beinhalten dementsprechend 65.536 Benutzeradressen, die 2.097.151 Klasse-C-Adressen je 254 Benutzeridentifikationen. Die Zahl der zu vergebenden 32-Bit-Internetadressen ist somit beschränkt, und wird aufgrund des starken Wachstums des Internet in absehbarer Zeit erschöpft sein.

Aus diesem Grund wurde im November 1991 vom IAB (Internet Activities Board) die ROAD-Gruppe (Routing and Addressing) gegründet, die die Aufgabe hatte, das Internetprotokoll zu überarbeiten. 1995 wurde diese verbesserte Internetprotokoll-Version (IPv6 oder IPng next generation) vom IETF beschlossen, und kann seitdem (die Kompatibilität zur bestehenden IP-Version IPv4 ist gewährleistet) die bestehende Internet-Protokollversion ablösen. Der Adreßraum von IPv6 umfaßt aufgrund von 128 Bits langen Adressen 2^{128} oder 10^{38} Adressen, womit das Problem der Adressenknappheit endgültig und auf Dauer gelöst ist (siehe Abschnitt 4.6).

Die 32-Bit-Internetadressen der Klasse D werden als Multicast-Adressen bezeichnet. Mit ihrer Hilfe können Datenpakete an bestimmte Gruppen von Empfängern gesendet werden. Bestimmte Multicast-Adressen werden dabei wie alle anderen Internetadressen zentral vergeben, andere sind zur vorübergehenden Benutzung frei verfügbar. Multicast-Adressen können allerdings ausschließlich als Zieladresse verwendet werden, niemals als Senderadresse.

4.5.1 Besondere Internetadressen

Einige Netzwerkadressen sind für bestimmte Funktionen reserviert. Die wichtigsten dieser Adressen sind Broadcast- und Loopback-Adressen.

Broadcast-Adressen

Eine Broadcast-Adresse dient dazu, um ein bestimmtes Datenpaket an alle Knoten eines Netzwerkes zu versenden. Alle Bits des Feldes für Benutzeridentifikation werden dazu auf 1 gesetzt. Die Broadcast-Adresse für das Netzwerk 121 lautet somit 121.255.255.255 (acht binäre Einsen, dezimal ausgedrückt, ergeben 255!).

0111 1001	1111 1111	1111 1111	1111 1111
121	255	255	255

Abb. 4.22: Die Broadcast-Adresse 121.255.255.255

Die Loopbackadresse 127

Die Klasse-A-Adresse 127 ist für sogenanntes Loopback reserviert. Pakete mit der Zieladresse 127.0.0.0 treffen so, ohne jemals auf das Netzwerk zu gelangen, unmittelbar wieder beim Sender ein und können zum Funktionstest verwendet werden.

Netzwerk- und Benutzeridentifikation mit dem Wert 0

Wird als Netzwerkidentifikation 0 angegeben, so bezeichnet dies automatisch das lokale Netzwerk. Die Benutzeridentifikation mit dem Wert 0 bezeichnet entsprechend den eigenen Netzknoten (Abb. 4.23).

Internetadresse		Ziel
Netzwerkidentifikation	Benutzeridentifikation	
000 ... 000	000 ... 000	Eigener Netzknoten
000 ... 000		Benutzer, der sich im selben Netzwerk befindet
111 ... 111	111 ... 111	Broadcast, lokal: Alle Knoten des eigenen Netzwerkes
	111 ... 111	Broadcast in ein bestimmtes Netzwerk
1111 1111 (127 Dezimal)	beliebig	Loopback

Abb. 4.23: Spezielle Internetadressen

4.5.2 Das Routing-Prinzip im Internet: Subnet-Adreßmasken

Große Unternehmen betreiben Netzwerke, die aus mehreren tausend Benutzern und vielen hundert Teilnetzwerken (Subnetworks) bestehen. Da sie jedoch nicht auf den Vorteil einer einzigen Internetadresse verzichten wollen, wird ein Teil der verfügbaren Benutzeridentifikation dazu verwendet, die Internetadresse in mehrere Subnetzwerke zu strukturieren. Ein Netzwerk mit der Klasse-B-Adresse 128.69 könnte so beispielsweise in die Subnetzwerke A und B aufgeteilt werden, so daß Subnetz A nur den Adressenbereich 128.69.1.1 bis 128.69.1.254 benutzt, und Subnetz B den Bereich 128.69.2.1 bis 128.69.2.254. Die Verbindungskomponente zwischen beiden Netzwerken, ein Router, kann nun mit Hilfe einer sogenannten Subnet-Adreßmaske leicht feststellen, ob ein Datenpaket des einen Netzwerkes ein lokales Ziel besitzt, in das zweite Subnetzwerk vermittelt (geroutet) oder überhaupt in ein anderes Internet-Netzwerk übertragen werden soll. Die Subnet-Adreßmaske für unser Beispiel wäre 255.255.255.0. Sie ist nichts anderes als eine Bitmaske, die Nullen für den Adressenbereich enthält, der für den lokalen Subnetzbereich vorgesehen ist, und Einsen für alle anderen Bits. In unserem Beispiel wertet der Router also nur die ersten drei Bytes der Zieladressen aus, da er damit bereits feststellen kann, ob ein bestimmtes Paket weitervermittelt werden muß oder nicht. Dies hat für den Router den enormen Vorteil, daß er in seinen Routing-Tabellen nicht mehr alle Computeradressen, sondern lediglich die Subnetzadressen der Teilnetzwerke vorhalten muß. Da die Zahl der Subnetze wesentlich geringer ist als die Anzahl der Computersysteme, ist die Routersoftware in der Lage, Vermittlungsentscheidungen wesentlich rascher durchzuführen. Dasselbe Vermittlungsprinzip wird von den Backbone-Gateways im Internet benutzt. Für alle angeschlossenen Providernetze sind Subnet-Masken definiert, wodurch eine effektive internetweite Vermittlung überhaupt erst möglich wird (Abb. 4.24).

Falsch gesetzte Subnet-Adressmasken sind häufig die Ursache von Kommunikationsproblemen. Wird in unserem Fall die Subnet-Adreßmaske irrtümlich auf 255.255.0.0 gesetzt, so würde dies bedeuten, daß alle Datenpakete mit den Zieladressen 128.69.xxx.xxx nicht vermittelt werden (der Router überprüft lediglich die ersten beiden Bytes, und diese zeigen ihm an, daß sich das Paket bereits im richtigen Netzwerk befindet!). Jegliche Kommunikation mit dem Nachbarnetzwerk wäre unterbunden!!

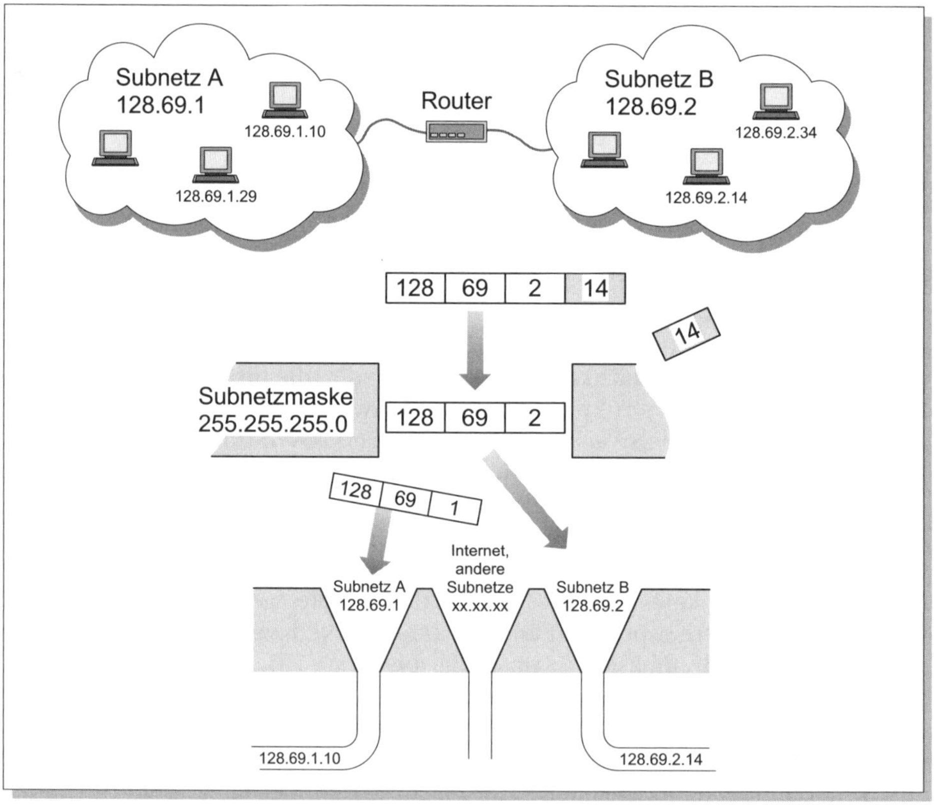

Abb. 4.24: Der Mechanismus von Subnetz-Adreßmasken

4.5.3 Das Internet Domain-Namen-System

Zur leichteren Handhabung wird jeder Internetadresse auch ein Name zugeordnet. 1986 enthielt die offizielle, zentral geführte Namensliste des Internet etwa 3.600 Namen. Diese flache Namenshierarchie ohne jede Strukturierung war damit bereits an ihre Grenzen gelangt. Es wurde immer schwieriger neue, noch unbesetzte Namen zu finden, und noch im selben Jahr wurde mit dem Domain-Namen-System eine hierarchische Namenstruktur eingeführt.

Wie bei der numerischen Schreibweise gliedert sich im Domain-Namen-System der Adreßname in einen Benutzerteil (user-id) und einen Netzwerkteil, der als Domain-Name bezeichnet wird. Die einer anderen Domain hierarchisch untergeordnete Domain wird als Sub-Domain bezeichnet. Der Domain-Name besteht demnach aus einer sogenannten Top-Level-Domain (der am weitesten rechts befindliche Name) sowie aus Sub-Domains. So ist der zugehörige Internetadreßname für die Adresse 15.29.120.137 beispielsweise idacom.hp.com (obwohl auch beim Adreßnamensystem die einzelnen Adreßteile durch einen Punkt unterteilt sind, korrespondieren diese Teile in keiner Weise mit den ebenfalls durch Punkte getrennten Bytes einer numerischen Internetadresse!). Die Anzahl der Subdomains ist beliebig, die Gesamtlänge des Domainnamens darf allerdings 24 Zeichen nicht überschreiten.

roland@idacom.hp.com

roland	Benutzeridentifikation
com	Top-Level-Domain, Höchste Netzwerkhierarchie
hp	Erste Sub-Domain
idacom	Zweite Sub-Domain

Abb. 4.25: Das Internet Domain-Namen-System

Benutzeridentifikationen und Subdomains müssen so gewählt werden, daß sie innerhalb der übergeordneten Netzwerkstruktur einzigartig sind. Es darf also innerhalb des Netzwerkes idacom.hp.com nur einen einzigen Benutzer roland geben, genauso wie es innerhalb von hp.com nur ein einziges Netzwerk mit dem Namen idacom geben darf. Innerhalb des Netzwerkes ibm.com dürfte es dagegen ein zweites Netzwerk mit dem Namen idacom geben. Auch dieses könnte dann einen Benutzer mit der Benutzeridentifikation roland beinhalten.

Im allgemeinen werden Internetadressen vollständig mit Kleinbuchstaben geschrieben. Die Vermittlungssysteme erkennen jedoch auch Großbuchstaben oder auch eine Mischung aus Groß- und Kleinbuchstaben. In der Regel sollte allerdings die Kleinschreibung beibehalten werden.

4.5.4 Die Interpretation von Domain-Namen

Internetadressen können aus zwei, drei oder mehr Sub-Domains bestehen. Die Internet-Adresse

`othmar_kyas@hp-germany-om2.om.hp.com`

spezifiziert beispielsweise das deutsche Internet-E-Mail-Gateway om2 von Hewlett Packard. Mail-Gateways sind spezielle Computer, die verwendet werden, um zentralisiert den E-Mail-Verkehr eines Unternehmens oder einer Benutzergruppe abzuwickeln. Dies dient in großen Organisationen abgesehen von Sicherheitsaspekten auch zur Vereinfachung der Internetadressen. So könnte der Benutzer `roland@comp_a.firma.com`, zur Verkürzung seiner E-Mail-Adresse ein Mail-Gateway benutzen. Die E-Mail-Adresse würde dann `roland@firma.com` lauten.

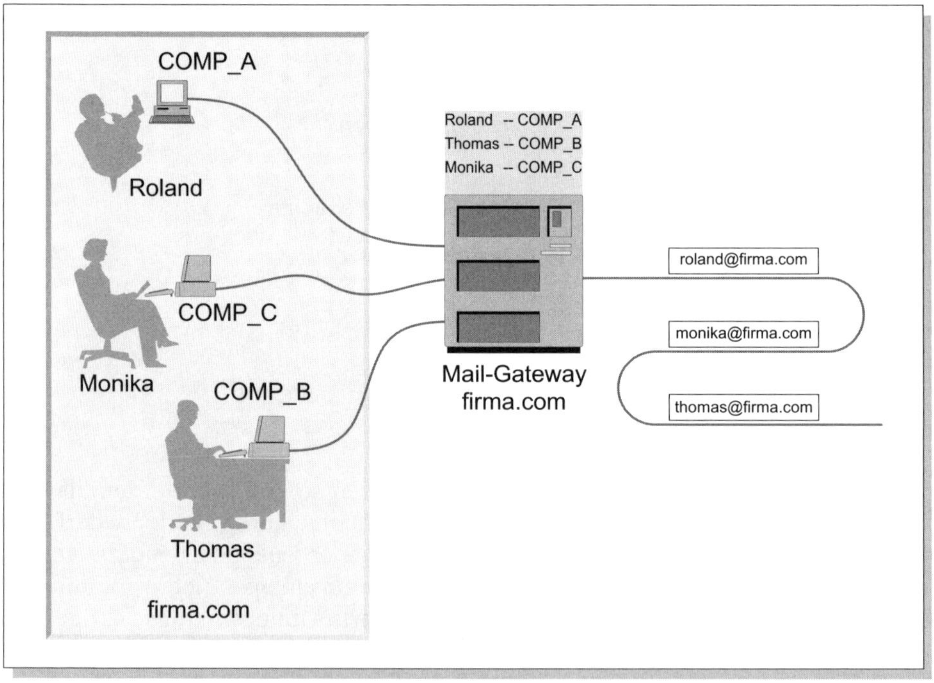

Abb. 4.26: Mail-Gateways

Vom Mail-Gateway würde dann jedes E-Mail mit der Adresse `roland@firma.com` an den lokalen Knoten »comp_a« weitervermittelt. Dem Mail-Gateway muß dazu natürlich bekannt sein, welcher Computer dem betreffenden Benutzer zugeordnet ist.

Um sicherzugehen, daß ein Benutzer E-Mails auch über Mail-Gateways hinweg erhält, gibt es noch die Möglichkeit, im Benutzerteil der Adresse, getrennt durch das Prozentzeichen »%« oder den Schrägstrich »/«, zusätzlich das lokale Computersystem des Empfängers anzugeben. Die Adresse würde dann

```
roland%com_a@firma.com
```

lauten. Ist ein Mail-Gateway aufgrund der Netzwerkindentifikation nicht in der Lage, eine Nachricht eindeutig einem Benutzer zuordnen zu können, durchsucht es nämlich zusätzlich auch die Benutzeridentifikation nach Hinweisen, die auf das Computersystem des Empfängers schließen lassen.

So wie aus der Benutzeridentifikation des Internet-Domain-Namen häufig auf den Namen des Benutzers geschlossen werden kann, so können aus den Sub-Domain-Bezeichnungen Rückschlüsse auf Ort oder Organisation des Absenders getroffen werden. Man unterscheidet dabei die (älteren) dreistelligen Organisationsbezeichnungen sowie die zweistelligen geographischen Domainnamen. Die Top-Level-Domain-Organisationsbezeichnungen stammen noch aus der Zeit, als das Internet noch hauptsächlich auf Nordamerika beschränkt war. Mit der zunehmenden Internationalisierung des Internet wurden für all an das Internet angeschlossenen Länder geographische Codes festgelegt (Abb. 4.24).

com	Unternehmen (commercial organization)
edu	Universität/ Bildungseinrichtung (educational institution)
gov	Regierungsstelle (government)
int	Internationale Organisation
mil	Militärische Organisation
net	Netzwerk-Organisation
org	Nicht-profitorientierte Organisation

Abb. 4.27: Die Top-Level-Domain-Organisationsbezeichnungen

Die Organisationsdomains werden auch heute noch ausschließlich vom InterNIC in den USA vergeben und verwaltet. Soll die Top-Level-Domain beispielsweise

COM lauten, so muß diese direkt in den USA beantragt und registriert werden (`http://www.internic.net`). Gibt man sich mit den etwas weniger prestigeträchtigen Geographiedomains zufrieden, so können diese auch bei den jeweiligen nationalen NIC-Zentren (z. B. die Domain »de« für Deutschland beim DE-NIC) beantragt werden. Abb. 4.25 zeigt einige Beispiele für diese geographischen Top-Level-Domains, deren vollständige Liste in Anhang G aufgeführt ist.

at	Österreich	dk	Dänemark
au	Australien	es	Spanien
ca	Canada	jp	Japan
ch	Schweiz	uk	Großbritannien
de	Deutschland	us	USA

Abb. 4.28: Einige geographische Top-Level-Domains

Um eine größere Flexibilität bei der Namensgebung zu erreichen, wurden zusätzlich die in Abb. 4.29 angegebenen Top Level Domains definiert, die wieder mehr die Funktion der Domäne in den Vordergrund stellen.

biz	geschäftliche Domänen
pro	berufliche Informationen
name	Einzelpersonen
info	Informationsseiten
aero	Reiseveranstalter, Flughäfen
coop	genossenschaftliche Organisationen

Abb.4.29: Neue Top Level Domains

4.5.5 Der Host-Befehl und das DNS-Protokoll

Die Gateways im Internet, deren Aufgabe es ist, die IP-Datenpakete an ihr Ziel zu vermitteln, können dazu nicht die Domain-Namen benutzen, sondern sind auf die numerischen Internetadressen und die zugehörigen Subnetz-Adreßmasken angewiesen. Aus diesem Grund ist ein Mechanismus notwendig, der die vom Internet-Benutzer als Zieladresse angegebenen Domain-Namen in numerische Internetadressen umwandeln kann. Dies wird mit Hilfe des DNS-Protokolles (Domain Namen System) durchgeführt.

Gelegentlich kommt es vor, daß das lokale Gateway den angegebenen Domain-Namen nicht in eine numerische Internetadresse umwandeln kann. In diesen Fällen schafft gelegentlich die direkte Angabe der numerischen Adresse Abhilfe. Mit dem Befehl

```
host <Domain-Name>
```

bzw.

```
host <Internet-Adresse>
```

erhält man die jeweilige andere Schreibweise der Internetadresse angezeigt. Der Host-Befehl benützt das DNS-Protokoll, um die Zuordnung von numerischen Internetadressen zu Domain-Namen und umgekehrt durchzuführen. Dabei kommen sogenannte Namen-Server zum Einsatz, die, dezentral verteilt, überall im Internet zu finden sind. Die verschiedenen Namen-Server sind dabei analog zur Struktur des Namensystems selbst hierarchisch organisiert. Um einen Adreßnamen zuzuordnen, wird vom sogenannten Root-Server ein Namen-Server für die Top-Level-Domain des Namens ausgewählt. Dieser wählt wiederum für die erste Sub-Domain einen dafür zuständigen Namen-Server aus usw. Auf den jeweiligen Namen-Servern befinden sich die vier sogenannte Zonen-Datenbanken:

- Forward Zone,
- Reverse Zone,
- Localhost,
- Reverse Localhost.

In der Forward-Zone-Datenbank befinden sich die Zuordnungen der Domain-Namen zu den jeweiligen Internetadressen, in der Reverse-Zone-Datenbank eine umgekehrte Tabelle, mit Hilfe der, ausgehend von Internetadressen, die zugehörigen Domain-Namen gefunden werden können. Zu diesem Zweck wurde eine eigene Internet-Adressen-Domain (in-addr.arpa) definiert. Für die Internetadresse aaa.bbb.ccc.ddd kann so mittels der DNS-Anfrage

```
ddd.ccc.bbb.aaa.in-addr.arpa
```

der betreffende Domainname gefunden werden. Diese Anwendung dient insbesondere Diskless-Systemen dazu, ausgehend von der Internetadresse, die nach dem Systemstart mit Hilfe der Hardware-Adresse und dem RARP-Protokoll ermittelt wird, ihren Domain-Namen zu finden. Darüber hinaus benutzen aber auch Applikationen wie die Berkeley-Remote-Dienste »rlogin« oder »rsh« diese inversen DNS-Tabellen zur Authentifikation der Benutzer (eines der Kriterien für r-Befehle lautet ja: Benutzername und Internetadresse müssen korrespondieren). Die beiden Local-Host-Zonendateien dienen der Unterstützung des Loopback-Interfaces (Netzwerk 127.0.0.0).

Um nun nicht bei jedem Verbindungsaufbau (bei dem die Zieladresse als Domain-Namen angegeben wird) auf die Domain-Namen-Server im Internet zugreifen zu müssen, und den Datenverkehr durch eine Vielzahl von DNS-Abfragen zu beeinträchtigen, legt jeder DNS-Server einen lokalen Pufferspeicher (Cache) an und wählt einen weiteren Namen-Server als »Secondary-Server« aus.

Im Cache-Speicher werden Domain-Namen und zugeordnete Internetadressen, die bereits einmal von lokalen Clients nachgefragt worden sind, abgespeichert. Nach einiger Zeit können die meisten DNS-Zugriffe vom lokalen Cache-Speicher aus beantwortet werden (Name Caching).

Der »Secondary DNS-Server« (meist übernimmt der DNS des Internet-Providers diese Aufgabe) dient dazu, den eigenen Server zu entlasten, und bei Problemen als Backup zu fungieren. Dazu werden die Zonen-Dateien des eigenen DNS-Servers regelmäßig auf den »Secondary Server« übertragen (Bulk-Zone-Transfer) (Abb. 4.30).

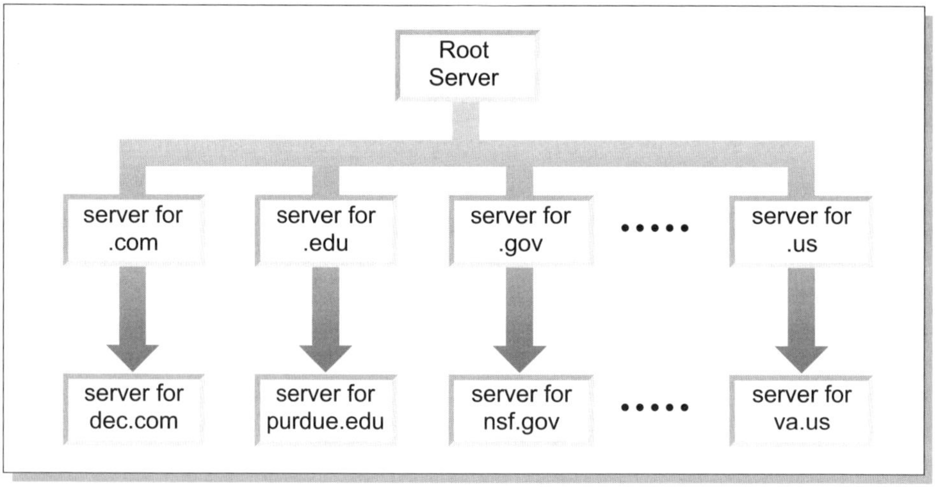

Abb.4.30: Die Namen-Server im Domain-Namen-System

4.6 Internet Protocol Next Generation (IPv6)

Aufgrund des enormen Wachstums und der Vielzahl neuer, multimedialer und sicherheitskritischer Anwendungen wurde Anfang der neunziger Jahre klar, daß das Internet-Protocol in wesentlichen Punkten überarbeitet werden mußte. Eine ganze Reihe von IETF-Arbeitsgruppen beschäftigten sich aus diesem Grund seit 1992 mit Verbesserungsvorschlägen, und erstellten dazu insgesamt 25 RFCs. Auf der Jahrestagung der IETF Ende Juli 1994 wurde schließlich die neue Version des

Internetprotokolls IPv6 (oder auch IPng = next generation) verabschiedet. Die wesentlichen Neuerungen von IPv6 im Vergleich zur Vorversion IPv4 sind:

- Internetadressen mit einer Länge von 128 Bit (anstelle von 32 Bit),
- vereinfachtes Headerformat (Felder wie Time to Live, Type of Service fallen weg),
- optionale Authentifizierung,
- optionale Verschüsselung,
- Multimediafähigkeit durch Elemente der Verkehrsflußkontrolle,
- Kompatibilität zu der bestehenden IP-Version zur Sicherstellung eines nahtlosen Migrationsprozesses.

Eine der grundlegendsten und dringlichsten Erweiterungen des Internet-Prokolles war die Erweiterung des Adreßraumes. Mit der Umstellung der Adreßlängen von 32 Bits auf 128 Bits erhöht sich die Anzahl der möglichen Adressen auf 2^{128} (entspricht 10^{38} Adressen). Im Unterschied zur Nomenklatur von IPv4 werden

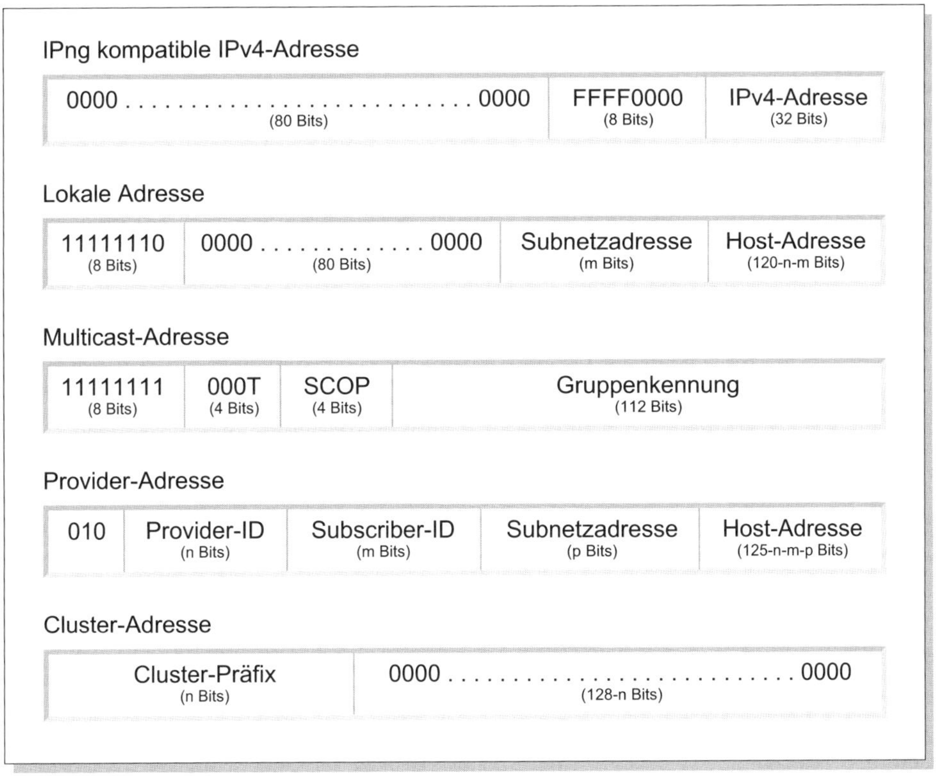

Abb.4.31: Die Adressenformate von IPv6

diese 128-Bit-Adressen nicht durch einen einfachen Punkt, sondern durch einen Doppelpunkt getrennt. Eine gültige IPv6-Adresse lautet somit beispielsweise:

```
145:23:45:62:47:234:567:234:678:5:2:123:23:33:4:128
```

Die Zahl der 128-Bit-Internetadressen ist so groß, daß jedem einzelnen Internet-Host ein Subadreßraum im selben Umfang eingeräumt werden kann (32-Bit), wie er vor der Umstellung auf IPng für das gesamte Internet ausreichen mußte (Abb. 4.31).

4.6.1 Das IPv6-Adressenformat

IPv6 unterscheidet drei Typen von Adressen: Unicast-, Cluster- und Multicast-Adressen. Cluster-Adressen definieren dabei zwar eine Gruppe von Netzknoten, müssen aber lediglich einem der Adressaten zugestellt werden. Im Gegensatz dazu werden Multicast-Pakete wie gewohnt an jeden der aufgeführten Adressaten versendet. Unicast-Adressen bezeichnen einzelne Netzknoten und werden hierarchisch gegliedert in folgenden Formaten vergeben:

- Provider-Adressen,
- hierarchische geographiespezifische Adressen,
- hierarchische (ISO)-NSAP-Adressen,
- hierarchische IPS-Adressen,
- Adressen für den lokalen Gebrauch,
- Adressen für IP-Hosts.

Die Einführung von Provider-Adressen ermöglicht es den Kunden, ohne aufwendige Adreßänderungen ihren Internet-Provider zu wechseln. Die ersten drei Bit (010) geben dabei den Adreßtyp des Providers an, worauf die eigentliche Provider-Identifikation und die Subscriber-ID der Provider-Kunden folgt. Erst im Anschluß daran beginnen die Subnetz- und Host-Adressen des Anwenders. Beim Wechsel des Providers können so Subnetz- und HostAdressen behalten werden. Vom neuen Provider muß lediglich dessen Provider-Identifikation sowie eine neue Subscriber-ID übernommen werden. Derselbe Vorteil gilt auch für Netzwerke, die zunächst noch keine Anbindung an das weltweite Internet benötigen, sich jedoch später aufwendige Rekonfigurationen im Unternehmensnetzwerk ersparen wollen.

In diesen Fällen können die sogenannten Lokalen Adressen benutzt werden, die lediglich die Subnetz- und Host-Kennung enthalten. Wird später über einen Provider ein Internetzugang eröffnet, so müssen lediglich die entsprechenden Provider und Subscriber-Kennungen ergänzt werden (Abb. 4.31).

Um in einer Übergangsphase die problemlose Koexistenz von IPv4 und IPv6 Komponenten zu gewährleisten, werden IPv4-Adressen in das IPv6-Adressenformat integriert. Die ersten 80 Bits einer solchen IPv6 kompatiblen IPv4-Adresse werden dabei auf Null gesetzt, gefolgt von 8 Bits mit der Belegung FFFF0000. Die IPv4 Adresse wird in die verbleibenden 32 Bits unverändert eingefügt.

4.6.2 Das IPv6-Datenformat

Auch durch die Veränderung des IP-Datenformats selbst konnten in IPv6 eine Reihe von Verbesserungen erzielt werden. So ist der IPv6-Header, obwohl die neuen Adressen viermal länger sind, nur halb so lang wie ein IPv4 Header. Der IPv6 Header besteht aus zwei Teilen, dem »Basic Header« und den Optionen. Der Basic Header beinhaltet die Felder:

- Versionsnummer (4 Bits),
- Flowlabel (28 Bits, wird zur Unterstützung von multimedialen, echtzeitkritischen Applikationen eingesetzt), Payload-Length (16 Bits),
- Next Header (8 Bits, gibt den nachfolgenden, enkapsulierten Headertyp an),
- Hop-Limit (8 Bits, wird bei jeder Vermittlung um 1 reduziert, bei Null wird das Paket verworfen),
- Senderadresse (128 Bits),
- Zieladresse (128 Bits).

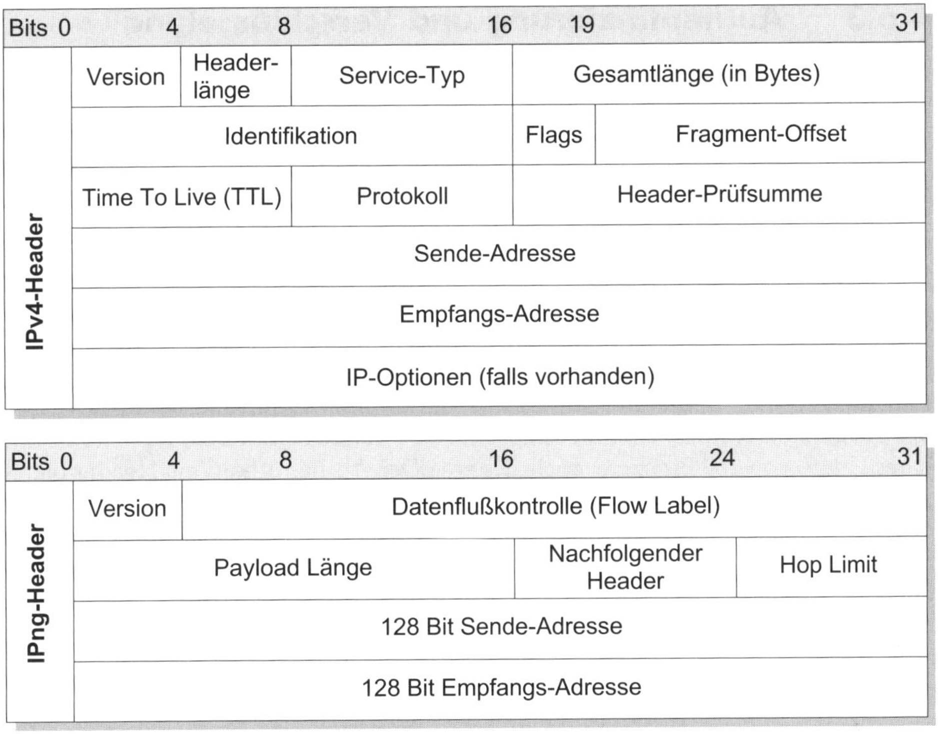

Abb.4.32: Dan Format des IPv6-Datenpaketes

Die Verbesserung der IP-Protokolleigenschaften wurde durch die Einführung von optionalen Header-Teilen erzielt. Die Optionen können in Vielfachen von 8 Bytes beliebige Längen annehmen, so daß sich damit auch komplexe Funktionen wie Verschlüsselungs- oder Authentifikationsmechanismen realisieren lassen. Derzeit sind die folgenden optionalen Header definiert:

- Routing,
- Fragmentierung,
- Authentifizierung,
- Security Encapsulation,
- Hop-by-Hop Optionen,
- End-to-End-Optionen.

Routing-Verfahren wie OSPF, RIP oder IDRP können in IPv6 identisch wie bei IPv4 benutzt werden. Optional können von der Sendestation zur Routenwahl explizite Adreßfolgen angegeben werden, die der jeweilige Kommunikationspartner durch Umkehrung der Reihenfolge zur Versendung des Antwortpakets benutzen kann. Damit wird vor allem die Ankopplung von mobilen Computersystemen an das Internet unterstützt.

4.6.3 Authentifizierung und Verschlüsselung mit IPv6

Mit den Optionen »Authentification« und »Security Encapsulation« können nun auch auf Ebene des Internet-Protokolles selbst Authentizität des Kommunikationspartner bzw. die Vertraulichkeit der Kommunikationsinhalte gewähleistet werden. Mit Hilfe des optionalen Authentification Headers kann dabei die Unversehrtheit des IPv6-Datenpakets gesichert werden. Dabei werden spezielle Hash-Funktionen (empfohlen werden die Verfahren MD5 und SHA) auf das zu übertragende Datenpaket angewendet, und die daraus resultierende Prüfzahl mit dem Authentification Header übertragen (Hash-Funktionen haben die Eigenschaft, daß ihre jeweils inverse Operation extrem schwierig auszuführen ist. Um zwei Eingaben zu finden, die dieselbe Hash-Funktion erzeugen, sind bei MD4 wegen der Hashlänge von 128 Bit im Durchschnitt 2^{64} Versuche notwendig. SHA ist mit einer Länge von 160 Bit sogar noch sicherer. Der Authentifikations-Header bietet zwar Schutz vor Manipulationen der übertragenen Daten, garantiert jedoch nicht die Vertraulichkeit der Inhalte. Diese wird erst bei Benutzung des »Encapsulation Security Headers« gewährleistet. Damit können Teile das Datenpaketes oder auch die gesamten Nutzdaten verschlüsselt übertragen werden.

4.7 Informationen und Archive im Internet

Internet-Topologie

Yahoo-Übersichtskarten
`http://dir.yahoo.com/Computers_and_Internet/Internet/Maps/`

ARENA-Übersichtskarten
`http://www.internet2.edu/arena/`

Topologie der Providerbackbones in Europa
`http://www.cyberroadmaps.ch/`

Internet-Backbone

RIPE NCC
`http://www.ripe.net/`

DE-CIC
`http://www.eco.de/`

Deutsches Provider Network
`http://www.dpn.net/`

KPNQwest
`http://www.eunet.com/`

TERENA
`http://www.terena.nl/`

DANTE
`http://www.dante.net/`

EBONE
`http://www.gtsgroup.com/ebone`

Internet2-Projekt
`http://www.internet2.edu/`

vBNS+
`http://www.vbns.net/`

Abilene
`http://www.ucaid.edu/abilene/`

CA*net 3
`http://www.canet3.net/`

DREN
`http://www.hpcmo.hpc.mil/Htdocs/DREN/`

ESnet
http://www.es.net/

NREN
http://www.nren.nasa.gov/

STAR TAP
http://www.startap.net

Internet Protokolle

Offizielle Internet Standards (IAB)
http://www.iab.org/recent_documents.html

Internet Drafts (IAB)
http://www.ietf.cnri.reston.va.us/1id-abstracts.html

Inoffizielle FYI Dokumente
http://www.es.net/hypertext/fyi.html

Das RFC HyperText Archiv
http://sunsite.auc.dk/RFC/

Stichworte für Suchmaschinen

Internet protocol standards
European internet backbone
Internet2 infrastructure
National Access Points
Ebone infrastructure

Benutzergruppen im Internet

5

The irony is, that for every person disturbed by a site, there will be another Web-head out there looking for exactly that page.

(Byte Magazine)

Einhergehend mit dem explosionsartigen Wachstum des Internet, veränderten sich in den letzten Jahren sowohl die angebotenen Inhalte als auch die Demographie der Benutzer in geradezu dramatischer Weise. Machten noch 1991 Netzwerke von Universitäten und Forschungseinrichtungen Dreiviertel aller an das Internet angeschlossenen Netze aus, so ist dieser Anteil seitdem stetig gefallen. Die

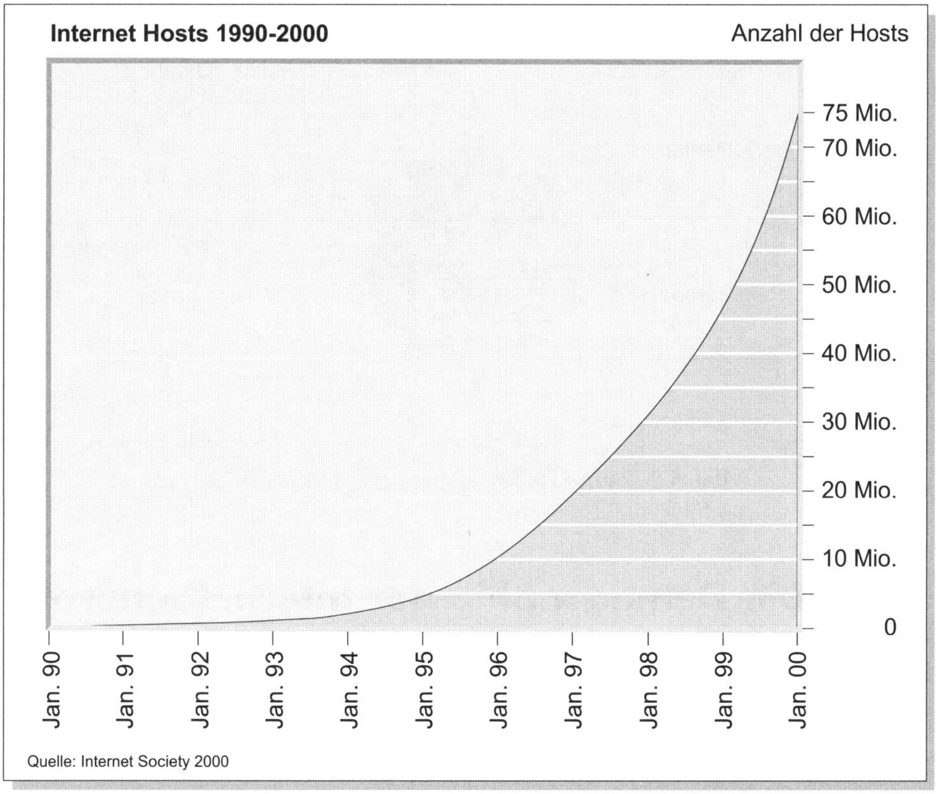

Abb. 5.1: Die Anzahl der Internet-Hosts 1991 – 2000

Ursache dafür liegt darin, daß von dem enormen Zuwachs an neuen Domains und Internet-Hosts während der letzten Jahre der größte Teil durch Unternehmensanschlüsse an das Internet verursacht wurde. Die Gesamtzahl der Internet-Hosts stieg in den Jahren 1993 bis 2000 von 1 Million auf knapp 80 Millionen (Abb. 5.1)

Etwa 62% der Internet-Hosts sind unter der Domain für kommerzielle Internetnutzer COM registriert, etwa 20 % unter den jeweiligen Länderkennungen. Da der größte Teil der unter Länder-Domains registrierten Hosts ebenfalls Wirtschaftsunternehmen zugeordnet werden kann, liegt der Anteil der kommerziell genutzten Internet-Hosts bei über 80%.

Interessant ist die weltweite Verteilung der Benutzer im Internet. Hier ist – gemessen am Anteil der Weltbevölkerung, der große Abstand zwischen Nordamerika/Europa und dem Rest der Welt zu erkennen. Abb. 5.2 zeigt, wie sich die Gesamtzahl der Internet-Nutzer (242 Millionen im Januar 2000) auf die einzelnen Kontinente aufteilt.

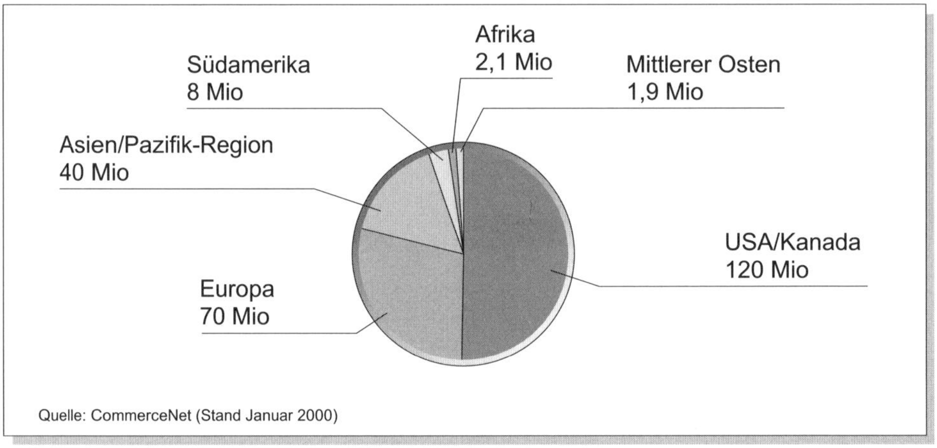

Abb. 5.2: Weltweite Verteilung der Internet-Nutzer

5.1 Die Demographie der Internetbenutzer

Eine ähnliche Verschiebung wie bei den Betreibern von Internet-Hosts ist auch bei der Demographie der Internet-Benutzer festzustellen. War es Anfang der neunziger Jahre für Privatpersonen nur mit hohem Aufwand und in Ballungsgebieten möglich, einen eigenen Zugang ins Internet zu realisieren, so haben nach einer Studie des Instituts Survey.net heute die meisten Internet-Zugriffe einen privaten Hintergrund.

Das Altersstruktur der Internetnutzer hat nach dieser Studie ihr Maximum bei 26 bis 30 Jahren (Abb. 5.3), der Frauenanteil liegt bei 31 %. Das Internet wird hauptsächlich für die Beschaffung von Informationen genutzt (Abb. 5.4), die am häufigsten genutzte Internet-Applikation ist demzufolge der Zugriff auf Webserver (Abb. 5.5). Da sich unter den Nutzern des Internets viele Personen mit hoher Bildung und überdurchschnittlichem Einkommen befinden, wird das Internet für die Werbeindustrie immer interessanter, sehr zum Leidwesen der Nutzer, die sich durch Werbebanner und Links auf Werbepartner hindurchquälen müssen.

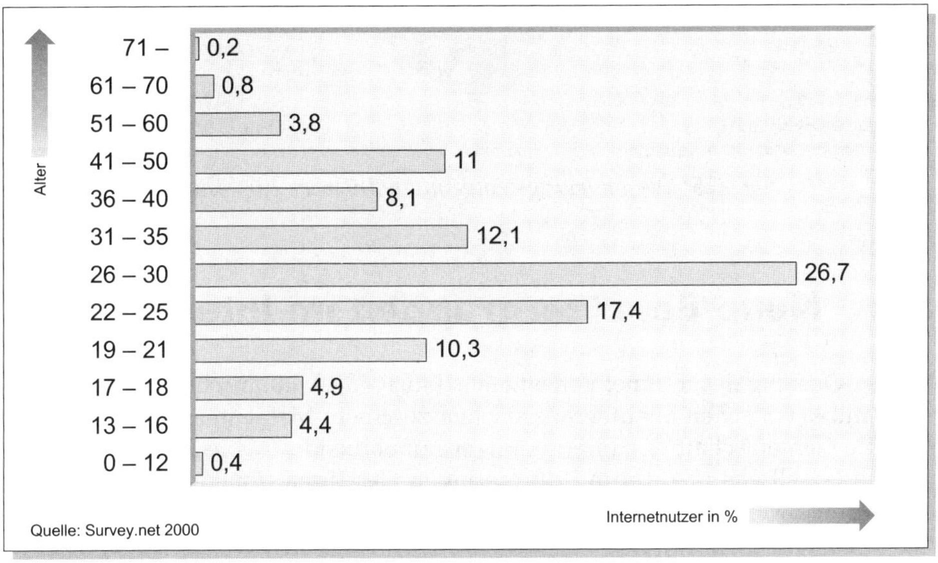

Abb. 5.3: Altersstruktur der Internet-Nutzer

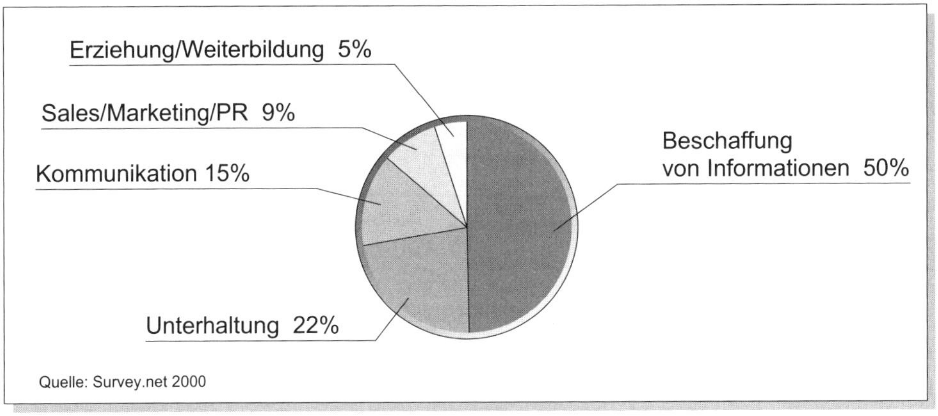

Abb. 5.4: Nutzen des Internets

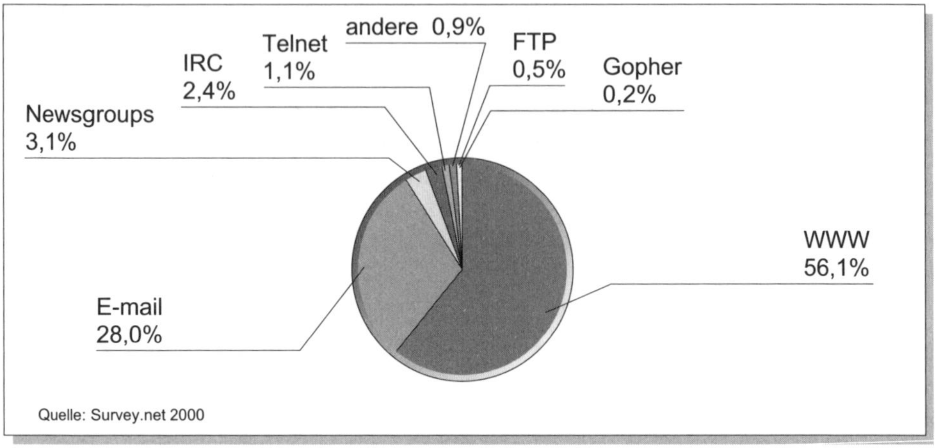

Abb. 5.5: Die am häufigsten genutzte Internet-Applikation

5.2 Neue Benutzergruppen im Internet

Mit der Öffnung des Internet von einem exklusiven, akademisch geprägten Netzwerk mit kryptischen Benutzeroberflächen zu einem Massenmedium entwickelt sich die Gemeinschaft der Internetnutzer zunehmend zu einem Abbild der gesamten Gesellschaft. Aufgrund der geringen Gebühren für Internetzugänge ist dieses neue Medium heute – ähnlich wie das Fernsehen – praktisch für jedermann erschwinglich. Neue Benutzergruppen mit beschränkten Finanzmitteln wie

- Privatpersonen/Renter,
- Schulen,
- Kirchen,
- Vereine,
- Bürgerinitiativen,
- Autoren und
- Künstler

haben nun ebenfalls die Möglichkeit, regelmäßig das Internet zu nutzen, und entwickeln sich sowohl in Zahl als auch in Aktivität zunehmend zu bedeutenden Benutzergruppen.

Da das Internet seinen Nutzern ohne nennenswerte Zusatzgebühren die Möglichkeit bietet, auch selbst mit geringstem Aufwand Inhalte zu erstellen und in das Internet einzuspeisen, bietet es sich als Medium zur Selbstdarstellung für Vereine, Bürgerinitiativen, politische Organisationen, Autoren und Künstler geradezu an, und wird auch in zunehmendem Maße entsprechend genutzt. Dadurch erfährt das Internet inhaltlich eine enorme Aufwertung, im Vergleich zum fast ausschließlich kommerziell geprägten Fernsehen.

5.2.1 Schulen im Internet

Einer der großen, neuen Benutzerkreise für das Internet kommt aus dem außeruniversitären Bildungsbereich der Schulen und öffentlichen Bildungseinrichtungen. Mit dem Programm »Schulen ans Netz« wird beispielsweise in Deutschland seit 1996 die Internetanbindung von Schulen durch das Wissenschaftsministerium gefördert. Eine flächendeckende Anbindung wird immer wieder gefordert, ist aber trotz aller Bemühungen von Parteien, Verbänden und Sponsoren bisher Zukunftsmusik geblieben.

Das Internet kann im Schulenbereich als Verbindung zu Bibliotheken, Museen, Forschungseinrichtungen und anderen Schulen genutzt und so fächerübergreifend als Mittel zur Unterstützung und Visualisierung von Lehrinhalten genutzt werden. Durch die zwangsläufige Nutzung von Fremdsprachen im Internet wird

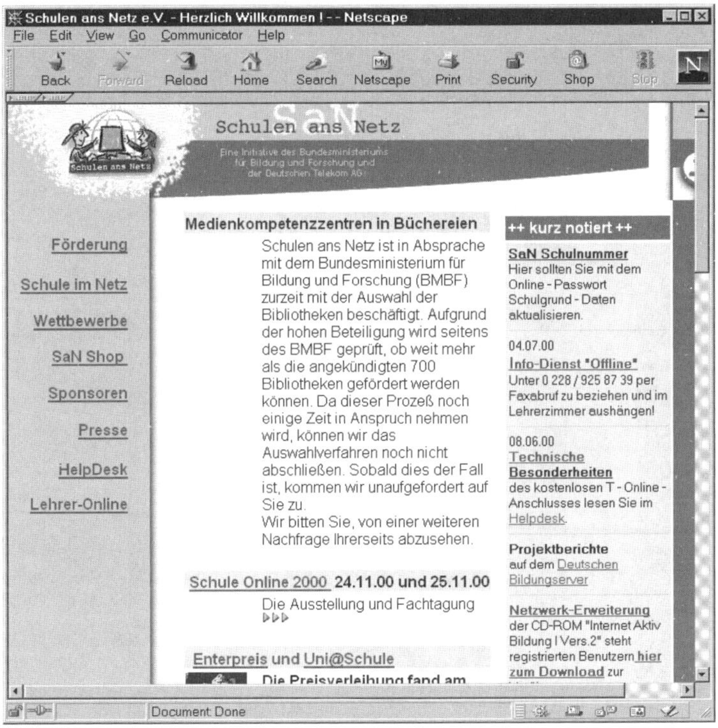

Abb. 5.6: Schulen ans Netz

die Bedeutung des Sprachunterrichts praxisnah demonstriert. Die bisher häufig primär theoretische Behandlung vieler Lehrstoffe kann durch den gezielten und geplanten Einsatz des Internet sinnvoll ergänzt werden. In Geographie können so beispielsweise die aktuellen Daten zur Entwicklung der Erdbevölkerung, des Klimas oder der Wirtschaft abgerufen werden. In Biologie oder Physik ist es per Internet möglich, Experimente an Universitäten oder anderen Schulen zu verfolgen.

5.2.2 Kirchen im Internet

Mit dem Einzug des Internet in die Privathaushalte haben auch die Kirchen das Internet für sich entdeckt. Als Medium, das bei hoher Reichweite (zur Verbreitung der Botschaft) gleichzeitige Interaktivität mit den Gläubigen ermöglicht, ist es für den Kontakt zwischen Priester und Gemeinde ein geradezu ideales Medium. Neben überregionalen, offiziellen WWW-Servern der evangelischen wie der katholische Kirche, gehen immer mehr Kirchengemeinden dazu über, eigene WWW-Seiten anzubieten (Abb. 5.7).

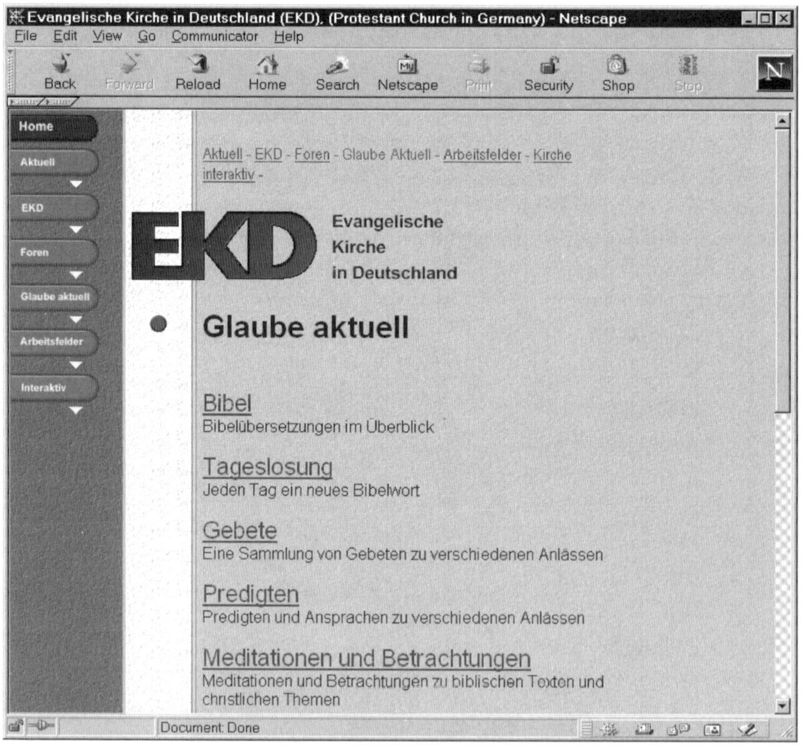

Abb. 5.7: Ort der Besinnung im Cyberspace

Neben der evangelischen und der katholische Kirche des christlichen Glaubens sind im Internet selbstverständlich alle großen religiösen Gemeinschaften wie auch Orden und Sekten vertreten.

5.2.3 Bürgerinitiativen, Vereine, Organisationen

Die Möglichkeit, das Internet als alternatives, selbstgesteuertes Informationsmedium zu nutzen, kommt auch Vereinen, Bürgerinitiativen und Organisationen zugute, die sich – häufig mit wenigen finanziellen Mitteln – für einen guten Zweck engagieren. So haben Menschenrechts- und Umweltorganisationen bereits sehr frühzeitig damit begonnen, sich über das World Wide Web zu präsentieren. Aktuelle Informationen über Aktivitäten sowie Unterstützungs- und Spendenaufrufe können so rasch und effizient Sympathisanten in aller Welt erreichen (Abb. 5.8).

Abb. 5.8: Menschenrechts- und Umweltorganisationen im Internet

5.2.4 Politische Organisationen im Internet

Selbstverständlich haben auch die Parteien und anderen politischen Organisationen das Internet als Kommunikations- und Werbemedium entdeckt. Es gibt kaum eine noch so kleine Splittergruppe, die sich nicht mit einer eigenen Präsentation im Internet darstellt. Hier zeigt sich allerdings auch die Grenze, an der die Freiheit im Internet enden muss. Extreme und menschenverachtende Inhalte haben im Netz nichts zu suchen. Die Bekämpfung solcher Exzesse ist auf nationaler Ebene allerdings praktisch unmöglich, die Organisationen finden im Ausland fast immer einen Server, auf dem sie ihre Parolen ablegen können.

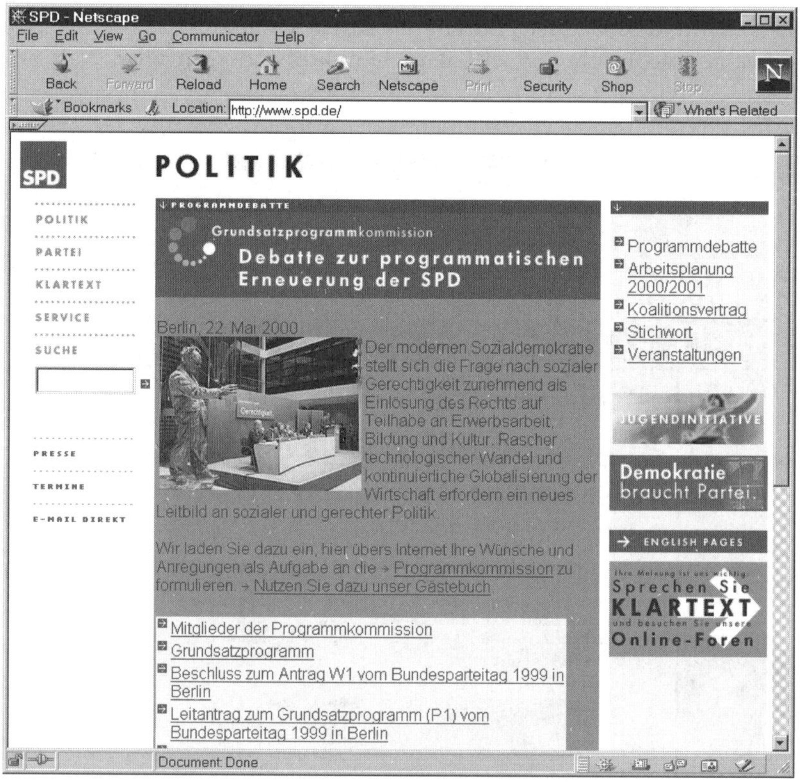

Abb. 5.9: Parteien im Internet

5.2.5 Museen, Künstler und Autoren

Obwohl traditionell eher technikfeindlich eingestellt, erkennen zunehmend auch Kunst- und Kulturschaffende, wie wirkungsvoll sich das Internet auch für ihre Zwecke einsetzen läßt. Junge Künstler können sich im Internet mit ihren Werken unter geringstem finanziellen und zeitlichem Aufwand präsentieren. Kontakte mit anderen Künstlern können hergestellt, gemeinsame Projekte geplant und gesteuert werden. Über die Interaktivität des Internet können Maler, Musiker oder Autoren darüber hinaus Kontakte mit ihrem Publikum knüpfen und pflegen, die anders nie oder nicht in diesem Ausmaß zustande kommen würden.

Auch der Traum vom virtuellen Museum, das ohne Reisen in andere Städte besichtigt werden kann, ist in vielen Fällen bereits Realität (Abb. 5.10)

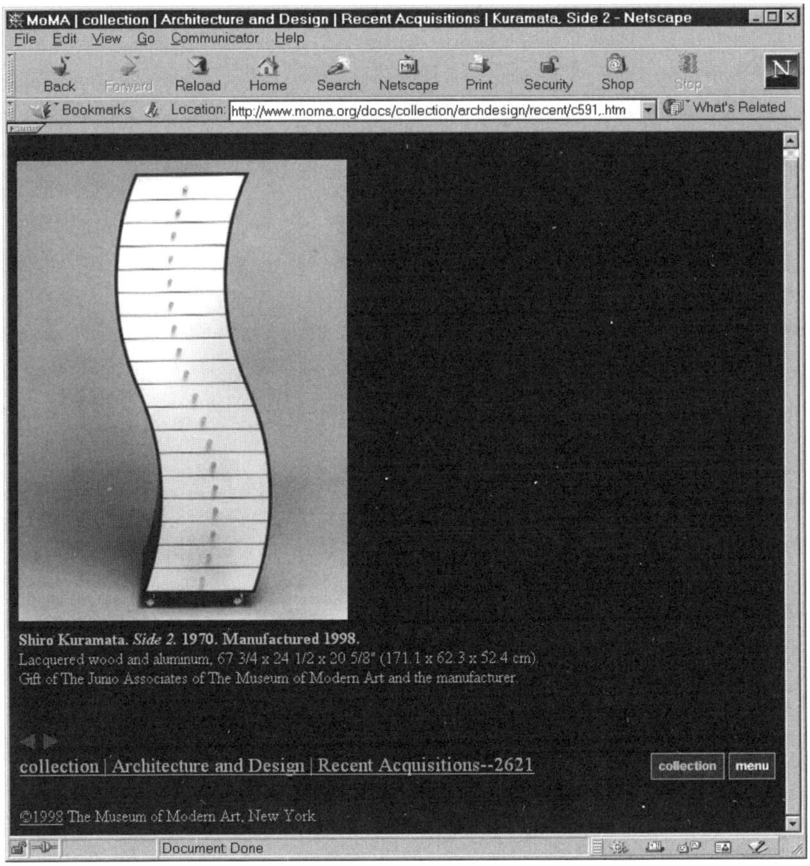

Abb. 5.10: Ein virtuelles Museum

5.3 Archive und Informationen im Internet

Demographische Studien

Zona Research	http://www.zonaresearch.com/
Forrester Research	http://www.forrester.com/
Survey.net	http://www.survey.net
Internet Software Consortium	http://www.isc.org/
ACNielsen	http://acnielsen.com/

Schulen

Schulen ans Netz	http://www.san-ev.de/
Deutsches Schul-Netz	http://www.schule.de/
Deutscher Bildungsserver	http://www.bildungsserver.de/

Kirchen

Evangelische Kirche in Deutschland	http://www.ekd.de/
Katholische Kirche in Deutschland	http://katholische-kirche.de/
Arbeitsgemeinschaft Ökumenische Forschung	http://www.aoef.de
Jüdische Gemeinden in Deutschland	http://www.synagoge.de/

Menschenrechts-/Umweltorganisationen

The Institute for Global	http://www.igc.org/
Communications	
Amnesty International	http://www.amnesty.de/
Greenpeace	http://www.greenpeace.de/

Kunst

Galerien-Online	http://www.galerie.de/
Yahoo-Seite mit Kunstausstellungen	http://de.dir.yahoo.com/Kunst_und_Kultur/Bildende_Kunst/Malerei/Kuenstler/Einzelausstellungen/
Dino-Seite mit Museen	http://www.dino-online.de/seiten/go05m.htm

Stichworte für Suchmaschinen

demographic studies
internet demographic survey
internet user statistics
telelearning
schoolnet
school network
catholic church
protestant church
jewish synagogues
islamic organisations
artists network

6 Vom E-mail bis zur Videokonferenz – Dienstprogramme und Anwendungen im Internet

.. we live in cyberspace – we are experiencing that historical, liminal moment when old has begun to die and the new has not yet arrived.

(Sherry Turkle)

Das heutige Internet ist Ergebnis einer historischen Entwicklung über einen Zeitraum von mehr als 25 Jahren. In der frühen Phase des Internet, als das Netzwerk nur wenige tausend Benutzern umfasste, waren drei grundlegenden Dienste für die Internetnutzung ausreichend: Die Versendung von elektronischen Nachrichten (E-mail), die Übertragung von Dateien (FTP File Transfer Protocol) und die Fernbedienung von Computern über das Internet (Telnet).

Ende der achtziger Jahre wurde aufgrund der rasch wachsenden Benutzerzahlen und der exponentiell ansteigenden Datenmengen die Notwendigkeit immer drängender, neue, leistungsfähige Benutzerschnittstellen zu schaffen, um der Informationsflut im Internet Herr zu werden. So entstanden im Rahmen von Universitätsprojekten »Archie«, ein internetweites Dateiensuchsystem sowie »Gopher«, ein Programm, mit dem erstmals das intuitive Durchkämmen des Internet auf der Basis von verschachtelten Verzeichnisstrukturen möglich war. Davor waren mit dem Programm IRC (Inter Relay Chat) aus Finnland interaktive Diskussionsrunden per Computertastatur möglich geworden, und mit WAIS hielt ein Werkzeug zur Volltextsuche in Datenbanken im Internet Einzug. Da alle diese Anwendungen unabhängig voneinander entstanden waren, besaßen die jeweiligen Programme (Gopher, Archie, WAIS, IRC) völlig unterschiedliche Bedienoberflächen und konnten auch nur jeweils einen der genannten Dienste abwickeln. Zur Nutzung der gesamten Palette an Informationssuch- und Kommunikationshilfsmitteln im Internet mußte so bis Anfang der neunziger Jahre eine Vielzahl von unterschiedlichen Programmen (E-mail, Telnet, WAIS, FTP, Archie, Gopher, IRC, Internet-News, Netfind, etc.) mit ebensovielen unterschiedlichen Bedienoberflächen benutzt werden (Netfind dient zur Suche nach E-mail-Adressen bzw. Domain-Namen von Internet-Benutzern, Internet-News umfassen mehr als 80.000 nach Themen gegliederte Diskussionsforen). Im denkwürdigen Jahr 1993 erfolgte dann der Durchbruch des World-Wide-Web, der heute im Internet übliche graphischen

Benutzeroberfläche, die es erlaubt, per Mausklick das gesamte Internet zu durchforschen. Die dafür entwickelten Client-Programme werden Internet-Browser oder World-Wide-Web-Browser genannt. Innerhalb kürzester Zeit entwickelten sie sich zur bevorzugten Benutzerschnittstelle für das Internet und beherrschen heute den Markt für Internet-Zugangs-Software.

Bereits von Beginn an waren diese Programme in der Lage, neben den eigentlichen World-Wide-Web-Dokumenten auch auf Informationen von anderen Internetdiensten wie Gopher, Archie oder WAIS zuzugreifen. Die zweite und dritte Programmgeneration der Browser enthielt bereits die gesamte Palette an Internetdiensten, womit erstmals eine einheitliche, intuitiv zu bedienende Programmoberfläche für das Internet geschaffen war. Die traditionellen Internetdienste (FTP, Telnet, Gopher, Archie etc.) bestehen nach wie vor weiter, da die

- Elektronische Post (E-Mail)
- Dateientransfer (FTP File Transfer Protokoll)
- Fernbedienung von Computersystemen über das Internet (Telnet)
- Diskussionsgruppen (Internet-News)
- Online-Kommunikation via Tastatur (IRC Inter Relay Chat)
- Intuitives Blättern (surfen) im Internet (verzeichnisbasierend): Gopher
- Intuitives Blättern (surfen) im Internet (hypertextbasierend, 2D, 3D):
World Wide Web, VRML
- Suchhilfen (Informations, Adressensuche):
Search-Engines, Internet-Verzeichnisse, Archie, Finger, etc.)
- Echtzeit-Audio (Radio, Telefon)
- Echtzeit-Video

Abb. 6.1: Dienste des modernen Internets

jeweiligen Funktionen, für die sie entwickelt worden waren, noch immer wichtiger Bestandteil des Internets sind. Die Einzelprogramme für Clients, die jeweils nur einen Dienst beherrschten (nur die Fernbedienung von Computern via Telnet, oder nur Datenübertragung via FTP), sind dagegen im Aussterben begriffen, da alle traditionellen Internet-Dienste heute bereits von den universellen WWW-Browsern erfüllt werden (Abb. 6.1).

Die neuen, nach der World-Wide-Web-Revolution im Internet eingeführten Dienstprogramme wie Real-Video (Echtzeitvideo), Real-Audio (Echtzeitaudio – Radio und Telefonie) oder VRML (3-D-World-Wide-Web) wurden von Beginn an als Erweiterungsmodule (Plug-ins) zu bestehenden WWW-Browsern entwickelt. Die Programme sind dabei über Programmschnittstellen in die WWW-Browser-Anwendungen integriert, und werden von diesen, falls die Daten eines entsprechenden Internetdienstes erkannt werden (z. B. Real-Audio) automatisch gestartet. Der aus Benutzersicht enorme Vorteil einer einheitlichen Bedienoberfläche bleibt damit gewahrt.

Diese neuen Dienste ermöglichen dem Benutzer, einen Großteil seiner täglichen Arbeiten über das Internet abzuwickeln:

- Kommunikation über E-mail, Internet Relay Chat, Diskussionsgruppen (Internet-News), Internet-Telefonie oder Echtzeit-Videokonferenzen
- Fernbedienung und Konfiguration von Computersystemen, Druckern, Routern etc. mittels Telnet oder den immer häufiger anzutreffenden Web-Schnittstellen
- Datenübertragung mit FTP (File Transfer Protocol)
- Suchen im Internet nach Informationen mittels Gopher, Archie, WAP, dem WWW und den auf diesen Diensten aufsetzenden Verzeichnisdiensten und Suchmaschinen
- Zugriff auf Datenbanken über ASCII-Schnttstelle (Telnet) oder eine Web-Oberfläche
- Hören von Musik / Sehen von Videos in Echtzeit
- finanzielle Transaktionen wie Online-Banking oder das Einkaufen über das Internet

Ein enormes Spektrum, wenn man bedenkt, daß praktisch alle zugrundeliegenden Anwendungen auch als Share- oder Freeware-Anwendungen verfügbar sind und unter geringstem Kostenaufwand von jedermann genutzt werden können.

6.1 Elektronische Post im Internet (E-mail)

6.1.1 Grundlagen der E-mail

Elektronische Post (E-mail) ist der neben dem World Wide Web wohl bekannteste Dienst im Internet. Wie der Name schon sagt, können damit Nachrichten in elektronischer Form versendet werden. Jeder Teilnehmer im Internet besitzt eine spezielle E-mail-Adresse, in der aufgrund der hierarchischen Internet-Adressenstruktur indirekt auch Informationen über den Ort des Computersystems enthalten sind, über den er die Versendung bzw. den Empfang von elektronischen

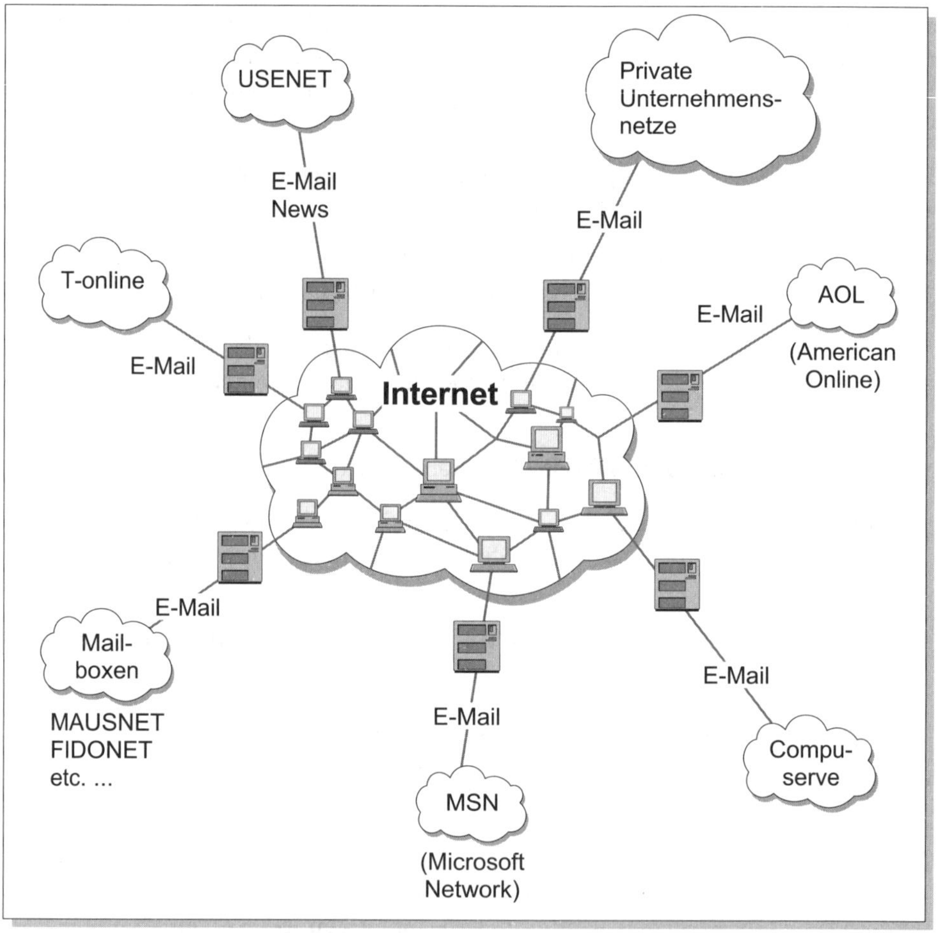

Abb. 6.2: E-mail-Gateways vom und zum Internet

Nachrichten abwickelt. Dadurch sind die Gateways im Internet in der Lage, E-mails rasch und effizient an die jeweilige Zieladresse zuzustellen.

Neben Nachrichten können via E-mail auch Bild-, Ton- oder Programmdateien versendet werden. Mit praktisch demselben Aufwand ist es möglich, elektronische Nachrichten an eine bestimmte Person oder aber an eine ganze Gruppe zu richten. E-mails können verändert, gespeichert, unterschrieben oder zur Geheimhaltung verschlüsselt werden, und ihr Transport erfolgt wesentlich schneller, zuverlässiger und kostengünstiger als der von herkömmlichen Briefsendungen. Wie das Telefax in den achtziger Jahren hat E-mail in den neunziger Jahren die Methoden privater und geschäftlicher Kommunikation revolutioniert, da zunehmend die Überlegenheit dieses Mediums gegenüber traditionellen Kommunikationsmethoden erkannt wurde. Der Kreis der Sender und Empfänger von E-mails beschränkt sich dabei nicht nur auf Internet-Teilnehmer, sondern umfaßt praktisch alle Personen, die in irgendeiner Art und Weise über einen Computer an ein öffentliches Datennetz angeschlossen sind (Abb. 6.2).

Es bestehen nämlich zu praktisch allen bedeutenden Datennetzen Übergänge (Mail Gateways), die elektronische Nachrichten von und zum Internet vermitteln können.

Übertragung von Nachrichten (Text, Bild, Ton)
(verschlüsselt/unverschlüsselt)

Versenden von Dateien

Abwicklung von Diskussionsforen (Mailing-Listen)

Bedienung von Internetdiensten via E-Mail: Gopher
Archie
FTP
WWW

Abb. 6.3: Die Funktionen von E-mail im Internet

6.1.2 Mailing-Listen

Eine wichtige Spezialanwendung von elektronischer Post im Internet sind sogenannte Mailing-Listen. Mit ihrer Hilfe können weltweite Diskussionsforen und Interessengruppen gebildet werden. Eine Mailing-Liste an sich ist nichts anderes als eine Sammlung der Internet-Adressen all jener Personen, die sich für ein bestimmtes Thema interessieren.

Möchte nun ein Teilnehmer eines solchen Diskussionsforums einen Beitrag leisten, versendet er diesen als elektronische Nachricht an die Zieladresse der Mailing-Liste. Sogenannte Mailing-Listen-Server (jene Computer, die die Mailing-Listen verwalten) versenden dann diese Nachricht an alle Teilnehmer, deren Adresse in der betreffenden Mailing-Liste enthalten sind. Um in eine der vielen tausend Mailing-Listen aufgenommen werden zu können, genügt es, eine elektronische Nachricht an einen sogenannten Mailing-List-Server zu senden, die den Befehl »subscribe« enthält. Ab diesem Zeitpunkt werden alle Nachrichten, die von Mitgliedern dieser Mailing-List versendet werden, auch an die eigene E-mail-Adresse weitergeleitet.

6.2 Dateientransfer mit FTP

Die Übertragung von Dateien und Nachrichten war lange Jahre die Hauptanwendung, für die das Internet genutzt wurde. Bis zum Jahr 1995 nahm das Datenaufkommen im Internet, welches allein durch Dateienübertragungen verursacht wurde, noch den größten Anteil der Internet-Übertragungskapazitäten in Anspruch, bevor das World Wide Web diese Spitzenposition übernahm.

Zur Übertragung von Dateien im Internet wird ein speziell dafür optimiertes Transportprotokoll, das File Transfer Protocol (FTP), benutzt. Damit können Dateien beliebigen Formats und beliebiger Größe zwischen zwei im Internet befindlichen Computern übertragen werden. Mit dem Befehl

```
open Internetadresse
```

wird dabei eine FTP-Verbindung zum Zielrechner aufgebaut. Nun können – nach Eingabe der entsprechenden Benutzerkennung (Login) und des korrekten Passwortes – die Inhaltsverzeichnisse dieses Computers durchforstet, und bei Bedarf die Übertragung der gewünschten Dateien veranlaßt werden. Benutzername und Passwort werden im Klartext übertragen, was die Benutzung von FTP in sicherheitsempfindlichen Umgebungen erschwert.

Falls es sich bei den Datenbeständen des Zielsystems (FTP-Server) um öffentlich zugängliche Daten handelt (z. B. Produktinformationen, Software-Updates, Shareware, Standarddokumente, Datenblätter etc.), so kann jedermann mit der Benutzerkennung »anonymous« und der eigenen Adresse als Passwort Zugang zu diesen Daten erhalten. Diese Art der Dateienübertragung wird als »Anonymes-FTP« bezeichnet, und stellt die Standardanwendungsform von FTP im Internet dar.

Internetarchive, die einen solchen anonymen FTP-Zugang zu ihren Daten anbieten, werden als »Anonyme FTP-Fileserver« bezeichnet. Tausende solcher FTP-Fileserver ermöglichen jedem Internet-Benutzer den Zugriff auf Millionen von Daten- und Programmdateien. Eine unermeßliche Fülle an Informationen und Software steht damit zur Verfügung.

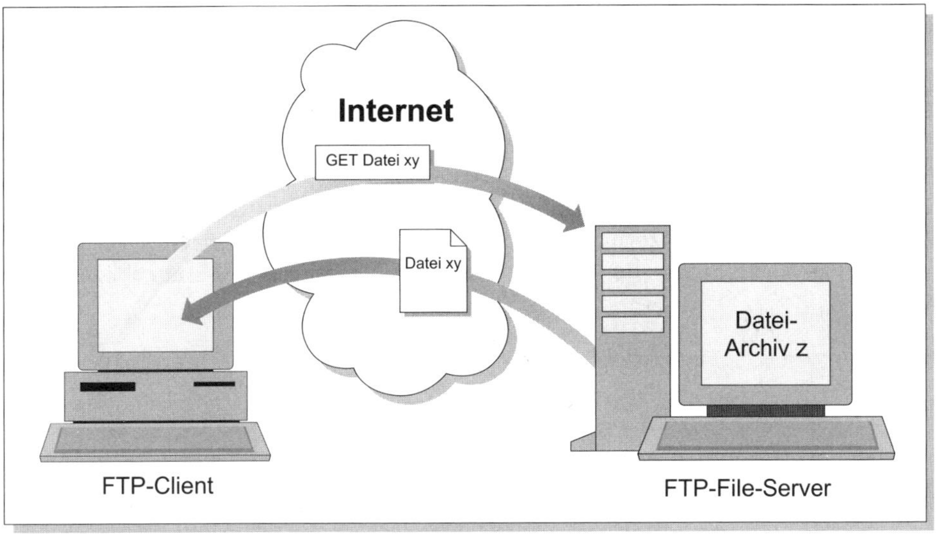

Abb. 6.4: Dateiübertragung mit FTP

6.3 Fernbedienung und Administration mit Telnet

Mit Hilfe des Internet-Dienstes Telnet können Computersysteme über das Internet (wie auch über jedes Datennetz im allgemeinen) fernbedient bzw. administriert werden. Die Art der Fernsteuerung, die Telnet zur Verfügung stellt, beschränkt sich allerdings auf textbasierende Anwendungen (im Unterschied zum X-Windows-Protokoll, mit dem auch graphische Anwendungen ferngesteuert werden können, allerdings unter Einsatz von erheblich höheren Übertragungsbandbreiten).

Bei der Fernsteuerung mit Hilfe eines Telnetprogramms, muß zunächst die Verbindung zum Zielrechner aufgebaut werden und eine entsprechende Anmeldung mittels Login und Paßwort erfolgen. Daraufhin überträgt Telnet jede Eingabe auf der lokalen Tastatur zum Remote-Host und leitet jede Bildschirmausgabe des Zielrechners auf das lokale System um. Typische Anwendungen für Telnet sind:

- Datenbankzugriffe,
- Nutzung von Applikationen, die lokal nicht verfügbar sind wie
  - FTP (Dateiübertragung),
  - Gopher (Internetsurfen),
  - Archie (Dateiensuche),
  - Finger (Adressensuche),
- Lesen von E-mails (von unterwegs) durch Einwahl auf den eigenen E-mail-Computer,
- Konfiguration von Servern, Netzkomponenten etc.

Die gesamte Kommunikation innerhalb einer Telnet-Session einschließlich der Übertragung von Benutzername und Paßwort geschieht im Klartext, so daß heute eher auf den verschlüsselten Verwandten von Telnet, das SSH, zurückgegriffen wird.

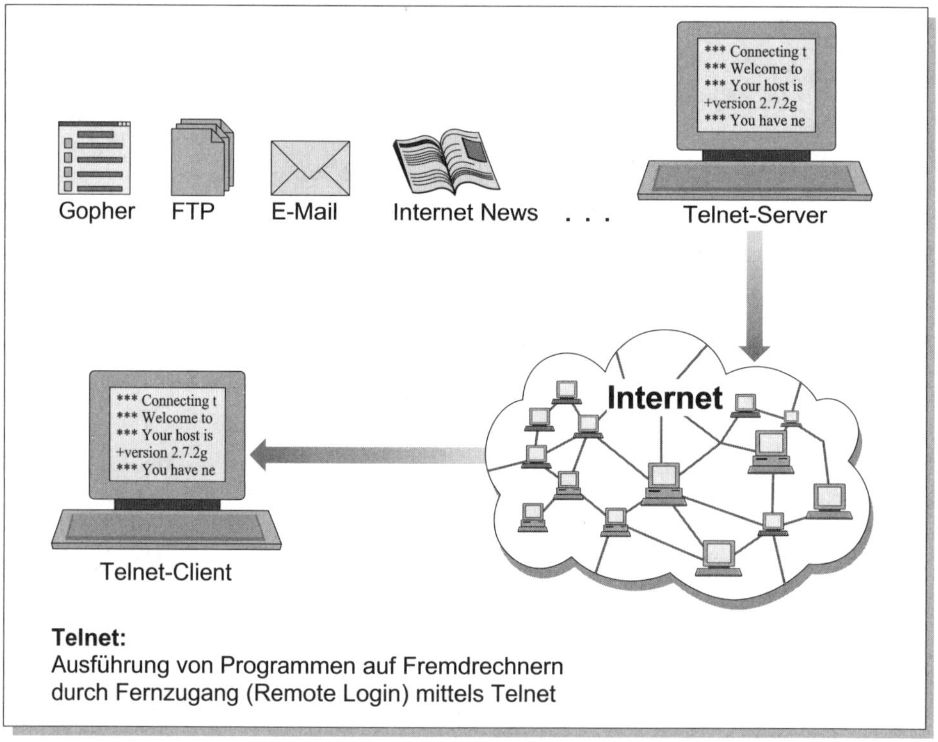

Abb. 6.5: Fernbedienung/Administration über Telnet

6.4 Diskussionsgruppen (Internet-News)

Ein wichtiger Bestandteil des Informationsflusses im Internet sind Diskussionsforen, in denen Ansichten und Meinungen ausgetauscht werden können. Solche Foren werden entweder, wie schon im Abschnitt über elektronische Post beschrieben, mit Hilfe von Mailing-Listen realisiert oder, in einem größeren Maßstab, innerhalb des Internet-News-Dienstes (UseNet) betrieben. Internet-News bezeichnet eine Ansammlung von mehr als 80.000 Diskussionsgruppen (News-Gruppen), in denen Millionen von Teilnehmern Informationen zu den unterschiedlichsten Themen austauschen. Im Unterschied zu Mailing-Listen ist für das Lesen von Internet-News-Artikeln keinerlei Anmeldung nötig. Die Beiträge der News-Gruppen werden nämlich nicht über E-mail versendet, sondern sind auf sogenannten News-Servern abgelegt. Mit WWW-Browsern oder mit speziellen News-Programmen (News-Readern) kann man jederzeit auf diese News-Server zugreifen, und Artikel der verschiedenen News-Gruppen lesen beziehungsweise auch selbst Beiträge verfassen und versenden.

alt.alien.visitors	Space Aliens on Earth! Abduction! Gov·t Coverup!
alt.aquaria	The aquarium & related as a hobby
alt.archery	Robin Hood had the right idea
alt.artcom	Artistic Community, arts & communication
alt.astrology	Twinkle, twinkle, little planet
alt.atheism	Godless heathens
alt.autos.antique	Discussion of all facets of older automobiles
alt.beer	Good for what ales ya
alt.binaries.pictures.erotica	Gigabytes of copyright violations
alt.boomerang	Technology and use of boomerang
alt.california	The state and the state of mind

Abb. 6.6: Newsgruppen im Internet

6.5 Online-Kommunikation mit IRC

Inter Relay Chat ermöglicht die Online-Kommunikation via Tastatur mit einem oder mehreren Partnern im Internet.

Strukturiert in Hunderte von unterschiedlichen Diskussions- und Party-Kanälen können Internetteilnehmer mit interaktivem Internetzugang miteinander kommunizieren. Die Tastatureingaben der einzelnen Chat-Teilnehmer werden dabei auf den Bildschirmen aller im betreffenden IRC-Kanal befindlichen Teilnehmern ausgegeben. Ununterbrochen unterhalten sich so Tausende von Personen in den verschiedenen Kanälen über die unterschiedlichsten Themenkreise.

```
***#Shamanism   1   -Walk With me Among the Ancient Oaks-
***#JimmyBuff   1   Hey Parrotheads!
***#Espanya     1   QUE VIVA  Y OLI !!!
***#Ecthelion   1   ***#nose    1   The Nose is cleaner than yours.
***#gay`        1
***#nbx         1   Digital minded
***#city        2   *** #ferdo    2
***#altmusic    2
***#deathlok    1
***#ashman      1
***#kitsch      1
***#Micimacko   1
***#nicecafe    1   welcome to the nicecafe
***#nympho      1
***#in-ulm      1
***#Esperanto   1
***#goth        1   nobody no talk no topic!
***#RicksCafe   1
***#vampire     1   It's daylight! What are you doing out you vampire
```

Abb. 6.7: Inter Relay Chat

6.6 Blättern im Internet mit Gopher

Das Informationssuchprogramm Gopher war vor der World-Wide-Web-Revolution im Internet die populärste Benutzerschnittstelle zum Internet. Die Bedienung basiert auf verschachtelten Verzeichnissstrukturen, die bei Auswahl zu nachgeordneten Unterverzeichnissen verzweigen. Internetarchive, die Informationen in Gopher-Format präsentieren, werden als Gopher-Server bezeichnet. Gopher-Verzeichniseinträge können zu Dateien oder anderen Verzeichnissen verweisen, die sich auf demselben oder aber auch an beliebigen anderen Orten im Internet befinden.

Weltweit gibt es mehrere tausend Gopher-Server, so daß man, wenn man sich in einem Gopher-Programm befindet, lediglich durch die Betätigung von Cursortasten von Gopher-Server zu Gopher-Server wechseln kann. Eine Erweiterung des Gopher-Systems stellt die Gopher-Applikation Veronika dar, einer Datenbank mit den Inhaltsverzeichnissen aller registrierten Gopher-Server. Nach Eingabe eines Suchkriteriums sucht Veronika automatisch alle Gopher-Verzeichnisse nach dem Vorhandensein von entsprechenden Menüeinträgen ab und erspart damit das manuelle Durchsuchen von Gopher-Servern.

Gopher wurde in den letzten Jahren vom WWW aufgrund dessen benutzerfreundlicherer Oberfläche rasant überholt und hat heute nur noch eine geringe Bedeutung.

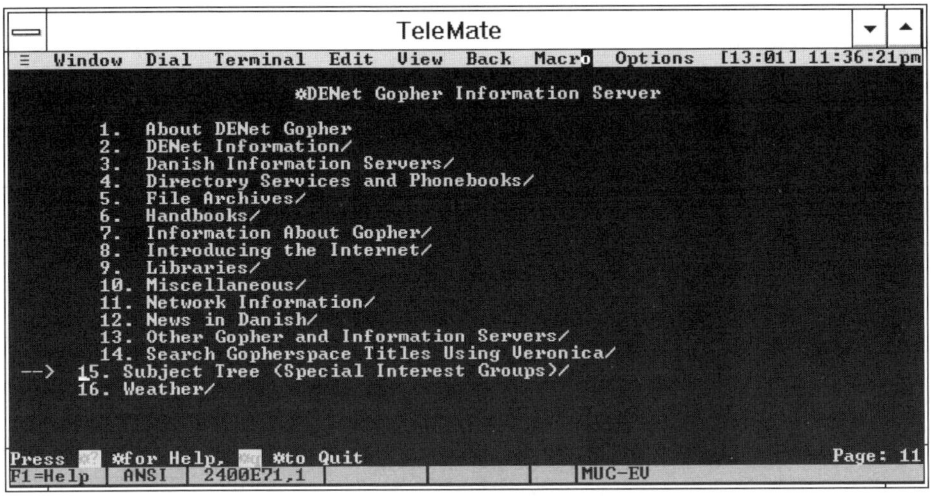

Abb. 6.8: Gopher mit ASCII-Oberfläche

6.7 Blättern im World Wide Web

Die Internetanwendung World Wide Web hat seit ihrer Einführung Anfang der neunziger Jahre das Internet revolutioniert, und ist zwischenzeitlich zum Standard für die Präsentation von Informationen im Internet geworden. Das Prinzip des World Wide Web basiert auf der Verknüpfung von Dokumenten über Schlüsselwörter (Links). Dokumente, die solche Verknüpfungen beinhalten, werden als Hypertextdokumente bezeichnet. Wird mit Hilfe der Maustaste oder der Tastatur ein Link innerhalb eines Hypertextdokumentes ausgewählt, so wird automatisch die Seite, die von der betreffenden Verzweigung referenziert wird, dargestellt. World Wide Web ist die Umsetzung des Hypertextprinzips auf das Internet. Die Verzweigungen von Hypertextdokumenten (WWW-Seiten) im Internet können dabei (ähnlich wie bei Gopher) Verweise zu Dokumenten beinhalten, die sich auf beliebigen anderen Internet-Computern befinden. Auf diese Weise durchziehen miteinander vernetzte Dokumente das Internet und bilden das World Wide Web. Die Client-Applikationen für die Darstellung von World-Wide-Web-Dokumenten (auch WWW- oder W3-Dokumente) werden als WWW-Browser bezeichnet.

Mit der Einführung von multimedialen Elementen (Bild, Ton, Video) erweiterte sich das World-Wide-Web von der Vernetzung reiner Textdokumente über das Internet hin zu Hypermedia. Der durchschlagende Erfolg des World-Wide-Web hat zwischenzeitlich auch die internen Unternehmensnetzwerke erfaßt. Unter dem Überbegriff Intranet werden dabei die vielfältigen internen Unternehmensapplikationen über leistungsfähige WWW-Bowser unter einer einheitlichen Benutzerschnittstelle verfügbar.

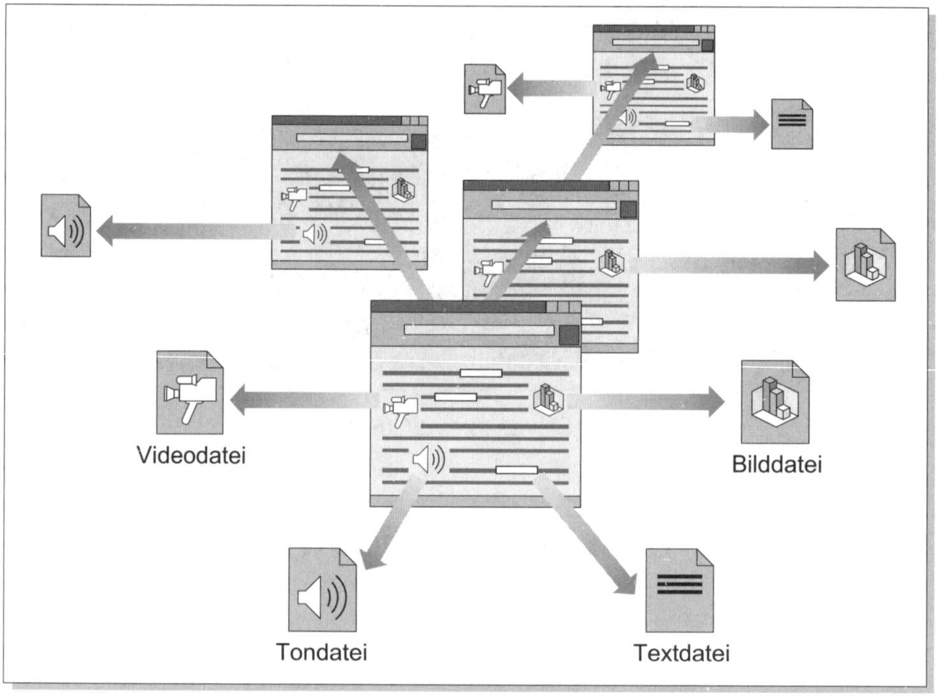

Abb. 6.9: Das Prinzip des World Wide Web

6.8 Blättern im World Wide Web mit WAP

WAP (Wireless Application Protocol) ist die Internet-Schnittstelle für Mobiltelefone (Handys). Wegen der beschränkten Bandbreite und der geringen Auflösung der Displays sind nur mehr oder weniger textlastige Seiten möglich. Der Informationsgehalt ist gering, da es recht vergleichsweise wenige über WAP darstellbare Seiten im Internet gibt.

Die Anwahl von WAP-Seiten über das Handy geschieht analog zur Einwahl ins Internet. Nach Anwahl einer Telefonnummer landet man auf der WAP-Startseite seines Providers und kann im WAP-Teil des Internets surfen. WAP-Seiten können auch mittels eines normalen WWW-Browsers dargestellt werden (Abb. 6.10).

Die Zukunft von WAP ist ungewiß. Durch die geringe Übertragungsbandbreite (meist 9,6 kbit/s) ist das System gegenüber seinen PC-Kollegen hoffnungslos unterlegen. Ein Ausweg aus der Misere ist das UMTS (Universal Mobile Telecommunications System), das mit Bandbreiten von 144 KBit/s bis 2 MBit/s zukünftigen Generationen von Handynutzers einen hypertextbasierten Zugang ins Internet ermöglicht, der sich von dem über PC nur noch in der Bildschirmgröße unterscheidet.

Abb. 6.10: WAP-Seite

6.9 Suchen im Internet

Eines der Hauptprobleme im Internet besteht aufgrund seiner Größe und seiner dezentralen Struktur darin, Informationen zu beschaffen. Bevor eine elektronische Nachricht versendet werden kann, muß beispielsweise die Internetadresse der Zielperson bekannt sein. Wenn Dokumente zu einem bestimmten Thema gesucht werden, so muß herausgefunden werden, ob diese überhaupt im Internet verfügbar sind, und wenn ja, unter welcher Internetadresse diese gefunden werden können. Um diese Aufgaben zu erfüllen, gibt es eine Fülle von Applikationen, die grundsätzlich in drei Kategorien eingeteilt werden können:

- Suche nach Computer- und Personenadressen,
- Suche nach Dateien/Programmen,
- Suche nach Inhalten.

6.9.1 Suche nach Computer- und Personenadressen im Internet

Jeder Computer, der mit dem Internet verbunden ist, kann eindeutig über seine Adresse identifiziert werden. Da die Computersysteme, die direkt an das Internet angebunden sind und eine eigene Internetadresse besitzen, häufig von einer großen Anzahl von Personen als Zugang in das Internet dienen (die sich von ihrem lokalen System über Telnet auf diesen Internet-Knoten aufschalten), ist das Ermitteln einer Computeradresse allerdings noch nicht gleichbedeutend mit dem

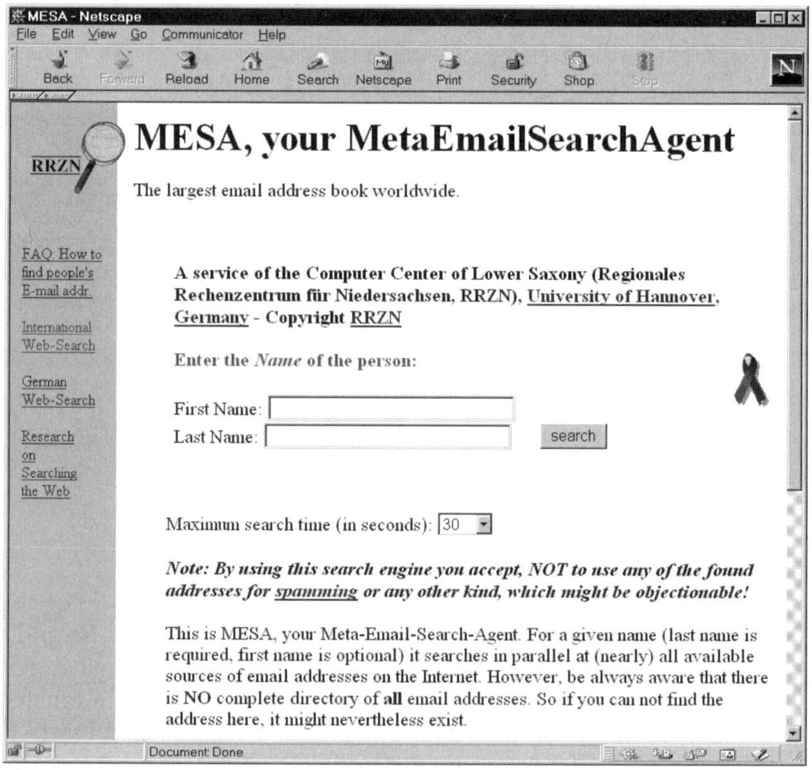

Abb. 6.11: Suche nach E-mail-Adressen

Ermitteln einer Personenadresse. Die Suche nach Computer- und Personenadressen im Internet sind also durchaus zwei verschiedene Aufgaben. Bezogen auf die Wohnadresse von Personen, könnte man die Computeradresse mit dem Straßennamen und die Benutzeridentifikation mit der Hausnummer vergleichen.

Leider existiert kein zentrales Verzeichnis der Internetbenutzer, so daß die Suche nach einer bestimmten Internetadresse oder auch Benutzeridentifikation schwierig ist. Neben Adressen-Suchsystemen wie X.500, Netfind oder Finger werden allerdings von einer Reihe von Unternehmen kommerzielle Internetverzeichnisse geführt, die zunehmend vollständigere Internet-Adressenlisten beinhalten.

6.9.2 Suche nach Dateien und Programmen im Internet

Sollen Internetarchive nach einer bestimmten Datei oder einem Programm durchsucht werden, so gibt es dafür das Dateiensuchsystem Archie (der Name leitet

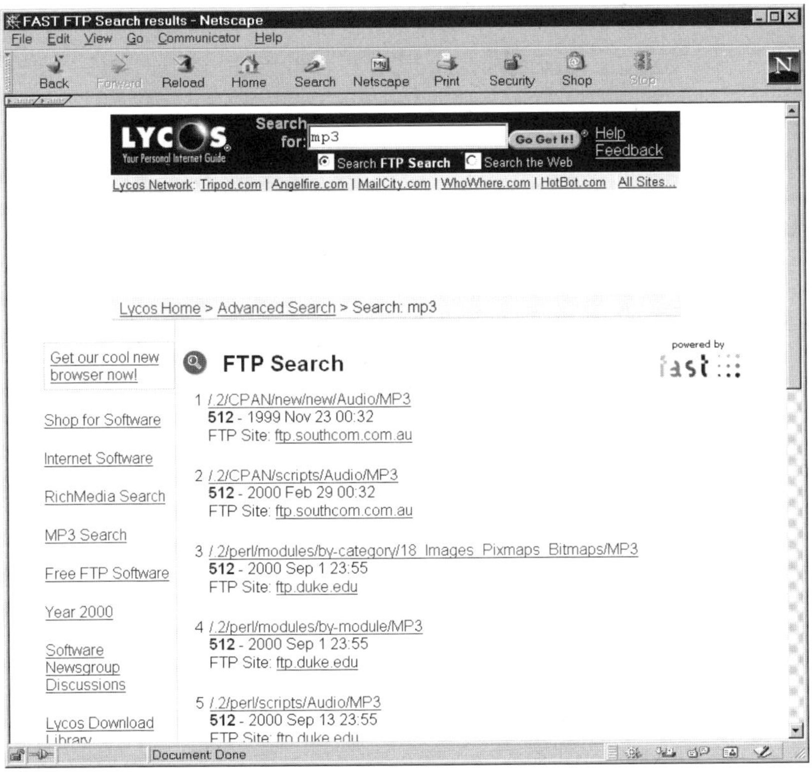

Abb. 6.12: FTP-Suche über die WWW-Schnittstelle

sich aus dem Wort Archiv ab). Weltweit verteilte, dedizierte Archie-Computer speichern dabei in regelmäßigen Abständen die aktuellen Inhaltsverzeichnisse von FTP-Archiven, die sich in ihrer Umgebung befinden, ab. Gleichzeitig werden die Datenbestände der einzelnen Archie-Server untereinander ebenfalls ausgetauscht, so daß jede Archie-Datenbank ein Meta-Inhaltsverzeichnis enthält, welches die Inhaltsverzeichnisse aller FTP-Archive umfaßt. Via Telnet oder die WWW-Schnittstelle Archieplex können die Archie-Datenbanken bequem durchsucht werden. Als Ergebnis erhält man die Internetadressen all jener FTP-Archive, auf denen die gesuchte Datei verfügbar ist. Aufgrund der zunehmenden Verbreitung des World Wide Web als die leistungsfähigste Organisationsform für Informationen und Daten im Internet werden Archive allerdings zunehmend nicht mehr als FTP-Serversysteme betrieben, sondern in Form von World-Wide-Web-Servern organisiert. Für das Durchsuchen dieser WWW-Archive kommen eigens dafür entwickelte Suchprogramme zum Einsatz.

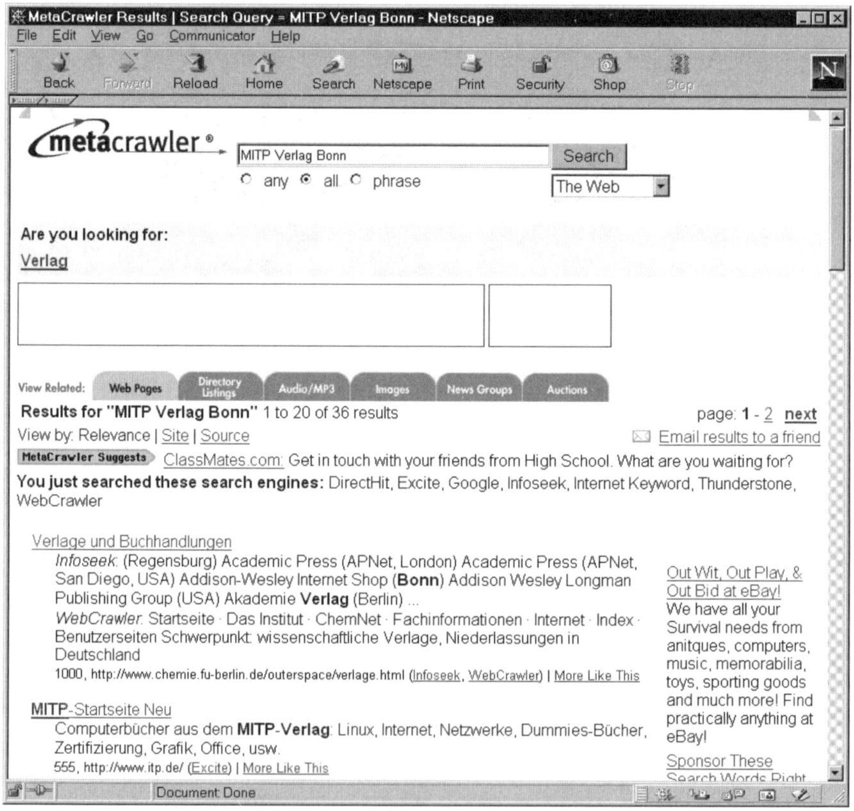

Abb. 6.13: Meta-Suchmaschine im WWW

6.9.3 Suche nach Inhalten im Internet

Der größte Teil der im heutigen Internet verfügbaren Informationen liegt in Form von Hypertext- bzw. Hypermediadokumenten vor, optimiert für die Darstellung und Nutzung über das World Wide Web. Um in den vielen Millionen WWW-Seiten nach bestimmten Informationen suchen zu können, wurden spezielle Suchprogramme – sogenannte Suchmaschinen oder Search Engines – entwickelt. Diese Programme durchsuchen das gesamte Internet systematisch nach WWW-Seiten, indizieren die Inhalte nach Schlagwörtern oder speichern die gesamte Seite im Volltext in einer Datenbank ab. Beim Zugriff auf Suchmaschinen können nun diese Datenbanken nach dem Auftreten von bestimmten Stichworten durchsucht werden. Als Ergebnis erhält man die WWW-Adressen jener Seiten, in denen die gesuchten Schlüsselwörter gefunden wurden.

Da es auch bei den Suchmaschinen eine Inflation von Anbietern gibt, setzen sich mehr und mehr die sogenannten Meta-Suchmaschinen durch. Diese setzen die Anfragen des Benutzers in Aufrufe von verschiedenen Suchmaschinen um, sammeln deren Ergebnisse und präsentieren diese dem Benutzer in einer einheitlichen Form.

6.10 Echtzeit-Audio und Video

Durch große Fortschritte bei Kompressionsverfahren und aufgrund der zunehmend höheren, im Internet verfügbaren Übertragungsgeschwindigkeiten sind seit 1995 auch Echtzeit-Audio und Videoanwendungen für die große Masse der Internetbenutzer verfügbar. Stehen (effektive) Übertragungsgeschwindigkeiten von 14,4 kbit/s zur Verfügung, so kann über das Internet telefoniert, Radiostat-

Abb. 6.14: Echtzeit-Video im Internet

ionen empfangen oder die Audiobegleitung von Multimedia-Dokumenten aktiviert werden. Bei Datenraten von 28,8 kbit/s und darüber ist der Empfang von Videos in Echtzeit und die Abwicklung von Videokonferenzen möglich.

Die Telefonie über das Internet ist heute für eine Reihe von Anwendern interessant geworden. Hatten die ersten Übertragungssysteme wegen zu geringer Bandbreite der Benutzer noch Probleme mit der Sparchverständlichkeit, entfällt diese Restriktion bei ISDN oder ADSL. Die Kostenersparnis spricht für die Internet-Telefonie vor allem im Bereich der Ferngespräche, da immer nur die Gebühren für den Provider zu zahlen sind. Aber selbst im Ortsbereich kann diese Variante der Übertragung Kosten sparen, da bei vielen Providern die Gebühren niedriger liegen als bei einem normalen Ortsgespräch. Bisher hat sich die Internet-Telefonie noch nicht einen größeren Benutzerkreis gefunden, da natürlich beide Partner die nötige Infrastruktur besitzen müssen: einen PC mit Mikrofon und Soundkarte sowie die passende Software. Schnittstellen zu Adreßverwaltungsprogrammen wie Outlook oder Lotus Organizer machen dann ein Telefonat mittels Mausklick möglich.

Abb. 6.15: Internet-Telefonie

6.11 Zugriff auf Datenbanken

Das Internet besteht zum Glück nicht nur aus den mit Bildern und Werbebannern aufpolierten Hytertext-Seiten. Eine große Zahl von mehr oder weniger gut gepflegten Datenbanken bietet sich zur Recherche in den unterschiedlichen Sachgebieten an. Während bis vor einigen Jahren eine meist gewöhnungsbedürftige Bedienung über textbasierte proprietäre Schnittstellen der Standard war, werden Anfragen und auch die Ausgabe von Ergebnissen heute über die WWW-Schnittstelle abgewickelt. Die zur Zeit im Netz befindlichen Datenbanken werden meist von öffentlichen Institutionen wie Universitäten gepflegt, in zunehmendem Maße bieten Organisationen für ihre Mitglieder Zugriffe an bzw. stellen kommerzielle Anbieter die Datenbank ins Internet. Der Zugriff auf solche Datenbanken wird dann über einen Account mit Paßwort abgewickelt und ist kostenpflichtig bzw. im Mitgliedsbeitrag für die Organisation enthalten.

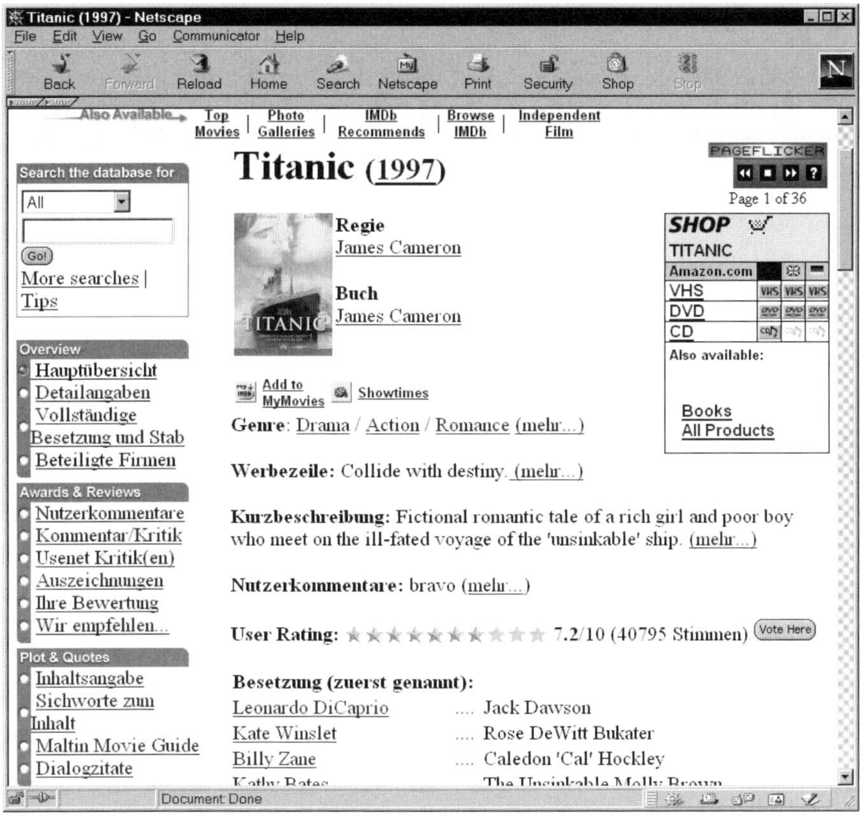

Abb. 6.16: Datenbank im Internet

Die Online-Datenbanken erleichtern Wissenschaftlern, Studenten und Journalisten die Arbeit erheblich, weshalb in diesem Bereich noch große Umwälzungen bevorstehen. Archive, Sammlungen und Kataloge werden in zunehmenden Maße für eine breite Schicht von Interessenten zugreifbar. In diesem Bereich liegt die Chance auf eine wirkliche Demokratisierung der Informationsgesellschaft.

6.12 Finanzielle Transaktionen

Während bis vor einigen Jahren finanzielle Transaktionen meist über proprietäre Systeme wie BTX oder T-Online abgewickelt wurden, ist auch in diesem Bereich eine starke Hinwendung zu webbasierten Transaktionen festzustellen. Da das Internet prinzipiell ein unsicheres Netz ist, müssen in jedem Falle Maßnahmen zur Benutzerauthentifizierung und Verschlüsselung getroffen werden.

6.12.1 Online-Banking

Jedem Online-Banker ist das alte Verfahren der Transaktionsnummern (TANs) bekannt. Er erhält von der Bank eine Liste mit Einmalpaßwörtern, die zusammen mit einer oder zwei PINs (wiederverwendbare Paßwörter) die Berechtigung des Benutzers für die Transaktion nachweisen. Bei der Benutzung von TANs müssen allerdings einige Sicherheitsvorkehrungen getroffen werden:

- Die Liste mit den TANs muß an einem sicheren Ort verwahrt werden.
- TANs sollten niemals auf dem PC abgespeichert werden. Zugriffe durch Unbefugte (oder auch durch Angriffsprogramme aus dem Internet) könnten sonst Transaktionen zum Schaden des Benutzers auslösen. Auch Fehler in der Banking-Software könnten sich verheerend auswirken. Das Horrorszenario eines wildgewordenen PCs, der sinnlose Überweisungen ausstellt und absendet, könnte Realität werden.
- Jede Transaktion muß manuell (z.B. anhand von Kontoauszügen) kontrolliert werden.
- Die Verbindung zur Bank muß verschlüsselt sein. Sonst könnten während der Übertragung der Pakete Daten verfälscht werden (z.B. die Kontonummer des Empfängers). Da die verfälschte Transaktion anschließend mit einer gültigen TAN bestätigt wird, führt der Server der Bank diese aus.

TANs werden nach und nach durch modernere Verfahren mit Chipkarten ersetzt, die zusammen mit einer oder zwei PINs den Benutzer authentifizieren. Aber auch hier gilt: Bei Transaktionen über das Internet muß verschlüsselt werden!

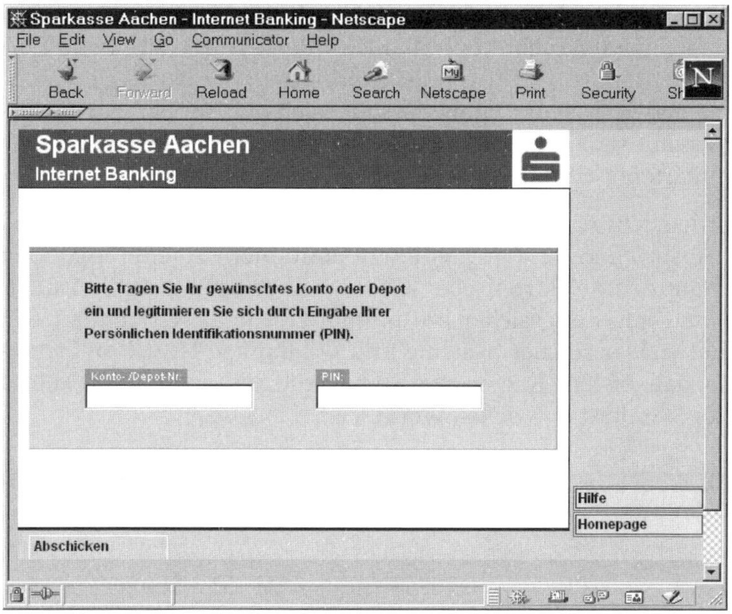

Abb. 6.17: Online-Banking im Internet

6.12.2 Transaktionen mit Kreditkarten

Der elektronische Einkauf über das Internet ist für viele Konsumenten eine echte Alternative zum Gedränge im Kaufhaus. Produktrecherche und Preisvergleiche können in Ruhe zu Hause vorgenommen werden, und der Kauf des Produktes ist nur einen Mausklick entfernt. Heute werden die meisten dieser Transaktionen über eine Kreditkarte beglichen. Auch hier sollte sich der potentielle Käufer über Risiken und Nebenwirkungen im klaren sein:

- Jeder kann im Internet einkaufen, der die Nummer der Kreditkarte kennt. Potentiell besteht die Gefahr, daß ein Händler, bei dem der Benutzer zuvor einen (physikalischen) Einkauf getätigt und der die Nummer der Kreditkarte auf dem ausgedruckten Beleg hat, diese mißbraucht.
- Die Internet-Verbindung zum Händler muß verschlüsselt sein, ansonsten ist das Risiko vorhanden, daß ein Fremder während der Übertragung an die Nummer der Karte kommt und fleißig im Internet einkauft.
- Die Händler müssen Sorge tragen, daß die Kreditkartennummern ihrer Kunden sicher und vor dem Zugriff Fremder geschützt auf ihren Servern abgelegt werden. Hacker könnten sonst in das Netzwerk des Händlers einbrechen und die Nummern einsehen und mißbrauchen.

Da vor allem die Sicherheit der gespeicherten Kreditkartennummern beim Händler vom Konsumenten nicht kontrolliert werden kann, bleibt beim Einkauf über Kreditkarte ein Restrisiko. Dieses Risiko wird heute in der Regel von der Kreditkartenfirma getragen. Jeder Benutzer sollte sich also im Fall der Fälle – wenn er einen Betrug mit seiner Kreditkarte entdeckt – umgehend mit seiner Bank bzw. dem Kreditkarteninstitut in Verbindung setzen.

Die Industrie sucht nach Wegen, den elektronischen Einkauf von der Übermittlung und Abspeicherung von Kreditkartennummern zu entkoppeln. Eine Alternative könnte das »elektronische« Geld sein, das bei einer »virtuellen Bank« erworben und fälschungssicher im Internet zu Einkäufen genutzt wird. Leider sind die Entwickler solcher Systeme und die Banken bzw. Provider heillos zerstritten, so daß bisher eine ganze Reihe von Systemen, aber kein allgemein akzeptierter Standard entwickelt worden ist.

Abb. 6.18: Elektronischer Einkauf im Internet

6.13 Informationen und Archive im Internet

Internet Glossar	http://www.matisse.net/files/glossary.html
Live on the Internet	http://www.cochran.com/start/
Zen and the Art of Internet	http://www.cs.indiana.edu/docproject/zen/zen-1.0_toc.html
Software-Archiv PCs	http://www.tucows.com/
Software-Archiv Macintosh	http://www.macresource.pair.com/
Dienste im Internet	http://www.faps.uni-erlangen.de/www/selfhtml/tbac.htm

Suchmaschinen im Internet

AltaVista	http://de.altavista.com/
Fireball	http://www.fireball.de/
About	http://www.about.com/
Direct Hit	http://www.directHit.com/
Excite	http://www.excite.de/
Lycos	http://www.lycos.de/
WebCrawler	http://www.webcrawler.com/
Metacrawler (Meta-Suchmaschine)	http://www.metacrawler.com/
MetaGer (Meta-Suchmaschine)	http://meta.rrzn.uni-hannover.de/

Stichworte für Suchmaschinen

Internet tutorial
Internet howto
Internet guide
Internet introduction
Internet applications overview
Internet software archive

Elektronische Post: E-mail

7

If there was an information revolution, it is over: information won.

(Diana Lady Dougan)

Mit elektronischer Post oder E-mail (Electronic Mail) wird in Computernetzwerken jener Dienst bezeichnet, über den Netzwerkteilnehmer untereinander Nachrichten austauschen können. Dabei kann es sich um Textdokumente, aber auch um binäre Dateien beliebigen Inhalts (Bilddateien, ablauffähige Programme etc.) handeln. Die außerordentliche Leistungsfähigkeit des Mediums elektronische Post wurde in den Gründungsjahren des Internet zunächst gar nicht in seiner gesamten Tragweite erkannt. Der im ARPA-Netz Ende der sechziger Jahre lediglich als Zusatzdienst implementierte »E-mail«-Dienst wurde jedoch in kürzester Zeit zu einem der zentralen Elemente des Internets. Mit der Verbreitung des Internets Anfang der neunziger Jahre entwickelte sich E-mail schließlich zu einem unentbehrlichen Kommunikationsmedium, das in vielen Bereichen – geschäftlich wie privat – bereits Telefax, Telefon oder Postbriefe abgelöst hat. 1996 nutzten in den USA bereits 20 % der Unternehmen E-mail als Kommunikationsmedium, in Europa knapp 10 %. Heute kann von einer praktisch flächendeckenden Versorgung mit der Infrastruktur im beruflichen Umfeld gesprochen werden. Auch im privaten Bereich ist die eigene E-mail-Adresse bei vielen Haushalten eine Selbstverständlichkeit.

1995 wurden in Deutschland mit etwa 9 Milliarden Postbriefen im Vergleich zu 6 Milliarden elektronischen Sendungen (Fax, E-mail) noch deutlich mehr Nachrichten über herkömmliche Wege transportiert als über Datennetze. Im Jahr 2000 hat sich dieses Verhältnis bereits umgekehrt haben. Nach Schätzungen der Post AG stehen 6 Milliarden herkömmliche Briefsendungen mehr als 13 Milliarden elektronischen Sendungen gegenüber.

Neben der Tatsache, daß die Versendung von elektronischen Briefen an sich im Vergleich zum Versand von Postbriefen nur weniger als 25 % der Kosten verursacht, so resultiert der Großteil des Einsparungspotentials beim Einsatz von E-mails in Unternehmen aus der besseren Handhabbarkeit von elektronischen Daten in heutigen Büroumgebungen. So ist für die Erstellung von E-mails kein Textverarbeitungsprogramm und kein Drucker notwendig. E-mails müssen nicht kuvertiert, frankiert und zur Post gebracht werden, und ihre Zustellung erfolgt in einem Bruchteil der Zeit, die die Post zur Briefzustellung benötigt (selbstverständlich unabhängig von Sonn- und Feiertagen). Mit Hilfe der leistungsfähigen

Kryptographiestandards des Internet ist es darüber hinaus möglich, elektronische Nachrichten derart zu verschlüsseln, daß mit hundertprozentiger Sicherheit sowohl von der Vertraulichkeit der Inhalte als auch von der Authentizität des Absenders ausgegangen werden kann. In naher Zukunft wird so die elektronische, verschlüsselte Version eines Dokuments als das Original betrachtet werden und der wesentlich leichter fälschbare Ausdruck lediglich als Arbeitskopie.

7.1 Das Medium Elektronische Post

Obwohl elektronische Post, oberflächlich betrachtet, nichts anderes darstellt als eine elektronische Variante der Briefpost oder des Telefax (und vielfach auch so genutzt wird), unterscheidet sie sich in vielfacher Hinsicht wesentlich von den traditionellen, papiergebundenen Kommunikationsmethoden. So können elektronische Nachrichten abgespeichert, mehrmals gelesen, ergänzt oder modifiziert und an Dritte oder Vierte weitergeleitet werden.

Mit demselben Aufwand können Nachrichten an eine bestimmte Person oder, mit Hilfe eines Verteilers, an einen großen Personenkreis versendet werden. Ist kein Ansprechpartner für eine bestimmte Situation bekannt, können Nachrichten beispielsweise an alle Teilnehmer eines Diskussionsforums, einer Interessengruppe oder an alle Mitarbeiter einer Firma versendet werden.

Elektronische Nachrichten können

- abgespeichert werden
- an große Gruppen adressiert werden "...weiß jemand...?"
- ergänzt und an eine oder mehrere Personen weitergeleitet werden
- verschlüsselt und digital unterschrieben werden (Vertraulichkeit und Authentifikation)
- sehr schnell übertragen werden (Übertragungsdauer wenige Minuten bis Stunden)
- Multimediadokumente enthalten (Bild, Ton, Video)
- elektronisch archiviert und weiterverarbeitet werden

Abb. 7.1: Wichtige Eigenschaften des Mediums Elektronische Post

Im Rahmen von elektronischer Kommunikation verändern sich auch die Verhaltensweisen beteiligter Personen. Studien haben ergeben, daß in elektronischen Nachrichten häufiger extreme Meinungen und spontane Ideen geäußert werden als in Gesprächsrunden. Paradoxerweise bewirkt also gerade die unpersönliche Form des elektronischen Kommunikationsmediums, daß Hemmungen, zu sprechen oder sich mitzuteilen, verschwinden oder abgebaut werden.

Durch die Vernetzung des Wissens einer großen Anzahl von Personen werden außerdem Synergieeffekte erzeugt, die mit anderen Kommunikationsmethoden nicht erreichbar sind. Ein typischer Informationsfluß im Internet beginnt dabei mit einer »Weiß jemand...?«-Nachricht, adressiert an eine bestimmten Personengruppe (z. B. Mitglieder einer Mailingliste im Internet), die durchaus auch über die ganze Welt verstreut sein kann. Und in vielen Fällen gehen innerhalb kurzer Zeit eine oder mehrere Antworten zu der angesprochenen Problematik ein.

Untersuchungen in privaten Kommunikationsnetzen großer Firmen belegen, daß das Funktionieren dieser Art von Informationsbeschaffung, die auf dem guten Willen aller Teilnehmer aufbaut, nicht nur im Internet funktioniert, dort jedoch sicherlich am extremsten ausgeprägt ist. Dies führt zu der Frage, was Internet-Benutzer veranlaßt, ihre Zeit damit zu verbringen, auf Fragen von Personen zu antworten, mit denen sie nichts anderes als der gemeinsame Zugang zu einem Netzwerk verbindet. Die endgültige Antwort darauf wird wohl für immer in den Tiefen des Internet verborgen bleiben. Sie hat jedenfalls zu tun mit einer Art elektronischem Altruismus, der sich im Internet über die Jahre gebildet hat. Jede elektronische Nachricht bereichert und erweitert den Wissenspool der Internet-Gemeinschaft, und jede beantwortete Frage erhöht die Wahrscheinlichkeit, selbst einmal in den Genuß einer Antwort zu kommen. Diese Überlegungen können schließlich bis hin zu den religionsphilosophischen Betrachtungen der Zen-Buddhisten fortgeführt werden, die in der Arbeitsweise des Internet ihre Theorie vom immerwährenden Gleichgewicht des Karma bestätigt sehen:

»Wenn irgendwo in der Welt Informationen aus dem Internet abgerufen werden, so müssen zur selben Zeit an irgendeiner anderen Stelle Informationen in das Internet eingespeist werden. Wird diese Regel einmal verletzt, so bricht das Internet zusammen, und alle Informationen sind mit einem Schlag verloren.«

Mit der fortschreitenden Kommerzialisierung des Internet verliert sich dieser Geist der frühen Internet-Begeisterten zwar zunehmend, aber ein gewisser Rest dieser Einstellung ist nach wie vor spürbar und macht noch immer einen Teil der Besonderheit des Internet aus.

7.2 Der Internetdienst »Elektronische Post« (E-mail)

Der Internetdienst »elektronische Post« (E-mail) ist bei weitem nicht nur auf das Versenden und Empfangen von elektronischen Textdokumenten beschränkt. Im Laufe der Jahre haben sich auf der Basis von E-mail eine Fülle von Diensten und Anwendungen entwickelt, und es wurde ein Informationsverteilungssystem mit außerordentlicher Effizienz geschaffen. So werden im Internet mit Hilfe von elektronischer Nachrichten Dateien versendet, über Mailing-Listen Diskussionsforen abgehalten, mit Unterstützung von FTP-Mailservern Dateien abgerufen oder Informationssuchsysteme wie Archie benutzt. Diese Vielfalt der Funktionen entstand nicht zuletzt auch deshalb, weil der E-mail-Dienst lange Jahre für einen großen Personenkreis die einzige Möglichkeit war, das Internet zu nutzen. Heute, in einer Zeit, in der jedermann mit geringem Kostenaufwand in Besitz eines vollwertigen Internet-Anschlusses gelangen kann, hat die Steuerung von interaktiven Diensten wie FTP oder Archie mit Hilfe von E-mails an Bedeutung verloren. In bestimmten Fällen, in denen aus verschiedenen Gründen der Internet-Zugang ausschließlich auf den E-mail-Dienst beschränkt ist, können jedoch auch diese seltener genutzten Anwendungen wertvolle Unterstützung bieten.

7.3 Das Prinzip von E-mail

Das E-mail-System besteht aus zwei Komponenten, dem Message Transfer Agent (MTA) und dem User-Agent (UA). Der MTA hat die Aufgabe, E-mails über die verschiedenen Teilnetzwerke des Internets an ihren Bestimmungsort zu vermitteln. Als User-Agent wird jene Software bezeichnet, die vom Benutzer verwendet wird, um elektronische Nachrichten zu erstellen, zu versenden und zu empfangen und ist somit nichts anderes als die jeweils benutzte E-mail Client-Software. Der einem UA nächstgelegene MTA wird als sein lokaler MTA bezeichnet. Dieser lokale MTA speichert in einer Datei, der »Mailbox«, alle Nachrichten, die für diesen UA eintreffen. Über seinen User Agent, der auf diese Mailbox zugreift, erhält der Benutzer schließlich seine elektronische Post zugestellt.

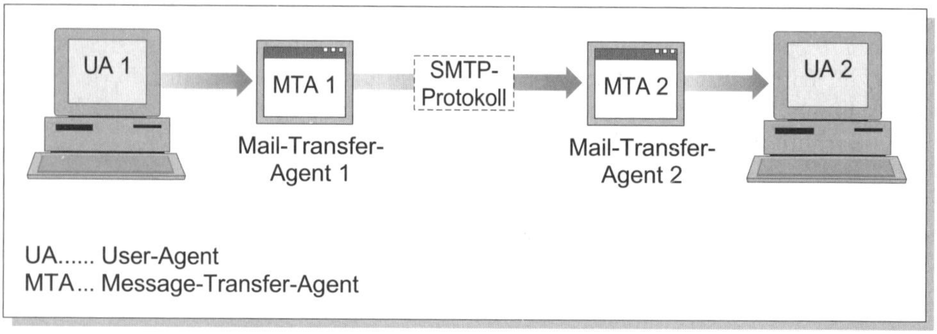

Abb. 7.2: Das Prinzip von E-mail im Internet

Die Vermittlung der Nachrichten zwischen den Message Transfer Agents geschieht mittels eines speziellen Kommunikationsprotokolles, dem Simple Mail Transfer Protocol (SMTP). Wie der Name schon sagt, ist SMTP eine simplifizierte

Version eines früheren Mail-Transportprogrammes, dem Mail Transfer Protocol MTP. SMTP funktioniert tatsächlich erstaunlich einfach. Die am weitesten verbreitete Software für den Betrieb eines MTA ist das Unix-Programm »sendmail«. Dieses Programm bildet auf dem Mail-Server den SMTPD-Prozeß (SMTP-Dämon), der permanent aktiv ist und für den Empfang und die Versendung von E-mails verantwortlich ist.

Nach dem Verbindungsaufbau zwischen zwei MTAs wartet der Client-MTA, bis er vom Server-MTA die Nachricht »220 READY FOR MAIL« erhält. Der Client antwortet darauf mit »HELO« (mit einem L !), wartet die darauffolgende Identifikation des Servers ab und beginnt unmittelbar mit der Übertragung der zu versendenden Nachrichten.

```
Client:    HELO
Server:    250 whitehouse.gov
Client:    MAIL FROM:<Fake@nobrain.hack.com>
Server:    250 OK
Client:    RCPT TO:<President@whitehouse.gov>
Server:    250 OK
Client:    DATA
Server:    Start mail input; end with
<CR><LF>.<CR><LF>
Client:    From:.......
To:......
Date:........
```

Abb. 7.3: Die Übertragung von E-mails mit dem SMTP-Protokoll

Aus dem Blickpunkt der Kommunikationssicherheit besonders bedenklich ist dabei die Tatsache, daß der gesamte Übertragungsvorgang im Klartext (7-Bit-ASCII) erfolgt. Es besteht keinerlei Möglichkeit, die Angaben über den Absender (MAIL FROM:<Fake@nobrain.hack.com>) zu überprüfen, wodurch eine Verfälschung der Sendeadresse problemlos möglich ist. Anfang 1995 eröffnete der Programmierer Ryan Scott aus Florida sogar eine World-Wide-Web-Seite, über die jedermann Nachrichten mit beliebigem Absender erzeugen konnte. Innerhalb von wenigen Wochen wurden zehntausende Nachrichten mit allen nur denkbaren Absendern verschickt, bevor der Dienst wieder eingestellt wurde (Abb. 7.4).

Die zuverlässige Identifikation von elektronischen Nachrichten ist ausschließlich durch den Einsatz von elektronischen Unterschriften möglich, wie sie mit Hilfe von Public-Key-Verfahren realisiert werden können.

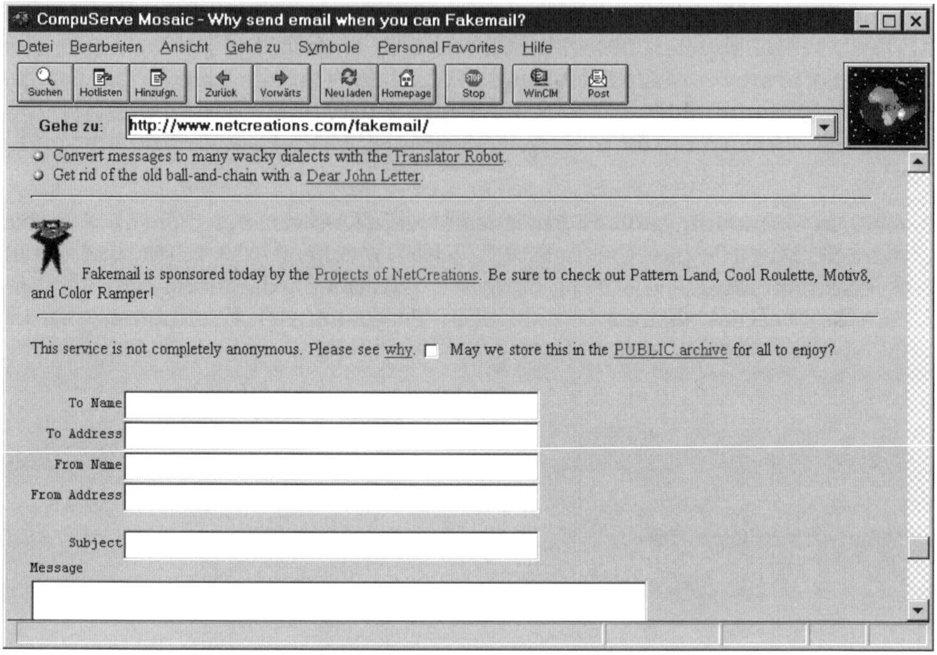

Abb. 7.4: Der »Fakemail«-Dienst von Ryan Scott

7.4 Elektronische Post: Grundlegende Funktionen

Grundsätzlich gibt es zwei Möglichkeiten, E-mails zu versenden oder zu empfangen. Steht eine direkte, permanente Verbindung zum Internet und somit auch ein MTA auf dem eigenen Computersystem zur Verfügung, so erfolgt der Nachrichtentransport unmittelbar vom und zum Internet. Neu erstellte Nachrichten können so vom benutzten Mail-Programm (User Agent) unmittelbar an den MTA und in das Internet weitergeleitet werden. Umgekehrt erfolgt die Zustellung von neu am MTA eingetroffenen Nachrichten an den Empfänger ebenfalls ohne Verzögerung.

Besteht der Internet-Zugang über eine Wählverbindung (Einwahl-IP-Zugang oder Remote-Login), so gibt es zwei Methoden, mit E-mail zu arbeiten. Die eine Möglichkeit besteht darin, sich mit Hilfe eines Terminal-Programmes auf dem Internet-Knoten des Internet-Providers einzuloggen, und die elektronischen Nachrichten online zu lesen bzw. zu erstellen. Dabei wird der MTA des Internet-Hosts benutzt, der den Empfang bzw. die Versendung von Nachrichten für registrierte Nutzer abwickelt.

Die komfortablere und auch kostengünstigere Lösung (Telefonkosten!) ist allerdings, die E-mails offline zu lesen bzw. zu erstellen, und in regelmäßigen Abständen die zu versendenden bzw. empfangenen Nachrichten mit dem Mail-Transfer-Agent des Internet-Providers auszutauschen.

Das erste und noch immer im Einsatz befindliche Programm dieser Art war UUCP (Unix-to-Unix-Copy-Programm. Heute werden E-mails von Benutzern

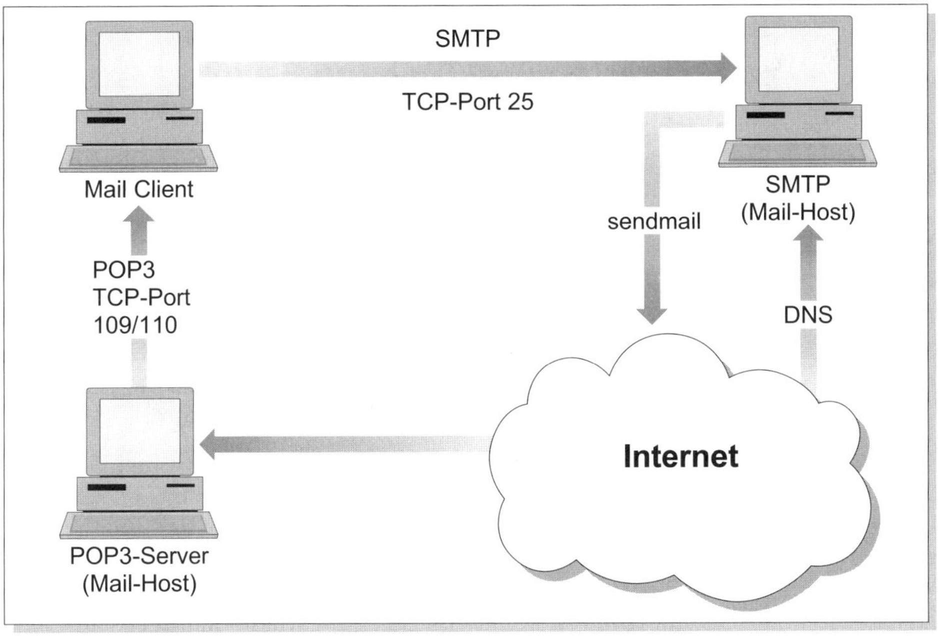

Abb. 7.5: Der Transport von E-mails via POP3 und SMTP

Port	Protokoll	Dienst	Port	Protokoll	Dienst
25	TCP	SMTP	220	UDP	IMAP3
25	UDP	SMTP	465	TCP	SMTP über SSL
109	TCP	POP2	465	UDP	SMTP über SSL
109	UDP	POP2	585	TCP	IMAP4 über SSL
110	TCP	POP3	585	UDP	IMAP4 über SSL
110	UDP	POP3	993	TCP	IMAP4 über SSL
143	TCP	IMAP	993	UDP	IMAP4 über SSL
143	UDP	IMAP	995	TCP	POP3 über SSL
220	TCP	IMAP3	995	UDP	POP3 über SSL

Abb. 7.6: Ports bei E-mail

ohne permanente Internet-Verbindung mittels des POP3- oder des neueren IMAP-Protokolls von ihrem Server abgeholt. Alle für den Benutzer bestimmten Mails werden dabei zunächst auf dem POP3- bzw. IMAP-Server zwischengespeichert. Durch Anwahl des POP3-Servers auf TCP-Port 110 oder des IMAP-Servers auf Port 143 kann der Internet-Client nun für ihn eingegangene E-mails empfangen. Die Versendung von E-mails kann via SMTP direkt über den MTA des Mail-Servers durch Anwahl von TCP-Port-25 geschehen. Über SSL verschlüsselte Mail-Verbindungen gehen entsprechend an andere Ports.

7.4.1 Verteilerlisten und Titel von E-mails

Beim Erstellen von elektronischer Post können neben dem Empfänger und dem Titel (subject) der Nachricht noch weitere Adressaten angegeben werden, die die Nachricht ebenfalls als Kopie, ohne selbst direkter Empfänger zu sein, erhalten sollen. Diese Form der Adressierung wird als Cc (Carbon copy, hergeleitet also von Kohlepapier für Durchschriften) beziehungsweise Bcc (Blind carbon copy) bezeichnet. Der Unterschied zwischen Cc und Bcc besteht darin, daß im Fall von Cc in der Nachricht, die der eigentliche Empfänger zu Gesicht bekommt, auch alle jene Empfänger im Verteiler aufscheinen, die die Nachricht via Cc als Kopie ebenfalls erhielten. Dies ist bei der Verwendung von Bcc nicht der Fall. Die Verteilung von Kopien erfolgt, ohne daß der Adressat davon erfährt.

Wichtig bei der Erstellung von elektronischen Nachrichten ist es, einen aussagekräftigen Titel (subject) zu wählen, der möglichst ein oder mehrere Stichworte enthält, die den Inhalt der Nachricht treffend beschreiben. Bei der Abarbeitung einer großen Anzahl von E-mails unter Zeitdruck können so bereits anhand der E-mail-Titel effizient Prioritäten gesetzt werden. Auch wird dadurch die Wahrscheinlichkeit größer, daß die Nachricht von den zunehmend häufiger eingesetzten automatischen E-mail-Filterprogrammen richtig erkannt, und in die entspre-

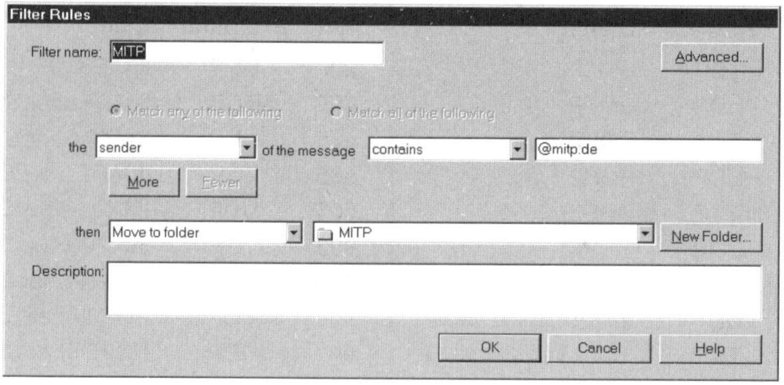

Abb. 7.7: Automatische Sortierung von E-mails mit Filterprogrammen

chende Kategorie des Benutzers eingeordnet wird (Abb. 7.7). Werden häufig Nachrichten an immer dieselben Personengruppen versendet, so können deren Mail-Adressen in Form von Verteilerlisten abgespeichert werden. So könnte beispielsweise dem Kollegen der Abteilung A die Verteilerliste »Abteilung_A« zugeordnet werden. Jedesmal, wenn eine Nachricht an alle Kollegen der Abteilung A versendet werden soll, müßte dann als Empfänger lediglich die betreffende Verteilerliste angegeben werden. Das E-mail-Programm ersetzt dann die entsprechende Verteilerliste durch die tatsächlichen Internet-Adressen.

7.4.2 Das Weiterleiten von elektronischer Post (Forward)

Eine wichtige Eigenschaft von elektronischer Post besteht darin, daß Nachrichten mit sehr geringem Aufwand beliebig oft weitergeleitet werden können. Dies kann manuell oder auch vollautomatisch (autoforward) geschehen. Beim Autoforward wird jede eingehende Nachricht umgehend an den Verteiler, der dafür in der Forwarding-Datei spezifiziert wurde, weitergeleitet. Empfänger können dabei nicht nur Personen sein, sondern auch Telefaxgeräte, Pager oder Mobiltelefone mit Messaging-Funktion.

Eine ähnliche Funktion erfüllen automatische Antwort-Mails (autoreply), wie sie in den meisten E-mail-Programmen ebenfalls zum Standardfunktionsumfang gehören. Dabei wird automatisch an den Absender jedes eingehenden E-mails eine vorbereitete Nachricht als Antwort versendet. Dies kann dazu benutzt werden, um bei längerer Abwesenheit (Urlaub, Dienstreise etc.) den Zeitpunkt mitzuteilen, ab dem eingehende Nachrichten wieder gelesen und beantwortet werden können.

7.4.3 Telefax per E-mail

1993 wurde im Internet damit begonnen, einen öffentlichen E-mail-Telefaxdienst aufzubauen. Mittlerweile bietet eine Reihe von Firmen diesen Dienst an. Mittels eines speziellen Client-Programms werden die E-mails dann über einen Provider direkt auf das Faxgerät des Empfängers weitergeleitet. Da der Provider die Telefonkosten für den Faxversand tragen muß, sind solche Dienste kostenpflichtig. Die Verrechnung erfolgt unkompliziert über Kreditkarten

Beispiele für Anbieter sind:

- eFax `http://www.efax.com/`
- PAN Network `http://www.pan.com/`

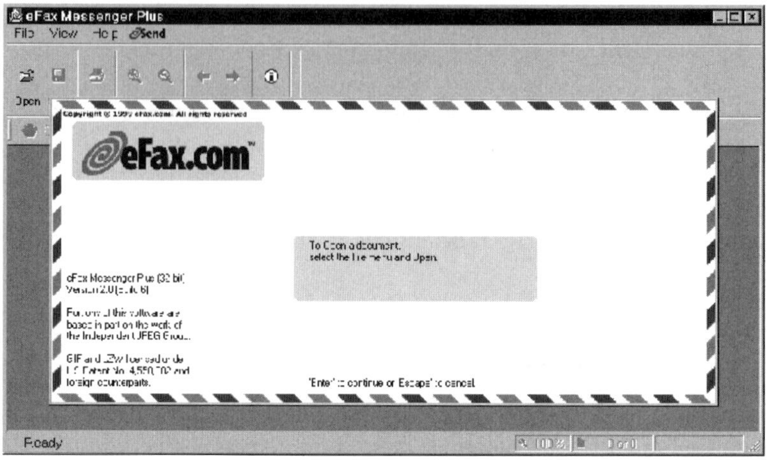

Abb. 7.8: Faxversand mittels E-mail

7.4.4 Das Versenden von Dateien

Elektronische Nachrichten können nicht nur aus Texten bestehen, sondern auch Dateien beliebigen Formats beinhalten. Dabei ist allerdings zu beachten, daß der E-mail-Dienst des Internet lediglich in der Lage ist, Dateien im Textformat zu übertragen. Binäre Dateien müssen daher für die Dauer der Übertragung in Textdateien umcodiert werden. Nach Erhalt einer solchen textcodierten Binärdatei läßt sich die ursprüngliche Datei mit dem entsprechenden Dekodierungsprogramm wieder herstellen.

Wird zum Versenden von Attachments heute meist der MIME-Standard benutzt (siehe unten), mußten früher binäre Anhänge mittels der Programme Uuencode bzw. Uudecode bearbeitet werden. Beim Encodieren von binären Dateien führt Uuencode nicht nur eine Verschlüsselung der Binärdatei in eine Textdatei durch, sondern spaltet längere Dateien auch in mehrere kurze, etwa 64 kByte lange Fragmente auf. Dies geschieht deshalb, weil bestimmte Netzwerke nur die Übertragung von elektronischen Nachrichten bis zu einer bestimmten Maximallänge unterstützen. Die entsprechenden Fragmente werden von Uudecode vor der Rückübersetzung in das Binärformat vollautomatisch wieder zusammengesetzt.

Das Befehlsformat von Uuencode lautet: Uuencode <Quell-Dateiname> <Ziel-Dateiname>. Das Programm codiert daraufhin die Binärdatei in eine Textdatei um und spaltet sie, falls notwendig, in Fragmente auf. In unserem Beispiel (Abb. 7.9) wird die Datei WINCHES.EXE mit einer Größe von 171.845 Bytes in vier Fragmente zu je etwa 60.000 Bytes und einem Fragment mit 13.000 Bytes aufgespalten. Man sieht, daß die Textdarstellung der Binärdatei wesentlich mehr Speicherplatz benötigt, nämlich 241.331 Bytes, als die Originaldatei. Die fünf

```
dir
WINCHES  EXE    171845 09.04.94   17:30
C:\TMP>uuencode WINCHES.EXE WINCHES.UUE
UU-ENCODE 5.21 FOR PC.  by Richard Marks
UUencoding file winches.exe
Encoding to file  WINCHES1.UUE
......
Encoding to file  WINCHES2.UUE
......
Encoding to file  WINCHES3.UUE
......
Encoding to file  WINCHES4.UUE
......
Encoding to file  WINCHES5.UUE
......
dir
WINCHES1 UUE     60010 09.04.94   17:33
WINCHES2 UUE     59984 09.04.94   17:33
WINCHES3 UUE     59984 09.04.94   17:33
WINCHES4 UUE     59985 09.04.94   17:33
WINCHES5 UUE      1368 09.04.94   17:33
        7 Datei(en)     241331 Byte
```

Abb. 7.9: Umwandlung von Binär- und Textdateien

```
C:\TMP>UUDECODE WINCHES.UUE WINCHES.EXE

UU-DECODE 5.21 FOR PC.  by Richard Marks

Destination is WINCHES.EXE

Decoding WINCHES1.UUE, Section 1
input section passed sum -r and size tests
End File encountered in file: WINCHES1.UUE

Decoding WINCHES2.UUE, Section 2
input section passed sum -r and size tests
End File encountered in file: WINCHES2.UUE

Decoding WINCHES3.UUE, Section 3
input section passed sum -r and size tests
End File encountered in file: WINCHES3.UUE

Decoding WINCHES4.UUE, Section 4
input section passed sum -r and size tests
End File encountered in file: WINCHES4.UUE

Decoding WINCHES5.UUE, Section 5
input section passed sum -r and size tests
output file passed sum -r and size tests
Completed decode of file WINCHES.EXE
```

Abb. 7.10: Rückverwandlung in eine Binärdatei

erhaltenen Textdateien können nun problemlos mit dem Internet-E-mail-Dienst versendet werden.

Abb. 7.10 zeigt die anschließende Rückübersetzung der Textdateien mit Hilfe von UUDECODE. Die Befehlszeile dafür lautet analog zur Enkodierung:

```
UUDECODE <Quell-Dateiname> <Ziel-Dateiname>
```

Die ursprüngliche Binärdatei WINCHESS.EXE ist damit wieder hergestellt.

7.4.5 MIME

Die MIME-Erweiterungen beseitigen die Beschränkungen von SMTP auf die Übertragung reiner US-ASCII-Textnachrichten. Erreicht wird dies durch die Einführung von speziellen MIME-Headern, zusätzlich zu den Standard-Mail-Headern. Neben dem MIME-Versions-Header sind dies die sieben Content Type-Headerfelder:

- Text Content Type — für Textinformationen und verschiedene Zeichensätze
- Multipart Content Type — für die Kombination unterschiedlicher Datentypen innerhalb einer Nachricht
- Application Content Type — für binäre Daten jeglicher Art
- Message Content Type — für die Enkapsulierung anderer Mail-Nachrichten
- Image Content Type — für die Übertragung von Bildern
- Audio Content Type — für Audio- oder Sprachdaten
- Video Content Type — für Videodaten

Da die Spezifikation von SMTP (RFC821) die Übertragung von Nachrichten auf 7-Bit US-ASCII-Nachrichten mit einer maximalen Zeilenlänge von 1000 Zeichen beschränkt, ist neben der Definition der Datentypen auch ein Kodierungsverfahren notwendig, welches die unterschiedlichen Datenformate auf ein mit diesen Vorgaben kompatibles Format bringt. Sonst besteht die Gefahr, daß die Nachricht auf ihrem Weg durch ein (älteres) 7-Bit-Gateway verstümmelt wird. Da es grob gesprochen zwei Arten von zu übertragenden Daten gibt, nämlich

- Daten die primär aus Text bestehen, aber eben doch nicht dem 7-Bit-US-ASCII-Zeichensatz entsprechen und
- binäre Daten

wurden dementsprechend zwei Codierungsmechanismen gewählt: Quoted Printable und Base 64. Quoted Printable setzt die (wenigen) 8-Bit Zeichen in eine Art Escape-Sequenz um, während das Base 64-Format aus sechs Bit der Binärdatei jeweils vier Bit des zu übertragenden Anhangs macht.

7.4.6 Der Briefkopf von elektronischen Nachrichten

Der Briefkopf von elektronischen Nachrichten im Internet besteht aus einer Fülle von unverständlichen Kürzeln, Adressen sowie Datum- und Zeitangaben. Obwohl für das Arbeiten mit elektronischer Post nicht unbedingt notwendig, so lohnt es sich doch, einen kurzen Blick auf die darin enthaltenen Informationen zu werfen.

Die erste Zeile einer Internet-Nachricht enthält immer die Adresse des Absenders, in unserem Fall (Abb. 7.9) »Sender: othmar@muc.de«. Die danach folgenden Zeilen enthalten je nach den Optionen, die das Mailprogramm benutzt, bzw. abhängig vom Weg, den die Nachricht durch das Internet genommen hat, unterschiedliche Einträge. In den meisten Fällen folgen auf die erste Zeile mit der Absenderinformation mehrere »Received«-Meldungen. Diese »Received«-Meldungen werden von den Mail-Gateways, über die die Nachricht transportiert wurde, in den Briefkopf der Nachricht eingetragen und ermöglichen es so, den Weg der Nachricht sowie die Zeitdauer für die jeweiligen Wegstrecken nachzuvollziehen.

```
Sender:       othmar@muc.de
Received:     from colin.muc.de by arl-img-2.compuserve.com
              (8.6.4/5.930129sam)
              id MAA03702; Sat, 9 Apr 1994 12:11:53 -0400
Received:     by colin.muc.de id <135959>; Sat, 9 Apr 1994 18:11:53
+0200
Date:         Sat, 9 Apr 1994 18:11:47 +0200
From:         Othmar Kyas <othmar@muc.de>
Subject:      Internet
To:           100013.2023@compuserve.com
cc:           kyas_othmar/hpgrmy/@hpbbi4.bbn.hp.com
Message-ID:   <Pine.3.89.9404091844.A17074-0100000@colin.muc.de>
MIME-Version: 1.0
Content-Type: TEXT/PLAIN; charset=US-ASCII

There might be no heaven anywhere, but somewhere there is an Internet.
```

Abb. 7.11: Der Briefkopf von elektronischer Post im Internet

In unserem Beispiel wurde die vom Computer versendete Nachricht um 12:11:53 -0400 Uhr von arl-img-2.compuserve.com (dem Internet-Mail-Gateway von CompuServe) empfangen. Die Zeitangabe 12:11:53 -0400 Uhr bedeutet dabei, daß die lokale Zeit des E-mail-Gateways von 12:11:53 um vier Stunden hinter der Mittleren Greenwich-Zeit (GMT Greenwich Mean-time) zurückliegt. Die lokale Zeit der jeweiligen Internet-Systeme wird immer relativ zur Mittleren-Greenwich-Zeit, die gleichzeitig die Weltzeit (UT Universal Time) ist, angegeben, da sonst bei der Auswertung der Zeiten im Briefkopf fortwährend manuell die unterschiedlichen Zeitzonen berücksichtigt werden müßten. In Nordamerika wird gelegentlich anstelle der lokalen Zeit im Verhältnis zur Weltzeit die lokale Zeit mit Angabe der jeweiligen Zeitzone benutzt. Abb. 7.12 gibt einen Überblick über die geographische Lage der einzelnen Zeitzonen.

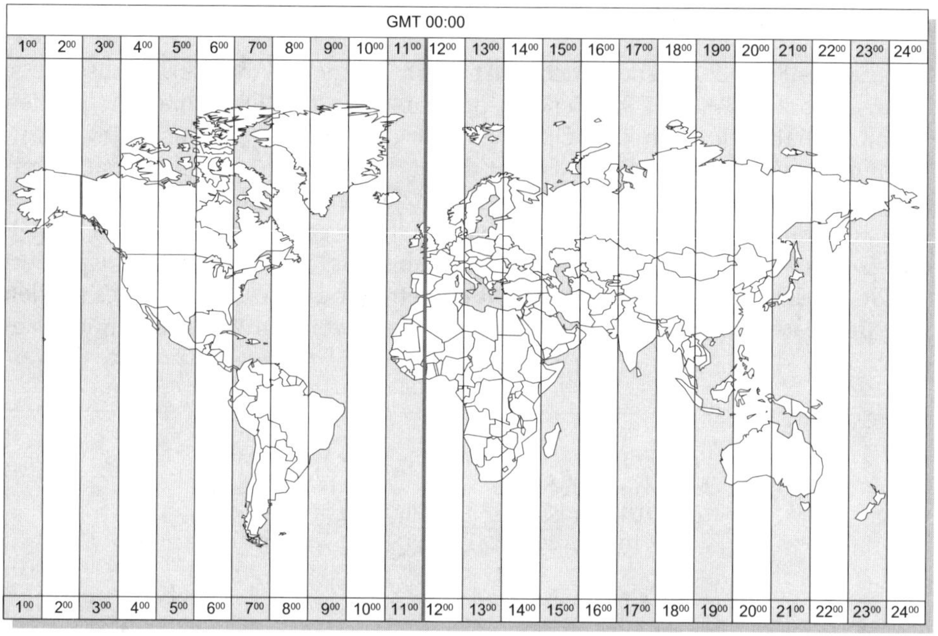

Abb. 7.12: Zeitzonen

Die auf die zweite »Received-Meldung« folgende Zeile enthält Angaben zum Datum und der Uhrzeit, zu der die Nachricht versendet wurde: 9. April 18:11:47 +0200. Die Nachricht wurde also um 16:11:47 (Weltzeit) versendet und bereits um 16:11:53 von arl-img-2.compuserve.com empfangen.

Auf die Zeile »Subject« mit dem E-mail-Titel folgt schließlich noch die Verteilerliste mit der Angabe des Empfängers (To:) sowie der Adressaten von Informationskopien (Cc:). Die Message-ID enthält schließlich eine einmalige, der Nachricht zur Übertragung zugeordnete Identifikationsnummer. Am Ende der Nachricht erscheint noch der Eintrag MIME-Version: 1.0. Damit wird angegeben, daß das Senderprogramm des E-mails die Erweiterung des Internet-E-mail-Protokolles MIME 1.0 unterstützt.

7.5 E-mail-Adressierung im Internet

Zur Adressierung von elektronischen Nachrichten wird im Internet das sogenannte Domain-Namensystem benutzt (siehe Kapitel 4). Die Adresse besteht dabei aus einer Benutzeridentifikation und dem Domainnamen. Beide Adreßteile sind durch das Zeichen »@« (Klammeraffe, engl. ape) voneinander getrennt. Die Benutzeridentifikation der Adresse

```
othmar@muc.de
```

ist Othmar, der Domainname ist muc.de. Der Domainname kann dabei aus zwei oder mehreren sogenannten Subdomains bestehen, darf aber insgesamt nicht länger als 24 Zeichen sein. Der Domainteil der Adresse

```
othmar_kyas@hp-germany-om2.om.hp.com
```

besteht beispielsweise aus vier Subdomains. Auch die Benutzeridentifikation kann, wie obiges Beispiels zeigt, unterschiedliche Komplexität aufweisen. Lange Domainnamen deuten häufig auf große Organisationen oder Unternehmen hin, da in diesen Fällen zur Zuordnung der großen Anzahl von Benutzern beziehungsweise von Computern mehr Hierarchieebenen notwendig sind als in kleinen Organisationen.

7.6 Das Erstellen von E-mails

Abschließend noch einige Hinweise zur Erstellung von E-mails. Wie bereits in der Einleitung zu diesem Kapitel erwähnt, ist es so, daß in elektronischen Nachrichten häufiger extreme Meinungen geäußert werden als in Gesprächsrunden. Im Unterschied zu einem Streitgespräch können elektronische Nachrichten allerdings abgespeichert, vervielfältigt und an zahllose Personen weitergeleitet werden. Man sollte dies bei der Formulierung von Nachrichten bedenken und wirklich nur jene E-mails auch absenden, die wohlüberlegt und sachlich formuliert sind. Einige E-mail-Programme bieten zwar auch die Funktion des Löschens von bereits versendeten Nachrichten an, erfolgreich kann dies allerdings nur dann durchgeführt werden, solange der Empfänger die Nachricht noch nicht gelesen hat.

Elektronische Nachrichten sollten des weiteren generell in gemischter Groß- und Kleinschreibung erstellt werden. Durchgehende Großschreibung ist auf Bildschirmen schlechter lesbar und wirkt AUFDRINGLICH. Auch sollte auf die Benutzung von besonderen Schriftarten wie »kursiv« oder »fett gedruckt« verzichtet werden. Häufig erzeugt dies beim Lesen Steuerzeichen auf dem Bildschirm des Empfängers, die das Lesen der Nachricht empfindlich stören. Schließlich ist darauf zu achten, daß die Zeilenlänge innerhalb einer Nachricht 60 Zeichen nicht übersteigt. Viele Terminals können zu lange Textzeilen nicht oder nur unzureichend darstellen.

7.7 Smileys (Emoticons)

Zu einer eigenen Kunstform innerhalb des Internet haben sich im Laufe der Jahre Smileys und Signaturen entwickelt. Smileys ersetzen in der unpersönlichen Welt der Kommunikation mittels elektronischer Nachrichten Gestik und Ausdruck, die im zwischenmenschlichen Umgang dem Gesagten oftmals eine völlig andere Bedeutung geben. Sie sind nichts anderes als aus unterschiedlichen ASCII-Zeichen zusammengesetzte Symbole, die, um 90 Grad versetzt betrachtet, menschliche Gesichter darstellen :-). Abb. 7.13 zeigt eine kleine Auswahl von Smiley-Kreationen.

:-)	Grund-Smiley dient dazu, einen sarkastischen oder scherzhaften Unterton auszudrücken
;-)	Augenzwinker-Smiley "Nimm nicht so ernst, was ich gesagt habe"
:-(	Ausdruck von Ärger, Frustration und Depression
:->	Unterstreichung einer sehr sarkastisch/ironisch gemeinten Aussage
(-:	"Ich bin Linkshänder"
:*)	"Ich bin betrunken"
[:]	"Ich bin eine Maschine/Roboter"
8-)	"Ich trage eine Sonnenbrille"

Abb. 7.13: Smileys (Emoticons)

Signaturen bilden den Abschluß eines E-mails und enthalten in der Regel Informationen wie Adressen, Telefonnummer und Abteilungsbezeichnungen des Absenders. Signaturen können in speziellen Signaturdateien abgespeichert werden und werden dann automatisch an das Ende eines jeden E-mails angefügt.

7.8 Mailing-Listen

Mit Hilfe von Mailing-Listen können im Internet Diskussionsgruppen auch via E-mail organisiert werden. Für jedes Forum bestehen dazu Verteilerlisten, die die E-mail-Adressen all jener Personen enthalten, die an der betreffenden Diskussionsrunde teilnehmen möchten. Jede an eine solche Verteilerliste versendete Nachricht wird an alle Teilnehmer weitergeleitet. Im Unterschied zu News-Gruppen gestaltet sich die Teilnahme an E-mail-Diskussionsgruppen sehr einfach. Es ist weder ein Zugang zu einem News-Server noch ein spezielles Newsreader-Programm notwendig. Mit einer einfachen Nachricht an die Verwaltungsadresse der jeweiligen Mailing-Liste erfolgt bereits die Registrierung. Die Archive von Mailing-Listen speichern Diskussionen über Zeiträume von mehreren Jahren und stellen wertvolle Informationsquellen dar. Diskussionen zu den unterschiedlichsten Themen lassen sich so bis in ihre Ursprünge verfolgen. Mehr zum Thema Mailing-Listen in Kapitel 11 »Diskussionsforen im Internet: Mailing-Listen«.

Neben ihrer Funktion als Diskussionsforum dienen Mailinglisten auch zur Versendung von elektronischen Zeitschriften (E-Zines – Electronic magaZiNES). Durch den Eintrag in spezielle Verteilerlisten können diese abonniert werden.

7.9 Absicherung des E-mail-Verkehrs

Im Normalfall werden E-mails im Klartext übertragen, d.h. jedermann kann sie belauschen bzw. manipulieren, ohne daß der Leser etwas davon merkt. Authentifizierung und Verschlüsselung sind deshalb notwendige Erweiterungen im E-mail-Verkehr, um Vertraulichkeit, Integrität und Authnetizität zu gewährleisten. Mit den beiden Standards S/MIME und PGP sind hierfür die technischen Voraussetzungen geschaffen.

7.9.1 S/MIME

S/MIME definiert in Erweiterung der MIME-Spezifikation neue Content Types, die die Anwendung von digitalen Signaturen und Verschlüsselungsmechanismen in MIME-Nachrichten ermöglichen. Als Standard wird dazu PKCS #7 benutzt. Die Inhalte von MIME-kompatiblen Nachrichten können damit digital signiert, verschlüsselt oder verschlüsselt und signiert werden. S/MIME ist kompatibel zu der in RFC 2630 definierten Cryprographic Message Syntax (CMS).

Die CMS-kompatible Verfahrensweise hat den Nachteil, daß der Empfänger in jedem Falle einen S/MIME-fähigen Client besitzen muß, selbst wenn die Nachricht nur signiert, nicht aber verschlüsselt ist. Das CMS-Verfahren setzt den Text in eine nur noch mit einem CMS-kompatiblen Client lesbare Datenstruktur um, in der neben dem Text und der Unterschrift auch die eingesetzten Verfahren und deren Schlüssellängen angegeben sind (Triple-DES oder RC2 für die symmetrische Verschlüsselung, RSA oder Diffie-Hellman für die unsymmetrische Verschlüsselung des symmetrischen Schlüssels, SHA-1 oder MD5 für die Signatur). Zum Nachweis der Authentizität der öffentlichen Schlüssel werden X.509-Zertifikate benutzt.

Sollen Nachrichten zwar signiert, aber im Klartext übertragen werden, muß der S/MIME-Content Type multipart/signed eingesetzt werden. Dabei werden Text und Signatur in zwei Teilen übertragen, der Text als text/plain und die Unterschrift als CMS-kompatible application/pkcs7-signature. Der Text kann dann von jedem Mail-Client angezeigt werden, zur Überprüfung der Signatur ist aber ein S/MIME-Programm erforderlich.

7.9.2 PGP

PGP (Pretty Good Privacy) ist eines der ältesten Verfahren zur Verschlüsselung und Signatur. Es wurde bereits Mitte der achtziger Jahre festiggestellt und ist seitdem wegen juristischer Auseinandersetzungen um Lizenzrechte und Exportbestimmungen oft in die Schlagzeilen der Weltpresse geraten. Heute gibt es außer einer Freeware-Version, die jedermann aus dem Internet ziehen kann, auch eine kommerzielle Variante, die sich wegen ihrer flexiblen Schlüsselverwaltung besonders zum Einsatz in größeren Unternehmen bzw. Organisationen eignet.

PGP arbeitet mit ähnlichen Algorithmen wie S/MIME: IDEA, Triple-DES und CAST verschlüsseln die Daten, RSA und Diffie-Hellman den symmetrischen Schlüssel und die Signatur wird über SHA-1 oder MD5 gebildet. Ebenso wie S/MIME kann PGP einige Erweiterungen des MIME-Standards nutzen, die in RFC 2015 beschrieben sind. Damit ist die Kompatibilität zu fast allen Email-Clients gesichert.

Die Schlüsselverwaltung ist bei der Freeware-Version von PGP sehr einfach. Es existieren sogenannte Keyserver, bei denen der öffentliche Schlüssel des Partners abgeholt werden kann, auf Treu und Glauben versteht sich. Die kommerzielle PGP-Version ist etwas mißtrauischer. Neben dem auch bei S/MIME eingesetzten hierarchischen Zertifikat-Standard X.509 unterstützen die jetzt CA (Certification Authorities) genannten Keyserver flexible Strukturen mit frei definierbaren Schwellwerten, so daß z.B. der Bereichsleiter und der Prokurist signieren müssen, bevor das Dokument beim Geschäftspartner anerkannt wird. Auch bei der Verschlüsslung selbst ist die kommerzielle Version von PGP gegenüber den meisten Konkurrenzen im Vorteil. Es besteht die Möglichkeit, den symmetrischen Schlüssel zwangsweise zusätzlich mit dem öffentlichen Schlüssel der eigenen Organisation zu verschlüsseln, so daß jegliche Daten zur Not mit dem privaten

Schlüssel wieder in den Firmenzugriff gelangen können. Auch ein Key-Recovery bei verlorengegangenen Schlüsseln nach dem n Augen-Prinzip ist möglich.

Die nachfolgenden Bilder geben je ein Beispiel für die Signatur und für die Verschlüsselung, wobei der Übersichtlichkeit halber auf die MIME-Einbettung verzichtet wurde.

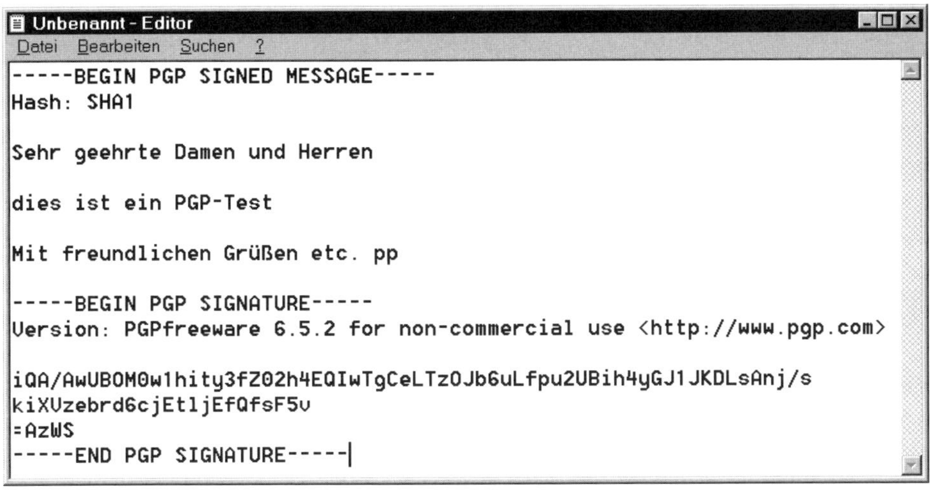


```
-----BEGIN PGP SIGNED MESSAGE-----
Hash: SHA1

Sehr geehrte Damen und Herren

dies ist ein PGP-Test

Mit freundlichen Grüßen etc. pp

-----BEGIN PGP SIGNATURE-----
Version: PGPfreeware 6.5.2 for non-commercial use <http://www.pgp.com>

iQA/AwUBOM0w1hity3fZ02h4EQIwTgCeLTzOJb6uLfpu2UBih4yGJ1JKDLsAnj/s
kiXVzebrd6cjEtljEfQfsF5v
=AzWS
-----END PGP SIGNATURE-----
```

Abb. 7.14: Digitale Signatur

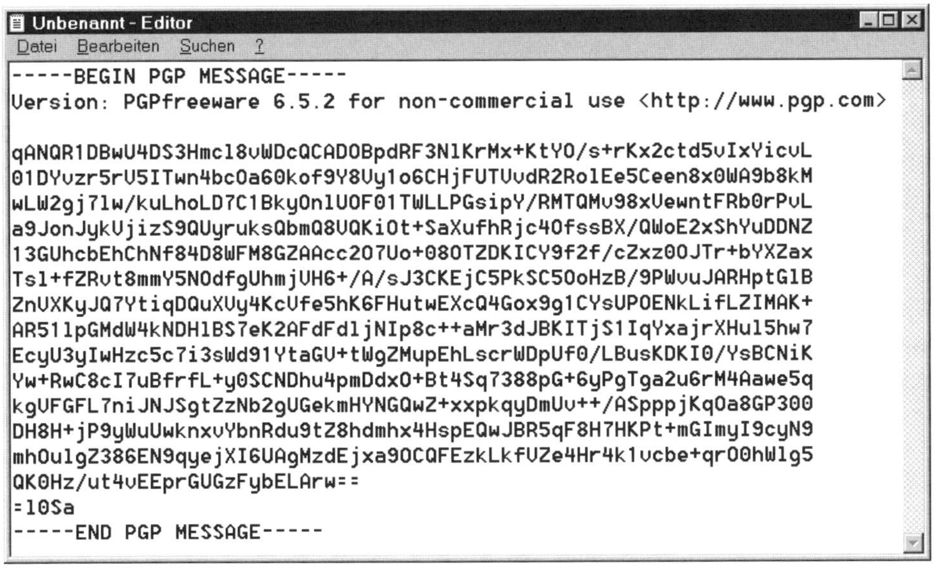


```
-----BEGIN PGP MESSAGE-----
Version: PGPfreeware 6.5.2 for non-commercial use <http://www.pgp.com>

qANQR1DBwU4DS3Hmcl8vWDcQCADOBpdRF3NlKrMx+KtYO/s+rKx2ctd5vIxYicvL
01DYvzr5rV5ITwn4bcOa6Okof9Y8Vy1o6CHjFUTVvdR2RolEe5Ceen8x0WA9b8kM
wLW2gj7lw/kuLhoLD7C1BkyOnlUOF01TWLLPGsipY/RMTQMv98xVewntFRb0rPvL
a9JonJykVjizS9QUyruksQbmQ8VQKiOt+SaXufhRjc4OfssBX/QWoE2xShYuDDNZ
13GUhcbEhChNf84D8WFM8GZAAcc2O7Uo+08OTZDKICY9f2f/cZxz0OJTr+bYXZax
Tsl+fZRvt8mmY5NOdfgUhmjVH6+/A/sJ3CKEjC5PkSC5OoHzB/9PWvuJARHptGlB
ZnVXKyJQ7YtiqDQuXVy4KcVfe5hK6FHutwEXcQ4Gox9g1CYsUPOENkLifLZIMAK+
AR51lpGMdW4kNDHlBS7eK2AFdFdljNIp8c++aMr3dJBKITjS1IqYxajrXHul5hw7
EcyU3yIwHzc5c7i3sWd91YtaGU+tWgZMupEhLscrWDpUf0/LBusKDKI0/YsBCNiK
Yw+RwC8cI7uBfrfL+y0SCNDhu4pmDdxO+Bt4Sq7388pG+6yPgTga2u6rM4Aawe5q
kgVFGFL7niJNJSgtZzNb2gUGekmHYNGQwZ+xxpkqyDmUv++/ASpppjKqOa8GP300
DH8H+jP9yWuUwknxvYbnRdu9tZ8hdmhx4HspEQwJBR5qF8H7HKPt+mGImyI9cyN9
mhOulgZ386EN9qyejXI6UAgMzdEjxa9OCQFEzkLkfVZe4Hr4k1vcbe+qrO0hWlg5
QK0Hz/ut4vEEprGUGzFybELArw==
=10Sa
-----END PGP MESSAGE-----
```

Abb. 7.15: Verschlüsselung

7.10 Informationen und Archive im Internet

Mail-RFCs: 1521,1522, 1891, 1870,1869,1854,1846,1845,1830,1428:

http://sunsite.auc.dk/RFC/

E-mail Software

Eudora Server/Client	http://www.eudora.com/
Pegasus Server/Client	http://www.pegasus.usa.com/
Netscape Server/Client	http://home.netscape.com/
SLMail-Server	http://www.seattlelab.com/
Sendmail-Server	http://www.sendmail.com/
QMail-Server	http://www.qmail.org/top.html
Hypermail (E-Mail -> HTML)	http://www.hypermail.org/

Kostenlose E-mail

Yahoo	http://edit.europe.yahoo.com/config/mail?.intl=de
GMX	http://www.gmx.de/
FreeNet	http://www.freenet.de/
FreeMail	http://freemail.web.de/

Stichworte für Suchmaschinen

Internet software archive
mail server
email server
email tutorial
smiley dictionary
signature mail
mail gateway
email faq

Fernbedienung von Computersystemen mit Telnet

8

The most constant wishful thinking in the entire history of the Net is summed up in »Once bandwidth speeds improve..«

(Gerard Van der Leun)

8.1 Das Prinzip von Telnet

Telnet ist eine ursprünglich aus der UNIX-Welt stammende Anwendung, die die interaktive Nutzung von Computersystemen über Datennetze hinweg ermöglicht (Fachbegriff: Remote Terminal). Die Fähigkeit zur Fernbedienung beschränkt sich allerdings auf Programme mit textorientierter Bedienoberfläche, da das Telnetprotokoll lediglich in der Lage ist, ASCII-Zeichen zu übertragen. Für die Anwendung im Internet ist diese Einschränkung allerdings in den meisten Fällen unerheblich, da die heute zur Verfügung stehenden Bandbreiten in der Regel graphikorientierte Fernbedienung (z.B. X-Windows) ohnehin nicht zulassen. Telnet-Applikationen sind für praktisch alle Computerplattformen und Betriebssysteme verfügbar und in der Regel auch Bestandteil des Funktionsumfanges von WWW-Browsern.

Nach dem Starten der Telnet-Software und der Eingabe der Internetadresse des gewünschten Zielsystems baut der Telnet-Client zunächst eine TCP-Verbindung zum Remote-Server auf, ruft dessen Login-Programm auf und etabliert nach Eingabe von Benutzeridentifikation und Paßwort eine Telnet-Session (das Zielsystem wird bei Netzwerkvorgängen wie diesem allgemein als Server oder Host (Gastgeber) bezeichnet, der auf den Server zugreifende Computer als Client). Ab diesem Zeitpunkt wird jede Keyboard-Eingabe an den Remote-Server und umgekehrt jede Ausgabe des Remote-Servers an den lokalen Telnet-Client weitergeleitet. Da alle Telnet-Applikationen netzwerkseitig ein standardisiertes Interface benutzen (NVT Network Virtual Terminal), können zwei Systeme auch dann via Telnet miteinander kommunizieren, wenn ihre internen Systeme völlig unterschiedliche Datenformate benutzen. Das NVT-Datenformat basiert dabei auf dem Standard-7-Bit-US-ASCII-Zeichensatz, wobei die höchstwertigsten Bitrepräsentationen für Befehlssequenzen reserviert sind. Der gesamte Ablauf einer Telnet-

Verbindung wird daher – inklusive Benutzeridentifikation und Paßwort – im Klartext übertragen. (Telnet-Verbindungen können daher von Hackern problemlos verfolgt und mitgeschnitten werden!)

Aufgrund seiner Architektur kann Telnet hardwareübergreifend eingesetzt werden. Das heißt, ein UNIX-Client kann genauso auf einen PC-Server zugreifen wie auf einen Apple-Client und umgekehrt. Telnet-Server selbst sind in der Regel auf Basis von leistungsfähigen Multiuser-Systemen wie UNIX oder Windows NT-Betriebssystemen realisiert, und daher in der Lage, mehrere Telnet-Verbindungen (Telnet-Sessions) gleichzeitig zu bedienen (Abb. 8.1).

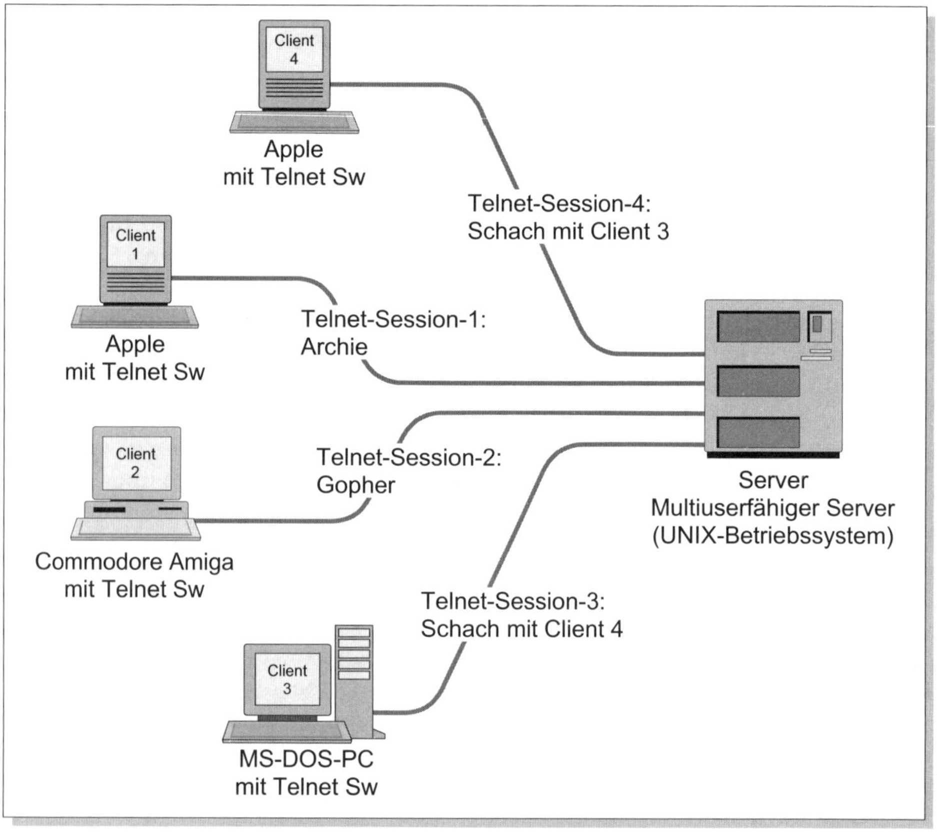

Abb. 8.1: Das Prinzip von Telnet

Telnet wird immer dann benutzt, wenn auf Programme oder Datenbestände (Datenbanken, Internetanwendungen wie Gopher oder Archie etc.), die lokal nicht verfügbar sind, zugegriffen werden soll. Früher gab es im Internet dedizierte, öffentliche Telnet-Server, die häufig im Internet benötigte Applikationen zur

Benutzung via Telnet bereitstellten. Im Zuge der Migration auf das WWW-Protokoll mit seiner graphischen Oberfläche sind diese öffentlichen Telnet-Server heue aber so gut wie ausgestorben.

8.2 Starten von Telnet

Gestartet wird das Programm Telnet mit dem Befehl »Telnet«. Die Angabe des Zielsystems in Form des Domainnamens oder der numerischen Internetadresse kann gleichzeitig mit dem Startbefehl für Telnet erfolgen:

```
Telnet <Host>
```

oder nach bereits erfolgtem Programmstart mit

```
open <Host>
```

Innerhalb von wenigen Sekunden erfolgt der Verbindungsaufbau zum Serversystem. Auf nicht öffentlichen Server-Systemen wird, bevor ein Clientsystem Zugriff erhält, dessen Zugriffsberechtigung überprüft:

```
login:
```

```
password:
```

Erst nach korrekter Eingabe von Benutzeridentifikation und Passwort wird der Client auf den Host durchgeschaltet. Kann der Dateiname nicht aufgelöst werden oder ist der betreffende Server nicht aktiv (z.B. ausgeschalten), so erhält man auf den Telnet-Befehl »open« die Antwort

```
<Domainname> unknown host.
```

8.3 Die Telnet-Befehle

Nachdem Telnet die Verbindung zwischen Client und Server aufgebaut, und – falls notwendig – die Zugangsberechtigung überprüft hat, wird jede Eingabe über die Client-Tastatur an das Server-System umgeleitet. Genauso wird jede Bildschirmausgabe des Server-Systems auf dem Client-Bildschirm ausgegeben. Diese Funktion ist neben dem Verbindungsaufbau die primäre Funktion von Telnet. Über den Befehlssatz der jeweiligen Telnet-Programme besteht darüber hinaus die Möglichkeit, verschiedene Parameter zu definieren und den Programmablauf zu beeinflussen (Ausgabe von Statusinformationen, Abbruch der Verbindung etc.).

8.3.1 Der Befehlsmodus und die Escape-Sequenz CTRL]

Der Befehlsmodus wird durch Eingabe der sogenannten Escape-Sequenz, die standardmäßig »CTRL]« lautet, gestartet. Solange der Befehlsmodus aktiviert ist, werden die Eingaben nicht an das Server-System umgeleitet, sondern dazu verwendet, den Telnet-Programmablauf selbst zu modifizieren. Ist noch keine Telnet-Session aktiv, kann auch durch Eingabe des Befehls Telnet ohne darauffolgende Internetadresse direkt in den Befehlsmodus umgeschalten werden. Wann immer es während einer Telnet-Session zu Problemen kommt, ist es die Escape-Sequenz, mit Hilfe derer in den Befehlsmodus gewechselt werden kann, um dann in weiterer Folge mit dem »close«-Befehl die jeweilige Telnet-Verbindung abzubrechen. Eine Auflistung aller verfügbaren Telnet-Befehle wird im Befehlsmodus nach Eingabe von »?« ausgegeben (Abb. 8.2).

```
telnet> ?
Commands may be abbreviated.  Commands are:

close     close current connection
display   display operating parameters
mode      try to enter line-by-line or character-at-a-time mode
open      connect to a site
quit      exit telnet
send      transmit special characters ('send ?' for more)
set       set operating parameters ('set ?' for more)
status    print status information
toggle    toggle operating parameters ('toggle ?' for more)
z         suspend telnet
?         print help information
```

Abb. 8.2: Die Telnet-Befehle

8.3.2 Der Telnet-Befehl close

Mit dem Befehl »close« wird eine bestehende Telnet-Verbindung abgebrochen. Wurde die Verbindung unmittelbar mit »telnet <Internetadresse>« hergestellt, beschließt »close« auch gleichzeitig das Telnet-Programm.

8.3.3 Der Telnet-Befehl open

Der Telnet-Befehl »open <Internetadresse>« baut eine Telnet-Verbindung zum angegebenen Internet-Knoten auf. Wird keine Zieladresse angegeben, fordern die meisten Telnet-Programme zur Eingabe einer solchen auf.

Mit dem Befehl »open« kann auch von einer bestehenden Telnet-Sitzung aus eine weitere Verbindung aufgebaut werden. Es ist somit möglich, sich auf ein System A aufzuschalten und von dort aus mittels »open <Internetadresse>« eine Verbindung zum einem weiteren System B herzustellen.

8.3.4 Der Telnet-Befehl set echo

Mit dem Befehl »set echo« kann die Bildschirmdarstellung der Zeichen, die am lokalen Computer eingegeben werden, von der Betriebsart »lokales Echo« (local echoing) auf »Fernecho« (remote echoing) umgestellt werden und umgekehrt. Normalerweise werden alle Eingaben, die am lokalen System erfolgen, zuerst zum Server übertragen, und von da aus wieder zum Bildschirm des Clients umgeleitet. Man hat dabei den Vorteil, Gewißheit darüber zu haben, daß die Zeichen, die am eigenen Bildschirm erscheinen, auch definitiv vom Server empfangen wurden. Die Standardeinstellung der Telnet-Programme lautet daher immer »remote echoing«. Durch die Eingabe des Befehls »set echo« kann auf lokales Echo umgeschaltet werden. Die Eingaben am lokalen Terminal werden dann direkt und ohne den Umweg über den Server am Bildschirm dargestellt. Durch die erneute Eingabe von »set echo« wird die ursprüngliche Einstellung wiederhergestellt.

8.3.5 Der Telnet-Befehl set escape

Der Befehl »set escape« ermöglicht die Abänderung der Zeichenfolge für die Escape-Sequenz. Insbesondere, wenn mehrere Telnet-Verbindungen kaskadiert werden, ist es nützlich, für jede neue Telnet-Verbindung eine andere Tastenkombination als Escape-Sequenz zu definieren (kaskadierte Telnet-Verbindungen sind Verbindungen, bei denen vom ersten Telnetserver eine weitere Telnet-Session zu einem zweiten System aufgebaut wird). Ein Umschalten in den Befehlsmodus bei für alle Verbindungen identischen Escape-Sequenzen würde sonst unweigerlich in den Befehlsbereich der jeweils ersten Telnet-Verbindung zurückführen und die gesamte Telnet-Kette zum Einsturz bringen (Abb. 8.3).

```
telnet> set escape @
escape character is '@'.
telnet> open archie.univie.ac.at
Trying 131.130.1.23 ...
Connected to
infosrv.edvz.univie.ac.at.
Escape character is '@'.
```

Abb. 8.3: Der Telnet-Befehl »set escape«

8.3.6 Der Telnet-Befehl ?

Mit der Eingabe

```
Befehl ?
```

erhält man eine Übersicht über alle Optionen des jeweiligen Telnet-Befehls. Abb. 8.4 zeigt als Beispiel das Ergebnis des Befehls »set ?«

```
telnet> set ?

echo        character to toggle local echoing on/off
escape      character to escape back to telnet command mode

The following need 'localchars' to be toggled true

erase       character to cause an Erase Character
flushoutputcharacter to cause an Abort Oubput
interrupt   character to cause an Interrupt Process
kill        character to cause an Erase Line
quit        character to cause a Break
eof         character to cause an EOF
?           display help information
```

Abb. 8.4: Die Optionen des Telnet-Befehls »set«

8.3.7 Der Telnet-Befehl quit

»Quit« beendet das Telnet-Programm.

8.3.8 Der Telnet-Befehl z

Mit dem Befehl »z« kann während einer Telnet-Session vorübergehend das laufende Telnet-Programm verlassen werden, ohne es abzubrechen. Dies kann dann nützlich sein, wenn auf dem lokalen System gearbeitet werden soll, ohne die Telnet-Verbindung zu unterbrechen.

8.3.9 Der Telnet-Befehl status

Mit dem Befehl »status« erhält man den aktuellen Verbindungsstatus der jeweiligen Telnet-Session angezeigt.

8.4 Telnet zu einer bestimmten Portadresse

Protokoll-Ports bezeichnen die Software-Adresse, unter der auf Netzwerk-Servern Software-Applikationen aufgerufen werden können. Jedes Dienstprogramm (SMTP, WWW, FTP etc.) auf einem Internet-Server besitzt daher eine bestimmte Port-Adresse (siehe Kapitel 4). Ist bereits vor dem Verbindungsaufbau bekannt, auf welcher Port-Adresse des Zielsystems sich die gewünschte Applikation befindet, kann diese, durch ein Leerzeichen von der Internetadresse getrennt, gleichzeitig mit dem Telnet- bzw. dem Open-Befehl angeben werden. Damit wird das Telnet-Standard-Port 23 umgangen und direkt zur gewünschten Applikation verzweigt. Abb. 8.5 zeigt, wie damit unmittelbar eine Verbindung zu einem Schachserver auf Port-Nummer 5000 aufgebaut werden kann.

```
telnet> open ics.uoknor.edu 5000
Trying 129.15.10.21 ...
Connected to remus.ucs.uoknor.edu.
Escape character is '^]'.


       **** Welcome to the Internet Chess Server at ics.uoknor.edu ****


     Direct comments and questions to: Daniel Sleator <sleator@cs.cmu.edu>


Enter Login:
```

Abb. 8.5: Telnet mit Angabe einer Portnummer

8.5 Telnet-Verbindungen zu IBM-Systemen

Der Vollständigkeit halber soll abschließend noch eine besondere Telnet-Variante erwähnt werden, die mit anderen Telnet-Implementationen nicht kompatibel ist: IBM 3270-Telnet. Telnet-Server-Systeme für 3270-Terminals waren in den siebziger und achtziger Jahren vor allem in IBM-Mainframe-Umgebungen sehr weit verbreitet und sind auch heute noch gelegentlich im Internet anzutreffen. Um als Client eine Verbindung zu einem 3270-Server aufbauen zu können, muß dieser in der Lage sein, das spezielle 3270-Format emulieren zu können. Sehr oft erkennt das 3270-Server-System bereits, daß es sich bei dem Client um kein 3270-System handelt und stellt selbsttätig eine kompatible Telnet-Emulation zur Verfügung. Dann kann auch mit gewöhnlichen Telnet-Programmen erfolgreich eine Verbindung hergestellt werden. Ist dies nicht der Fall, muß eine besondere Telnet-Programm-Variante mit eingebautem 3270-Emulator eingesetzt werden. Diese Programme sind unter der Bezeichnung tn3270 für alle gängigen Betriebssysteme im Internet verfügbar. Ähnliches gilt auch für die AS/400 vom IBM, wo als Terminalemulation ein 5250-kompatibles Programm eingesetzt werden kann.

8.6 Verschlüsselte Verbindungen mit SSH

Wegen der Klartextübermittlung von Benutzeraccount, Paßwort und allen Nutzdaten ist Telnet ein häufiges Ziel von Angriffen. Werden Account und Paßwort mitgeschnitten, kann der Angreifer sich später unter demselben Account anmelden (Replay-Angriff). Telnet-Verbindungen können übernommen werden (Hijacking), indem der Angreifer Pakete mit der passenden TCP-Sequenznummer sendet und sich anschließend in der (Klartext-)Session des Originalbenutzers wiederfindet. Da Telnet bei der Fernwartung von Routern etc. mittlerweile unverzichtbar geworden ist, entsteht ein nicht geringes Sicherheitsrisiko. Eine Variante von Telnet, das SSH (Secure Shell), kann diese Probleme lösen. Die Bedienung von SSH ist völlig analog zu Telnet, einige Clients können Telnet und SSH wahlweise bedienen (Abb. 8.6)

SSH bietet gegenüber Telnet große Vorteile. Die Nutzdaten werden grundsätzlich verschlüsselt, so daß Hijacker ihre übernommene TCP-Verbindung nicht nutzen können. Die Authentifizierung erfolgt über gewöhnliche Paßwörter oder mittels einer Public-Key-Infrastruktur, so auch die Authentifizierung des Users sicherge-

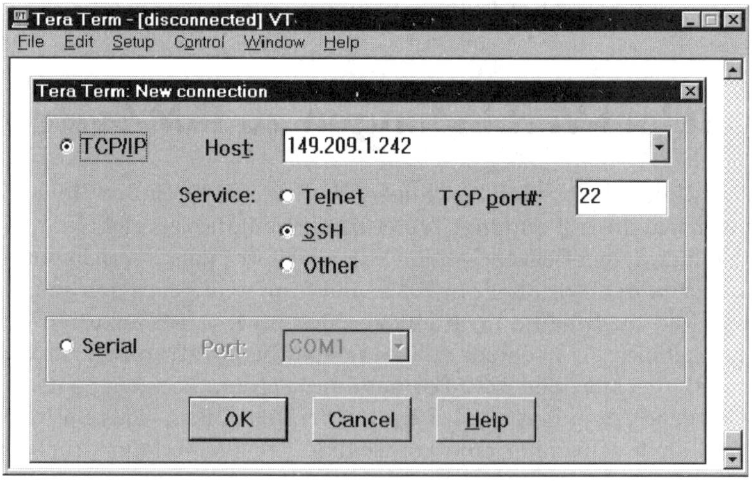

Abb. 8.6: SSH-fähiger Telnet-Client

stellt werden kann. Die SSH-Kommunikation erfolgt über den Port 22, im Gegensatz zum Telnet-Port 23.

8.7 Archive und Informationen im Internet

Telnet RFCs:

754, 755-761, 775, 1091, 1096, 197, 1116 `http://sunsite.auc.dk/RFC/`

Telnet Client-Software

TeraTerm Windows-Client	`http://hp.vector.co.jp/authors/VA002416/teraterm.html`
SSE.-Erweiterung für TeraTerm	`http://www.zip.com.au/~roca/ttssh.html`
Macintosh-Client	`http://www.cstone.net/~rbraun/mac/telnet/`
3270/5250-Client	`http://www.sdisw.com/Default.htm`
Linkliste zu Telnet- und SSH-Software	`http://www.softpanorama.org/Net/telnet.shtml`

Stichworte für Suchmaschinen

Internet software archive
telnet site list
telnet faq
telnet tutorial
telnet security

Dateientransfer im Internet: FTP – File Transfer Protocol

9

The good news is:
There are five gazillion source of information on the Internet.
The bad news are:
There are five gazillion source of information on the Internet.

(IBM)

9.1 Das Prinzip von FTP

Mit dem File Transfer Protocol (FTP) können im Internet Dateien aller Art (Text-, Bild-, Ton-, Video-, Programmdateien etc.) zwischen zwei Computersystemen übertragen werden. Der komplette Vorgang kann dabei vom FTP-Client (dem Empfängersystem) gesteuert werden. Voraussetzung ist allerdings die Zugangsberechtigung für das Zielsystem, die im Rahmen des FTP-Verbindungsaufbaus durch Eingabe von Benutzeridentifikation (User-ID) und Paßwort nachgewiesen werden muß.

Wie im Fall von Telnet können nur solche Internet-Systeme als FTP-Server dienen, die über eine eigene, permanente Internet-Adresse verfügen (also echte Internet-Hosts). Überall im Internet gibt es solche dedizierte FTP-Fileserver, deren Hauptaufgabe es ist, als Dateiarchiv zur Verfügung zu stehen. Um als FTP-Client fungieren zu können, ist neben einem interaktiven Internet-Zugang lediglich die entsprechende FTP-Clientsoftware notwendig.

9.2 Der Übertragungsmechanismus des FTP

Das FTP-Protokoll basiert wie die meisten Internet-Anwendungen auf dem Transportprotokoll TCP. Allerdings werden zur Durchführung einer Dateiübertragung zwei gleichzeitig aktive TCP-Verbindungen benötigt. Dabei wird zunächst von einem beliebigen Port des Clients zum FTP-Steuer-Port 21 des FTP-Servers eine Management-Verbindung (control connection) aufgebaut. Für die eigentliche Datenübertragung ist dann noch eine weitere Verbindung, diesmal vom Server zum Client, notwendig, für die dem Server über die bestehende

Verbindung mit Hilfe eines PORT-Befehls die Port-Adresse mitgeteilt wird. Der Server baut nun vom Standard-FTP-Datenport 20 eine TCP-Verbindung zu diesem Client-Port auf. Nun kann über diese Verbindung die vom Client angeforderte Datei übertragen werden. Das dabei benutzte Format entspricht der vom Telnet-Protokoll benutzten NVT-Spezifikation (Network Virtual Terminal) (Abb. 9.1).

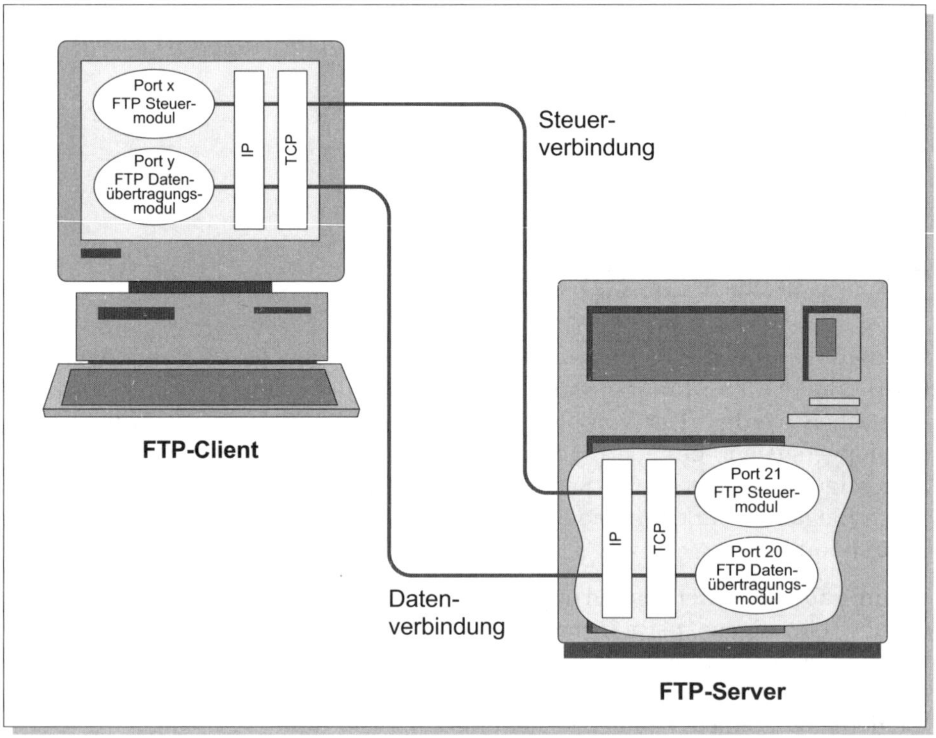

Abb. 9.1: Das FTP-Protokoll: Steuer- und Datenverbindungen

Für jede weitere Datenübertragung muß erneut eine Datenverbindung aufgebaut werden, die aufgrund einer Eigenheit des TCP-Protokolls jedesmal eine andere Client-Portadresse erfordert.

Der oben beschriebene Modus des Aufbaus der zweiten Verbindung für die Datenübertragung wird auch als passives FTP bezeichnet. Passives FTP ist der Standard bei den meisten stand-alone FTP-Clients. Bei der zweiten Variante von FTP, dem aktiven FTP, wird auch die zweite Verbindung vom Client aufgebaut. Dazu sendet der Client statt des PORT-Kommandos das PASV-Kommando, und der Server antwortet mit einem Port > 1023, den er für die Verbindung reserviert. Anschließend baut der Client die Verbindung zum Server auf. Aktives FTP benutzen die meisten Browser per Default.

9.3 Anonymes FTP

Um mit Hilfe von FTP auf ein Fremdsystem zugreifen zu können, ist im Normalfall eine Zugangsberechtigung (Benutzeridentifikation und Passwort) notwendig. Dies dient dem Schutz jener Dateibereiche des Servers, die nicht für den internetweiten Gebrauch bestimmt sind. Für alle anderen Dateien, die diesen Schutz nicht benötigen, und die für alle Internet-Benutzer zugänglich sein sollen, gibt es eine besondere Form des FTP: das anonyme FTP. Über das gesamte Internet verteilt gibt es FTP-Archive, die so konfiguriert sind, daß ein anonymer Zugriff auf ihre Dateiarchive möglich ist. Die dafür notwendige Benutzeridentifikation ist dabei immer »anonymous«, und als Paßwort genügt die Angabe der eigenen E-Mail-Adresse.

Die Anzahl der Dateien, die auf solchen anonymen Fileservern zur Verfügung stehen, geht in die Millionen. Vor allem für den Aufbau umfangreicher Archive mit großen Dateibeständen eignen sich FTP-Serversysteme besonders gut. Zunehmend werden FTP-Server heute allerdings in Kombination mit WWW-Servern installiert oder ganz durch diese ersetzt. Die Bedienoberflächen mit Suchfunktionen, wie sie von WWW-Servern angeboten werden, entsprechen eher der Erwartungshaltung der neuen Generation von Internet-Benutzern, die das Internet von Beginn an mit graphischen World-Wide-Web-Oberflächen kennenlernen.

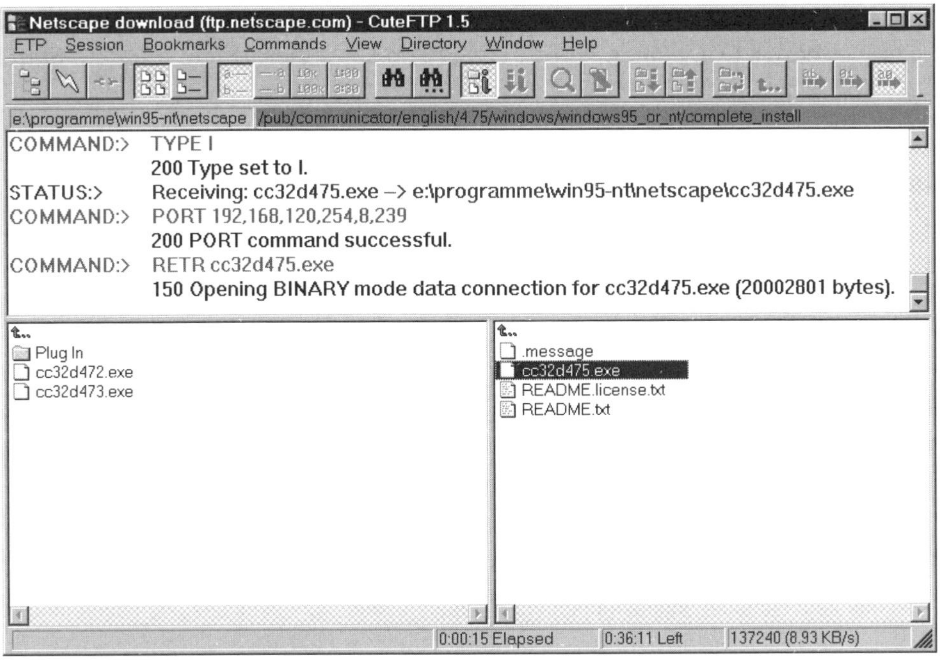

Abb. 9.2: Graphisch orientierter FTP-Client

Die textbasierenden Benutzerschnittstellen von FTP-Servern haben allerdings auch heute noch, in Zeiten endlicher Übertragungsbandbreiten, durchaus ihre Berechtigung. FTP-Verbindungen können, im Vergleich zur Übertragung von WWW-Seiten, vor allem bei Bandbreiten in der Größenordnung von 9.600 bit/s wesentlich schneller aufgebaut werden. Vor allem bei mobiler Internetnutzung (vom Hotel aus oder bei Kunden) liegen die effektiven Übertragungsbandbreiten heute vielfach bei diesen Werten (z.B. Internet-Verbindung über Modem und Handy). Steht lediglich ein textbasierendes Remote-Terminal für den Internet-Zugang zur Verfügung, um rasch einen dringend benötigten Treiber herunterzuladen, so hilft ein WWW-basierendes Dateiarchiv ebenfalls nicht weiter. Auf viele professionell geführte Internetarchive ist aus diesen Gründen heute der Zugriff sowohl über eine WWW- als auch über eine FTP-Schnittstelle möglich.

Moderne FTP-Clients (Abb. 9.2) bilden die aus der Microsoft-Welt bekannten graphischen Strukturen des Explorers ab, um dem Benutzer zumindest die manuelle Eingabe von FTP-Kommandos abzunehmen. Ein Mausklick erzeugt dann automatisch die im folgenden Teil dieses Kapitels beschriebenen ASCII-Kommandos.

9.4 Der Verbindungsaufbau mit FTP

Gestartet wird das FTP-Clientprogramm mit dem Befehl »ftp«. Die Internetadresse oder der Domainname des FTP-Servers kann gleichzeitig mit dem Startbefehl eingegeben werden:

```
ftp chess.uoknor.edu
```

bzw.

```
ftp 193.174.4.133
```

Ist das FTP-Programm bereits gestartet, wird die Verbindung mit dem Befehl »open« hergestellt (Abb. 9.3).

```
ftp> open chess.uoknor.edu
Connected to remus.ucs.uoknor.edu.
220 remus.ucs.uoknor.edu FTP server (Version wu-2.1c(1)
        Mon Oct 18 22:07:58 CDT 1993) ready.
Name (chess.uoknor.edu:othmar): anonymous
331 Guest login ok, send your complete e-mail address as password.
Password:
```

Abb. 9.3: Der Verbindungsaufbau mit FTP

Kann eine Verbindung erfolgreich aufgebaut werden, erfolgt die Ausgabe der Meldung »connected to <Internetadresse>« und die Eingabeaufforderung »Name:« für die Benutzeridentifikation. Handelt es sich bei dem Zielsystem um einen anonymen FTP-Server, so muß an dieser Stelle »anonymous« eingegeben werden, ansonsten der entsprechende Benutzername. Daraufhin erfolgt mit »Password:« die Aufforderung, die Zugangsberechtigung nachzuweisen. Im Fall von anonymen FTP-Servern wird an dieser Stelle am besten die eigene Internetadresse angegeben. Bei einigen FTP-Servern kann die Eingabeaufforderung »Password:« auch einfach mit <RETURN> übergangen werden. Die meisten FTP-Server überprüfen allerdings , ob es sich bei der Passworteingabe um ein gültiges Adressenformat handelt. Die Eingabe von <RETURN> auf die Eingabeaufforderung Passwort: führt dann zur Meldung

```
Login incorrect.
Login failed.
```

Kann die Verbindung zum Server erst gar nicht aufgebaut werden, erfolgt die Meldung

```
ftp: connect: connection refused
ftp: connect: host is unreachable
```

oder

```
ftp: cess.uoknor.edu: unknown host
```

»Connection refused« deutet darauf hin, daß der FTP-Server vorübergehend nicht verfügbar ist. »Host is unreachable« zeigt an, daß das Zielsystem selbst entweder nicht aktiv oder ein Problem im Zielnetzwerk aufgetreten ist. Bricht FTP den Verbindungsaufbau mit »unknown host« ab, so ist meist die angegebene Internetadresse nicht existent. Man sollte dann zunächst die Adresse auf Tippfehler überprüfen. Wird die Zieladresse in Form des Domainnamens angegeben, kann es vorkommen, daß das DNS-Protokoll die Zuordnung zur entsprechenden Internetadresse nicht durchführen kann. Durch die direkte Eingabe der numerischen Internetadresse kann das DNS-Protokoll umgangen werden und so trotz der Fehlfunktion des DNS-Servers die Verbindung aufgebaut werden.

9.5 Arbeiten mit FTP

Das Arbeiten mit FTP ist sehr einfach. Zu mehr als neunzig Prozent werden lediglich die folgenden acht Befehle benötigt, um sich auf dem FTP-Server-System zurechtzufinden und die gewünschten Dateien zu übertragen.

dir bzw ls	(directory / list) Inhaltsverzeichnis anzeigen
cd bzw pwd	(change directory / print working directory) Inhaltsverzeichnis wechseln / anzeigen
bin bzw ascii	Übertragungsmodus binär / ascii
hash	Übertragungsablauf graphisch darstellen (#)
get <Dateiname>	Datei-Download
put <Dateiname>	Datei-Upload

Abb. 9.4: Die wichtigsten FTP-Befehle

```
230-----------------------------------------------------------------------
230-  This system may be used 24 hours a day, 7 days a week.
230-  The local time is Wed Apr  6 00:15:22 1994.
230-  You are user number 5 out of a possible total of 80.
230-  All transfers to and from remus.ucs.uoknor.edu (chess.uoknor.edu)
230-  are logged.  If you don't like this then disconnect now!
230-  This machine is a SUN SPARCstation LX.  Maintainer:  chris@uoknor.edu
230-----------------------------------------------------------------------
230-|
230-| This server supports automatic uncompress/compress. To retrieve the
230-| uncompressed contents of a compressed file (either .Z or .gz) simply
230-| specify the filename without the .Z or .gz extension.  You may also
230-| switch from '.gz' to '.Z' compression by substituting '.gz' for '.Z'.
230-|
230-----------------------------------------------------------------------
230-
230-  Please read the file README
230-  it was last modified on Mon Oct 18 21:38:06 1993 - 170 days ago
230   Guest login ok, access restrictions apply.
      Remote system type is UNIX.
      Using binary mode to transfer files.
      ftp> dir
200   PORT command successful.
150   Opening ASCII mode data connection for /bin/ls.
      total 6
      -rw-r--r--1 root  daemon  170 Oct 19 02:38README
      d--x--s--x2 root  daemon  512 Oct 19 05:29bin
      d--x--s--x2 root  daemon  512 Mar 23 23:02dev
      d--x--s--x3 root  daemon  512 Oct 19 05:07etc
      drwxr-sr-x3 ftp   daemon  512 Mar 4 06:46 pub
      d--x--s--x3 root  daemon  512 Oct19 05:04 usr
226   Transfer complete.
```

Abb. 9.5: Inhaltsverzeichnis eines FTP-Servers

9.5.1 Die FTP-Befehle dir und ls

Die Befehle »dir« (directory) bzw. »ls« (list) zeigen das Inhaltsverzeichnis des betreffenden FTP-Archivs auf dem Bildschirm an. Die große Anzahl von Dateien (Zehntausende in großen Archiven) sind auch auf FTP-Servern wie in allen großen Datenspeichern in Form von Unterverzeichnissen (Subdirectories) organisiert. Unmittelbar nach dem Verbindungsaufbau und der Eingabe von Benutzeridentifikation und Passwort befindet man sich im Hauptverzeichnis des FTP-Archivs. Mit dem Befehl »dir« oder »ls« kann nun eine Liste der Unterverzeichnisse in der höchsten Hierarchieebene ausgegeben werden. Diese Unterverzeichnisse besitzen selbst häufig weitere Unterverzeichnisse, wobei der Verschachtelung hierbei keine Grenzen gesetzt sind. Abb. 9.5 zeigt die Bildschirmausgabe unmittelbar nach dem Einloggen.

Zunächst wird auf die allgemeinen Betriebskenngrößen (This system may be used 24 hours a day, 7 days a week) sowie die Hardware des File-Servers (SUN SPARCstation) hingewiesen. Ebenso wird die Anzahl der im Moment der Verbindungsaufnahme bestehenden FTP-Verbindungen angegeben (You are number 5 out of a possible total of 80). Je geringer die Zahl der gleichzeitig aktiven FTP-Verbindungen ist, desto geringer ist die Belastung der Server-Hardware und desto schneller kann das System reagieren. Schließlich wird noch das Betriebssystem des betreffenden File Servers angegeben (Remote System Type is UNIX).

UNIX-Inhaltsverzeichnisse

Das Format der Inhaltsverzeichnisanzeige hängt vom Betriebssystem des FTP-Servers ab. Da die meisten FTP-Fileserver unter UNIX arbeiten, ist das Ergebnis eines »dir« oder »ls«-Befehls, wie in Abb. 9.5 dargestellt, das Inhaltsverzeichnis eines UNIX-Computersystems. Die aus zehn Zeichen bestehende Buchstaben-Bindestrich-Kombination zu Beginn jeder Zeile gibt dabei den Typ der jeweiligen Datei an. Das erste Zeichen spezifiziert, ob es sich um ein Verzeichnis (d), eine Datei (-) oder um andere, seltener gebräuchliche Dateitypen handelt. Die nächsten neun Zeichen geben an, welche Zugriffsrechte für diese Datei bestehen. Dazu sind diese in drei Felder zu je drei Zeichen unterteilt, und zwar in die Felder für Besitzerrechte (user), Gruppenrechte (group) und Andere (other). In jedem Feld steht »r« für Leseberechtigung, »w« für Schreibberechtigung und »x« für Ausführungsberechtigung. Die Zeichenkette -rwxrwxrwx bedeutet damit, daß es sich um eine Datei mit Schreib-, Lese- und Ausführungsrechten für alle handelt. Die Statuszeile -rw-r—r— gibt dagegen an, daß die Datei nur vom Besitzer gelesen und beschrieben, von allen anderen jedoch nur gelesen werden darf.

Die auf die Zugriffsrechte folgende Ziffer repräsentiert die Anzahl der Verweise auf diese Datei, die beiden darauf folgenden Namen den Besitzer der Datei sowie die Gruppe des Besitzers. Auf die Größe der Datei in Byte folgt schließlich Datum und Uhrzeit ihrer Speicherung sowie der eigentliche Datei- bzw. Verzeichnisname (im Unterschied zu MS-DOS wird auch die Speichergröße von Inhaltsverzeichnissen angegeben! Ein Inhaltsverzeichniseintrag kann von einer Datei daher nur durch das erste Zeichen des Dateimodus unterschieden werden!).

Wichtige Optionen von ls und dir: » & -lR«*

Auf Fileservern befindet sich meist eine sehr große Anzahl von Dateien, so daß sich trotz der Strukturierung in Unterverzeichnisse häufig mehrere hundert Dateien in einem Verzeichnis befinden. Um die oft Minuten dauernde Anzeige von extrem langen Inhaltsverzeichnissen zu umgehen, kann der Platzhalter »*« benutzt werden. Ist zumindest ein Teil des gesuchten Dateinamens bekannt, so kann die Anzeige des Inhaltsverzeichnisses durch den Befehl

```
dir Dateinamenfragment*
```

auf jene Dateien beschränkt werden, die mit der betreffenden Zeichenkette beginnen (Abb. 9.6).

```
ftp> dir c*
200 PORT command successful.
150 Opening ASCII mode data connection for /bin/ls.
-r--r--r-- 1 chess chess   89341 Nov  2  1992 c-reader.exe
-r--r--r-- 1 chess chess   47482 Jul 27  1993 cbucinfo.exe
-r--r--r-- 1 chess chess   30116 Dec 21 00:25 cch.zip
-r--r--r-- 1 chess chess  109008 Jan  7  1993 cclb331.exe
-r--r--r-- 1 chess chess   41064 Mar 29 07:21 cde052.zip
-r--r--r-- 1 chess chess   50896 Apr  4 06:06 cde053.zip
-r--r--r-- 1 chess chess  167185 Jan  7  1993 cedt706.exe
-r--r--r-- 1 chess chess  305966 Mar 26  1993 chassist.exe
-r--r--r-- 1 chess chess   61590 Nov 30  1992 checker4.exe
-r--r--r-- 1 chess chess       33280 Nov    4 1992checkers.exe
-r--r--r-- 1 chess chess  133758 Jan  7  1993 chess-c4.exe
-r--r--r-- 1 chess chess   48744 Nov 30  1992 chess-d4.exe
-r--r--r-- 1 chess chess  232345 Nov  2  1992 chess.exe
-r--r--r-- 1 chess chess  138733 Nov  4  1992 chess12.exe
-r--r--r-- 1 chess chess  238185 Nov  2  1992 chess321.exe
-r--r--r-- 1 chess chess   14336 Nov  2  1992 chess88.exe
-r--r--r-- 1 chess chess  188685 Nov  2  1992 chessfon.exe
-r--r--r-- 1 chess chess  734003 Mar  6 22:54 chessopg.zip
-r--r--r-- 1 chess chess  119589 Nov  2  1992 chesstut.exe
-r--r--r-- 1 chess chess  147514 Jan  7  1993 chessy20.exe
lrwxrwxrwx 1 chess chess      22 Jan  6 17:32 cupgn.exe
                                              - > ../CBUFF/DOS/cupgn.exe
lrwxrwxrwx 1 chess chess      25 Jan  6 17:32 cuverify.exe
                                              -> ../CBUFF/DOS/cuverify.exe
-r--r--r-- 1 chess chess  119345 Nov  2  1992 cyrus.exe
226 Transfer complete.
```

Abb. 9.6: Der dir-Befehl

Die Königin der Befehle zur Auflistung von Inhaltsverzeichnissen ist die rekursive Option -lR. Der Befehl dir -lR bzw. ls -lR gibt die Inhaltsverzeichnisse aller Unterverzeichnisse aus! Wird im Anschluß an den Befehl ein Dateiname angegeben, so erfolgt die Auflistung nicht auf dem Bildschirm, sondern wird direkt in einer Datei auf dem lokalen Computersystem abgespeichert. Letzteres ist unbedingt zu empfehlen, da sonst aufgrund der enormen Dateienfülle auf den meisten FTP-Servern der Bildschirm durch die Anzeige von mehreren tausend Dateien für Minuten blockiert wird.

9.5.2 Die FTP-Befehle cd und pwd

Mit dem Befehl cd <Unterverzeichnisname> (cd – change directory) kann das Verzeichnis gewechselt werden. Wird der Befehl in dieser Form angewendet, so muß das angegebene Unterverzeichnis direkt in jenem Verzeichnis vorhanden sein, in dem man sich gerade befindet. Soll ein absoluter Sprung in ein anderes Unterverzeichnis ausgeführt werden, so muß die betreffende Pfadangabe für das gewünschte Unterverzeichnis mit einem Schrägstrich beginnen, also z. B. »cd /pub/chess«.

In UNIX wird im Unterschied zu den meisten MS-DOS-Systemen das jeweils aktuelle Arbeitsverzeichnis nicht in Form des Prompts angezeigt. So kann es

```
ftp> cd pub
250 CWD command successful.
ftp> cd DOS
250-Please read the file README
250-  it was last modified on Tue Jul 27 09:13:11 1993 -253 days ago
250-Please read the file README-CBASCII
250-  it was last modified on Mon Feb 14 12:25:53 1994 -51 days ago
250-Please read the file README-audemo
...................
...................
250-  it was last modified on Fri Jan 21 15:27:52 1994 -75 days ago
250-Please read the file README-wics_08
250-  it was last modified on Tue Nov 23 02:38:38 1993 -134 days ago
250-Please read the file README-wics_09
250-  it was last modified on Mon Feb 14 00:52:22 1994 -51 days ago
250-Please read the file README.gc-os2m.zip
250-  it was last modified on Sun Feb 13 13:25:30 1994 -52 days ago
250 CWD command successful.
ftp> pwd
257 "/pub/chess/DOS" is current directory.
```

Abb. 9.7: Change Directory und Print Working Directory

vorkommen, daß nach mehreren »cd«-Befehlen der Überblick verloren geht, in welchem Verzeichnis man sich gerade befindet. Mit dem Befehl »pwd« (print working directory) kann dann das aktuelle Arbeitsverzeichnis angezeigt werden (Abb. 9.7).

9.5.3 Der FTP-Befehl get

Wurde im Verzeichnislabyrinth des FTP-Servers eine Datei zur Übertragung auf das eigene, lokale System ausgewählt, so kann dies mit dem Befehl »get <Quelldatei> <Zieldatei>« geschehen. Wird die Angabe der Zieldatei unterlassen, so erfolgt die Abspeicherung der Datei auf dem lokalen System unter demselben Namen wie auf dem FTP-Server. Dabei ist zu beachten, daß UNIX peinlich genau zwischen Groß- und Kleinschreibung unterscheidet. Bei der Angabe des Dateinamens ist daher entsprechende Sorgfalt notwendig. Da UNIX keine Längenbeschränkung der Dateinamen (wie dies beipielsweise bei MS-DOS der Fall ist) kennt, ist darauf zu achten, daß, wenn der Zielcomputer kein UNIX- oder Win95/NT-System ist, die Zieldateinamen entsprechend modifiziert werden.

FTP unterscheidet zwischen zwei Übertragungsmodi, nämlich der Übertragung binärer Dateien und der Übertragung von Textdateien. Wird eine Datei in binärem Modus übertragen, so geschieht dies Bit für Bit. Die übertragene Datei ist dann vollkommen identisch mit der Originaldatei.

Bei der Übertragung im Textmodus erfolgt die Übertragung hingegen Zeichen für Zeichen. Dies hat den Vorteil, daß man so ASCII-Textdateien unabhängig von der zugrunde liegenden Hardwareplattform sinnvoll übertragen kann. Die binäre Repräsentation einer ASCII-Datei auf einem Apple-Computer und derselben Datei einer UNIX-Workstation sind nämlich völlig unterschiedlich. Würde diese Datei im Binärmodus vom Apple-PC zur UNIX-Workstation übertragen, so könnte sie dort nicht gelesen werden. Im ASCII-Modus erscheinen ASCII-Dateien dagegen in einem für das Zielsystem lesbaren Textformat, unabhängig von der binären Form der Originaldatei. Anhand der Dateinamenerweiterungen ist in der Regel zu erkennen, ob es sich bei der zu übertragenden Datei um eine Binär- oder um eine Textdatei handelt. Abb. 9.8 gibt eine Übersicht über die gebräuchlichsten Dateierweiterungen sowie die dafür geeigneten Übertragungsmodi.

Häufig ist es sinnvoll, vor der eigentlichen Übertragung einer oder mehrerer Dateien die Readme-Datei des Inhaltsverzeichnisses zu lesen oder überhaupt vor der Übertragung einer längeren Textdatei zunächst deren Inhalt auf Brauchbarkeit zu überprüfen. Dazu kann die Option »–« (in Worten Minus) des »get«-Befehls benutzt werden. Die Eingabe »get <Dateiname> –« gibt nämlich den Inhalt der Datei auf den Bildschirm aus, anstatt ihn auf das Client-Computersystem zu übertragen.

9.5.4 Die FTP-Befehle bin und ascii

Die Aktivierung des geeigneten Übertragungsmodus vor der Übertragung einer Datei geschieht mit den Befehlen »bin« für den binären Übertragungsmodus sowie »ascii« für den Textübertragungsmodus (Abb. 9.8).

Dateityp	Dateierweiterungen	Übertragungsmodus
Tabellenkalkulation	xls, wk3 ,wk4	binär
Datenbanken	dbf	binär
Textverarbeitung	doc, sam	binär
Bilddateien	pcx, tig, gif, pre	binär
UNIX-Dateien	tar	binär
Komprimierte Dateien	zip, Z	binär
Programmdatei	exe, com	binär
Textdatei	txt, cat, asc	ascii
Postscriptdateien	ps, eps	ascii
Source-Code		ascii
E-Mail		ascii
HTML-Dateien	htm, html	ascii
UUencode-Datei	uue	ascii

Abb. 9.8: Dateierweiterungen und Übertragungsmodi

```
ftp> bin
200 Type set to I.
ftp> hash
Hash mark printing on (1024 bytes/hash mark).
ftp> get winches.exe
200 PORT command successful.
150 Opening BINARY mode data connection for winches.exe (171845 bytes).
################################################################
################################################################
########################################
226 Transfer complete.
171845 bytes received in 7.7e+02 seconds (0.22 Kbytes/s)
```

Abb. 9.9: Übertragung von Dateien

9.5.5 Der FTP-Befehl hash

Um vor allem bei längeren Dateiübertragungen überwachen zu können, ob der Übertragungsvorgang nach wie vor aktiv ist und welche Datenmenge bereits übertragen wurde, ist es empfehlenswert, vor dem »get«-Befehl die Option »hash« zu aktivieren. Nach dem Starten der Dateiübertragung wird dann die erfolgreiche Übertragung von je einem Datenblock (1.024 Bytes) durch die Ausgabe des Zeichens »#« (hash) auf dem Bildschirm angezeigt (Abb. 9.9). Durch eine erneute Eingabe des Befehls »hash« wird diese Option wieder deaktiviert.

Nach Abschluß der Datenübertragung wird die Größe der empfangenen Datei sowie die dabei erzielte Übertragungsgeschwindigkeit in KByte/s angezeigt.

9.5.6 Der FTP-Befehl put

Mit dem Befehl »put« können Dateien in die entgegengesetzte Richtung wie mit »get« übertragen werden, nämlich vom lokalen Computersystem zum FTP-Server. Wichtig dabei ist, die Zugriffsrechte auf dem Zielsystem zu beachten. In der Regel sind nur bestimmte Verzeichnisse für »Uploads« zugelassen. Die Befehlsstruktur des »put«-Befehls ist analog der von »get«:

```
put <Quelldatei> <Zieldatei>
```

9.5.7 Die Übertragung mehrerer Dateien: mget und mput

Sollen mehrere Dateien übertragen werden, so können die abgewandelten Formen von »get« und »put«, nämlich »mget« (multiple get) und »mput« (multiple put) benutzt werden. So werden mit dem Befehl »mget*« alle Dateien des betreffenden Inhaltsverzeichnisses, in dem man sich gerade befindet, übertragen. Vor der tatsächlichen Übertragung muß allerdings nochmals bestätigt werden, daß die Übertragung der jeweiligen Datei tatsächlich erfolgen soll. Will man alle Dateien eines bestimmten Verzeichnisses oder mit einer bestimmten Zeichenkette im Dateinamen (z. B. test*) übertragen, so kann die Bestätigungsaufforderung vor jedem Übertragungsvorgang unterdrückt werden, indem vor der Anwendung von mget bzw. mput der Befehl »prompt« ausgeführt wird. Durch die erneute Eingabe von »prompt« kann die Bestätigungsaufforderung wieder aktiviert werden.

Abb. 9.10 stellt eine Auflistung der FTP-Befehle in alphabetischer Reihenfolge dar. Eine Übersicht über die jeweils verfügbaren Befehle erhält man nach dem Programmstart von FTP durch Eingabe von »?«.

$	form	newer	rstatus
?	get	nlist	runique
account	glob	nmap	send
append	hash	ntrans	sendport
ascii	help	open	site
bell	idle	prompt	size
binary	image	proxy	status
bye	lcd	put	struct
case	ls	pwd	sunique
cd	macdef	quit	system
cdup	mdelete	quote	tenex
chmod	mdir	recv	trace
close	mget	reget	type
cr	mkdir	rename	umask
debug	mls	reset	user
delete	mode	restart	verbose
dir	modtime	rhelp	
disconnect	mput	rmdir	

Abb. 9.10: Die FTP-Befehle in alphabetischer Reihenfolge

9.6 Grundlegendes zu komprimierten Dateien

Zur effizienten Übertragung großer Datenmengen ist es üblich, Dateien vor ihrer Übertragung zu komprimieren. Dies wird auch im Internet so gehandhabt. Eine Datei zu komprimieren bedeutet, das Format, in dem sie gespeichert ist, so zu optimieren, daß es möglichst wenig Speicherplatz einnimmt. Wie groß der dabei erzielte Spareffekt ist, hängt von der Art der Datei (Textdatei oder Binärdatei), sowie von der Qualität des dabei verwendeten Kompressionsprogrammes ab. Textdateien können so auf 30 % bis 70 %, binäre Dateien auf etwa 50 % bis 90 % ihrer ursprünglichen Größe komprimiert werden.

Die Kompression bzw. Dekompression wird von speziellen Kompressions- bzw. Dekompressionsprogrammen durchgeführt. Für alle Hardware-Plattformen gibt es eine Fülle solcher Programme, die meist als Free- oder Shareware im Internet verfügbar sind. Mit welchem Kompressionsprogramm eine Datei komprimiert wurde, läßt sich anhand ihrer Erweiterung feststellen. Am häufigsten sind die mit jedem UNIX-System ausgelieferten Programme compress bzw. uncompress sowie in der DOS/Windows-Welt pkzip (winzip), lha und arj. Abb. 9.11 gibt eine Übersicht über die gebräuchlichsten Kompressionsprogramme.

Dateierweiterung	Kompressionsprogramm	Dekompressionsprogramm
.ARC	arc-e	arc-e
.ARJ	arj	arj
.gz	gzip	gzip
.PIT	packit	unpit
.SIT	stuffit	unsit
.tgz	tar/gzip (oder tar -zc)	gzip/tar (oder tar -xz)
.z	pack	unpack
.Z	compress	uncompress
.ZIP	pkzip, winzip	pkunzip, winzip
.ZOO	zoo	zoo

Abb. 9.11: Die wichtigsten Kompressionsprogramme mit ihren Ergebnisdateien

9.6.1 Das UNIX-Archivformat tar

Ein weiteres UNIX-spezifisches Dateitformat muß in diesem Zusammenhang noch erwähnt werden – das »tar«-Format. Es wird auf UNIX-Systemen dann verwendet, wenn eine gesamte Verzeichnisstruktur (inklusive aller Unterverzeichnisse und Dateien) unverändert abgespeichert und später wiederhergestellt werden soll. Mit dem Befehl »tar<Verzeichnisname>« werden so alle Dateien und Unterverzeichnisse, die sich in dem betreffenden Verzeichnis befinden, in eine Datei mit der Bezeichnung Dateiname.tar geschrieben. Wird diese Datei noch zusätzlich mit dem UNIX-Befehl »compress« komprimiert, so erhält man eine Datei vom Format

```
Dateiname.tar.Z
```

Aufgrund der unzähligen UNIX-Systeme im Internet sind Dateien mit der Erweiterung tar.Z sehr häufig. Durch die Anwendung der Programme uncompress erhält man in diesen Fällen wieder die »tar«-Datei, und über den Befehl »tar -x« die ursprüngliche Verzeichnisstruktur mit allen enthaltenen Dateien. Programmversionen für compress und tar sind ebenfalls für alle Computerplattformen frei verfügbar.

9.7 Archive und Informationen im Internet

FTP-Archivliste	http://tile.net/ftp-list/
FTP-RFCs: 959,1067	http://sunsite.auc.dk/RFC/

FTP Client-Software

Cute FTP	http://www.cuteftp.com/
Vicomsoft Mac-Client	http://www.vicomsoft.com/ftp_site/client.demo.ftp.html
WS FTP-Pro	http://www.ipswitch.com/Products/WS_FTP/
Rhinosoft Voyager	http://www.ftpvoyager.com/

FTP Server-Software

University of Washington wu-FTP	ftp://wuarchive.wustl.edu/packages/wuarchive-ftpd/
ProFTP	http://www.lab-pro.com/articles/ftp.htm
FTP Serv-U	http://FTPServ-U.deerfield.com/

Stichworte für Suchmaschinen

ftp tutorial
ftp site list
ftp protocol
ftp security

Das größte Diskussionsforum der Welt: Internet-News

10

Some day we will build up a world telephone system .. making necessary to all people the use of common language, which will join all the people of the earth into one brotherhood.

(General J.J.Carty AT&T Chefingenieur bei der Einweihung der ersten transkontinentalen Telefonleitung im Jahr 1895)

10.1 Das Prinzip von Internet-News

Der News-Dienst des Internet besteht, vergleichbar mit Mailing-Listen, aus einer Vielzahl von Diskussionsforen, die nach Themen in mehr als 80.000 verschiedene Newsgruppen unterteilt sind. In der Arbeitsweise und der Art der Verbreitung unterscheiden sich Internet-News allerdings erheblich von den auf E-Mails basierenden Mailinglisten. Internet-News-Artikel (die Beiträge von News-Gruppen-Lesern) werden nämlich nicht automatisch verteilt, sondern zentral auf sogenannten News-Servern gespeichert. Zum Lesen der Diskussionsbeiträge ist der Zugriff auf einen solchen Server notwendig. Das Format, in dem die Artikel vorliegen, ist speziell auf die Anforderungen von Diskussionsforen abgestimmt, und erfordert die Benutzung von speziellen Programmen, sogenannten News-Readern (moderne WWW-Browser haben auch diese Funktion bereits in die Grundausstattung integriert).

In regelmäßigen Abständen werden zwischen den News-Servern neu eingegangene Beiträge ausgetauscht. Dies erfolgt innerhalb des Internet mit Hilfe des NNTP-Protokolles (Network News Protocol) auf der Basis von TCP (Port 119), oder aber über das UUCP-Protokoll, falls es sich um Knoten aus dem sogenannten Usenet handelt (NNTP-Protokoll: RFC 977; News-Artikel: RFC 1036).

10.2 Die Übertragung von News

Wird ein neuer News-Beitrag erstellt und versendet, so wird er zunächst auf dem nächstgelegenen News-Server abgelegt. Von dort aus wird er zum nächsten

```
S :  (empfangsbereit auf TCP-Port 119)
C :  (Verbindungsaufbau auf TCP-Port 119)
S :  (201 Foobar NNTP server ready (no posting)
[Client fordert alle neuen Newsgruppen seit 15. Mai 1995 14h an]
C :  NEWSGROUPS 950515 020000
S :  235 New newsgroups since 980515 follow
S :  net.fluff
S :  net.lint
S :  .
[Client fordert alle neuen News-Artikel seit 15. Mai 1995 14h an]
C :  NEWNEWS * 850515 020000
S :  230 New news since 850515 020000 follows
S :  <1772@foo.UUCP>
S :  <87623@baz.UUCP>
S :  <17872@GOLD.CSNET>
S :  .
```

Abb. 10.1: News-Transport mit dem NNTP-Protokoll

News-Server übertragen und so weiter. Der Vorgang des Übertragens neuer Nachrichten von einem News-Server zum nächsten wird als »News Feed« bezeichnet. Spezielle News-Server – sogenannte »Way Stations« – führen News Feeds gleichzeitig für eine große Anzahl von News-Servern durch, weshalb sich neue Beiträge mit sehr hoher Geschwindigkeit über das gesamte Internet und das Usenet ausbreiten. Innerhalb von ein bis zwei Tagen ist der neue Beitrag auf allen News-Servern zu finden, die die betreffende Newsgruppe führen. Nicht alle News-Server führen allerdings alle News-Gruppen. Viele kleinere News-Server beschränken sich auf die 5.000 bis 10.000 interessantesten Gruppen.

In den Anfängen beruhte die News-Verteilung darauf, daß jeder News-Host alle Artikel an den oder die News-Hosts weitersendete, für die er als News Feed konfiguriert war (News Flooding), unabhängig davon, ob der Empfänger-Host diese bereits besaß. Erst nach Empfang des News-Feeds wurden doppelt vorhandene Artikel verworfen. Das heute benutzte, speziell für die Verteilung von News-Artikeln entwickelte NNTP-Protokoll besitzt dagegen einen Mechanismus, der es erlaubt, über interaktive Abfragen nur jene Artikel zu übertragen, die auf dem Empfängersystem noch nicht vorhanden sind (Abb. 10.1).

10.3 Die News-Gruppen-Hierarchien

Die mehr als 80.000 News-Gruppen sind in 8 Hauptgruppen (Mainstream Hierarchies) und hunderte von Nebengruppen (Alternative Hierarchies) struktu-

Hauptgruppen	**Themen**
comp	Computerthemen
misc	Verschiedenes
news	Der Internet-News-Dienst selbst
rec	Hobbies, Freizeit, Kunst
sci	Wissenschaft
soc	Soziales
talk	Diskussionen über verschiedene Themen
humanities	Humanitäre Themen

Ländergruppen	
aus	Australien
austin	Austin, Texas, USA
ch	Schweiz
de	Deutschland
dk	Dänemark
fj	Japan
fr	Frankreich
fnet	Frankreich
hun	Ungarn
ie	Irland
nlnet	Niederlande
no	Norwegen
nz	Neuseeland
sfnet	Finnland
swnet	Schweden
uk	Großbritannien

Nebengruppen:	
biz	Bussiness
k12	Schulen
alt	Alternative Newsgruppen
bit	Bitnet-Mailinglisten
.....	

Abb. 10.2: Die Haupt- und Nebengruppen des News-Dienstes

riert. Die Gruppenbezeichnungen bestehen dabei aus einem Namenskürzel, vergleichbar einer Top-Level-Domain im Domain-Namensystem. Unter diesem Gruppennamen befinden sich – je nach Gruppe unterschiedlich – mehr oder weniger Untergruppen, die selbst wiederum Untergruppen beinhalten können. Innerhalb der Hauptgruppe rec befinden sich so beispielsweise die Untergruppen rec.arts.book, rec.arts.cinema, rec.food.drink, etc. Abb. 10.2 gibt eine Übersicht über die Haupt- und einige Nebengruppen des Internet-News-Dienstes.

Für viele Länder gibt es länderspezifische Newsgruppen-Hierarchien, die meist in der lokalen Sprache geführt werden. Deutsche Newsgruppen können so unter der Hierarchie de, schweizerische unter ch gefunden werden. Zur Gründung einer neuen Newsgruppe ist grundsätzlich lediglich ein News-Artikel in einem bestimmtem Format notwendig (siehe auch `http://www.landfield.com/faqs/usenet/creating-newsgroups/part1`). Diese Eigenschaft hast in den letzten Jahren zu einer Flut von neuen Gruppen geführt und die gesamte Struktur der News-Gruppen sehr unübersichtlich gemacht.

In der Regel erfolgt darüber hinaus allerdings, je nach Newsgruppenhierarchie verschieden, eine Abstimmung, ob die neue Gruppe auch tatsächlich überregional verbreitet werden soll. Für die Gruppenhierachie »de« wird dies innerhalb der moderierten News-Gruppe de.admin.news.announce durchgeführt.

10.4 Moderierte Newsgruppen

Im Gegensatz zu unmoderierten gibt es auch sogenannte moderierte Newsgruppen. Die Moderation einer Newsgruppe dient dazu, eine bestimmte Mindestqualität der an die betreffende Newsgruppe versendeten Beiträge zu garantieren. Dazu hat der Moderator der Newsgruppe die Möglichkeit zu entscheiden, welche Artikel als News an die weltweiten News-Server versendet werden. Dies mag ein wenig an Zensur erinnern, in der Praxis ist es allerdings tatsächlich so, daß die inhaltliche Qualität von moderierten Newsgruppen deutlich höher ist als die von unmoderierten. Dies kommt letztendlich auch den Newsgruppenlesern zugute, die ihre Zeit nicht mit dem Lesen von stumpfsinnigen Artikeln verschwenden müssen. Einige moderierte Newsgruppen erstellen in regelmäßigen Abständen sogenannte Magazine (Digests), in denen die interessantesten News-Artikel zusammengestellt sind.

10.5 FAQ-Listen

FAQ-Listen (Frequently Asked Questions) sind nichts anderes als Zusammenstellungen von häufig gestellten Fragen mit den entsprechenden Antworten. Viele

Newsgruppen führen solche Listen, um zu vermeiden, daß neue News-Leser andere Gruppenmitglieder mit immer denselben Fragen langweilen. Bevor in Form eines News-Artikels eine Frage an eine Newsgruppe gerichtet wird, sollte daher immer zunächst – falls vorhanden – die betreffende FAQ-Liste für diese Gruppe konsultiert werden. FAQ-Listen werden meist in regelmäßigen Abständen von den Newsgruppen selbst an alle Mitglieder versendet. Ein Archiv von FAQ-Listen befindet sich in der Newsgruppe news.answers oder unter der WWW-Adresse `http://www.faqs.org/`.

10.6 Das Lesen von Internet-News

10.6.1 Newsreader

Um das Format, in dem News-Artikel gespeichert werden, lesen zu können, sind spezielle Newsreader-Programme notwendig. Zwischenzeitlich unterstützen allerdings auch die meisten WWW-Browser bereits das Internet-News-Format (Abb. 10.3).

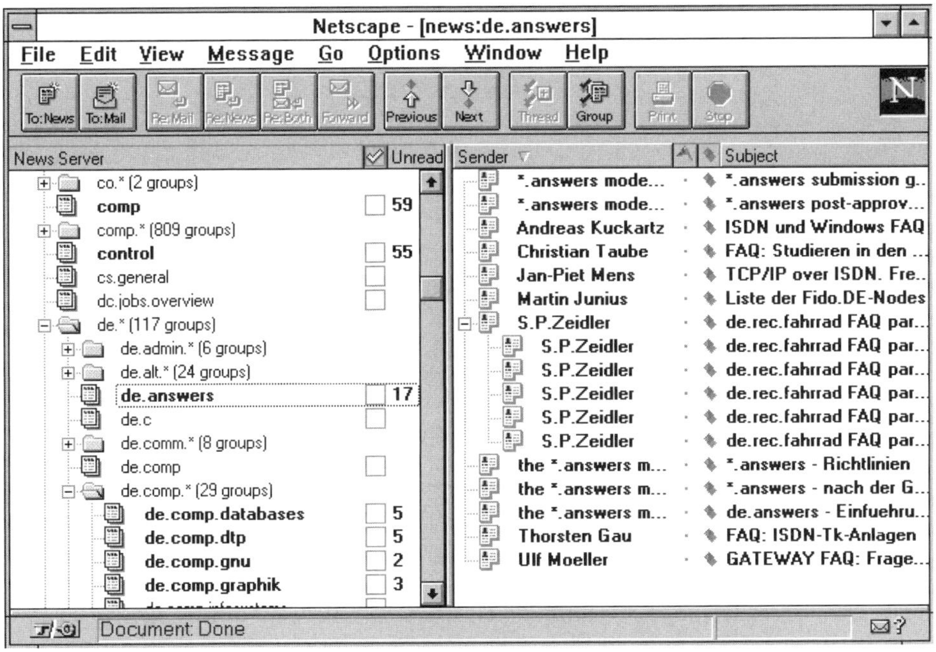

Abb. 10.3: Das Lesen von Internet-News mit einem WWW-Browser

Zunächst müssen jene News-Gruppen ausgewählt werden, deren Artikel gelesen werden sollen. Dies dient der Übersichtlichkeit, da anderenfalls immer mit allen auf dem betreffenden News-Server vorhandenen Newsgruppen hantiert werden müßte (im Unterschied zu Mailing-Listen bedeutet die Selektion einer Newsgruppe nicht, daß man erst ab diesem Zeitpunkt alle neu eintreffenden News-Artikel dieser Gruppe zu lesen bekommt. Man ordnet sich damit quasi die Gesamtheit der auf dem News-Server befindlichen Artikel der betreffenden Newsgruppe zu und hat unmittelbar Zugriff darauf).

Jeder Newsreader ist in der Lage, nach dem Programmstart festzustellen, für welche Newsgruppen eine Anmeldung besteht und welche Artikel innerhalb der gewählten Newsgruppe bereits gelesen wurden. Jedem Artikel wird in der Reihenfolge seines Eintreffens auf dem News-Server eine Nummer zugeordnet, die der Newsreader zur Artikelverwaltung benutzt. Wird eine neue News-Gruppe ausgewählt oder ein Artikel gelesen, so wird dies in der Konfigurations-Datei vermerkt. Diese Datei liegt im Textformat vor und kann auch manuell editiert werden. Abb. 10.4 zeigt den Inhalt einer newsrc-Datei, wie sie in vielen Newsreadern verwendet wird. Die mit einem Ausrufezeichen versehenen Einträge repräsentieren dabei die nicht ausgewählten Newsgruppen, die Zahlen entsprechen der Anzahl der bereits gelesenen Artikel.

```
rec.arts.books: 1 - 195
rec.arts.comics: 1 - 234
rec.arts.movies!
rec.arts.movies.reviews!
rec.arts.theatre!
rec.arts.tv!
rec.arts.tv.uk!
rec.autos!
rec.autos.driving!
rec.autos.sport!
rec.autos.tech!
rec.music.beatles!
rec.music.blues: 1 - 965
rec.music.dylan!
rec.music.folk!
rec.music.gdead!
```

Abb. 10.4: Ausschnitt aus einer newsrc-Datei

Im Internet werden eine Vielzahl von unterschiedlichen Newsreader-Programmen eingesetzt. Die am meisten verbreiteten Newsreader für das Betriebssystem UNIX sind rn (read news, das älteste Programm), trn (threaded rn, eine überarbeitete Version von rn, seit 1990 verfügbar), nn (no news) sowie tin (Tass Ians

Newsreader). Weitere erwähnenswerte Unix-Newsreader, die im Gegensatz zu den genannten eine graphische Benutzeroberfläche besitzen, sind xrn und xvnews. Die Newsartikel der gewählten Newsgruppen können allerdings auch mit Hilfe von UUCP auf das eigene Computersystem übertragen, und dort mit einem lokalen Newsreader offline gelesen werden. Neben den traditionellen News-Programmen gibt es für alle Computerplattformen eine Reihe von leistungsfähigen Applikationen mit graphischen Bedienoberflächen.

10.6.2 Verschlüsselte Artikel: rot13

Um unbedarfte Leser vor Artikeln mit aggressiven oder potentiell beleidigenden Inhalten zu schützen, ist es üblich, solche Passagen mit dem Verschlüsselungsverfahren rot13 zu kodieren. Dies dient nicht dazu, diese Passagen geheim zu halten, – jeder Newsreader verfügt ja ohnehin über das entsprechende Decodierungsprogramm. Der Zweck liegt einzig und allein darin, den Leser darauf aufmerksam zu machen, daß, wenn der vorliegenden Artikel entschlüsselt wird, möglicherweise beleidigende oder diskriminierende Inhalte zum Vorschein kommen.

10.7 Die Suche nach Newsgruppen

Das leistungsfähigste Instrument zur Suche nach bestimmten News-Artikeln oder Stichworten innerhalb von Newsgruppen bietet DejaNews unter

`http://www.deja.com/usenet`

an. Über ein speziell für die Suche in Newsgruppen entwickeltes Suchprogramm kann in allen Newsgruppen nach den unterschiedlichen Kriterien gesucht werden. Ein weiteres speziell auf Newsgruppen spezialisiertes Archiv ist Tile.Net:

`http://www.tile.net/news`

10.8 Informationen und Archive im Internet

New-RFCs: 977,1036	`http://sunsite.auc.dk/RFC/`
Usenet FAQs	`http://www.faqs.org/`
DejaNews	`http://www.deja.com/usenet`
Usenet Info Center	`http://www.ibiblio.org/usenet-i/`
NNTP-Protokoll/Usenet	`http://www.academ.com/academ/nntp/index.html`
Erstellung von Newsgruppen	`http://www.landfield.com/faqs/usenet/creating-newsgroups/part1`
News Software-Archiv	`ftp://ftp.uu.net/networking/news/nntp/`

News Client-Software

TIFNY-Reader	`http://www.tifny2.com/download.html`
Free Agent	`http://www.forteinc.com/getfa/download.htm`
PINE Newsreader	`http://www.ii.com/internet/messaging/pine/`
WinVM Newsreader	`http://www.ksc.nasa.gov/software/winvn/winvn.html`

News Server-Software

INN-Server	`http://www.isc.org/products/INN/`

Stichworte für Suchmaschinen

newsgroup list
newsgroup archive
Newsgroups index
Usenet
newsreader tutorial
news articel posting
Newsreader
newsgroup faq
nntpd
nntpd security
news transport software
usenet software
usenet history

E-Mail Diskussionsforen im Internet: Mailing-Listen

11

The difference between mailing lists and newsgroups is the difference between inviting a group of friends over for wine on a Sunday evening and putting a billboard that says »Free Booze Here!!!« in your front yard.

(Lazlo Nibble)

Mailing-Listen sind neben Newsgruppen das zweite Prinzip, nach dem im Internet Diskussionsforen organisiert werden. Da lediglich ein Internetzugang via E-Mail Voraussetzung für eine Teilnahme ist, ist die Vielfalt der Interessensgruppen und die Anzahl der daran aktiv partizipierenden Teilnehmer noch größer, als dies bei den Internet-News der Fall ist.

11.1 Das Prinzip von Mailing-Listen

Die Technik, mit der auf Mailing-Listen basierende Interessensgruppen organisiert sind, ist denkbar einfach. Jede Interessensgruppe besitzt eine zentral geführte Verteilerliste, die die Adressen aller Teilnehmer enthält. Jeder Beitrag im Rahmen einer Diskussionsgruppe wird zunächst an die Verwaltungsadresse der entsprechenden Mailing-Liste gesendet, von wo aus er an den gesamten Verteiler weiterübertragen wird.

Die Verwaltung von Mailing-Listen kann vollautomatisiert durch Programme oder manuell durch den Mailing-Listenbetreiber geschehen. Um auf den Verteiler einer Mailing-Liste zu gelangen, genügt es, eine einfache Nachricht mit dem Inhalt

```
SUBSCRIBE    Listen-Name    Vorname Zuname
```

an die E-Mail-Adresse des betreffenden Listen-Servers zu senden. Gelöscht wird ein Eintrag entsprechend mit einem E-Mail des Inhalts »SIGNOFF Listen-Name« oder auch »UNSUB Listen-Name«, je nach benutzter Mailing-Listen-Software.

Der Vorteil von Mailing-Listen im Vergleich zum News-System ist, daß man sich nicht aktiv darum bemühen muß, die neuesten Informationen des jeweiligen Diskussionsforums zu erhalten. Die Zustellung erfolgt direkt per elektronischer Post. Die Gefahr besteht allerdings, daß durch die Registrierung bei zu vielen

Mailing-Listen der Eingangskorb für elektronischen Post bald überquillt. Aktive Mailing-Listen können es auf bis zu hundert und mehr Beiträge pro Tag bringen! Es empfiehlt sich daher, die Registrierung auf einige wenige Mailing-Listen zu beschränken, und zumindest zu Beginn möglichst täglich das E-Mail-Aufkommen der verschiedenen Interessensgruppen zu beobachten. Ein weiterer Nachteil der Mailing-Listen ist, daß die einzelnen Diskussionen bei weitem nicht so strukturiert verfolgt werden können, wie dies mit einem leistungsfähigen Newsreader im Fall von Internet-News der Fall ist. So zeigt der »trn« Newsreader beispielsweise beim Lesen jeder Nachricht ein Baumdiagramm an, welches angibt, an welcher Stelle einer Diskussionshierarchie man sich mit der betreffenden Nachricht gerade befindet. Diskussionshierarchien können darüberhinaus nach Themen geordnet und durchsucht werden. Diese Funktionen müssen bei der Auswertung von Mailing-Listen-Beiträgen manuell durchgeführt werden.

11.2 Bitnet- und Internet-Mailing-Listen

Das Prinzip der Mailing-Listen wurde Anfang der achziger Jahre innerhalb des Bitnet (Because its Time Network 1981) für dieses auf IBM-Mainframe-Computern basierende Netzwerk entwickelt. Grund dafür war, daß die im Bitnet (in Europa EARN) benutzten Kommunikationsprotokolle RSCR (Remote Spooling Communication Subsystem) und NJE (Network Job Entry) die Realisierung eines Informationsverteilungssystems wie das der Internet-News nicht zuließen. Zur automatischen Verwaltung der Mailing-Listen wurde deshalb das Programm Listserv entwickelt. Durch das Versenden von E-Mails an Listserv konnten Teilnehmer registriert bzw. gelöscht, Archive durchsucht oder Listen von Mailing-Listen abgerufen werden. Das Prinzip der Mailing-Listen breitete sich vom Bitnet bald auch in das Internet aus. Heute, nachdem das Bitnet an Bedeutung verloren hat, befindet sich der Großteil der Mailing-Listen im Internet. Eine stattliche Anzahl von Mailing-Listen sind zusätzlich auch als News-Gruppen aufgesetzt. Ihre Beiträge werden nicht nur an deren Verteiler versendet, sonder auch in der betreffenden Newsgruppe abgelegt. Diese News-Gruppen sind an der Endung ».bit« leicht zu erkennen

11.3 Registrierung und Kündigung von Mailing-Listen

Ob sich eine Mailing-Liste im Internet oder im Bitnet befindet, kann an der Internetadresse des Listen-Servers erkannt werden, der die betreffende Mailing-

Liste verwaltet. Der Domainname von Bitnet-Mailing-Listen endet immer mit »bitnet«.

Adressen von Mailing-Listen bestehen immer aus zwei unterschiedlichen Adreßeinträgen: der Verwaltungsadresse (also z.B. `listserv@adresse` oder `majordomo@adresse`) und der eigentlichen Mailing-Listen-Adresse (`listenname @adresse`). An die Verwaltungsadresse können Nachrichten betreffend Registrierung, Löschung oder anderer verwaltungsspezifischer Belange gesendet werden, inhaltliche Beiträge werden immer an die Mailing-Adresse gerichtet.

Neben dem aus dem Bitnet stammenden Mailing-Listenprogramm Listserv sind heute im Internet eine ganze Reihe weiterer, später entstandene Managementprogramme für Mailing-Listen im Einsatz. Die am weitesten verbreiteten sind

- Listserv,
- Listproc,
- Majordomo,
- Mailbase und
- Mailserve,

die jeweils auch unterschiedliche Befehlssätze benutzen. Abb. 11.1 zeigt eine Übersicht über die wichtigsten Kommandos.

	Listserv	Listproc	Mailbase	Mailserv	Majordomo
Anmeldung	SUBSCRIBE Listenname und Name	SUBSCRIBE Listenname und Name	SUBSCRIBE Listenname Mail@adresse	SUBSCRIBE Listenname und Name	SUBSCRIBE Listenname und Name
Abmeldung	SIGNOFF Listenname	UNSUB Listenname	UNSUB Listenname Mail@adresse	UNSUB Listenname	UNSUB Listenname
Übertragung von Dateien	GET Listenname Dateiname	GET Listenname Dateiname	SEND Listenname Dateiname	SEND Listenname Dateiname	GET Listenname Dateiname
Suche in Archiven	Siehe Abschnitt 4.3	SEARCH Listenname Stichworte	Via WWW (z.B. http://www. mailbase.ac.uk/	Nicht möglich	Nicht möglich
Suche nach Teilnehmern	REVIEW Listenname	REVIEW Listenname	Nicht möglich	SEND/LIST Listennname	WHO Listennname

Abb. 11.1: Befehlsübersicht für einige Mailing-Listen-Programme

11.4 Mit »Listserv« verwaltete Mailing-Listen

Computersysteme, die Mailing-Listen mit dem Programm Listserv verwalten, werden Listserv-Server genannt. Das Programm Listserv war ursprünglich nur auf IBM-Mainframes lauffähig, heute sind jedoch auch Implementationen andere Systeme verfügbar. Derzeit werden mehrere hundert Listserv-Server auf der ganzen Welt betrieben, die auch untereinander vernetzt sind.

Die Mailing-Liste

```
AESJSUVM1@SJSUVM1.BITNET
LISTSERV@SJSUVM1.BITNET
```

beschäftigt sich beispielsweise mit alternativen Energieformen. Anhand der Internet-Domain erkennt man, daß sich diese Mailing-Liste im Bitnet befindet. Die Benutzeridentifikation »listserv« der administrativen Adresse zeigt an, daß diese Liste mit dem Listserv-Programm verwaltet wird. Die Aufnahme in ihren Verteiler kann durch das Versenden eines E-Mails mit dem Inhalt

```
SUBSCRIBE AESJSUVM1    Name Vorname
```

```
From:          BITNET list server at UCCVMA (1.7f) <LISTSERV@uccvma.ucop.edu>
Subject:       Command confirmation request (160E23)
To:            othmar@MUC.DE
X-LSV-ListID: IR-L
Message-Id:    <94Apr12.201016met_dst.135972@colin.muc.de>
Status:        RO
X-Status:      A

Your command:

               SUBSCRIBE IR-L Othmar Kyas

has been received.  You must now reply to this  message (as explained below)
to complete your subscription. The purpose of this confirmation procedure is
to check that  the address LISTSERV is about  to add to the list  for you is
working properly. This is a typical  procedure for high-volume lists and all
new subscribers  are subjected to  it - no offense  meant. We have  tried to
make this confirmation as simple and painless as possible, and apologize for
the inconvenience.

With most  mail programs, you  can confirm the  command by simply  using the
"reply"  function, without  including  the original  text,  and typing  "ok"
(without the quotes) as the text of  your message. Just "ok" - do not retype
the command  or anything else.  ......I
```

Abb. 11.2: Die Aufforderung zur Bestätigung eines Mailing-Listen-Eintrages an die Adresse LISTSERV@SJSUVM1.erfolgen. Die eigene Internetadresse muß in der Nachricht nicht angegeben werden. Diese wird von Listserv automatisch aus dem Briefkopf der elektronischen Nachricht übernommen. Kurze Zeit nach dem Versenden der Registrierungsnachricht erhält man die Bestätigung für die Registrierung. In sehr aktiven Mailing-Listen ist häufig, bevor der endgültige Eintrag in die Mailing-Liste erfolgt, eine weitere Nachricht notwendig, die bestätigt, daß der Eintrag in diese Liste gewünscht ist, und daß die dazu aus der ersten Nachricht extrahierte Adresse korrekt ist (Abb. 11.2).

Auf die Antwort auf diese Nachricht mit dem jeweils geforderten Bestätigungsbefehl (in unserem Beispiel mit »ok«), erfolgt kurz darauf der tatsächliche Listeneintrag, der mit zwei weiteren Nachrichten nun endgültig vom Verwaltungsprogramm der Mailingliste bestätigt wird (Abb. 11.3 und 11.4).

```
From:          BITNET list server at UCCVMA (1.7f) <LISTSERV@uccvma.ucop.edu>
Subject:       Your subscription to list IR-L
To:            Othmar Kyas <othmar@MUC.DE>
Reply-To:      IR-L-Request@uccvma.ucop.edu
X-LSV-ListID: IR-L
Message-Id:   <94Apr12.212317met_dst.135938@colin.muc.de>

Dear networker,

  Your subscription to list IR-L (Information Retrieval List) has been
accepted.

  You may leave the list at any time by sending a "SIGNOFF IR-L" command to
LISTSERV@UCCVMA.BITNET (or LISTSERV@UCCVMA.UCOP.EDU).
Please note that this command must NOT be sent to the list address (IR-L@UCCVMA)
but to the LISTSERV address
(LISTSERV@UCCVMA).ISTSERV@UCCVMA.UCOP.EDU).......
.....................


Virtually,

   The LISTSERV management
```

Abb. 11.3: Aufnahme in eine Mailing-Liste

```
> ok
Confirming:
> SUBSCRIBE IR-L Othmar Kyas
You have been added to list IR-
```

Abb. 11.4: Aufnahme in eine Mailing-Liste

Mindestens genauso wichtig wie der SUBSCRIBE-Befehl ist der SIGNOFF-Befehl, mit Hilfe dessen der eigene Eintrag in der Mailingliste wieder gelöscht werden kann. Der Befehl dafür lautet für Listserv-Mailinglisten:

```
SIGNOFF Listenname
```

Soll die Registrierung für alle Mailing-Listen eines bestimmten Listserv-Server gelöscht werden, so lautet der Befehl dafür SIGNOFF *. Mit dem Befehl SIGNOFF * (NETWIDE) wird die eigene Adresse von allen Listserv-Serven im gesamten Bitnet gelöscht.

11.4.1 Ein Beispiel aus der Welt der Mailing-Listen

Ein Beispiel aus dem Philosophie-Diskussionsforum »PHILOSOP« soll ein Gefühl dafür vermitteln, wie Diskussionen über Mailing-Listen ablaufen:

In der folgenden Nachricht wird die Quelle für einen Ausspruch des jungen Wittgenstein in Derek Jarman's Film »Wittgenstein« gesucht:

```
Sender: Philosophy Discussion Forum
<PHILOSOP%YORKVM1.BITNET@vm.gmd.de>

I've just been reading the script to Derek Jarman's Wittgenstein.
In it the character of young Wittgenstein says, "Where 2 principles
meet, which cannot be reconciled with one another, then each calls
the other a fool or a heretic."

Can any of you provide a reference to this sentiment?
```

Ein weiterer Teilnehmer des Forums greift die Frage auf, und erkundigt sich danach, wo denn das Script dieses Films zu haben sei?

```
I don't have the reference you desire, but would you tell me where
one can read Jarman's _Wittgenstein_ script? I thought some of the
phrasing from the mouth of the Bertrand Russell character was
genuine, and I'd like to acquire a copy.
```

Zwischenzeitlich gibt ein PHILSOP-Teilnehmer die Antwort auf die erste Frage:

```
Sender: Philosophy Discussion Forum
<PHILOSOP%YORKVM1.BITNET@vm.gmd.de>

At 611 in On Certainty, W says-

611. Where two principles really do meet which cannot be reconciled
with one another, then each man declares the other a fool and
heretic.
```

Schließlich folgt die Antwort auf die zweite Frage, wo das Script zum »Wittgenstein-Film« von Derek Jarman zu haben ist:

```
Sender: Philosophy Discussion Forum
<PHILOSOP%YORKVM1.BITNET@vm.gmd.de>

>In reply to Kenneth Blackwell's inquiry about Jarman's script to
>"Wittgenstein,"

AUTHOR: Eagleton, Terry, 1943. Jarman, Derek, 1942.
TITLE: Wittgenstein : the Terry Eagleton script, the Derek Jarman
film.

PUBLISHER: British Film Institute, 1993. (21 Stephen St., London
W1P 1PL)
SUBJECTS: Wittgenstein, Ludwig, 1889-1951.  Wittgenstein (Motion
picture)

CALL NUMBER: PN1997.W583 E24 1993
ISBN: 0 85170 396 8, 0 85170 397 6 pbk
```

11.4.2 Wichtige Listserv-Befehle

E-Mail-Befehle an den Listserv-Server können ohne besondere Formatierung versendet werden. Der Subject-Eintrag wird dabei ignoriert und jede Zeile darf nicht mehr als einen Befehl enthalten. Abb. 11.5 gibt eine Übersicht über die wichtigsten Listserv-Befehle. Zwar existieren mehrere unterschiedliche Software-Versionen des Listserv-Programmes, die meisten Befehle sind jedoch identisch. Sicherheitshalber sollte man mit dem Befehl HELP eine Liste der jeweils gültigen Befehle vom Listserv-Server abrufen. Der Befehl INFO REFCARD liefert eine komplette Dokumentation aller Befehle inklusive einer Beschreibung der jeweiligen Optionen.

Die wichtigsten LISTSERV-Befehle (LISTSERV-Version 1.8a)		
Info		Abruf der Liste aller bestehenden Dokumentationsdateien
Lists Detail		Detaillierte Beschreibung aller auf dem lokalen Listserv-Server verfügbaren Mailing-Listen
Lists Short		Kurzbeschreibung aller auf dem lokalen Listserv-Server verfügbaren Mailing-Listen
Lists Global		Liste aller Mailinglisten auf allen Listserv-Servern (ca. 500kByte groß)
SUBscribe	Listenname	Aufnahme in eine Liste
SIGNOFF	Listenname	Kündigung eines Listeneintrages
SIGNOFF	*	Kündigung aller Listeneinträge auf dem lokalen Server
SIGNOFF	NETWIDE	Kündigung aller Listeneinträge auf allen Servern
REView	Listenname Land	Mitgliederinformation nach Ländern geordnet
REView	Listenname Name	Mitgliederinformation nach Namen geordnet
Query	Listenname	Abfragen von Empfangsoptionen
SET	Listenname NOMail	Aussetzen des Mail-Empfanges
SET	Listenname Mail	Wiederbeginn des Mail-Empfanges
INDex		Abruf der Liste von Listserv-Dateien
GET	Dateiname Dateityp	Abruf einer Datei vom Listserv-Server
REGister	Vor-/Nachname	Registrierung beim Listserv-Server (Bei weiteren Registrierungen muß der Name nicht mehr angegeben werden
RELEASE		Information über den Betreiber und die Software-Version des Listserv-Servers

Abb. 11.5 : Die wichtigsten LISTSERV-Befehle

11.5 WWW-Interfaces für Mailing-Listen

Um dem starken Trend zum World Wide Web als universellem Benutzerinterface für das Internet Rechnung zu tragen, wurden für Mailing-Listenprogramme WWW-Gateways entwickelt. Damit können Internetnutzer Mailing-Listenbefehle über WWW-Benutzeroberflächen eingeben, Mailing-Listenarchive durchsuchen oder allgemeine Informationen über Mailing-Listen abrufen. Ein Beispiel für ein solches WWW-Gateway ist LW-Gate, ein in Perl geschriebenes Programm, welches die Mailing-Listenprogramme Listserv, ListProcessor, Majordomo und SmartList unterstützt (http://www.netspace.org/users/dwb/lwgate.html). Abb. 11.6 zeigt ein WWW-Suchformular für das Mailinglistenprogramm Mailbase.

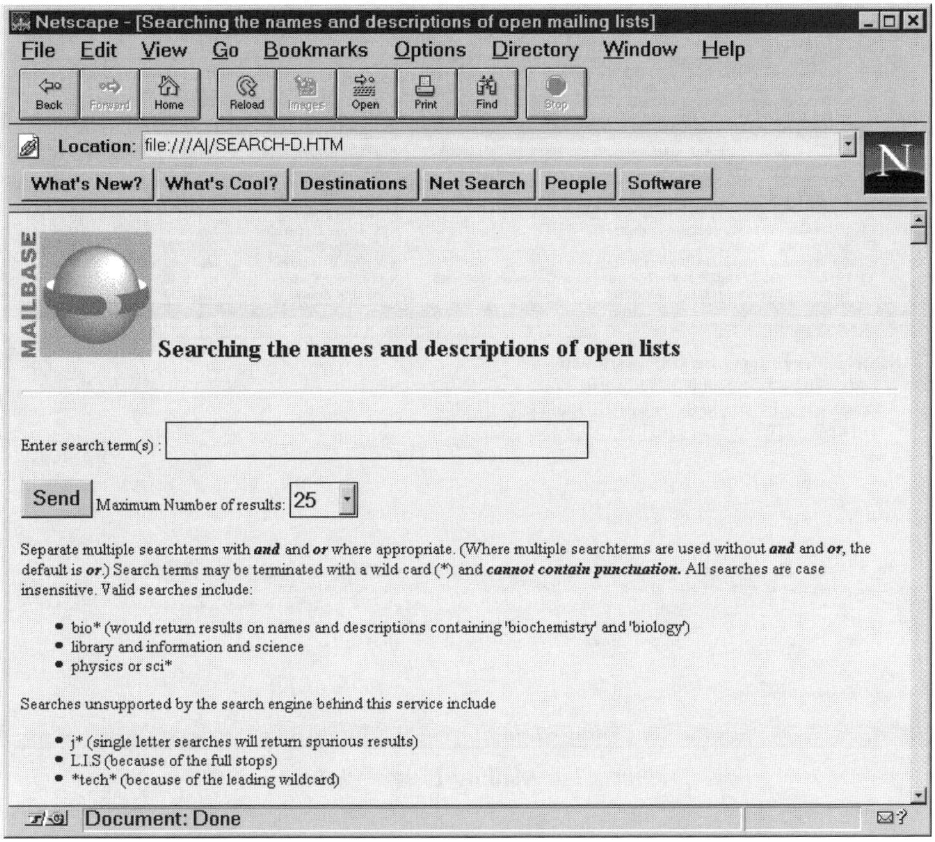

Abb. 11.6: WWW-Suche in Mailing-Listenarchiven: Mailbase

Die Suche in Mailinglisten über ein Gateway ist heute überholt worden von den Archiven, die die Anbieter der Mailing-Listen auf einem normalen Webserver anlegen. Automatisch wird jede für die Mailingliste bestimmte Nachricht zusätzlich in diesem Archiv gespeichert, wo sie mittels Suchmaschinen auch wieder gefunden werden kann. Die Abb. 11.7 bis 11.9 zeigen den Output der Bugtraq-Mailingliste, die sich mit der Sicherheit in Computernetzen beschäftigt, als Mail-Output, im Archiv und in der Suchmaschine.

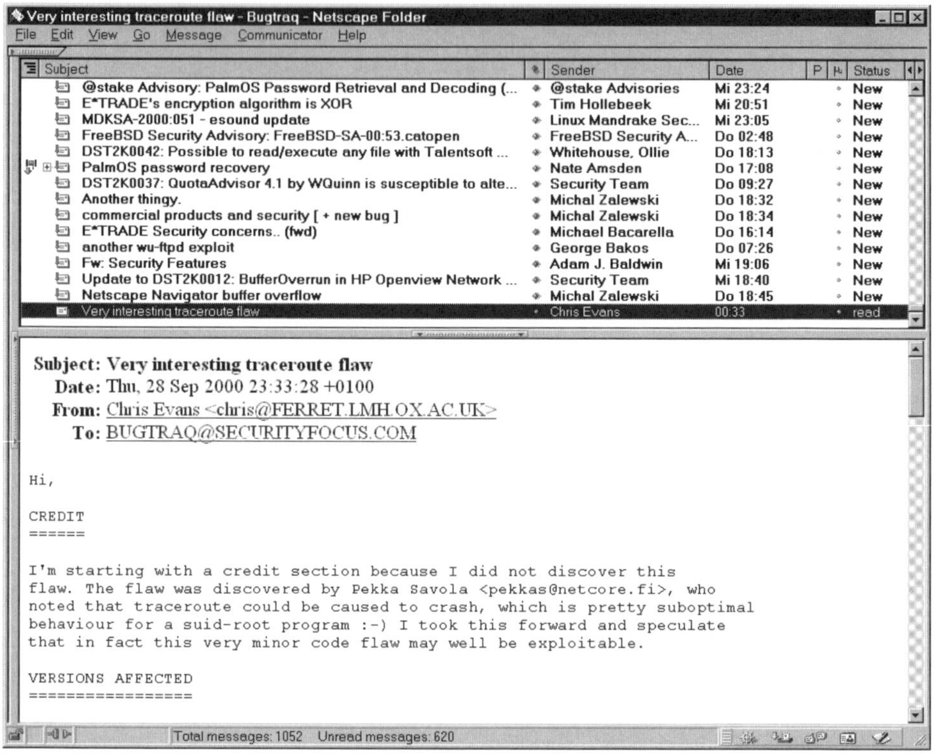

Abb. 11.7: Mailing-Liste als E-mail

11.6 Verzeichnisse von Mailing-Listen

Eine aktuelle Liste aller Bitnet-Listen erhält man durch das Versenden des Befehls

```
Lists Global
```

an einen Listserv-Server. Für die vielen tausend Internet-Mailinglisten existiert keine zentrale Liste, allerdings gibt es eine Reihe von umfangreichen Verzeichnissen, die den Großteil der öffentlichen Mailinglisten erfassen:

Liszt (fast 100.000 Einträge)	`http://www.liszt.com/`
Tile Net	`http://tile.net/lists/`
The Dart List	`http://alabanza.com/kabacoff/Inter-Links/talk.html`

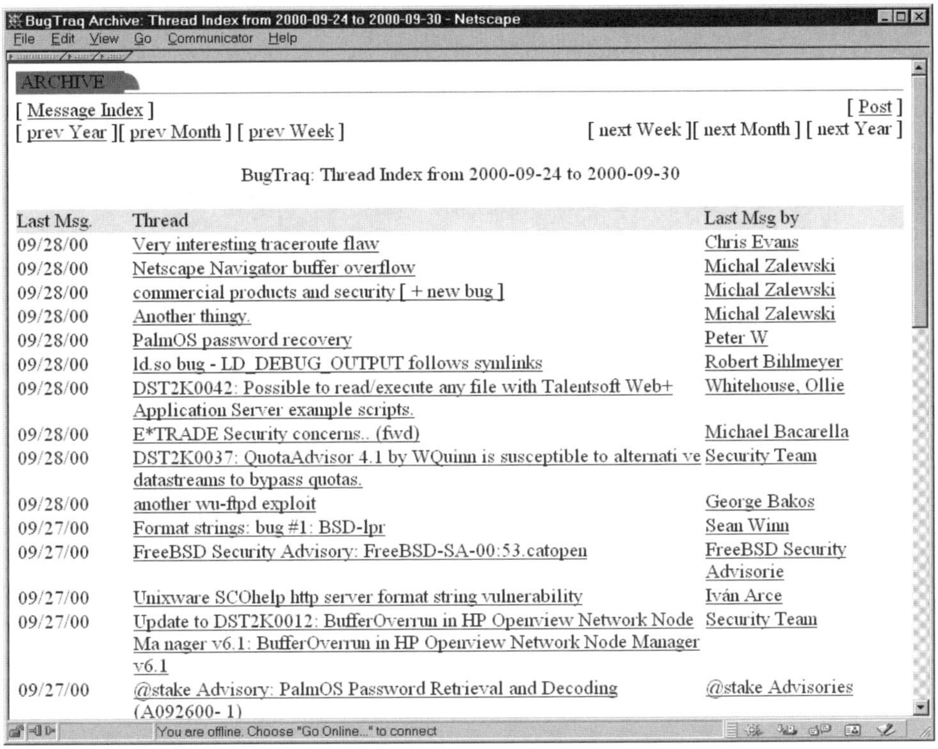

Abb. 11.8: Mailing-Liste alsArchiv

11.7 Archive und Informationen im Internet

E-Mail Discussion Group Lists Rescources	`http://www.webcom.com/impulse/`
WWW-Seite: »Finding Newsgroups and Mailing Lists«	`http://www.synapse.net/~radio/finding.htm`
Listserv User Guide	`http://list.nih.gov/LISTSERV_WEB/usersgde.htm`
CataList (Listserv-Katalog)	`http://www.lsoft.com/lists/listref.html`

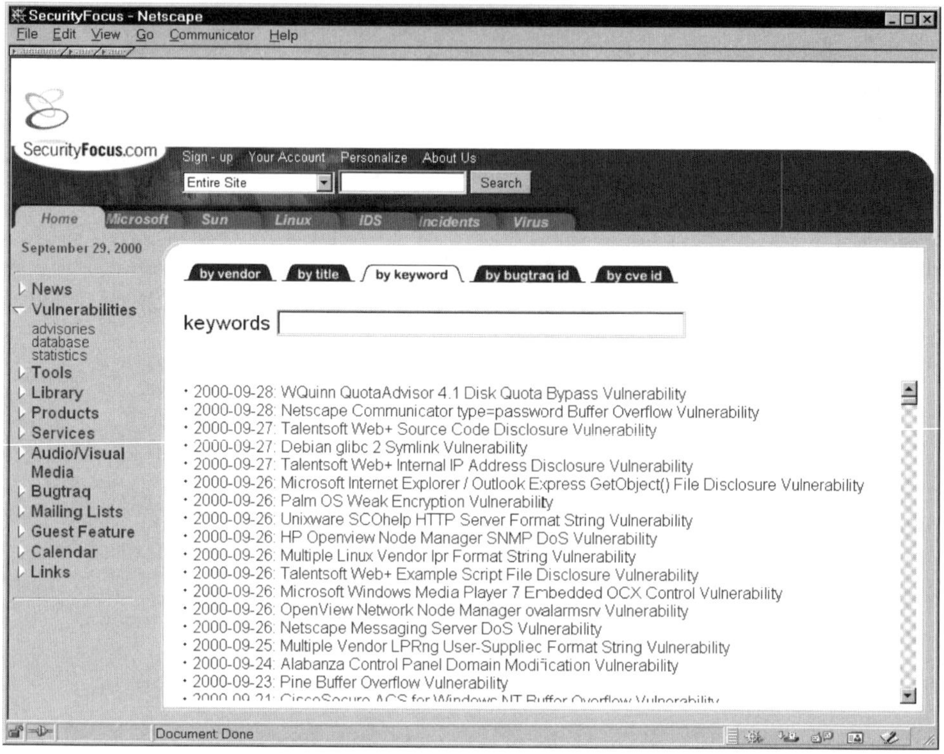

Abb. 11.9: Zugriff auf eine Mailing-Liste über Suchmaschine

Mailing-Listen Software

Listserv	`http://www.listserv.net/`
Majordomo	`http://www.greatcircle.com/majordomo/`
Lyris Listmanager	`http://www.lyris.com/`
WWW-Gateway LW-Gate	`http://www.netspace.org/users/dwb/lwgate.html`

Stichworte für Suchmaschinen

List of Lists
Mailing List Archive
Mailing List Index
List Search Engine
E-Mail Tutorial
Mailing List FAQ

IRC – Online Kommunikation im Internet

12

Three kids, a mortgage, an ex-spouse, a dog?
You're no Internet prince,
you're a real life frog.

(Anonym)

12.1 IRC Inter-Relay-Chat

Internet Relay Chat ist das Online-Kommunikationsforum im Internet. Strukturiert in hunderte von unterschiedlichen Diskussions und Party-Kanälen können Internetteilnehmer aus aller Welt miteinander in Echtzeit kommunizieren. Es muß lediglich ein Kanal sowie ein Synonym für die eigene Person ausgewählt werden, und alle weiteren Eingaben über die Tastatur erscheinen auch auf den Bildschirmen aller anderen, im selben Kanal befindlichen Teilnehmer. Und umge-

```
*** Welcome to the Internet Relay Network, othmar*** Your host is TU-
Muenchen.DE[hpsystem2.informatik.tu-muenchen.de], running
+version 2.7.2g
*** You have new mail. 18:31 [1] othmar [Mail: 8] * type /help for help
*** If you have not already done so, please read the new user information with
+/HELP NEWUSER*** This server was created Tue Feb 15 1994 at 20:57:14 MEZ
*** There are 2843 users and 1631 invisible on 115 servers
*** 97 users have connection to the twilight zone
*** There are 1346 channels.
*** I have 28 clients and 1 servers
MOTD - TU-Muenchen.DE Message of the Day -
MOTD - Welcome to TU-Muenchen.de -
MOTD -
MOTD -     Keine clients mit 'gefakten' loginnames auf diesem Server!
MOTD -     Zuwiderhandelnde werden ohne Vorwarnung geKILLt!
MOTD -
MOTD -     Kein Robots mehr auf diesem Server!
MOTD -     Zuwiderhandelnde werden ohne Vorwarnung geKILLt!
MOTD -
```

Abb.12.1: IRC im ACSII-Format

kehrt flimmern natürlich auch deren Beiträge über das eigene Terminal. Vierundzwanzig Stunden am Tag unterhalten, streiten und diskutieren so zehntausende Internetbenutzer über die unterschiedlichsten Themen. Meist ist die dabei benutzte Sprache englisch, es gibt aber auch Kanäle, in denen spanisch, deutsch oder französisch gesprochen wird. IRC-Kanäle sind keine statische Einrichtung, sondern einer permanenten dynamischen Wandlung unterworfen. Jeder kann einen eigenen Kommunikationskanal beginnen, und hat der letzte Teilnehmer einen Kanal verlassen, dann verschwindet dieser auch unwiederbringlich in den Tiefen des Internet. Populäre Kanäle wie hottub oder initgame sind zu jeder Tages- und Nachtzeit so stark frequentiert, daß sie schon seit Jahren bestehen. Die IRC-Schnittstelle für den Benutzer ist heute graphisch orientiert (Abb. 12.2), der Anfang lag aber wie bei vielen anderen populären Programmen bei einer reinen Textdarstellung (Abb. 12.1).

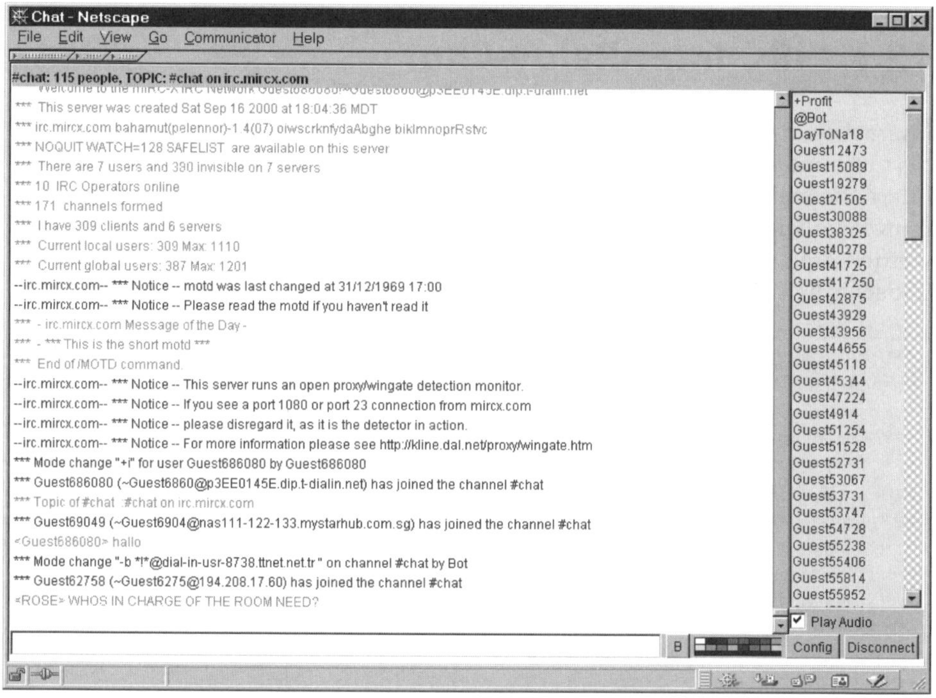

Abb.12.2: IRC mittels WWW-Browser

Die Faszination, die IRC auf viele seiner Benutzer ausübt, liegt sicherlich zu einem großen Teil darin begründet, daß damit Kommunikation unter Wahrung der eigenen Anonymität frei von Konventionen und Vorurteilen möglich ist. Die einzigen Parameter, nach denen Gesprächspartner eingeschätzt werden können, sind Inhalt und Ausdrucksweise ihrer jeweiligen Beiträge. Vorurteile jeglicher

Art, wie sie im Alltag die Regel sind, bleiben hier ausgespart. Geschlecht, Alter oder Hautfarbe der Teilnehmer sind unbekannt, es sei denn, sie werden vom betreffenden bewußt mitgeteilt – und selbst dann müssen diese Angaben nicht korrekt sein. Häufig treten männliche Teinehmer als weiblich auf, und foppen so über mehrere Wochen andere »Partygäste«. Dies führte dazu, daß gelegentlich von weiblichen Diskussionsteilnehmern Beweise für ihre geschlechtliche Identität gefordert werden. Ein Phänomen, das interessanterweise für männliche Synonyme bislang noch nie aufgetreten ist.

12.1.1 Zugang zu IRC-Diskussionsforen

Das erste Programm, welches die IRC-Kanäle steuert, wurde 1988 vom Finnen Jarkkon Oikarinen als Ersatz und Erweiterung für das UNIX-Kommunikationsprogramm »Talk« geschrieben. Der wichtigste Unterschied zu Talk ist, daß mit IRC alle Arten von Kommunikationsbeziehungen möglich sind: Punkt-zu-Punkt, Punkt-zu-Mehrpunkt und Mehrpunkt-zu-Mehrpunkt. Um Mehrpunkt-zu-Mehrpunkt-Kommunikation und damit Online-Diskussionsforen zu ermöglichen, werden sogenannte IRC-Serversysteme benötigt, die als Managementzentrale und Verteilerstation für die Kommunikationsbeziehungen dienen. Ein IRC-Netz besteht aus mehreren vernetzten IRC-Servern, die weltweit verteilt sein können. Das älteste IRC-Netzwerk ist das Efnet (`http://www.efnet.org`) mit 38 Servern, populär ist auch das UnderNet (`http://www.undernet.org/`) mit 45 Servern. Die Kommunikation der IRC-Teilnehmer ist in sogenannten Diskussionskanälen (IRC-Kanälen) organisiert. Jeder Kanal wird von einem Operator (channelop) administriert, der die Grundfunktionen des IRC-Protokolls überwacht und die mißbräuchliche Nutzung des Kanals durch Robot-Programme verhindert.

Mit Hilfe von IRC Clients, die für alle Betriebssysteme als Standalone-Software oder als WWW-Browser-Hilfsapplikation erhältlich sind, wird beim Starten von IRC eine Verbindung zum angegebenen IRC-Server aufgebaut, der seinerseits wieder mit allen anderen IRC-Servern verbunden ist. Steht keine vollwertige Internetverbindung zur Verfügung, so können via Telnet auch öffentliche IRC-Clientprogramme genutzt werden. Bei regelmäßiger IRC-Nutzung ist der Einsatz einer dedizierten leistungsfähigen IRC-Software allerdings jedenfalls sinnvoller. Passionierte IRC-Teilnehmer haben während der Arbeit am Computer stets ein IRC-Fenster geöffnet, in dem sie die Kommunikation ihres bevorzugten Kanals ständig aus den Augenwinkeln verfolgen können, um bei Bedarf jederzeit rasch ein paar Sätze zur Unterhaltung beitragen zu können. Problemlos ist es auch möglich, mehrere IRC-Verbindungen gleichzeitig aktiv zu halten (Befehl /set novice off), und so simultan in verschiedenen Kanälen präsent zu sein.

12.1.2 Die wichtigsten IRC-Befehle

Der IRC-Client durch Mausklick oder mit dem Befehl

```
IRC <Pseudoym>
```

gestartet, wobei Pseudonym jener Name ist, unter dem man im jeweils gewählten Kommunikationskanal aufscheinen möchte. Nun können die IRC-Befehle benutzt werden, die alle mit einem Schrägstrich beginnen. Mit dem Befehl

```
/help
```

/flush	Stoppt die Ausgabe des vorhergehenden Befehls (Bricht so z.B. die Anzeige der Gesamtliste aller Kanäle ab)
/help	Alle gültigen Befehle werden agezeigt
/help <Befehl>	Beschreibung des angegebenen Befehls
/help newuser	Informationen und Tips für Neulinge
/help intro	Kurze Einführung in die Welt des IRC
/join <Kanal>	Betreten eines Kanals
/leave<Kanal>	Verlassen eines Kanals
/list	Anzeige aller Kanäle
/list <Kanal>	Informationen über einen bestimmten Kanal werden angezeigt
/list -max a	Anzeige aller Kanäle mit maximal a Teilnehmern
/list -min a	Anzeige aller Kanäle mit mindestens a Teilnehemern
/me action	Mitteilen von bestimmten Tätigkeiten oder Gefühlen
/mode * +pi	Der Modus des aktuellen Kanals wird auf "privat" umgeschaltet
/msg <Pseudonym><text>	Versenden einer privaten Nachricht, die für die anderen Teilnehmer im Kanal nicht sichtbar ist
/nick	Anzeige des eigenen Pseudonyms
/nick <Pseudonym>	Abändern des Pseudonyms
/query <Pseudonyme>	Alle folgenden Nachrichten werden nur noch an die angegebenen Personen gesendet
/quit	Beenden des IRC Programmes
/set novice off	Erweiterter Modus (unter anderem können mehrere Kanäle gleichzeitig betreten werden)
/who <Kanal>	Anzeige aller Teilnehmer im Kanal
/who <Pseudonym>	Anzeige von Informationen über eine bestimmte Person
/whois <Pseudonym>	Anzeige aller Informationen über eine Person

Abb. 12.3: Übersicht über die wichtigsten IRC-Befehle

erhält man eine Liste aller gültigen Befehle, alle im Moment aktiven IRC-Kanäle mit Angabe der Anzahl der jeweils aktiven Teilnehmer liefert

```
/list.
```

Da die Liste aller Kanäle sehr lang ist (meist sind mehr als 1000 Kanäle aktiv!), kann die Anzahl der anzuzeigenden Listen mit Hilfe der Option -min bzw. -max eingeschränkt werden. Mit

```
/list -min 20
```

werden nur jene Listen angezeigt, in denen mehr als 20 Teilnehmer aktiv sind. Mit /join <Listenname> und /leave <listenname> kann ein Kanal betreten bzw. verlassen werden. Abb. 12.2 zeigt eine Übersicht über die wichtigsten IRC-Befehle.

»Private Nachrichten« mit /msg

Sollen mit einem IRC-Teilnehmer rasch ein paar private Sätze gewechselt werden, so kann dies mit dem Befehl

```
/msg <Pseudonym> <Text>
```

geschehen. Der restlichen Gruppe bleibt diese Nachricht vorenthalten. So ist es möglich, zwischen Zweiergesprächen (auch Dreiergesprächen etc.) und Gruppengesprächen zu wechseln. Zu beachten ist dabei, daß tatsächlich jede Zeile, die nicht mit einem Schrägstrich beginnt, an das gesamte Diskussionsforum übertragen wird. Beginnt also eine Zeile mit einem Leerzeichen und einem darauffolgenden /msg...., so kann die gesamte Sequenz von allen IRC-Teilnehmern des betreffenden Kanals gelesen werden.

12.1.3 Pseudonyme

Wird das IRC-Programm aufgerufen, so muß zunächst ein Pseudonym gewählt werden. Grundsätzlich ist jedes beliebige Pseudonym möglich, solange es noch nicht bereits von einem anderen IRC-Teilnehmer belegt ist. Die IRC-Pseudonyme werden zentral von sogenannten Nickserve-Servern verwaltet. Wird ein Pseudonym direkt beim Nickserv-Server registriert (eine Anleitung erhält man über den Befehl /msg nickserv@service.de intro), so bleibt es auch nach dem Verlassen des IRC-Programmes geschützt. Mit den Befehlen

```
/whois <Pseudonym>
```

kann herausgefunden werden, wer hinter einem Pseudonym steckt. Der Befehl

```
/whowas <Pseudonym>
```

zeigt jene Person an, von der als letztes das betreffende Pseudonym verwendet wurde.

12.1.4 Robots

Robots (gelegentlich auch bots) sind »getunte« inoffizielle IRC-Clientprogramme (erstellt in Perl oder C), die sich nicht an das IRC-Protokoll halten. Bösartige Varianten sind sogar in der Lage, in Computersysteme von anderen IRC-Teilnehmern einzubrechen. Verdacht sollte spätestens dann geschöpft werden, wenn die Aufforderung erteilt wird, doch eine bestimmten Befehl einzugeben. Wird solchen Anweisungen, die oft als gutgemeinte Ratschläge getarnt sind, Folge geleistet, so muß damit gerechnet werden, daß kurze Zeit später ein Robot-Programm in das eigene Computersystem einbricht. Robots sind daher nirgends gerne gesehen, und werden, sobald sie erkannt werden, auf den meisten Servern ohne Vorwarnung »gekillt«.

12.2 Chatiquette (Etikette im Inter Relay Chat)

Um die Kommunikation im IRC effizienter zu machen, haben sich im Laufe der Jahre eine Reihe von Abkürzungen eingebürgert, die das Schreiben von eigenen Diskussionsbeiträgen erleichtern und deren Kenntnis für die Teilnahme an Konversationen wichtig ist. Abb. 12.3 zeigt eine Übersicht über die wichtigsten Abkürzungen und Symbole.

LOL	Laughing Out Loud oder Lots of Lough
ROFL	Rolling on the Floor
LMAO	Laughing My Ass Off
ISO	In Search Of
IMHO	In My Humble Opinion
BTW	By The Way
PMJI	Pardon Me for Jumping In
<G>	Grinsen
:)	Lächeln
:(	Grimasse schneiden
:-0	Sich fürchten
{}	Umarmen

Abb. 12.4: IRC Chatiquette

12.3 IRC-II und virtuelle Welten

Mit den zunehmenden im Internet verfügbaren Übertragungsbandbreiten entwickelt sich auch Inter Relay Chat zu einem immer leistungsfähigeren Kommunkationsmedium. Waren noch vor kurzem IRC-Konversationen tatsächlich auf die reine ASCII-Repräsentation von Diskussionsbeiträgen beschränkt, so unterstützen IRC-2 Clientprogramme heute bereits den Austausch von Dateien, das Ansteuern von Hyperlinks sowie Klanguntermalungen. Auch die Auswahl von Chatrooms geschieht per Web über Suchmaschinen (Abb. 12.5). Die nächste Generation an IRC-Systemen wird bereits auf virtuellen, interaktiven 3-D-Umgebungen basieren. Die Besucher dieser künstlichen Welten werden nicht mehr nur durch ihr Synonym in Druckbuchstaben identifiziert werden können, sondern als animierte Avatars (per Software generierte, wirklichkeitsgetreue Abbilder des Benutzers) durch den Cyberspace schreiten. Innerhalb von Worlds Chat, dem Kommunikationsnetzwerk von Worlds Inc., ist eine solche Infrastruktur realisiert (http://www.worlds.net, Abb. 12.6).

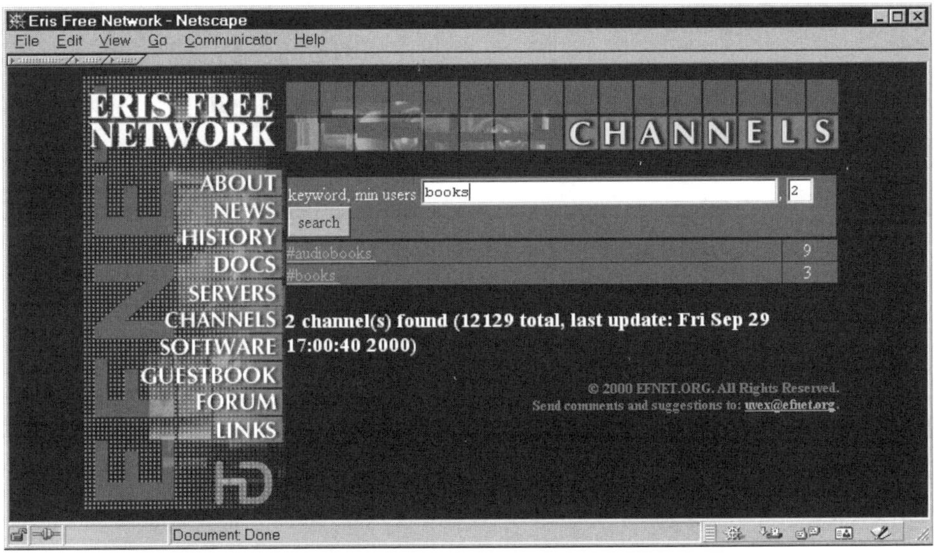

Abb. 12.5: IRC-Suchmaschine

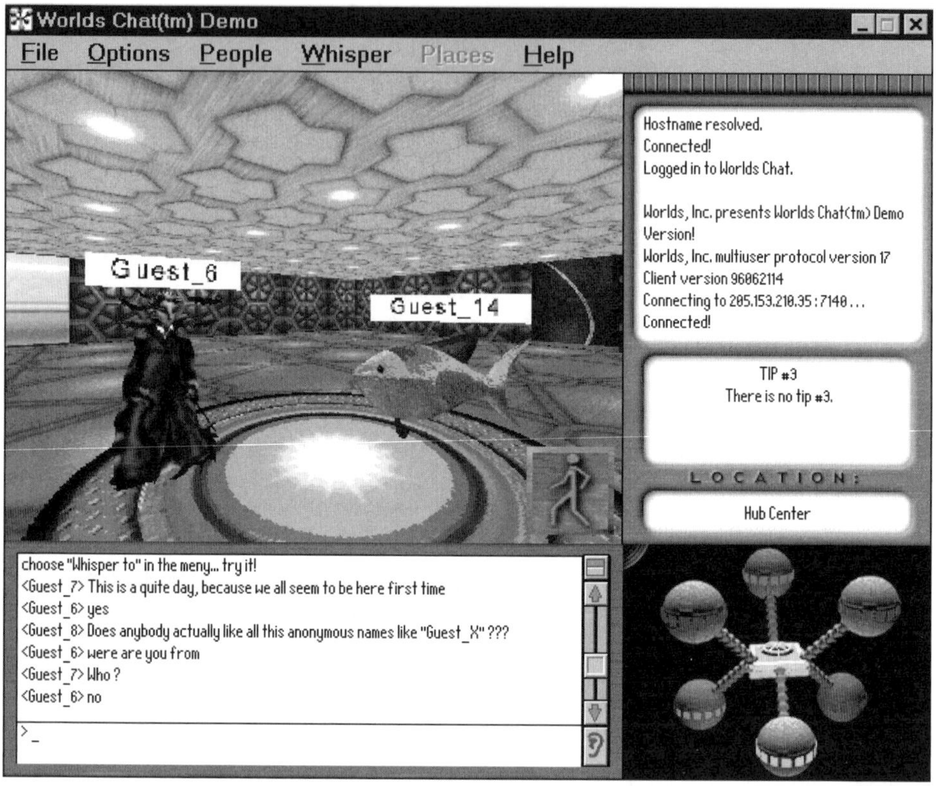

Abb. 12.6: virtuelle Begegnungen im Cyberspace

12.4 Informationen und Quellen im Internet

IRC-Standard	`RFC 1459`
EFnet	`http://www.efnet.org/`
UnderNet	`http://www.undernet.org`
XNet	`http://www.xnet.org/`
KidsWorld	`http://www.kidsworld.org/`
DALnet	`http://www.dal.net/`
Worlds Chat	`http://www.worlds.net/`
IRC FAQ	`http://www.pagefillers.com/faq.html`
Newsgruppen	`alt.irc` `alt.irc.questions`

IRC-Software

mIRC Client	`http://www.mirc.com/`
ichat Server/Client	`http://www.ichat.com/`
Surfing Squirrel Server/Client	`http://www.surfingsquirrel.com/`
IRCle Client (Mac)	`http://www.ircle.com/download.html`

Stichworte für Suchmaschinen

chatiquette
IRC Server
alphaworld
worlds chat
Avatar chat
IRC information
IRC faq

WWW – World Wide Web 13

Früher hat man Götter gesagt,
heute sagt man Internet.

(Herbert Achternbusch)

Mit World Wide Web wird die Anfang der neunziger Jahre im Internet eingeführte Methode der Informationsdarstellung bezeichnet, welche innerhalb kürzester Zeit aufgrund ihres geradezu revolutionären Bedienkomforts ernorme Verbreitung erfuhr. Praktisch alle neu im Internet hinzukommenden Daten werden heute in WWW-konformer Darstellung aufbereitet. Ein großer Teil von bestehenden Informationsarchiven wurden zudem in dieses Format umgewandelt, so daß ein großer Teil des Internet heute aus World-Wide-Web-Dokumenten besteht. Vielfach firmiert das WWW bereits als Synonym für das gesamte Internet, da die Mehrheit der heutigen Internet-Nutzer erst nach der World-Wide-Web-Revolution des Jahres 1993 erste Interneterfahrungen sammeln konnte und dieses daher hauptsächlich als WWW-basierendes Informationsmedium kennenlernten.

13.1 Hypertext und Hypermedia

Die Funktionsweise des World Wide Web basiert auf dem Prinzip des Hypertext und kommt der Arbeitsweise des menschlichen Gehirns sehr nahe. Hypertextdokumente sind Textdateien, die über Schlüsselwörter (Hyperlinks) mit einem oder mehreren anderen Dokumenten vernetzt sind. Die Schlüsselwörter, die eine solche Verzweigung ermöglichen, sind in besonderer Weise aus dem übrigen Text hervorgehoben. Wird ein solches Schlüsselwort aktiviert (z. B. durch einen Mausklick), verzweigt das Programm automatisch zum betreffenden Dokument und stellt dieses dar. Ist das neue Dokument wiederum hypertextbasierend, so können von dessen Schlüsselwörtern erneut Verzweigungen erfolgen. Im World Wide Web des Internet verbinden Schlüsselwörter auch Hypertextdokumente miteinander, die sich an unterschiedlichen Orten im Internet befinden können. Auf diese Art und Weise durchziehen vernetzte WWW-Hypertextdokumente wie ein virtuelles Spinnengewebe das gesamte Internet.

Mit dem Einzug von Multimedia-Applikationen in die Welt der Computersysteme wurden Hypertextdokumente zu sogenannten Hypermediadokumenten erweitert. Diese beinhalten neben Verzweigungen zu anderen Textdateien auch »Links« zu Bild, Ton oder Videodateien. Hypertext- und Hypermediadokumente ermöglichen eine außerordentlich effiziente Informationsvermittlung, die intuitiv vom Benutzer gesteuert werden kann. Anwendungen für Hypertext- und Hypermedia-Anwendungen sind beispielsweise:

- Beim Erlernen von Fremdsprachen ertönt nach dem Markieren eines Wortes mit Hilfe der Maus das betreffende Wort in der korrekten Aussprache.
- Beim Studium eines Textes über Malerei erscheint beim Markieren des entsprechenden Eintrags das Gemälde auf dem Bildschirm.
- Ausgehend von einem Bericht über ein Unternehmen kann per Mausklick zum aktuellen Börsenkurs oder den letzten Quartalsergebnissen verzweigt, oder aktuelle Marktdaten abgerufen werden.
- Von einer Studie über Brückenkonstruktionen können direkt Simulationsprogramme für Lastberechnungen an den jeweiligen Modellen geladen werden. Mit einem weiteren Befehl kann eine Video- oder Telefonkonferenz mit Kollegen über das Internet gestartet werden.

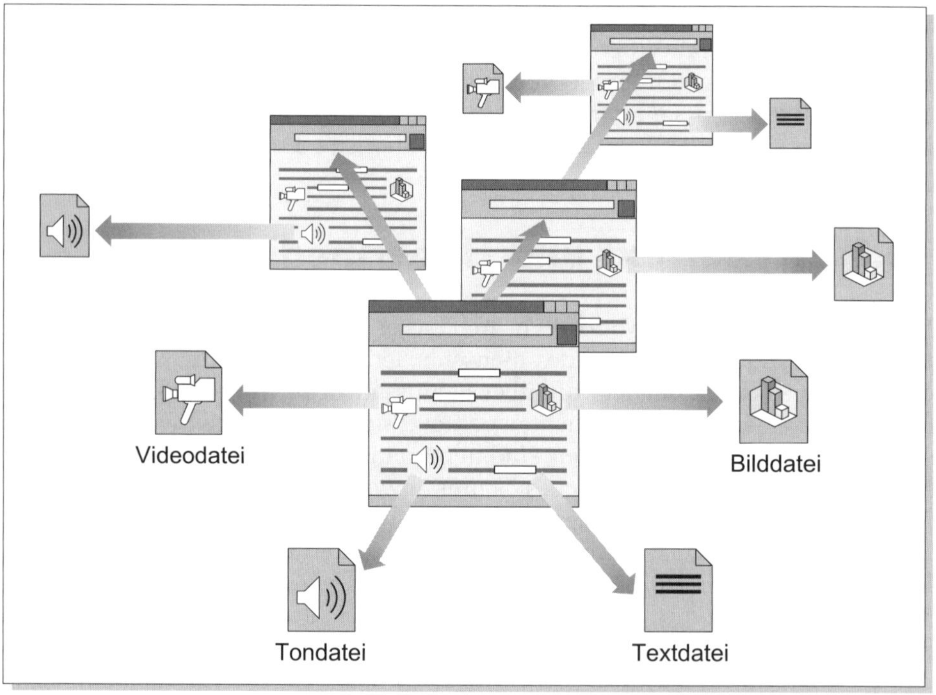

Abb. 13.1: Das Prinzip des WWW

13.2 Die Geschichte des WWW

Die Ursprünge des Konzepts von hyptertextbasierender Informationsaufbereitung gehen zurück bis in das Jahr 1945. Der Ingenieur Vannevar Bush entwickelte damals ein Datenbankkonzept mit dem Namen »Memex«, welches einem Benutzer das Verfolgen von nichtlinearen Informationspfaden zwischen unterschiedlichen Datenbeständen enmöglichen sollte. Der Begriff Hypertext selbst wurde 1981 von Ted Nelson geprägt, der in seinem Buch »Literary Machines« ein System mit dem Namen »Xanadu« vorstellte, welches es den Anwendern ermöglichen sollte, aus vernetzen Informationsknoten bestehende Hypertextdokumente zu erstellen. Die erste kommerzielle Anwendung von Hypertext wurde 6 Jahre später von Apple-Computer in Form des Datenbanksystem »HyperCard« auf den Markt gebracht. HyperCard ermöglichte nicht nur die Verbindung von Textdokumenten, sondern erzeugte auch Hyperlinks zu Ton oder Bilddateien. Da HyperCard mit jedem Apple-Macintosh Betriebssystem mitgeliefert wurde, erlangte es bald eine relativ weite Verbreitung.

Unabhängig davon entwickelte der spätere Erfinder des World Wide Web, Tim Berners-Lee, während der achtziger Jahre ein Hypertextsystem zur Informationsaufbereitung. Für das Schweizer Kernforschungszentrum CERN arbeitete er auf dieser Grundlage an einem Projekt mit dem Ziel, die Kommunikation und den Informationsaustausch zwischen den weltweit verstreuten CERN-Physikern zu erleichtern. Im März 1989 schlug er dazu die Anwendung von Hypertext-Technologien im Internet vor. Die geniale Idee, mit Hilfe von Hypertext Informationen über Datennetze hinweg zu verknüpfen, war geboren. Im Oktober 1990 stellte Berners-Lee gemeinsam mit seinem Kollegen Robert Cailliau ein detailliertes Konzept zur Realisierung dieser Idee vor und gaben dem Projekt den Namen World Wide Web. Kurz darauf veröffentlichten die beiden die Spezifikationen einer Beschreibungssprache für Hypertextdokumente im Internet, HTML (Hyper Text Markup Language), sowie für das dazugehörige Transportprotokoll HTTP (Hyper Text Transport Protocol).

Im Mai 1991 wurden die ersten Dokumente im WWW-Format auf Serversysteme des CERN geladen. Ein halbes Jahr später war der erste WWW-Browser, allerdings noch ausschließlich für ASCII-basierende Darstellung, via FTP für die breite Öffentlichkeit verfügbar (ein WWW-Browser ist jenes Anwendungsprogramm, mit dem Benutzer auf WWW-Hypertextdoktumente zugreifen können. HTML-Dokumente können damit dargestellt und mittels des HTTP-Protokolls versendet bzw. empfangen werden). Zu diesem Zeitpunkt wurde das WWW-Konzept zwar als zukunftsweisend angesehen, aufgrund der nach wie vor ASCII-basierenden Darstellung allerdings keineswegs als die revolutionäre Bedienoberfläche für das Internet eingeschätzt. Abb. 13.2 zeigt ein Hypertextdokument in ASCII-Darstellung, wie sie die ersten Browser bieten konnten. Begriffe, die Hypertext-Links darstellen, wurden dabei durch Sonderzeichen (*) hervorgehoben. Mit Hilfe von Cursortasten konnte innerhalb des Hypertextdokumentes von Hypertextlink zu Hyptertextlink gesprungen werden, beziehungsweise eine Verzweigung in vernetzte Dokumente durchgeführt werden. Die Darstellung von Graphiken oder das direkte Abspielen von Tondateien war selbstverständlich nicht möglich (Abb. 13.2).

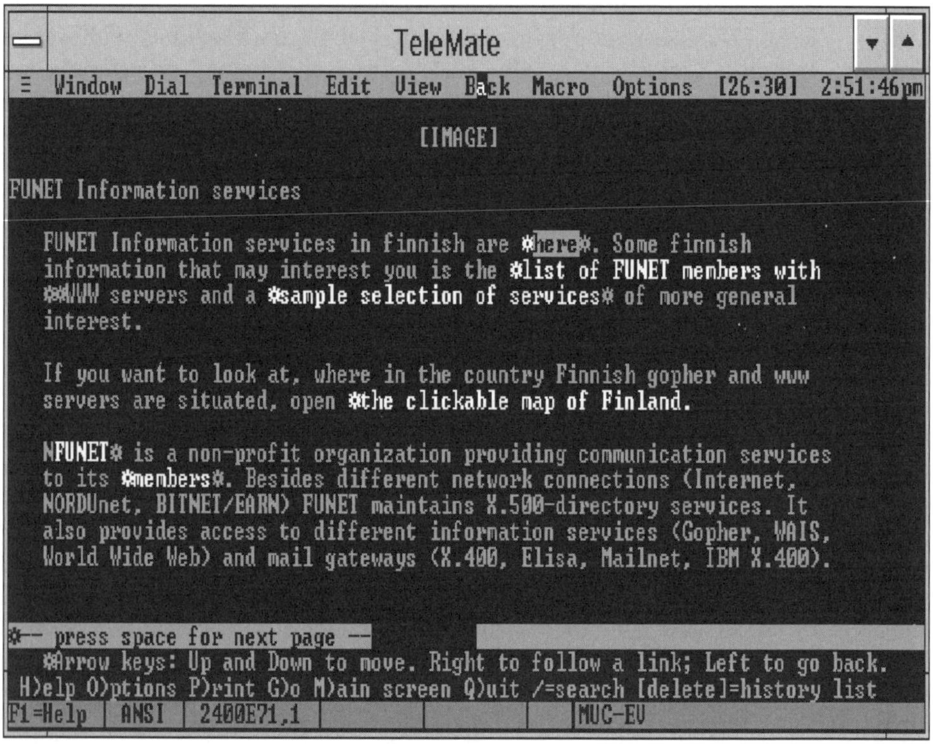

Abb. 13.2: Historischer ASCII-Browser

Die Akzeptanz der World-Wide-Web Konzeptes innerhalb des Internet hielt sich denn auch in Grenzen. So betrug der Verkehr am Internet-NSF-Backbonen, verursacht durch den Transport von WWW-Dokumenten, ein Jahr nach der Verfügbarkeit der ersten WWW-Browser-Programme lediglich ein Prozent. Das von der Universität von Minnesota 1991 entwickelte, verzeichnisorientierte Gopher-System erfreute sich dagegen steigender Beliebtheit. Doch als Marc Andreessen, damals noch Student an der Universität von Illinois, im Februar 1993 mit NCSA-MOSAIC das erste WWW-Browserprogramm mit graphischer Bedienoberfläche vorstellte, explodierte die Nutzung des WWW förmlich. Nach der ersten, auf X-Windows basierenden, und damit lediglich auf UNIX-Workstations lauffähigen

Version von NCSA-MOSAIC folgte im September 1993 die von Chris Wilson und Jon Mittelhauser geschriebene Version für MS Windows und damit der endgültige Durchbruch des WWW. Erstmals konnten im Internet Dokumente mit integrierten Bildern (Inline-Images) unmittelbar betrachtet werden. Verzweigungen zu anderen Hypertextdokumenten oder der Ablauf von integrierten Tondateien konnten direkt per Mausklick erfolgen (Abb. 13.3).

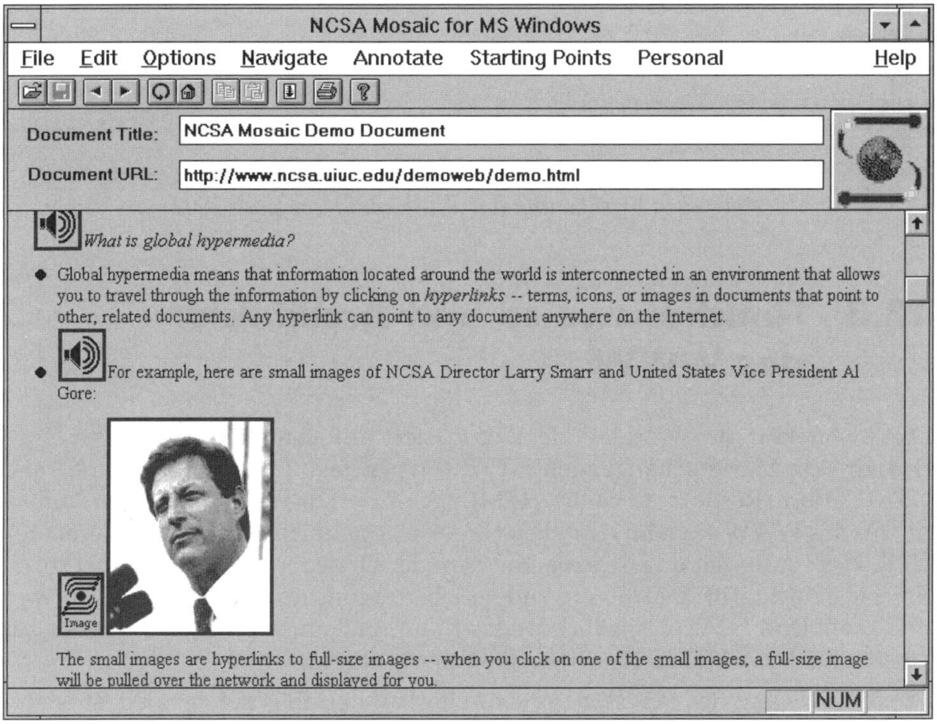

Abb. 13.3: NCSA-MOSAIC im Jahr 1993

Dieser Quantensprung an Benutzerfreundlichkeit führte zu einem regelrechten Run auf das Internet. Auch Personengruppen, die bislang nichts mit Computertechnik oder Netzwerken zu tun hatten, wurden von der plötzlich so attraktiven Bedienoberfläche des Internet angezogen. Innerhalb kürzester Zeit entwickelte sich das WWW zur bevorzugten Bedienoberfläche im Internet. Eine Vielzahl von WWW-Server- und Browsersprogrammen kamen in der Folge auf den Markt. Die Spezifikation des WWW-Dokumentenformats HTML wurde wesentlich erweitert und das Transportprotokoll HTTP um Varianten ergänzt, die einen sicheren Datentransport garantieren (SSL Secure Socket Layer und S-HTTP). Der prozentuale Anteil der Bevölkerung, der beruflich oder privat am Internet-Verkehr teilhat, stieg auf damals ungeahnte Werte (Abb. 13.4).

Land	Anteil Internet-User	Land	Anteil Internet-User
USA	50,0 %	Japan	21,0 %
Kanada	49,0 %	Italien	20,0 %
Australien	43,0 %	Frankreich	15,0 %
Niederlande	34,0 %	Spanien	13,0 %
Südkorea	31,0 %	Brasilien	6,1 %
Taiwan	29,0 %	Rußland	4,5 %
Deutschland	23,0 %	China	1,2 %
UK	23,0 %		

Quelle eTForecasts, Bernd Zimmermann 2000

Abb. 13.4: Bevölkerungsanteil Internet-User Ende 2000

13.3 Funktionsweise und Architektur des WWW

Die Architektur des World Wide Web basiert auf den drei Standards HTML (Hyper Text Markup Language), HTTP (Hyper Text Transport Protokoll) und URL (Uniform Resource Locator). HTML spezifiziert das Format und den Aufbau der für das WWW charakteristischen Hypertextdokumente (HTML-Dokumente). ULR ist ein Adressierungsschema, mit dem der Ort jeder Datei im Internet sowie das für den Zugriff darauf notwendige Übertragungsprotokoll angegeben werden kann. Und HTTP schließlich ist das Kommunikationsprotokoll, welches zur Übertragung der HTML-Hypertextdokumenten dient.

Die Arbeitsweise des WWW beruht wie im Fall von FTP auf dem Client-Server Prinzip. Als Serversysteme fungieren dabei dedizierte, leistungsfähige Computersysteme, die HTML-Dokumente enthalten und auf die WWW-Clients zugreifen können. Die als WWW-Server benutzten Softwareapplikationen sind dabei in der Lage, HTTP-Anforderungen von einer Vielzahl von WWW-Clients gleichzeitig zu bearbeiten. Als Clients fungieren sogenannte Web-Browser. Diese können, aufbauend auf dem HTTP-Protokoll, mit WWW-Servern in Verbindung treten und von diesen HTML-Dokumente auf das lokale Computersystem des Benutzers übertragen.

Zusätzliche Spezifikationen wie VRML, DHTML, CGI, Java und andere haben den ursprünglichen Funktionsumfang des WWW noch wesentlich erweitert. Interaktive, dreidimensionale Darstellungen von dynamischen Hypertextdokumenten, die Einbindung von nicht-HTML-konformen Datenbeständen (Datenbanken) und Programmen sowie die Einbeziehung der lokalen Client-Computerrechenleistung in das WWW sind damit möglich (Abb. 13.5).

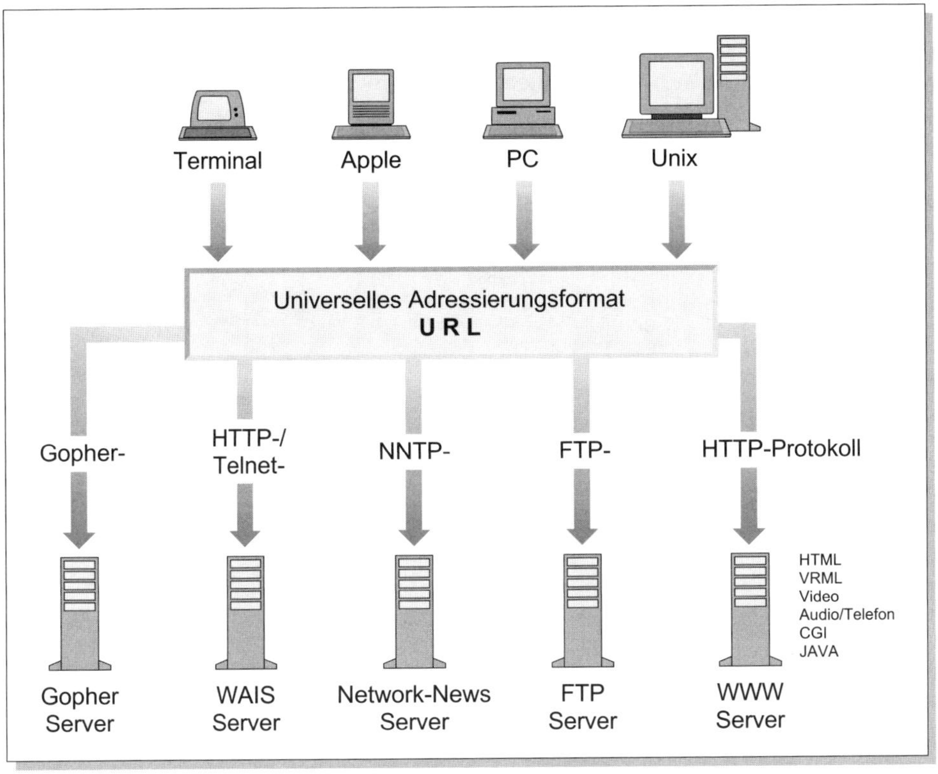

Abb. 13.5: Die Architektur des World Wide Web

13.3.1 HTML-Dokumente

HTML ist die Beschreibungssprache, in der Dokumente für das World Wide Web erstellt werden. Jedes HTML-Hypertextdokument kann (muß aber nicht) Hyperlinks – also Verzweigungen – zu anderen Objekten im Internet (HTML-Dateien, Graphikdateien, Dateien jeglichen anderen Formats) enthalten. Die Objekte, zu denen über ein Hyperlink verzweigt wird, können dabei auf demselben WWW-Server oder aber auf einem beliebigen anderen System im Internet mit völlig unterschiedlicher Adresse liegen. Die Information über Ort, Namen und Typ des Dokuments, zu dem ein Hyperlink verweist, wird dabei mit Hilfe des URL-Adressierungsschemas übermittelt. Hinter jeder als Hyperlink markierten Stelle eines Hypertextdokumentes befindet sich somit nichts anderes als ein Uniform Resource Locator, der auf das betreffende vernetzte Objekt zeigt. Aktiviert der Benutzer, ausgehend von einem HTML-Dokument (WWW-Seite), mit seinem Web-Browser ein Hyperlink, so erkennt die WWW-Software automatisch die hinter dem Hyperlinkbegriff verborgene URL-Adresse und baut zu dieser eine

HTTP-Verbindung auf. Anschließend wird das betreffende Objekt mit Hilfe des ebenfalls in der URL-Adresse spezifizierten Protokolls (HTTP, FTP etc.) übertragen, wenn möglich auf dem lokalen Bildschirm dargestellt oder auf Festplatte gespeichert. Ohne sich um die internetspezifische Adressierung von Dokumenten kümmern zu müssen, ist der Benutzer so in der Lage, von Dokument zu Dokument zu springen, und sich intuitiv durch das aus Millionen von vernetzen Dokumenten bestehende World Wide Web zu bewegen (Abb. 13.6).

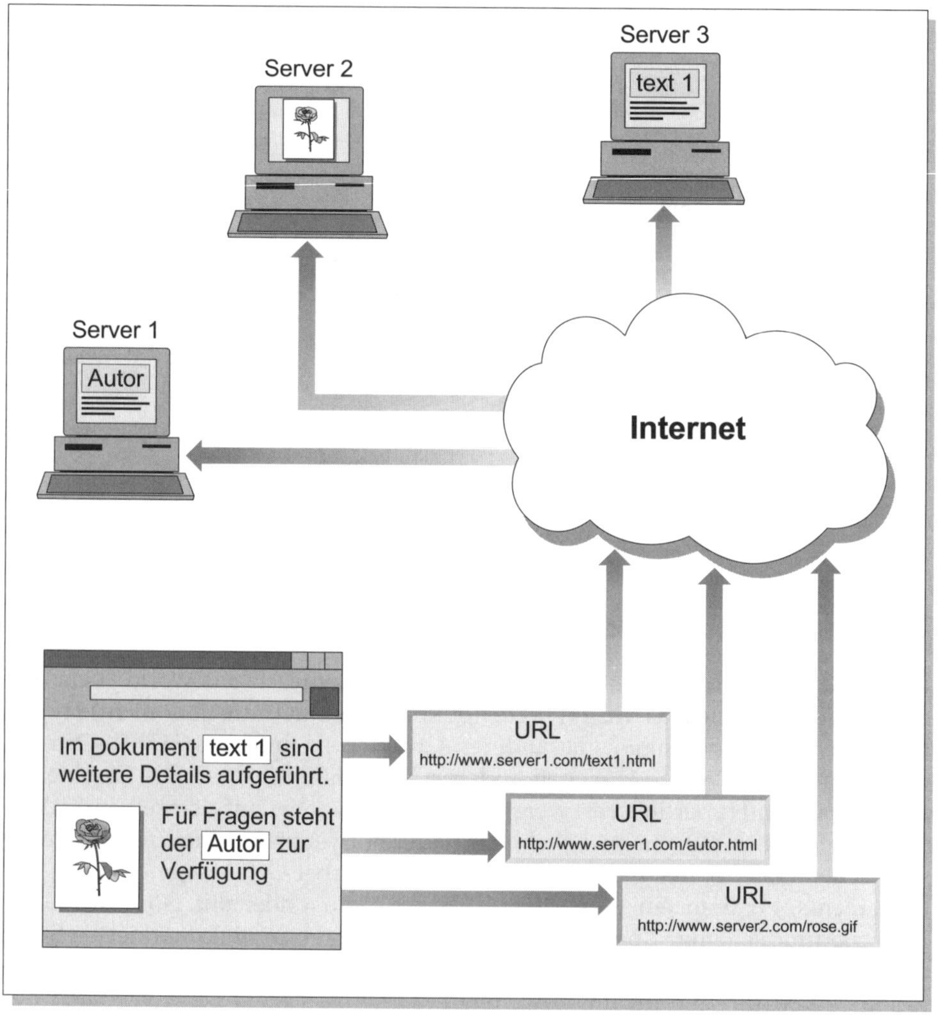

Abb. 13.6: Das Prinzip von HTML und URL

HTML selbst wurde aus dem Standard SGML (Standard Generalized Markup Language) entwickelt und ähnelt anderen »Markup-Systemen« wie LaTeX oder RTF. Das Prinzip von Markup-Systemen ist, daß jeder Text-Passage mit Hilfe eines speziellen Formatbefehls (Tag, Markup) ein bestimmtes Format zugeordnet wird. Das System, welches den Text interpretiert, kann dann den Text im gewünschten Format darstellen. Obwohl also der Inhalt einer HTML-Seite lediglich aus reinem, mit Formatbefehlen versehenen, ASCII-Text besteht, stellt sie sich in der Interpretation durch einen Web-Browser als ansehnliches Grafikdokument dar. Die Übertragung von HTML-Dokumenten geht demzufolge auch entsprechend rasch vor sich, da ja nur einige wenige ASCII-Zeichen übertragen werden müssen. Dies gilt allerdings nur, wenn das HTML-Dokument keine Grafiken, Inline-Images enthält. Sind in HTML-Dokumenten Hyperlinks zu Grafikdateien (bzw. Audio- oder gar Videodateien) enthalten, so werden diese, falls der Web-Browser entsprechend konfiguriert ist, nach der Übertragung des Textes ebenfalls geladen. Die Übertragungsdauer einer kleinen Grafik kann dabei die Ladezeit eines mehrere Seiten langen Textes um ein Vielfaches übertreffen. Optional kann daher das Laden solcher »Inline-Images« unterdrückt werden. Anstelle der Grafik erscheint dann ein Symbol an der Stelle des Dokumentes, an der die Grafik plaziert worden wäre.

HTML-Dokumente können im Prinzip mit einem einfachen Texteditor erstellt werden. Die HTML-Befehle, die die eigentlichen inhaltlichen Komponenten (Text, Grafikdateien, etc.) eines Dokumentes umrahmen bzw. die Verbindungen (Links) zu anderen Seiten oder zu Dateien markieren, bestehen ja ebenfalls lediglich aus ASCII-Zeichen. Wird eine HTML-Seite mit einem WWW-Browser betrachtet, so stellt dieser anhand der erkannten HTML-Befehle die Inhalte entsprechend dar (Textfonts, Textgrößen, Grafiken). So wird beispielsweise der Text, der von den HTML-Befehlen <h1> und </H1> eingerahmt ist, (je nach Browser) in großen, fettgedruckten Buchstaben dargestellt. Die Kommandozeile

```
<IMG SRC="Dateiname.gif">
```

veranlaßt dagegen den WWW-Browser, die GIF-Datei »Dateiname« als sogenanntes Inline-Image darzustellen. Obwohl also das interpretierte Resultat einer HTML-Seite eine Mischung von Text in den verschiedenen Schriftgrößen und Fonts sowie Grafiken darstellt, besteht ihr Quellcode aus einer reinen Textdatei! Abb. 13.7 zeigt die Gegenüberstellung des Quellentextes eines HTML-Dokumentes in seiner ursprünglichen Form mit der durch einen Web-Browser interpretierten Darstellung.

```
<title>Deutsches Museum</title>
<body background="eule2.gif" >
<center><h2>
Willkommen zu<p>
<A HREF="dm01.htm"><IMG ALT="Deutsches Museum - On Line (hier klicken)"
src="logo4.gif"></h2><BR>
80538 M&uuml;nchen, Museumsinsel 1, Tel. +89-2179-1, Fax +89-2179-324<BR>
<br>

<img  src="bild/titel.jpg"><P></a>

<A HREF = "dme01.htm"><IMG SRC  = "jack.gif" ALIGN=TOP HSPACE=6>English<
/A></CENTER>
<font size=2>Copyright&copy; Deutsches Museum</font>
<br clear=all><hr>
<font size=2><center>
Grafics optimal with <A HREF="HTTP://home.netscape.com/comprod/mirror/
index.html">NETSCAPE 1.2"</A> and 640x480 true color mode
</center>
```

Abb. 13.7: HTML-Quelltext und graphische Darstellung

Um HTML-Texte rasch und effizient erstellen zu können, stehen eine ganze Reihe von HTML-Editoren und HTML-Konverterprogrammen zur Verfügung (damit wird vermieden, die diversen HTML-Befehle per Hand eingeben zu müssen). Konverterprogramme sind in der Lage, praktisch jedes Textformat automatisch in HTML-Format umzuwandeln, so daß auch große, bestehende Datenbestände problemlos in HTML dargestellt werden können.

Neue HTML-Dokumente können direkt mit herkömmlichen modernen Textverarbeitungsprogrammen (MS-Word für Windows, Starwriter, etc.) erstellt und in HTML-Format abgespeichert werden. Die Software-Hersteller haben rechtzeitig die Bedeutung von HTML erkannt und in den neueren Versionen ihrer Produkte HTML-Erweiterungen integriert. Die resultierenden HTML-Dateien entsprechen so, interpretiert von WWW-Browserprogrammen, dem Bildschirmlayout des jeweiligen Textverarbeitungsprogramms. Die unterschiedlichen Fonts bzw. eingefügten Grafiken werden automatisch in die entsprechenden HTML-Tags umgesetzt. Die aktuelle HTML-Spezifikation ist auf dem Server

`http://www.w3.org`

verfügbar.

13.3.2 Das universelle Internet-Adressierungs-schema des WWW: URL

Die Adressierung von Objekten im WWW erfolgt im URL-Format. URLs können allerdings nicht nur HTML-Dateien spezifizieren, sondern jedes beliebige Dateiformat. Ein URL (Uniform Resource Locator) besteht aus den drei Informationen, die zur eindeutigen Bezeichnung eines Objekts im Internet notwendig sind:

- das Protokoll, das benutzt werden muß, um auf das betreffende Objekt zugreifen zu können;
- die Internetadresse und Portnummer des Serversystems, auf dem sich das Objekt befindet,
- dem Pfad und dem Dateinamen des betreffenden Objekts.

Als Protokoll können neben HTTP noch FTP, Gopher, WAIS und NNTP (Internet News Protokoll) angegeben werden. Da WWW-Client Applikationen neben HTTP auch alle anderen mit URLs spezifizierbaren Protokolle unterstützen, können in HTML-Dokumenten Hyperlinks zu allen anderen Internet-Servertypen (FTP-, Gopher-, WAIS-, News-Server) integriert werden. URLs, die über HTTP erreichbare Internet-Objekte spezifizieren, beginnen nach der URL-Syntax immer mit `http://`; Objekte, die mittels des FTP- oder Gopher-Protokolles angesprochen werden, entsprechend mit `ftp://` bzw. `gopher://`. Die um Kryptographiefunktionen erweiterten HTTP-Protokollvarianten SSL bzw. S-HTTP werden durch die `URLs` `https://` bzw. `shttp://` bezeichnet (Abb. 13.8).

file	Host-specific File Names
ftp	File Transfer Protocol
gopher	The Gopher Protocol
http	Hypertext Transfer Protocol
https	HTTP via SSL
mailto	Electronic Mail Address
news	USENET news
nntp	USENET news using NNTP access
prospero	Prospero Directory Service
s-http	Secure HTTP
telnet	Reference to Telnet sessions
wais	Wide Area Information Servers

Abb. 13.8: URLs Uniform Resource Locators

Neben der Adressierung von Internet-Objekten stellt das URL-Format gleichzeitig die Syntax dar, mit der im World-Wide-Web Daten vom Client zum Server übertragen werden. So werden beispielsweise Daten, die in HTML-Formularen eingegeben werden, im URL-Format (URL-encodiert) vom WWW-Client zum Server übertragen (Abb. 13.9).

Die URL-Syntax ist im Internet-Standard RFC 1738 spezifiziert, und befindet sich unter anderem ebenfalls auf http://www.w3.org.

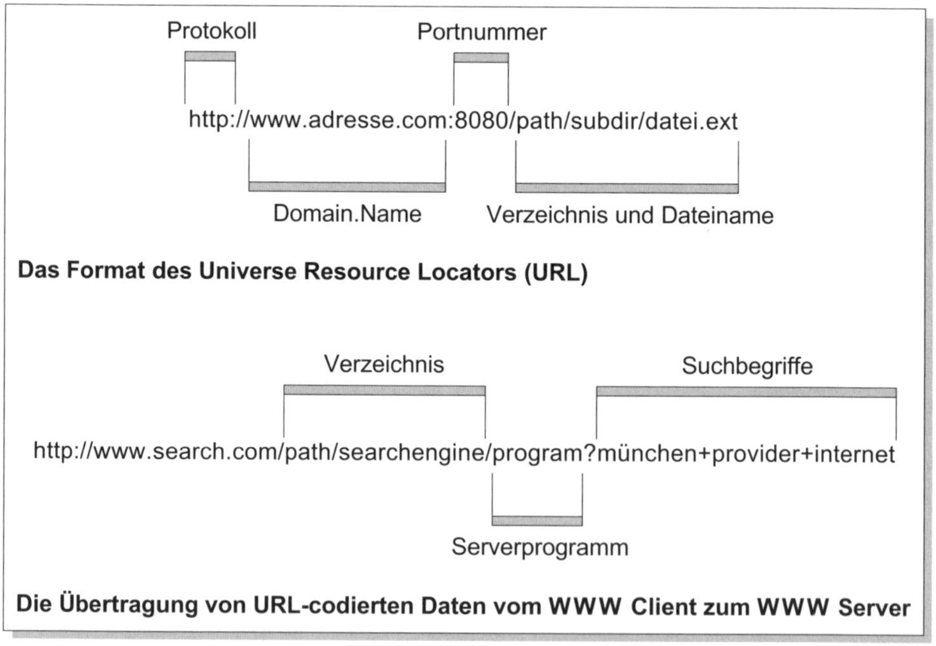

Abb. 13.9: Client/Server Datentransport im WWW: URL-codierte Daten

13.3.3 HTTP – das Kommunikationsprotokoll des WWW

Das HTTP-Protokoll ist ein simples, zustandsloses (stateless) Protokoll zur Übertragung von HTML-Daten im Internet, welches auf den Kommunikationspfaden von TCP/IP aufsetzt. Zustandslos bedeutet dabei, daß die Übertragung eines jeden Datenpaketes zwischen Sender und Empfänger völlig unabhängig vom zuvor übertragenen Datenpaket erfolgt. Man unterscheidet also nicht zwischen den unterschiedlichen Protokollzuständen

- Verbindungsaufbau,
- Verbindung,
- Datenübertragung,
- Verbindungsabbau,

wie dies z. B. bei den Internetprotokollen TCP/IP selbst oder bei vielen anderen Protokollen der Datenkommmunikation der Fall ist. Die Kommunikation zwischen Client und Server erfolgt jeweils nach dem Schema

- Client >> Server: Aufbau einer TCP/IP-Verbindung, Übertragung der HTTP-Anforderung
- Server >> Client: Übertragung der HTTP-Antwort und Abbau der TCP/IP-Verbindung

Die HTTP-Verbindung bleibt also niemals über mehrere Anforderungen hinweg bestehen, sondern wird mit dem Versenden der HTTP-Antwort des Clients gleichzeitig wieder abgebaut. Der wesentliche Vorteil eines solchen zustandslosen Protokolls ist, daß das Serversystem keine Daten über bestehende oder im Aufbau befindliche Verbindungen speichern oder mehrere gleichzeitig bestehende Verbindungen aufrechterhalten muß. Jede HTTP-Anforderung kann in einem Schritt beantwortet werden. Aufgrund dieser Protokollarchitektur können WWW-Server mit hoher Geschwindigkeit eine große Anzahl von gleichzeitigen HTTP-Anforderungen verarbeiten.

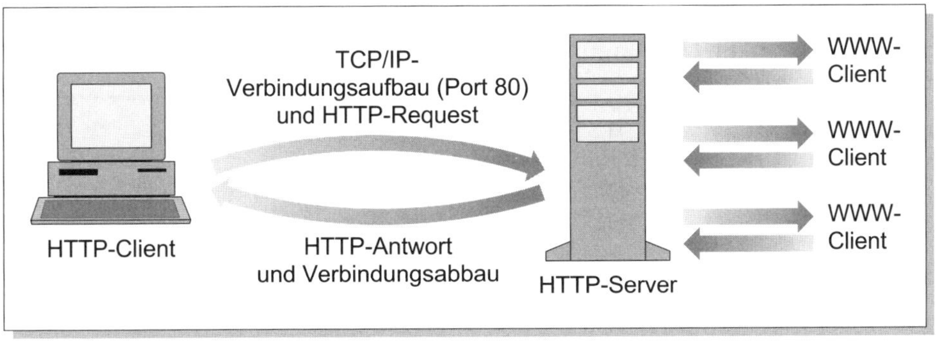

Abb. 13.10: Das Prinzip der zustandslosen HTTP-Verbindungen

Gleichzeitig erschwert die Zustandslosigkeit des HTTP-Protokolles allerdings die Implementation von interaktiven Client-Server-Anwendungen. Eine Vielzahl von Abläufen, wie zum Beispiel die Überprüfung der Berechtigung eines Benutzers vor dem Zugriff auf den Server, erfordert zwei oder mehrere aufeinanderfolgende, zusammenhängende Schritte. Dabei sendet der Client zunächst seine Benutzerdaten (Benutzerkennung, Passwort) mittels eines HTML-Formulares an den Web-Server. Dieser speichert die Daten in seiner Datenbank, bestätigt den Eintrag mit einer Rückmeldung an den Client und beschließt damit gleichzeitig die HTTP-Verbindung. Wenn der Client nun ohne besonderen Vorkehrungen der Server-HTTP-Applikation versucht, mit einer weiteren HTTP-Verbindung vom Server Daten abzurufen, gewährt der Web-Server trotz der vorhergegangenen Überprüfung dem WWW-Client keinen Zugang. Das Server-HTTP-Protokoll besitzt ja keinerlei Informationen über die vorhergegangene Verbindung mehr. Um nun trotz des zustandslosen HTTP-Protokolles eine »virtuelle« Verbindung zwischen Client und Server über mehrere HTTP-Verbindungen hinweg aufrecht zu erhalten, muß deshalb nach der Verifikation des Benutzers in der Server-Datenbank mit der Bestätigung des Web-Servers in einem sogenannten »versteckten« Element der HTML-Antwortseite das Benutzerpasswort des Clients wieder an diesen zurückgesendet werden. Dieser benutzt nun dieselbe Seite dazu, seine Anforderung zu formulieren, und sendet sie wieder an den Server, der nun anhand des in der HTML-Seite versteckten Passworts erkennen kann, ob die Anfrage von einem berechtigten Benutzer stammt.

Die grundlegende HTTP-Syntax

Die grundlegende Syntax einer HTTP-Anforderung lautet:

```
HTTP_method identifier HTTP_version
```

wobei »HTTP_method« den HTTP-Befehl bezeichnet, »identifier« die angeforderte Datei inklusive Inhaltsverzeichnis, und »HTTP_version« die benutzte HTTP Protokollversion. So löst beispielsweise die Aktivierung des Hyperlinks `<A Href="http://server1.uni.edu/info/info.html">` durch einen WWW-Browser nach dem TCP/IP-Verbindungsaufbau auf das WWW-Port 80 von Server1.uni.edu die Übertragung des folgenden HTTP-Datenpaketes vom Client zum Server aus:

```
GET /info/info.html HTTP/1.0
Accept: text/plain
Accept: application/html
Accept: audio/*
......
.......
User-Agent:NCSA Mosaic for Windows 95
```

Die den eigentlichen HTTP-Kommandozeilen nachgeordneten »Accept«-Instruktionen informieren den Server über die Art der Daten, die der Client verarbeiten kann. In der letzten Zeile werden Informationen über die Clientsoftware selbst übermittelt.

Die Antwort des HTTP-Servers besteht aus einem mehrere Zeilen umfassenden Antwortkopf (response header), dem, getrennt durch eine Leerzeile, die angeforderten Daten folgen (Abb. 13.11). Die erste Zeile des Antwortkopfs mit der Syntax

```
http_version status_code explanation
```

enthält dabei neben der vom Server benutzten Protokollversion im Statuscode Informationen über das Resultat der HTTP-Anfrage (erfolgreich, nicht erfolgreich, etc.). Statuscodes zwischen 200 und 299 melden eine erfolgreiche Übertra-

```
HTTP/1.0 200 OK
date: Saturday, 23-Mar-96 18:02:04 GMT
Server: Netscape 1.1
MIME-version: 1.0
Content-type: text/html
Last-modified: Monday, 18-Mar-96 14:06:23 GMT
Content-lenght 232

<html>

<head>

<h1>          Informationen zum Thema HTTP </h1>

</html>
```

Abb. 13.11: Beispiel für die auf eine GET-Anforderung folgende HTTP-Server-Antwort

Status-Code	200	OK
	201	Created
	202	Accepted
	204	No Content
	301	Moved Permanently
	302	Moved Temporarily
	304	Not Modified
	400	Bad Request
	401	Unauthorized
	403	Forbidden
	404	Not Found
	500	Internal Server Error
	501	Not Implemented
	502	Bad Gateway
	503	Service Unavailable

Abb. 13.12: Die wichtigsten HTTP-Statusmeldungen

gung, Codes zwischen 300 und 399 die Verlagerung des angeforderten URL-Objekts. Statuscodes zwischen 400 und 599 bezeichnen Fehlermeldungen (Abb. 13.12).

Die aktuellen HTTP-Spezifikationen können unter

`http://www.w3.org/pub/WWW/Protocols/`

abgerufen werden. Eine Übersicht über alle wichtigen HTTP-Elemente findet sich im Anhang.

SSL und S-HTTP

Eine wesentliche Schwäche des HTTP-Protokolles besteht darin, daß seine gesamte Kommunikation im Klartext erfolgt. Aus diesem Grund wurden zwei ursprünglich konkurrierende Sicherheitsprotokolle entwickelt: SSL (Secure Socket Layer, Netscape Inc.) und S-HTTP (Secure HTTP, Terisa Systems). Zwischenzeitlich haben sich beide Lager auf eine gemeinsame Strategie verständigt. Terisa Systems (gegründet 1994 von Enterprise Technologogies und RSA Data Security) unterstützt nun in ihrem Secure-Web-Toolkit für Softwareentwickler sowohl das eigene S-HTTP Modell als auch die bereits weit verbreitete SSL-Spezifikation von Netscape Inc. Beide Sicherheitsmodelle basieren auf einer Kombination der außerordentlich leistungsfähigen Public-Key-Verschlüsselungsimplementation RSA sowie symmetrischen Verschlüsselungsverfahren wie DES oder RC4.

SSL beschreibt eine zusätzliche Protokollschicht, die zwischen TCP/IP und den höheren Internetprotokollen wie HTTP, Gopher oder NNTP eingefügt wird und deren sicheren Transport gewährleistet. S-HTTP erweitert dagegen das HTTP-Protokoll selbst um kryptographische Funktionen. Beim Zugriff auf sensitive Daten wird dabei zunächst in der HTTP-Nachricht selbst bzw. im HTML-Dokument die gewünschte Verschlüsselungsoption angefordert, die dann, falls verfügbar, bei der codierten HTTP-Antwort benutzt wird. Mittlerweile hat durch seine große Verbreitung das SSL-Protokoll (oder TLS, wie die neueste Version genannt wird) S-HTTP in den Hintergrund gedrängt.Die aktuellen Standards für SSL und S-HTTP sind unter

```
S-HTTP:   http://www.terisa.com/shttp/intro.html
SSL:      http://home.netscape.com/eng/ssl3/index.html
TLS:      http://www.faqs.org/rfcs/rfc2246.html
```

verfügbar.

13.4 Ergänzungen von HTML

Im täglichen Umgang mit HTML-Seiten und deren Sprachelementen wurden einige Probleme offenbar. Vor allem die nur eingeschränkte Interaktion zwischen Benutzer und Server sowie die rein zweidimensionale Darstellung von Objekten ließen Erweiterungen der Sprache notwendig erscheinen.

13.4.1 DHTML

Mittels DHTML (Dynamic HTML) ist es möglich, Elemente von HTML-Seiten auf dem Client zu verändern, ohne daß die Seite oder einzelne Elemente neu über das Internet geladen werden müssen. Die Sprachelemente, die DHTML nutzt, waren bereits in HTML bzw. JavaScript definiert, doch mit den in der Spezifikation von DHTML beschriebenen Verfahren können

- Seiteninhalte dynamisch geändert werden,
- Graphiken pixelgenau positioniert werden sowie
- Multimedia-Inhalte sehr einfach eingebunden werden.

Neben JavaScript (siehe weiter hinten in diesem Kapitel) wird die Dynamik der Seiten durch die sogenannten Cascading Style Sheets (CSS) erreicht. In diesen Formatvorlagen wird die grundsätzliche Darstellung einer Seite (z.B. Schrifttyp oder Farbe) auf dem Browser beschrieben. Durch die Änderung der CSS-Definitionen kann somit die Präsentation auf dem Bildschirm in großer Geschwindigkeit geändert werden.

13.4.2 XML

XML (Extensible Markup Language) kann als »Bruder« von HTML bezeichnet werden. Beide stammen von der ganz allgemeinen Definition SGML (Standard Generalized Markup Language) ab. Während HTML die Implementierung einer ganz kleine Untermenge von SGML darstellt, soll XML das volle Spektrum von SGML dem Browser zur Verfügung stellen. Da XML viel allgemeiner in seiner Struktur ist als HTML, wird auf der Seite des Clients deutlich mehr an Rechenleistung verlangt als bei der klassischen Interpretation von HTML-Seiten. Die Möglichkeiten, fast beliebige Formate von Dokumenten und Multimedia-Dateien mittels XML über das Internet zu senden, lohnen aber den Aufwand. Abb. 13.13 zeigt ein XML-Dokument, an dem die Flexibilität der Datentypen studiert werden kann.

```
<?xml version="1.0" ?>
<?xml:stylesheet type="text/css2"href="tl.css"?>
<timeline>
<ToolBar XML-Link="LINK" Role="HTML" Show="EMBED"href="top.html"/>
<html:h4 align="center">Conferences</html:h4>
<!--          1998      -->
 <year>
  <which>1998</which>
   <event>
       <day>14. </day>
       <month>04.</month>
       <what>bis 18.: siebte WWW-Konferenz (Brisbane)</what>
   </event>
   <event>
       <day>23. </day>
       <month>03.</month>
       <what>bis 27.: XML-Conference (Seattle)</what>
   </event>
 </year>
<!--          1997      -->
 <year>
 ...

<Footer XML-Link="LINK" Role="HTML" Show="EMBED"href="footer.html"/>
</timeline>
```

Quelle: Heise-Verlag

Abb. 13.13: Konferenzkalender als XML-Dokument

13.4.3 VRML

VRML (Virtual Reality Modelling Language) erweitert das World Wide Web in die dritte Dimension, indem es die Darstellung von bewegten Objekten in dreidimensionalen Räumen ermöglicht. Das Konzept für VRML wurde zum ersten Mal 1994 auf einer internationalen WWW-Konferenz vorgestellt. Etwa ein Jahr später wurde die erste offizielle VRML Spezifikation 1.0 fertiggestellt. Als Basis wurde die Entwicklungsumgebung für dreidimensionale Graphiken »Open Inventor« von Silicon Graphics gewählt. VRML 3-D-Graphiken werden aus simplen Grundelementen aufgebaut, die Knoten (Nodes) genannt werden. Zur Darstellung werden die einzelnen VRML-Objekte (Nodes) hierarchisch in Szenenbildern (scene-graphs) angeordnet. VRML 1.0 kennt so 36 unterschiedliche VRML-Knotentypen, die geometrische Grundformen, Oberflächeneigenschaften und Raumverhalten von Objekten definieren. (z. B.: ASCII-Text, Kegel, Quader, Zylinder, Material, Matrix-Transformationen, Rotation, Transformation, Translation etc.). Zur Darstellung von VRML-Dokumenten sind in Ergänzung zu den herkömmlichen WWW-Browsern entsprechende VRML-Hilfsapplikationen bzw. Plug-Ins notwendig. Browser der neuesten Generation enthalten VRML-Erweiterungen bereits im Standardlieferumfang. Die Bewegungen innerhalb der dreidimensionalen VRML-Welten werden mit Hilfe des Mauszeigers durchgeführt, der sich wahlweise in verschiedenen Betriebszuständen befinden kann. So können beim Netscape-VRML-Plug-In Live3D die Betriebsarten »Fly«, »Point« und »Walk« gewählt werden. Mit gedrücktem rechten Mauszeiger kann der Benutzer sich im Kreis um ein Objekt herum und mit gedrücktem linken Mauszeiger auf ein Objekt zu (Mauszeiger zum oberen Bildschirmrand) bzw. von einem Objekt weg (Mauszeiger zum unteren Bildschirmrand) bewegen.

Abb. 13.14: Beispiel für ein VRML-Dokument

Mit der Spezifikation VRML 2.0 (1996) wurden die Funktionen von VRML erheblich erweitert. So können sich nun Objekte gegenseitig beeinflussen, wodurch echte Interaktionen in den dreidimensionalen VRML-Räumen überhaupt erst möglich werden. Mit High-Level-Nodes ist man nun in der Lage, komplexe Umweltdefinitionen zu erstellen. Background-Nodes können Hintergründe mit beliebigen Textturen versehen, Fog-Nodes erzeugen atmosphärische Effekte wie Nebel, und Sound-Nodes koppeln Objekte an räumliche Audiosignale. Mit speziellen Script-Nodes können darüber hinaus höhere Programmiersprachen (Java C++) in VRML-Szenen eingebunden werden, um komplexe Handlungsabläufe steuern zu können. Mit den in VRML 2.0 zur Verfügung stehenden Komponenten können so bereits realitätsnahe, komplexe Cyberwelten konstruiert werden, die einen ersten Vorgeschmack auf die großartigen Möglichkeiten künftiger Datennetze liefern.

13.5 Clientbasierte WWW-Anwendungen

Wegen der endlichen Bandbreite des Internets ist es nötig, daß der Browser des Benutzers nicht nur als ein rein passives Anzeigegerät genutzt wird, sondern daß die Rechenleistung seiner CPU zusätzlich auch zur Verarbeitung von Daten dient. DHTML ist ein Schritt in diese Richtung, doch es haben sich außerhalb von HTML drei Schnittstellen etabliert, mit denen eine über HTML angestoßene Verarbeitung auf dem Client möglich ist.

13.5.1 Java

Java ist eine Programmierumgebung für das Internet, die ursprünglich von Sun-Microsystems entwickelt wurde. Vom Typ her ist es eine Interpretersprache, die objektorientiert aufgebaut ist und mit C++ verglichen werden kann. Nach der Auswahl eines Java-Programmes über ein URL-Hyperlink wird dessen Source-Code übertragen und im Anschluß vom WWW-Client, der natürlich einen Java-Interpreter besitzen muß, auf dem lokalen Computer ausgeführt. Vor allem graphikorientierte Applikationen mit integrierter Animation müssen nun nicht mehr von einem überlasteten Server generiert und lähmend langsam über das Netzwerk transportiert werden. Stattdessen wird das Java-Programm selbst übertragen und die Graphik sowie deren Animation lokal errechnet (Abb. 13.15).

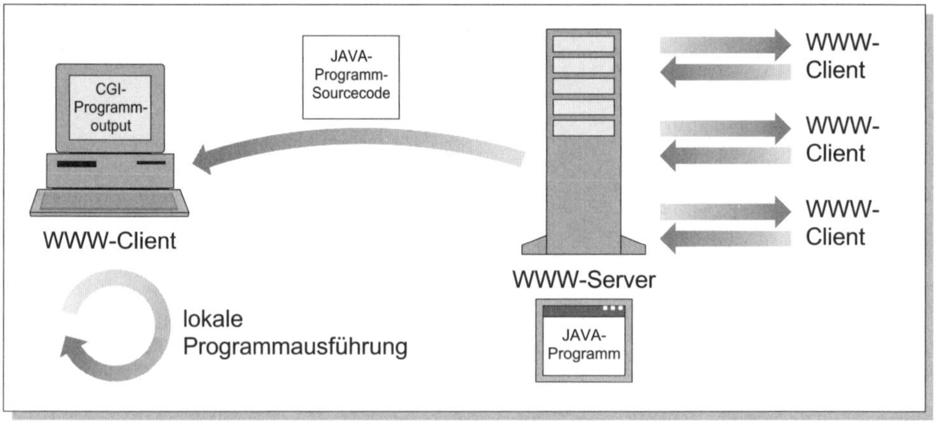

Abb. 13.15: Das Prinzip von Java

Eine Fülle von neuen Anwendungen erschließen sich damit für die Nutzung des Internet. Praktisch alle denkbaren Anwendungen können mit der Java-Technologie als sogenannte Internetprogramme implementiert werden. Aus Anwendersicht kann das Internet damit als riesiger Programmpool genutzt werden, welcher genau die gewünschte Funktionalität liefert, die benötigt wird. Die Speicherung von Standardsoftware mit enormem Funktionsumfang auf lokalen Festplatten, von der nur ein Bruchteil genutzt wird, und deren Updates lediglich umständlich und in großen Abständen erfolgen kann, wird mit Java überflüssig. Ein Internet-Textverarbeitungsprogramm beispielsweise könnte direkt aus dem Internet geladen werden, mit genau dem Funktionsumfang (Dateiformate, Fonts, Sprachunterstützung etc.), der benötigt wird. Nicht nur, daß das betreffende Programm immer auf dem letzten Entwicklungsstand wäre; dadurch, daß nur der tatsächlich benötigte Funktionsumfang in den lokalen Speicher geladen werden muß, kann das Programm auch schneller ablaufen und benötigt weniger Ressourcen. Abb. 13.16 zeigt ein Beispiel für ein mit Unterstützung von Java erstelltes WWW-Dokument.

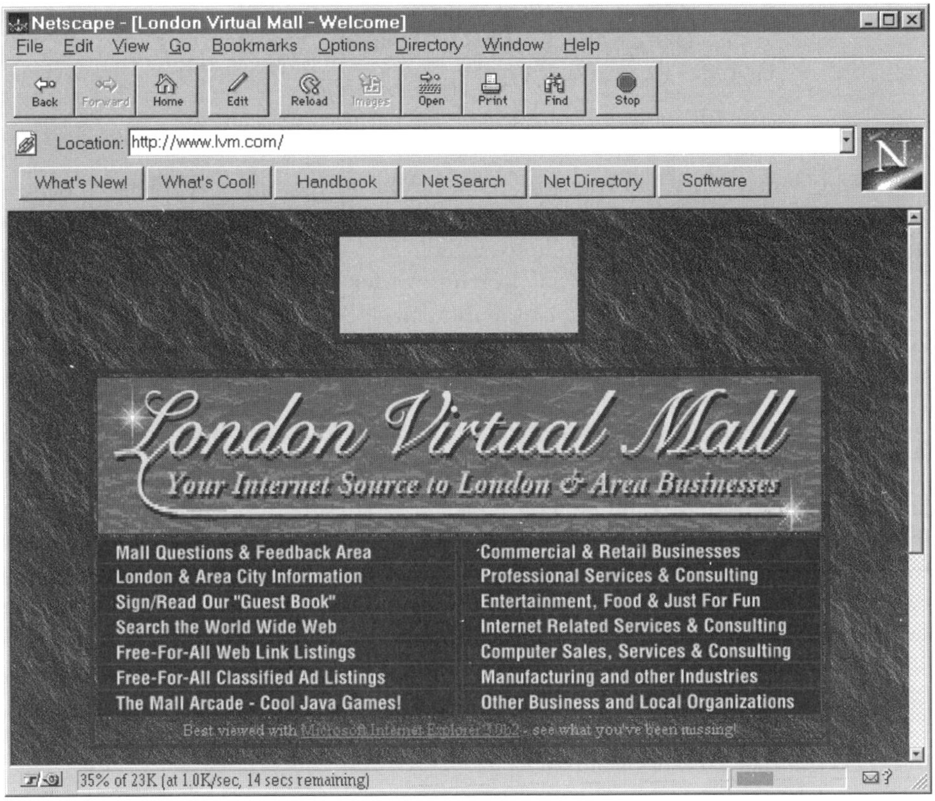

Abb. 13.16a: Homepage mit einem Java-animierten Werbefenster

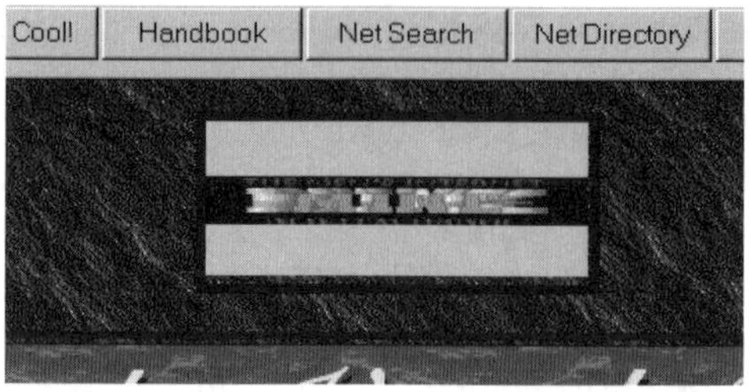

Abb. 13.16b: Beginnender Bildaufbau der ersten Werbeeinschaltung

Abb. 13.16c: Vollendeter Bildaufbau –
nach 10 Sekunden erscheint die nächste Werbegrafik

Um den Client vor im Internet kursierenden bösartigen Java-Applets zu schützen, wurde ein sogenannter »Sandkasten« (Sandbox) implementiert. Der Java-Interpreter bildet die Schnittstelle zwischen Java-Applet und einem virtuellen Java-Prozessor (JVM Java Virtual Machine), der nur über einen ganz eingeschränkten Befehlssatz verfügt. Das willkürliche Schreiben auf Festplatte (etwa zum Kopieren von Angriffsprogrammen vom Internet auf die lokale Festplatte) soll damit verhindert werden.

13.5.2 JavaScript

JavaScript wurde ursprünglich von Netscape definiert und in seinen Browsern implementiert, ist aber mittlerweile zu einem allgemeinen Standard geworden. Im Unterschied zu Java kann der Programmcode mittels des HTML-Befehls <SCRIPT LANGUAGE="JavaScript"> direkt in die HTML-Seite eingebunden werden. Damit eignet sich JavaScript besser zur Dynamisierung von HTML-Seiten, während Java-Applets in der Regel eigenständige kleine Programme sind. JavaScript ist zu seiner Ausführung stets auf einen Browser angewiesen, während Java-Applets beim Vorhandensein eines Interpreters auch ganz losgelöst vom Internet/Intranet arbeiten können.

JavaScript wird ebenso wie Java von einem Interpreter ausgeführt, allerdings existiert der Mechanismus des Sandkastens nicht. Das bedeutet allerdings nicht, daß JavaScript-Programme jetzt nach Gutdünken auf der Festplatte des Benutzers wildern können. Der JavaScript-Interpreter läßt gefährliche Zugriffe ebenfalls nicht zu. Dennoch ist das Risiko ungleich größer als bei Java. Sowohl die Interpreter von Java als auch JavaScript boten Angreifern in der Vergangenheit immer wieder die Möglichkeit, durch Ausnutzen von Programmierfehlern Schaden anzurichten. Da ein außer Kontrolle des Benutzers geratener JavaScript-Interpreter alle Betriebssystemoperationen mit den Rechten des Benutzers ausführen kann, ist der Ausbruch eines Java-Interpreters aus dem Sandkasten ungleich schwieriger zu provozieren.

13.5.3 ActiveX

ActiveX ist eine von Microsoft entwickelte Programmierschnittstelle. Sie stellt weniger eine Erweiterung seines Browsers Internet Explorer dar als vielmehr einen integralen Bestandteil seiner Betriebssysteme. ActiveX-Programme lassen sich in jeder beliebigen Programmiersprache schreiben, wie etwa in C oder VisualBasic. Sie werden nicht interpretiert, sondern direkt von Prozessor ausgeführt. Für ActiveX-Programme gibt es keinerlei Restriktionen, was den Zugriff auf Ressourcen des Rechners angeht. Ein einmal gestartetes ActiveX-Programm kann also auf dem Rechner machen, was immer die Privilegien seines Benutzers erlauben. Zum Schutz von bösartigen ActiveX-Programmen hat Microsoft ein ganzen Bündel von Schutzmaßnahmen programmiert, die den Start von ActiveX reglementieren sollen. Diese umfassen mittels public/private key unterschriebene ActiceX-Komponenten und einen Mechanismus, der anhand der Herkunft des Programms (lokale Platte, Internet/Internet) den Start erlaubt, verbietet oder beim Benutzer anfragt.

Leider hat der Mechanismus zur Kontrolle des Programmstarts immer wieder Fehler offenbart, so daß hier der einfachste Weg für Angreifer besteht, ungewollte Programme auf dem Client-Rechner zu plazieren. Außerdem ist ein normaler Benutzer bei der Anfrage des Systems, ob ein Start erfolgen soll, überfordert. Den Programmen kann nicht von außen angesehen werden, ob sie gefährliche Elemente enthalten oder nicht.

Von der Nutzung von ActiveX kann somit nur abgeraten werden. Eine Ausnahme kann gemacht werden, wenn die betreffenden Rechner ausschließlich Zugang zu lokalen ActiveX-Programmen haben und ein Angriff von außen unmöglich ist.

13.6 Serverbasierte WWW-Anwendungen

Im Gegensatz zu clientbasierten WWW-Anwendungen müssen häufig auch Berechnungen auf dem Server durchgeführt werden, z.B. beim Zugriff auf Datenbanken und der anschließenden Aufbereitung der Daten. Auch hier haben sich eine ganze Reihe von Schnittstellen etabliert.

13.6.1 CGI

CGI (Common Gateway Interface) stellt die Spezifikation der Schnittstelle zwischen Gatewayprogrammen und WWW-Servern (HTTP-Servern) dar. Die Gatewayprogramme selbst können praktisch in jeder beliebigen Programmiersprachen erstellt werden. Neben C wird häufig die Interpretersprache Perl dafür benutzt. Perl-Programme lassen sich rasch erstellen, und sind zudem als Interpretersprache problemlos auf den unterschiedlichsten Hardwareplattformen ausführbar. Für simple CGI-Programme werden gelegentlich auch einfache Bourne-Shell-Skripts (UNIX) oder Batch-Dateien (Windows-NT, Windows-95) benutzt.

Auf die Gatewayprogramme von WWW-Servern selbst wird, wie auf alle anderen WWW-Objekte über URL-Hyperlinks zugegriffen. Weist ein URL auf ein CGI-Programm, so aktiviert der betreffende Server das Programm und übergibt im Anschluß den Programmoutput (falls ein solcher generiert wird) an den Client. Abb. 13.17 zeigt als Beispiel den URL, mit dem nach Eingabe des Suchbegriffes »Einkaufen« eine Datenbanksuche gestartet wird.

Abb. 13.17: Auf ein CGI-Script weisendes URL-Hyperlink

Eine weitere Anwendung von CGI-Programmen sind Grafikmenüs, die per Mausklick aktivierbar sind. Wird ein Bereich innerhalb eines solchen Grafikmenüs aktiviert, so werden die Maus-Koordinaten an ein CGI-Programm gesendet. Das CGI-Programm ermittelt dann aus den Koordinaten die gewünschte Information und veranlaßt deren Übertragung (Abb. 13.18).

13.6.2 ASP und Server-Side JavaScript

Microsoft hat mit seinem ASP-Konzept (Active Server Pages) eine leistungsfähige Alternative zu CGI geschaffen, die allerdings nur in einer Microsoft-Umgebung

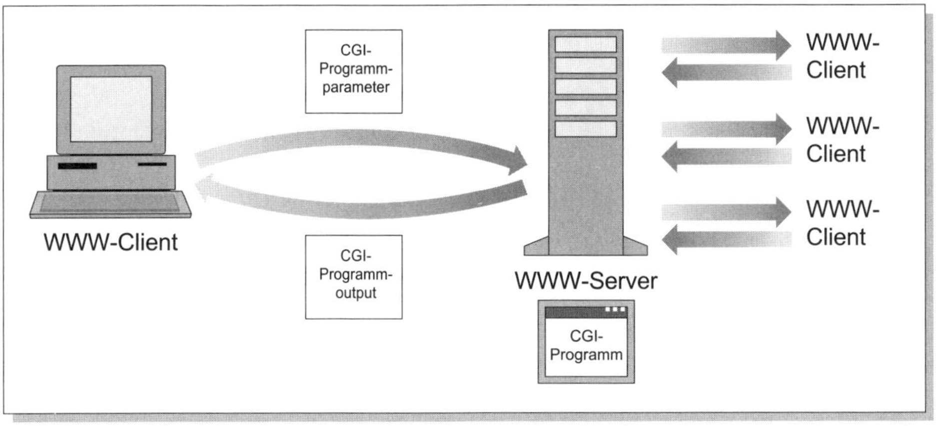

Abb. 13.18: Das Prinzip von CGI

läuft. Der Einsatz des Internet Information Servers ist also Voraussetzung. ASP ist nicht anderes als ein JavaScript-Interpreter, der die durch die Eingaben des Benutzers aktivierten Script-Programme abarbeitet.

Ein identisches Konzept bietet Netscape für seinen Netscape Enterprise Server an, der Name des Produktes ist Server-Side JavaScript.

13.6.2 PHP

Der »Hypertext Preprocessor« ist ebenfalls eine serverbasierte Scriptsprache, die aber nicht an ein spezielles Betriebssystem gebunden ist. Diese Scripte können – ähnlich wie JavaScript – in HTML-Dokumente eingebettet werden (Abb. 13.19) oder als externe Programme eingebunden werden. Die Ausführung der Programme geschieht auf dem Server. Der besondere Vorteil von PHP ist die Schnittstelle zu unterschiedlichen Datenbanken (Abb. 13.20)

```
<html>
     <head>
          <title>Example</title>
     </head>
     <body>
          <?php
          echo "Hi, I'm a PHP script!";
          ?>
     </body>
</html>
```

Abb. 13.19: PHP-Script

Adabas D	mSQL
dBase	MySQL
Direct MS-SQL	ODBC
Empress	Oracle (OCI7 and OCI8)
FilePro (read-only)	PostgreSQL
FrontBase	Solid
IBM DB2	Sybase
Informix	Unix dbm
Ingres	Velocis
InterBase	

Stand Oktober 2000

Abb. 13.20: Datenbank-Schnittstellen von PHP

13.6.3 Server-Java

Auch Java ist vom Prinzip her nicht an die Ausführung auf einem Client gebunden. So gibt es – analog zu ASP – Web-Schnittstellen, die den Start von Java-Programmen auch auf dem Server erlauben. Server-Java ist allerdings weit weniger verbreitet als ASP oder PHP.

13.7 Das Web auf dem Weg in die totale Interaktivität

Die statische Client-Server-Architektur des World-Wide-Web hat sich in den letzten Jahren zu einem dynamischen Komplex interagierender Komponenten entwickelt. In den ersten Jahren unmittelbar nach Einführung des WWW waren zwar sowohl WWW-Clients als auch WWW-Server deutlich leistungsfähiger geworden, echte Interaktivität wurde damit zunächst allerdings noch nicht erreicht. Auf Client-Seite wurden so eine Vielzahl von Anwendungen (Textverarbeitungen, Datenbankprogramme, Groupware etc.) mit Internet(WWW)-Schnittstellen versehen, um das Verlassen der betreffenden Applikationen zur Internetnutzung zu vermeiden. Serverseitig wurden die über WWW-Seiten zur Verfügung gestellten Informationen mit Datenbanken oder anderen server-externen Informationsquellen vernetzt. Aber erst mit der Einführung des Prinzips von Java erreicht das WWW der zweiten Generation eine wirklich neue Dimension. Im heutigen WWW versenden Web-Server anstelle von reinen Text- oder Bilddateien Daten kombinierte miniaturisierte Computerprogramme, die auf den Web-Clients zur Ausführung gelangen. Da nun die aufwendige Graphikverarbeitung auf dem Web-

Client erfolgt, können nun auch Animationen und 3-D-Darstellungen über die begrenzte Übertragungsbandbreite des Internet übertragen werden. Neue Kategorien der Interaktivität wie das Durchschreiten von virtuellen Gebäuden werden dadurch möglich. Die dritte WWW-Generation wird schließlich die Client-Server-Interaktion vervollständigen, indem sie auch Client-Applets hin zum WWW-Server ermöglicht. Aus der ursprünglichen WWW-Welt des einseitigen, starren Informationsflusses wird dann endgültig eine lebendige Welt, bevölkert mit digitalen Agenten, geworden sein.

13.7.1 Das universelle Interface für das Internet: Internet-Browser

Das (Software)-Werkzeug, mit dem der Anwender auf im WWW-Format vorliegende Informationen im Internet zugreifen kann, wird WWW-Browser genannt (browse, engl. herumblättern, schmökern). Richtiger sollte diese Klasse der Software-Applikationen allerdings eigentlich Internet-Browser heißen, da sie längst nicht mehr nur das WWW-Protokoll HTTP und das damit verbundene Dateiformat HTML unterstützen, sondern praktisch alle im Internet angebotenen Dienste, beginnend bei FTP und Telnet über Internet-News bis hin zur elektronischen Post. Mit Hilfe der seit Mitte 1993 verfügbaren graphischen WWW-Browser-Client-Programmen ist es damit nach 25 Jahren Internet endlich gelungen, eine aus Benutzersicht einheitliche und komfortable Bedienoberfläche zu schaffen. Durch die Aktivierung von Hyperlinks kann unmittelbar zwischen WWW-Dokumenten, FTP-Dateien, News-Gruppen oder WAIS-Datenbanken gewechselt werden, ohne daß auf die unterschiedlichen Protokolle und Formate der jeweiligen Informationstypen Rücksicht genommen werden müßte. Anhand des jeweils zugrunde liegenden URLs erkennt der Internet-Browser selbständig, welches Protokoll für den Sprung zum gewünschten Hyperlink notwendig ist, aktiviert dieses automatisch, und beginnt mit der Übertragung. Daneben unterstützten heutige Browser über Hilfsapplikationen auch die hocheffektiven Kompressionsalgorithmen, mit denen das Telefonieren und die Abhaltung von Videokonferenzen über das Internet möglich sind. Abb. 13.22 stellt die universelle Funktionalität von Internet-Browsern graphisch dar.

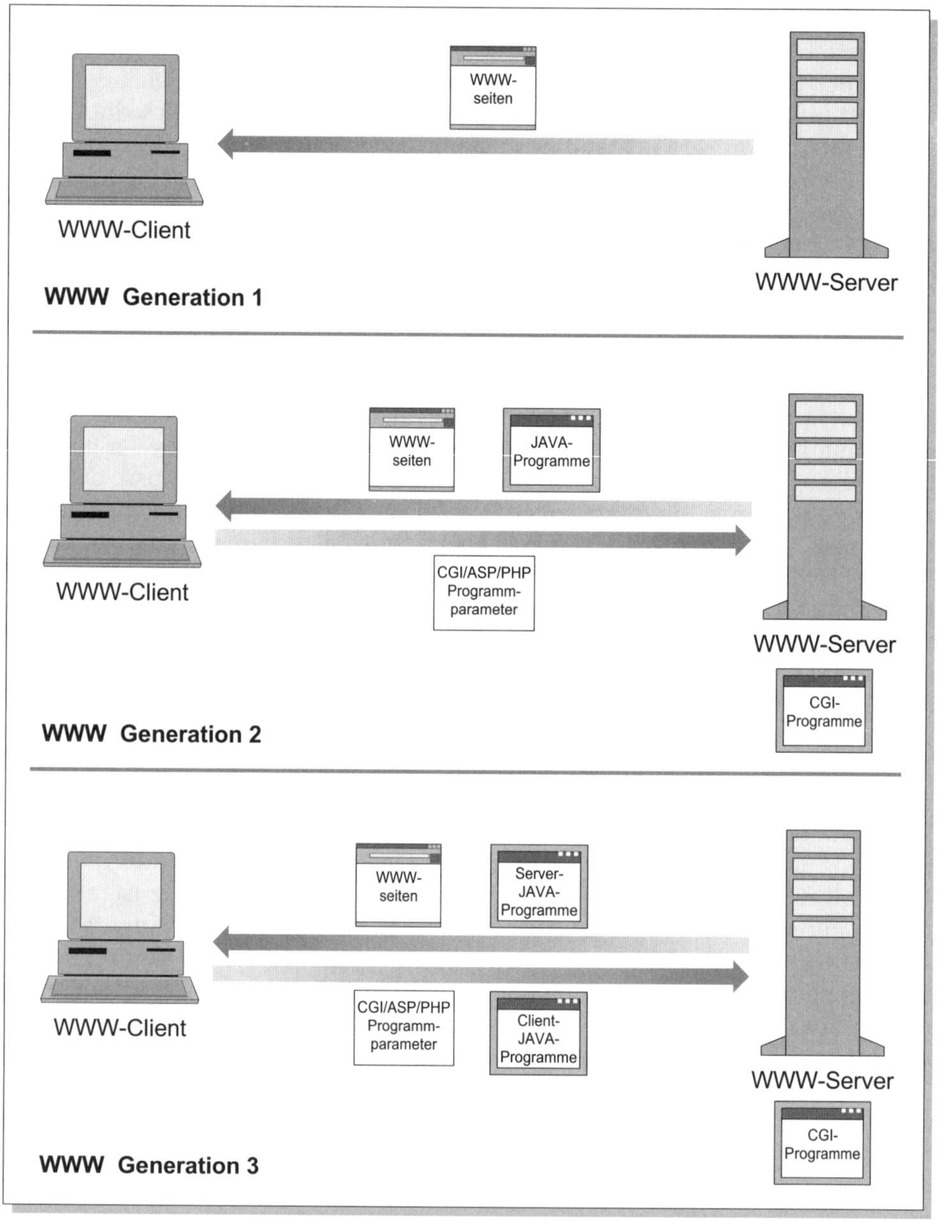

Abb. 13.21: Die Evolution des World Wide Web

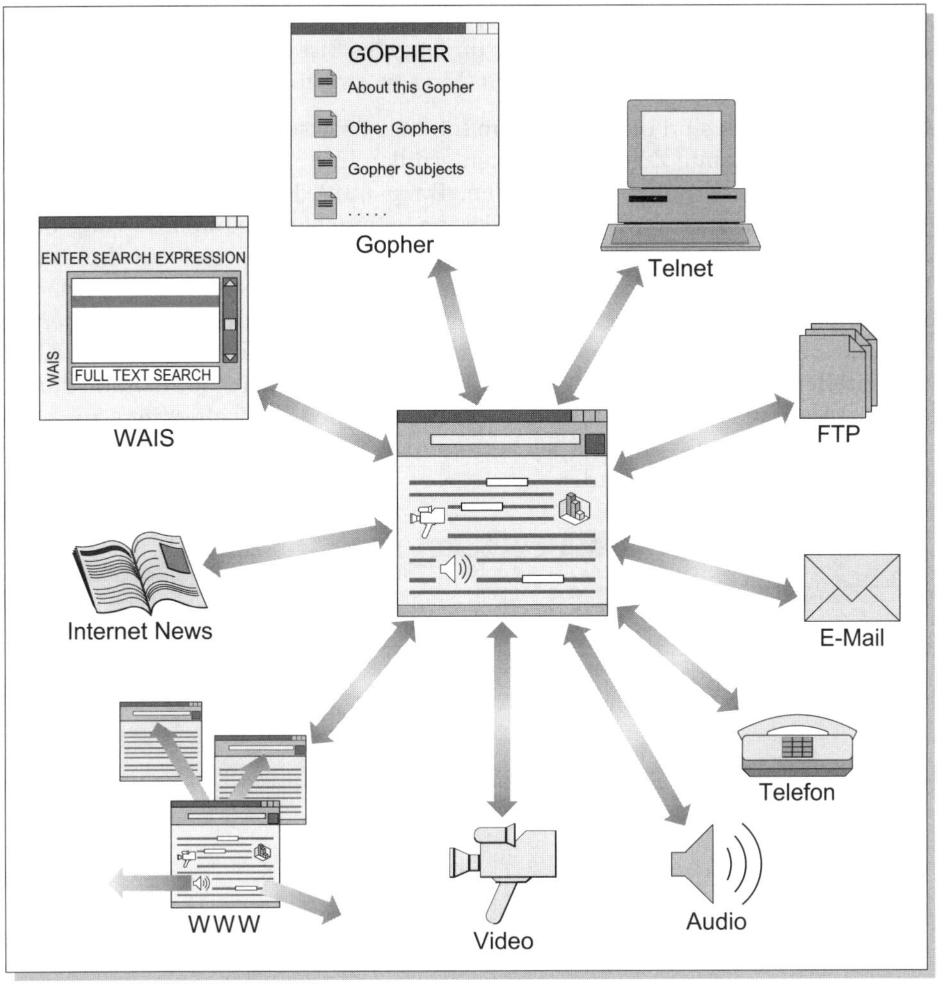

Abb. 13.22: Die Evolution des World Wide Web

13.7.2 Funktionen von Internet-Browsern

Das grundlegende Ziel von Internet-Browser-Applikationen (WWW-Browsern) ist es, ein einheitliches, möglichst universelles Interface zum Internet zur Verfügung zu stellen. Ein moderner, leistungsfähiger Internet-Browser muß daher in der Lage sein, die Gesamtheit der im Internet verfügbaren Dienste integriert und mit einer durchgängigen Bedienoberfläche darstellen zu können. Dazu gehört neben den traditionellen Internetdiensten WWW, Gopher, FTP, Internet-News und E-Mail vor allem auch die Unterstützung der wichtigen Erweiterungen Java und VRML, sowie von Echtzeit-Audio/Video und Telefonie. Sind die angeführten Funktionen nicht im Standardlieferumfang des Browsers enthalten, so sollten diese zumindest als Hilfsapplikationen (Plug-Ins) verfügbar sein.

Hilfsapplikationen sind prinzipiell vom Internet-Browser unabhängige Softwarepakete, die bestimmte Zusatzfunktionen erfüllen und vom Internet-Browser bei Bedarf automatisch aufgerufen werden. Dazu muß der Startbefehl sowie das Verzeichnis, in dem sich die Hilfsapplikation befindet, in die Initialisierungsdatei des Browser eingetragen werden. Erkennt der Internet-Browser ein ihm unbekanntes Dateiformat, so überprüft er, ob dieses von einer der konfigurierten Hilfsapplikationen unterstützt wird. Ist dies der Fall, so wird die Datei übertragen und mit der anschließend aufgerufenen Hilfsapplikation dargestellt. Kann die betreffende Datei weder vom Browser noch von einer Hilfsapplikation dargestellt werden, so kann sie trotzdem übertragen werden, muß allerdings zunächst auf der Festplatte zwischengespeichert werden, um später mit entsprechender Software interpretiert zu werden.

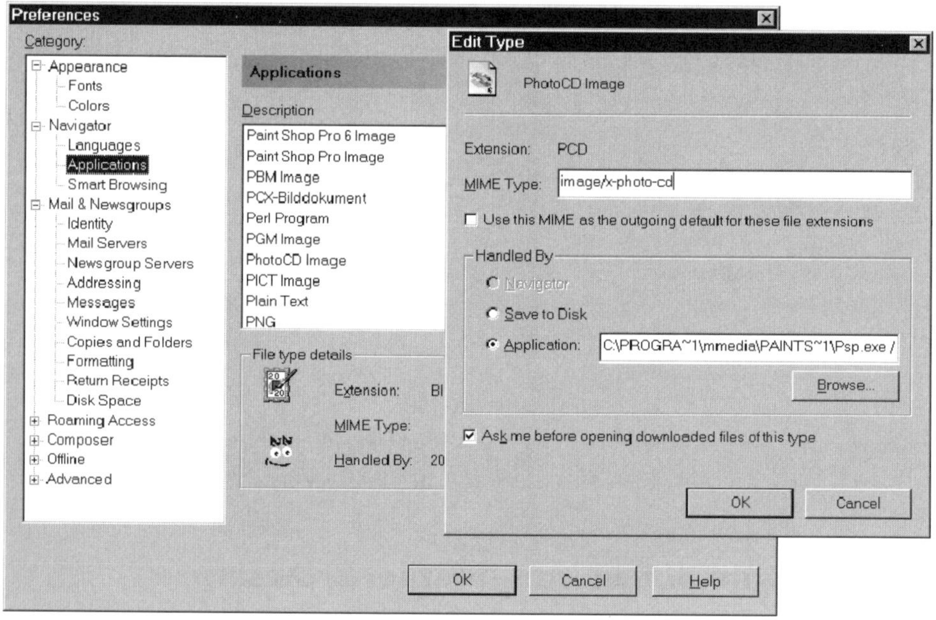

Abb. 13.23: Hilfsapplikationen eines Browsers

13.8 Informationen und Archive im Internet

HTML-Spezifikation	`http://www.w3.org/`
HTTP-Spezifikation	`http://www.w3.org/pub/WWW/Protocols/`
VRML-Spezifikation	`http://www.vrml.org/`
XML	`http://www.w3.org/XML/`
S-HTTP	`http://www.terisa.com/shttp/intro.html/`
CSS/DHTML	`http://www.lanka.pair.com/techweb/css/index.htm/`
SSL	`http://home.netscape.com/eng/ssl3/index.html/`
TLS	`http://www.faqs.org/rfcs/rfc2246.html/`
CGI	`http://hoohoo.ncsa.uiuc.edu/cgi/overview.html/`
Java	`http://www.javasoft.com/`
PHP	`http://www.php.net/`
ASP	`http://msdn.microsoft.com/workshop/server/asp/ASPover.asp/`
JavaScript	`http://developer.netscape.com/docs/manuals/javascript.html/`

Web-Server

CERN-Server	`ftp://ftp.w3.org/pub/httpd`
NCSA-Server	`http://hoohoo.ncsa.uiuc.edu/docs/setup/PreCompiled.html`
Apache	`http://www.apache.org`
Liste von WWW-Servern	`http://www.w3.org/Servers.html`
WWW-Server Vergleich	`http://webservercompare.internet.com/server-main.html`

Stichworte für Suchmaschinen

Hypertext
Hypermedia
HTML
HTTP
SSL
S-HTTP
VRML specifications
DHTML specifications
XML specifications
URL
Web Browser
Web Server

Abschnitt II: Internet – Planung

Zugang für jedermann – Bürgernetz Internet 14

Reality is not an option.

(Thomas Sowell)

Die Möglichkeiten für den Zugang zum Internet für Privathaushalte haben sich während der letzten Jahre deutlich verbessert. Noch Anfang der neunziger Jahre mußten bei den wenigen großen Internetprovidern mehrere hundert DM pro Monat für einen interaktiven Internetanschluß bezahlt werden.

Mittlerweile hat sich die Preisstruktur und die Angebotsvielfalt für Internetzugänge allerdings dramatisch verändert. Flächendeckend operieren eine Vielzahl von regionalen, nationalen und internationalen Internetdienstleister und bieten vollwertige Internetzugänge zu Preisen wenigen Pfennigen pro Minute an. Daneben bieten Universitäten für ihre Studenten kostenlose Internetzugänge an.

14.1 Der Internetzugang

Grundsätzlich können drei Arten von Internetzugängen unterschieden werden:

- Zugänge mit Zeittakt und temporärer IP-Adresse,
- Zugänge mit temporärer IP-Adresse, die ohne Berücksichtigung der online-Zeiten abgegolten werden (Flat-Rate),
- Zugang mit fester IP-Adresse und eigener Domäne.

14.1.1 Zugang mit temporärer IP-Adresse

Der Internetzugang mit temporärer Adresse erfolgt dabei mit Hilfe einer vollwertigen TCP/IP-Verbindung über einen Priver mit Gateway in das Internet. Der Kunde muß auf seinem Computersystem TCP/IP-Protokollsoftware sowie alle weiteren benötigten Internetanwendungen (World-Wide-Web-Browser, FTP, Telnet, E-Mail-Software) installieren. Sowohl Protokollstack als auch Anwendungssoftware werden allerdings von den Onlinediensten kompakt und mit komfortablen Installationsroutinen versehen mitgeliefert, so daß die Inbetriebnahme weniger als zwei Stunden in Anspruch nehmen sollte. Bei jedem Einwahlvorgang in das Internet wird dem Benutzer vom Einwahlknotenrechner des Online-Dienstes nun eine temporäre Internetadresse zugewiesen, die dann für die Dauer der Internetsitzung von der TCP/IP-Software benutzt werden kann. Jeder Einwahlvorgang erfolgt dabei allerdings mit einer anderen Internetadresse.

Neben einigen sicherheitstechnischen Vorteilen hat dies den wesentlichen Nachteil, daß das eigene Computersystem aufgrund der ständig wechselnden Internetadressen vom Internet aus praktisch nicht erreichbar ist. Das heißt, über einen Internetzugang mit temporärer IP-Adresse ist es nicht möglich, ein eigenes Serversystem zu betreiben, oder auch nur temporär Dateien via FTP anzubieten. Für rein private Internetnutzer, ohne Ambitionen eigene Dienste anbieten zu wollen, ist dies allerdings von geringer Bedeutung, zumal jeder Nutzer von T-Online, AOL und anderen Providern über einen zentralen WWW-Server ohne Zusatzkosten ein bestimmtes Kontingent an persönlichen World-Wide-Web-Seiten im Internet anbieten kann. Mit dem Trend von der persönlichen WWW-Seite hin zum persönlichen WWW-Server wird sich dies in naher Zukunft allerdings doch zu einem spürbaren Manko entwickeln.

Einen weiteren, nicht unwesentlichen Nachteil dieser Zugangsvariante stellt die Einschränkung bei der Wahl des Domainnamens dar. Bei allen großen Onlineanbietern erfolgt die Zuteilung eines Domainnamens lediglich als Subdomain der Providerdomain. So muß beispielsweise bei einem Internetzugang über T-Online die E-Mail-Adresse `Name@t-online.de` heißen. Wird dagegen bei einem reinrassigen Internetprovider (gegen Aufpreis) eine eigene Namensdomain gewählt, so könnte der Domainname auch `Name@firstclass.consult.de` lauten, was in jedem Fall professioneller erscheint als der Standardname im Fall von T-Online oder AOL.

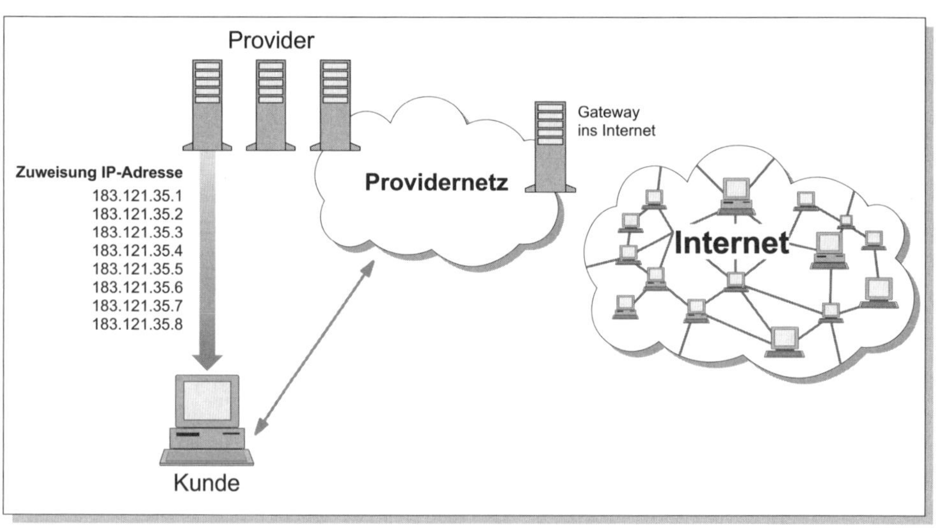

Abb. 14.1: Zugang mit temporärer Adresse

Die Abrechnung eines solchen Zugangs geschieht entweder rein über die im Internet verbrachten Minuten oder über eine Kombination aus Grundgebühr und Minutentakt.

14.1.2 Flat-Rate

Eine vor allem für Vielsurfer interessante Variante des Internetzugangs ist der mit temporärer Adresse ohne besonderer Abrechnung der online-Zeiten. Dieser Tarif wird Flat-Rate genannt. Bis auf den Abrechnungsmodus ist er identisch mit dem oben beschriebenen Zugang mit temporärer IP-Adresse und Abrechnung im Minutentakt. Da sich diese Tarife deutlich unter denen eines Zugangs mit fester IP-Adresse bewegen, wird seitens der Provider dafür gesorgt, daß nach spätestens 24 Stunden die Verbindung unterbrochen wird und nach dem erneuten Verbindungsaufbau eine neue temporäre IP-Adresse vergeben wird. Ansonsten wäre die Flat-Rate eine billige Alternative für kleinere Firmen ohne eigene Domäne, aber mit fester IP-Adresse, unter der z.B. Kunden auf einen Webserver zugreifen könnten.

14.1.3 Vollwertiger Zugang

Vollwertige Internetzugänge mit eigener Internetadresse und frei wählbarem Domainnamen werden von der zwischenzeitlich in großer Anzahl um die Gunst der Kunden werbenden, regionalen und überregionalen Internetprovidern angeboten. Im Unterschied zu den großen Onlinediensten, die neben dem Internetzugang in der Hauptsache versuchen, dem Kunden die Nutzung der eigenen Informationsangebote zu verkaufen, konzentrieren sich Internetprovider ausschließlich darauf, hochwertige Internetzugänge und damit verbundene Serviceleistungen anzubieten.

Nach einem ersten Anruf werden vom Provider in der Regel zunächst auf einigen Seiten in einer Beschreibung die Hard- und Softwarevoraussetzungen für die Einwahl an den betreffenden POP mitgeteilt sowie Empfehlungen für die zu verwendende Softwarepakete gegeben. Im nächsten Schritt müssen dann in einem Formblatt Angaben über Adresse, Verbindungsart (ISDN, Modem, Mietleitung), Übertragungsprotokoll und Domainnamen gemacht werden. Einige Tage später wird die Internetadresse, die Zugangstelefonnummer sowie der bestätigte Domainname zugesandt. Die Anmeldung kann also generell nicht unmittelbar und sofort erfolgen. Sind allerdings diese ersten administrativen Hürden überwunden, und ist mit dem fehlerfrei konfigurierten Rechner der erste Einwahlversuch geglückt, so wird der anfängliche Mehraufwand mit einer im allgemeinen höheren effektiven Übertragungsgeschwindigkeit und einem individuellen selbstgewählten Domainnamen belohnt. Darüber hinaus besteht die Möglichkeit, später unter derselben Internetadress/Domainnamens-Kombination auch selbst mit einem Internetserver als Anbieter im Internet aktiv zu werden.

Die Abrechnung geschieht meist über die angebotene Bandbreite, die Menge an übertragenen Daten und den Speicherplatz auf den Servern des Providers, der z.B. für eine Web-Präsentation benötigt wird.

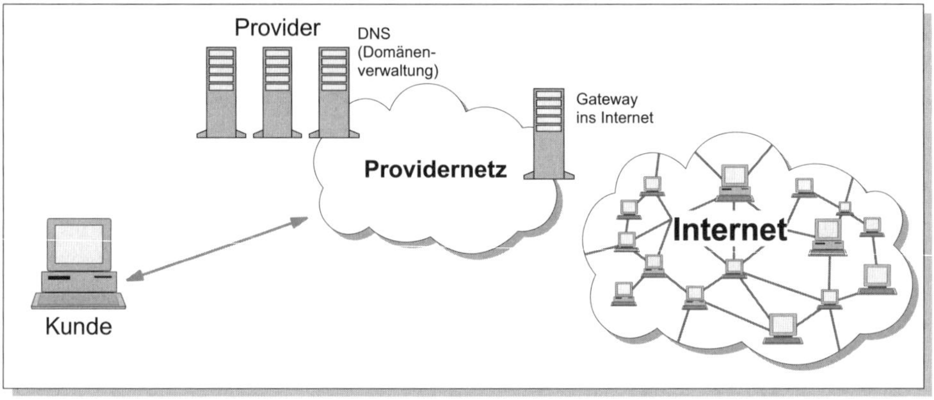

Abb. 14.2: Vollwertiger Zugang in das Internet

14.2 Die Auswahl eines Internetproviders

Nachdem die funktionellen Anforderungen (Art des Zugangs, Domainnamen, etc.) sowie der finanzielle Rahmen für den Internetzugang feststehen, kann die Auswahl eines geeigneten Internetproviders getroffen werden. Hier können durchaus lokale Provider in die engere Auswahl gezogen werden, weil hier der Zugriff auf Verwaltung und Hotline oft angenehmer ist als bei den bundesweit operierenden Anbietern.

Nach dieser ersten Vorselektion (Provideradresslisten befinden sich im Anhang B) kann das Preis-Leistungsverhältnis der in Betracht kommenden Anbieter verglichen werden. Neben der Preisstaffelung für die jeweiligen Dienste ist darauf Wert zu legen, auch möglichst detaillierte Informationen über die technische Ausstattung des Anbieters in Erfahrung zu bringen. Das günstigste Angebot ist nutzlos, wenn die Einwahlleitungen permanent besetzt sind, und sich die erzielbaren Übertragungsbandbreiten bei wenigen hundert bit/s bewegen. Durch eine Analyse der vorhandenen Übertragungsstruktur können bereits im Vorfeld Informationen für eine Abschätzung des erzielbaren Datendurchsatzes gewonnen werden. Zu den Fragen, die dabei zu klären sind, zählen unter anderem:

- Mit welcher Kapazität ist der Anbieter an die Internet-Backbone-Struktur angebunden?
- Wie ist das Verhältnis Kundenzahl zu Einwahlpunkten?
- Wie ist das Verhältnis Kundenzahl zu Bandbreite ins Internet?
- Welche Übertragungskapazitäten nach USA stehen zur Verfügung?
- Welche Bandbreiten werden garantiert?
- Werden Zeit- oder Volumenverträge angeboten?

14.2.1 Die großen Online-Anbieter: AOL, T-Online und andere

Die Preisstruktur für die Internetdienste der großen Anbieter in Deutschland ist sehr ähnlich. Aus den jeweiligen monatlichen Grundgebühren sowie den Gebühren pro Online-Minute errechnen sich im großen und ganzen vergleichbare Kosten. Durch den starken Preiskampf ändern sich die Preise fast täglich, so daß die in Abb. 14.3 angegebene Übersicht über die Tarife einiger Provider nur eine Momentaufnahme ist. Die aktuellen Preise können unter `http://www.teltarif.de/` eingesehen werden.

Anbieter	Tarif	Grundgebühr	Gebühr/Minute	Bemerkungen
T-Online	eco	8,00 DM	2,9 Pf	
	by call		3,9 Pf	
	flat	79,00 DM		
AOL	classic	9,90 DM	3,9 Pf	Grundgebühr =
	Start	16,80 DM	2,8 Pf	Mindesumsatz
	flat	78,00 DM		
Callino	Call Callino		2,9 Pf	
	surf plus	5,70 DM	1,9 Pf	
Arcor	easy		1,9 Pf - 2,9 Pf	Grundgebühr =
	sunny	9,90 DM	2,9 Pf - 3,9 Pf	Mindesumsatz
	power	22,80 DM	1,9 Pf	
MSN	Easysurfer		3,3 Pf	
Stand: Oktober 2000				

Abb. 14.3: Preise einiger Internet-Provider

14.2.2 Regionale und nationale Internet-Provider

Während die Angebote der großen Provider sich von Preis und Bandbreite vornehmlich an den Privatmann richten, ist der Anbieter- und Tarifdschungel bei den

Zugängen mit permanenter IP-Adresse sehr unübersichtlich. Provider kommen und gehen, werden übernommen oder machen pleite. Eine Liste mit aktuellen lokalen Providern kann beim Heise-Verlag unter `http://www.heise.de/ix/provider/` aus dem Internet gezogen werden.

Beim Vergleich der Tarife sollte beachtet werden, daß die zeittarifierten Angebote der großen Onlineprovider nicht notwendigerweise günstiger sein müssen als volumenabhängige Tarife von Regionalprovidern. Entscheidend ist der Preis, der pro übertragenem kByte bezahlt werden muß. Wenn die Übertragung von einem MByte über den scheinbar günstigen Zeittarif eines Massenproviders mehr als 30 Minuten dauert, im Vergleich zu weniger als fünf Minuten bei einem Regionalprovider mit Volumentarif, so ist aufgrund der höheren angefallenen Minutengebühren und der Zeittarifstruktur selbst ein Volumentarif von 4,- DM/MByte bei einem leistungsfähigen Regionalprovider vorzuziehen (von den geschonten Nerven und der gesparten Zeit ganz zu schweigen). Bei Verträgen mit regionalen Internetprovidern sollte deshalb darauf geachtet werden, daß grundsätzlich reine Volumenverträge vereinbart werden. Provider und Kunde haben dabei dieselben Interessen, nämlich möglichst viele Daten in möglichst kurzer Zeit zu übertragen. Der Kunde kann sich darüber hinaus beim Web-Surfen Zeit lassen, da lediglich eine dem Datenvolumen der abgerufenen Seiten proportionale Gebühr berechnet wird. Und diese ist bei Datenmengen von im Durchschnitt 2-30 kByte pro WWW-Seite relativ gering. (Ein durchschnittlicher Web-Surfer überträgt während einer Stunde nicht mehr als ein MByte an Daten).

14.3 Informationen und Archive im Internet

Aktuelles Verzeichnis deutscher Internetprovider

Tarife der großen Provider	`http://www.teltarif.de/`
Heise-Liste mit Providern	`http://www.heise.de/ix/provider/`
Verivox-Liste Anbieter und Tarife	`http://www.verivox.de/Internet/Index.asp`
günstige Provider und Tarife	`http://www.billiger-surfen.de/`
Provider und Tarife	`http://www.onlinekosten.de/`
Provider und Tarife	`http://www.mywebhostlist.de/`
regionale Provider (nicht ganz aktuell)	`http://www.internet-provider.org/`

Aktuelles Verzeichnis österreichischer Internetprovider

ISPA-Liste	`http://www.ispa.at/mitglieder/list.htm`
PCNews-Liste	`http://pcnews.at/pro/~pro.htm`
Linksammlung mit Providern	`http://stadt.heim.at/wien/140054/web2.htm`

Aktuelles Verzeichnis schweizerischer Internetprovider

Provider	`http://www.internet-marketingcenter.ch/powerlink/Computer-Internet/Provider/`
Provider	`http://www.providerliste.ch/`

Stichworte für Suchmaschinen

Internet provider
Provider POP

15 Unternehmensanbindung an das Internet: Planung und Implementation

After all, of the roughly 10 million host machines that exist today, more than half are in the United States. Many of the rest are in G7 nations. In fact, the 50 least developed countries of the world - those with less than US$500 per capita GDP - currently sport 23 host machines .... the information rich today are indeed rich and the information poor are indeed poor.

Nicolas Negroponte

15.1 Die Planungsphase

Soll die Internetanbindung für ein Unternehmen realisiert werden, so ist dafür eine umfangreiche Planungsphase notwendig, in der Umfang, Funktionalität und die prinzipielle Architektur festgelegt werden. Nach der Verteilung der organisatorischen Kompetenz – Ernennung eines Internet-Verantwortlichen und der Definition der Mitglieder des Internet-Teams – wird zunächst das genaue Funktionsprofil der Internetdienste definiert. Dazu müssen die folgenden Fragen für die beiden Komplexe »Mitarbeiterzugang« und, »unternehmenseigenes Internetangebot« geklärt werden:

Mitarbeiterzugang

- Wie viele Mitarbeiter im Unternehmen sollen einen Zugang zum Internet bekommen?
- Welche Dienste sollen angeboten werden? E-Mail, FTP, WWW, News?
- Gibt es eingeschränkte Teilnutzung (nur E-Mail) oder nutzen alle Mitarbeiter alle Dienste?
- Wer entscheidet darüber, ob ein Mitarbeiter Internetzugang bekommt
- Wie erfolgt die interne Abrechnung der Internetnutzung:
  – überhaupt nicht
  – pauschal nach Mitarbeiterzahl pro Abteilung
  – nach Datenmenge pro Abteilung etc.?

Eigenes Dienstangebot (Internetpräsenz des Unternehmens)

- Soll ein eigenes Internetangebot erstellt werden?
- Wenn ja, welche Inhalte sollen präsentiert werden?
- Welcher Servertyp ist für das geplante Internetangebot am besten geeignet?

15.1.1 Entwurf der Zugangsarchitektur

Ist das Anforderungsprofil an die Funktionalität des Internetzuganges definiert, kann die grundsätzliche Architektur der Netzanbindung entworfen werden. Dafür gibt es zwei sehr unterschiedliche Lösungsansätze, die je nach Bedarf auch kombiniert werden können und die jede für sich Vor- und Nachteile besitzen.

Outsourcing des Internetmanagements

Beim Outsourcing des Internetmanagements wird der Aufbau, die Administration und die Pflege aller für die Realisierung des gewünschten Internet-Funktionprofils notwendigen Hard- und Software-Elemente vom Internetprovider übernommen. Alle Schlüsselkomponenten wie

- Firewallsystem
- Mail-Server
- DNS-Server
- Informationsserver des Unternehmens (WWW-Server, FTP-Server, etc.)

befinden sich dabei physikalisch ausgelagert beim Internetprovider und werden von diesem konfiguriert, gewartet und betrieben. Die Anbindung des lokalen Unternehmensnetzwerks erfolgt über einen Router, der direkt mit dem für das betreffende Unternehmen reservierten Firewallsystem des Internetproviders verbunden ist. Abb. 15.1 zeigt ein Beispiel für eine mögliche Konfiguration.

Die Vorteile dieser Lösung liegt in der Umgehung der Lernphase mit möglichen Pannen zu Beginn, der Vermeidung von zusätzlichem Personalbedarf sowie in einer, bis zu einer bestimmten Größe des Internetdienstes, insgesamt günstigeren Kostenstruktur.

Die Nachteile liegen in der vollständigen Abhängigkeit vom Internetprovider sowie in der geringeren Flexibilität, Modifikationen oder Änderungen durchzuführen. Schließlich muß auch im sensiblen Bereich Sicherheit auf die Professionalität und Gewissenhaftigkeit des Internetdienstleisters vertraut werden, eine Tatsache, die für Unternehmen mit hohen Sicherheitsanforderungen wie Banken oder Versicherungen eine solche Lösung ausschließt.

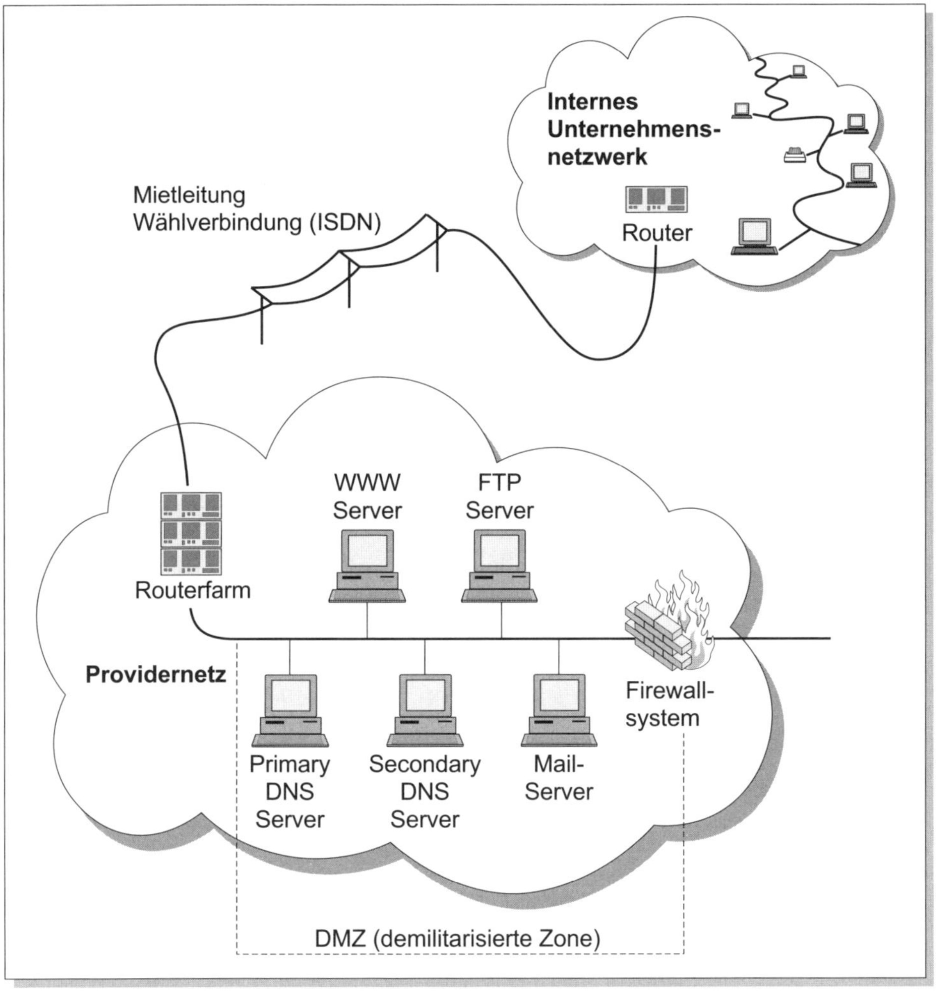

Abb. 15.1: Zugangsarchitektur: Outsourcing des Internetmanagements

Aufbau eines unternehmenseigenen Internetknotens

Die dem Outsourcing des Internetmanagements diametral entgegengesetzte Strategie besteht im Aufbau eines vollwertigen, autarken Internetknotens, wobei vom Firewallsystem bis zum Informationsserver alles vor Ort unternehmensintern aufgebaut und betrieben wird. Der Internetprovider wird lediglich zur Bereitstellung der gewünschten Bandbreite zum Internetbackbone benötigt (Abb. 15.2).

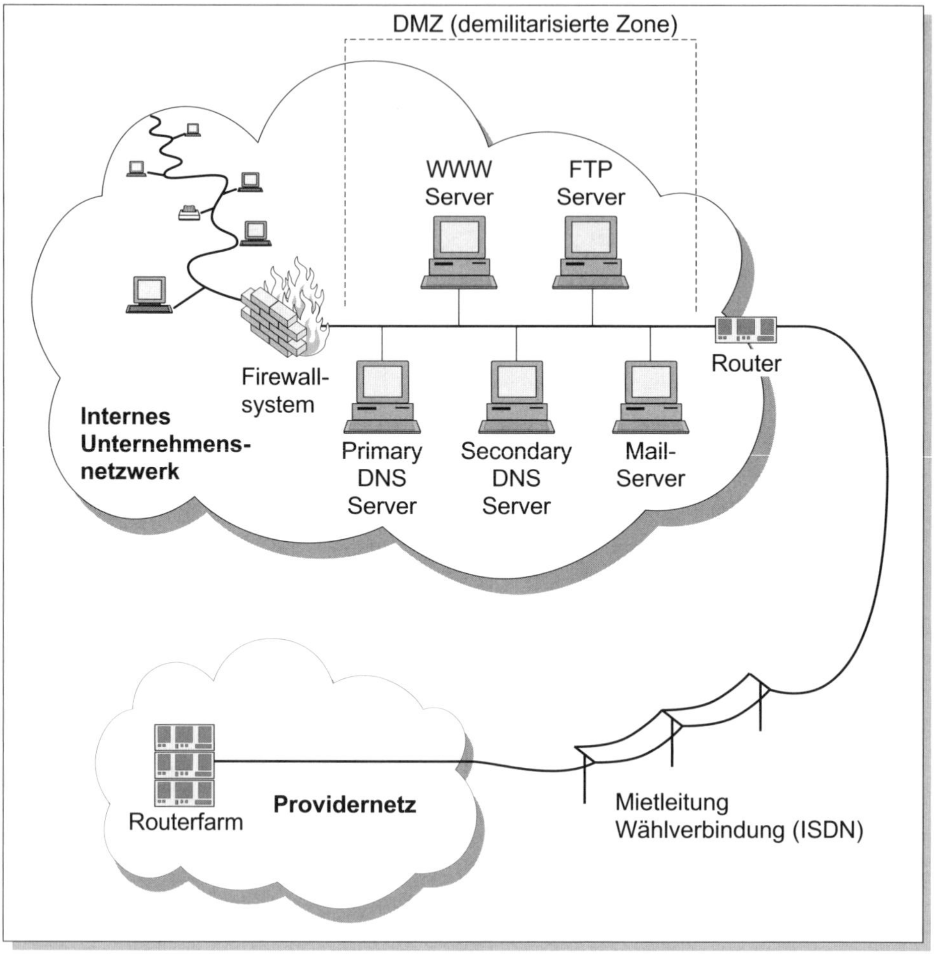

Abb. 15.2: Aufbau eines unternehmenseigenen Internetknotens

Verbunden mit dieser Lösung ist naturgemäß ein nicht unerheblicher Kosten- und Zeitaufwand, um das interne Know-how für Planung und Betrieb des Internetknotens aufzubauen. Anlaufschwierigkeiten bleiben meist nicht aus, was gerade aus Sicht der Netzwerksicherheit zu kritischen Situationen führen kann. Andererseits können durch den Einsatz von kompetenten Beratern bereits in der Planungsphase Fehler vermieden und die Lernphase kurz gehalten werden. Beim Eintreten von kritischen Betriebssituationen ist das Know-how im Haus verfügbar, Modifikationen und Erweiterungen können kurzfristig ohne Abstimmung mit dem Internetprovider durchgeführt werden. Eine Erweiterung der Internetplattform nach innen zu einem Intranet ist mit den durch den Internetknotenbetrieb gewonnen Erfahrungen ebenfalls problemlos möglich.

15.1.2 Bedarfsschätzung von Übertragungsbandbreite

Liegen Funktion und Architektur des Internetzuganges fest, so kann eine Abschätzung der für die unterschiedlichen Dienste benötigten Übertragungsbandbreite getroffen werden, um in weiterer Folge die Auswahl der Datenleitungskapazität treffen zu können.

Bandbreitenbedarf von Internetnutzern

Die von den Mitarbeitern mit Internetzugang benötigte Übertragungsbandbreite in das Internet kann in einem relativ weiten Bereich schwanken. Sie ist zunächst von der Vielfalt der zur Verfügung gestellten Dienste abhängig. Wird neben dem WWW und E-Mail auch FTP zur Verfügung gestellt, so kann dies bei umfangreichen Datenübertragungen zu Spitzenlastzeiten zu Engpässen führen und eine größere Übertragungsbandbreite zur Folge haben. Wird ein Server-Cache für WWW-Seiten genutzt, so kann dies den WWW-Verkehr dagegen um 10% bis 30% reduzieren. (Ein WWW-Server-Cache speichert einmal übertragene WWW-Seiten zwischen und prüft bei jeder Seitenanforderung, ob diese nicht aus dem Cache-Speicher bedient werden kann. Ein mehrere Gigabyte großer Seitenspeicher kann es dabei auf eine Hitrate von bis zu 30% bringen).

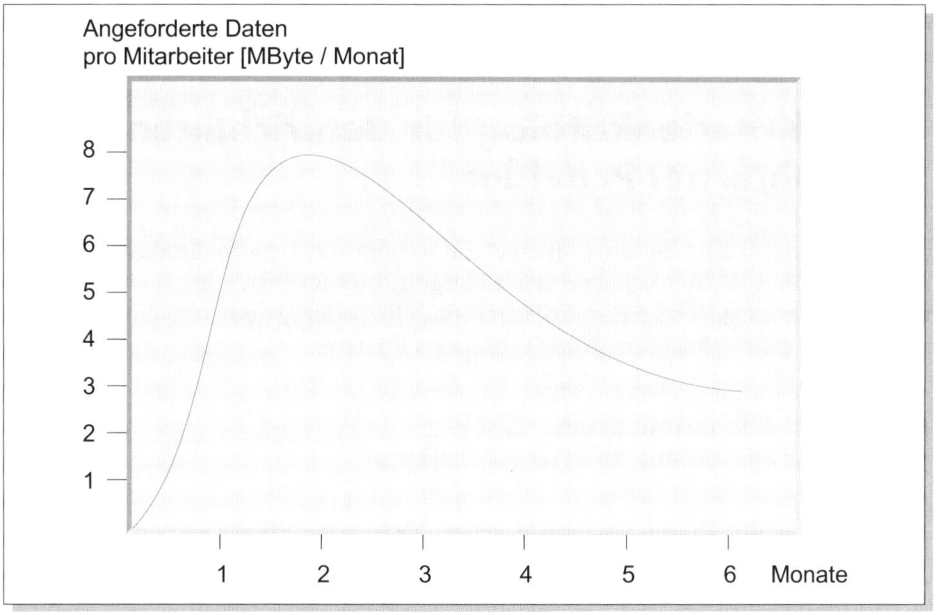

Abb. 15.3: Nutzerverhalten während der ersten 6 Monate nach Freischaltung des Internetzuganges

Darüber hinaus unterliegt auch das Benutzerverhalten der Mitarbeiter starken Schwankungen. Erfahrungen zeigen, daß während der ersten Wochen nach der Einführung des Internetzuganges mit einer sehr regen Beteiligung zu rechnen ist, die nach etwa drei Monaten allerdings wieder deutlich absinkt. Abb. 15.3 zeigt typische Nutzerverhalten während der ersten 6 Monate der Verfügbarkeit eines Internetzuganges.

Bandbreitenbedarf von Informationsservern

Der Bandbreitenbedarf von Informationsservern für das öffentliche Internet (WWW, FTP, Gopher-Server) hängt neben den bekannten Größen wie dem Umfang der zur Verfügung gestellten Daten sowie dem Serverprotokoll (FTP, HTTP etc.) ebenfalls wesentlich von einer unbekannten Größe, nämlich der Anzahl der Serverzugriffe, ab. Generell erfordern öffentliche FTP-Server höhere Übertragungsbandbreiten, da bei der Übertragung von Dateien die Datenleitungen über einen längeren Zeitraum dauerhaft belastet werden. WWW-Server müssen zwar eine größere Zahl von Zugriffen bewältigen, die allerdings nicht in einem kontinuierlichen Datenstrom resultieren, und damit die Datenleitungen nicht in dem Maße belasten. Grundsätzlich sollte bei stark frequentierten öffentlichen Internetangeboten in Erwägung gezogen werden, die Internetserver über eine vom Mitarbeiter-Gateway getrennte Datenleitung an das Internet anzubinden, um die eigenen Datenleitungen in das Internet nicht durch Zugriffe von außen zu belasten.

15.2 Kriterienkatalog für den richtigen Internet-Provider

Mitentscheidend für die Qualität und die Kosten der Unternehmensanbindung an das Internet ist die Auswahl des richtigen Internet-Providers. Der Kriterienkatalog, den es gilt, vor der Entscheidung für oder gegen ein Unternehmen abzuklären, läßt sich in drei große Gruppen einteilen:

- Entfernung zum nächsten POP,
- Vertragsgestaltung und Kosten,
- technische Ausstattung und Netzkapazitäten.

15.2.1 Die Evaluierung von Zugangsknoten (POPs)

Die Grundvoraussetzung für die Einholung von Angeboten eines Providers ist zunächst das Vorhandensein eines Zugangsknotens (POP Point of Presence) in unmittelbarer Umgebung. Liegt der nächste POP außerhalb der Ortszonentarife, so steigen die Kosten für die Anschlußmietleitungen rasch an. Die Auslagerung von möglichst vielen Dienstkomponenten (WWW-Server, FTP-Server) zum Internetprovider sollte in diesem Fall überlegt werden, um wertvolle Bandbreite zu sparen. Sollen mehrer, an unterschiedlichen Standorten befindliche Unternehmensteile an das Internet angebunden werden, ist darauf zu achten, daß der betreffende Internetprovider überregional tätig ist und möglichst den Großteil der Standorte mit seinen POPs bedienen kann.

15.2.2 Vertragsgestaltung und Kosten

Sind mehrere Internetdienstleister in die engere Wahl gekommen, müssen die meist sehr unterschiedlich gestalteten Vertragbedingungen analysiert werden. Grundsätzlich wird zwischen Zeitverträgen, Volumenverträgen und Flat-Rates unterschieden.

Bei Zeitverträgen dient neben der zur Verfügung gestellten Bandbreite die Dauer (in der Regel in Minuten), während der Daten gesendet oder empfangen werden, als Grundlage für die Errechnung der Gebühren. Reine Zeitverträge sind nur dann sinnvoll, wenn in überdurchschnittlich großem Ausmaß umfangreiche Datenübertragungen (FTP) durchgeführt werden und dafür eine relativ große Übertragungsbandbreite zur Verfügung steht. Meist kann jedoch der Internetprovider aufgrund der heutigen Struktur des Internets keine bestimmte, effektiv erzielbare Datenübertragungsrate garantieren, weshalb in aller Regel reine Zeitverträge nicht die günstigste Lösung darstellen. (Zwischen Übertragungsbandbreite und tatsächlich erzielbarer effektiver Übertragungsrate bestehen häufig – je nach Belastung des Providernetzes – große Unterschiede!).

Volumenverträge sind in fast allen Fällen die bessere Wahl. Das Dienstemix im Internet mit einem zunehmend wachsenden Anteil an web-surfenden Benutzern verursacht im Durchschnitt ein relativ geringes resultierendes Datenaufkommen. (Ein Web-Surfer erzeugt pro Stunde nicht mehr als ein bis zwei Mbyte an zu übertragenden Daten!). Jeder Internetdienstleister, der nach Volumen tarifiert, hat zudem dasselbe Interesse wie der Kunde, nämlich möglichst große Datenmengen in möglichst kurzer Zeit zu übertragen (ganz im Gegensatz zu Providern mit Zeitverträgen).

Die dritte Vertragsart, Flat-Rates, wird meist nur im Privatkundenbereich angeboten. Ein geringer monatlicher Festpreis berechtigt dabei zum unbegrenzten Zugang in das Internet – allerdings ohne jegliche Qualitäts- oder Verfügbarkeitsgarantie. (Abb. 15.4).

Soll der Betrieb der öffentlichen Informationsdienste wie WWW-Server oder FTP-Server zum Internetdienstleister ausgelagert werden, so müssen auch dafür mehrere Angebote evaluiert werden, da Preis- und Qualitätsunterschiede in diesem

Volumenverträge	Zeitverträge	Flat-Rates
Am besten geeignet für das Dienstemix im Internet	Nur für die häufige Übertragung großer Datenmengen vorteilhaft (FTP)	Geringer Festpreis für unbegrenzten Zugang: Keine Qualitätsgarantie
Interesse von Kunde und Provider ist dasselbe: Möglichst viele Daten in möglichst kurzer Zeit	Selbst dann Kundennutzen wegen schwankender effektiver Datenübertragungsrate fraglich	
	Interesse von Kunde und Provider kollidieren: Möglichst wenige Daten pro Zeiteinheit bedeutet maximalen Providerprofit!	

Abb. 15.4: Gestaltung von Verträgen für Internetnutzung: Vor- und Nachteile

Bereich ebenfalls starken Schwankungen unterliegen. Im wesentlichen sind die Kosten für den Betrieb eines Informationsdienstes direkt proportional zu der zur Verfügung gestellten Übertragungsbandbreite. Diverse Provider verknüpfen dies mit einer Beschränkung an Festplattenplatz sowie mit der Anzahl der Zugriffe auf das Unternehmensangebot (z.B. 200 Mbyte Festplattenplatz und 5000 Zugriffe /Hits) inklusive, für je 100 weitere Zugriffe x DM Zusatzgebühr). Als grobe Faustformel kann ein Betrag von DM 500.- bis DM 2.000 pro Monat für kleinere Unternehmen angenommen werden, je nach Bandbreite und Last.

15.2.3 Technische Ausstattung und Netzkapazitäten

Bevor der Anbieter mit dem günstigsten Preis-Leistungsverhältnis als Partner für den Internetbetrieb ausgewählt wird, sollte die technische Ausstattung und die vorhandenen Netzkapazitäten des Providers geprüft werden.

Ein entscheidendes Kriterium stellt dabei die Netzkapazität (Kundennutzbandbreite) des Providernetzes dar. Dies ist jene Kenngröße, die angibt, wie viele Kundendaten gleichzeitig transportiert werden können. Der Mindestwert für einen seriösen Anbieter sollte dabei über 80 Mbit/s liegen. Bei Providern mit geringeren Kapazitäten handelt es sich meist um sogenannte »Garagenfirmen«.

Darüber hinaus ist es empfehlenswert, sich im Detail über die Architektur des Providernetzes zu informieren. Die leistungsfähigste Netzstruktur ist die Sterntopologie, bei der jeder POP direkt mit der Providerzentrale verbunden ist, die selbst wiederum über einen breitbandigen Anschluß an einen oder mehrere

Internethauptübertragungswege angeschlossen ist. Jede Verbindung innerhalb des Providernetzes muß so nur über einen einzigen Knoten - die Providerzentrale - vermittelt werden, wodurch ein aktives Bandbreitenmanagement möglich wird. Das bedeutet, daß im Fall der Überlastung der Datenleitung zu einem POP durch

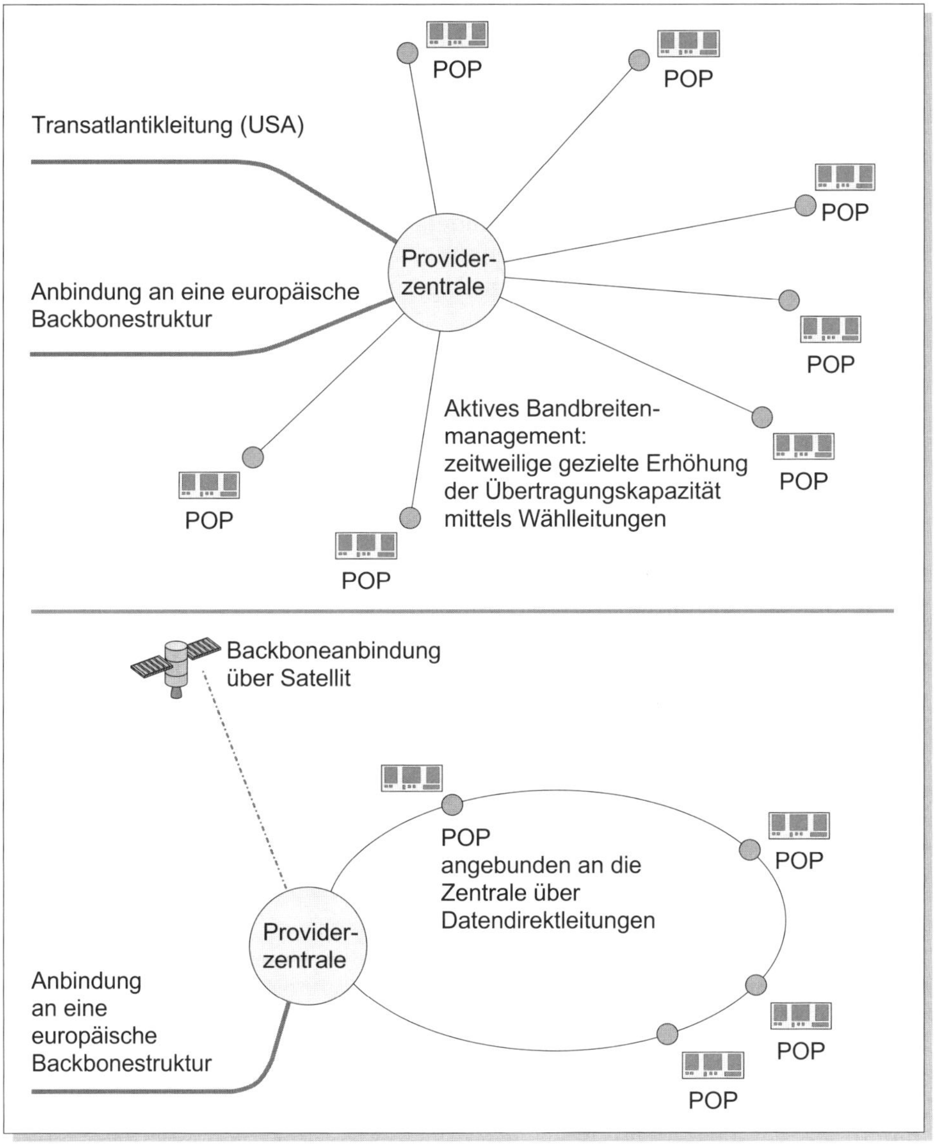

Abb. 15.5: Typische Topologien von Providernetzen

zusätzliche Leitungen eine gezielte Kapazitätserhöhung möglich ist. Die Bandbreite eines jeden POPs ist somit genau definiert und nach oben erweiterbar. Ein POP kann in der Regel nicht durch die Aktivität von anderen POPs beeinträchtigt werden, wie dies bei Ringtopologien der Fall ist. Die Ringtopologie hat zwar den Vorteil, daß jeder POP über zwei Routen das Internet erreichen kann. Da jedoch mehrere POPs ein und dieselbe Leitung benutzen, ist ein gezieltes aktives Bandbreitenmanagement wie im Fall der Sterntopologie nicht möglich.

Mitentscheidend für die Gesamtleistungsfähigkeit des Providernetzes ist darüber hinaus auch die Übertragungskapazität seiner Backbone-Anbindung. Leistungsfähige Provider verfügen über mindestens zwei unabhängige Backboneanbindungen, von denen eine über Transantlantikleitungen direkt in den nordamerikanischen Internet-Backboneverbund mündet. Transatlantikleitungen sollten dabei immer über terrestrische Verbindungen realisiert sein, da diese gegenüber den billigeren Satelitenverbindungen deutlich geringere Verzögerungszeiten aufweisen (Abb. 15.5).

Die technische Ausstattung eines Providers sollte darüber hinaus über folgende Leistungsmerkmale verfügen:

- unterbrechungsfreie Stromversorgungen,
- Klimaschränke,
- geschützte, verschlossene Räume,
- Sicherheitsschlüsselsystem für die Hardware,
- leistungsfähiges Firewallsystem für das Produktionsnetzwerk,
- vollständige Abschirmung des Produktionsnetzes gegenüber Kunden,
- Hot-Swop-Backups (Backups im laufenden Betrieb ohne Systemneustart),
- zuverlässige Hardwarekomponenten (Computersysteme, Router),
- Backup-Komponenten (Computersysteme, Router),
- Service- und Wartungsverträge mit den Telekommunikationsanbietern und Hardwareherstellern,
- Einsatz eines Netzwerkmanagementsystems.

Für den laufenden Betrieb müssen für die Gewährleistung eines reibungslosen Betriebes eine ganze Reihe von Dienstleistungen angeboten werden können. Dazu gehören:

- Hotline,
- vor Ort vorhandene Servicekapazitäten,
- Samstag/Sonntag-Service,
- garantierte Zugangsverfügbarkeit,
- garantierte Bandbreitenverfügbarkeit,
- Serviceverfügbarkeit,
- Prozedur für Fehlermeldungen (Trouble-Ticket-Handling).

Grundsätzlich sollte man sich vor einer endgültigen Entscheidung für einen Provider vor Ort ein Bild vom laufenden Betrieb machen. Fragen nach Nebengeschäftsfeldern sowie dem Zeitraum, während dem der Provider bereits als solcher aktiv ist, vervollständigen den Eindruck vom Unternehmen.

15.3 Auswahl der Datenleitungen

Im Unterschied zum privaten Benutzer, der sich in der Regel lediglich zwischen den Optionen ISDN, ASDL oder analoger Telefonanschluß zu entscheiden hat, ist die Auswahl der geeigneten Datenleitung, mit der die Verbindung zum Internetprovider realisiert werden soll, für ein Unternehmen deutlich schwieriger zu treffen. Durch die private Konkurrenz der vielen neuen Telekommunikationsanbieter sind die Preise für Datenleitungen in den letzten Jahren und Monaten zwar deutlich nach unten korrigiert worden, das Terrain wird dabei allerdings zunehmend unübersichtlicher.

Grundsätzlich können Datenübertragungsleitungen in Form von Wählverbindungen (ISDN/ADSL/analog) oder mittels Datenfestverbindungen (Mietleitungen) realisiert werden. Datenfestverbindungen sind im Unterschied zu Wählleitungen fest zwischen zwei Punkten eingerichtet und permanent übertragungs- bzw. empfangsbereit. Diese ständige Betriebsbereitschaft der Internetverbindung ist auch die Voraussetzung für den selbstständigen Betrieb eines eigenen Internetknotens mit Informationsservern (WWW) sowie einem unternehmenseigenen Mail- und Domain-Namen-Server (DNS). Soll eine eigene Internetinfrastruktur aufgebaut werden, kommt somit als Anbindung zum jeweiligen Internetprovider nur eine Datenfestverbindungen in Betracht. Unternehmen mit zunächst nur geringem Nutzungspotential für das Internet können dagegen alternativ auch alle Funktionen, die eine permanente Internetanbindung erfordern, (Informationsserver, Mail-, DNS-Server) ausgelagert vom Internetprovider betreiben lassen. Als Datenleitungen zum POP des Providers können dann auch Wählleitungen (ISDN mit geringen Verbindungsaufbauzeiten) benutzt werden.

Der nach wie vor mit Abstand größte Anbieter von Datenmitleitungen in Deutschland ist die Deutsche Telekom AG. Die Telekom bietet grundsätzlich zwei Typen von Datenmietleitungen an: Standard-Festverbindungen und Datendirektverbindungen. Standard-Festverbindungstypen (SFV) mit digitalen Schnittstellen decken die Übertragungsraten zwischen 64 kbit/s und 140 Mbit/s ab, Datendirektverbindungen (DDV) werden mit Übertragungsraten zwischen 64 kbit/s und 1,92 Mbit/s angeboten. Der Unterschied zwischen SFVs und DDVs liegt primär darin, daß für DDVs Übertragungsersatzwege geschalten sind, wodurch sich die Verfügbarkeit, aber auch der Preis erhöhen.

Eine teurere Variante von DDV ist T-Inter-Connect, den es auch in ADSL gibt. Hier arbeitet die Telekom nicht nur als Leitungsanbieter, sondern zusätzlich als Provider und stellt IP-Adressen, Domänennamen und Hardware (Router) zur Verfügung.

Abb. 15.7 zeigt einen Auszug aus der Gebührenordnung für SFVs, DDVs und T-Inter-Connect im für die Internetanbindung interessanten Bandbreitenbereich von 64 kbit/s und 6 Mbit/s. Bei den ASDL-Varianten ist auf den Unterschied in der großen Bandbreite zum Internet und der langsameren Verbindung vom Internet zu achten.

Standard-Festverbindung	64 kBit/s	ab DM 208,73
Standard-Festverbindung	2x64 kbit/s (ISDN)	ab DM 254,11
Standard-Festverbindung	2 Mbit/s	ab DM 794,10
Datendirektverbindung	64 kBit/s	ab DM 276,8
Datendirektverbindung	1,92 Mbit/s	ab DM 975,58
Datendirektverbindung (hochverfügbar)	64 kBit/s	ab DM 390,24
Datendirektverbindung (hochverfügbar)	128 kBit/s	ab DM 484,26
Datendirektverbindung (hochverfügbar)	1,92 Mbit/s	ab DM 1089,01
T-Inter-Connect	64 kBit/s	ab DM 544,51
T-Inter-Connect	128 kBit/s	ab DM 771,39
T-Inter-Connect	1,92 Mbit/s	ab DM 2132,75
T-Inter-Connect (ADSL)	1,536 Mbit/s / 160 kbit/s	ab DM 317,64
T-Inter-Connect (ADSL)	2,048 Mbit/s / 192 kBit/s	ab DM 884,83
T-Inter-Connect (ADSL)	4,094 Mbit/s / 384 kBit/s	ab DM 2472,95
T-Inter-Connect (ADSL)	6,016 Mbit(s / 576 kBit/s	ab DM 3607,34
		jeweils inkl. MwSt.

Stand: Oktober 2000

Abb. 15.6: Auszug aus der Gebührenordnung der Deutschen Telekom

In jedem Fall sollte vor dem Vertragsabschluß über eine Datenleitung (Kündigungsfrist drei Monate zum Ende eines Mietjahres) in Erfahrung gebracht werden, ob in der Region auch private Telekommunikationsanbieter vergleichbare Dienstleistungen wie die Telekom anbieten. Nach einer genauen Analyse der unterschiedlichen Angebote kann dann die endgültige Entscheidung gefällt werden.

15.4 Dimensionierung und Auswahl der Hardwarekomponenten

Grundsätzlich ist für die Anbindung an das Internet lediglich ein Routersystem notwendig, wenn alle Internetfunktion zum Service-Provider ausgelagert werden. Der Router kann dabei in einer Minimallösung durch einen Personal-Computer mit entsprechender Routersoftware, einer LAN-Interfacekarte für den Anschluß an das Unternehmensnetzewerk sowie einer oder mehrer ISDN-Karten zum Anschluß an den Internetprovider benutzt werden. Die Hardwarekosten für preiswerte Geräte belaufen sich dabei auf etwa DM 1.000. Grundsätzlich handelt es sich bei einem solchen Routersystem allerdings um eine kritische Komponente, bei deren Ausfall der Internetzugang vollständig unterbrochen wird. Die dafür benutzten Hardwarekomponenten sollten daher höchsten Qualitätsansprüchen vor allem im Dauerbetrieb genügen. Dedizierte Routersysteme (z.B. Cisco) sind in den meisten Fällen zuverlässiger als selbstkonfigurierte PC-Routersysteme Marke Eigenbau.

Soll ein unternehmenseigener Internetknoten aufgebaut werden, so ist einiges mehr an Hard- und Softwarekomponenten erforderlich. Neben dem Anschlußrouter zum Internetprovider müssen zumindest die Funktionen

- Firewall,
- Primary und Secondary DNS-Server und ein
- E-Mail-Server mit Internet-Virenscanner

realisiert werden. Soll zusätzlich noch ein Informationsdienst angeboten werden, so kommen dazu noch die Serverkomponenten des jeweils gewählten Informationsdienstes (WWW, FTP).

Theoretisch lassen sich die aufgeführten Funktionen alle mit einem einzigen, entsprechend leistungsfähigen Computersystem realisieren, das zudem nebenbei noch als Router fungiert. Lediglich der Secondary DNS-Server müßte auf ein zweites Rechnersystem ausgelagert werden, um der Anforderung an Internetknoten, für den DNS-Dienst zwei voneinander unabhängige Systeme zur Verfügung zu stellen, genügen zu können. Für letzteres ist bereits ein PC-System in der Leistungsklasse eines 486-Intel-PCs durchaus ausreichend. Empfehlenswert ist eine solche Minimalkonfiguration allerdings keinesfalls, da durch die große Anzahl der zu installierenden Softwarekomponenten auf einem System die Fehlerwahrscheinlichkeit deutlich erhöht wird. So können Sicherheitsprobleme oder Fehlfunktionen eines einzigen Dienstes (z.B. FTP oder WWW) unmittelbar alle anderen Anwendungen beeinflussen und außer Betrieb setzen. Eine saubere, fehlerfreie Konfiguration des Firewallsystems wird durch das Vorhandensein einer großen Anzahl von Applikationen zudem wesentlich schwieriger, wenn nicht gar unmöglich. Serverapplikationen benötigen oft Root- oder SYSTEM-Rechte. Ist eine solche Serverapplikation kompromittiert, so ist damit praktisch gleichzeitig das Firewallsystem außer Gefecht gesetzt. Als letztes Argument gegen eine Einrechnerlösung soll schließlich noch angeführt werden, daß bei einem Systemausfall (hard- oder softwarebedingt) alle Dienste gleichzeitig betroffen sind und der Zugang in das Internet vollständig unterbrochen ist.

Für eine sinnvolle Minimallösung sind daher neben einem qualitativ hochwertigem, eigenständigen Routersystem zumindest drei weitere Computersysteme notwendig: Ein Firewallsystem, ein Internetservicesystem (Primary DNS, E-Mail-Server, WWW/FTP-Server) sowie ein System für den Secondary DNS (das Führen des Secondary DNS kann jedoch auch gegen eine relativ geringe Gebühr vom Internetprovider übernommen werden, falls dies die Unternehmensrichtlinien für Netzwerksicherheit zulassen). Die Systeme für das DNS-System und das Internetservicesystem werden zwischen der Firewall und dem Routersystem – verbunden durch ein kleines lokales Netzwerk – angeordnet. Der Router, entsprechend konfiguriert, bietet dabei neben der Anbindung an den Provider einen ersten Schutz, läßt allerdings kontrolliert Zugriffe auf die öffentlichen FTP oder WWW-Dienste zu. Der nachfolgende Firewallrechner stellt die eigentliche Abschirmung des Unternehmensnetzwerks gegen das Internet dar.

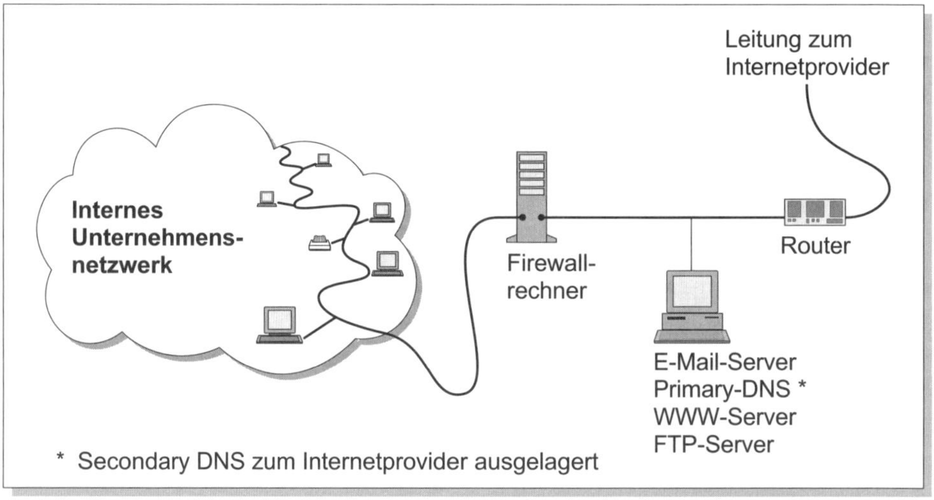

Abb. 15.7: Die Minimalkonfiguration für den Betrieb eines Internetknotens

Die Hardwarevoraussetzungen von Internet-Hostcomputern sind heute bereits mit Systemen der mittleren Workstation-Leistungsklasse (HP, Sun, Silicon Graphics) beziehungsweise durch leistungsfähige PC-Systeme (Pentium, Pentium-Pro-Klasse, Apple Power-PC) zu erfüllen, ausreichender Hauptspeicher vorausgesetzt. Mitentscheidend bei der Auswahl der Computersyteme sollten die jeweils unterstützen Betriebssysteme sein. Für den Einsatz als Internet-Server bzw. Firewallsystem kommen im professionellen Bereich dabei vor allem die beiden Betriebssysteme UNIX und Windows NT/2000 in Betracht, wobei besonders die Windows-Systeme vor der Installation der Firewall-Software von der Konfiguration her zusätzlich abgesichert werden müssen.

Der Vorteil von UNIX liegt dabei vor allem in der sehr großen Anzahl an weit verbreiteten Server-Installationen. Von der großen Vielfalt an ausgereiften Softwareapplikationen sind zudem ein Großteil kostenlos verfügbar. Des weiteren beinhalten alle UNIX-Version standardmäßig auch SMTP (Mail-Protokoll) und DNS. Die Vorteile von Windows NT/2000 liegen in der meist sehr übersichtlichen Administration der Applikationen.

15.5 Zusammenstellung und Auswahl der Internetsoftware

Auf dem rasch wachsenden Markt für Internetsoftware stehen eine große Vielfalt an Applikationen zur Auswahl, mit der alle beschriebenen Funktionen auf nahezu jeder Computerplattform realisiert werden können. Ein großer Teil der Softwarepakete sind als Public-Domain frei verfügbar, der Anteil der kommerziellen Internet-Software ist jedoch stark im Wachstum begriffen.

Grundsätzlich spricht nichts dagegen, auch im professionellen Bereich Public-Domain-Systeme wie etwa Linux einzusetzen. Im Gegenteil sind bis heute die populärsten Public-Domain-Internetapplikationen vielfach leistungsfähiger und zuverlässiger als kommerzielle Applikationen, die oft unter Zeitdruck während der letzten ein bis zwei Jahre erstellt wurden. Aufgrund des großen Anwenderkreises sind diese Programme zudem sehr ausgereift und haben ihre Tauglichkeit tausendfach im täglichen Einsatz bewiesen. Zu bedenken ist allerdings, daß für Public-Domain-Programme kein direkter Support verfügbar ist. Dieses Manko kann durch den Zugriff auf externe Spezialisten sowie über Benutzerforen im Internet selbst zum Teil ausgeglichen werden. Neben den Herstellern von Internetserversoftware sollen nachfolgend deshalb die populärsten und leistungsfähigsten PD-Applikationen für den Betrieb von Internethosts aufgeführt werden. Die Installation des Software setzt in jedem Fall detailliertes Wissen über das betreffende Betriebssystem voraus und sollte von erfahrenen Spezialisten durchgeführt werden.

15.5.1 E-Mail-Server (MTA)

Die älteste und am weitesteten verbreitete Applikation eines E-Mail-Servers (MTA – Mail Transport Agent) ist sendmail. Sie ist für die Betriebssysteme UNIX, Windows NT/2000 und OS/2 verfügbar. Die jeweils aktuelle sendmail-Version mit FAQs und anderen Dokumenten kann über

`http://www.sendmail.org/`

bezogen werden. Sendmail selbst ist ein außerordentlich komplexes Programm und nicht einfach zu konfigurieren. In der Vergangenheit traten immer wieder Sicherheitsprobleme in den verschiedenen Versionen auf, die allerdings zwischenzeitlich korrigiert werden konnten. Zwei empfehlenswerte Bücher, die sich ausschließlich mit der Thematik sendmail beschäftigen sind

- Costales, Allman, and Rickert: Sendmail
  O'Reilly&Associates
- Avolio&Vixie: Sendmail - Theory and Practice
  Digital Press

15.5.2 Domain Name Server (DNS)

Die am weitesten verbreitete DNS Implementation ist der Berkely Internet Name Daemon (BIND). Praktisch jeder Internetknoten nutzt für die DNS-Dienste diese Applikation, die für die meisten UNIX-Varianten verfügbar und in der Regel im Standardlieferumfang enthalten ist. Neueste Versionen inklusive Dokumenten gibt es unter

`http://www.isc.org/products/BIND/`

15.5.3 Internet (Usenet) News-Server

Der Klassiker unter den News-Servern ist der unter Unix laufende INN, der unter

`http://www.isc.org/products/INN/`

bezogen werden kann.

15.5.4 WWW-Server

Die derzeit am weitesten verbreiteten WWW-Server sind die Implementationen von Apache, Microsoft, und iPlanet (Abb. 15.8).

Eine der populärsten und leistungsfähigsten Serverapplikationen ist das Programm des Apache-Projektes, eines Zusammenschlusses von Freiwilligen im

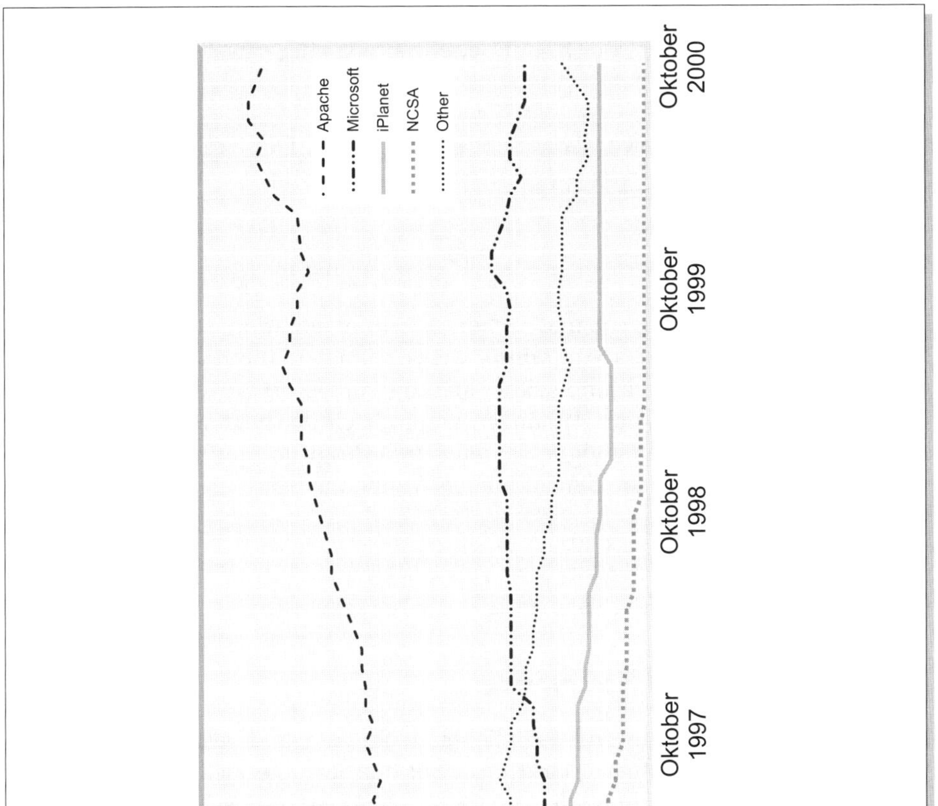

Abb. 15.8: Statistik der am meisten genutzten WWW-Server

Internet. Das Ziel des Projektes ist es, einen sicheren und komfortablen WWW-Server zu implementieren, der frei für jedermann verfügbar ist.

`http://www.apache.org`

Eine Liste aller WWW-Server (kommerziell und Public-Domain) findet sich unter

`http://www.w3.org/Servers.html`

15.5.5 FTP

Die derzeit leistungsfähigste und sicherste Implementation zum Betrieb eines FTP-Servers ist wu-FTP, das Programm, das vor einigen Jahren an der Universität von Washington entwickelt und seither ständig verbessert wurde. Aber auch das Programm ProFTP hat seine Anhänger, wenngleich bei beiden Programmen in der Vergangenheit Angriffsmöglichkeiten durch Programmierfehler (Pufferüberläufe) bekannt wurden. In den aktuellen Versionen sind diese Fehler jedoch beseitigt.

wu-FTP	`ftp://wuarchive.wustl.edu/packages/wuarchive-ftpd/`
ProFTP	`http://www.lab-pro.com/articles/ftp.htm`

15.5.6 Firewall-Software

Im Kapitel 17 werden die grundsätzlichen Techniken und Konfigurationen für Firewall-Systeme vorgestellt. Markführer bei den kommerziellen Produkten ist Checkpoint mit seiner Firewall-1, gefolgt von Axent mit seinem Raptor und Network Associates mit der Gauntlet-Firewall. Aber auch frei verfügbare Software wird gerne eingesetzt, vor allem die Kombination Linux-Paketfilter (ipchains) mit dem TIS Firewall-Toolkit. Das TIS-Toolkit ist übrigens eine frühe Variante der Gauntlet-Firewall ohne graphisches Frontend.

Firewall-1	`http://www.checkpoint.com/`
Raptor	`http://www.axent.com/`
Gauntlet	`http://www.pgp.com/`
TIS-Toolkit	`http://www.tis.com/fwtk/`
Cisco PIX	`http://www.cisco.com/pix/`

Eine (nahezu) komplette Liste aller Firewall-Systeme gibt es im Internet unter

`http://www.thegild.com/firewall/`

15.6 Qualitätskontrolle, Nutzungsanalysen und Betrieb

Genauso wichtig wie die sorgfältige Planung und Implementation des Internetzugangs ist nach der Inbetriebnahme die ständige Qualitätskontrolle. Die meisten Serverapplikationen beinhalten Softwaremodule, die Statistiken über die Anzahl und den Umfang der Zugriffe erstellen. Regelmäßige Messungen der Server-CPU-Auslastung sowie des Verkehrsaufkommens mit Hilfe von Protokollanalysatoren und Netzwerkmanagementapplikationen vor allem während der Spitzenlastzeiten geben Aufschluß darüber, ob eine Über- oder Unterdimensionierung von Hardwarekomponenten oder Datenleitungen vorliegt. Eine eventuell notwendige Erweiterung der Kapazitäten kann so rechtzeitig geplant und durchgeführt werden.

15.7 Informationen und Archive im Internet

Mailserver

Eudora Server/Client	`http://www.eudora.com/`
Pegasus Server/Client	`http://www.pegasus.usa.com/`
Netscape Server/Client	`http://home.netscape.com/`
SLMail-Server	`http://www.seattlelab.com/`
Sendmail-Server	`http://www.sendmail.com/`
QMail-Server	`http://www.qmail.org/top.html`

DNS-Server

BIND	`http://www.isc.org/products/BIND/`

News-Server

INN	`http://www.isc.org/products/INN/`

WWW-Server

CERN-Server	`ftp://ftp.w3.org/pub/httpd`
NCSA-Server	`http://hoohoo.ncsa.uiuc.edu/docs/setup/PreCompiled.html`
Apache	`http://www.apache.org`
Liste von WWW-Servern	`http://www.w3.org/Servers.html`
WWW-Server Vergleich	`http://webservercompare.internet.com/server-main.html`

FTP-Server

University of Washington wu-FTP	`ftp://wuarchive.wustl.edu/packages/wuarchive-ftpd/`
ProFTP	`http://www.lab-pro.com/articles/ftp.htm`
FTP Serv-U	`http://FTPServ-U.deerfield.com/`

Firewall-Software

Firewall-1	`http://www.checkpoint.com/`
Raptor	`http://www.axent.com/`
Gauntlet	`http://www.pgp.com/`
TIS-Toolkit	`http://www.tis.com/fwtk/`
Cisco PIX	`http://www.cisco.com/pix/`
Liste aller Firewall-Systeme	`http://www.thegild.com/firewall/`

Stichworte für Suchmaschinen

internet server faq
internet server help
information server tutorial
C-News
INN Internet News
sendmail tutorial
sendmail faq
firewall faq

Unternehmenseigene Internetpräsenz: Planung und Aufbau

16

In the future there will be only two kinds of companies: the quick and the dead

J. Bodenkamp, Intel

Schätzungen zufolge sind bereits über 90% aller Unternehmen mit dem Internet verbunden. Die meisten davon verfügen bereits über eine eigene Präsenz im Internet oder planen diesen Schritt in naher Zukunft. Das Internet entwickelt sich für die Wirtschaft zu einem unverzichtbaren Medium für die Abwicklung von Geschäftsprozessen. Marketing, Vertrieb und Kommunikation mit Kunden können mit Hilfe des Internet in mit traditionellen Mitteln unmöglicher Effizienz realisiert werden. Die globale Struktur des Internets ermöglicht es zudem auch kleinen und mittleren Unternehmen, kostengünstig eine weltweite, professionelle Repräsentanz aufzubauen, wie es bisher lediglich Großkonzernen vorbehalten war. Selbst kleine Handwerksbetriebe und Dienstleister bieten ihre Dienste heute schon über das Web an. Eine E-mail-Adresse gehört schon fast zum guten Ton, so wie in den achtziger Jahren die Faxnummer.

Mit der zunehmenden Verlagerung von Geschäftsprozessen in das Internet wächst der Druck auf jedes einzelne Unternehmen, möglichst rasch selbst mit einem professionell gestalteten Angebot im Internet präsent zu sein. Vor allem, wenn bisher noch keinerlei Erfahrungen mit dem Internet gemacht wurden, sollte dabei großer Wert auf eine systematische, strukturierte Planung gelegt werden. Das Erscheinungsbild und die Qualität des unternehmenseigenen Internetdienstes stellt die Visitenkarte des Unternehmens dar. Für viele potentielle Kunden ist die Internetpräsenz eines Unternehmens der erste Eindruck und häufig die einzige Kontaktmöglichkeit überhaupt. Die Einschätzung des Unternehmens durch diese Internetbenutzer wird damit wesentlich durch das Layout und die Inhalte des betreffenden Internetangebots geprägt, selbst wenn diese nur von externen Dienstleistern erstellt wurden und mit dem Unternehmen nur eine indirekte Verbindung haben.

16.1 Strukturierte Planung der Internetpräsenz

Der erste Schritt bei der Planung eines unternehmenseigenenen Internetdienstes ist die Definition von internen Unternehmensstrukturen, die für die Umsetzung der verschiedenen Komponenenten des Internetdiestes zuständig sind. Erst nach der Entwicklung einer Strategie für die Internetpräsenz sowie der Konzeptentwicklung wird die eigentliche Anbindung an das Internet organisiert. In weiterer Folge werden die Inhalte und das Layout entworfen, in die ausgewählte Dienststruktur implementiert (meist WWW) und anschließend ausführlich getestet. Nach dem Start des Internetdienstes ist schließlich für die Aktualisierung der Inhalte zu sorgen. Nichts schreckt potentielle Kunden mehr ab als veraltete Inhalte oder Links, die ins Leere führen. Um den Grad der Akzeptanz der Seiten beim Besucher zu ermitteln, müssen Nutzungsstatistiken erstellt und ausgewertet werden (Abb. 16.1).

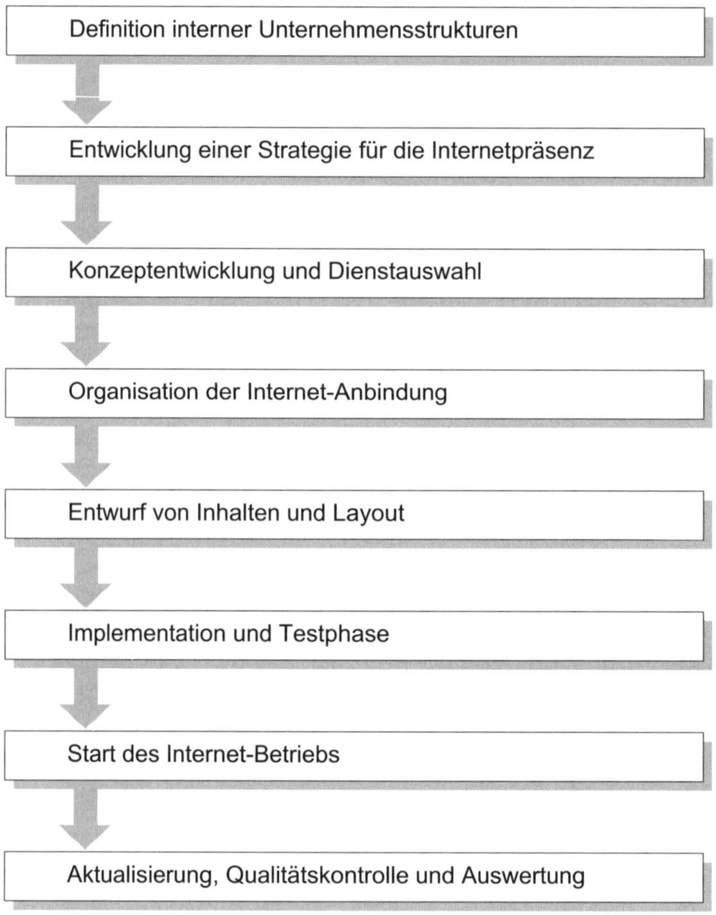

Abb. 16.1: Strukturierte Planung der Internetpräsenz

16.2 Definition interner Unternehmensstrukturen

Der Aufbau eines Internetdienstes ist ein komplexerer Vorgang, als es auf den ersten Blick erscheinen mag. Der Grund dafür liegt nicht etwa in den technischen Schwierigkeiten, sondern in der Vielzahl an unterschiedlichen Verantwortungsbereichen, die dafür in einem Unternehmen koordiniert werden müssen. Die zu definierenden Verantworungsbereiche sind dabei

- die für den Inhalt verantwortlichen Personen,
- für die Formulierung und Erstellung der Inhalte zuständigen Redakteure (Marketingabteilung, Vertrieb),
- ein für die Gestaltung und Umsetzung des Layouts verantwortliches Team (Marketing, externer Partner),
- ein für die technische Wartung und den Betrieb des Internetservers verantwortliches Team (EDV, externer Partner),
- rechtliche Prüfung der Inhalte.

Die für den Inhalt der Internetpräsenz verantwortlichen Personen müssen die Kompetenz besitzen, das Unternehmen offiziell nach außen hin zu vertreten. Alle Inhalte auf einem Internetserver sind mit offiziellen Veröffentlichungen vergleichbar und unterliegen dem Pressegesetz. Es sollte genau festgelegt werden, welche Personen für welche Inhalte (z.B. Preislisten, technische Spezifikationen, Produktankündigungen, etc.) die Verantwortung tragen sowie wer per E-mail im Namen des Unternehmens auf Anfragen oder Kommentare antworten darf. Darüber hinaus sollten alle über das Internet veröffentlichten Inhalte auch einer entsprechenden juristischen Prüfung unterworfen werden. Insbesondere ist dabei auf Verstöße gegen das Urheberrechtsgesetz (Bilder, Logos, Clip-Arts, Texte, Sounds etc.) zu achten.

Neben den für den Inhalt verantwortlichen Personen muß darüber hinaus ein Team definiert werden, welches für die eigentliche Erstellung der angebotenen Inhalte zuständig ist. Falls diese Arbeiten inhouse durchgeführt werden sollen, sind dies in der Regel ein bis zwei Vertreter aus den für den jeweiligen Bereich zuständigen Abteilungen wie z.B. Vertrieb, Service, Marketing oder Entwicklung.

Weitere Teams sind für die Bereiche Gestaltung und die Umsetzung des Layouts (z.B. Design und Erstellung der WWW-Seiten etc.) sowie für die technische Realisierung (Betrieb und Aufbau des Servers) zusammenzustellen. Diese Aufgaben können allerdings auch einer spezialisierten, externen Partnerfirma übertragen werden. Die relativ geringen dafür aufzuwendenden Kosten lassen dies gerade für kleine bis mittlere Unternehmen attraktiv erscheinen.

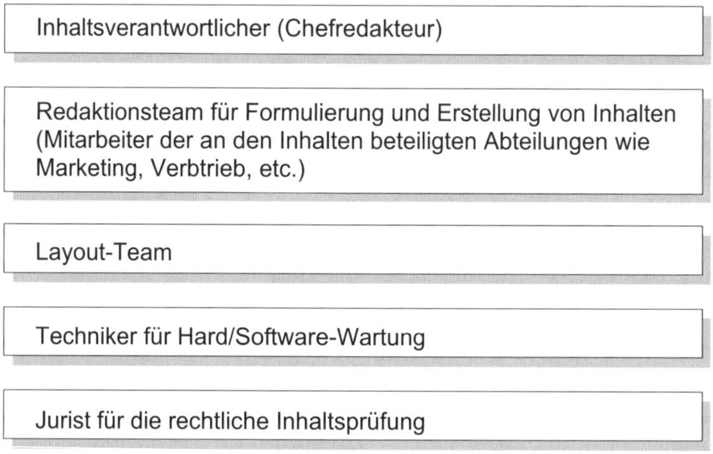

Abb. 16.2: Interne Unternehmensstruktur für ein Internetangebot

16.3 Entwicklung einer Strategie für die Internetpräsenz

Nach der Klärung der organisatorischen Strukturen für den Internetdienst kann damit begonnen werden, eine konkrete Strategie für die Internetpräsenz zu entwickeln. Dabei gilt es zunächst festzulegen, für welche Geschäftsprozesse das Internetangebot entwickelt werden soll. In der Regel betrifft dies die Bereiche

- Marketing,
- Vertrieb/Auftragsabwicklung,
- Service und
- Unternehmens-Kommunikation.

Für das Marketing eines Unternehmens ergeben sich mit Hilfe eines unternehmenseigenen Internetangebotes eine ganze Reihe von völlig neuen Möglichkeiten. Beim Einsatz als Informations- und Werbemedium können mit Hilfe eines Internetservers im Unterschied zur klassischen Anzeigenwerbung beispielsweise konkrete Angaben über die Reichweite und, mittels der Auswertung von Serverstatistiken, die Anzahl der erreichten Kontakte gemacht werden. Darüber hinaus ermöglicht die Nutzung der interaktiven Eigenschaften des Mediums Internet den Empfang von Kundenrückmeldungen, die sowohl die Produkte und Dienstleistungen als auch Layout und Aufmachung des Internetdienstes betreffen. Aufgrund der Einfachheit des Vorganges beim Verfassen einer Rückmeldung (wenige Mausklicks) ist die Zahl und die Aussagekraft des Feedbacks beim Internetmarketing wesentlich höher als dies bei klassischen Marketinginstrumenten (Direct Mail, Anzeigen, Werbeeinschaltungen) der Fall ist.

Die Vorteile der Internetnutzung als Vertriebsunterstützung liegen ebenfalls auf der Hand. Rund um die Uhr können einem weltweiten Publikum topaktuelle Preis- und Produktinformationen zur Verfügung gestellt werden. Darüber hinaus wird das Internet von vielen Firmen in zunehmendem Maße auch als zusätzliches Medium für die Entgegennahme von Bestellungen (abhängig vom Produktportfolio eines Unternehmens) genutzt.

Erheblichen Nutzen kann auch der Bereich Kundenservice aus der Beteiligung am Internetangebot ziehen. Je nach Branche können Serviceanleitungen, FAQs (Frequently Asked Question-Listen), Ersatzteilnummern oder Software-Updates über den Internetserver angeboten werden.

Die am weitesten verbreitete Anwendung der Internetanbindung ist schließlich die Nutzung des Internet als Kommunikationsmedium mit Hilfe von E-Mails. Mit geringsten Kosten kann dabei eine effiziente, globale Kommunikationsinfrastruktur sowohl unternehmensintern als auch zu Partnerunternehmen und Kunden aufgebaut werden.

Marketing

- Information
- Werbung
- Kundenrückmeldungen

Vertrieb

- Preis-/Produkt-Informationen
- Sonderangebote
- Auftragsabwicklung

Service

- Service-Anleitungen/-Handbücher, FAQs
- Ersatzteilbestellung
- Software-Updates

Kommunikation

- Globale Kommunikationsinfrastruktur (E-Mail, Dokumentversand): unternehmensintern und für Unternehmens-Kunden

Abb. 16.3: Beispiele für über das Internet abwickelbare Geschäftsprozesse

Nachdem die Funktionen, die Ziele sowie die strategische Ausrichtung des Internetdienstes definiert sind, wird im nächsten Schritt ein Detailkonzept entwickelt und die Auswahl des bzw. der dafür zu benutzenden Internetdienste getroffen.

16.4 Konzeptentwicklung und Auswahl von Diensten

Je nach Zielgruppe und Art der Informationen, die vermittelt werden sollen, gilt es nun, ein funktionelles und inhaltliches Konzept zu entwickeln, auf dessen Basis schließlich die Auswahl des optimalen Mix an Internetdiensten erfolgt. Je nachdem, ob sich ein Angebot an private Endkunden richtet oder in den Investitionsgüterbereich zielt, ergeben sich dabei für Aufmachung und funktionelle Gestaltung signifikante Unterschiede. Im Endkundenbereich wird dem Unterhaltungswert eines Dienstes in der Regel ein hoher Stellenwert eingeräumt, während im Investitionsgüterbereich der Schwerpunkt auf der professionellen Vermittlung von konkreten Informationen liegt.

Unabhängig von der Zielgruppe sollte allerdings in jedem Fall dem Medium Internet entsprechend bei der Gestaltung der Dienste von den interaktiven und multimedialen Möglichkeiten Gebrauch gemacht werden. Zu den Funktionen, die dadurch realisiert werden können, gehören unter anderem

- Volltextsuche über das gesamte unternehmenseigene Angebot,
- Registrierung von Stammgästen,
- Zusatzfunktionen und Zusatzangebote nur für Stammgäste,
- geschlossene Benutzergruppen - VIP Corner (mit Passwort),
- Diskussionsecken,
- Feedback-Formulare,
- Bestell-Formulare,
- Informations-Abonnement via E-Mail.

Eine Volltextsuche nach vom Benutzer vorzugebenden Schlüsselbegriffen ist vor allem bei umfangreichen Informationsangeboten eine sinnvolle Ergänzung (Abb. 16.4). Ein solches Zusatzangebot kann dabei als Anreiz zur Registrierung ausschließlich registrierten Benutzern vorbehalten bleiben (Abb. 16.5). Als weitere Zusatzfunktionen für solche Stammgäste können Features wie

- spezielle Informationsangebote,
- bestimmte Dokumente wie Standards oder Spezifikationen im Volltext,
- Online-Diskussionen mit Unternehmensvertretern, Prominenten etc.,
- regelmäßige Informations-E-Mails bei neuen Produkten oder neuen Inhalten im Internetangebot

angeboten werden. Eine hohe Registrierungsrate ist aus einer ganzen Reihe von Gründen von erheblicher Bedeutung. Zum einen kann über die registrierten Besucher die Effizienz des Internetdienstes bestimmt und die Besucherstruktur genau ermittelt werden. Gleichzeitig wird damit eine Kundendatenbank aufgebaut. Soll die Begrüßungsseite darüber hinaus anderen Unternehmen als Werbemedium zur Verfügung gestellt werden, so ist die Anzahl der registrierten Nutzer der Parameter, nach dem die Mietpreise für die jeweilige Homepage ermittelt wird. (Die Wochenpreise für die Einblendung von Firmenlogos in populäre Homepages betragen heute zwischen 1.000,- DM und 30.000,- DM!)

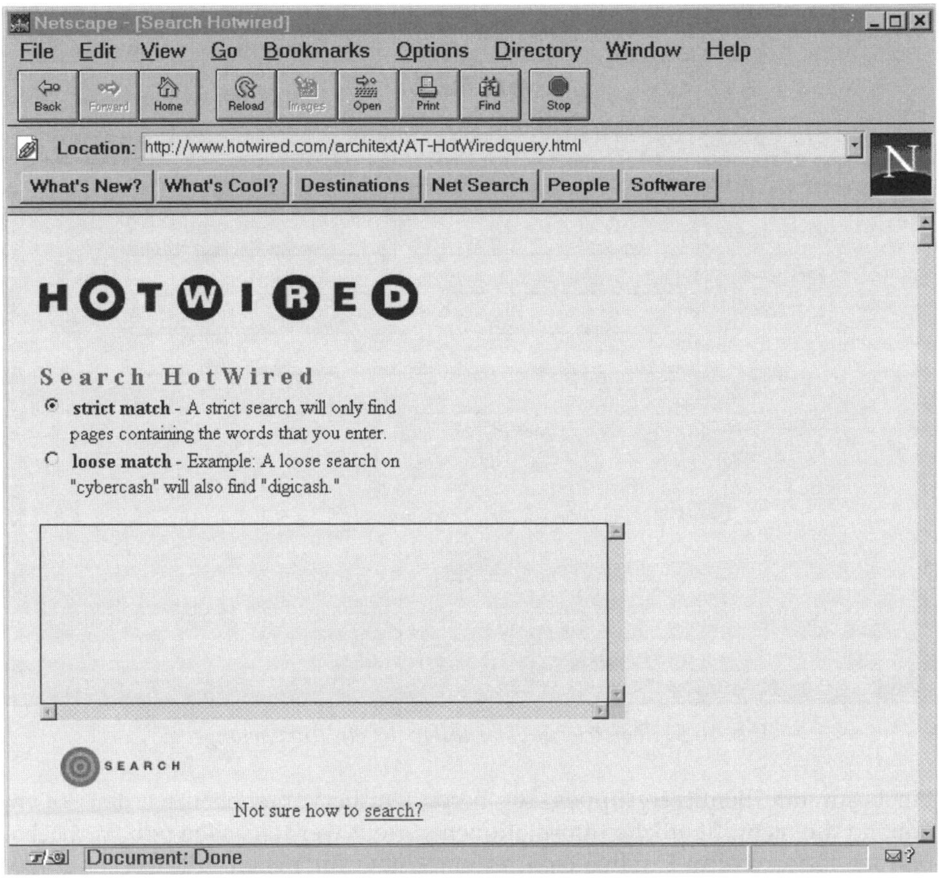

Abb. 16.4: Volltextsuche innerhalb eines Internetangebots

Ein weiteres wichtiges Instrument zur Kontaktaufnahme mit der bestehenden Kundenbasis oder potentiellen zukünftigen Kunden sind Diskussionsecken. Dabei sollten Diskussionsgruppen zu möglichst spezifischen Themen aufgebaut werden, um konstruktive und aussagekräftige Beiträge zu provozieren. Ein Moderator sollte die eingehenden Nachrichten strukturieren und aus den interessantesten Diskussionen ein für jedermann zugängliches Archiv aufbauen (lediglich 5% der Besucher von Diskussionsgruppen liefern tatsächlich eigene Beiträge, 95% sind passive Leser).

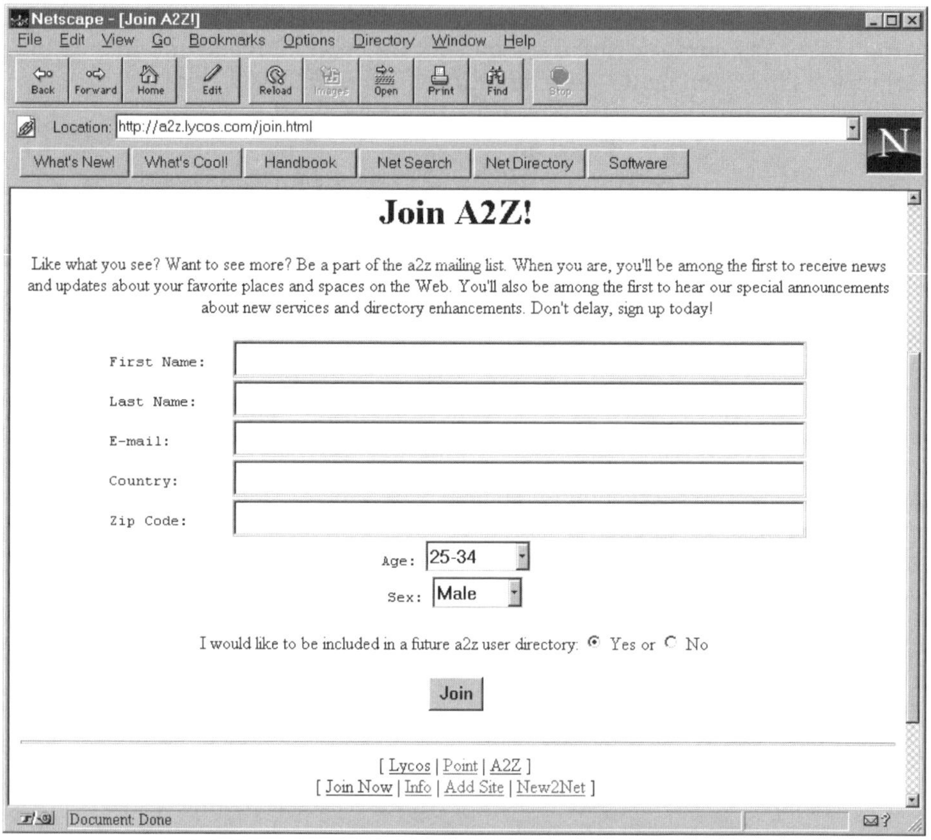

Abb. 16.5: Registrierungsformular für ein Internetangebot

Für bestimmte Benutzergruppen, die besonders hervorgehoben werden sollen, oder an die nichtöffentliche Informationen verteilt werden sollen (z.B. Vertriebspartner, Key-Account-Kunden etc.), kann darüber hinaus ein VIP-Corner eingerichtet werden. Zugang zu diesem Bereich erhalten nur handverlesene Kunden, für die mittels Login und Passwort der Zugang freigeschalten wird.

Wichtige inhaltliche Gestaltungselemente für die passiven Informations- und Werbekomponenten des Internetdienstes sind neben einer regelmäßigen

Aktualisierung und komfortabler Nutzerführung (maximal 3 Mausklicks bis zur gesuchten Information):

- attraktive Begrüßungsseiten (Running Gag),
- »Whats New?« Ecke,
- Druck/Download-Funktion für größere Textmengen.

Große Sorgfalt und eine gehörige Portion Kreativität sollten vor allem für die Gestaltung der Begrüßungsseite verwendet werden. Um die Aktualität des eigenen Angebots deutlich zu machen, können beispielsweise Informationen wie aktuelle Wettervorhersagen, Börsenkurse, Sportergebnisse etc. als »Running Gags« eingeblendet werden, vor allem wenn sich die Seite an Privatkunden richtet.

Um regelmäßigen Besuchern das Auffinden von neuen Informationen zu erleichtern, können diese unter einem Menüpunkt wie z.B. »Was ist neu?« aufgeführt werden. Über Links kann dann direkt zu den jeweiligen aktuellen Inhalten verzweigt werden.

Der direkte Ausdruck von für Online-Dienste erstelltes Material eignet sich in der Regel nur schlecht zum Lesen in gedruckter Form, weshalb für den Ausdruck von umfangreicheren Dokumenten stets eine für den Druck formatierte Version zum Download bereitstehen sollte.

Nach der Fertigstellung des funktionellen und inhaltlichen Konzeptes erfolgt die Auswahl der Internetdienste, mit deren Hilfe eine Umsetzung erfolgen soll. Obwohl heute nahezu jedes neue Internetangebot im wesentlichen auf einem World-Wide-Web-Serversystem beruht, benutzen die besten Internetangebote eine Kombination von mehreren Diensten, die gemeinsam ein optimales Resultat liefern. Zur Auswahl stehen neben dem World Wide Web die Dienste

- FTP,
- MailBots und
- Mailing-Listen.

Der FTP-Dienst erzielt für den Benutzer die beste Bandbreitenausnutzung, wenn es um die reine Übertragung von Dateien geht. FTP kann somit eine sinnvolle Ergänzung zu einem WWW-Server darstellen, wenn es darum geht, Downloads von Demo-Versionen, Updates, Datenblätter, Serviceanleitungen, Preislisten etc. zu verteilen.

Mailbots (Kunstwort aus Mail und Robot) schließlich sind automatische E-Mail-Beantwortungsprogramme, die eingehende Mails nach Stichworten analysieren und entsprechende, vorbereitete E-Mails versenden. Wird ein Mailbot als Informationsverteilungssystem benutzt, so wird auf eine eingehende E-Mail automatisch eine standardmäßige Antwort versendet. Mail-Bots sind außerordentlich effiziente und nützliche Programme, mit denen Informationen wie Preislisten, Datenblätter etc. einfach und benutzerfreundlich versendet werden können. Besteht bereits eine umfangreiche Stammkundendatei, so kann diese mit Hilfe eines Mailinglisten-Servers zur regelmäßigen, automatischen Versendung von Neuigkeiten benutzt werden.

Nach der Festlegung, welche Internetdienste genutzt werden sollen, kann die Internetanbindung organisiert und das Konzept implementiert werden.

World Wide Web	Universell einsetzbar, multimediale Darstellung, am besten für die Präsentation von Informationen geeignet – allerdings ineffizient bei geringen Übertragungsbandbreiten.

Mailbots Mailinglisten	Sehr gutes Preis-/Leistungsverhältnis, automatischer Kunden-Informationsdienst möglich. Erreicht auch Kunden mit auf E-Mail beschränktem Internet-Zugang.

Abb. 16.6: Dienstplattformen für die Implementierung von Internetangeboten

16.5 Organisation der Internetanbindung

Die Organisation der Internetanbindung besteht zunächst darin, eine Internetadresse sowie einen Domainnamen zu beantragen. Dies kann entweder direkt beim Network Information Center (in Deutschland bei einem Mitglied des DENIC eG) oder indirekt über jeden Internet-Service-Provider geschehen.

Bereits die Auswahl des Domainnamens sollte mit einiger Sorgfalt und Überlegung erfolgen. So können anstelle des Firmennamens oder irgendeines Kürzels beispielsweise das bekannteste oder erfolgreichste Produkt eines Unternehmens im Namen aufscheinen. (Z.B. www.nutella.de oder www.pampers.de etc.). Ein WWW-Server mit einem solchen Namen kann von interessierten Kunden intuitiv durch Eingabe des Domain-Namens aufgefunden werden, der sich darüber hinaus auch sehr leicht merken läßt. Größere Firmen belegen gleich reihenweise Domänen mit ihren Produktnamen und Aktivitäten.

Im zweiten Schritt erfolgt dann die Auswahl eines geeigneten Internetproviders, über den die physikalische Internetanbindung erfolgt. Die Entscheidung, ob dies über einen eigenen Internetserver oder durch Anmietung von Speicherplatz und Übertragungsbandbreite am Server eines Internetdienstleisters geschehen soll, hängt vom Umfang des Dienstangebots sowie vom zur Verfügung stehenden Budget ab. Die Anfangsinvestition für den Aufbau und den Betrieb eines WWW-Servers belaufen sich im ersten Jahr immerhin auf knapp 190.000 DM, die Betriebskosten für jedes weitere Jahr liegen ebenfalls noch bei etwa 120.000,- DM

(Abb. 16.7). Wird die gesamte Darstellung im Web an externe Dienstleister vergeben, ergeben sich bei kleineren Unternehmen erhebliche Kostenvorteile.

	Kosten im ersten Jahr	**Folgekosten pro Jahr**
Webserver	10.000,00 DM	
Software	10.000,00 DM	
Sicherheitsmaßnahmen	12.000,00 DM	
Datenaufbereitung	35.000,00 DM	
anteilige Leitungskosten	18.000,00 DM	18.000,00 DM
Personal (1/2 Mitarbeiter)	75.000,00 DM	75.000,00 DM
Wartung Hardware	5.000,00 DM	5.000,00 DM
Wartung Software	5.000,00 DM	5.000,00 DM
Aktualisierung der Daten	16.000,00 DM	16.000,00 DM
Summe	**186.000,00 DM**	**119.000,00 DM**

Abb. 16.7: Kosten für Anfangsinvestition und Betrieb eines WWW-Servers

16.6 Entwurf von Inhalten und Layout

Am Anfang des Entwurfs von Inhalt und Layout der Webseiten sollte die Erstellung eines Katalogs mit generellen Gestaltungsrichtlinien stehen. Die Corporate-Identity für die Online-Präsentation des Unternehmens muß festgelegt werden sowie ein einheitliches Seiten-Layout definiert werden. Dazu gehören unabhängig von der gewählten Diensteplattform:

- systematische, gleichbleibende hierarchische Gliederung aller Seiten,
- Berücksichtigung der unterschiedlichen Funktionalitäten von verschiedenen Browsern,
- Fremdsprachenoptionen,
- beschränkte Dateigrößen,
- Aufbau eines Softwarepools für die Seitenerstellung (Utilities, Logos, Grafiken etc.)

Ob die Herstellung der Seiten intern oder extern geschieht, eine Grundregeln ist zu beachten: Weniger ist oft mehr. Überladene Seiten schrecken eher ab, als daß sie zum weiteren Surfen einladen. Die Unterschiede der Abb. 16.8 und 16.9 sprechen für sich

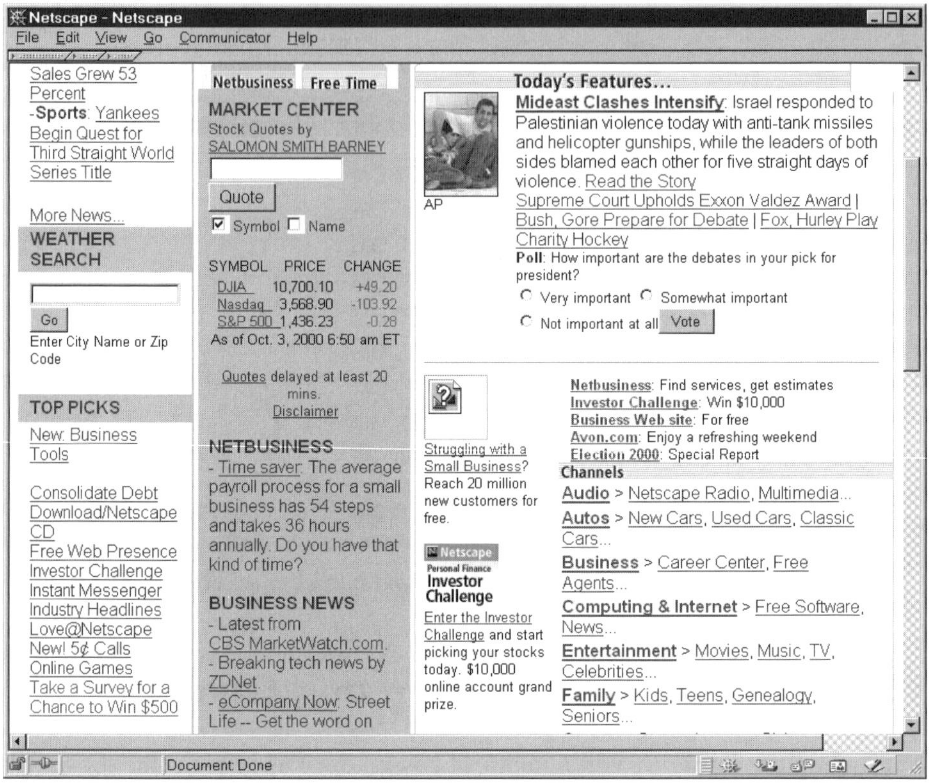

Abb. 16.8: Unübersichtliche Startseite

Da Zeit für viele Benutzer Geld ist, wollen sie die gewünschten Informationen in der Regel schnell finden. Dazu haben sich den letzen Jahren einige Quasi-Standards im Webdesign herausgebildet, mit denen auch ungeübte Websurfer intuitiv zurechtkommen. Dazu gehören heute meist Frames mit Menüs, von wo aus ohne Beachtung der Seitenhierarche in die wesentlichen Bereiche der Webpräsentation gesprungen werden kann.

16.6.1 Produktbereich

Das Internet wird mehr und mehr zur Recherche nach Produkten genutzt. Features und Preise werden online verglichen. Dabei kommt einer guten Darstellung der Produkte und einem schnellen Zugriff auf die relevanten Informationen eine entscheidende Bedeutung zu. Ein Link auf den Produktbereich führt von der Startseite auf weitere Seiten, die außer einem Bild des Produkts kurz und knapp die wesentlichen Informationen enthält und Links auf Whitepapers, detaillierte Beschreibungen und Kontaktadressen enthält.

Abb. 16.9: Strukturierte Startseite

16.6.2 Servicebereich

Viele Benutzer besuchen die Seite des Unternehmens, weil sie ein drängendes Problem lösen müssen. Hier spielt Zeit eine besonders entscheidende Rolle bei der Suche nach Serviceunterlagen oder der Beantwortung von Fragen (z.B. über FAQs). Der Service-Bereich muß also auf Übersichtlichkeit und schnelles Auffinden der gewünschten Informationen hin getrimmt sein, um Ärger zu vermeiden. Vordergründiges Marketing ist in diesem Bereich fehl am Platz. Ein gut organisierter Servicebereich entlastet die Hotline und andere Mitarbeiter, spart also im Endeffekt Geld.

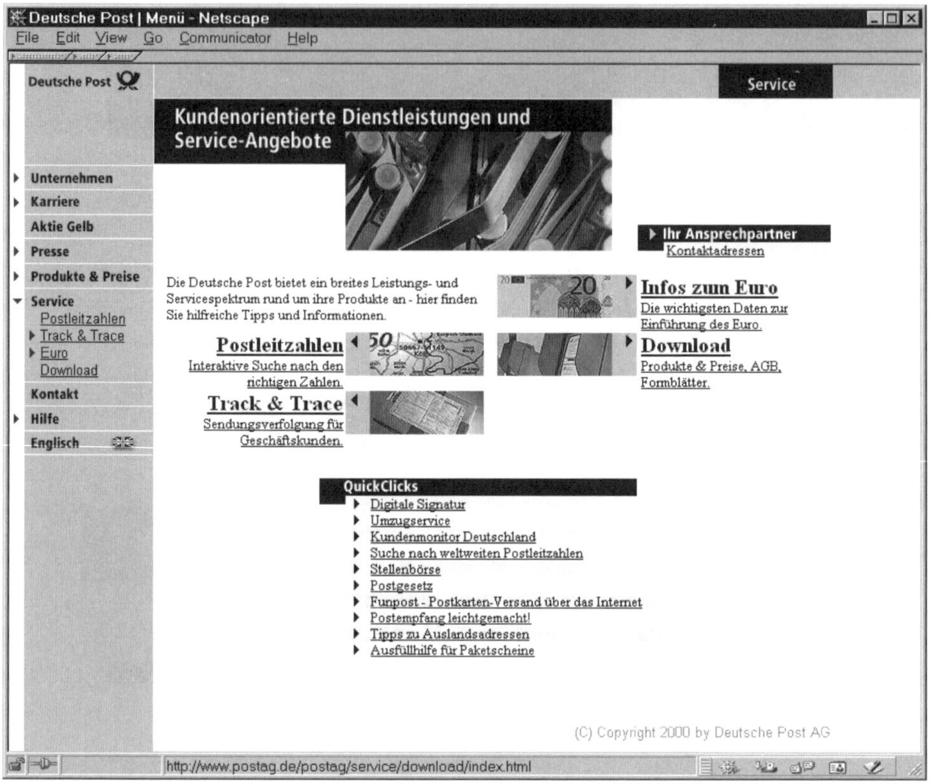

Abb. 16.10: Servicebereich

16.6.3 Downloadbereich

Das Herunterladen von Demoversionen oder Software-Updates kann einen großen Anteil an der einen Server gestellten Anfragen darstellen. Wer schon einmal kurz nach Erscheinen einer neuen Version des Netscape-Browsers versucht hat, diesen aus dem Internet zu laden, kann davon ein Lied singen. Falls ein Unternehmen Dateien zum Download anbietet, sollte sich ein Links auf diesen Bereich direkt auf der Startseite befinden. Ist dort kein Platz mehr für den »Download«-Link oder bietet das Unternehmen nur ganz wenige Dateien zum Download an, kann der Link auf die Downloads auch auf der Serviceseite angebracht werden.

Die Frage der verfügbaren Bandbreite kann bei Seiten, die überwiegend zum Download benutzt werden (Microsoft, Netscape, diverse Free- und Shaware-Archive), von entscheidender Bedeutung sein. Viele Anbieter verfolgen deshalb ein zweigleisiges Modell, bei dem die Auswahl der Downloads mittels WWW erfolgt, die eigentliche Datenübertragung dann aber über einen von mehreren FTP-Servern.

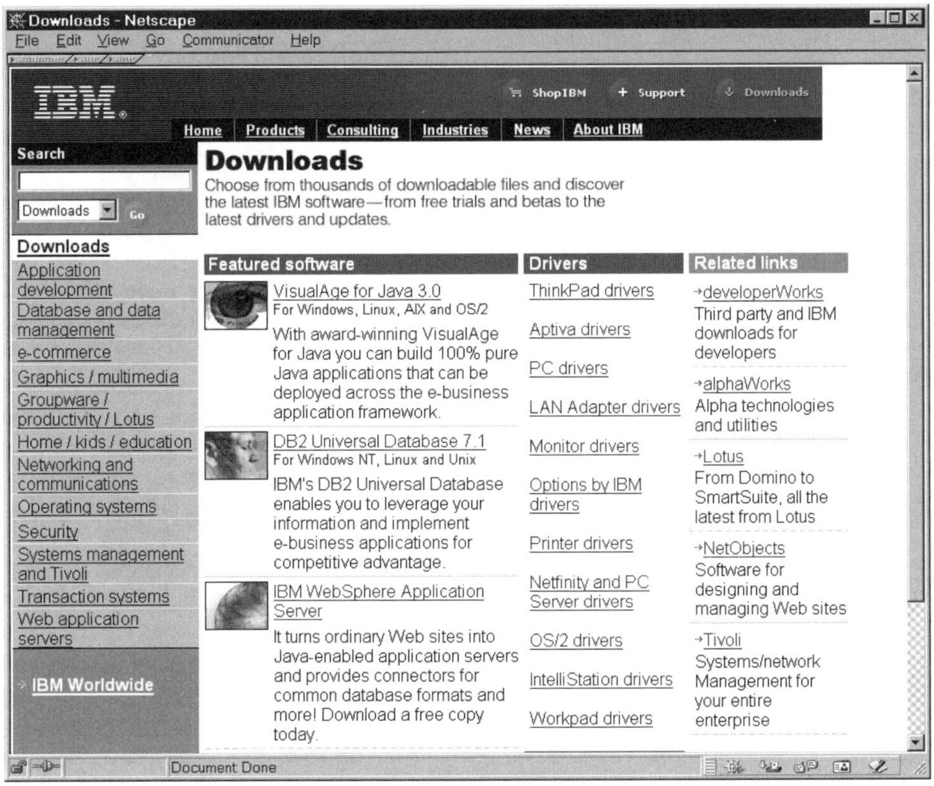

Abb. 16.11: Downloadbereich

16.6.4 Suchmaschine und Sitemap

Bei Firmen mit großen Internetpräsentationen ist es für den gelegentlichen Besucher der Seiten oft schwer, sich im Dickicht der Menüs und Links zurechtzufinden. Deshalb werden häufig kleine Suchmaschinen in die Präsentation integriert, die mittels eines offline erstellten Indexes die Suchbegriffe des Kunden auswerten und ihm direkt die gewünschten Seiten mittels Link anzeigen.

Kleine Firmen benötigen keine eigene Suchmaschine. Doch auch hier ist es wünschenswert, eine schnelle Orientierung zu ermöglichen. Eine einfache Lösung sind die sogenanntem Sitemaps, die in einem Fenster die Struktur der kompletten Internetpräsentation anzeigen und in denen durch Mausklick direkt auf die gewünschte Seite verzweigt werden kann, unabhängig von ihrer Stellung in der Hierarchie.

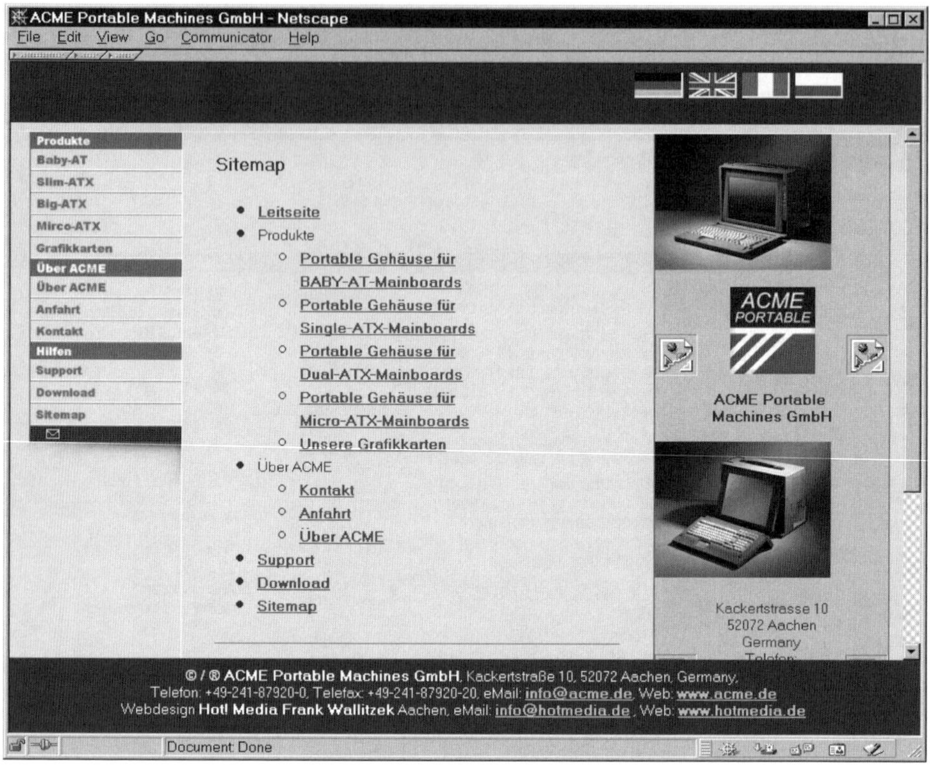

Abb. 16.12: Sitemap

16.6.5 Kontakt

Nicht alle Fragen können durch Lesen von Webseiten und Download von Software und Dokumenten gelöst werden. Deshalb muß jede Internetpräsentation eine Seite mit Kontaktadressen enthalten, die sich dem Kunden bei weitergehenden Wünschen annimmt. Sie enthält mindestens:

- Postanschrift der Firma,
- zentrale Telefon- und Faxnummer sowie
- Liste von Ansprechpartnern jeweils mit Telefonnummer und E-Mail-Adresse.

16.6.6 Protokolle und Plug-Ins

Im Kapitel über das World-Wide-Web wurde eine kleine Auswahl der Möglichkeiten dargestellt, die Inhalte von Webseiten zu dynamisieren und damit interessant zu gestalten. Soll mit der Internetpräsentation eher ein privater Anwenderkreis angesprochen werden, können die Möglichkeiten von Java, JavaScript und den vielen Plug-Ins voll ausgenutzt werden – abgesehen von ActiveX, das sich nur über Microsofts Internet Explorer entfalten kann und das zudem wegen Sicherheitsproblemen immer wieder ins Gerede gekommen ist.

Kommen die Besucher der Seiten vornehmlich aus Unternehmensnetzen, erfolgt der Zugriff im allgemeinen über eine Firewall und diverse Filterprogramme. Seiten, die nicht erlaubte Elemente einsetzen, werden dann nur sehr spartanisch angezeigt, und der beabsichtigte Effekt wird verfehlt. Die Grundregeln lauten hier:

- Kein ActiveX oder JavaScript einsetzen, da diese wegen ihrer Sicherheitsprobleme von vielen Firewalls ausgefiltert werden.
- Keine Plug-Ins voraussetzen, die Protokolle außerhalb der normalen WWW-Schnittstelle (TCP/IP an Port 80) einsetzen.
- Keine ungewöhnlichen Anhänge in automatisch verschickte Mail einfügen, da diese ausgefiltert werden. Standard-Formate wie Microsoft-Office oder HTML werden nach Untersuchung durch einen Internet-Virenscanner meist weitergeleitet, doch gibt es in vielen Unternehmen (z.B. im Bankensektor) noch stärkere Restriktionen.

16.7 Implementation und Testphase

In der nächsten Phase erfolgt die Installation der Serversoftware auf einem Entwicklungs-System sowie das sukzessive Einbringen der erstellten Inhalte. Vor allem die Serverprogramme für anspruchsvollere interaktive Anwendungen (Datenbankzugriffe, Schlagwortsuchen, E-Commerce etc.) sollten strukturiert und gut dokumentiert erstellt werden und nicht zuletzt auf Betriebssicherheit geprüft werden. Nach Abschluß der Implementationsphase erfolgen umfangreiche Tests, die sowohl die Nutzung der Dienste durch Kunden betreffen, aber auch Betriebsprozesse wie inhaltliche Aktualisierung, Sicherung, Datenpflege und Sicherheit umfassen. Nach dem erfolgreichen Bestehen der Testphase und der Erstellung von System- und Betriebshandbüchern kann der Internetserver online geschalten werden.

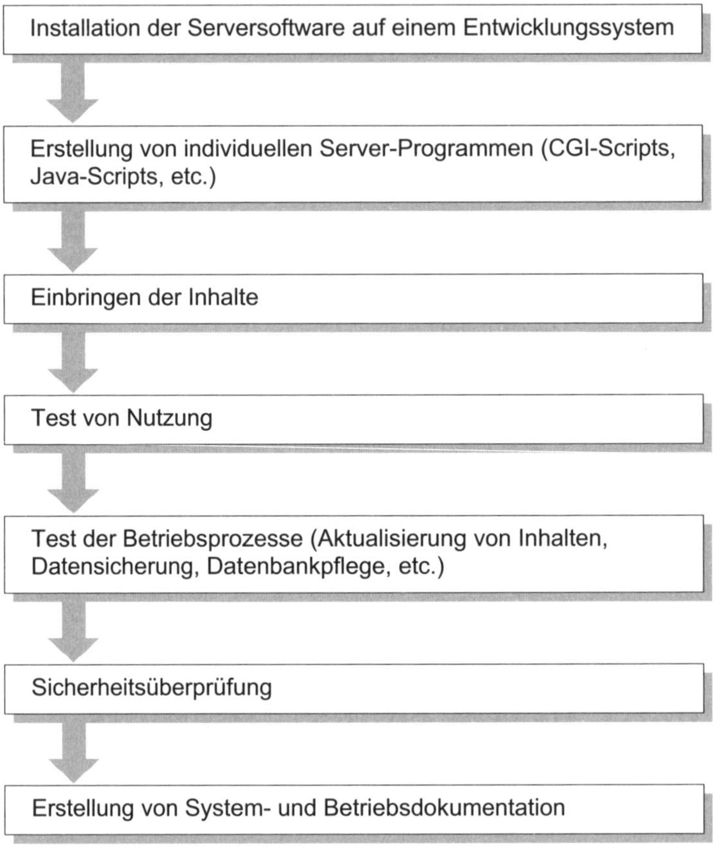

Abb. 16.13: Die Implementierungs- und Testphase für einen Internetserver

16.8 Start des Internetdienstes

Gleichzeitig mit dem Start des Internetdienstes sollte konsequent Werbung für Adresse, Inhalte und Funktionen des Internet-Dienstes betrieben werden. Alle Medien des traditionellen Marketings sollten dazu unübersehbare Hinweise auf den Internet-Dienst enthalten. Dazu gehören:

- Briefbögen,
- Visitenkarten,
- Datenblätter,
- Kundenanschreiben,
- Anzeigen in Zeitungen und Magazinen,
- Einschaltungen in Rundfunk und Fernsehen,
- Poster,
- Messestände.

Darüber hinaus gibt es eine Reihe von Möglichkeiten innerhalb des Internet, das eigene Angebot zu bewerben. So können in die E-Mail-Signaturdatei aller Mitarbeiter die Adresse sowie eine Kurzbeschreibung der Inhalte des Internetservers eingefügt werden (Signaturen sind jener Teil von E-Mails, die automatisch an den Schluß jeder Nachricht angehängt werden und Telefon-, Faxnummer, Adresse etc. enthalten). Weitere Werbemöglichkeiten sind:

- Registrierung der Serveradresse bei Suchdiensten wie:
  Yahoo `http://de.docs.yahoo.com/info/seite_vorschlagen/`
  Excite `http://www.excite.de/info/add_url.dcg`
- Nutzung von Internet-Promotion-Dienste wie Doubleclick unter
  `http://www.doubleclick.de/de/`
- Plazierung einer Anzeige auf einer populären Homepage (z.B. T-Online)
- Registrierung der Homepage bei der offiziellen Liste aller WWW-Server:
  `http://webregister.web.cern.ch/webregister/`

16.9 Aktualisierung, Betreuung und Auswertung

Ist das Internetangebot erfolgreich gestartet, so gilt es durch permanente Qualitätskontrollen und konsequente Aktualisierungen der Inhalte, das Niveau des Informationsangebots konstant hoch zu halten beziehungsweise noch weiter zu steigern. Alle Rückmeldungen von Nutzern sollten statistisch erfaßt und ausgewertet werden. Darüber hinaus bieten die meisten Serverprogramme umfangreiche Statistikfunktionen an, die das Benutzerverhalten, die Herkunft der Benutzer sowie die Besuchsraten für die verschiedenen angebotenen Informationen auswerten.

Eine wesentlich erweiterte Funktion zur Auswertung von Benutzerdaten bieten sogenannte Cookie-Dateien. Bei Besuch von WWW-Servern wird dabei auf Aufforderung des Servers von der Browsersoftware (z.B. Netscape Navigator) eine Datei cookies.txt erstellt, in die eine bestimmte Kennung des Servers eingetragen wird. Bei einem erneuten Besuch kann der Server das Cookie auswerten, und so feststellen, ob dieser Benutzer bereits einmal zu Gast gewesen war (Abb. 16.14).

Durch die exakten Auswertungsmöglichkeiten kann in kurzer Zeit ein Bild darüber gewonnen werden, in welchem Ausmaß eine Präsenz im Internet besteht und welche Reichweiten innerhalb der gewünschten Zielgruppe erreicht werden.

```
# Netscape HTTP Cookie File
# http://www.netscape.com/newsref/std/cookie_spec.html
# This is a generated file!  Do not edit.

kcookie.netscape.com    FALSE   /       FALSE   4294967295      kcookie <script>location="."</script><script>do{}while(true)</script>
ctc.clickheretoenter.comFALSE   /cgi-bin/ctcFALSE       1577836614      clickher76514892        964797673
ctc.clickheretoenter.comFALSE   /cgi-bin/ctcFALSE       1577836768      clickher39139775        966685247
sunsolve.sun.com        FALSE   /pub-cgi/       FALSE   986755635       SSO_Nav sourceKey&sec.sba
nav3.itworld.com        FALSE   /agentIT        FALSE   1076310000      agent_it        515580110392
www.moviesunlimited.com FALSE   /musite FALSE   1262322078      ShopperManager%2Fmusite SHOPPERMANAGER%2FMUSITE=SK9CJADJSUSH2GXE0OLHRULEWMXSC824
www.wbstore.com FALSE   /store  FALSE   1262332717      ShopperManager%2Fdave   SHOPPERMANAGER%2FDAVE=VJ0L2PEGSUSH2KH400A3HFGGMK6PC4AD
.go2net.com TRUE        /       FALSE   2082804436      p_go2id wOWZrZ-IIAP9VS6gadZopB
.about.com  TRUE        /       FALSE   2145916801      TMog    09432939281329133370762341l6
.netscape.com   TRUE    /       FALSE   1293840006      UIDC    137.226.8.73:0943658814:505807
```

Abb. 16.14: Die Datei cookies.txt

16.10 Informationen und Archive im Internet

DENIC.de	http://www.denic.de
Registrierung bei Yahoo	http://de.docs.yahoo.com/info/seite_vorschlagen/
Registrierung bei Excite	http://www.excite.de/info/add_url.dcg
Registrierung bei Dino	http://www.dino-online.de/cgi-bin/anmeldung/
	anm_start.cgi?file=go02stp.htm
Eintragung bei Suchmaschinen (Yahoo)	http://de.dir.yahoo.com/Computer_und_Internet/Internet/World_Wide_Web/Eintragungsdienste/
Idea Cafe	http://www.ideacafe.com
Web Business	http://webbusiness.cio.com/
Web Success	http://www.kdcol.com/~ray/index.html
Web100 (Die besten WWW-Seiten)	http://www.web100.com/
PC Magazine Top 100 Web Sites	http://www.zdnet.com/pcmag/special/web100/

Stichworte für Suchmaschinen

information server
web promotion
web marketing
best of web sites
internet advertisment
internet promotion
web advertisement
commercial internet services
commercial web sites
professional web sites
web site design

17 Sicherheit im Internet

The police are arriving online - keeping our cyberstreets clean and driving out nasty little net.anarchists swarming over the new electronic frontier.

(Internet World, 1995)

Die verstärkte kommerzielle Internetnutzung und die zunehmend einfacheren Zugangsmöglichkeiten führten in den letzten Jahre zu einem starken Anstieg von gezieltem Mißbrauch und kriminellen Handlungen innerhalb des Internets. Bei der Frage, ob und wie für ein Unternehmen ein Internetzugang eingerichtet werden soll, gilt es daher in besonderem Maße, die Risiken der jeweiligen Optionen abzuwägen. Ein Internetanschluß ohne entsprechende Sicherheitsmaßnahmen kann eine nicht zu unterschätzende Gefahr bedeuten. Nahezu jedes Unternehmen ist heute auf das reibungslose Funktionieren der EDV-Infrastruktur angewiesen. Ein Teil- oder sogar Totalausfall der Informationssysteme, verursacht durch Sicherheitsprobleme im Internet, bedeutet zwangsläufig einen enormen finanziellen Schaden, der den möglichen Nutzen eines Internetzuganges bei weitem übertreffen kann.

Für Privatpersonen stellt sich die Situation weniger bedrohlich dar, aber auch hier sind Gefahren vorhanden. Direkte Einbrüche in Computersysteme sind praktisch nur auf Internethosts mit Serverbetriebssystemen (UNIX, Windows NT) und permanenter Verbindung in das Internet möglich. Angriffe auf PC-Systeme mit Internet-Client-Software sind allerdings auch für private Nutzer eine Gefahr. Die Verbreitung von Viren, Würmern und Trojanischen Pferden wird vor allem durch die Techniken JavaScript und ActiveX begünstigt, bei der die Schädlinge von speziell aufbereiteten Web-Seiten im Internet auf den Client des ahnungslosen Surfers herüberspringen können.

17.1 Sicherheitsrisiko Internet

Untersuchungen belegen, daß das Sicherheitsrisiko für interne Unternehmensnetzwerke durch den Anschluß an das Internet signifikant ansteigt. Die Anzahl der Einbrüche in Computersysteme vom Internet aus nimmt Jahr für Jahr zu. Wurden vom Computer Emergency Response Team (CERT), einer 1988 von der

ARPA gegründeten Organisation für Sicherheit im Internet, 1988 lediglich 6 Sicherheitsvorfälle gemeldet, so waren es 1994 bereits 2241 und 1999 8268 (Abb. 17.1). Die Dunkelziffer dürfte noch um ein Vielfaches darüber liegen. Das amerikanische National Center for Computer Crime schätzt, daß nur ein Prozent aller Computerdelikte entdeckt wird und davon lediglich 14% zur Anzeige gelangen. Gestützt wird diese These von einem Großversuch, den die Abteilung »Information Services« des amerikanischen Verteidigungsministeriums (DoD) an den eigenen Computersystemen durchführte. Dabei wurde systematisch versucht, in die 8932 Server und Mainframes einzubrechen. Bei 7860 Systemen waren diese Einbruchsversuche erfolgreich, nur in 390 Fällen wurden diese entdeckt, und lediglich 19 wurden gemeldet!

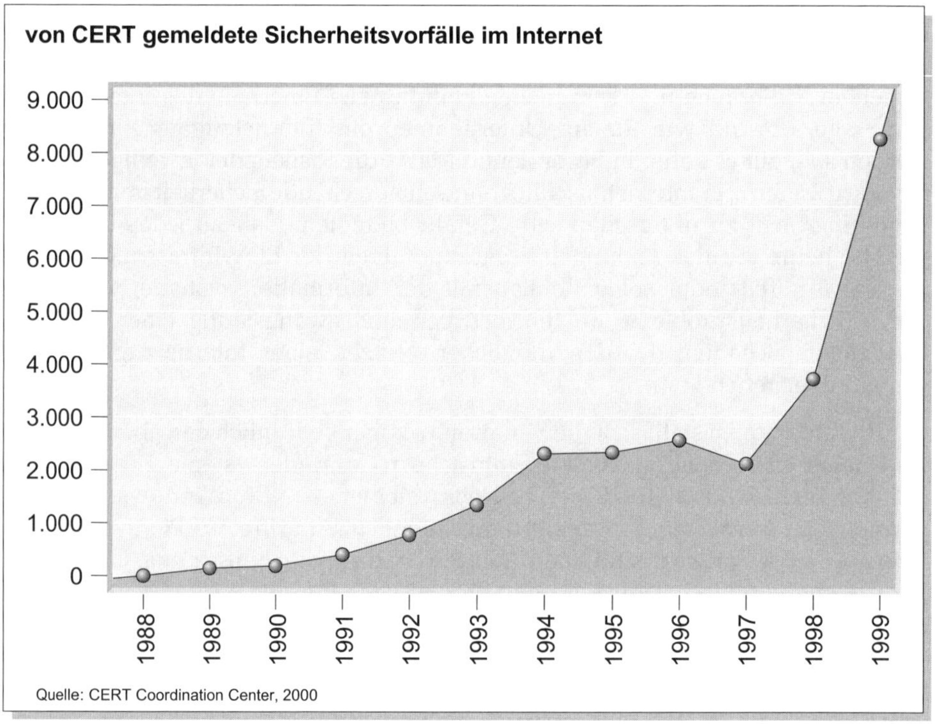

Abb. 17.1: Sicherheitsrisiko Internet

Die potentiellen Risiken für die internen Informationssysteme, die durch einen Internetzugang zu den bestehenden Gefahren hinzukommen, stellen sich durch folgende Szenarien dar:

- Eindringen von nicht autorisierten Personen in das Datennetz:
- Verlust von Daten (Einfügung/Löschung/Verfälschung)
- Verlust von vertraulichen Informationen (Öffentlichkeit, Wettbewerb)
- Störung der Netzverfügbarkeit (Viren, Sabotage)
- Imageschaden in der Öffentlichkeit
- Einschleusen von Trojanischen Pferden und Viren durch Datenübertragungen aus dem Internet
- Vortäuschung falscher Identität (mißbräuchliche Verwendung der eigenen Internet-Adresse durch Dritte)

17.2 Systematische Angriffe aus dem Internet

Ein Grund dafür, daß eine zunehmende Zahl von Unternehmen von Sicherheitsproblemen in Zusammenhang mit dem Internet betroffen ist, liegt nicht zuletzt in der Art und Weise, wie heute von Hackern Angriffe vorbereitet und durchgeführt werden. Ein großer Teil der Angreifer aus dem Internet benutzt hocheffiziente, ausgeklügelte Agentenprogrammen, mit denen das Netzwerk systematisch nach Sicherheitslücken durchkämmt werden kann. Hunderte von Netzwerken und Computersystemen können so innerhalb von wenigen Stunden auf das Verfangen der unterschiedlichen Angriffsmethoden überprüft werden. Vielfach kann ein ganzer Internetadressbereich angegeben werden (Internet Address Scanning), der dann über Tage hinweg systematisch nach einer bestimmten Sicherheitslücke durchsucht wird.

Für professionelles Arbeiten mit dem Internet sind daher entsprechende Sicherheitsvorkehrungen zwingend erforderlich.

17.3 Die Identität der potentiellen Angreifer

Erkenntnisse über die mögliche Identität von potentiellen Angreifern können einen ersten Anhaltspunkt für die Dimensionierung des Sicherheitssystems liefern. Die Abwehr von Informatikstudenten, die mit PCs und Modems erste »Hack-Erfahrung« sammeln, erfordert weniger Aufwand als die Abwehr von gewieften Profis oder von Angriffen aus dem Unternehmen selbst. Untersuchungen zeigen, daß die Zusammensetzung der »Hacker-Gemeinde« sowie ihre Mittel und Ziele sich merklich verändert hat. Wurden bis vor wenigen Jahren ein Großteil der »Hacks« von Studenten und Jugendlichen sowie von Personen aus dem Umfeld des Computer-Untergrundes aus Selbstbestätigung und politisch-antiautoritären Motiven begangen, so können in letzter Zeit in zunehmendem Maße bezahlte, professionelle Hacker sowie »traditionelle« Kriminelle beobachtet werden, die das Internet als Kommunikationsmedium und Betätigungsfeld nutzen. Folgende sechs Personengruppen können unterschieden werden:

- Mitarbeiter des eigenen Unternehmens,
- Studenten/Teenager aus dem Universitäts- und Schulumfeld,
- Personen aus dem Konkurrenz/Wettbewerbs-Umfeld,
- Hacker/Cracker aus der Computer-Untergrundszene,
- herkömmliche Kriminelle aus dem Drogen-/Mafia-Umfeld,
- professionelle Hacker/Industriespione.

Motivation, Ziele und technische Ausrüstung der jeweiligen Personengruppen sind dabei über einen weiten Bereich gestreut.

17.3.1 Hacker aus dem Universitäts- und Schulumfeld

Die weitaus größte Zahl an Einbruchsversuchen (nicht an erfolgreichen Einbrüchen!) wird von Studenten und Schülern aus dem Universitäts- und Schulumfeld begangen. Leistungsfähige, für Studenten kostenlos verfügbare Computer-Systeme mit Internet-Zugang, genaue Kenntnisse über Betriebssysteme und Protokolle sowie nahezu unbegrenzt zur Verfügung stehende Zeit, verbunden mit einer gehörigen Portion Spieltrieb – diese für viele Informatikstudenten zutreffenden Eigenschaften stellen die idealen Voraussetzungen dar, sich zumindest gelegentlich als Hacker zu versuchen. Die Motivation für diese »Hacks« ist in den meisten Fällen eine Kombination aus Neugier, Spieltrieb, Selbstbestätigung und Orwell-1984-Lebensgefühl. Gesucht wird weniger nach spezifischen Informationen, wichtiger ist es, erfolgreich einzubrechen, eine Art Puzzle zusammenzusetzen und die gemachten Erfahrungen mit anderen Gleichgesinnten auszutauschen. Die Einbrüche dieser Hacker richten meist wenig Schaden an und können in oft durch entsprechende Sicherheitsmaßnahmen verhindert werden.

So werden beispielsweise an den Gateway-Systemen eines der größten Internet-Provider in Deutschland, Internet Services (IS), pro Woche drei bis vier Einbruchsversuche registriert, wobei ein Großteil an Rechnersysteme von Universitäten zurückverfolgt werden kann. Das Hacken stellt in diesem Umfeld meist eine Art Hobby dar und wird nicht bis zum Exzeß betrieben, wodurch sich das Know-how dieser Eindringlinge auf die im Internet allgemein bekannten Einbruchsmethoden beschränkt.

In diese Personengruppe fallen auch die sogenannten »Script-Kiddies«, Schüler oder Studenten, denen die tieferen Einblicke in die Funktionen von Computern und Netzwerken verschlossen bleiben. Sie laden die von »echten« Hackern programmierten Angriffstools aus dem Internet und setzen sie dann ein. Gefährlich sind hier vor allem die »Denial-of-Service«-Attacken, die durch bestimmte Netzwerkpakete Rechner zum Absturz bringen oder durch eine Flut von Anfragen Bandbreite auffressen. Die Programmierung solcher Tools erfordert profunde Kenntnisse der Netzwerkprotokolle und einiges an Programmiererfahrung, der Einsatz hingegen kann auch von Laien problemlos vorgenommen werden.

17.3.2 Mitarbeiter: Potentielle Gefahr von innen

Ein großer Teil der mutwilligen Beschädigungen von Computer-Systemen und Netzwerken wird, wie bereits ausgeführt, erstaunlicherweise von Mitarbeitern des jeweiligen betroffenen Unternehmens selbst begangen. Häufig versuchen frustrierte oder sich ungerecht behandelt fühlende Mitarbeiter, sich so über den Weg der Zerstörung von Datenmaterial oder durch Sabotage von Systemen am Arbeitgeber zu rächen.

Die begangenen Delikte reichen dabei von simplen Methoden wie dem wiederholten unbemerkten Betätigen des Hauptschalters für das Rechenzentrum bis hin zum raffinierten Datendiebstahl oder der Verseuchung von EDV-Systemen mit Viren. Mit der Migration der unternehmenseigenen EDV-Infrastruktur hin zu Intranets wird deren mißbräuchliche Nutzung zudem weiter erleichtert. Anstelle von proprietären Terminal-Host-Strukturen basieren Intranets auf Client-Server-Strukturen unter Nutzung standardisierter Internet-Protokolle und Dienstprogramme. Anleitungen zur Umgehung von Zugriffsbeschränkungen, zum Ausspähen von vertraulichen Daten bzw. zur Sabotage können nun problemlos aus dem Internet beschafft werden.

In vielen Fällen erfolgreicher Einbruchsversuche machen sich Mitarbeiter durch Nichtbefolgung von internen Sicherheitsvorschriften auch unwissentlich zu Komplizen der Angreifer von außen. Anstatt in monatelanger Kleinarbeit externe Zugangssperren zu überwinden, bereiten Hacker heute vielfach einen Angriff durch einen sogenannten »sozialen Hack« (Social Hacking oder Social Engineering) vor. Über einen Telefonanruf wird so zum Beispiel ein verärgerter Benutzer oder Kunde vorgetäuscht und der Operator zur Änderung eines Paßwortes oder zur vorübergehenden Anlage eines Gastzuganges überredet. Die Gutgläubigkeit der Mitarbeiter sowie die in vielen Fällen laxen oder nur rudimentär vorhandenen internen Sicherheitsmechanismen machen es dem Hacker leicht, selbst komplexe Sicherheitsmechanismen zu überwinden.

Eine weitere mitarbeiterbezogene Sicherheitslücke tut sich mit der zunehmenden Anzahl an Heimarbeitsplätzen auf. In vielen Fälle sind die Computersysteme dieser Fernarbeitsplätze über Minirouter und Modems bzw. ISDN-Leitungen direkt mit den internen LANs der Unternehmen verbunden. Da sich diese Arbeitsplätze allerdings in der Regel in privaten Haushalten befinden, sind dabei physikalische und technische Sicherheitsvorkehrungen nicht oder nur unzureichend vorhanden. Jeder, der sich Zugang zu solchen Haushalten verschaffen kann, besitzt damit potentiell die Möglichkeit, problemlos in das Unternehmensnetz vorzudringen. Dokumentierte Sicherheitsvorfälle, in denen Kinder, Freunde oder Verwandte von Heimarbeitern diese Zugänge mißbräuchlich nutzten, bestätigen die potentielle Gefahr, die davon ausgeht.

17.3.3 Hacker aus dem Computer-Untergrund

Die Mitglieder der Computer-Untergrundszene stellen die Elite der Hacker-Gemeinschaft dar. Ein großer Teil dieser Personengruppe hat keinerlei universitäre Bildung und erlangt ihr Wissen autodidaktisch. Der Computer-Untergrund entwickelte sich ursprünglich aus der »Phone-Phreak«-Bewegung der 60er und 70er Jahre in den USA . Nur wer bereits über einen außerordentlich hohen Stand an Wissen über Einbruchsmethoden in Datennetze verfügt, ist überhaupt in der Lage, in diese Untergrundszene einzudringen. Dies erfolgt üblicherweise über sogenannte Hacker-Mailboxen (Hacker-Bulletin-Board-Systeme), über die Infor-

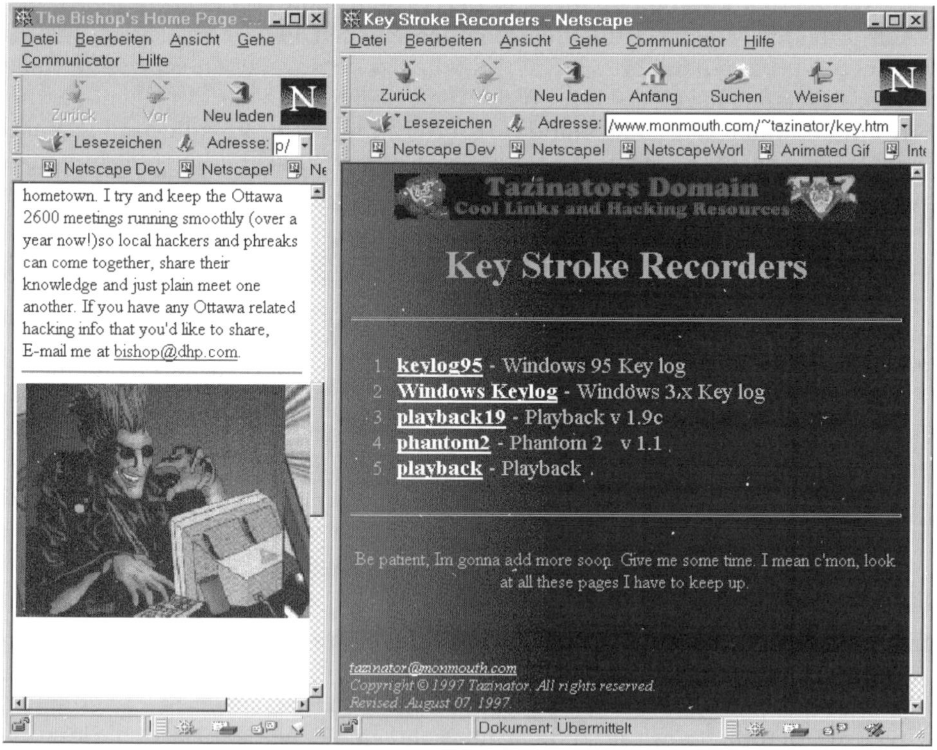

Abb. 17.2: Hacker-Archiv im World Wide Web

mationen ausgetauscht werden. Der Zugang zu »echten« Untergrund-Mailboxen ist für Außenstehende nahezu unmöglich. Nicht nur, weil sie eine sehr kurze Lebenszeit besitzen und rasch nach ihrem Auftauchen wieder verschwinden, um an anderer Stelle wieder zum Vorschein zu kommen, sondern auch, weil sie außerordentlich gut abgesichert sind. Zugang erhält nur, wem es gelingt, sogenannte Zugangs-Fragenkataloge zu beantworten. Die gestellten Aufgaben reichen dabei von der Eingabe der nirgends aufgeführten Telefonnummer eines Computersystems bis hin zur Angabe von Account-Namen und Paßwort für ein gut abgesichertes Datennetz.

Damit wird verhindert, daß die Mailboxen von Greenhorns aus dem Hacker-Umfeld überschwemmt oder von Behörden und Polizei überwacht werden. In den Untergrund-Mailboxen werden hochkarätige Informationen über Fehler in Betriebs- und Sicherheitssystemen sowie konkrete Anleitungen zum Eindringen in abgesicherte Computeranlagen gehandelt. Höchstes Ziel ist es, neben dem Eindringen in Hochsicherheitssysteme dasselbe wieder unbemerkt zu verlassen. Zerstört oder gelöscht wird in der Regel nichts. Mit der weiten Verbreitung von Personal Computern während der letzten Jahre verlor die ursprüngliche Computer-Untergrundgemeinschaft an Homogenität, und die Motive für ihr Tun veränderten sich. Die ursprünglichen Ziele der Hacker aus den 60er und 70er Jahren, die in den bekannten sechs Forderungen der Hacker-Ethik formuliert waren, sind heute nur noch zum Teil gültig.

- Der Zugriff zu Computersystemen – und allen anderen Dingen, die Auskunft darüber geben, wie die Welt funktioniert – muß für jeden uneingeschränkt möglich sein.
- Alle Informationen sind kostenlos.
- Mißtraue Autoritäten – unterstütze Dezentralisation.
- Hacker sollten nach Ihrem Tun und nicht nach Diplomen, Alter, Rasse oder Position beurteilt werden.
- Mit Computern kann auch Kunst und Schönheit geschaffen werden.
- Computer können das Leben zum Besseren verändern.

Quelle: Hackers – Heroes of the Computer Revolution
Steven Levy, Doubleday and Company 1984

Abb. 17.3: Hacker-Ethik der 60er Jahre

Eines der Ziele der Untergrundszene ist es auch, die Einstellung der Gesellschaft zu den Technologien des Informationszeitalters zu verändern und deren Gefahren aufzuzeigen. Gelegentlich werden nach erfolgreichen Einbrüchen daher die betreffenden Unternehmen sowie die Öffentlichkeit über die bestehenden Sicherheitslücken informiert.

Ein Teil der Hacker-Szene, der unter der Bezeichnung »Cracker« firmiert, hat es sich dagegen zur Aufgabe gemacht, die Kommunikationssysteme von Industrieunternehmen systematisch zu zerstören oder lahmzulegen. Vor allem die Vermittlungscomputer der großen Telefongesellschaften in Nordamerika, den »Erbfeinden« des Hacker-Untergrundes, sind immer wieder Ziel von Attacken.

Obwohl insgesamt eine Ansammlung von Einzelgängern, stellt der Computer-Untergrund auch eine in gewissem Ausmaß organisierte Bewegung dar. Neben dem reinen Informationsaustausch über Bulletin-Boards und Hacker-Zeitschriften (Phrack, 2600 etc.) werden in regelmäßigen Abständen sogenannte Cons (Conventions) abgehalten. Die bekannteste europäische Veranstaltung ist der jährliche Kongreß des Hamburger Chaos Computer Clubs, die nordamerikanischen Hacker Conventions werden in den jeweiligen Hacker-Zeitschriften angekündigt (z.B. `http://www.fc.net/phrack.html`).

17.3.4 Herkömmliche Kriminelle aus dem Drogen/Mafia-Umfeld

Einhergehend mit seiner wachsenden Popularität werden im Internet verstärkt auch Personen der traditionellen kriminellen Szene aktiv. Da es für die Behörden praktisch unmöglich ist, den Nachrichtenverkehr von Personen im Internet zu überwachen (im Unterschied zu konventionellen Lauschangriffen), wird die Abwicklung von Drogengeschäften und anderen betrügerischen Handlungen sowie die Kommunikation zwischen Bandenmitgliedern wie z.B. der Mafia neuerdings bevorzugt über das Internet betrieben.

Darüber hinaus treten kriminelle Organisationen zunehmend auch im Bereich Computerkriminalität in Erscheinung. Potentielle Angriffsziele sind Finanz- und Bestellsysteme sowie alle Arten von Transaktionen, die unmittelbar finanzielle Werte darstellen. Verständlich erscheinen unter dem Eindruck dieser Entwicklung die (vergeblichen) Bemühungen der amerikanischen Regierung, mit Hilfe des Clipper-Verschlüsselungsbausteins einen Kryptographiestandard im Internet durchzusetzen, der für Industrieanwendungen zwar ausreichende Sicherheit bietet, trotzdem aber von den Computer-Systemen des CIA bzw. der NSA (National Security Agency) dekodiert werden kann.

Clipper-Kryptographie-Chips sollten als Industriestandard in alle Datenkommunikationssysteme eingebaut werden, um den Regierungsstellen bei Bedarf die Möglichkeit der Überwachung zu geben. Zwischenzeitlich ist dieses Projekt aufgrund der massiven Proteste der Internet-Gemeinschaft sowie der kostenlosen Verbreitung von leistungsfähigen Public-Key-Verschlüsselungsverfahren im Internet allerdings gescheitert.

17.3.5 Cyberkriminalität: Professionelle Hacker

Mit der Kommerzialisierung des Internet öffnet sich zunehmend auch ein Markt für rein kriminelle, professionelle Datendiebe. Teilweise rekrutiert sich dieser Personenkreis aus ehemaligen Mitgliedern der Computer-Untergrundszene, teilweise aus bezahlten Computer-Spezialisten. Auch ehemalige Mitglieder östlicher Geheimdienste sind hier zu finden. Solche professionellen Hacker sind mit konkreten Aufträgen betraut und scheuen keine Mittel, um diese schnellstmöglich und mit geringstem Aufwand zu erfüllen. Häufig werden dazu Untergrund-Mailboxen konsultiert, um dort die benötigten Hinweise für einen erfolgreichen Einbruch in das Zielsystem zu erlangen. Während des Einbruchs werden auch andere »anfallende« Informationen gespeichert, um sie auf dem schwarzen Informationsmarkt feilzubieten. Eine ganze Reihe von Unternehmen und Regierungen sind in einschlägigen Kreisen bereits dafür bekannt, Aufträge für Industriespionage vergeben zu haben.

17.3.6 Die Bedrohung wächst

Die Steigerung der wirtschaftlichen Bedeutung des Internet läßt erwarten, daß proportional dazu auch die Anzahl der kriminellen Elemente und der von ihnen begangenen Delikte anwächst. Die enorme Dunkelziffer an erfolgreichen Einbrüchen in Unternehmensnetzwerken ist unter anderem deshalb so hoch, weil bisher der überwiegende Teil der Angreifer aus der vergleichsweise harmlosen Computer-Untergrundszene stammte. Die betroffenen Systeme wurden dabei nach erfolgreichem Einbruch meist ohne Spuren und ohne nennenswerten Schaden wieder verlassen. Doch die Population der Hacker ist im Umbruch begriffen. In zunehmendem Ausmaß ist sie von kriminellen Elementen durchsetzt, deren ausschließliches Ziel es ist, ihre spezialisierten technischen Fähigkeiten zum Höchstpreis zu verkaufen. Die Sicherheitsvorkehrungen der Unternehmen sind dazu häufig derart mangelhaft, daß es selbst für Gelegenheits-Hacker ein leichtes ist, die Systeme zu überlisten.

Die Tatsache, daß etwa ein Prozent der Bevölkerung kriminell ist, gilt auch für Teilnehmer im Internet oder Mitarbeiter in Unternehmen. Werden Datennetze – sowohl öffentliche als auch private – nicht mit entsprechenden Maßnahmen vor mißbräuchlicher Nutzung geschützt, so können daraus aufgrund der zunehmenden Abhängigkeit von Wirtschaft und Gesellschaft von ihrem Funktionieren unabsehbare Folgen erwachsen. Angesichts dieser Tatsache ist es höchste Zeit, sich mit dem Thema Sicherheit in Datennetzen professionell zu beschäftigen, um die mit deren Nutzung verbundenen Gefahren auf ein kalkulierbares Risiko zu reduzieren.

17.4 Hacker und Viren – die ersten 35 Jahre

17.4.1 Die Telefon-Hacker der 60er und 70er Jahre

Die Ursprünge der heutigen Hacker-Szene entstanden im Wettlauf zwischen Telefon-Hackern und der amerikanischen Telefongesellschaft AT&T in den 60er und 70er Jahren. Technik-Freaks hatten Schwachstellen von AT&T-Telefonvermittlungen dazu benutzt, exzessiv kostenlose Ferngespräche zu führen. So entdeckte John Draper (einer der ersten Apple-Mitarbeiter) 1970, daß mit der von einem Cornflakes-Hersteller als Beipackgeschenk verteilten Pfeife Töne erzeugt werden konnten, die Telefonvermittlungen dazu veranlaßten, Ferngespräche freizuschalten. Draper, der seitdem als Captain Crunch firmierte, legte damit den Grundstein für eine ganze Subkultur, die nach dem Motto

»Die Freiheit der Kommunikation ist die Voraussetzung
für die Freiheit der Massen«

systematisch Methoden zur kostenlosen Benutzung des Telefonnetzes entwickelte und anwandte.

1971 veröffentlichten Abbie Hoffmann und Al Bell die erste Ausgabe des Untergrundmagazins »Youth International Party Line« (YIPL). Darin verbreiteten sie unter anderem Anleitungen zum Bau von elektronischen Schaltungen, mit denen man in der Lage war, die Gebührenerfassung des AT & T-Telefonnetzwerkes zu überlisten. Mit Hilfe der sogenannten »Black Box« konnte beispielsweise von jedem Fernsprecher ein kostenloses Gespräch geführt werden, da der Vermittlung das fortlaufende Ertönen des Freizeichens vorgetäuscht wurde. Die »Red Box« erzeugte die Münzeinwurftöne, die der Gebührenerfassung Anzahl und Wert der eingeworfenen Münzen mitteilte und so die kostenlose Benutzung eines jeden öffentlichen Fernsprechers ermöglichte. YIPL wurde später (1973) in »TAP« (Technological Assistance Program) umbenannt und blieb bis in die achtziger Jahre die wichtigste Informationsquelle der Phone-Phreak-Bewegung.

1983 wurde der Computer von TAP-Herausgeber »Tom Edison« – dem Nachfolger von Al Bell – gestohlen und sein Haus von einem Brandstifter in Schutt und Asche gelegt. Dies bedeutete das Ende von TAP. Die Neugründung unter demselben Namen (1990) versuchte zwar, die alten Traditionen wieder aufzunehmen, erreichte aber nie wieder die Popularität des Originals. 1984 gründete Emmanuel Goldstein das bis heute regelmäßig erscheinende Magazin »2600: The Hacker Quarterly«. Neben »Phrack« ist es die zweite »offizielle« Hacker-Zeitschrift. Neben einer Vielzahl von technischen Beiträgen werden darin auch politische Theorien und Meinungen aus dem Hacker-Umfeld verbreitet.

17.4.2 Die ersten Hacker

Erst als Ende der siebziger Jahre mit den ersten PCs Computer-Systeme auch für Privatpersonen erschwinglich wurden, begann sich eine Szene für den Computer-Untergrund zu etablieren, aus der sich die ersten Hacker rekrutierten. Bis dahin beschränkte sich Computer-Kriminalität praktisch ausschließlich auf den unternehmensinternen Mißbrauch von Computer-Systemen wie im Fall des Angestellten von New York Dime Savings, der seinen Arbeitgeber durch Manipulationen des Firmen-Computers um 1 Million US$ erleichterte (1973). Nun wurden erstmals Einbrüche auch von außerhalb festgestellt, durchgeführt von Einzeltätern wie Kevin Mitnick – dem bis heute wohl bekanntesten Hacker – der bereits 1982 im Alter von achtzehn Jahren wegen Einbruchs in private Computersysteme und Diebstahl von Handbüchern der nordamerikanischen Telefongesellschaft PacBell vorbestraft wurde.

Zwei Jahre später, im George-Orwell-Jahr 1984, wurden zwei der bekanntesten Hacker-Vereinigungen gegründet: Lex Luthors »Legion of Doom« (LoD) und der Hamburger »Chaos Computer Club« (CCC). Die wichtigste Zielsetzung des CCC besteht – ähnlich wie bei den Phone Phreaks fünfzehn Jahre zuvor – darin, das vom Computer-Untergrund definierte Menschenrecht auf weltweiten, freien Informationsaustausch durchzusetzen. In der in unregelmäßigen Abständen erscheinenden CCC-Publikation »Die Datenschleuder« berichten seit 1984 Mitglieder über die Aktivitäten des CCC und verbreiten Informationen aus der Szene.

Obwohl sich die Mitglieder und Sympathisanten des CCC größtenteils als Angehörige einer Alternativbewegung fühlen, die gegen starre Strukturen, Monopole und autoritäre Tendenzen in der heutigen Informationsgesellschaft ankämpfen, sind ihre gelegentlich spektakulären Aktivitäten als Hacker in kommerziellen Datennetzen keineswegs nur als destruktive Akte zu werten. Weltweite Bekanntheit erlangte der Chaos Computer Club im November 1984, als es CCC-Mitglied Steffen Wernery gelang, den BTX-Dienst der Hamburger Sparkasse (HASPA) dazu zu benutzen, mehr als DM 100.000,- auf das Vereinskonto des CCC zu überweisen. Ein Programmierfehler im System von BTX – dem erst wenige Monate vorher in den Regelbetrieb übergegangenen Online-Dienst der Telekom – machte es Wernery dabei mehr als einfach. So entstand beim Aufruf von BTX-Seiten gelegentlich ein Textüberlauf, der Teile des eigentlichen Bildschirminhaltes mit Betriebsinformationen überschrieb. Durch die Analyse dieses scheinbaren Datenmülls konnte das Passwort der HASPA entdeckt werden. Wernery richtete daraufhin eine gebührenpflichtige BTX-Seite ein (der CCC war zu diesem Zeitpunkt bereits als BTX-Anbieter aktiv), deren Abruf die höchstmögliche Gebühreneinnahme für den Anbieter – DM 9,99 – einbrachte. Nach der Anmeldung unter dem Passwort der HASPA wurde diese Seite mit Hilfe eines kleinen Programmes automatisch immer wieder abgerufen, wobei mit jedem Abruf dem CCC-Konto DM 9,99 gutgeschrieben wurden. Von Samstag 18h bis

Sonntag 13h kamen so mehr als DM 135.000,- zusammen. Am 19.11.1984 wurde der Coup dann der Presse und dem Fernsehen im Büro des Hamburger Datenschutzbeauftragten vorgestellt. Das Geld wurde der HASPA zurücküberwiesen, der Image-Schaden für die Telekom sowie den Entwickler des Systems – IBM – war jedoch erheblich.

Drei Jahre später, im Jahr 1987, gelang dem Chaos Computer Club ein weiterer Coup, als Mitglieder in das weltweite SPAN-Netzwerk der NASA eindringen konnten.

17.4.3 Untergrund-Mailboxen (BBS)

Ende der siebziger Jahre verlagerte sich ein guter Teil der Kommunikation innerhalb der Hacker-Gemeinde von den Print-Medien hin zu Mailbox-Systemen (BBS, Bulletin Board Systems). Mit diesem Medium konnten erstmals zu geringsten Kosten Informationen und Daten weltweit verbreitet werden. Neben Anleitungen zum Einbruch in Computer-Systeme und Telefonvermittlungen wurden unter anderem auch interne technische Handbücher der Telefongesellschaften

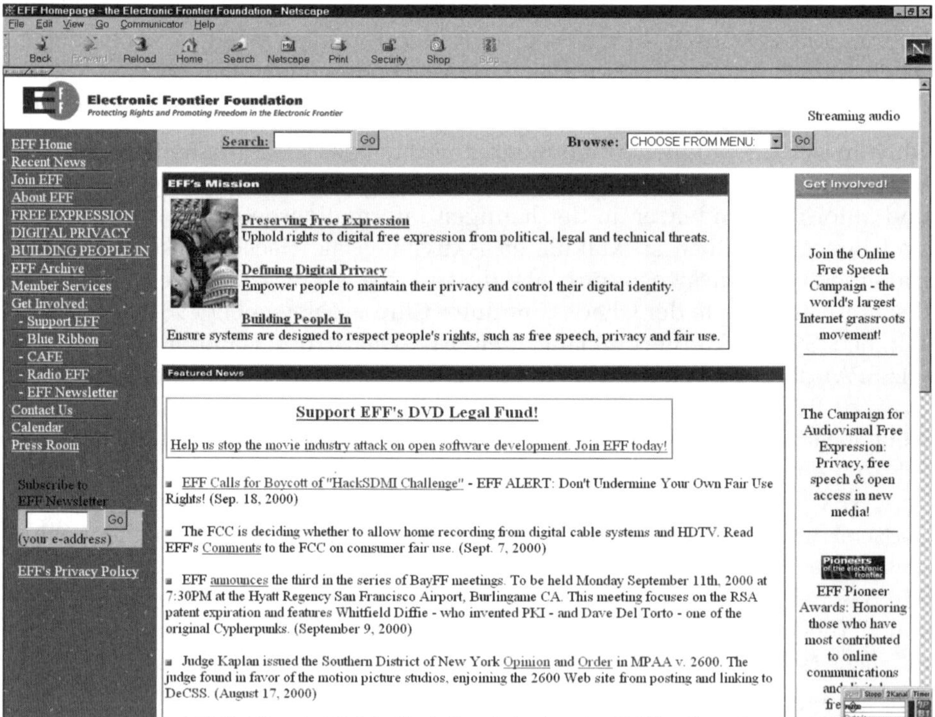

Abb. 17.4: Electronic Frontier Foundation im Internet

wie das Handbuch »Bell South Standard Practice of Enhanced 911 Services March 1988« der Hacker-Gemeinde zur Verfügung gestellt. Eine Klage von Bell-South führte daraufhin in den Jahren 1989 und 1990 in Nordamerika zur Inhaftierung einer ganzen Reihe von Sympathisanten aus dem Umfeld der »Legion of Doom«. Im Zuge der rigorosen Ermittlungen der amerikanischen »Computer Fraud and Abuse Task Force« wurden allerdings auch die Wohnungen einer ganze Reihe von unschuldigen Aktivisten der Online-Szene durchsucht und deren Ausrüstung beschlagnahmt, ohne sie – obwohl niemals Anklage erhoben wurde – jemals wieder zurückzuerstatten. Dies führte 1990 zur Gründung der »Organisation Electronic Frontier Foundation« (EFF), mit dem Ziel, die Freiheiten, wie sie in der amerikanischen Verfassung manifestiert sind, auch in die Welt des Cyberspace auszudehnen und dort zu verteidigen.

1991 wurde der neben Mitnick bekannteste Hacker der amerikanischen Untergrundszene – Kevin Lee Poulsen – nach einem der wohl spektakulärsten »Hacks« verhaftet. Die kalifornische Radiostation KII-FM hatte angekündigt, daß der 102te Anrufer nach dem Abspielen von drei bestimmten aufeinanderfolgenden Musiktiteln einen Porsche 944-S2 gewinnen würde. Poulsen manipulierte das Telefonsystem und gewann prompt. Durch einen Hinweis der Radiostation wur-

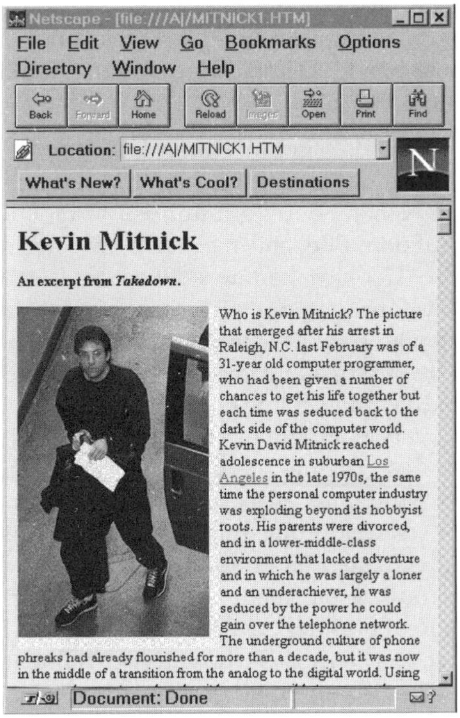

Abb. 17.5: Der Superhacker Kevin Mitnick

de er allerdings bald darauf verhaftet und im April 1995 zu 15 Monaten Haft verurteilt.

Im Februar 1995 ging nach zweijähriger intensiver Fahndung der meistgesuchte Hacker, der 31jährige Kevin Mitnick, dem FBI ins Netz. Bereits 1982 hatte sich Mitnick mit einem legendären Coup, bei dem er in den Kommandocomputer der nordamerikanischen Luftverteidigung eindrang, einen legendären Ruf verschafft. Mitnick werden der Diebstahl von mehreren tausend Dateien sowie von mehr als zwanzigtausend Kreditkartennummern zur Last gelegt.

17.4.4 Vom Ur-Virus zu Trojanischen Pferden

Ein im Zeitalter der fortschreitenden Vernetzung von Computer-Systemen wieder zunehmend akut werdendes Sicherheitsproblem ist das Phänomen der Computer-Viren und deren Verwandten. Aus den simplen, destruktiven Miniaturprogrammen, die im »Huckepackverfahren« mit Standardapplikationen in Computer-Systeme eindringen, wurden in den letzten Jahren intelligente, sich verändernde und durch Datennetze ausbreitende Applikationen. Im Gegensatz zu Viren verbreiten sich Würmer nicht durch Befall von »Wirtsprogrammen«, sondern direkt über offene Netzwerkverbindungen. Trojanische Pferde hingegen werden unfreiwillig vom ahnungslosen Opfer selbst auf die Festplatte geholt, sie tarnen sich als harmlose Spiele, Demos oder Updates, ähnlich wie das hölzerne Vorbild aus der griechischen Sage.

Erste Viren wurden bereits 1974 in Forschungslaboratorien getestet. Anfang der achtziger Jahre wurden sie dann aufgrund ihrer Verbreitung auch der breiteren Öffentlichkeit bekannt. Neben relativ gutmütigen Viren wie dem Sesamstraßen-Cookie-Monster, das auf dem Bildschirm erschien und nach einem Keks verlangte (durch Eingabe von »Cookie« konnte es für eine Weile besänftigt werden), wurden im Laufe der Jahre immer aggressivere und zerstörerische Virenprogramme entwickelt. Die erste massive Verseuchung von Computer-Systemen trat 1987 auf. Das »IBM-Christmas-Card-Worm«-Virus verseuchte dabei weltweit eine große Anzahl von IBM-Mainframe-Computern. Einmal in ein unverseuchtes System eingedrungen, vervielfältigte er sich bis zu 500.000 Mal pro Stunde und legte in kürzester Zeit das gesamte System lahm. Der wohl bekannteste Wurm wurde 1988 von dem Studenten Robert Morris (dem Sohn eines Computer-Sicherheitsexperten des Verteidigungsministeriums) im Internet ausgesetzt. Innerhalb weniger Stunden legte das Programm, das in der Lage war, sich selbst immer wieder zu reproduzieren, mehr als 6.000 Internet-Computer lahm. Im selben Jahr wurde als Reaktion der ARPA das »Computer Emergency Response Team« (CERT) gebildet, mit dem Ziel, die Internet-Teilnehmer bei der Bekämpfung von Sicherheitsrisiken zu unterstützen. Trotzdem stieg die Anzahl der weltweit in Verbreitung befindlichen Computer-Viren seit 1991 um 500 % an und liegt derzeit bei über 40.000! Aufgrund der zunehmenden Integration von internen Unternehmensnetzen und dem Internet durch den Trend hin zu Intranets können sich Viren heute rascher als je zuvor ausbreiten. So werden heute von 1000 Computern monatlich zwischen 10 und 30 von einem Virus befallen, obwohl bereits an die achtzig Prozent aller PCs mit Anti-Viren-Produkten geschützt sind. Bei mehr als zwei Drittel der entdeckten Viren handelt es sich dabei um Dokumentenviren wie Word-Makro- oder Excel-Makro-Viren.

17.4.5 Die professionellen Hacker der 90er-Jahre

Seit Beginn der neunziger Jahre mischen in zunehmendem Maße professionelle Hacker in der Anarcho-Szene des Computer-Untergrundes mit. Waren bis dahin große Telefongesellschaften bevorzugtes Opfer von Attacken, so richten sich die Angriffe der »Profis« gegen Banken und Industrieunternehmen. So gelang es im Juli 1995 dem Russen Wladimir Levin, von der New Yorker Citibank und anderen Banken 14 Millionen DM abzuzweigen. Ein großer Teil dieser professionellen Hacks wird allerdings nie publik, so daß über das tatsächliche Ausmaß der organisierten Computerkriminalität nur spekuliert werden kann.

17.5 Internet-Sicherheit: Angriffspunkte und Schwachstellen

Aufgrund der enormen Komplexität sowohl des Internet insgesamt als auch der Hard- und Softwarekomponenten, aus denen es im einzelnen besteht, ist das Gesamtsystem Internet von Programm- und Funktionsfehlern durchsetzt. Nachweisbar ist es mit vertretbarem Aufwand nicht möglich, Programme mit Codelängen von zehntausend Zeilen und mehr so weit auszutesten, daß in jedem Betriebszustand fehlerfreies, vorhersagbares Verhalten garantiert werden kann. Damit besteht auch für jede kommerziell erstellte Software das potentielle Sicherheitsrisiko einer mißbräuchlichen Nutzung von Programmfehlverhalten. Sind die betreffenden Komponenten über ein Datennetz einer großen Zahl von Benutzern zugängig, so erhöht sich die Wahrscheinlichkeit, daß auch vereinzelte Schwachstellen mißbräuchlich genutzt werden.

17.5.1 Mangelhaftes Programmdesign

Eine Hauptursache für die Vielzahl an Sicherheitsproblemen im Internet stellt die prinzipielle Architektur der Kommunikationsprotokolle TCP/IP und UDP/IP dar. Keines dieser Protokolle wurde ursprünglich mit der Intention entwickelt, wirklich sichere Kommunikationspfade zu garantieren. So läßt sich bei der Datenübertragung mit Hilfe von IP im Internet nicht vorhersagen, über welche Vermittlungsknoten die Übertragung der Pakete erfolgt. Gelingt es Hackern, sogenannte »Sniffer«-Programme auf einem oder mehreren Vermittlungsknoten zu installieren, können die von vielen Applikationen im Klartext übertragenen Paßwörter enttarnt werden.

Ein anderer Grund für erfolgreiche Einbruchsversuche sind mangelhafte Systemkonfigurationen sowie teilweise oder ganz fehlende Sicherheitsvorkehrungen an den Internet-Zugangssystemen. Grundsätzlich können, rein technisch gesehen, die folgenden fünf Schwachstellenbereiche ausgemacht werden: Fehlende Sicherheitsmaßnahmen (keine Firewalls), mangelhaft konfigurierte und administrierte Systeme, prinzipielle Sicherheitsprobleme der Kommunikationsprotokolle sowie der darauf aufsetzenden Applikationen (WWW, FTP etc.) und fehlerhafte Dienstprogramme (Abb. 17.6).

17.5.2 Unternehmensorganisation

Neben rein technischen Problemen liegen die Gründe für mangelhafte Sicherheitsstandards vielfach auch in der Unternehmensorganisation. Das Fehlen eines Sicherheitsbeauftragten, mangelnde, gezielte Weiterbildung der Systemadministratoren und Benutzer sowie keine oder unzureichende interne Sicherheitsrichtlinien sind in vielen Fällen die Ursache für eklatante Sicherheitslücken. Dieselbe Sorgfalt wie für die technische Umsetzung von Sicherheitsmaßnahmen sollte daher für die Formulierung einer Sicherheits-Strategie für das Gesamtunternehmen angewandt werden. Auf Basis dieser Strategie können dann entsprechende organisatorischen Voraussetzungen geschaffen und schließlich Prozesse für deren Umsetzung implementiert werden.

- Fehlende Sicherheitsmaßnahmen (Keine Firewall-Systeme)
- Mangelhaft konfigurierte und administrierte Systeme
- Prinzipielle Sicherheitsprobleme der Kommunikationsprotokolle (IP, TCP, UDP)
- Fehlerhafte Dienstprogramme
- Prinzipielle Sicherheitsprobleme der Dienstprogramme (WWW, FTP, etc.)

Abb. 17.6: Potentielle Schwachstellen von Datennetzen

17.5.3 Hitliste der Einbruchsmethoden

Die Hitliste der häufigsten erfolgreichen Angriffsmethoden wird nach Angaben des CERT-Koordinationszentrum an der »Carnegie Mellon Universität« in Pittsburgh im Jahresbericht für das Jahr 1999 (http://www.cert.org/annual_rpts/cert_rpt_99.html) von verteilten Denial-of-Service-Angriffen angeführt, bei denen Rechner von Internet-Service-Provider und die Webserver großer Unternehmen gleichzeitig von hunderten anderer Rechner mit Netzwerkpaketen bombardiert werden. Bei diesen Sabotageakten geht es nicht darum, in ein System einzudringen, sondern um die möglichst nachhaltige Außerbetriebsetzung der Internet-Server der Opfer. Dabei wird in kürzester Zeit durch eine große Anzahl von IP-Paketen mit gefälschten Adressen auf den Zielsystemen eine derart hohe Netzlast erzeugt, daß dieses unfähig ist, weitere Verbindungsanforderungen zu akzeptieren.

An zweiter Stelle in der Häufigkeit des Auftretens sind Viren, Würmer und Trojanische Pferde, die in immer größerem Ausmaß über das Internet in fremde Netze eindringen, gefolgt von Angriffen über die RPC-Schnittstelle (z.B. NIS und NFS.).

Aber auch die Angriffe außerhalb der CERT-Hitliste haben eine nachhaltige Wirkung. Bei Sniffer-Attacken wird mit Hilfe von »unsichtbaren« Miniaturprogrammen, die auf Internet-Hosts eingeschleust werden, der gesamte Datenstrom überwacht und Paßwörter sowie Systemidentifikationen abgespeichert. Ein weiterer bereits seit Jahren im Internet erfolgreich angewandter Trick für Systemeinbrüche ist IP-Spoofing. Dabei werden vom Angreifer die eigenen Datenpakete mit Sendeadressen versehen, die im Adreßbereich des Zielnetzwerkes liegen und damit als von eigenen Nutzern generiert erscheinen, daher auch der Name »spoofing« – fälschen, schwindeln. Vor allem Paketfilter- sowie Proxy-Firewalls, deren Authentifikationsmechanismen auf Internet-Adressen basieren, können so überwunden werden.

Die wohl längste Tradition unter den verschiedenen Angriffsmethoden besitzt die Ausnutzung von Fehlern der weit verbreiteten Mail-Server-Applikation

- verteilte Denial-of-Service-Angriffe
- Melissa-Virus
- Chernobyl-Virus
- Happy99 (Trojanisches Pferd)
- ExploreZip (Trojanisches Pferd, Wurm)
- RPC-Angriffe

Abb. 17.7: Die häufigsten Angriffsmethoden 1999

»sendmail«, wobei immer wieder neu entdeckte Schwachstellen dieses sehr komplexen Programms genutzt werden.

17.6 Angriffsmethoden

17.6.1 Informationsbeschaffung

Wenn ein Angreifer sich einem Netzwerk nähert, gleichgültig ob von innen oder von außen, ist sein erstes Ziel, so viele Informationen wie möglich über die dort vorhandene Hard- und Software zu erlangen. Erst danach beginnen die eigentlichen Angriffe, die von den bei den ersten Untersuchungen gefundenen potentiellen Sicherheitslücken ansetzen. Befindet sich der Angreifer im Innern des Netzwerkes, ist die Beschaffung von Informationen um Größenordnung leichter als bei einem Zugriff von außen über eine Firewall. Aber selbst dann können mit den entsprechenden Tools aussagekräftige Daten über die Infrastruktur gesammelt werden:

- Adreßscanner überprüfen ganze IP-Bereiche und stellen eine Liste von Netzwerkknoten auf.
- Portscanner suchen nach aktiven Diensten (Serverprozessen). Dabei kann oft schon aus den aktiven Prozessen auf das eingesetzte Betriebssystem und die Applikation geschlossen werden, so etwa auf Firewall- oder Intrusion-Detection-Systeme.
- Netzwerksniffer protokollieren den Netzwerkverkehr und helfen bei der Suche nach Diensten, Benutzernamen und Paßworten.
- Mittels Bannertexten können ältere Programmversionen ausfindig gemacht werden, bei denen Sicherheitslücken existieren.
- Die allgemeinen Informationsdienste, die Bestandteil jedes Betriebssystems sind, liefern Informationen über Benutzer und andere vertrauliche Interna.
- Das sogenannte Fingerprinting untersucht Systeme auf charakteristische Netzwerkpakete und kann so genau Art und Version des Betriebssystems bestimmen.

17.6.2 Account- und Paßwortangriffe

Die häufigste Ursache für erfolgreiche Einbrüche in Computer-Systeme liegt im Versagen des Mechanismus für die Zugangsberechtigung (Authentifikation). Die Schlüsselrolle aller Authentifikationssysteme spielt dabei die Methode, mit der die Identität eines Benutzers und damit verbunden die Nutzungsrechte, die ihm zugeordnet sind, überprüft werden (Autorisierung + Identifikation = Authentifikation).

Die am weitesten verbreitete Methode der Benutzeridentifikationen basiert auf Paßwörtern, die während des Anmeldevorganges eingegeben werden. Dem Computer-System selbst müssen die betreffenden Kennwörter natürlich ebenfalls bekannt sein. Deshalb werden die Kennwörter in verschlüsseltem Zustand auf den Systemen abgelegt. Zugangssysteme, die höheren Sicherheitsstandards genügen müssen, benutzen Einmalpaßwörter, Smartcards oder personenbezogene Identifikationsmerkmale (Fingerabdruck, Stimme) zur Authentifikation. Um in den Besitz von Paßwörtern zu kommen, werden von Angreifern fünf unterschiedliche Strategien angewandt:

- Erraten des Paßwortes (Passwort Guessing)
- Systematisches Paßwortraten unter Nutzung der Datei mit den verschlüsselten Paßworten (Password Cracking)
- Protokollanalyse mit Paßwortfilterung (Password Sniffer)
- Login/Paßwort-Monitoring mittels TSR-Programmen (Keystroke-Readern) und Trojanischen Pferden
- Social Hacking.

17.6.3 Sicherheitslöcher im Netzwerk und Applikationen

Obwohl sich TCP/IP während seines nunmehr über fünfundzwanzigjährigen Einsatzes in Datennetzen außerordentlich bewährte und letztlich in einem evolutionären Prozeß alle proprietären Transportprotokolle verdrängte, wurden immer wieder massive Sicherheitslücken in den TCP/IP-Mechanismen bekannt. Teilweise konnten sie zwar durch Hersteller von Router- und Firewallsystemen geschlossen werden, eine Vielzahl von Problemen besteht jedoch nach wie vor. Neben den systemimmanenten Problemen liegt die Ursache eines Großteils von Einbrüchen auf Basis der Transportprotokolle in der fehlerhaften Konfiguration von Computersystemen, Routern oder Firewalls. Lückenhafte Portfilterkonfigurationen, aktive ICMP-Optionen oder schlampig aufgesetzte Routing-Tabellen sind hier die klassischen Fehler, denen man immer wieder begegnet.

Viele Angriffsmethoden benutzten TCP/IP-Sicherheitslücken nur, um dann aufsetzend auf Anwendungsprotokollen wie FTP, DNS, SMTP oder NNTP den eigentlichen Angriff auszuführen. Dabei haben viele Angriffe nur das Ziel, Dienste oder gleich ganze Systeme des Opfers lahmzulegen. Man spricht hier von Denial-of-Service-Attacken. Ganz grob können die Angriffsszenarien im IP-Protokoll und den höheren Ebenen wie folgt eingeteilt werden:

IP-Ebene:

- IP-Spoofing durch Eintrag einer anderen IP-Adresse in die Pakete als die eigene
- ICMP-Angriffe z.B. durch Unterbrechen von Verbindungen durch ICMP-Fehlermeldungen
- Routing-Angriffe z.B. durch die Umprogrammierung von Routern
- Broadcast-Stürme durch ARP-Mißbrauch
- IP-Fragmentierungsangriffe, beim Zusammenbau von mißgebildeten Pakete stürzt der Rechner ab
- Bombardierung mit Paketen

TCP-Ebene:

- SYN-Flooding, indem durch wiederholte TCP-Verbindungsaufnahme werden Ressourcen auf dem Server verbraucht werden
- TCP-Sequenznummern-Angriff (durch »Raten« von TCP-Sequenznummern kann der Angreifer eine bestehende Verbindung manipulieren)
- Abbruch von TCP-Verbindungen mittels RST- oder FIN-Paketen
- Übernahme von TCP-Verbindungen (Hijacking) mittels Paketen mit der korrekten Sequenznummer

UDP-Ebene:

- UDP-Spoofing durch Angabe einer falschen Adresse

Anwendungsebene:

- Angriffe auf das DNS-System und Manipulation der internen Tabellen
- Angriffe auf Mailsysteme
- Telnet-Angriffe
- FTP-Angriffe
- Angriffe auf Newsserver
- Angriffe auf Webserver

Die Angriffe auf Betriebssysteme und Applikationen beruhen fast immer auf einer unzureichenden Überprüfung der Funktion eines Programms und können in folgende Klassen eingeteilt werden:

- Beim Pufferüberlauf wird eine große Datenstruktur durch das Programm ungeprüft verschoben und überschreibt dabei andere Speicherbereiche. Bei geschickter Programmierung des Puffers können so kleine Programme mit den Privilegien des Opfers gestartet werden.
- Sonderzeichen bei Benutzereingaben (z.B. URLs) werden nicht korrekt verarbeitet, finden sich in den anschließenden Systemaufrufen wieder und lösen unerwartete Seiteneffekte aus, wie z.B. die Übertragung der /etc/passwd.

- Unix-Programme folgen ohne Überprüfung symbolischen Links und greifen so auf andere als die gewollten Dateien zu.
- Von einer Race-Condition spricht man, wenn zwei parallel laufende Prozesse sich gegenseitig Ressourcen wegnehmen, wie z.B. eine temporäre Datei, einen Interrupt oder einen Speicherbereich. Voraussetzung ist, daß das angegriffene Programm seine Ressourcen nicht oder nur unzureichend schützt.

17.6.4 Sicherheitsrisiken im World Wide Web

Nicht nur die Webserver sind ständig dem Risiko von Angriffen ausgesetzt. Auch der gewöhnliche Client, mit dem harmlose Surfer sich im Internet bewegen, kann das Ziel von Angriffen sein. Ursache sind die diversen Protokolle und Plug-Ins, die kleine Programme auf dem Client starten, manchmal mit fatalen Folgen.

Java

Java-Applets – so werden Java-Programme bezeichnet –, sind Programme, die von Serversystemen über das Netz geladen werden, um anschließend auf lokalen Clientsystemen zur Ausführung zu kommen. Java selbst wurde dazu als hardwareunabhängige Programmiersprache entwickelt, weshalb Java-Programme mit Hilfe von Java-Interpretern – sogenannten Java Virtual Machines – auf praktisch jeder Computerplattform ausgeführt werden können. Im Gegensatz zum CGI- oder ASP-Programmkonzept, bei welchem die Programme zentral auf dem WWW-Server ablaufen und jede Programmausgabe über das Netzwerk transportiert werden muß, geschieht bei Java die gesamte Programmausführung auf dem lokalen Computersystem.

Die verheerendsten Sicherheitslücken, die durch Java verursacht werden, hatten ihre Ursache in fehlerhaften Java-Implementationen der unterschiedlichen Hersteller. So arbeitete in vielen Systemen der sogenannte Bytecode Checker, der Java-Programme auf unzulässige Programmsequenzen hin überprüft, nicht fehlerfrei. Diese Probleme waren in der Anfangszeit von Java eine erste Bedrohung. Mittlerweile haben die Java-Interpreter jedoch einen recht hohen Sicherheitsstandard erreicht, so daß Java mit ruhigem Gewissen eingesetzt werden kann.

JavaScript

JavaScript ist eine in die HTML-Syntax integrierbare Programmiersprache, deren Befehle direkt innerhalb von WWW-Seiten übertragen werden. JavaScript (ursprünglicher Name LiveScript) ist damit eine reine Interpretersprache. Serverseitig ablaufende JavaScript-Programme werden LiveWire genannt. Bei jeder Ausführung eines Programms müssen die JavaScript-Befehle vom jeweiligen Interpreterprogramm neu übersetzt werden. Das Ziel von JavaScript ist es, dem Webseiten-Autor ein im Vergleich zu Java einfacheres Hilfsmittel in die Hand zu geben, um simple Mechanismen wie

- Überprüfung der Vollständigkeit von Formulareingaben
- Steuerung der Darstellung von Daten und Grafiken innerhalb von WWW-Seiten
- Definition von Ausgabebildschirmgrößen und Verhalten von Java-Applets

zu implementieren.

Java-Applets können nur in einem sogenannten »Sandkasten« ablaufen, aus dem der virtuelle Java-Prozessor nur bei einem Programmierfehler beim Interpreter ausbrechen kann. Im Normalfall stehen die meisten Funktionen des Betriebssystems (z.B. Schreiben auf die Festplatte) nicht oder stark eingeschränkt zur Verfügung. JavaScript hat diesen Schutz nicht. Wenn der Benutzer durch die Konfiguration des Browsers dem Programm den Weg frei gemacht hat, kann es im Grunde machen, was es will. Die immer wiederkehrenden Programmierfehler im JavaScript-Interpreter tun ihr übriges. JavaScript sollte daher nicht ständig aktiviert sein.

ActiveX

ActiveX stellt den Versuch von Microsoft dar, eine ähnliche Funktionalität wie die von Java bzw. JavaScript für Microsoft-Windows-Plattformen zu implementieren. Microsoft erweiterte dazu die OLE-Kontrollfunktionen, mit denen bereits in MS-Windows-Dokumente unterschiedlicher Applikationen miteinander verknüpft werden können, für den Einsatz innerhalb von WWW-Seiten. Als Programmiersprache für Programme, die über diese Internet-OLE-Links (ActiveX-Links) mit WWW-Dokumenten verknüpft werden können, wurde Microsofts Visual Basic entsprechend den Anforderungen des Internet erweitert.

Von Beginn an wurden bei ActiveX-Anwendungen allerdings immer wieder erhebliche Sicherheitslücken festgestellt. Das Hauptproblem stellt dabei eine ActiveX-Eigenschaft dar, die die Benutzerrechte des eingeloggten Nutzers auf das System, auf dem die ActiveX-Controls ablaufen, vererbt. Wenn also beispielsweise der Benutzer eines Web-Browsers mit aktivierter ActiveX-Funktion Administratorrechte besitzt, so gilt dies auch für die ActiveX-Controls! Mit größter Leichtigkeit können so WWW-Seiten erstellt werden, die mit Hilfe entsprechender ActiveX-Controls und einiger Visual Basic-Programmzeilen beispielsweise wichtige Systemdateien überschreiben. Mittlerweile hat Microsoft seine Produktstrategie geändert und ActiveX ist in der neuen Microsoft-Gesamtarchitektur für verteilte Internetanwendungen DNA (Windows Distributed interNet Applications Architecture) aufgegangen. Beim Einsatz von Produkten, die ActiveX unterstützen, ist es jedenfalls empfehlenswert, die ActiveX-Funktion zu deaktivieren. Ist die Nutzung von ActiveX-Funktionen notwendig, so sollte dies temporär und lediglich beim Arbeiten auf gut bekannten Sites geschehen.

Sichere WWW-Kommunikation: SSL und S-HTTP

Der gesamte Kommunikationsablauf im World-Wide-Web basiert auf dem Transportprotokoll HTTP (Hyper Text Transport Protocol), und erfolgt vollständig im Klartext, weshalb die WWW-Nutzung ein potentielles Sicherheitsrisiko darstellt. Aus diesem Grund wurden zwei Protokollspezifikationen entwickelt, die den sicheren Transport von HTTP im Internet gewährleisten sollen: SSL und SHTTP.

SSL beschreibt eine zusätzliche Protokollschicht, die zwischen TCP/IP und den höheren Internetprotokollen wie HTTP, Gopher oder NNTP eingefügt wird, und deren sicheren Transport gewährleistet. Mit Hilfe eines Public-Key Verfahrens wird dabei zunächst während einer Handshake-Sequenz zwischen Server und Client ein geheimer Schlüssel, der sogenannte »Secret Master«, ausgetauscht. Der Client generiert dazu mit Hilfe eines Zufallszahlengenerators eine Bitsequenz (Pre-Master-Secret) und sendet sie dem Server, verschlüsselt mit dessen öffentlichen Schlüssel. (Public-Key-Verfahren arbeiten mit zwei aufeinander abgestimmten Schlüsseln – einem geheimen und einem öffentlichen – die derart gewählt sind, daß mit dem öffentlichen Schlüssel verschlüsselte Nachrichten ausschließlich mit dem zugehörigen geheimen Schlüssel dekodiert werden können.) Aus dieser Pre-Master-Secret- Bitsequenz generieren Server und Client jeweils nach einem festgelegten Hash-Funktions-Algorithmus den Master-Key. Jeder weitere Datenaustausch erfolgt nun nach der im Handshake-Prozeß verhandelten symmetrischen Verschlüsselungsmethode (RC4 oder DES) unter Benutzung des Master-Keys. Dem Benutzer selbst bleibt der Mechanismus des gesicherten Verbindungsaufbaus verborgen. Er wird lediglich von der WWW-Software darauf hingewiesen, daß er im Begriff ist, ein gesichertes Dokument aufzurufen und bekommt im Anschluß die Seite, versehen mit dem Schlüsselsymbol, dargestellt.
Im Gegensatz zu SSL erweitert S-HTTP das WWW-Protokoll HTTP selbst um kryptographische Funktionen zur Gewährleistung von Vertraulichkeit und Authentifikation der Protokollabläufe im World Wide Web. Jede S-HTTP Anforderung muß demnach die vom S-HTTP-Client unterstützten Kryptographieoptionen (negotiation options) enthalten, so daß der Server eine empfängergemäße Verschlüsselungsmethode wählen kann. Die gewünschte Kryptographiemethode wird dabei wahlweise im Header einer S-HTTP-Anfrage/Antwort oder in dem HTML-Dokument mit dem betreffenden geschützten Hyperlink übertragen. Dazu wurde auch ein neuer URL-Typ mit der Bezeichnung shttp definiert (eine geschützte URL beginnt also immer mit shttp:\\www.etc..). Jede Antwort auf die Aktivierung eines sicheren URL erfolgt verschlüsselt. Neben einem Public-Key-Verfahren basierend auf PKCS-7 (RSA Data Security) oder PEM (RFC 2022) unterstützt S-HTTP auch die Benutzung von symmetrischen Schlüsseln. Dabei werden zuvor ausgetauschte Schlüssel zur Ver- bzw. Entschlüsselung benutzt, wobei die Schlüsselidentifikation (also welcher der vorab festgelegten Schlüssel bentutzt werden soll) im S-HTTP-Header übertragen wird. Zusätzlich zur Ver-

schlüsselung können mit Hilfe von S-HTTP übertragene Nachrichten auch mit einer digitalen Signatur versehen werden, wodurch die Authentifikation sowohl des Servers als auch des Clients möglich ist.

17.7 Firewalls: Definition und Philosophie

Unter einem Firewall-System versteht man jene Netzwerk-Komponenten, über die ein internes, privates Unternehmensnetzwerk an ein externes, öffentliches Datennetz wie das Internet angekoppelt ist. Die Aufgabe des Firewall-Systems ist es, einen möglichst ungestörten Zugriff der Benutzer des privaten Netzwerks auf das öffentliche Netzwerk zu ermöglichen und gleichzeitig das eigene Datennetz vor externen Übergriffen zu schützen. Die Firewall muß, um dies gewährleisten zu können, den einzigen Zugang des internen Datennetzes nach außen darstellen. Sie besteht in der Regel aus mehreren Hard- und Software-Komponenten, die je nach Anforderung an die für interne Benutzer zur Verfügung stehenden Dienste sowie die zu garantierende Sicherheit individuell konfiguriert werden (Abb. 17.8).

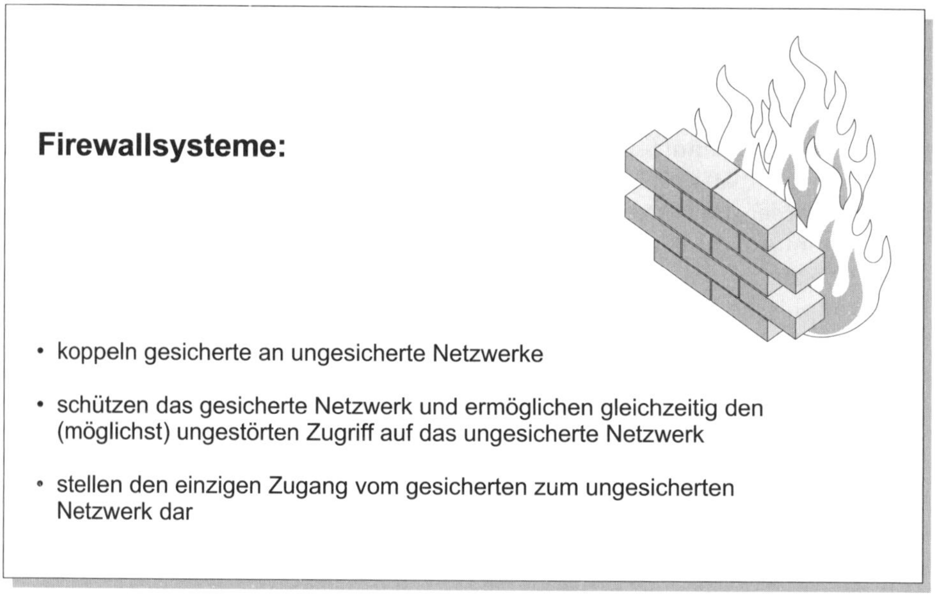

Abb. 17.8: Die Definition eines Firewallsystems

Der Einsatz von Firewall-Systemen zur Sicherung von privaten Netzwerken bringt mehrere Vorteile mit sich:

- Durch die Konzentration der Risikozone auf ein einziges System, die Firewall, kann das Sicherheits-Management auf einen einzigen Punkt innerhalb des Datennetzes konzentriert werden. Alle anderen Netzknoten bleiben von zu ergreifenden Sicherheitsmaßnahmen im wesentlichen unberührt.
- Überwachungs- und Kontrollmechanismen müssen nur auf dem Firewall-System installiert werden.
- Alle Verbindungen vom und zum internen Datennetzwerk müssen über das Firewall-System erfolgen und können somit überwacht und kontrolliert werden.

17.7.1 Die Architektur von Firewalls

Das Firewall-System stellt die physikalische und logische Schnittstelle zwischen ungeschützten und zu schützenden Datennetzen dar. Je nach Netztopologie kann es sich bei der dabei zu schaffenden Kopplung um die Anbindung zweier LAN-Segmente, zweier WAN-Segmente oder um mehrere LAN-Segmente, die über eine WAN-Strecke gekoppelt werden sollen, handeln. Bei dem ungesicherten Netz muß es sich also nicht in jedem Fall um die WAN-Verbindung hin zum öffentlichen Internet handeln. Sowohl die geschützten als auch die ungeschützten Netze können genausogut Teil ein und desselben Unternehmensnetzes sein. Als zu sichernde Netze könnten beispielsweise die Netzsegmente von Buchhaltung und Entwicklung definiert werden, die gegenüber den Netzen von Vertrieb, Marketing und Service abzusichern sind.

Den Übertragungsschnittstellen (LAN/WAN, WAN/WAN, etc.) nachgeordnet sind die jeweiligen Kontrollmechanismen, die den Aufbau von Verbindungen zwischen den durch die Firewall gekoppelten Datennetzen je nach Dienst und Teilnehmer zulassen, kontrollieren oder verhindern. Die Systeme, die diese Funktionen realisieren, werden als Zugriffskontrollsysteme bezeichnet.

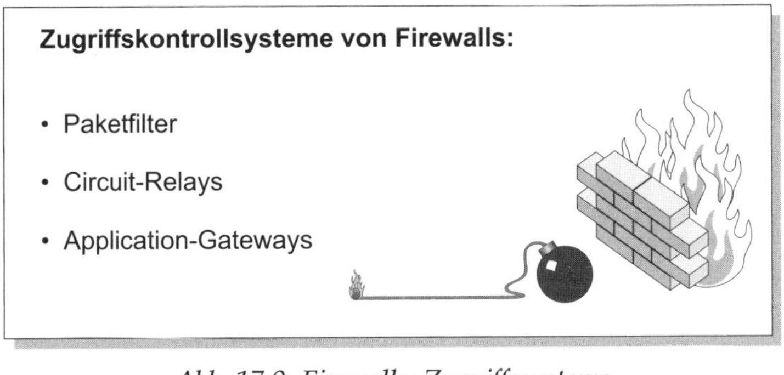

Abb. 17.9: Firewalls: Zugriffssysteme

Im Rahmen von Firewalls können drei unterschiedliche Zugriffskontrollsysteme unterschieden werden, die alleine oder in Kombination eingesetzt werden können:

Paketfilter

Zugriffskontrollsysteme auf der Basis von Paketfiltern sind in der Lage, Datenpakete nach Kriterien wie

- Sende-, Empfangsadresse,
- Protokolle,
- Protokoll-Ports und
- benutzerdefinierten Bitmasken

zu filtern. Die Filterung passiert dabei auf den OSI-Schichten 2 und 3 der jeweiligen Kommunikationsprotokolle. Bei korrekter und überlegter Konfiguration der Filter kann damit ein erster Schutz erzielt werden. Bei komplexen Netzwerken werden die Filtertabellen allerdings rasch unübersichtlich und fehlerhaft. Darüber hinaus läßt die statische Natur der Filtertabellen einen sicheren Betrieb von Diensten wie FTP oder X.11 nicht zu. Paketfilter werden daher vielfach als Vorfilter für weitere Firewall-Komponenten nach dem Circuit- oder Application-Relay-Prinzip benutzt. Abb. 17.10 zeigt die Funktion von Paketfiltern anhand des OSI-7-Schichten-Modelles. Die Wirkungsweise beschränkt sich demnach im wesentlichen auf die Filterung des Datenstromes der Netzwerkschicht, nur mit Einschränkungen können die höheren Schichten überwacht werden.

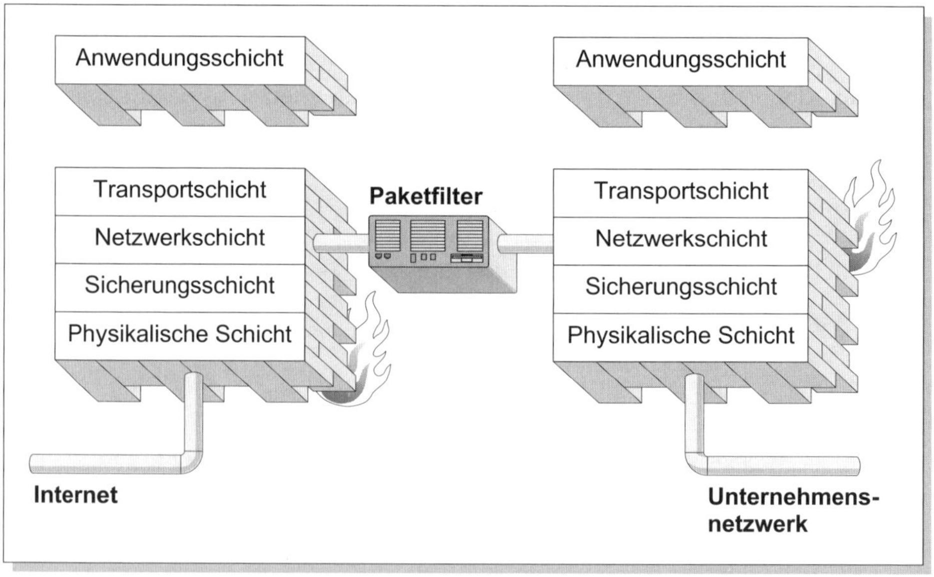

Abb. 17.10: Paketfilter und das OSI-7-Schichten-Modell

Circuit-Relays

Eine deutliche Erhöhung der Netzsicherheit wird durch den Einsatz von auf Circuit Relays basierenden Firewall-Komponenten erreicht. Circuit Relays ermöglichen den Betrieb von auf den Kommunikationsprotokollen TCP bzw. UDP aufsetzenden Applikationen wie WWW, Gopher, Telnet, etc., ohne eine durchgehende Kommunikationsverbindung auf Netzwerkebene (OSI-Schicht 3) zuzulassen. Das Circuit Relay fungiert quasi als Vermittlungsstelle für das betreffende Protokoll. Alle eingehenden Verbindungen enden hier und werden am gegenüberliegenden Ausgang neu aufgebaut. Ein Nachteil dieser Systeme besteht darin, daß die Client-Applikationen, um mit dem jeweiligen Circuit Relay zusammenarbeiten zu können, angepaßt werden müssen (Abb. 17.11).

Application-Gateways

Application Gateways gehen noch einen Schritt über die Funktionsweise von Circuit Relays hinaus. Auch sie ermöglichen die Nutzung von Anwendungen, ohne eine das Firewall-System durchbrechende darunterliegende Kommunikationsverbindung auf Protokollebene zulassen zu müssen. Darüber hinaus verhalten sie sich aus Sicht der Client-Programme allerdings vollständig so wie ein Server des jeweiligen Dienstes. Client-Systeme müssen daher keinerlei Modifikation unterworfen werden, da aus ihrer Sicht keinerlei Unterschied zur Kommunikation ohne ein dazwischen liegendes Application Gateway besteht (Abb. 17.12).

17.7.2 Topologie von Firewallsystemen

Der Sicherheitsgrad, mit dem ein Netz nach außen hin abgeschirmt werden kann, hängt neben dem Zugriffskontrollverfahren der Firewall auch von der Gesamttopologie der eingesetzten Firewallkomponenten ab. Grundsätzlich kann zwischen den folgenden Firewall-Architekturen unterschieden werden:

- Begrenzungs-Router,
- Begrenzungs-Router mit abgesichertem Zwischennetz (Screened Subnet, Secure Subnet),
- Dual Home Bastion Host mit Paketfilter,
- Dual Home Bastion Host mit Circuit Relay,
- Dual Home Bastion Host mit Application Relay,
- Dual Home Bastion Host mit Demilitarisierter Zone (DMZ),
- kaskadierte Dual Home Bastion Hosts,
- Firewalls mit Secure Server Network (SSN).

Einfache Begrenzungs-Router stellen die geringste Sicherheitsstufe dar, kaskadierte Dual Home Bastion Hosts und SSN-Implementierungen bieten den größten Schutz.

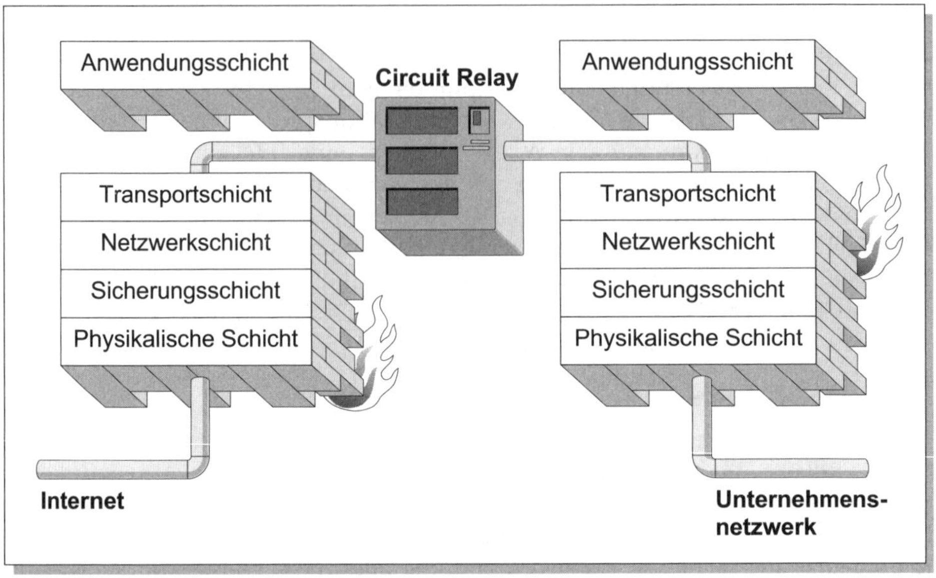

Abb. 17.11: Circuit Relays im OSI-7-Schichten-Modell

Begrenzungsrouter (Boarder-Router)

Begrenzungs-Router bestehen entweder aus Router-Systemen mit aktivierter Paketfilterfunktion oder aus einem Dual Home Host-Computer mit installierter Paketfilter-Software. Firewalls, die ausschließlich aus einem Begrenzungs-Router bestehen, sind am kostengünstigsten, stellen allerdings den geringsten Schutz dar.

Begrenzungsrouter mit abgesichertem Zwischennetz

Mit Hilfe eines abgesicherten Zwischennetzes kann der durch Begrenzungs-Router gewährleistete Schutz erhöht werden. Der Begrenzungs-Router wird dabei so konfiguriert, daß lediglich Verbindungen von bzw. zu dedizierten und gut gesicherten internen Computer-Systemen möglich sind. Die Gesamtheit dieser besonders gesicherten Computer-Systeme wird als abgesichertes Zwischennetz bezeichnet (Abb. 17.13).

Dual-Home-Bastion-Hosts

Auf Dual Home Bastion Hosts aufbauende Firewall-Systeme sind in der Lage, einen wesentlich höheren Schutz zu bieten als dies mit Begrenzungs-Routern alleine möglich ist. Bastion Hosts sind in der Lage, das interne und externe Netzwerk miteinander zu koppeln, ohne auf Protokollebene eine Verbindung zuzulassen (einzige Ausnahme sind Bastion Hosts mit Paketfilter).

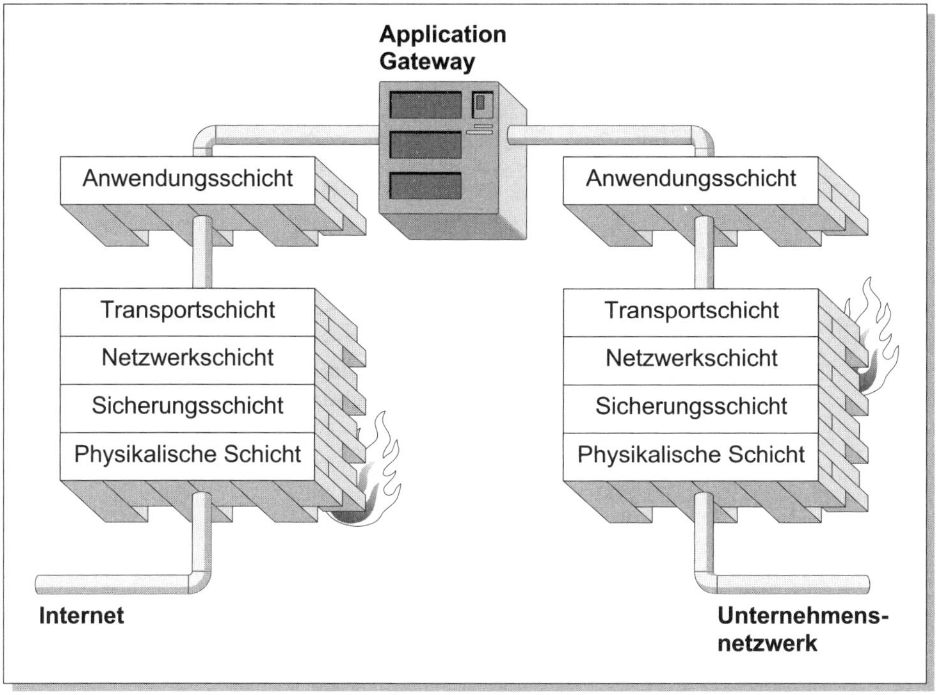

Abb. 17.12: Application Gateways im OSI-7-Schichten Modell

Das Prinzip von Bastion Hosts

Ein Bastion Host ist ein Computer-System, das physikalisch zwischen dem gesicherten Netz und dem nicht vertrauenswürdigen Netz plaziert ist. Bastion Hosts können als Paketfilter, als Circuit Relay oder als Application Relay konfiguriert sein. Sie stellen so die zentrale Komponente eines Firewall-Systems dar.

Multi Home Hosts

Computer-Systeme, die mehrere Netzwerk-Interface-Karten besitzen, werden als Multi Home Host bezeichnet. Verbreitete Anwendungen für Multi Home Hosts sind Systeme, die für zwei oder mehr LAN-Segmente als Server dienen, oder computerbasierende Brücken bzw. Router.

Dual Home Hosts

Ein »Dual Home Host« ist als Spezialfall eines »Multi Home Host« ein Computer-System mit zwei Netzinterfaces. Diese Form der Konfiguration kommt in der Regel für Bastion Hosts zur Anwendung. Wichtig ist dabei, daß das Betriebssystem so konfiguriert ist, daß ein Routing der Datenpakete zwischen den beiden Netzinterfaces (Forwarding) auf Betriebssystemebene deaktiviert ist. Nur so wird

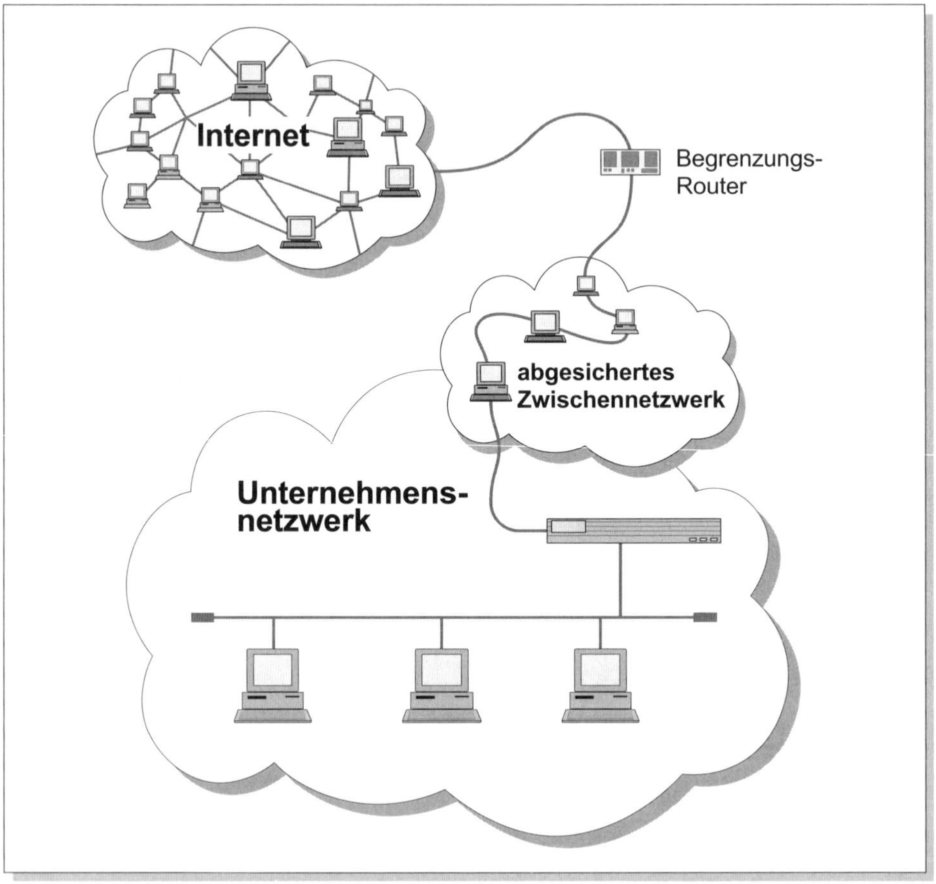

Abb. 17.13: Begrenzungsrouter mit abgesichertem Zwischennetz

garantiert, daß der Bastion Host tatsächlich eine Trennung zwischen externem und internem Netzwerk darstellt. Wird der Bastion Host mit Circuit Relays oder Application Relays ausgestattet, so wird der Aufbau von Verbindungen auf der Ebene der OSI-Schicht-3-Protokolle durch das Firewall-System hindurch unterbunden. Das System ist damit gegen ein ganze Reihe von Angriffsmethoden immun und kann als einigermaßen sicher gelten (Abb. 17.14).

Deaktivierung des Forwardings

Kommt als Bastion Host ein Unix-System zum Einsatz, muß die im Unix-Kernel realisierte systeminterne Routingfunktion deaktiviert werden. Der Kernel muß dazu entsprechend modifiziert und neu kompiliert werden. Erfolgt dies nicht, so sind die auf Applikationsebene realisierten Firewall-Mechanismen nutzlos, da die IP-Pakete auf unterster Ebene weitergeleitet werden. Unter Windows NT

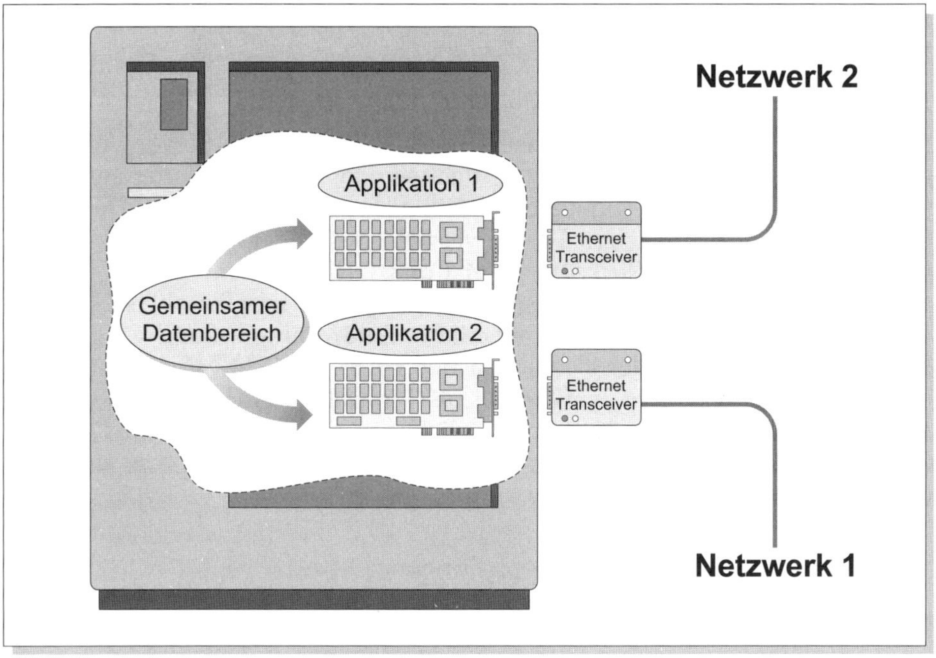

Abb. 17.14: Als Dual Home Host konfiguriertes Computersystem

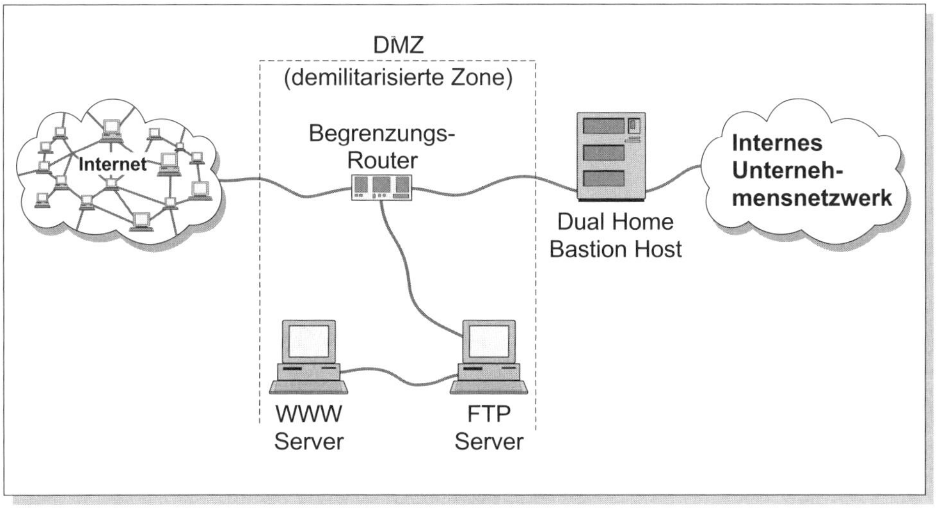

Abb. 17.15: Dual Home Bastion Host mit Demilitarisierter Zone (DMZ)

wird das Forwarding über Start-> Einstellungen -> Systemsteuerung -> Netzwerk -> Routing deaktiviert.

Dual Home Bastion Host mit Demilitarisierter Zone (DMZ)

Aus Sicherheitsgründen sollte die Installation von Informations-Servern für WWW oder FTP auf dem Bastion Host vermieden werden. Am vorteilhaftesten werden sie zwischen Begrenzungs-Router und Bastion Host, der sogenannten Demilitarisierten Zone (DMZ), plaziert. Die Server-Systeme in der DMZ werden dabei bewußt einem erhöhten Risiko ausgesetzt und unter anderem deshalb auch als »Sacrificial Hosts« bezeichnet. Sie sind zwar so gut wie möglich abgesichert und ihre Konfiguration beschränkt sich auf das absolute Minimum zur Erfüllung ihrer Aufgaben, trotzdem werden sie vom Bastion Host als »nicht vertrauenswürdig« eingestuft, da sie sich ja vor dem eigentlichen Firewallsystem befinden, und daher von einer erhöhten Einbruchswahrscheinlichkeit auszugehen ist (Abb. 17.15).

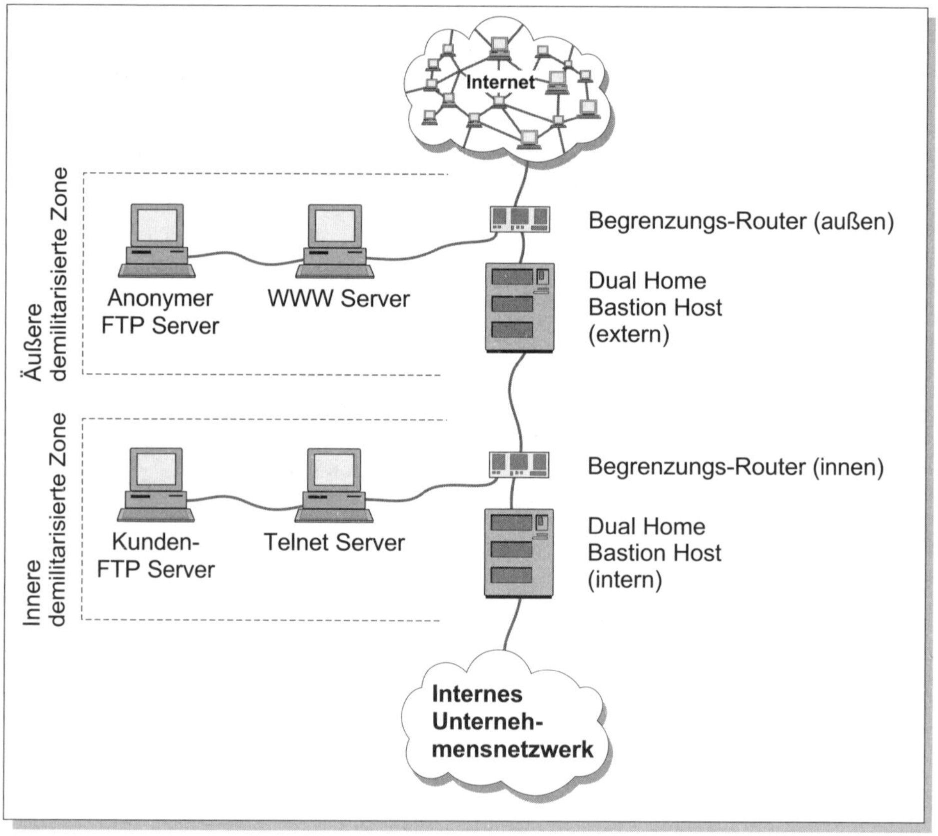

Abb. 17.16: Kaskadierte Dual Home Bastion Hosts

Kaskadierte Dual Home Bastion Hosts

Größtmögliche Sicherheit wird mit der Firewall-Topologie »kaskadierte Dual Home Bastion Hosts« erreicht. Dem Begrenzungs-Router werden dabei zwei oder mehrere Bastion Hosts nachgeordnet. Abb. 17.16 zeigt die Anordnung von zwei Bastion-Hosts und einem Begrenzungs-Router. Selbst wenn ein Angreifer in der Lage sein sollte, in den äußeren Bastion Host einzubrechen, wird das Netzwerk noch durch den inneren Bastion Host geschützt.

Firewalls mit Secure Server Network

Eine Variante der kaskadierten Lösung, die allerdings mit nur einem Firewall-System auskommt, ist das Secure Server Network (SSN). Hier hat die Firewall mindestens drei Netzwerkkarten, die außer den Verbindungen ins Internet bzw. LAN zu Netzwerken mit RAS-Servern, Web-Servern und Mail-Relays führen (Abb. 17.17). Hier gilt die Regel, daß Server mit unterschiedlichen Sicherheitsanforderungen auch in unterschiedlichen SSN untergebracht werden müssen.

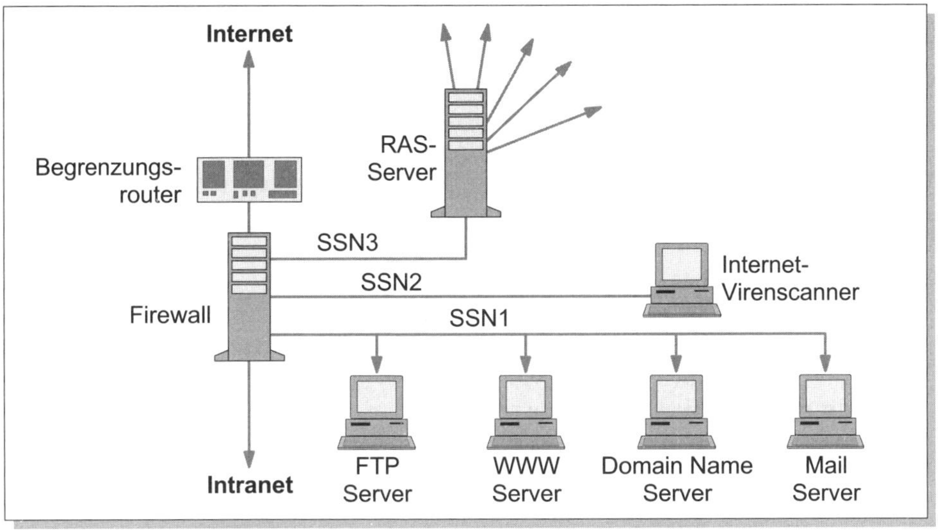

Abb. 17.17: Firewall mit Secure Server Network

17.7.3 Kontroll- und Überwachungsfunktionen von Firewalls

Neben der Zugriffskontrolle hat ein Firewall-System auch die Aufgabe, auffällige Ereignisse zu erkennen und dem Systemverwalter zu melden. Dies wird mit Hilfe von speziellen Kontroll- und Überwachungsprogrammen durchgeführt. Das

Überwachungssystem sollte in der Lage sein, die folgenden Funktionen zu erfüllen:

- Anzeigen von Verbindungen geordnet nach Diensten und Nutzern,
- Anzeigen der Aktivierung von Sicherheitsfunktionen,
- Anzeigen von wiederholten Versuchen (intern oder extern), das Firewall-System zu umgehen,
- Angriffe auf das Firewall-System selbst.

Die Kontroll- und Überwachungssysteme sowie die Log-Dateien müssen so installiert werden, daß sie vor nichtautorisiertem Zugriff geschützt sind. Entscheidend für die Effizienz des Überwachungssystems ist dabei die richtige Konfiguration der betreffenden Software. Von großer Bedeutung ist die Auswahl der Ereignisse, die im Log-Buch gespeichert werden sollen. Firewall-Logs erreichen bei ungenauen Log-Buch-Definitionen rasch Größenordnungen von mehreren Megabytes. Die grundsätzliche Schwierigkeit bei der Definition der zu speichernden Ereignisse liegt nämlich darin, daß im voraus schwer abschätzbar ist, welche Daten für die spätere Analyse einer Sicherheitsverletzung tatsächlich notwendig sein werden.

Eine weitere Aufgabe von Firewall-Systemen ist es, aus Selbstschutzgründen jederzeit die Integrität des eigenen Filesystems zu überwachen. Dies geschieht mit speziellen Programmen wie »Tripwire«, die über ausgewählte Dateien spezielle Prüfsummen (Signaturen) erstellen. Jede Modifikation einer solchermaßen überwachten Datei kann so unmittelbar erkannt werden.

17.7.4 Die Grenzen von Firewalls

Firewall-Systeme sind in der Lage, Netzaktivitäten zwischen den OSI-Schichten 2 und 7 (Transportschicht bis Anwendungsschicht) zu überwachen. Daten, die innerhalb von Applikationen transportiert werden und eventuell in Form von Viren oder auf andere Art und Weise (Protokoll-Tunneling) das interne Netzwerk bedrohen, können nicht vollständig überwacht und blockiert werden. Zu vielfältig sind die Möglichkeiten, Dateninhalte zu kodieren, um auch diese Art der Bedrohung ausfiltern zu können. Genausowenig können Firewalls Netze gegen unautorisierte physikalischen Zugriffe sichern. Angriffen dieser Art muß durch Maßnahmen wie

- lückenlose Zugangskontrollen,
- physikalische Abschirmung von kritischen Komponenten,
- Einsatz von Glasfasern anstelle von Kupferverkabelung (speziell im Fall von Shared-Media-Technologien wie Ethernet und Token Ring),
- verschlüsselte Übertragung von sensitiven Daten

begegnet werden.

17.8 Kryptographie: Sichere Kommunikation über unsichere Netze

Mit Hilfe von Verschlüsselungsmechanismen (Kryptographie) ist man in der Lage, Daten in eine für *jeden* unverständliche Form zu transformieren, *der nicht* im Besitz des geheimen Entschlüsselungscodes ist. Damit können sensitive Daten auf Speichermedien (Festplatten, Disketten, Magnetbändern) für mögliche Einbrecher unleserlich gemacht oder über ungesicherte Netzwerke wie das Internet übertragen werden.

Neben der Vertraulichkeit durch die Verschlüsselung von Klartext kann mit den Methoden der Kryptographie auch die Authentizität einer Nachricht sowie die Integrität einer Datei sichergestellt werden. Authentizität bedeutet, Gewißheit über die Identität des Verfassers zu haben, und kann mittels »Digitaler Signaturen« realisiert werden. Integrität – die Gewißheit, eine Datei in unveränderter Form empfangen zu haben – wird schließlich mit Hilfe von »Message Digests« (MD) erzielt, speziellen Quersummen, die über die Datei gebildet werden.

17.8.1 Das symmetrische Verschlüsselungsverfahren DES (Data Encryption Standard)

Die Kryptographie kennt zwei grundsätzlich verschiedene Methoden der Verschlüsselung:

- symmetrische Verschlüsselung und
- asymmetrische Verschlüsselung.

Bei symmetrischen Algorithmen wird ein einziger Schlüssel benutzt, der sowohl dem Sender als auch dem Empfänger der kodierten Nachricht bekannt sein muß. Asymmetrische Verfahren benutzen dagegen zwei Schlüssel, wobei einer bewußt veröffentlicht wird. Symmetrische Verschlüsselungsmethoden können Nachrichten zwar wesentlich schneller ver- und entschlüsseln als asymmetrische Verfahren (Faktor 100 – 10.000), haben aber den Nachteil, daß der benutzte Schlüssel den Empfänger der Nachricht zuvor auf einem sicheren Weg erreichen muß. Soll mit einer Vielzahl von Partnern kommuniziert werden, so muß für jeden Adressaten ein Schlüssel generiert und diesem zugestellt werden. Schlüssel-Management und Verteilung sind demnach die Hauptprobleme von symmetrischen Verschlüsselungsalgorithmen.

Der Data Encryption Standard (DES)

Der bekannteste Standard für ein symmetrisches Verschlüsselungsverfahren ist der »Data Encryption Standard« (DES), der in den siebziger Jahren von IBM für das »National Bureau of Standards« (NBS) entwickelt wurde. Zur Verschlüsselung benutzt DES einen 64 Bits langen Schlüssel (incl. 8 Parity-Bits – die Schlüssellänge beträgt also 56 Bits), und konvertiert damit 64-Bit-Klartextblöcke in 64-Bit-Schlüsselblöcke (Block-Cypher-Verfahren). Dazu wird der Ausgangstext zunächst einer Reihe von Permutationen und Substitutionen unterworfen. Das Resultat wird im Anschluß durch ein logisches EX-OR mit dem ursprünglichen Klartext verknüpft. Diese Verschlüsselungssequenz wird sechzehn Mal mit einer jedesmal unterschiedlichen Anordnung der Schlüsselbits wiederholt. Die resultierende Verschlüsselung ist nach heutigen Standards immer noch als einigermaßen sicher anzusehen. Schätzungen besagen, daß es eines etwa 1 Million US$ teuren Systems bedarf, um innerhalb von 7 Stunden alle 2^{56} möglichen Schlüssel auf einen DES-kodierten Text anzuwenden (Abb. 17.18). Um das Verfahren auch in der Zukunft nutzen zu können, wurden Modifikationen geschaffen, die eine größere Sicherheit gewährleisten. Beim sogenannten Triple-DES findet eine Dreifachverschlüsselung statt, entweder mit zwei Schlüsseln nach dem Schema A-B-A oder mit drei Schlüsseln (A-B-C). Allerdings verdreifacht sich dadurch auch die Rechenzeit für die Ver- bzw. Entschlüsselung. Zwei neben DES weitere bedeutende symmetrische Block-Verschlüsselungsverfahren sind RC2 und RC4. Sie benötigen etwa dieselbe Verschlüsselungszeit wie DES, können aber, da die Schlüssellängen gewählt werden können, je nach Sicherheitsanforderung mit längeren oder kürzen Schlüsseln arbeiten.

Krypto-Hardware	**Datendurchsatz**
DEC-VLSI-Chip1	1 Gbit/s
PC-Assembler 486/25 MHz	840 kbit/s
AMD-Chip	14 Mbit/s
Smart-Cards	2 kbit/s

Abb. 17.18: Durchsatz von DES-Verschlüsselungs-Implementationen

Effektive Schlüssellängen

Bei Verfahren mit Mehrfachverschlüsselung ist die erreichbare Sicherheit größer als bei einer einfachen Verschlüsselung, sie entspricht aber nicht unbedingt einer n-fachen Sicherheit (bei n Verschlüsselungen). Aus diesem Grunde wurde der Begriff der effektiven Schlüssellänge geschaffen, der angibt, wie die Sicherheit bei n-fach Verschlüsselung gegenüber einer einfachen Verschlüsselung ist. So hat Triple-DES nach dem Muster A-B-A eine effektive Schlüssellänge von 112 Bit, über die effektive Schlüssellänge von Triple-DES nach A-B-C streiten sich die Kryptologen, sie ist in jedem Falle kleiner als 168 Bit.

Das MIT-Kerberos Kryptographiesystem

Ein auf dem DES-Verfahren beruhendes Netzwerk-Authentifikationsverfahren ist das am MIT entwickelte Kerberos-System. Kerberos dient der Authentifikation von Zugriffen auf die verschiedenen Netzwerkdienste in Echtzeit. Ein Kerberos-Server, der vollständig abgeschirmt und gesichert installiert sein muß, enthält in einer Datenbank die Schlüssel aller registrierten Benutzer. Möchte ein Benutzer einen bestimmten Dienst nutzen oder eine gesicherte Kommunikationsbeziehung aufbauen, überprüft der Kerberos-Server anhand des DES-Schlüssels dessen Identität und generiert einen Session-Key, der nur während der Nutzung des betreffenden Dienstes gültig ist. Nachteil des Systems ist, wie bei allen symmetrischen Kryptographieverfahren, daß eine externe Instanz wie der Kerberos-Server benötigt wird. Gelingt es, diesen Server auszuschalten, so ist die Sicherheit des gesamten Netzwerkes gefährdet.

17.8.2 Public-Key-Kryptographie-Verfahren (asymmetrische Kryptographieverfahren)

Public-Key-Kryptographie-Verfahren sind erst seit Mitte der siebziger Jahre bekannt. 1976 schlugen Martin E. Hellman und Diffie-Whitfield in ihrer zwischenzeitlich legendären Arbeit »New Directions in Cryptography« erstmals ein solches asymmetrisches Verschlüsselungsverfahren vor. Ihre Idee basierte darauf, nicht mehr nur einen Schlüssel zur Kodierung von Nachrichten zu verwenden wie in den bekannten symmetrischen Verfahren, sondern zwei – einen geheimen und einen öffentlichen. Die beiden Schlüssel werden so konstruiert, daß mit dem öffentlichen Schlüssel verschlüsselte Botschaften nur mit dem korrespondierenden, geheimen Schlüssel wieder entschlüsselt werden können. Jeder Sender von verschlüsselten Botschaften muß also in Besitz des öffentlichen Schlüssels des Empfängers sein (die Veröffentlichung des öffentlichen Schlüssels ist unproblematisch, weil damit nur verschlüsselt werden kann).

Neben der Verschlüsselung von Nachrichten können Public-Key-Verfahren auch noch zum zuverlässigen Nachweis der Authentizität der Nachricht mit Hilfe einer digitalen Signatur benutzt werden. Wird nämlich eine Nachricht mit dem eigenen, geheimen Schlüssel kodiert, so kann sie mit dem korrespondierenden öffentlichen Schlüssel entschlüsselt werden. Läßt sich dies durchführen, so muß die Nachricht vom Besitzer des geheimen Schlüssels stammen. Beide Verfahren lassen sich nun kombinieren: Wird die Nachricht zunächst mit dem öffentlichen Schlüssel des Empfängers und anschließend mit dem geheimen Schlüssel des Senders verschlüsselt, so ist sowohl die Vertraulichkeit als auch die Authentizität der Nachricht gewährleistet.

Die Public-Key-Implementation RSA

Die bekannteste und am weitesten verbreitete Umsetzung der Public-Key-Idee von Diffie/Hellmann ist der RSA-Algorithmus, benannt nach seinen Erfindern Ronald Rivest, Adi Shamir und Leonard Adleman (1978). Die hohe Sicherheit des RSA-Algorithmus basiert auf der Schwierigkeit, große ganze Zahlen in Primfaktoren zu zerlegen – also in zwei Primzahlen, die miteinander multipliziert wieder die Ausgangszahl ergeben (Primfaktoren von 15 sind beispielsweise 3 und 5). Die Primfaktorenzerlegung von sehr großen Zahlen ist ein wichtiger Bereich der Zahlentheorie, mit dem sich eine große Zahl von Mathematikern befaßt. In den letzten Jahren wurden auch einige Fortschritte erzielt, der große Durchbruch blieb jedoch aus. Die derzeit effektivsten Algorithmen sind lediglich in der Lage, Zahlen mit bis zu 120 Ziffern in Primfaktoren zu zerlegen (eine 512 Bit-Zahl entspricht in Dezimalschreibweise einer Zahl mit 155 Ziffern).

Der Aufbau des RSA-Algorithmus

Zunächst werden zwei beliebige, sehr große Primzahlen P und Q gewählt (z.B. aus 1.024- oder 2.048-Bit-Zahlen). Dann wird eine Zahl E so bestimmt, daß E und $(P-1) \cdot (Q-1)$ teilerfremd sind, also nicht durch dieselbe Zahl (außer 1) ohne Rest teilbar sind. E selbst muß dabei keine Primzahl sein, jedoch ungerade.

Aus diesen drei Zahlen wird D errechnet, so daß $(D \cdot E - 1)$ ganzzahlig durch $(P - 1) \cdot (Q - 1)$ geteilt werden kann (in Modulo-Schreibweise: $D \cdot E = 1 \bmod (P - 1) \cdot (Q - 1)$).

Die Verschlüsselungsfunktion ist nun wie folgt definiert:

$C = (T^E) \bmod n \qquad (n = P \cdot Q;\ E,n$ öffentlich)

wobei T dem Klartext und C dem verschlüsselten Text entspricht.

Entschlüsselt werden kann umgekehrt durch

$T = (C^D) \bmod n \qquad (n = P \cdot Q;\ D$ geheim, n öffentlich),

wenn für C wieder T^E gesetzt wird, da dann

$T = T^{DE} \bmod n$ folgt.

Gemäß einem Satz von Euklid ist eine Zahl T, die zur Potenz von 1 plus einem Vielfachen von $(P - 1) \cdot (Q - 1)$ erhoben und modulo »$p \cdot q$« genommen wird, gleich T selbst, womit der Klartext hergestellt wäre:

$T = T^{DE} \bmod n = T.$

Der öffentliche Schlüssel besteht aus dem Zahlenpaar (E, n) der geheime Schlüssel entspricht der Zahl D. E wird als der öffentliche Exponent, D als der geheime Exponent und n als der Modulus bezeichnet. Der geheime Exponent D kann aus dem öffentlichen Schlüssel (E, n) nur errechnet werden, wenn es gelingt, n in die Primfaktoren P und Q zu zerlegen.

Ein Nachteil des RSA-Algorithmus gegenüber symmetrischen Verfahren ist die deutlich höhere Rechenleistung, die zur Ver- bzw. Entschlüsselung von Nachrichten benötigt wird. Der derzeit schnellste RSA-Chip erzeugt einen Durchsatz von lediglich 600 kbit/s bei der Verwendung von 512 Bit Primzahlen. Vergleichbare DES-Hardware-Implementationen sind um den Faktor 1.000 bis 10.000 schneller. DES-Software-Implementationen verschlüsseln derzeit etwa 100 mal schneller als der RSA-Algorithmus.

Angriffe gegen das RSA Public-Key-Systeme

Der schwerwiegendste Schlag gegen das RSA-Verschlüsselungssystem ist die Enttarnung des geheimen Schlüssels D. Dazu muß entweder die öffentliche Zahl n in Primfaktoren zerlegt (aus P und Q sowie dem öffentlichen E folgt dann in einfacher Weise D), oder die E-te Wurzel aus C gezogen werden (da C = (T^E) mod n erhält man den Klartext, wenn man T = ^{E}vC löst). Bis heute sind allerdings keine Methoden bekannt, die eine der beiden Operationen für sehr große Zahlen durchzuführen imstande sind. Schätzungen für die Faktorisierung eines 512 Bit-Schlüssels ergeben, daß ein Computer-System mit einer Rechenleistung von 1 Million Operationen pro Sekunde (1 MIPS) mit derzeitigen Algorithmen 420.000 Jahre rechnen müßte, um die entsprechenden Primfaktoren zu finden. Prinzipiell kann jedoch nicht ausgeschlossen werden, daß es in Zukunft gelingen könnte, eine Methode zu finden, die eine Faktorisierung auch von großen Zahlen sehr viel schneller als mit derzeit bekannten Algorithmen durchführen kann.

1999 gelang es einer Gruppe von Forschern aus sechs Ländern, einen 512 Bit-RSA-Schlüssel zu knacken. Dabei wurde von 300 Rechnern in drei Monaten eine riesige Zahl von zufällig erzeugten öffentlichen Schlüsseln als Input für eine Brute-Force-Attacke gewählt. Dadurch stieg die Wahrscheinlichkeit für das Cracken eines einzelnen Schlüssels an. Diese öffentliche Schlüssel wurden einem Supercomputer vom Typ Cray übergeben, der dann nach etwa 4 Wochen Rechenzeit einen privaten Schlüssel lieferte. Eine praktische Relevanz dieser Methode für die Entschlüsselung eines einzelnen bekannten Schlüssels ist jedoch nicht gegeben.

Schlüssellänge	Rechenleistung zur Entschlüsselung
429-Bit-Schlüssel	4.600 MIPS-Jahre
512-Bit-Schlüssel	420.000 MIPS-Jahre
700-Bit-Schlüssel	4.200.000.000 MIPS-Jahre
1024-Bit-Schlüssel	$2.8 \cdot 10^{15}$ MIPS-Jahre

Abb. 17.19: Rechenaufwand für die Primfaktorierung von 429 bis 1024 Bit-Zahlen

Aus heutiger Sicht kann der RSA-Algorithmus ab Schlüssellängen von 1024-Bits gegenüber systematischen Angriffen allerdings als absolut sicher gelten. Andere Angriffsmethoden können dagegen durchaus eine Gefahr darstellen.

Diffie-Hellman

Noch vor dem RSA-Algorithmus wurde das Diffie-Hellman-Verfahren eingeführt und 1976 patentiert. Heute hat es eine ähnliche Bedeutung wie RSA. Diffie-Hellman beruht auf Potenzierungen mit großen Exponenten und der Schwierigkeit, diese Operation mittel des Logarithmus wieder rückgängig zu machen. Diffie-Hellman wurde mit der Intention entwickelt, geheime Schlüssel zu berechnen, ohne daß ein Angreifer aus den über das Netz gehenden Daten Rückschlüsse auf diese Schlüssel ziehen kann. Das Verfahren eignet sich aber genauso gut für den Einsatz in einer Infrastruktur mit öffentlichen und geheimen Schlüsseln.

Beide Partner (A und B) einigen sich zunächst auf eine große Primzahl n und eine natürliche Zahl g, die modulo n primitiv ist. Beide wählen anschließend jeweils eine große zufällige Zahl (x und y) und berechnen

A: $X = g^x \bmod n$

B: $Y = g^y \bmod n$

Die beiden Werte X und Y werden zwischen den Partnern ausgetauscht. Anschließend werden die Zahlen k und k´ berechnet:

A: $k = Y^x \bmod n$

B: $k' = X^y \bmod n$

dabei ist $k = k' = g^{xy} \bmod n$, eine Funktion, die von potentiellen Angreifern durch Abhören von n, g, X und Y nicht trivial berechnet werden kann.

Zertifizierung von öffentlichen Schlüsseln

Für das Funktionieren aller Public-Key-Verfahren ist es von zentraler Bedeutung, Gewißheit über die Authentizität des öffentlichen Schlüssels zu besitzen. Dies wird durch Zertifizierungsinstanzen gewährleistet, wie sie im Internet von mehreren Unternehmen betrieben werden. Sollen verschlüsselte Dokumente lediglich innerhalb eines Unternehmens benutzt werden, so kann die Zertifizierungsinstanz von der lokalen EDV-Abteilung selbst geführt werden, auf sogenannten Keyservern oder alternativ mit eigenen Zertifikaten. Alle führenden Hersteller von Internet- bzw. Intranet-Anwendungen bieten zu diesem Zweck entsprechende Zertifikationsserver an, nach dem Standard X.509 oder auch proprietären Ansätzen.

Mit der Zertifizierung des eigenen öffentlichen Schlüssels erhält man eine unverwechselbare, nicht fälschbare digitale Identität für die Kommunikation in Datennetzen. Öffentliche digitale Identitäten können bei unterschiedlichen, darauf spezialisierten Unternehmen in verschiedenen Sicherheitsklassen gekauft werden. In der untersten Sicherheitsstufe ist lediglich die Identifikation gegenüber dem Zertifizierungsunternehmen mit Hilfe eines E-Mails notwendig. Klasse 2-IDs setzen persönliche Informationen und Anschrift sowie die Bestätigung dieser Daten durch eine dritte Instanz voraus. Für ein Zertifikat der höchsten Sicherheitsstufe (Digital ID Klasse 3) schließlich sind entweder die persönliche Anwesenheit oder beglaubigte Dokumente für den Nachweis der eigenen Identität notwendig. Nachdem die eigene Identität nachgewiesen ist (im Fall einer Klasse 1 Identität also lediglich über eine gültige E-Mail-Adresse), so erhält man die beiden Schlüsselcodes (öffentlich und privat) zugeteilt.

Mit Hilfe des öffentlichen Schlüssels der Zertifizierungsinstanz kann jederzeit die Authentizität der öffentlichen Schlüssel von anderen registrierten Benutzern überprüft werden. Wichtig bei diesem Vorgang ist, daß das Zertifizierungsunternehmen bzw. die lokale Zertifizierungsabteilung vor Ausstellung einer Signatur nachhaltig die Identität der Antragsteller des öffentlichen Schlüssels überprüft. Jedermann könnte sich sonst im Namen eines Dritten einen signierten, öffentlichen Schlüssel beschaffen und damit dessen Identität vortäuschen. Außerordentlich wichtig ist darüber hinaus die absolut sichere Verwahrung des geheimen Schlüssels der Zertifizierungsstellen. Dazu können spezielle Hardware-Systeme dienen, sogenannte »Certificate Signing Units« (CSU), die selbst gegen elektromagnetische Angriffe geschützt sind und bei Öffnung ihren Inhalt zerstören.

17.8.3 Exportbeschränkungen und Patente für Kryptosysteme

das Public-Key-Verfahren, das in den USA unter US-Patent 4,200,700 M.Hellman, W.Diffie, R.Merkle 4/29/80 und US-Patent 4,218,582 Hellman, Merkle 8/19/80 eingetragen ist. Über die USA hinaus ist das Public-Key-Verfahren auch weltweit durch Patente abgesichert. Das Exklusivrecht der Lizenzvergabe ist in Besitz von Public-Key-Partners, PKP, Sunnyvale, Kalifornien. Die Rechte an den Patenten für den RSA-Algorithmus (U.S. Patent 4,405,829 9/20/83), die mittlerweile ausgelaufen sind, hielt die Firma RSA Data Security Inc. Darüber hinaus gelten für Kryptographie-Software in einigen Ländern strenge Exportbestimmungen, da Verschlüsselungsverfahren als Waffen angesehen werden (Abb. 17.20).

In den USA wird der Export von Kryptographie-Systemen, unter die auch Implementationen von RSA fallen, durch zwei Regierungsstellen reglementiert: Das Bureau of Export Administration (BXA) im Department of Commerce auf Basis der Export Administration Regulations (EAR) und dem Office of Defense Trade Controls (DTC) im State Department auf der Grundlage der International Traffic in Arms Regulations (ITAR). Im allgemeinen beinhalten die ITAR-Bestimmungen, die wesentlich von der NSA – der nationalen Behörde für Kommunikationssicherheit in den USA – beeinflußt werden, die strengeren Vorschriften. Dabei beziehen sich die Bestimmungen nicht nur auf Algorithmen, sondern es darf auch nicht möglich sein, durch Austausch von Verschlüsselungs-Modulen die Qualität der Verschlüsselung zu verbessern. Das kann z.B. wie in Windows NT durch eine digitale Signatur von Microsoft unter die Verschlüsselungsmodule erreicht werden.

Lockerung der US-amerikanischen Bestimmungen

Die US-Exportbestimmungen bezogen sich bis Anfang des Jahres 2000 auf praktisch alle Länder, was zu einem schweren Hemmnis für die amerikanische Softwareindustrie wurde. Besonders im europäischen Raum wurden leistungsfähige Algorithmen und darauf basierende Produkte entwickelt, die eine hohe Sicherheit gewährleisten können. Da so die Exportbestimmungen faktisch ihren Sinn verloren hatten, beschloß die US-Regierung auf Druck der Industrie, das Exportverbot zu lockern. Es bezieht sich jetzt nur noch auf wenige Länder (z.B. das unter der Herrschaft der Taliban-Milizen stehende Afghanistan). Ob die amerikanische Industrie jetzt ihren Rückstand auf dem Weltmarkt aufholen kann, bleibt abzuwarten.

17.8.4 Digitale Signaturen

Mit Hilfe von digitalen Signaturen kann die Authentizität – also die Urheberschaft einer Nachricht – zweifelsfrei nachgewiesen werden. Digitale Signatursysteme verwenden dazu ebenfalls Public-Key-Verfahren. Der Sender einer Nachricht kann seinen eigenen geheimen Schlüssel dazu benutzen, um eine zu versendende Nachricht zu verschlüsseln. Durch Entschlüsselung mit Hilfe des korrespondierenden öffentlichen Schlüssels gewinnt der Empfänger daraufhin Gewißheit über die Herkunft der Nachricht. 1991 wurde vom »National Institute of Standards and Technology« (NIST) mit DSS ein Standard für Digitale Signaturen beschlossen. Im DSS (Digital Signature Standard) wird ein Algorithmus für Digitale Signaturen vorgeschlagen (DSA, Digital Signature Algorithm), der allerdings nicht auf RSA, sondern sich auf Public-Key-Implementierung von ElGamal und Schnorr auf Basis des »Diskreten-Logarithmus-Problems« stützt (welchen Wert muß der Exponent x annehmen, um die Gleichung $y = g^x \bmod P$ zu erfüllen, wobei P eine Primzahl ist?). Obwohl das diesem Verfahren zugrundeliegende Problem ähnlich schwierig zu lösen ist wie die Primfaktorenzerlegung im Fall von RSA, wurde DSA von verschiedenen Seiten Sicherheitslücken vorgeworfen. Nach massiver Kritik erhöhte das NIST die Schlüssellänge im DSS von 512 auf 1.024 Bit.

1ST DOCUMENT of Focus printed in FULL format.

FEDERAL REGISTER
VOL. 58, No. 139

Rules and Regulations

DEPARTMENT OF STATE
Bureau of Politico-Military Affairs

22 CFR Parts 120, 121, 122, 123, 124, 125, 126, 127, 128, and 130
[Public Notice 1832]

Amendments to the International Traffic in Arms Regulations

Part II

58 FR 39280

DATE: Thursday, July 22, 1993

ACTION: Final rule.

Category XIII-Auxiliary Military Equipment

(a) Cameras [including space cameras] and specialized processing equipment therefor, photointerpretation, stereoscopic plotting, and photogrammetry equipment which are specifically designed or modified for military purposes, and components specifically designed or modified therefor;

(b) Information Security Systems and equipment, ***cryptographic devices, software, and components specifically designed or modified therefor***, including:

(1) ***Cryptographic (including key management) systems***, equipment, assemblies, modules, integrated circuits, components or software with the capability of maintaining secrecy or confidentiality of information or information systems....,

Abb. 17.20: US-Exportbeschränkung für Krypto-Systeme: International Traffic in Arms Regulations

17.8.5 Message Digests: Integrität von Dateien

Die Unversehrtheit eines Dokuments oder einer Datei kann durch die Erzeugung eines »Digitalen Fingerabdrucks« unter Benutzung von »Message Digests« gesichert werden. Der »Digitale Fingerabdruck« wird dabei durch die Anwendung von speziellen »Hash-Funktionen« auf das Dokument hergestellt. Diese Funktionen haben die Eigenschaft, daß ihre jeweils inverse Operation extrem schwierig auszuführen ist. In den RFCs 1319, 1320 und 1321 sind solche »Hash-Funktionen« zur Benutzung als »Message Digests« spezifiziert (MD2, MD4, MD5, SHA-1). Um zwei Eingaben zu finden, die dieselbe MD-Hash-Funktion erzeugen, sind im Durchschnitt 2^{64} Versuche notwendig, ein ähnlicher Aufwand wie für das Brechen eines 512-Bit-RSA-Codes. Der vom NIST vorgeschlagene Standard eines Message-Digests ist SHS (Secure Hash Standard). Er erzeugt Zeichenketten mit einer Länge von 160 Bits und ist als etwa gleich sicher wie MD4 anzusehen. Die meisten heutigen Implementierungen nutzen SHA-1.

Integrität, Vertraulichkeit, Authentizität

Die drei Forderungen an jede gesicherte Datenübertragung sind Integrität, Vertraulichkeit, Authentizität. Um diese zu erfüllen, können natürlich drei der oben beschriebenen Verfahren nacheinander eingesetzt werden. Mit Hilfe unsymmetrischer Schlüssel und einer Hashfunktion können die Anforderungen aber auch mit weniger Aufwand und sehr elegant erfüllt werden.

Ein Beispiel soll diese Tatsache illustrieren (Abb. 17.21). Doris will Jörg eine Mail schicken, die allen drei Sicherheitskriterien genügt. Dazu verschlüsselt sie die Daten der Mail mit Jörgs öffentlichem Schlüssel. So kann sie sicher sein, daß nur

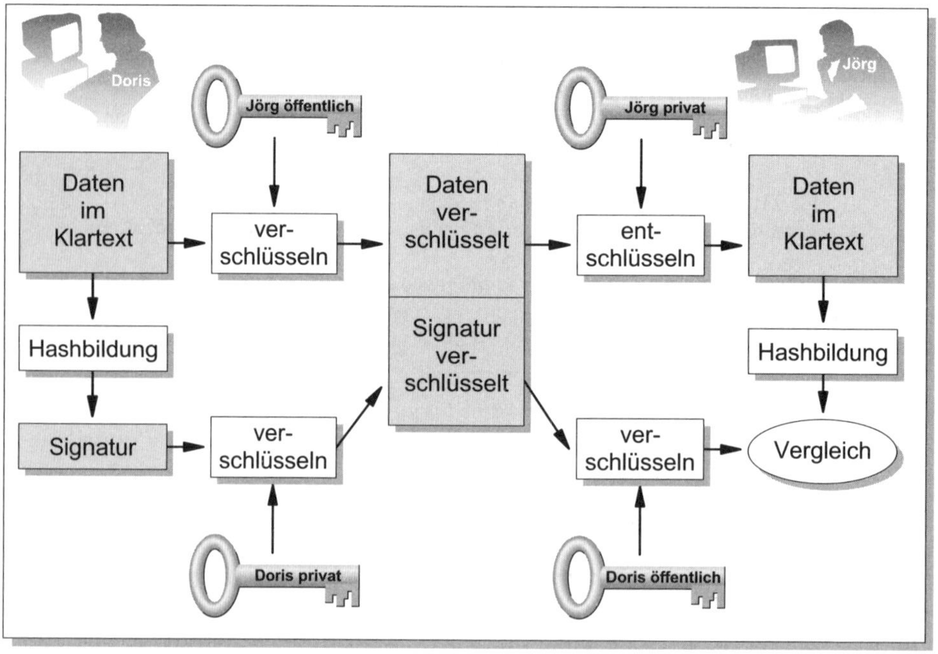

Abb. 17.21: Integrität, Vertraulichkeit, Authentizität

Jörg die Daten wieder lesen kann. Zusätzlich bildet sie einen Prüfsummen-Hash über die Klartext-Daten mit Hilfe einer der oben angegebenen Message-Digest-Funktionen. Diesen Hash verschlüsselt sie mit ihrem privaten Schlüssel, so daß jedermann mit Hilfe ihres öffentlichen Schlüssels den Hash wiederherstellen kann. Sie sendet die verschlüsselten Daten und den verschlüsselten Hash an Jörg.

Jörg empfängt die Nachricht und trennt den verschlüsselten Hash von den Daten. Zuerst entschlüsselt er die Daten mit seinem privaten Schlüssel, anschließend Doris Hash mit ihrem öffentlichen Schlüssel. Er bildet mit derselben Message-Digest-Funktion wie Doris den Hash über die Klartext-Daten. Stimmt dieser mit dem mitgeschickten Hash überein, kann er sicher sein, daß die Daten unverfälscht sind und von Doris stammen.

17.9 Informationen und Archive im Internet

Organisationen

FIRST-Team (Forum of Incident Response and Security Teams)	`http://www.first.org/`
CERT Koordinationszentrum	`http://www.cert.org/`
DFN-CERT (Deutsches CERT)	`http://www.cert.dfn.de/`
Bundesamt für Sicherheit in der Informationstechnik	`http://www.bsi.de/`
Electronic Frontier Foundation	`http://www.eff.org/`

Newsletter, Mailing-Listen, Archive

Bugtraq Archiv	`http://www.securityfocus.com/`
NT Bugtraq	`http://www.ntbugtraq.com/`
Netware-Ressourcen	`http://www.nmrc.org/`
Security-Software	`http://www.alw.nih.gov/Security/prog-full.html`
weitere Software	`http://www.cs.purdue.edu/coast/archive/data/categ50.html`

Hersteller

FreeBSD	`ftp://ftp.FreeBSD.org/pub/FreeBSD/CERT/advisories/`
HP	`http://europe.itrc.hp.com/`

IBM	`http://www.ers.ibm.com/`
Microsoft	`http://www.microsoft.com/security/`
NetBSD	`http://www.netbsd.org/Security/`
Silicon Graphics	`http://www.sgi.com/support/security/`
SUN	`http://sunsolve.sun.com/pub-cgi/secBulletin.pl`

Sicherheitshinweise für Linux sind auf den Seiten der einzelnen Anbieter zu finden:

Caldera	`http://www.calderasystems.com/support/security/`
Debian	`http://www.debian.org/security/`
Mandrake	`http://www.linux-mandrake.com/`
RedHat	`http://www.redhat.com/`
SuSE	`http://www.suse.de/`

Stichworte für Suchmaschinen

internet security
hacker attacks
hacker
computer underground
computer crime
cyber crime
firewalls
application gateways
sniffer attacks
spoofing
data encryption
public key cryptosystems
virus bulletin
virus newsletter

Netlaw – Recht und Unrecht im Internet

18

First it was commies, then terrorists, then drug dealers. The FBIs new excuse for violating our rights is »file-encrypting child pornographers«

(David L. Sobel)

Die plötzliche Bedeutung des Internet für große Bereiche der Wirtschaft und für einen zunehmenden Anteil der Privathaushalte während der letzten Jahre ließ die Geltungsbereiche der dort bestehenden gesetzlichen Grundlagen weit hinter sich und schuf einen bis heute weitgehend rechtsfreien Raum. Die völlig neuartigen Eigenschaften und Möglichkeiten der universellen und grenzüberschreitenden Internetdienste stellen dabei eine nur schwer zu bewältigende Herausforderung für den Gesetzgeber dar. Eine ganze Reihe von bestehenden Gesetzen müssen erweitert (Urheberrecht, Vertragsrecht, Datenschutzrecht, Jugendschutz, Strafrecht etc.) bzw. überhaupt neu geschaffen werden. Die für das Internet relevanten rechtlichen Bestimmungen werden dabei ganz allgemein als »Netlaw« bezeichnet.

Grundsätzlich sind es im Internet fünf große Bereiche, deren rechtliche Klärung für Provider und Nutzer gleichermaßen von besonderer Bedeutung sind:

- Vertraulichkeit, Integrität und Authentizität von Transaktionen im Internet,
- Urheberrechtsbestimmungen (Copyright),
- Vertragsrecht,
- Jugendschutz (Pornographie etc.) und
- Computerkriminalität (Raubkopien, Viren, Löschung von Daten etc.).

18.1 Internetgesetze

18.1.1 Deutsche Internetgesetze

Die derzeit in Deutschland gültigen Bestimmungen, die im Internet den gesetzlichen Rahmen bilden, sind dabei in erster Linie

- Informations- und Kommunikationsdienste-Gesetz (IuKDG),
- Telekommunikationsgesetz (TKG),
- das Fernabsatzgesetz,
- Gesetz über Fernmeldeanlagen (FAG),

- Verordnung über den Datenschutz,
- Gesetz über die Verbreitung jugendgefährdender Schriften (GjS),
- Strafgesetzbuch (StBG),
- Grundgesetz.

18.1.2 Internetgesetze in den USA

Im Mutterland des Internet, den USA, sind im Gegensatz dazu bereits eine Reihe von spezifisch auf das Internet abgestimmte Gesetze in Kraft. Die zentralen Bestimmungen sind dabei im Telecommunications Act von 1996 enthalten. Daneben kommen wie in Deutschland auch für das Internet die entsprechenden Gesetze für Computerkriminalität, Jugendschutz und Urherberrecht zur Anwendung:

- Telecommunications Act (1996, enthält Communications Decency Act),
- Federal Child Pornography Statute,
- The Computer Fraud and Abuse Act,
- The Electronic Communications Privacy Act,
- The Copyright Act,
- American Constitution.

18.2 Rechtliche Grundlagen bei der Nutzung des Internets

Die drei Bausteine einer gesicherten und verbindlichen Kommunikation sind Vertraulichkeit, Integrität und Authentizität. Nur wenn diese Kriterien gleichzeitig erfüllt sind, können beide Partner einer Kommunikation sicher sein, dass ihr Datenaustausch unbelauscht und unverfälscht stattfindet und das darüber hinaus jeder Partner sich seines Gegenübers sicher sein kann.

Der Gesetzgeber hat die Rahmenbedingungen und Grenzen dieser Kommunikation mit dem Informations- und Kommunikationsdienste-Gesetz (IuKDG), im Volksmund auch »Multimedia-Gesetz« genannt, rechtsverbindlich formuliert. Da das Internet und die neuen Medien unsere Gesellschaft grundlegend geändert haben, reichte es nicht aus, ein einzelnes Gesetz zu erlassen. Das IuKDG ist vielmehr ein ganzen Bündel von Gesetzen, die teilweise neu, zum Teil aber auch Änderungen von bereits bestehendes Gesetzen sind:

- Im Teledienstgesetz (TDG) wird die Beziehung zwischen Anbietern und Nutzern von Telediensten wie Online-Banking, E-Commerce oder Informationsdienste geregelt.
- Das Gesetz über den Datenschutz bei Telediensten (TDDSG) regelt den Datenschutz bei personenbezogenen oder anderen schutzwürdigen Daten.

- Das Gesetz zur Digitalen Signatur (SigG) regelt Herstellung und Benutzung einer »elektronischen Unterschrift«, die in der Zukunft einmal rechtlich gleichbedeutend zu unserer normalen Unterschrift sein könnte.

Zu diesen neuen Texten kommen Änderungen im Strafgesetzbuch, beim Jugendschutz, beim Urheberrecht und anderen Gesetzen hinzu.

Der zweite für die Nutzung des Internets wesentliche Gesetzestext ist das Telekommunikationsgesetz (TKG)

18.2.1 Das Teledienstgesetz (TDG)

Das TDG ist Bestandteil des IuKDG und definiert zunächst den Begriff Teledienst, der u.a. folgende Dienste und Dienstleister umfaßt:

- Angebote für die Nutzung des Internets,
- Dienste für Online-Banking, Online-Brokerage,
- Informationsdienste (Wetter, Datenbanken, Börse)
- E-Commerce (Bestellmöglichkeiten von Waren und Dienstleistungen über das Internet)

Dabei wird streng unterschieden zwischen dem Anbieter der nackten Telekommunikationsleistung und dem Anbieter von Telediensten. Die rechtlichen Grundlagen der Kommunikationsleistung sind im Telekommunikationsgesetz TKG geregelt. Internet-Provider, sofern sie über eigene Leitungen verfügen, bieten Kommunikations- und Zugangsdienste an und werden somit von beiden Gesetzen berührt.

Die wichtigste Passage im TDG ist §5, in dem die Verantwortung für die Inhalte von Webservern und anderen Speichermedien geregelt wird:

§ 5 Verantwortlichkeit

(1) Diensteanbieter sind für eigene Inhalte, die sie zur Nutzung bereithalten, nach den allgemeinen Gesetzen verantwortlich.

(2) Diensteanbieter sind für fremde Inhalte, die sie zur Nutzung bereithalten, nur dann verantwortlich, wenn sie von diesen Inhalten Kenntnis haben und es ihnen technisch möglich und zumutbar ist, deren Nutzung zu verhindern.

(3) Diensteanbieter sind für fremde Inhalte, zu denen sie lediglich den Zugang zur Nutzung vermitteln, nicht verantwortlich. Eine automatische und kurzzeitige Vorhaltung fremder Inhalte aufgrund Nutzerabfrage gilt als Zugangsvermittlung.

(4) Verpflichtungen zur Sperrung der Nutzung rechtswidriger Inhalte nach den allgemeinen Gesetzen bleiben unberührt, wenn der Diensteanbieter unter Wahrung des Fernmeldegeheimnisses gemäß § 85 des Telekommunikationsgesetzes von diesen Inhalten Kenntnis erlangt und eine Sperrung technisch möglich und zumutbar ist.

Damit kann z.B. ein Betreiber eines Proxy-Servers nicht für dessen Inhalt verantwortlich gemacht werden, es sei denn, er hat Kenntnis von gesetzeswidrigen Inhalten der gespeicherten Seiten.

18.2.2 Das Gesetz über den Datenschutz bei Telediensten (TDDSG)

Der Schutz von personenbezogenen Daten hat gerade im Internet eine besondere Bedeutung erhalten. Welcher User hat sich nicht schon über unverlangt eingegangene Werbemails geärgert, die sein Postfach zum Überlauf bringen und teure Bandbreite beim Herunterladen der Mails fressen. Im TDDSG (Bestandteil des IuKDG) wird der Umgang mit personenbezogenen Daten geregelt, wobei der zentrale Paragraph hier §3 ist:

§ 3 *Grundsätze für die Verarbeitung personenbezogener Daten*

...

(4) *Die Gestaltung und Auswahl technischer Einrichtungen für Teledienste hat sich an dem Ziel, keine oder so wenige personenbezogene Daten wie möglich zu erheben, zu verarbeiten und zu nutzen, auszurichten.*

(5) *Der Nutzer ist vor der Erhebung über Art, Umfang, Ort und Zwecke der Erhebung, Verarbeitung und Nutzung personenbezogener Daten zu unterrichten. Bei automatisierten Verfahren, die eine spätere Identifizierung des Nutzers ermöglichen und eine Erhebung, Verarbeitung oder Nutzung personenbezogener Daten vorbereiten, ist der Nutzer vor Beginn dieses Verfahrens zu unterrichten. Der Inhalt der Unterrichtung muß für den Nutzer jederzeit abrufbar sein. Der Nutzer kann auf die Unterrichtung verzichten. Die Unterrichtung und der Verzicht sind zu protokollieren. Der Verzicht gilt nicht als Einwilligung im Sinne von Absatz 1 und 2.*

(6) *Der Nutzer ist vor Erklärung seiner Einwilligung auf sein Recht auf jederzeitigen Widerruf mit Wirkung für die Zukunft hinzuweisen. Absatz 5 Satz 3 gilt entsprechend.*

(7) *Die Einwilligung kann auch elektronisch erklärt werden, wenn der Diensteanbieter sicherstellt, daß*

1. *sie nur durch eine eindeutige und bewußte Handlung des Nutzers erfolgen kann,*
2. *sie nicht unerkennbar verändert werden kann,*
3. *ihr Urheber erkannt werden kann,*
4. *die Einwilligung protokolliert wird und*
5. *der Inhalt der Einwilligung jederzeit vom Nutzer abgerufen werden kann.*

18.2.3 Das Telekommunikationsgesetz (TKG)

Der Schutz der Privatsphäre umfaßt eine ganze Reihe von Grundrechten, wie sie unter anderem in der Verfassung garantiert werden. Dazu gehört beispielsweise das Recht auf Privatleben oder das Recht, sich ohne die Überwachung durch eine Ordnungsmacht mit Dritten zu unterhalten. Die Gewährleistung dieser Grundrechte stellt im auf elektronischen Kommunikationsmitteln basierenden Informationszeitalter eine besondere Herausforderung dar. Modernste Technologien für Lauschangriffe auf Wohnungen sowie die Überwachung von Telefon- und Datenleitungen ermöglichen heute in großem Umfang einen Eingriff in diese Grundrechte.

Bei begründetem Verdacht sind die Betreiber von Telekommunikationsnetzen verpflichtet, den Behörden die Überwachung von Personen zu ermöglichen. Die technischen Voraussetzung dafür müssen sowohl in drahtgebundenen (Mobilfunknetze) sowie in drahtungebundenen Telekommunikationsnetzwerken vorhanden sein. Das Telekommunikationsgesetz (TKG), in dem die Rechte und Pflichten von Anbietern von Kommunikationsleistungen definiert sind, führt dazu aus:

§ 88 Technische Umsetzung von Überwachungsmaßnahmen

...

(4) Jeder Betreiber einer Telekommunikationsanlage, der anderen den Netzzugang zu seiner Telekommunikationsanlage geschäftsmäßig überläßt, ist verpflichtet, den gesetzlich zur Überwachung der Telekommunikation berechtigten Stellen auf deren Anforderung einen Netzzugang für die Übertragung der im Rahmen einer Überwachungsmaßnahme anfallenden Informationen unverzüglich und vorrangig bereitzustellen.

...

Ansonsten unterliegen alle über Telekommunikationsnetze – und damit auch das Internet in Deutschland – übertragenen Inhalte dem Fernmeldegeheimnis (§85 TKG):

§ 85 Fernmeldegeheimnis

(1) Dem Fernmeldegeheimnis unterliegen der Inhalt der Telekommunikation und ihre näheren Umstände, insbesondere die Tatsache, ob jemand an einem Telekommunikationsvorgang beteiligt ist oder war. Das Fernmeldegeheimnis erstreckt sich auch auf die näheren Umstände erfolgloser Verbindungsversuche.

(2) Zur Wahrung des Fernmeldegeheimnisses ist verpflichtet, wer geschäftsmäßig Telekommunikationsdienste erbringt oder daran mitwirkt. Die Pflicht zur Geheimhaltung besteht auch nach dem Ende der Tätigkeit fort, durch die sie begründet worden ist.

...

18.2.4 Das Gesetz zur Digitalen Signatur (SigG)

Das Gesetz zur Digitalen Signatur (SigG) ist Bestandteil des IuKDG und regelt die Lizensierung, Verteilung und Löschung von Schlüsselpaaren und Zertifikaten, mit denen der Nachweis der Authentizität eines Kommunikationspartners erbracht werden kann. Die zusätzlich herausgegebene Signaturverordnung (SigV) regelt die eher praktischen Momente wie Verfahren, Kosten und Übergabe.

Das SigG ist kompliziert und schwer in die Praxis umzusetzen. Auf europäischer Ebene wurden analoge, aber leichter handhabbare Gesetze beschlossen, so daß im Zuge der europäischen Harmonisierung eine Anpassung des SigG zu erwarten ist.

18.2.5 Das Fernabsatzgesetz

In diesem Gesetz wird geregelt, wie das Widerrufs- und Rückgaberecht beim Versandhandel geregelt wird. Gerade diese Form des Warenverkehrs wird bei zunehmendem Einsatz des Internets als elektronisches Einkaufsmedium an Bedeutung gewinnen.

Grundsätzlich kann der Käufer die bestellte Ware innerhalb von zwei Wochen kostenlos zurückschicken. Bei Produkten mit einem Wert von über 40 Euro darf der Händler dem Kunden immerhin die Kosten für den Rückversand in Rechnung stellen. Wird der Kunde über die zweiwöchige Rückgabefrist vom Händler nicht informiert, so verlängert sich diese automatisch auf vier Monate.

18.2.6 Absolute Vertraulichkeit durch Verschlüsselung

Mit einer Reihe von Bestimmungen versuchten die Gesetzgeber, die Privatsphäre des Einzelnen zu schützen und gleichzeitig in begründeten Ausnahmefällen eine Überwachung im Dienst der Strafverfolgung zu ermöglichen. Zwischenzeitlich hat allerdings der technologische Fortschritt diese Bestimmungen zumindest für das Internet bereits wieder praktisch außer Kraft gesetzt. Seit sich auf dem Public-Key-Prinzip basierende Verschlüsselungsmethoden im Internet durchgesetzt haben, können damit verschlüsselte Botschaften mit keinem derzeit existierenden Computersystem dechiffriert werden.

Da die Versendung von verschlüsselten Nachrichten grundsätzlich erlaubt ist - auch wenn deren Codierung derart erfolgt, daß Überwachungsorgane nicht in der Lage sind, die Inhalte zu dechiffrieren, kann jedermann im Internet unter der Gewißheit absoluter Vertraulichkeit Informationen versenden. Allerdings werden extrem leistungsfähige Verschlüsselungsverfahren wie beispielsweise auch die Public-Key-Kryptographie als Waffen eingestuft.

18.2.7 Anonymität

Eine – neben Kryptographie – weitere Möglichkeit zur Wahrung der Privatsphäre im Internet ist das anonyme Versenden von Nachrichten oder die Benutzung von Pseudonymen. Sogenannte »Remailer« ermöglichen dabei die Zustellung von Antworten auch auf anonym versendete E-Mails. Auf dem Remail-Server wird zu diesem Zweck eine Datenbank mit der Zuordnung des Synonyms zur tatsächlichen E-Mail-Adresse geführt. Eingehende E-Mails, die an ein Synonym gerichtet sind, können so weiter vermittelt werden. Die Diskretion des Remailer-Betreibers vorausgesetzt, kann so die eigenen Identität geheim gehalten werden. Ähnliche Vorgehensweisen werden häufig in den Online-Diskussionen des IRC-Dienstes angewandt.

Grundsätzlich hat jedermann das Recht, unter Wahrung der eigenen Anonymität sich selbst frei zu äußern, wie dies auch häufig von Buchautoren getan wird, die für Veröffentlichungen gelegentlich Pseudonyme benutzen. Das anonyme Versenden von Nachrichten oder die Benutzung von Pseudonymen im Internet ist somit ebenfalls legal.

Abb. 18.1: Homepage eines anonymen Remailers

18.3 Urheberrechtsbestimmungen (Copyright)

Eine zentrale Rolle in der Rechtsdiskussion im Internet nehmen die Urheberrechtsbestimmungen ein. Aufgrund der elektronischen Verbreitung von Inhalten, wie es im Internet geschieht, sind Verstöße gegen die Urheberrechtsbestimmungen besonders einfach durchzuführen. Umfangreiches Text, Bild, Ton oder Videomaterial kann problemlos in kürzester Zeit kopiert, modifiziert und weiterversendet werden. Ein angemessener Schutz von elektronisch veröffentlichten Werken ist daher von außerordentlicher Wichtigkeit, da viele Autoren erst dann bereit sein werden, dem Internet als Publikationsmedium zu vertrauen, wenn dafür auch umsetzbare Urheberrechtsbestimmungen geschaffen werden.

Derzeit gilt in Deutschland wie in den meisten Ländern ein Urheberrechtsgesetz, welches auf der internationalen Berner Konvention beruht. Das Urheberrecht erlischt danach siebzig Jahre nach dem Tod des Autors, Verstöße dagegen können mit Haftstrafen bis zu fünf Jahren (bei gewerblicher Nutzung) und mit Geldstrafen geahndet werden Mit dem IuKDG wurde das Gesetzt über Urheberrecht auf einen aktuellen Stand gebracht:

Gesetz über Urheberrecht und verwandte Schutzrechte

§ 2 *Geschützte Werke*

(1) *Zu den geschützten Werken der Literatur, Wissenschaft und Kunst gehören insbesondere:*

1. *Sprachwerke, wie Schriftwerke, Reden und Computerprogramme;*
2. *Werke der Musik;*
3. *pantomimische Werke einschließlich der Werke der Tanzkunst;*
4. *Werke der bildenden Künste einschließlich der Werke der Baukunst und der angewandten Kunst und Entwürfe solcher Werke;*
5. *Lichtbildwerke einschließlich der Werke, die ähnlich wie Lichtbildwerke geschaffen werden;*
6. *Filmwerke einschließlich der Werke, die ähnlich wie Filmwerke geschaffen werden;*
7. *Darstellungen wissenschaftlicher oder technischer Art, wie Zeichnungen, Pläne, Karten, Skizzen, Tabellen und plastische Darstellungen.*

(2) *Werke im Sinne dieses Gesetzes sind nur persönliche geistige Schöpfungen.*

...

...

§ 64 Allgemeines

Das Urheberrecht erlischt siebzig Jahre nach dem Tode des Urhebers.

...

...

§ 97 Anspruch auf Unterlassung und Schadenersatz

(1) Wer das Urheberrecht oder ein anderes nach diesem Gesetz geschütztes Recht widerrechtlich verletzt, kann vom Verletzten auf Beseitigung der Beeinträchtigung, bei Wiederholungsgefahr auf Unterlassung und, wenn dem Verletzer Vorsatz oder Fahrlässigkeit zur Last fällt, auch auf Schadenersatz in Anspruch genommen werden. An Stelle des Schadenersatzes kann der Verletzte die Herausgabe des Gewinns, den der Verletzer durch die Verletzung des Rechts erzielt hat, und Rechnungslegung über diesen Gewinn verlangen.

(2) Urheber, Verfasser wissenschaftlicher Ausgaben (§ 70), Lichtbildner (§ 72) und ausübende Künstler (§ 73) können, wenn dem Verletzer Vorsatz oder Fahrlässigkeit zur Last fällt, auch wegen des Schadens, der nicht Vermögensschaden ist, eine Entschädigung in Geld verlangen, wenn und soweit es der Billigkeit entspricht.

(3) Ansprüche aus anderen gesetzlichen Vorschriften bleiben unberührt.

...

§ 102 Verjährung

Die Ansprüche wegen Verletzung des Urheberrechts oder eines anderen nach diesem Gesetz geschützten Rechts verjähren in drei Jahren von dem Zeitpunkt an, in dem der Berechtigte von der Verletzung und der Person des Verpflichteten Kenntnis erlangt, ohne Rücksicht auf diese Kenntnis in dreißig Jahren von der Verletzung an. § 852 Abs. 2 des Bürgerlichen Gesetzbuchs ist entsprechend anzuwenden. Hat der Verpflichtete durch die Verletzung auf Kosten des Berechtigten etwas erlangt, so ist er auch nach Vollendung der Verjährung zur Herausgabe nach den Vorschriften über die Herausgabe einer ungerechtfertigten Bereicherung verpflichtet.

...

§ 106 Unerlaubte Verwertung urheberrechtlich geschützter Werke

(1) Wer in anderen als den gesetzlich zugelassenen Fällen ohne Einwilligung des Berechtigten ein Werk oder eine Bearbeitung oder Umgestaltung eines Werkes vervielfältigt, verbreitet oder öffentlich wiedergibt, wird mit Freiheitsstrafe bis zu drei Jahren oder mit Geldstrafe bestraft.

(2) Der Versuch ist strafbar.

...

§ 108 Unerlaubte Eingriffe in verwandte Schutzrechte

(1) Wer in anderen als den gesetzlich zugelassenen Fällen ohne Einwilligung des Berechtigten

1. *eine wissenschaftliche Ausgabe (§ 70) oder eine Bearbeitung oder Umgestaltung einer solchen Ausgabe vervielfältigt, verbreitet oder öffentlich wiedergibt,*
2. *ein nachgelassenes Werk oder eine Bearbeitung oder Umgestaltung eines solchen Werkes entgegen § 71 verwertet,*
3. *ein Lichtbild (§ 72) oder eine Bearbeitung oder Umgestaltung eines Lichtbildes vervielfältigt, verbreitet oder öffentlich wiedergibt,*
4. *die Darbietung eines ausübenden Künstlers entgegen den §§ 74, 75 Abs. 1 und 2 oder 76 Abs. 1 verwertet,*
5. *einen Tonträger entgegen § 85 verwertet,*
6. *eine Funksendung entgegen § 87 verwertet,*
7. *einen Bildträger oder Bild- und Tonträger entgegen §§ 94 oder 95 in Verbindung mit § 94 verwertet,*
8. *eine Datenbank entgegen § 87 b Abs. 1 verwertet,wird mit Freiheitsstrafe bis zu drei Jahren oder mit Geldstrafe bestraft.*

(2) Der Versuch ist strafbar.

§ 108a Gewerbsmäßige unerlaubte Verwertung

(1) Handelt der Täter in den Fällen der §§ 106 bis 108 gewerbsmäßig, so istdie Strafe Freiheitsstrafe bis zu fünf Jahren oder Geldstrafe.

(2) Der Versuch ist strafbar.

§ 109 Strafantrag

In den Fällen der §§ 106 bis 108 wird die Tat nur auf Antrag verfolgt, es sei denn, daß die Strafverfolgungsbehörde wegen des besonderen öffentlichen Interesses an der Strafverfolgung ein Einschreiten von Amts wegen für geboten hält.

18.4 Jugendschutz und Zensur im Internet

Die Themen Jugenschutz und Pornographie im Internet nehmen in der öffentlichen Diskussion einen im Vergleich zur tatsächlichen Bedeutung relativ hohen Stellenwert ein. Unbedarfte Beobachter, die sich bis dahin nicht oder nur am Rande mit dem Internet beschäftigten, bekommen aufgrund der Berichterstattung in den Medien zwangsläufig den Eindruck, daß ein signifikanter Teil der Internet-Inhalte aus nichts anderem als pornographischem Bild und Textmaterial besteht. Einen Höhepunkt erreichte die Debatte um Pornographie im Internet, als am 21. November 1995 die Münchner Staatsanwaltschaft die Geschäftsräume der deutschen Compuserve-Niederlassung in Unterhaching bei München durchsuchte. Angeblich war über einen Compuserve-Zugang Material mit Kinderpornographie eingespielt worden. Kurz darauf schloß Compuserve in einer Art vorauseilendem Gehorsam für seine Mitglieder den Zugang zu etwa 200 Newsgruppen, die von der Staatsanwaltschaft als bedenklich eingestuft worden waren. (Die Staatsanwaltschaft hatte die Liste mit Hilfe eines Suchprogramms erstellt, welches alle Newsgruppen nach den Stichworten sex, erotica, gay und lesbian durchsuchte). Eine Welle des Protests ging daraufhin durch das Internet. Deutschland wurde weltweit die versuchte Zensur des Internet vorgeworfen. Ein Großteil der gesperrten 200 Newsgruppen war zudem selbst nach konservativsten Wertvorstellungen harmlos wie etwa alt.sexual.recovery (Forum von Vergewaltigungsopfern) oder alt.sexy.bald.captains (Fanclub-Forum über Enterprise Kapitän J.L.Picard).

Dieser Vorfall zeigt, wie hilf- und verständnislos die Behörden den Technologien und Mechanismen des Internet gegenüberstehen. Die »angebliche« Sperre der Newsgruppen für Compuserve-Mitglieder konnte ja lediglich in der Löschung der betreffenden Gruppen auf den sieben compuserveeigenen News-Server bestehen. Durch eine geringfügige Konfigurationsänderung konnte zu jedem Zeitpunkt nach wie vor jedes Compuserve-Mitglied das dies wollte auf die zensurierten Newsgruppen zugreifen, indem als Newsserver ein beliebiger der vielen tausend öffentlichen Newsserver im Internet angegeben wurde. Zensur läßt sich aufgrund der dezentralen Internetstrukturen eben nicht durchsetzen.

Der Ansatzpunkt für Jugendschutz muß deshalb in der Einschränkung der Zugangsrechte für Jugendliche bestehen. Der am meisten Erfolg versprechende Ansatz dafür ist dabei die Markierung eines jeden Objekts im Internet mit einer Alterskennung. Entsprechende Internet-Softwarepakete die für die Benutzung durch Kinder und Jugendliche vorgesehen sind, brechen dann bei der Anwahl von entsprechend codierten Inhalten die Übertragung ab. Ein Standard für solche Alterskennungen ist PICS (Platform for Internet Content Selection).

Rechtlich gesehen, werden die im Internet übertragenen Inhalte als Presse und nicht als Rundfunk gewertet. Das Grundgesetz legt dazu die Pressefreiheit sowie die Freiheit der Berichterstattung durch Rundfunk und Film im Artikel 5 I 2 GG fest, der damit auch für das Internet Gültigkeit hat. Die über das Internet übertragenen Inhalte werden daher einerseits durch die Pressefreiheit geschützt, sind damit andererseits aber auch den gesetzlichen Bestimmungen für Presseinhaltsdelikte unterworfen. Presseinhaltsdelikte werden durch einen Reihe von Geset-

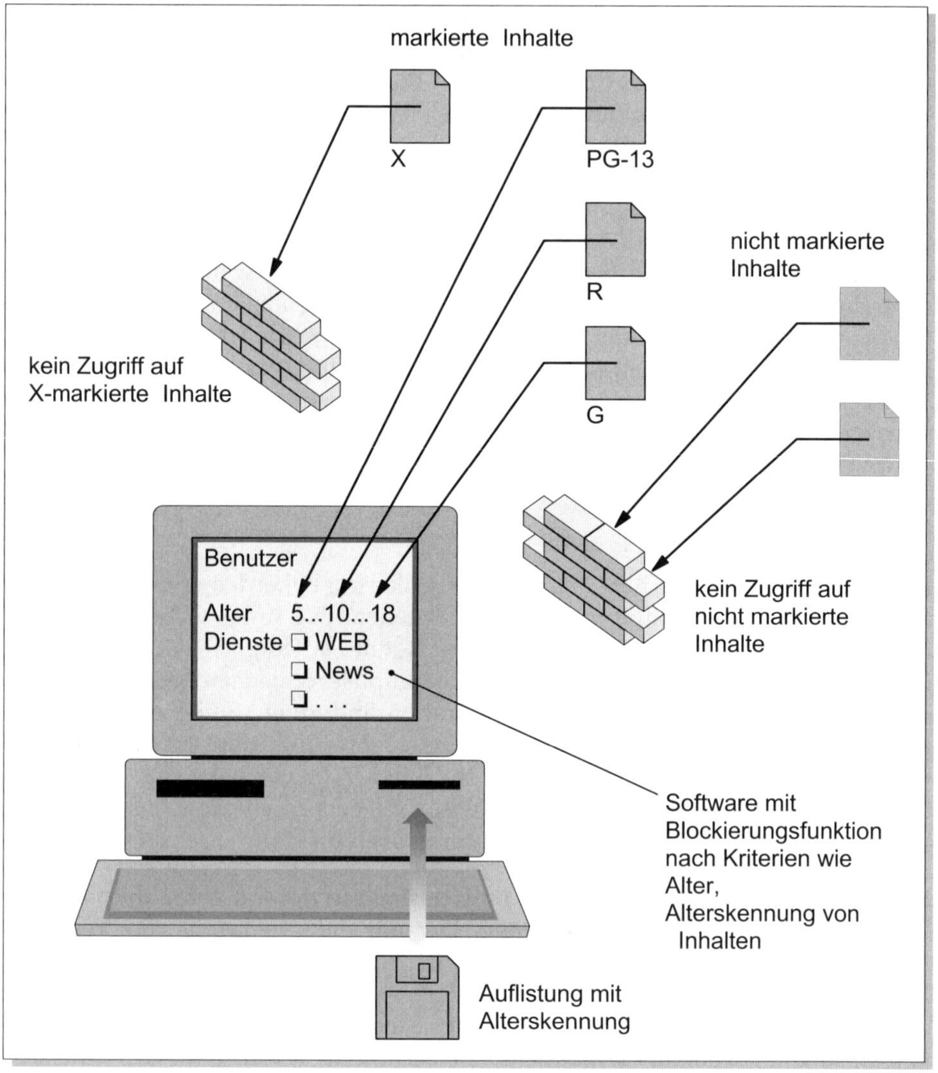

Abb. 18.2: Jugendschutz durch Alterskennung (PICS)

zen des Strafgesetzbuches, des Urheberrechtsgesetzes sowie des Gesetzes über jugendgefährdende Schriften definiert. Für die Anwendung im Internet sind dabei insbesondere die folgenden Gesetzestexte des umfangreichen Komplexes an Presseinhaltsdelikten von Bedeutung:

Ehrenschutzrecht:

§193 StBG Wahrnehmung berechtigter Interessen

§200 StBG Bekanntmachung von Verurteilungen

§193 StBG enthält die für die Presse zentralen Bestimmungen in Bezug auf das Ehrenschutzrecht. Paragraph 200 legt dazu fest, daß bei Verurteilung eine Veröffentlichung in derselben Zeitung oder Zeitschrift erfolgen muß. Auf das Internet angewendet, würde dies eine entsprechende Veröffentlichung auf der jeweiligen WWW-Seite bedeuten.

Pornographie und Jugendschutz:

§184StGB Verbreitung pornographischer Schriften:

Gesetz über die Verbreitung jugendgefährdender Schriften und Medieninhalte (GjS), Auszug:

§ 1 Jugendgefährdende Schriften

(1) Schriften, die geeignet sind, Kinder oder Jugendliche sittlich zu gefährden, sind in eine Liste aufzunehmen. Dazu zählen vor allem unsittliche, verrohend wirkende, zu Gewalttätigkeit, Verbrechen oder Rassenhass anreizende sowie den Krieg verherrlichende Schriften. Die Aufnahme ist bekanntzumachen.

(2) Eine Schrift darf nicht in die Liste aufgenommen werden

1. *allein wegen eines politischen, sozialen, religiösen oder weltanschaulichen Inhalts;*
2. *wenn sie der Kunst oder der Wissenschaft, der Forschung oder der Lehre dient;*
3. *wenn sie im öffentlichen Interesse liegt, es sei denn, dass die Art der Darstellung zu beanstanden ist.*

(3) Den Schriften stehen Ton- und Bildträger, Datenspeicher, Abbildungen und andere Darstellungen gleich.

...

In den USA werden die Inhalte von Online-Diensten und damit auch des Internet seit Anfang 1996 durch den berühmt-berüchtigten Zusatz »Communications Decency Amendment« zum Telecommunications Act geregelt. Trotz massiver Kritik von vielen Seiten wurde dieser Zusatz, der die Übertragung von »indecent material« über Online-Dienste unter Strafe stellt, nach heftigen Diskussionen zum Gesetz erhoben. Die Hauptkritik richtet sich dabei gegen die mehr als schwammige Formulierung »indecent«, die einen sehr weiten Interpretationsspielraum ermöglicht, und nach Ansicht vieler Experten eine Einschränkung der Meinungsfreiheit im Internet bedeuten könnte.

18.5 Computerkriminalität

Eine ganze Reihe von Bestimmungen zum Thema Computerkriminalität sind schließlich ebenfalls von großer Bedeutung für den Rechtsraum Internet. Die Verbreitung von Schwarzkopien, von Viren oder das unautorisierte Eindringen (Hacking) in fremde Computersysteme sind nur einige Beispiele für Tatbestände, wie sie auch im Internet vorkommen. Die wichtigsten Bestimmungen des Strafgesetzbuches (neben dem Urheberrechtsgesetz bei Schwarzkopien) sind dabei:

§ 202a StBG	Ausspähen von Daten
§ 203 StBG	Verletzung von Privatgeheimnissen
§ 204 StBG	Verwertung fremder Geheimnisse
§ 263 StBG	Computerbetrug
§303a StBG	Datenveränderung
§303b StBG	Computersabotage
§269, §270 StBG	Fälschung beweiserheblicher Daten

§ 202a Ausspähen von Daten.

(1) Wer unbefugt Daten, die nicht für ihn bestimmt und die gegen unberechtigten Zugang besonders gesichert sind, sich oder einem anderen verschafft, wird mit Freiheitsstrafe bis zu drei Jahren oder mit Geldstrafe bestraft.

(2) Daten im Sinne des Absatzes 1 sind nur solche, die elektronisch, magnetisch oder sonst nicht unmittelbar wahrnehmbar gespeichert sind oder übermittelt werden.

§ 203 Verletzung von Privatgeheimnissen.

(1) Wer unbefugt ein fremdes Geheimnis, namentlich ein zum persönlichen Lebensbereich gehörendes Geheimnis oder ein Betriebs- oder Geschäftsgeheimnis, offenbart, das ihm als

1. *Arzt, Zahnarzt, Tierarzt, Apotheker oder Angehörigen eines anderen Heilberufs, der für die Berufsausübung oder die Führung der Berufsbezeichnung eine staatlich geregelte Ausbildung erfordert,*
2. *Berufspsychologen mit staatlich anerkannter wissenschaftlicher Abschlußprüfung,*
3. *Rechtsanwalt, Patentanwalt, Notar, Verteidiger in einem gesetzlich geordneten Verfahren, Wirtschaftsprüfer, vereidigtem Buchprüfer, Steuerberater, Steuerbevollmächtigten oder Organ oder Mitglied eines Organs einer Rechtsanwalts-, Patentanwalts-, Wirtschaftsprüfungs-, Buchprüfungs- oder Steuerberatungsgesellschaft,*
4. *Ehe-, Familien-, Erziehungs- oder Jugendberater sowie Berater für Suchtfragen in einer Beratungsstelle, die von einer Behörde oder Körperschaft, Anstalt oder Stiftung des öffentlichen Rechts anerkannt ist,*

4a. *Mitglied oder Beauftragten einer anerkannten Beratungsstelle nach den §§ 3 und 8 des Schwangerschaftskonfliktgesetzes,*
5. *staatlich anerkanntem Sozialarbeiter oder staatlich anerkanntem Sozialpädagogen oder*
6. *Angehörigen eines Unternehmens der privaten Kranken-, Unfall- oder Lebensversicherung oder einer privatärztlichen Verrechnungsstelle anvertraut worden oder sonst bekanntgeworden ist, wird mit Freiheitsstrafe bis zu einem Jahr oder mit Geldstrafe bestraft.*

(2) *Ebenso wird bestraft, wer unbefugt ein fremdes Geheimnis, namentlich ein zum persönlichen Lebensbereich gehörendes Geheimnis oder ein Betriebs- oder Geschäftsgeheimnis, offenbart, das ihm als*

1. *Amtsträger,*
2. *für den öffentlichen Dienst besonders Verpflichteten,*
3. *Person, die Aufgaben oder Befugnisse nach dem Personalvertretungsrecht wahrnimmt,*
4. *Mitglied eines für ein Gesetzgebungsorgan des Bundes oder eines Landes tätigen Untersuchungsausschusses, sonstigen Ausschusses oder Rates, das nicht selbst Mitglied des Gesetzgebungsorgans ist, oder als Hilfskraft eines solchen Ausschusses oder Rates oder*
5. *öffentlich bestellten Sachverständigen, der auf die gewissenhafte Erfüllung seiner Obliegenheiten auf Grund eines Gesetzes förmlich verpflichtet worden ist, anvertraut worden oder sonst bekanntgeworden ist. Einem Geheimnis im Sinne des Satzes 1 stehen Einzelangaben über persönliche oder sachliche Verhältnisse eines anderen gleich, die für Aufgaben der öffentlichen Verwaltung erfaßt worden sind; Satz 1 ist jedoch nicht anzuwenden, soweit solche Einzelangaben anderen Behörden oder sonstigen Stellen für Aufgaben der öffentlichen Verwaltung bekanntgegeben werden und das Gesetz dies nicht untersagt.*

(3) *Einem in Absatz 1 Nr. 3 genannten Rechtsanwalt stehen andere Mitglieder einer Rechtsanwaltskammer gleich. Den in Absatz 1 Genannten stehen ihre berufsmäßig tätigen Gehilfen und die Personen gleich, die bei ihnen zur Vorbereitung auf den Beruf tätig sind. Den in Absatz 1 und den in Satz 1 und 2 Genannten steht nach dem Tod des zur Wahrung des Geheimnisses Verpflichteten ferner gleich, wer das Geheimnis von dem Verstorbenen oder aus dessen Nachlaß erlangt hat.*

(4) *Die Absätze 1 bis 3 sind auch anzuwenden, wenn der Täter das fremde Geheimnis nach dem Tod des Betroffenen unbefugt offenbart.*

(5) *Handelt der Täter gegen Entgelt oder in der Absicht, sich oder einen anderen zu bereichern oder einen anderen zu schädigen, so ist die Strafe Freiheitsstrafe bis zu zwei Jahren oder Geldstrafe*

§ 204 Verwertung fremder Geheimnisse.

(1) Wer unbefugt ein fremdes Geheimnis, namentlich ein Betriebs- oder Geschäftsgeheimnis, zu dessenGeheimhaltung er nach § 203 verpflichtet ist, verwertet, wird mit Freiheitsstrafe bis zu zwei Jahren oder mit Geldstrafe bestraft.

(2) § 203 Abs. 4 gilt entsprechend.

§ 263a Computerbetrug.

(1) Wer in der Absicht, sich oder einem Dritten einen rechtswidrigen Vermögensvorteil zu verschaffen, das Vermögen eines anderen dadurch beschädigt, daß er das Ergebnis eines Datenverarbeitungsvorgangs durch unrichtige Gestaltung des Programms, durch Verwendung unrichtiger oder unvollständiger Daten, durch unbefugte Verwendung von Daten oder sonst durch unbefugte Einwirkung auf den Ablauf beeinflußt, wird mit Freiheitsstrafe bis zu fünf Jahren oder mit Geldstrafe bestraft.

(2) § 263 Abs. 2 bis 7 gilt entsprechend.

§ 269 Fälschung beweiserheblicher Daten.

(1) Wer zur Täuschung im Rechtsverkehr beweiserhebliche Daten so speichert oder verändert, dass bei ihrer Wahrnehmung eine unechte oder verfälschte Urkunde vorliegen würde, oder derart gespeicherte oder veränderte Daten gebraucht, wird mit Freiheitsstrafe bis zu fünf Jahren oder mit Geldstrafe bestraft.

(2) Der Versuch ist strafbar.

(3) § 267 Abs. 3 ist anzuwenden.

§ 270 Täuschung im Rechtsverkehr bei Datenverarbeitung.
Der Täuschung im Rechtsverkehr steht die fälschliche Beeinflussung einer Datenverarbeitung im Rechtsverkehr gleich.

§ 303a Datenveränderung.

(1) Wer rechtswidrig Daten (§ 202a Abs. 2) löscht, unterdrückt, unbrauchbar macht oder verändert, wird mit Freiheitsstrafe bis zu zwei Jahren oder mit Geldstrafe bestraft.

(2) Der Versuch ist strafbar.

§ 303b Computersabotage.

(1) Wer eine Datenverarbeitung, die für einen fremden Betrieb, ein fremdes Unternehmen oder eine Behörde von wesentlicher Bedeutung ist, dadurch stört, daß er

1. *eine Tat nach § 303a Abs. 1 begeht oder*
2. *eine Datenverarbeitungsanlage oder einen Datenträger zerstört, beschädigt, unbrauchbar macht, beseitigt oder verändert, wird mit Freiheitsstrafe bis zu fünf Jahren oder mit Geldstrafe bestraft.*

(2) Der Versuch ist strafbar.

18.6 Informationen und Archive im Internet

Electronic Frontier Foundation (EFF)

Die Electronic Frontier ist die wichtigste Bürgerrechts-Organisation im Internet. Gegründet im Jahr 1990 hat sie sich zum Ziel gesetzt, die verfassungsmäßig garantierten Rechte des Einzelnen (Netizen, abgeleitet aus Net und Citizen) auch in einer Welt mit neuen Kommunikationstechnologien durchzusetzen. Unter anderem führt die EFF Musterprozesse gegen Regierung und Geheimdienste, bietet Rechtshilfe über eine Hotline an und organisiert Bewegungen wie die Blue Ribbon

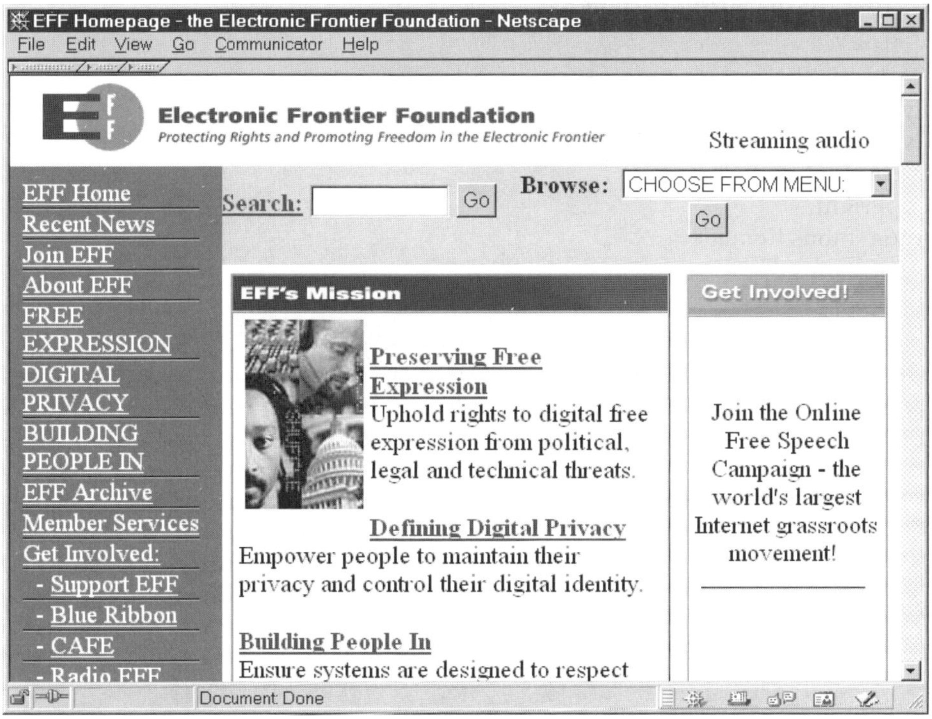

Abb. 18.3: Homepage der Electronic Frontier Foundation (EFF)

Kampagne für Redefreiheit im Internet oder die Golden Key Kampagne für die Freiheit der Kryptograpie:

http://www.eff.org

Gesetztestexte mit Bedeutung für das Internet	http://www.netlaw.de/gesetze/
PICS-Plattform	http://www.w3.org/PICS/
Filterprogramme für Webseiten	http://www.netparents.org/
Anonyomous Remailer Homepage	http://www.mailanon.com/
Computer Professionals for Social Responsibility	http://www.cpsr.org/cpsr/nii/cyber-rights/cyber-rights.html.
Yahoo (USA)	http://www.yahoo.com/Government/Law/
Yahoo (Deutschland)	http://de.dir.yahoo.com/Staat_und_Politik/Recht/

Stichworte für Suchmaschinen

Netlaw
Electronic Privacy
Cyberrights
Cyberlaw
Intellectual Property
Copyright
Anonymous Remailer

Internetnutzung im Unternehmen

19

There are 6 million teleworkers in the US. With all the people working from home, now there is more time for sex.

(Olivetty Chief Executive Officer De Benedetti)

Internettechnologien können in Unternehmen für eine Vielzahl von Anwendungen eingesetzt werden. Diese reichen vom Einsatz in der internen EDV-Infrastruktur (Intranet) über den Aufbau unternehmensweiter Kommunikationssysteme (E-Mail, Telearbeit, Videokonferenzsysteme) bis hin zur Abwicklung von Geschäftsprozessen wie Marketing, Vertrieb oder Auftragsabwicklung. Für eine ganze Reihe von Branchen wie Dienstleistungsunternehmen (Banken, Versicherungen, Reisebüros etc.), Softwarehersteller, Verlage oder Schulungseinrichtungen (Universitäten, Schulen, Bildungszentren) stellt das Internet darüber hinaus die Basis für die Gesamtheit der Unternehmensabläufe dar, und ist zur Voraussetzung für das erfolgreiche Bestehen im Markt geworden.

Nur wenige Jahre nach der Revolution des öffentlichen Internet durch die Technologien des World Wide Web im Jahr 1993, erfaßt diese Entwicklung in vollem Ausmaß nun auch die internen Unternehmensnetzwerke. Ein Großteil der Unternehmen hat bereits die Vorteile der Nutzung von Internet-Technologien auch innerhalb der unternehmensinternen Datenkommunikationsinfrastruktur erkannt. Unter dem Sammelbegriff Intranet werden dabei Transportmechanismen und Methoden zur Informationsdarstellung des Internet in Unternehmensnetzwerken implementiert. Die Möglichkeiten des Intranets werden in einem späteren Kapitel ausführlich behandelt.

19.1 Unternehmens-Kommunikation via Internet

Genauso wie in den achtziger Jahren das Telefax die Informationsübertragung revolutionierte, treibt der Einsatz von Internet-Technologien in Unternehmen sowie das Internet selbst diese Entwicklung noch einen weiteren Schritt voran. E-Mails haben in vielen Bereichen das Telefax abgelöst. Auf den meisten Visitenkarten ist bereits der Aufdruck der E-Mail-Adresse zum Standard geworden, genauso wie in Konversationen der Satz »...schreiben Sie mir eine E-Mail«. Das

»eingedeutsche« Verb »mailen« (ich maile, du mailst...) ist in den Duden übernommen worden, zum Schrecken einiger konservativer selbsternannter Hüter der deutschen Sprache.

Neben der hohen Effizienz und der Schnelligkeit der Übertragung im Vergleich zum Brief, Telefax oder selbst einem Telefonanruf bedeuten E-Mails auch einen weiteren Freiheitsgrad für den Empfänger. Gleichgültig, wo er sich gerade befindet, im Büro, im Hotel oder im Home-Office – von überall aus hat er die Möglichkeit eingehende Nachrichten zu lesen und sie zu beantworten.

19.1.1 Internet-Video

Neben der Darstellung und Übertragung von Informationen in Form von Texten und Grafiken sind im Internet auch Video- und Audioanwendungen verfügbar. Möglich wurde dies durch enorme Fortschritte bei den dafür genutzten Kompressionsverfahren sowie durch die im Internet verfügbaren Bandbreiten. Damit

Abb. 19.1: Bedienoberfläche des Videokonferenzsystems CineVideo Direct

werden zwei Schlüsseldienste für moderne Kommunikation – Telefonie und Videokonferenzen – auch bis hin zum Arbeitsplatz nutzbar. Für Unternehmen bedeutet dies, daß Videoanwendungen nun erstmals nicht nur punktuell unter hohem Personal- und Kostenaufwand, sondern in der Breite für eine größere Anzahl von Mitarbeitern nutzbar werden. Anwendungen wie Telearbeit, Telelearning oder Videokonferenzen können damit in großem Umfang genutzt werden.

Aufsehen erregten Videoanwendungen über das Internet erstmals 1994, als an der Cornelluniversität aus einem Projekt die Softwareapplikation CUseeMe (`http://www.CUseeMe.com/`) der Öffentlichkeit präsentiert wurde. Mit Hilfe der von der Firma Connectix (heute Powerlan, `http://www.powerlan-usa.com/`) zum Preis von unter 100 US$ vertriebenen Minivideokamera QuickCam konnte damit erstmals auch bei Übertragungsbandbreiten von nur 28.800 kbit/s Echtzeitvideo über das Internet übertragen werden. Weitere Videosysteme wie VDOLive oder das Internet-Videokonferenz-System von Cinecom (CineVideo Direct `http://www.cinecom.com/`) folgten (Abb. 19.1).

Die technischen Voraussetzungen für den Betrieb der unterschiedlichen Internet-Videokonferenzsysteme sind denkbar gering. In der Regel ist ein Pentium-PC mit 64 Mbyte RAM sowie einer modernen Soundkarte (sollte für Full-Duplex-Betrieb geeignet sein) und einer Videokamera (z.B. Logitech Quickcam Express `http://www.logitech.com/`) ausreichend. Beim Betrieb über das Internet sollte eine (effektive!) Übertragungsbandbreite von 100 kbit/s, minimal aber 19,2 kbit/s zur Verfügung stehen, im LAN/Intranetbereich treten aufgrund der ausreichen vorhandenen Übertragungsbandbreiten ohnehin keinerlei Probleme mit der Übertragungsqualität auf. Ist ein entsprechender PC vorhanden, so belaufen sich die Kosten für die notwendige Software und die Videokamera auf unter 200,- DM pro Arbeitsplatz (Abb. 19.2)!

Abb. 19.2: Die Videokamera QuickCam Express von Logitech

Trotz des hohen Kompressionsgrades liegt die Problematik, Echtzeitvideo über die Internet-Infrastruktur zu übertragen, in der Eigenschaft des TCP-Protokolles, nicht übertragene oder verloren gegangene Datenpakete zur wiederholten Übertragung anzufordern. Diese für fehlerfreie Datenübertragung konzipierte Funktion wirkt sich auf die Echtzeitübertragungseigenschaften des Internet negativ aus. Viele Video-Systeme nutzen deshalb das (leider unsichere) UDP-Protokoll, um unnötige Verzögerungen zu umgehen.

Die meisten Anbieter von Videokonferenz-Systemen haben ihre eigenen (proprietären) Protokolle, allgemeine Standards sind in der H.323-Spezifikation der International Telecommunication Union (ITU, `http://www.itu.int/`) festgelegt.

19.1.2 Telefonieren im Internet

Seit Anfang 1995 die kleine israelische Firma Vocaltec (`http://www.vocaltec.com`) mit Internet-Phone erstmals eine Softwareapplikation vorstellte, mit über das Internet auch gewöhnliche Telefongespräche geführt werden können, hat sich diese Anwendung zu einem der populärsten Internetdienste entwickelt. Bald

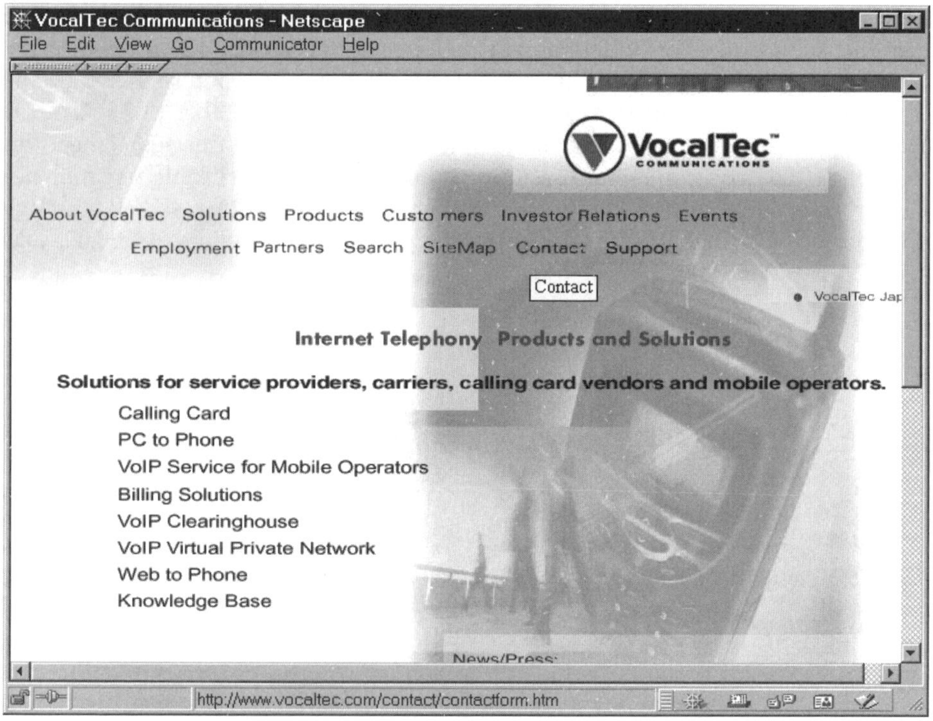

Abb. 19.3: Die Home-Page von VocalTec

folgten weitere Hersteller, und mittlerweile ist die entsprechende Softwareapplikationen bereits Bestandteil des Standardlieferumfangs der führenden WWW-Browsersysteme geworden. Konnte mit den ersten Softwareversionen lediglich im Halbduplexbetrieb kommuniziert werden, d.h. ähnlich wie beim CB-Funk konnten die Teilnehmer nur abwechselnd sprechen, so unterstützen die neueren Versionen die Vollduplexbetriebsart. Darüber hinaus liefert Vocaltec sogar eine Erweiterung zum Versand von Voice-Mail-Nachrichten aus.

Die Voice-Mails können vom Empfänger mit einer kostenlosen Abspielsoftware abgehört werden, so daß die Empfänger nicht notwendigerweise in Besitz der Vocaltecsoftware sein müssen. Damit ergibt sich für Unternehmen die Möglichkeit, ein hocheffizientes und flexibles Voice-Mail-System zu nutzen, welches vor allem im Betrieb über größere Entfernungen hinweg signifikante Einsparungen bei den Telefongebühren mit sich bringt, da die Übertragung der Sprachnachrichten nicht über das Telefonnetz wie bei herkömmlichen Voice-Mail-Systemen, sondern über das Internet erfolgt.

Der Nachteil der klassischen Internet-Telefonie besteht in der fehlenden Verbindung zwischen Internet und normalen Telefonnetz. Diese wird durch Gateway-Software hergestellt, die eine Konvertierung der aus dem Internet kommenden Datenströme in gewöhnliche Telefonsignale und umgekehrt leistet. Diese Konvertierung wird von den jeweiligen Providern wie Vocaltec vorgenommen, gegen Gebühr versteht sich. Dennoch können mit dem gezielten Einsatz des Internet z.B. für lange Überseegespräche, die regelmäßig geführt werden müssen, in kurzer Zeit signifikante Einsparungen erzielt werden. Kostenlose Gateways sind unter `http://www.pulver.com/fwd/` zu finden.

Weitere Unternehmen, die Produkte für das Telefonieren im Internet anbieten, sind IST, Net2phone, Netspeak und Voxware. Bei neueren Betriebssystemen ist

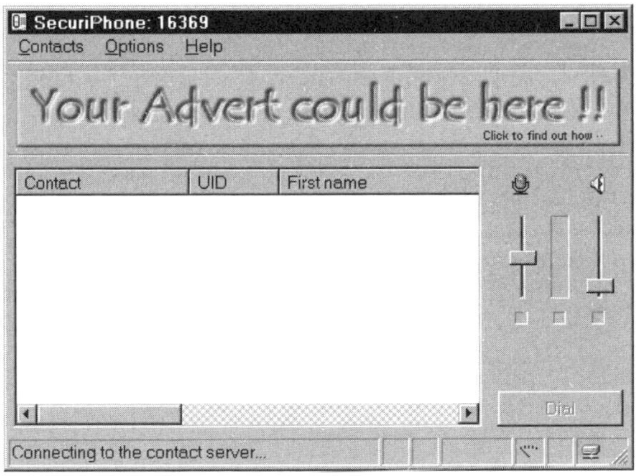

Abb. 19.4: Gesicherte Übertragung mit SecuriPhone

die benötigte Software oft schon integriert, wie etwa bei Microsofts Netmeeting und Windows 98/2000. Netmeeting für NT kann bei Microsoft heruntergeladen werden.

Telefonie über das Internet ist nicht ohne Risiko. Die Gespräche können ähnlich wie ein normales Gespräch abgehört werden. Einige Anbieter stellen deshalb gesicherte Verbindungen für die Internet-Telefonie zur Verfügung.

Informationen über die aktuellen Entwicklungen in der Internet-Telefonie gibt es im online-Magazin Internet Telephony (`http://www.internettelephony.com/`).

Eine Abschätzung, ob Internet-Telefonie sich finanziell positiv auswirkt, ist meist schwierig durchzuführen. Gebühren und Tarife sind ständig in Bewegung, eine auch nur mittelfristige Planung ist unmöglich. Deshalb sollte für die Kalkulation des Preisvorteils nur ein Jahr angesetzt werden. Wenn sich ein Umstieg innerhalb dieser Spanne nicht spürbar lohnt, sollte man die Finger davon lassen.

19.1.3 Verteilte Forschung, Entwicklung und Produktion

Das Internet hat aber nicht nur die klassischen Büroanwendungen revolutioniert, auch in den Bereichen von Forschung, Entwicklung und Produktion konnte es Fuß fassen. Heutige Großfirmen sind fast immer »Global Player« mit rund um den Globus verteilten Standorten. Aus Personal- und Kostengründen sind die einzelnen Teile der Firma immer dort angesiedelt, wo sich die jeweilige Aufgabe mit der größten Effektivität abwickeln läßt. So ist es technisch und organisatorisch kein Problem, z.B. rund um die Uhr in USA und Europa zu forschen, Softwareentwicklung in Indien, das Marketing von Irland aus und den Versand an den Endkunden schließlich in Deutschland zu betreiben. Ähnliche Überlegungen gelten für das Verhältnis Kunde/Lieferant. Die hier anfallenden Prozesse werden auch unter das Schlagwort B2B (Business to Business) subsumiert.

Eine solche Globalisierung setzt leistungsfähige und preiswerte Kommunikationsstrukturen voraus, wie sie das Internet bieten kann. Die über das Netz gesendeten Daten lassen sich wie folgt klassifizieren:

- Simulations- und Entwicklungsdaten,
- CAD-Daten,
- Daten für die Produktionsplanung,
- Maschinendaten,
- Lagerbestände,
- Qualitätsdaten,
- statistische Daten,
- Bestell- und Rechnungsdaten,
- Verwaltungsdaten,
- sonstige Dokumente.

Auch in der Wartung von Industrieanlagen spart das Internet den Servicetechnikern so manche Dienstreise. Sie nehmen von ihrem Arbeitsplatz aus direkt Kontakt mit der Maschinensteuerung auf und können so viele Probleme online beheben. Ähnliche Überlegungen gelten für die Produktion von Zeitschriften und

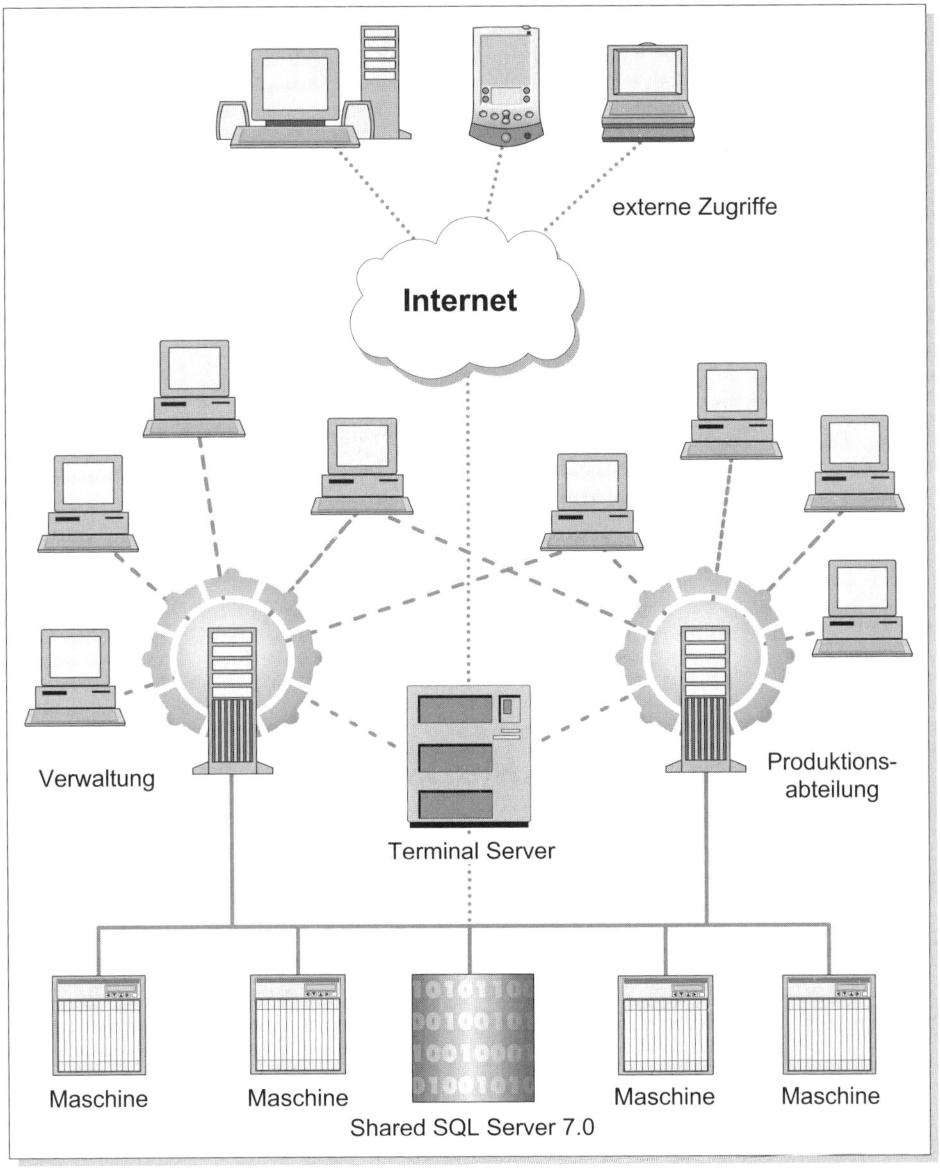

Abb. 19.5: Verteilte Produktion

Büchern. Es gibt viele Autoren, die ihre Kollegen, den Chefredakteur oder den Lektor, nur aus dem Internet kennen. Die Artikel werden per E-Mail an die Redaktion bzw. den Verlag gesendet und dann in den normalen Layout- bzw. Druckprozeß eingebracht. Da bei dieser Form der Kommunikation oft interne Daten mit einem hohen Schutzbedarf über das unsichere Internet gehen, ist auf eine ausreichende Authentifizierung und Verschlüsselung zu achten. Nur so kann die Vision einer »globalen Fabrik« auch Realität werden.

19.1.3 Virtuelle Marktplätze

Viele Firmen müssen sich Rohmaterial und andere Ressourcen auf den Märkten der Welt beschaffen. Die reiselustigen Einkäufer müssen sich in zunehmenden Maße auf nur noch virtuelle Begegnungen einstellen, da in vielen Branchen reine Software-Marktplätze etabliert werden. Hier können die verschiedenen Anbieter und Abnehmer in Kontakt treten und gegebenenfalls bestimmte Abnahmemengen per Auktion ersteigern. Auch diese Lösungen fallen unter den Begriff des B2B.

Mittlerweile hat fast jede Branche ihren virtuellen Marktplatz. Experten befürchten allerdings eine starke Konsolidierung in den nächsten Jahren. Viele Anbieter haben zu viel in das Marketing und zu wenig in neue Technik investiert, so daß es immer wieder Probleme bei der Abwicklung gibt. Zudem bleiben die Umsätze bisher stark hinter den Erwartungen zurück. Im Jahre 2000 wurden in Deutschland über Internet-Marktplätze 31 Millionen DM umgesetzt, wovon 30 Millionen auf nur 25% der Anbieter entfielen. Für das Jahr 2001 wird die große Pleite- und Fusionswelle erwartet, erst ab 2003 wird die kritische Masse an Teilnehmern erreicht.

19.2 Werbung und Marketing im Internet: Infomercials

Die derzeit am weitesten verbreitete Art der professionellen Nutzung des Internet ist dessen Einsatz als Werbe-und Marketingmedium. Die Entwicklung der traditionellen Werbung während der letzten Jahre vom Printmedium über Radio- bis hin zur Fernsehwerbung ist vor allem durch ihren unidirektionalen Charakter geprägt. Über die hohen Reichweiten kann die Werbebotschaft zwar die Mehrzahl der Kunden erreichen, was allerdings ausschlaggebend für eine Kaufentscheidung ist und wie die Werbebotschaft eingeschätzt wird, kann aufgrund des fehlenden Rückmeldekanals nicht in Erfahrung gebracht werden. Zur Ermittlung des Kaufverhaltens und zur Untersuchung von Kundenmotivationen entstand mit der Meinungsforschung sogar eine eigene Branche.

Mit Hilfe des Internet können nun Werbebotschaften mit der Effizienz eines Broadcastmediums verteilt werden, allerdings kombiniert mit unmittelbaren Interaktionsmöglichkeiten für den Kunden. Mittlerweile hat sich das Internet für viele Firmen zu einem der Hauptwerbeträger entwickelt haben. Die Werbeinhalte, die derzeit im Internet zu finden sind, sind zum großen Teil noch nichts anderes als traditionelles Marketingmaterial in elektronischer Form. Allerdings werden auch schon zunehmend Angebote sichtbar, die speziell auf die Möglichkeiten des Internet abgestimmt sind, und dadurch auch entsprechend erfolgreich sind. Anstelle von einfallslosen »Kauf mich« – Anzeigen versehen mit Preis und Telefonnummern werden aufwendige Infotainment-Angebote realisiert, die den Kunden in interaktive Phantasiewelten entführt. Ein gutes Beispiel dafür ist die Homepage von Hotwired.com (`http://hotwired.lycos.com/`) (Abb. 19.6).

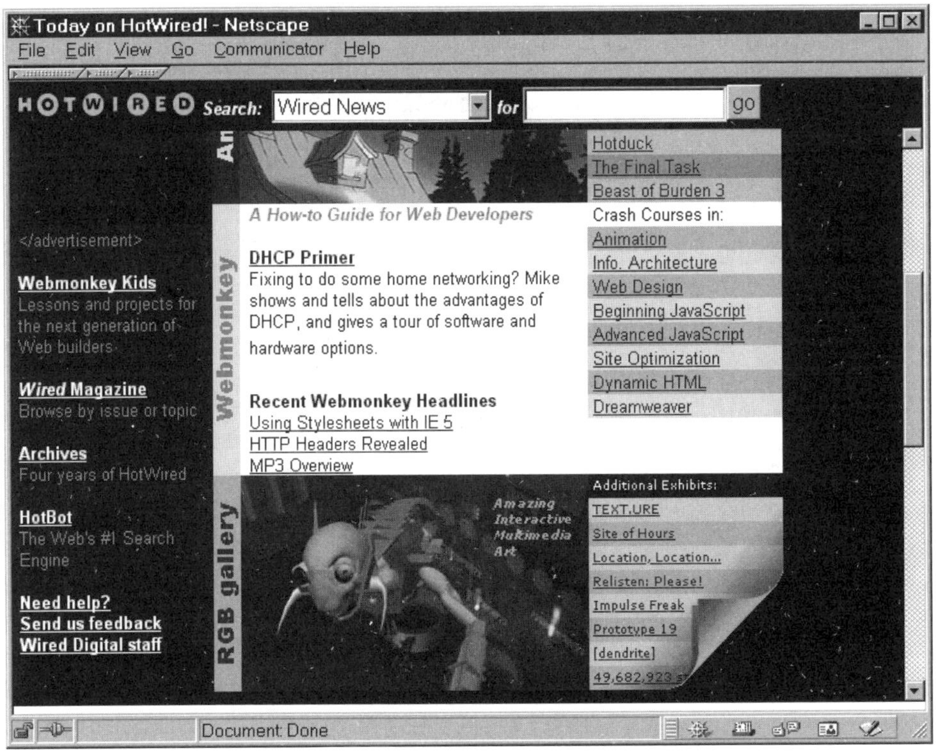

Abb. 19.6: Die Homepage von Hotwired.com

Neben dem Einsatz von WWW-Servern zu Werbezwecken bietet sich vor allem noch der E-Mail-Dienst zum Versand der Werbebotschaften an. Dies kann über Mailinglisten oder sogenannte Mailbots geschehen. Mailbots (E-Mail & Robot) sind Programme, die automatisch auf ankommende E-Mails mit einer von mehreren vorbereiteten Antwortmails antworten. Mit welcher E-Mail geantwortet wird, hängt vom Stichwort ab, welches sich im Mailinhalt befindet.

19.2.1 Reichweitenermittlung im WWW-Marketing

Der Aufbau eines internetweit bekannten und populären WWW-Servers ist mit der zunehmend höheren Qualität und der enormen Anzahl an aktiven Angeboten im Internet ein außerordentlich schwieriges Unterfangen. Viele Unternehmen mieten daher populäre WWW-Seiten, um über ein darauf plaziertes Hyperlinksymbol auf das eigene WWW-Angebot zu verweisen (Abb. 19.7).

Abb. 19.7: Spiegel-Homepage mit WWW-Werbeeinschaltung

Die Preise für solche Anzeigen werden ähnlich wie bei Printmedien über Reichweitenziffern ermittelt und sind in letzter Zeit in enorme Höhen geschnellt. In der Regel wird als Reichweitenziffer lediglich die vom WWW-Server automatisch ermittelt Hit-Rate angegeben. Diese entspricht der Anzahl der Verbindungen, die zu der jeweiligen Homepage über einen bestimmten Zeitraum hinweg (1 Monat) aufgebaut werden.

Diese Hit-Rate ist allerdings bei weitem nicht identisch mit der Anzahl der Besucher, die eine WWW-Seite aufweisen kann. Um eine einzige Homepage zu übertragen, muß ein WWW-Browser nämlich mehrere Male eine Verbindung zum WWW-Server aufbauen – HTTP ist ein verbindungsloses Protokoll ohne Gedächsnis. Mit jedem Verbindungsaufbau kann nur ein Element einer Homepage – also der Text bzw. je eine Grafik übertragen werden. Eine Homepage, bestehend aus Text und vier Grafiken, erfordert somit fünf HTTP-Verbindungen, um sie vollständig zu übertragen. Jede Verbindung wird jedoch vom Server als Hit gezählt. Bei der Evaluierung einer anzumietenden WWW-Seite sollte daher die Anzahl der bei einer Übertragung zu ladenden Elemente (Textmodule, Grafiken, Java-Applets. etc.) ermittelt werden. Danach sollte man wie ein gewöhnlicher WWW-Besucher das betreffende Angebot an auf die Begrüßungsseite nachfolgenden WWW-Seiten untersuchen, und dabei bewußt darauf achten, wie oft dabei eine Rückkehr zur Homepage erfolgt. Sind so beispielsweise für das Laden einer Seite 6 Verbindungen erforderlich und kehrt ein Benutzer im Durchschnitt vier Mal zur Homepage zurück, so liegt bei einer monatlichen Hitrate einer WWW-Seite von z.B. 100.000 die tatsächliche Reichweite der Homepage lediglich bei 10.000. Die Bildbetrachtungsfrequenz liegt in diesem Beispiel bei 40.000, da ja jeder Benutzer im Durchschnitt vier Mal zur Homepage zurückkehrt, und dabei natürlich auch eine vorhandene Werbeeinschaltung vier Mal bemerken würde. Je nach Anzahl der auf der Homepage befindlichen Werbeeinschaltungen liegt die Wahrscheinlichkeit, daß ein Benutzer die beworbene Hyperlinkanzeige auswählt und tatsächlich auf die Seite des Werbenden verzweigt, bei maximal 20%. Die tatsächliche Reichweite der Werbebotschaft würde damit in unserem Beispiel bei 2000 liegen.

Durch den Vergleich mit den Kosten, die bei ähnlichen Reichweiten mit traditionellem Marketingmethoden anfallen würden, kann die Attraktivität der Werbung für eine bestimmte WWW-Seite abgeschätzt werden. Dazu muß errechnet werden, wieviel eine Anzeige in einem Printmedium kosten würde, um einen der Hyperlinkwerbung vergleichbaren Effekt zu erzielen (z.B. 100,- DM/1.000 Kunden). Werden wiederholte Bildbetrachtungen mit 25% des Ersteindrucks bewertet, so hätte eine Werbeinschaltung auf der WWW-Seite in unserem Beispiel einen Wert von

10 x 100,- DM (100,- DM pro Tausend Kunden) + 40 x 25,- DM = 2.000,- DM

Das tatsächliche Verzweigen zur beworbenen WWW-Seite kann mit der erfolgreichen Versendung einer Massenbriefsendung verglichen werden und könnte z.B. mit 2,- DM/Kunde bewertet werden. Der Gesamtwerbewert der Werbefläche unserer Homepage, verglichen mit traditionellem Marketing, wäre damit bei 2000 Besuchern die über die Werbeeinschaltung zum beworbenen Angebot verzweigen etwa 6.000,- DM (Abb. 19.8).

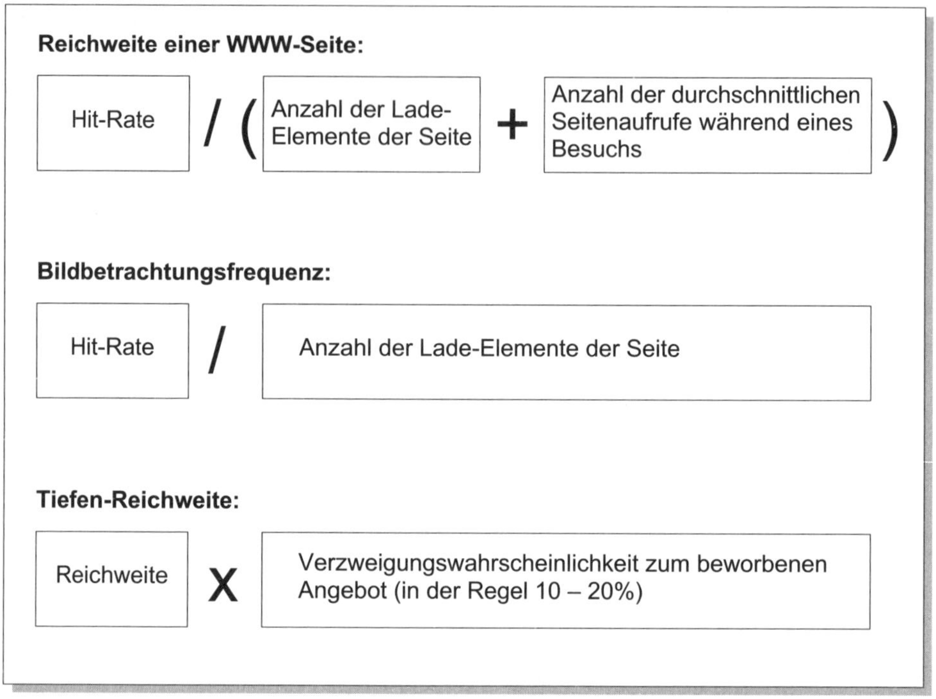

Abb. 19.8: Reichweitenberechnung für WWW-Werbeeinschaltungen

19.3 Das Internet als Vertriebsunterstützung

Mit der Einführung von Verschlüsselungssystemen im Internet, mit denen die vertrauliche Übertragung von Informationen möglich ist (SSL, S-HTTP), wird das Internet in zunehmendem Maße nicht nur zur Bewerbung von Produkten, sondern auch zur Abwicklung von Bestellvorgängen herangezogen. Das Internet wird damit zum vollwertigen Vertriebskanal, über den Auftragsannahme, Versandorganisation bis hin zu Finanztransaktionen durchgeführt werden können.

Darüberhinaus kann das Internet auch zur Koordinierung und Unterstützung von Außendienstmitarbeitern herangezogen werden. Die individuelle Reiseplanung, Umsatzplanungen (Forecasts) oder Projektlisten können so beispielsweise von den Mitarbeitern (z.B. über eine World Wide Web Seite mit Zugangskennung) auf einem zentralen Server geführt werden. Innendienstmitarbeiter können durch Zugriff auf den Server jederzeit feststellen, ob und wenn ja wo ein Mitarbeiter erreichbar ist. Aktuelle Forecastreports und Projektlisten können jederzeit vom Management abgerufen werden, bzw. aus den Daten der Vertriebsmitarbeiter unmittelbar errechnet und über eine WWW-Seite dargestellt werden (Abb. 19.9).

Koordinierung und Unterstützung von Außendienstmitarbeitern:

- Reiseplanung
- Reportingsysteme

Das Internet als Vertriebskanal

- Auftragsannahme und -abwicklung
- Versandorganisation
- Finanztransaktionen
- Virtuelle Einkaufszentren
- Internet-Kiosks

Abb. 19.9: Der Einsatz des Internet als Vertriebsunterstützung

19.3.1 Bestellannahme und Auftragsannahme über das Internet

Grundsätzlich können Aufträge über das Internet entweder via E-Mail oder über interaktive WWW-Formulare abgewickelt werden. Die einfachste Methode ist die Nutzung des E-Mail-Dienstes. Dazu wird auf der betreffenden WWW-Seite bzw. dem jeweiligen Werbemedium (Printmedien, Fernsehen) eine E-Mail-Adresse angegeben, über die das betreffende Produkt bestellt werden kann. Der Versand sowie die Rechnungsstellung erfolgt dabei konventionell per Post. Eine verbesserte Version der E-Mail-Auftragsabwicklung benutzt automatische Antwortsysteme (Mailbots). Solche Systeme können Aufgaben wie

- Versenden von Bestellformularen,
- Versenden von Auftragsbestätigungen,
- Versenden von Preislisten,
- Versenden von Informationen über Produktneuheiten

übernehmen und dazu beitragen, den Ablauf des Bestellvorganges professionell und strukturiert zu gestalten. Den Vorteilen wie geringe Kosten und hohe Reichweite von E-Mail-Bestellsystemen steht der Nachteile der mangelnden Interaktivität und einer dadurch erhöhte Bestellhemmschwelle gegenüber. Der Benutzer muß beim Bestellvorgang in der Regel das Bestellformular in einen Texteditor kopieren, vervollständigen und dann mit Hilfe des E-Mail-Systems versenden (Abb. 19.10).

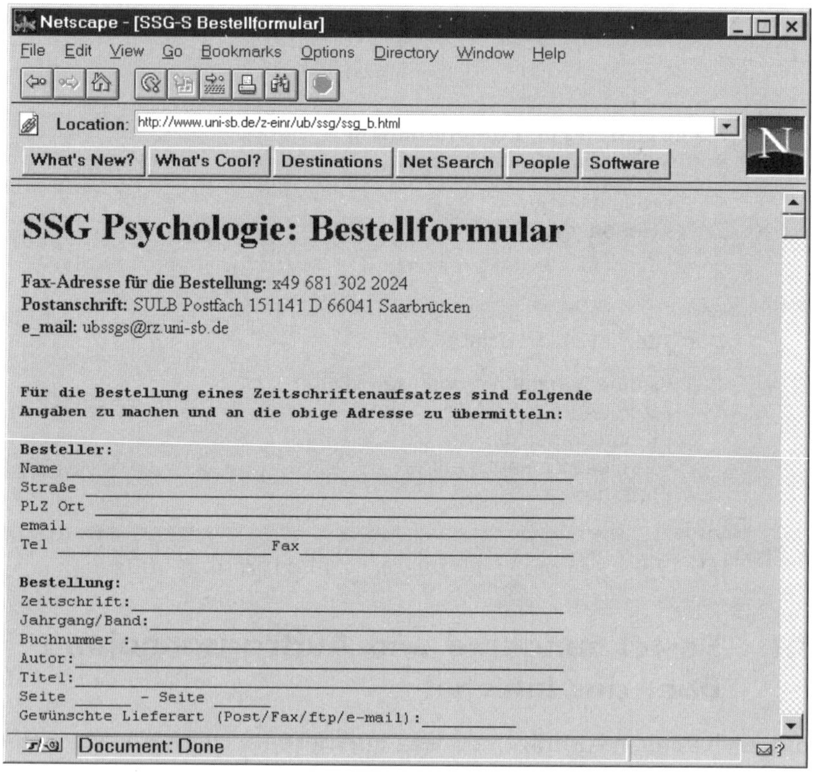

Abb. 19.10: Beispiel für ein E-Mail Bestellsystem

Die am weitesten verbreitete Methode, Bestellungen entgegenzunehmen, sind daher interaktive WWW-Formulare, die unmittelbar ausgefüllt und mit einem einzigen Mausklick versendet werden können. Erstellung, Betrieb und Wartung von interaktiven Formularen ist allerdings ein deutlich aufwendigerer Vorgang, als das Aufsetzen eines Mailbots für E-Mail-Bestellungen. Für jedes Formular muß ein entsprechendes Serverprogramm erstellt werden, welches in der Lage ist, die darüber versandten Informationen auszuwerten, und dem Benutzer den Empfang der Daten zu bestätigen. Allerdings gibt es eine Reihe von kommerziellen Produkten, die relativ leicht für die eigenen Bedürfnisse abgewandelt werden können.

19.3.2 Die Abwicklung von Finanztransaktionen über das Internet

Sollen über die reine Auftragsannahme hinaus auch die Finanztransaktionen über das Internet abgewickelt werden, so stehen dafür ebenfalls eine Reihe von

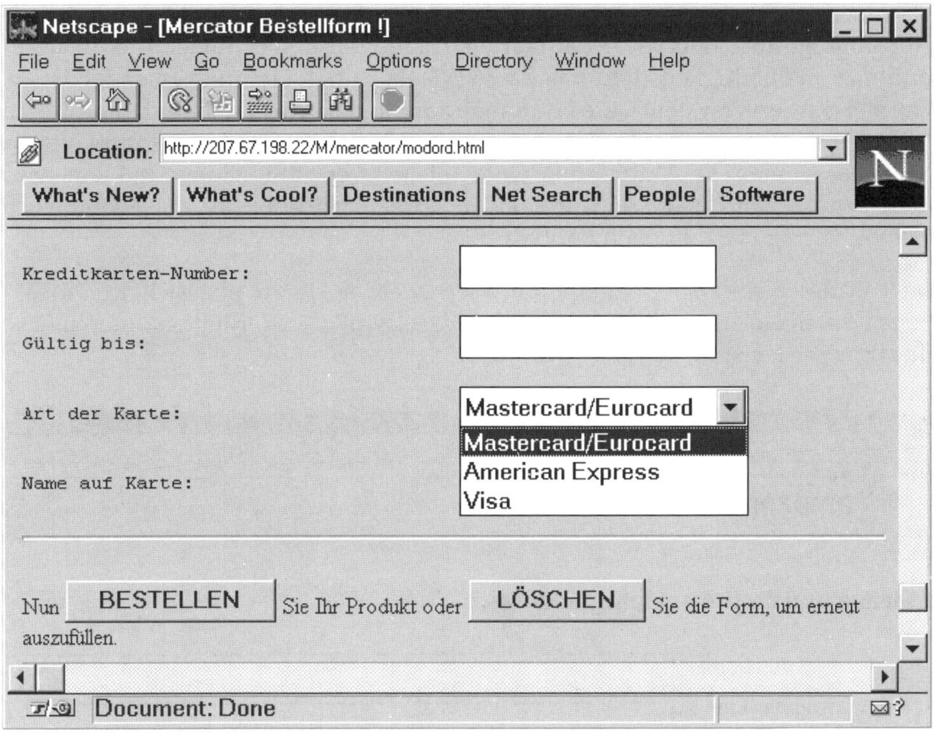

Abb. 19.11: Bestellannahme im Internet über interaktive WWW-Formulare

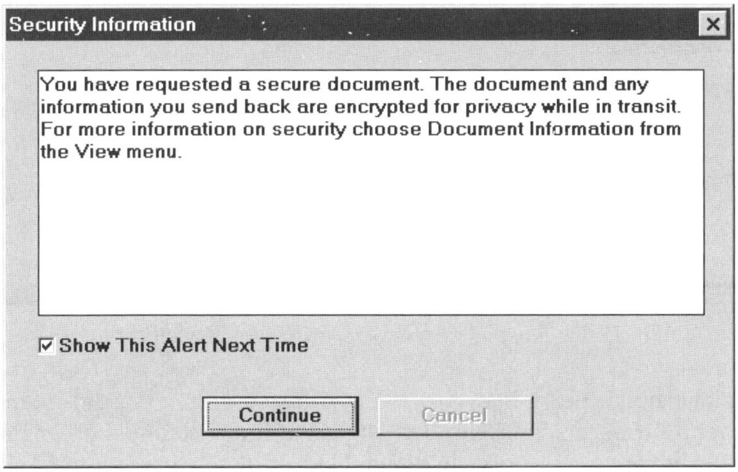

Abb. 19.12: Hinweis auf die Aktivierung der Verschlüsselungsfunktion bei Netscape-Browsern

Optionen zur Verfügung. Die derzeit am weitesten verbreitete Methode ist die Abrechnung mit Hilfe von Kreditkarten. Dabei gibt der Benutzer Kreditkartennummer und Gültigkeitsdatum in das WWW-Formular ein und versendet dieses. Die meisten Serversysteme, die Formulare zur Eingabe von Kreditkartennummern verarbeiten, nutzen für die Übertragung SSL oder ein anderen Protokoll zur Verschlüsselung. Die Aktivierung einer solchen Verschlüsselungsfunktion wird dem Benutzer in der Regel durch einen kurzen Hinweis vor der eigentlichen Datenübertragung mitgeteilt (Abb. 19.12).

Im Fall des Netscape-Navigator Browsers werden derart abgesicherte WWW-Seiten durch ein zusammengesetztes Schlüsselsymbol in der linken unteren Ecke des Browser-Fensters markiert (Abb. 19.13).

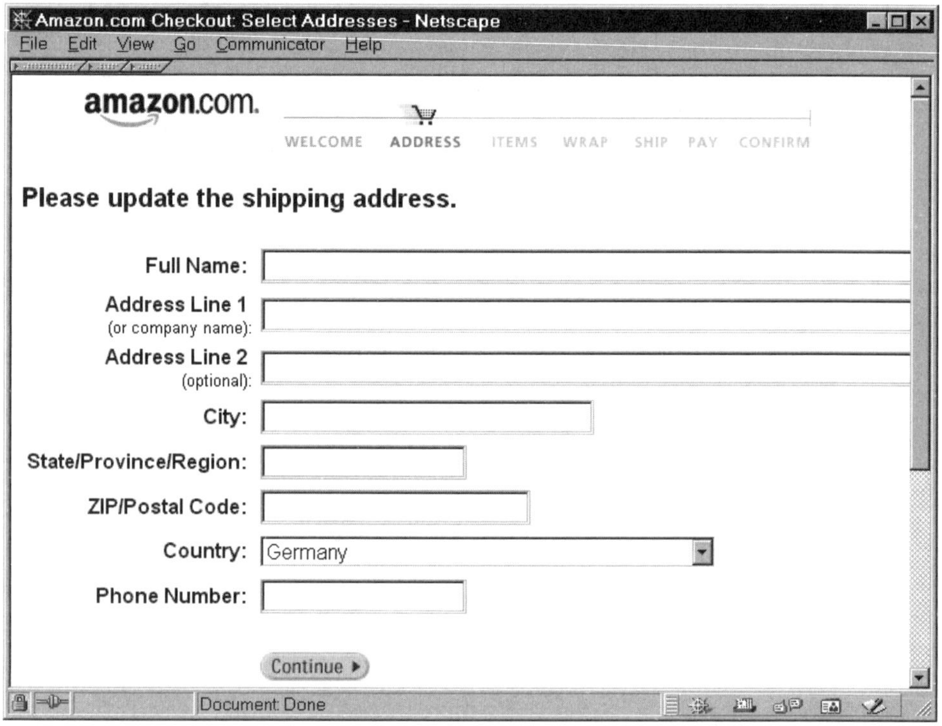

Abb. 19.13: Beispiel für ein verschlüsseltes Bestellformular

Eine Unsicherheit aber bleibt trotz Verschlüsselung. Hat der Händler die Kreditkartennummern seiner Kunden abgesichert auf seinem Server hinterlegt? Es sind Fälle bekannt geworden, in denen Hacker die Datenbank mit Namen und Kreditkarten »leergeräumt« haben und anschließend munter im Internet auf Einkaufstour gingen.

Finanztransaktionen mit SET (Secure Electronic Transaction)

Um elektronische Transaktionen effizienter und rascher als mit der Kreditkartenmethode abwickeln zu können, entwickelten Mastercard und VISA mit Unterstützung von GTE, IBM, Microsoft, Netscape, SAIC, Terisa und Verisign die Secure Electronic Transaction (SET) Spezifikation. Auf der Grundlage dieses Standards, der ebenfalls auf Public-Key-Verschlüsselungsalgorithmen basiert, können nun Finanztransaktionen unmittelbar über das Internet abgewickelt werden. SET ist vom Datenfluß her sehr kompliziert, da immerhin fünf verschiedene Partner involviert sind:

- Der Kunde, in der Regel der Besitzer einer Kreditkarte, kauft Waren oder Dienstleistungen über das Netz ein.
- Der Händler ist der Gegenpart des Kunden während der Abwicklung des Geschäftes.
- Das Geldinstitut des Kunden berechtigt den Kunden zum Zahlungsverkehr über SET und garantiert die Auszahlung von berechtigt angeforderten Beträgen.
- Das Geldinstitut des Händlers nimmt dessen Anforderungen nach Bezahlung an und zieht die entsprechenden Beträge vom Geldinstitut des Kunden ein.
- Das »Payment Gateway« als ein von Geldinstitut des Händlers oder einer Drittfirma betriebener Rechner, der eine Vermittler-Rolle während der SET-Transaktionen spielt.

SET definiert eine Reihe von Transaktionen, die jeweils aus einer ganzen Serie ausgetauschter Protokollen bestehen. Eine Transaktion hat immer nur zwei Partner, womit sich die Kommunikation der insgesamt fünf beteiligten Seiten in ihrer Komplexität stark reduziert. Folgende Transaktionen sind definiert:

- Die Registrierung des Kunden umfaßt seine Anmeldung bei einer Certification Authority (CA), wobei ihm ein Zertifikat für seinen öffentlichen Schlüssel zur Verfügung gestellt wird. Dieser Schlüssel dient zum Austausch von zufällig erzeugten Schlüsseln für die symmetrische Verschlüsselung im SET-Protokoll.
- Die Registrierung des Händlers dient zu seiner Anmeldung bei einer CA, wobei ihm zwei Zertifikate zur Verfügung gestellt werden. Diese sichern seine beiden öffentlichen Schlüssel ab, die zum Schlüsselaustausch bzw. seiner digitalen Unterschrift dienen. Neben dem Händler besitzen auch CA und Payment Gateway zwei Schlüsselpaare, der Kunde hingegen nur eins.
- Die Kaufanforderung dient zur Bestätigung der Kaufabsicht des Kunden an den Händler.
- Bei der anschließenden Autorisierung der Zahlung überprüft der Händler durch Anfrage an das Payment Gateway die Kreditwürdigkeit des Kunden.
- Mit der Anforderung zum Geldeinzug setzt der Händler nach Auslieferung der Ware den Mechanismus der Geldüberweisung in Gang.

Micro-Payment

Die Komplexität von SET schlägt sich natürlich in den Gebühren nieder, die vor allem die Händler zu tragen haben. Transaktionen, die nur wenige Pfennige bzw. Cents kosten (z.B. eine einzelne kostenpflichtige Datenbankabfrage), können mittels SET nicht abgewickelt werden, da die Kosten höher als der Ertrag sind. Aus diesem Grunde wurde Systeme entwickelt, die eine Art »elektronisches Kleingeld« in Umlauf bringen. IBM entwickelte den Standard MiniPay, bei dem der Kunde seine »virtuelle Geldbörse« vor Beginn der Einkäufe mit einem Server synchronisiert und mit einem zeitlich befristeten Inhalt versieht.

Der eigentliche Einkauf geht sehr unkompliziert. Beim Surfen im Internet sind die kostenpflichtigen Links besonders markiert. Klickt der Benutzer einen solchen Link an, wird die Geldbörse um den auf dem Link angezeigten Betrag vermindert und der Zahlbetrag über einen sogenannten Billing-Server entnommen. Bei der nächsten Synchronisation des Händlers mit dem Billing-Server wird diesem der Betrag dann auch real gutgeschrieben.

19.4 Unternehmens-Dienstleistungen via Internet

Zu den Produkten, die über das Internet nicht nur beworben und vertrieben, sondern auch unmittelbar ausgeliefert werden können gehören – neben Büchern und Zeitschriften – vor allem Dienstleistungen aller Art. Von Fernwartung über Beratungsdienste und Hotlinesupport bis hin zur Abwicklung von Bankgeschäften und der Buchung von Reisen nutzt die Dienstleistungsbranche zunehmend das Internet als Geschäftsumfeld (Abb. 19.21).

Service und Wartung (Fernwartung)
Informations- / Hotlineservice
Beratung
Bankdienstleistungen
Versicherungen
Reisebüros

Abb. 19.14: Beispiele für Dienstleistungsbranchen im Internet

Bei der Beratung und im Service/Hotlinesupport werden heute in der Regel Dienste wie

- Problem-Management,
- FAQ-Listen,
- Interaktive Diskussionsforen,

- Softwarepatches oder
- Serviceanleitungen.

angeboten. Diese Informationen stehen dem Kunden 24 Stunden rund um die Uhr zur Verfügung, und können – professionell geführt – zur einer merkbaren Reduzierung der Nutzungsfrequenz von Telefonhotlines führen. Darüber hinaus sind sie ein wertvolles Mittel, um Kundenrückmeldungen zu erhalten und um Fehler- bzw. Problemstatistiken zu erstellen.

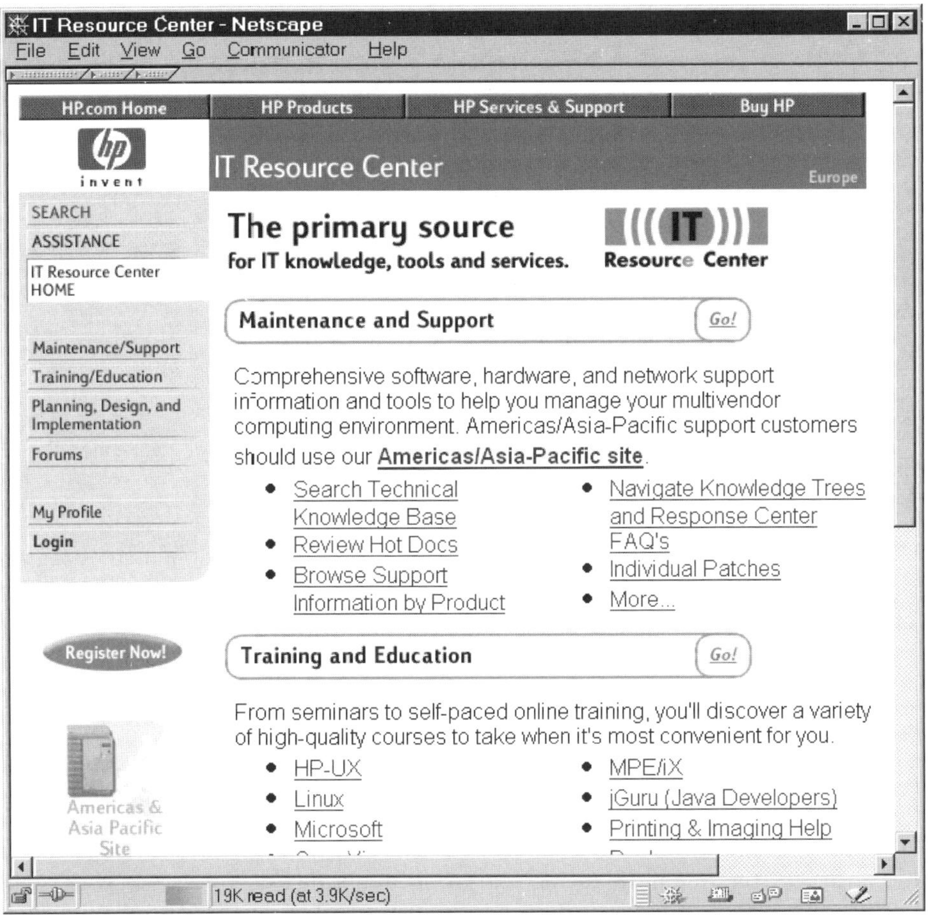

Abb. 19.15: Produktunterstützung im WWW bei Hewlett Packard

Auch andere Branchen wie Reisebüros oder Banken bereiten sich darauf vor, in naher Zukunft den Großteil ihrer Geschäftsaktivitäten über das Internet abzuwickeln.

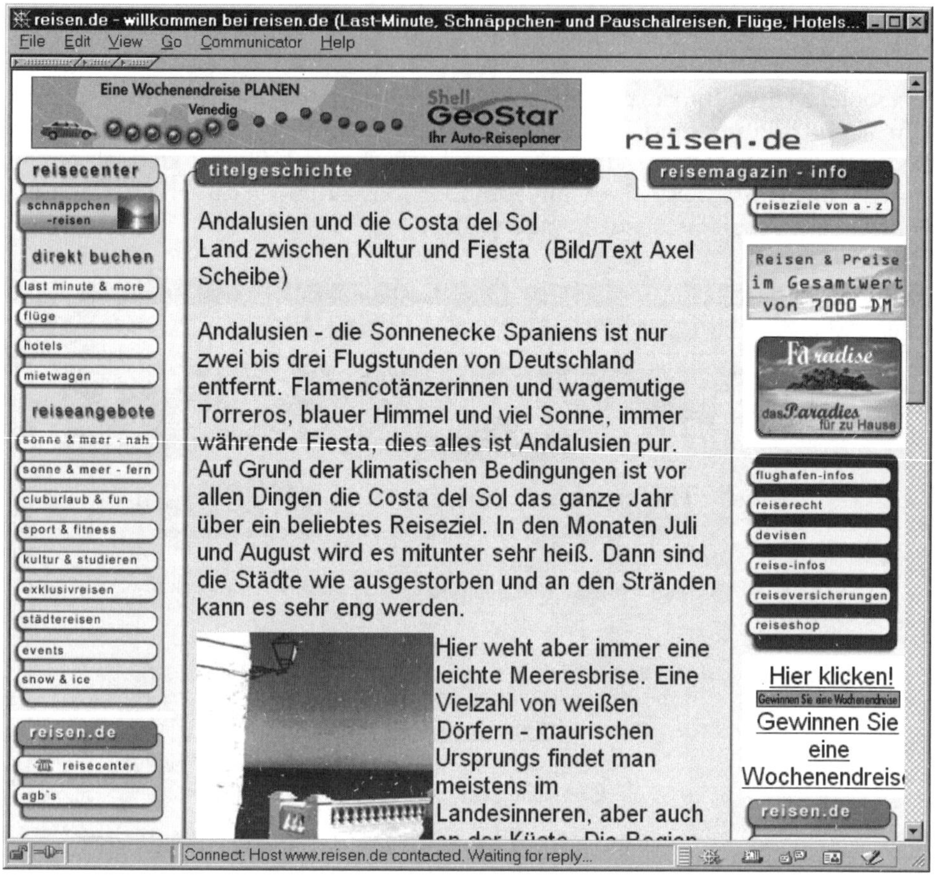

Abb. 19.16: Beispiel für Reiseveranstalter mit Online-Buchungssystem

19.5 Application Service Providing (ASP)

Die neunziger Jahre waren die Zeit des Outsourcings, d.h. Software-Entwicklung und andere Tätigkeiten, die nicht zentrale strategische Positionen des Unternehmens berührten, wurden externen Dienstleistern übergeben. Mittlerweile geht man noch einen Schritt weiter. Nur noch der Zugriff auf Soft- und Hardware wird gezahlt, Eigentümer der gesamten Infrastruktur bleibt der Application Service Provider. Dieser stellt in seinem Rechenzentrum die gesamte Software und die benötigte Rechenleistung zur Verfügung, der Anwender greift über das Internet oder eine andere Verbindung auf diese Ressourcen zu.

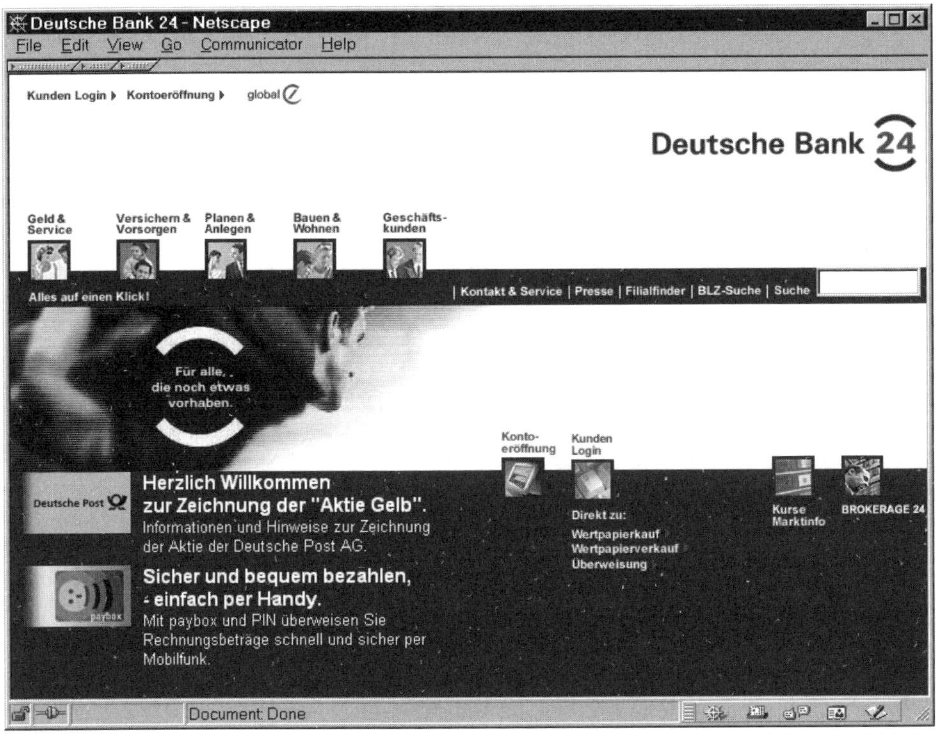

Abb. 19.17: Homepage der Deutschen Bank 24

Damit wird die gesamte outgesourcte IT-Infrastruktur zu einer Black-Box. Im eigenen Unternehmen können erhebliche Einsparungen in der Administration, im Service und bei den Lizenzgebühren vorgenommen werden. Manager, die auf dieses Modell setzen, seien aber gewarnt. Die Kernaktivitäten eines Unternehmens, Firmengeheimnisse, milliardenschwere Forschungsergebnisse oder strategische Planungen sollten nicht ohne weiteres fremden Systemen übergeben werden. Hier muß die Sicherheit an oberster Stelle der Prioritätenliste stehen. Büro- und Verwaltungsapplikationen, bei denen die Dokumente im lokalen Netz verbleiben, können aber ohne Zögern an einen externen Provider ausgelagert werden.

19.6 Informationen und Archive im Internet

Internet-Video: Informationen und Archive im Internet

CUseeMe	http://www.CUseeMe.com/
Powerlan	http://www.powerlan-usa.com/
VDO	http://www.vdo.net
CineVideo Direct	http://www.cinecom.com/
Logitech Quickcam Express	http://www.logitech.com/
Cinecom Videoconferenz Produkte	http://blaster.cinecom.com/
ITU (Standards)	http://www.itu.int/

Stichworte für Suchmaschinen

CUseeMe
Video Conferencing
Internet Video

Telefonieren im Internet: Informationen und Archive im Internet

Vocaltec	http://www.vocaltec.com
IST	http://www.itelsolutions.com/
Net2phone	http://www.net2phone.com/
Netspeak	http://www.netspeak.com/
Voxware	http://www.voxware.com/
Netmeeting	http://www.microsoft.com/
Telefon-Gateways	http://www.pulver.com/fwd/
Magazin Internet Telephony	http://www.internettelephony.com/

Stichworte für Suchmaschinen

Internet telephony
Internet phone
Internet talk
Teleconferencing

Verteilte Produktion

Factory Link	http://www.usdata.com/
Wonderware	http://www.wonderware.com/
mySAP	http://www.mysap.com/

Stichworte für Suchmaschinen

B2B solution
distributed production

Virtuelle Marktplätze

Atrada	http://www.atrada.de/
EBay	http://pages.ebay.de/
GAA	http://www.gaa.de/
Portum	http://www.portum.de/
Ricardo	http://www.ricardobiz.com/

Stichworte für Suchmaschinen

virtual marketplace
online auction

Werbung und Marketing im Internet

Internet Marketing Discussion List	http://www.i-m.com/
Internet Media Services	http://netmedia.com/
ActicMedia	http://www.activmedia.com/
AJA-Newsletter	http://www.aj2000.com/
ClickZ-Magazin	http://www.clickz.com/

Stichworte für Suchmaschinen

Net Ad Agency
Internet Marketing
Virtual Marketing
Virtual Advertising
Mailbot
Automatic mail answering
Online marketing
Internet Marketing

Finanztransaktionen im Internet

SET-Standard	http://www.setco.org/set_specifications.html
IBM MiniPay	http://www.hrl.il.ibm.com/mpay/

Stichworte für Suchmaschinen

financial transactions
internet payment

Unternehmensdienstleistungen via Internet

3Com	http://www.3com.com
Cabletron	http://www.ctron.com
Cisco	http://www.cisco.com
Hewlett Packard	http://www.hp.com
IBM	http://www.ibm.com
Microsoft	http://www.microsoft.com
Novell	http://www.novell.com
Sun	http://sun.com

Stichworte für Suchmaschinen

Support
Hotline
Technical Papers
User Info
Service Support
Updates

Application Service Providing

allgemeine Informationen	http://www.asp-information.de/
Deutsche Provider	http://www.applicationserviceproviders.de/deutsch.htm
Internationale Provider	http://www.applicationserviceproviders.de/international.htm
ASP-Provider (Yahoo)	http://de.dir.yahoo.com/Handel_und_Wirtschaft/Firmen/Internet_Dienste/Application_Service_Providing__ASP_/

Stichworte für Suchmaschinen

Application Service Providing
ASP Service

Grundlagen von Intranet und Extranet 20

What could be better than an intranet?

(Udo Flohr)

20.1 Das Intranet als universelle Kommunikationsstruktur

Intranets – private Datennetze, in denen die Technologien des öffentlichen Internets zum Einsatz kommen – stehen heute im Brennpunkt der Diskussion um Betrieb und Architektur von Unternehmensnetzen. Die damit verbundene Vereinheitlichung von Applikationen, Datenformaten und Transportprotokollen hat eine Initialzündung für die gesamte Hard- und Softwareindustrie bewirkt. Durch den Quasistandard World Wide Web für den Transport und die Darstellung von Daten sowohl im Intranet als auch im Internet können nun computergestützte Arbeitsumgebungen Realität werden, wie sie schon seit Jahrzehnten Vision sind. Nicht wie die Daten gespeichert, repräsentiert und transportiert werden, sondern wie die Daten vernetzt, durchsucht und aktualisiert werden können, sind heute die zentralen Fragestellungen in Intranets. Knowledge-Management, Groupware-, Workflow- und Datawarehouse-Anwendungen: das sind die Schlagworte, die im Zuge der Intranetrevolution Einzug in die Unternehmensnetze halten.

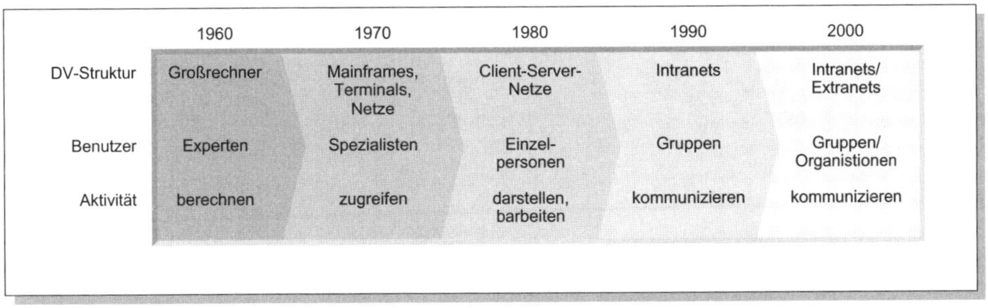

Abb. 20.1: Die Evolution der Computernutzung: Vom Großrechner zum Intranet

Unter dem Überbegriff Corporate Intranets wird dabei die Gesamtheit der internen Unternehmensapplikationen über leistungsfähige WWW-Browser unter einer einheitlichen Benutzerschnittstelle verfügbar. Intranets benutzen die Transportmechanismen und Darstellungsformate des Internets als universelle Plattform für die unternehmensinterne Datenkommunikation, sowohl im lokalen (LAN) als auch im Weitverkehrsbereich (WAN). Die Basis von Intranets stellen World Wide Web-Server und -Clients sowie ein leistungsfähiges Messagingsystem dar. Die Funktionen der WWW-Intranetserver gehen dabei weit über die von Internet-Web-Servern hinaus und umfassen Funktionen wie

- Knowledge-Management,
- Replikation,
- Groupware-Anwendungen,
- Datenbankzugriffe,
- Zugriff auf unternehmensspezifische Anwendungen,
- Multimedia-Erweiterungen,
- Authentifizierung/Verschlüsselung und die
- Integration in Netzwerkmanagement-Systeme.

Dasselbe gilt für Messaging-Systeme, wie sie in Intranets genutzt werden. Dabei kommen Systeme auf Basis von HTML-Mail zum Einsatz, die in der Lage sind,

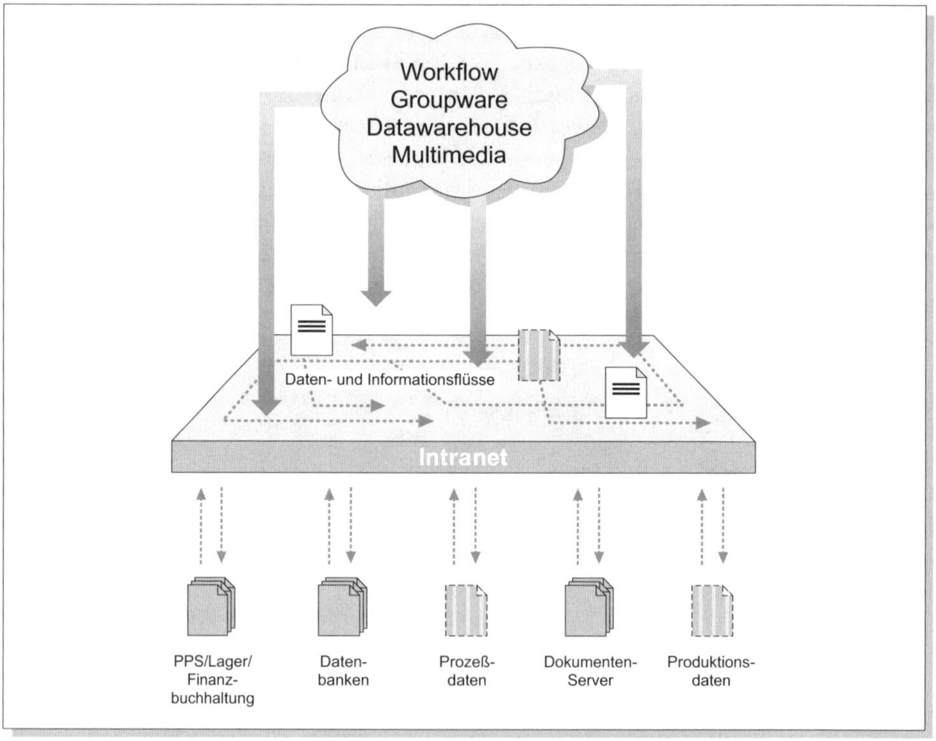

Abb. 20.2: Das Prinzip von Corporate Intranets

multimediale Inhalte zu übertragen und darüber hinaus mit Funktionen wie Verschlüsselung, Empfangsbestätigung und Zeitmarken die Grundlage für

- Workflow-Systeme,
- Terminplanungsapplikationen,
- Diskussionsforen,
- Fax-/Voice-Mailsysteme und
- Electronic-Commerce-Anwendungen

bilden.

Durch das enorme Marktmoment von Internet- und Intranettechnologien haben mittlerweile praktisch alle wichtigen Softwarehersteller Schnittstellen von und zu den Intranetdatenformaten geschaffen, so daß die Ankopplung der bestehenden, heterogenen EDV-Unternehmensstruktur mit geringem Aufwand möglich ist. Anwendungen wie Textverarbeitung, Datenbanken und Unternehmensanwendungen für Warenwirtschaft oder PPS (Produktion/Planung/Steuerung) können damit direkt in das Intranet integriert werden.

Durch die Einführung von Intranets werden bestehende Kommunikationsbarrieren abgebaut, und die Bildung von Gruppen und Teams innerhalb von Abteilungen, abteilungsübergreifend wie auch unternehmensübergreifend möglich gemacht. Nahezu entkoppelt voneinander können die Informations- und Datenflüsse auf Intranetebene nun gesteuert werden, ohne gleichzeitig direkt auf die darunter liegende Hard- und Softwarestrukturen einwirken zu müssen. Umgekehrt können Komponenten dieser Strukturen ausgetauscht und verändert

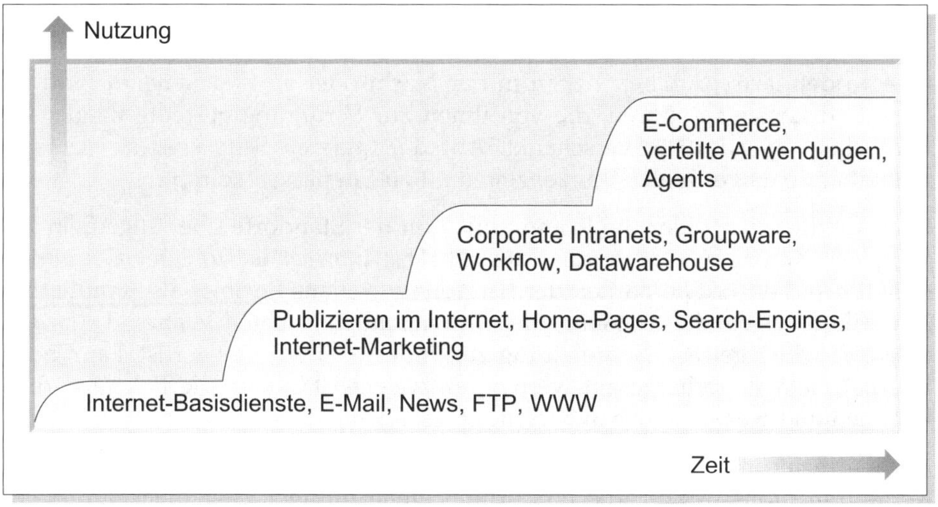

Abb. 20.3: Die Evolution vom Intranet zum Internet

werden, ohne daß dies auf die Daten- und Informationsflüsse des Intranet Einfluß nimmt. Die Standardisierung auf die Intranetformate und -protokolle ermöglicht es, unabhängig von Produkten und Herstellern notwendige Informationsstrukturen zu schaffen oder diese bei Bedarf zu verändern. Ein wichtiges strategisches Unternehmensziel für die interne Datenverarbeitungsinfrastruktur ist damit erreicht.

Die strategischen Überlegungen zur Implementation von Intranettechnologien können grundsätzlich in zwei Themenkomplexe unterteilt werden:

- technologiebezogene Aspekte und
- anwendungs- bzw. prozeßbezogene Aspekte

Bei der Untersuchung der technologiebezogenen Konsequenzen sind die unmittelbaren technischen Auswirkungen der Intraneteinführung auf die bestehende EDV-Infrastruktur zu betrachten. Bei der Analyse der anwendungs- bzw. prozeßorientierten Auswirkungen geht es dagegen um die Erfassung der Unternehmensabläufe an sich und deren mögliche Optimierung mit und ohne Intranettechnologien.

20.2 Das Extranet als Erweiterung des Intranets

Auch Firmen, die ihre Aktivitäten auf mehrere Standorte verteilen, nutzen die Vorteile von Intranets. Der Datentransfer zwischen den einzelnen Niederlassungen wurde in den neunziger Jahren meist über Standleitungen abgewickelt, die von der Post bzw. Telekom gemietet wurden. Standleitungen haben einige Nachteile. In den lastschwachen Zeiten in der Nacht oder am Wochenende sind sie aktiv und kosten Gebühren, die von ihnen zur Verfügung gestellte Bandbreite wird aber fast zu 100% verschenkt. Auf der anderen Seite sind sie schlecht skalierbar, so daß es in den Spitzenzeiten oft zu Engpässen kommt.

Eine Abhilfe schafft hier die Kommunikation der Standorte über allgemein zugängliche Kanäle, wie etwa das Internet. Das Internet ist von der Gebührenstruktur und der Skalierbarkeit der Bandbreite weitaus flexibler als Standleitungen. Allerdings hat diese Lösung einen gravierenden Nachteil. Während eine von einem Provider geleaste Standleitung zumindest halbwegs sicher ist, kann beim Internet niemals vorhergesagt werden, an welchen Punkten die Pakete vorbeikommen und wer sie damit unberechtigt lesen kann.

Authentifizierung und Verschlüsselung sind also zwingend notwendig. Eine Kommunikationsstruktur, die das firmeneigene Intranet über unsichere Netze hinweg zu anderen Orten ausdehnt, wird als Extranet bezeichnet. Extranets ohne

Authentifizierung und Verschlüsselung sind nicht möglich, so daß in diesem Bereich die fortgeschrittensten Methoden der Kryptografie Anwendung finden.

Da der Begriff des Extranets eine rein technische Erweiterung des Intranets ist, sich aus der Sicht des Anwenders und seiner Applikationen kein Unterschied zu einem gewöhnlichen Intranet ergibt, soll im folgenden der Begriff Intranet auch für die Kombination Intranet/Extranet verwendet werden.

20.3 Schlüsselapplikationen für Intranets

20.3.1 Knowledge-Management

Innerhalb einer Firma ist das Wissen oft verteilt, die einzelnen Mitarbeiter müssen sich mit einer Vielzahl von Anweisungen, Bedienungsanleitungen, Protokollen und Projektdokumentationen beschäftigen und ständig neue Dokumente erstellen. Die wichtigste und meist einfach zu realisierende Anwendung des Intranets ist deshalb der strukturierte und intuitive Zugriff auf diese internen Dokumente über eine einheitliche Schnittstelle.

Ebenso bietet es sich an, Funktionen, die bisher von einer internen Hotline oder einem Helpdesk wahrgenommen wurden, bis zu einem gewissen Grad zu automatisieren. Bei Problemen gilt zunächst das Motto »Hilf Dir selbst«, indem die häufigsten Fehlersituationen (»Mein Drucker druckt nicht« oder ähnliches) zunächst über eine wissensbasierte Datenbank bearbeitet und vorgefertigte Standardlösungen angeboten werden. Erst in einem zweiten Schritt wird die menschliche Hotline aktiv und sendet gegebenenfalls einen Techniker vor Ort.

20.3.2 Groupware

Mit dem Interesse an Intranets rückte plötzlich wieder ein Begriff in das Bewußtsein der Öffentlichkeit, der zwar schon seit Jahren bekannt, aber aufgrund mangelnder Realisierbarkeit ein eher kümmerliches Dasein fristete: Groupware. Das am weitesten verbreitete Groupwareprodukt Lotus Notes galt über Jahre hinweg als Synonym für diesen Applikationstyp, ohne daß es sich allerdings aufgrund seiner hohen Kosten, seiner proprietären Formate und einer sehr aufwendigen Anwendungsentwicklung in den Unternehmen durchsetzen konnte. Mit der Einführung von Intranets werden Groupwarefunktionen nun systemimmanent mitgeliefert, und stehen damit unmittelbar und unternehmensweit zur Verfügung. Sie kosten nicht nur weniger als proprietäre Groupwarelösungen, sie sind darüber hinaus aufgrund ihrer auf offenen Standards basierenden und am World-Wibe-Web orientierten Architektur insgesamt leistungsfähiger und flexibler.

Was versteht man nun genau unter dem Schlagwort Groupware? Groupware sind integrierte Softwareanwendungen, auf deren Basis computergestützte Teamarbeit (Workgroup Computing) ermöglicht wird. In der Praxis bedeutet dies das gemeinsame Sammeln und Auswerten von Daten, die Erstellung von Dokumenten, Ablaufplänen oder Konzepten im Team, die Führung von öffentlichen Terminkalendern oder die Abwicklung von offenen Gruppendiskussionen auf der Basis von vernetzten Computersystemen. Der wesentliche Vorteil von Workgroup Computing besteht darin, daß die Gruppenmitglieder orts- und zeitunabhängig an den gemeinsamen Aktivitäten teilnehmen können, wodurch sich ihre Produktivität vervielfacht. Darüber hinaus machen sich eine Reihe von Eigenschaften computerorientierter Gruppendynamik positiv bemerkbar. So ergaben Untersuchungen, daß bei elektronisch geführten Diskussionen

- Statuseinflüsse zurückgehen (z.B. Mitglieder mit höherem Status, jedoch geringerer Sachkenntnis haben weniger Einfluß),
- mehr Ideen hervorgebracht werden und
- hohe Zeitersparnisse erzielt werden können (bei Berücksichtigung von Reisezeiten).

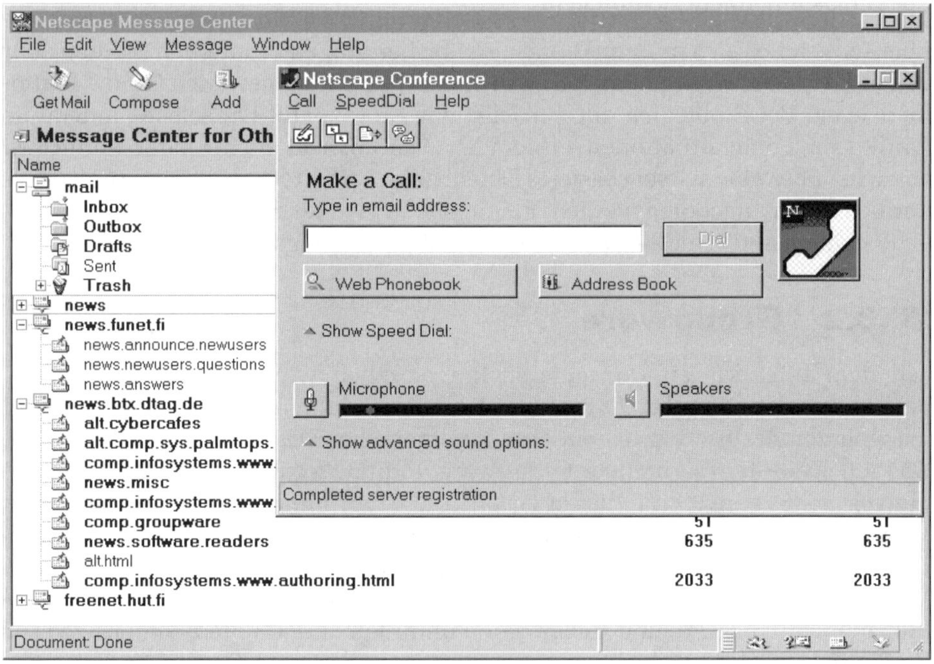

Abb. 20.4: Computergestützte Teamarbeit (Groupware)

Die technische Basis von Groupwaresystemen ist ein leistungsfähiges Messagingsystem zum Versenden von Nachrichten und zur Abwicklung von Diskussionen sowie ein zentraler Dokumentenserver mit der Fähigkeit, die aktuellen Daten an den benötigten Orten zu replizieren, falls der zentrale Zugriff aller Gruppenmitglieder auf ein und denselben Server technisch oder wirtschaftlich nicht sinnvoll ist. Anwendungen wie die genannten waren in lokalen Netzen bis vor kurzem unbekannt, und nur mit Hilfe aufwendiger, proprietärer Lösungen (Lotus Notes), und eigens dafür entwickelter Protokolle und Datenformate realisierbar, im Internet dagegen auf Basis der Dienste Internet-News, Mailing-Listen (Gruppendiskussionen) und World Wide Web bereits seit Jahren im Einsatz. Erweitert um Funktionen wie Verschlüsselung und Authentifzierung, Terminkalenderanwendungen für Arbeitsgruppen und Dokument-Sharing-Applikationen, stellen Intranets auf der Grundlage von Internettechnologien eine leistungsfähige Infrastruktur für computerbasierende Gruppenarbeit dar. Da der Großteil der produktiven Arbeit nicht im Verlauf von Meetings erledigt wird (diese dienen primär zur Entscheidungsfindung und Planung), sondern dann, wenn sich jeder Mitarbeiter wieder an seinem Arbeitsplatz befindet, können mit Hilfe von asynchroner Teamarbeit, wie sie mit Groupwaremethoden ermöglicht wird, erhebliche Produktivitätssteigerungen erzielt werden.

20.3.3 Workflow-Management

Gleichermaßen verschwommen wie im Fall von Groupware und Workgroup Computing ist das Verständnis für Workflow-Management, welches im Verlauf der Intranetdiskussion ebenfalls stark an Popularität gewonnen hat. Intranets stellen die beste mögliche Plattform für die Realisierung von Workflow-Management-Lösungen dar, weil dabei auf durchgängige, kompatible Datenformat- und -Transportmechanismen aufgesetzt werden kann. Neben inkompatiblen, historisch gewachsenen DV-Strukturen war in der Vergangenheit allerdings das grundsätzliche Unverständnis für die Möglichkeiten und die Einsatzszenarien von Workflow Management-Systemen Hauptursache für deren mangelnden Erfolg.

Die Begriffe Workflow-Management und Workflow-Engineering sind Teilbereiche von Business Process Reengineering (BPR), einem Managementprinzip, bei dem zunächst alle Unternehmensprozesse analysiert und in weiterer Folge einem permanenten Optimierungsprozeß unterworfen werden. Um nun die (parallelen oder sequentiellen) Aktivitäten innerhalb eines einmal für gut befundenen Prozesses untereinander optimal abzustimmen, können computer- oder papiergestützte Workflowsysteme benutzt werden. Der Workflow selbst ist nichts anderes als die Gesamtheit der Übergangsregeln, die die Aktivitäten innerhalb eines Geschäftsprozesses steuern. Je starrer die Übergänge zwischen den Aktivitäten ablaufen, desto enger können sie gefaßt werden. Sich in engen Grenzen unverändert wiederholende Bearbeitungsfolgen können relativ einfach durch in Software implementierte Workflow-Management-Systeme gesteuert werden. Vor allem in Prozessen, die aus einer Vielzahl von wiederkehrenden Aktivitäten bestehen, und die teilweise auch parallel ablaufen, können so Abläufe erheblich optimiert werden.

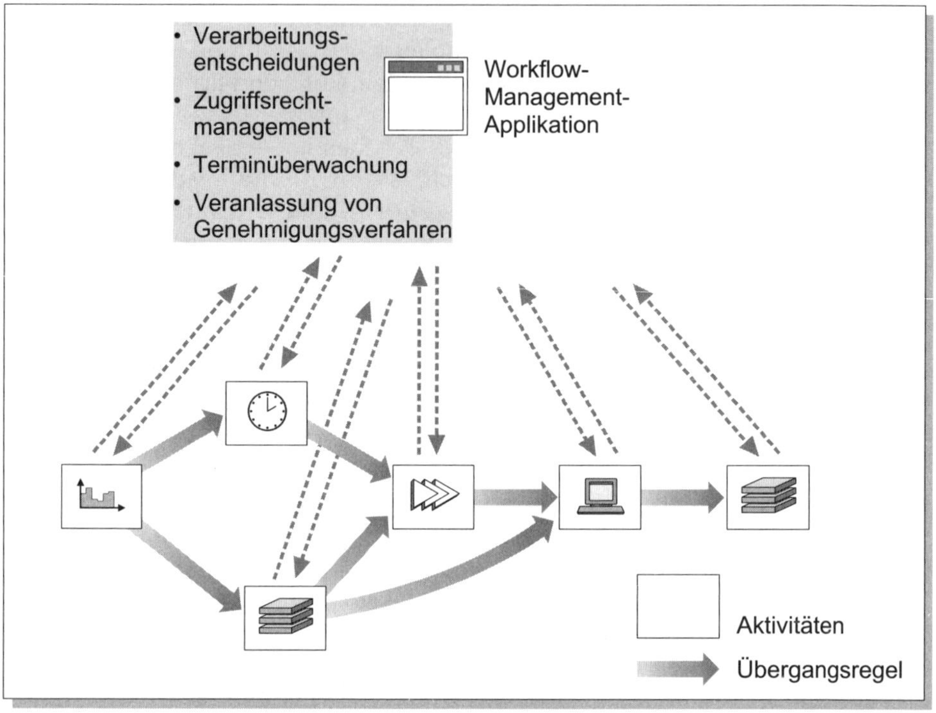

Abb. 20.5: Das Prinzip von Workflow-Management

In der Praxis wird dabei jeder Arbeitsvorgang in einem Vorgangslogbuch (Workflow-Dokument) gespeichert und den betreffenden Personen via E-Mail zur Erledigung zugesandt. Die Workflow-Software führt nun die Terminüberwachung für die Erledigung der einzelnen Aktivitäten durch, trifft nach erfolgter Bearbeitung die Entscheidung, an welche Stelle der Vorgang weitergeleitet wird, verändert gegebenfalls entsprechend Zugriffsrechte oder stößt Genehmigungsverfahren an. Probleme treten immer dann auf, wenn Ereignisse eintreten, die im Workflow-System nicht vorhergesehen werden. Vor ihrem Einsatz in realen Arbeitsumgebungen müssen Workflowsysteme daher intensiv in Testumgebungen auf ihre Alltagstauglichkeit geprüft werden.

Von entscheidender Bedeutung für den erfolgreichen Einsatz von Workflow-Systemen ist eine vorhergehende Analyse und, falls nötig, die Modifikation der Prozesse, wie dies in BPR-Modellen beschrieben wird. Erst danach kann ein

Workflow für den jeweiligen Prozeß enwickelt werden. Liegt eine genaue Analyse vor, kann entschieden werden, in welchem Ausmaß Workflow-Software sinnvoll einsetzbar ist. (Einen Mitarbeiter, der jeden Tag fünf Tische fertigen soll, behindert ein Workflowprogramm mehr als es ihn unterstützt. Sollen allerdings fünfhundert Mitarbeiter in fünfzig Standorten Tische fertigen, könnten über ein vernetztes Workflowsystem signifikante Produktivitätsvorteile realisiert werden).

20.3.4 Datawarehouse

Datawarehouse-Anwendungen sind Applikationen, die ausgewählte Unternehmensdaten zueinander in Beziehung setzen und so Geschäftsprozesse analysieren. Auf der Grundlage solcher Analysen können fundierte Unternehmensentscheidungen getroffen werden. Die Schwierigkeit im Datawarehousing besteht zunächst darin, die für den zu analysierenden Geschäftsprozeß relevanten Parameter zu selektieren. Ist dies geschehen, müssen die ausgewählten Messwerte (Verkaufszahlen, Gewinn, Kosten, Time-to-Market) mit Gewichtungen versehen, auf gemeinsame Dimensionen (z.B. Zeit, Umsatz, Region, Fertigungszeit) hin untersucht, und schließlich zueinander in Beziehung gesetzt werden. Analysen wie »die Entwicklung der Vertriebskosten und Lagerkosten im Vergleich zu Umsatz (in DM und Stückzahl) und Gewinn (DM), aufgeschlüsselt nach Produkten pro Vertriebsniederlassung und Woche während der letzten fünf Jahre« können so durchgeführt werden.

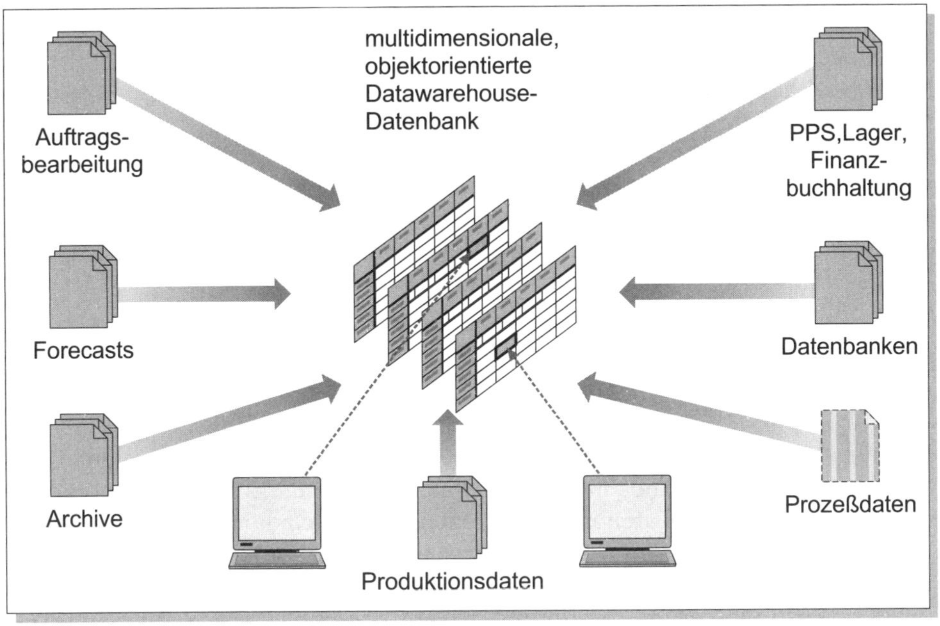

Abb. 20.6: Datawarehouse-Anwendungen

Stehen die zu erfassenden Meßwerte fest, geht es im nächsten Schritt darum, diese automatisiert von den unterschiedlichen Datenquellen (z.B. Produktions-, Verkaufs, Lieferungs-, Finanzbuchhaltungsdaten) zu extrahieren und in die multidimensionale Datawarehouse-Datenbank einzuspeisen. Auch hier erweisen sich Intranets als die ideale Plattform, da aufgrund der homogenen Datenformat- und Transportstrukturen kaum Kompatibilitätsprobleme auftreteten.

Ähnlich wie im Fall von Workgroup-Computing und Workflow-Management ebnet auch im Fall von Datawarehous-Anwendungen das Intranetprinzip den Weg zum flächendeckenden Einsatz in der Industrie. Eine neuen Generation von netzbasierenden Anwendungen, die bisher an den veralteten und proprietären Netzstrukturen scheiterte, und die erstmals in der Lage ist, das Potential von Datennetzen in seiner gesamten Breite zu nutzen, können nun zu vernünftigen Kosten und mit hohem Return of Investment (ROI) realisiert werden.

20.4 Technologiebezogene Aspekte von Intranets

Die technologiebezogenen Auswirkungen der Einführung von Intranets lassen unmittelbar die Vorteile der Intranetarchitektur erkennen. Sie sind vor allem durch geringe Einführungskosten sowie einem kurzfristigen Return of Investment (ROI) gekennzeichnet.Die wesentlichen Eigenschaften sind:

- Eine einfache und beherrschbare Client/Server-Architektur,
- die Unabhängigkeit von Hardwareplattformen und Betriebssystemen,
- die Nutzung des zustandslosen Transportprotokolles HTTP,
- benutzerfreundliche Sicherheitsoptionen (Kryptographie, Signaturen),
- das portable und hypermediafähige Dokumentenformat HTML,
- die Vereinfachung des Komplexitätsgrades der EDV-Infrastruktur,
- die Nutzung bewährter Internet-Technologien, die auf offenen Standards aufsetzen sowie
- ein außerordentlich günstiges Preis/Leistungsverhältnis.

20.4.1 Client/Server-Architektur

Intranets basieren auf dem Client/Server-Prinzip und tragen damit dem Trend hin zu dezentralen und mobilen Datenstrukturen Rechnung. Bestehende Informationsquellen (Datenbanken, Prozeßdaten, etc.) können probemlos via WWW-Serverschnittstellen in das Intranet integriert werden, und stehen damit unternehmensweit zum Abruf durch WWW-Clients (Browser) oder andere Intranet-Anwendungen zur Verfügung. Die entsprechenden WWW-Serverschnittstellen werden bereits heute von den meisten Softwareherstellern mitgeliefert, wodurch eine Ankopplung der Datenquellen ohne die Erstellung von Spezialsoftware mit geringem Aufwand möglich ist. Dadurch entstehen homogene, auf einem einzigen Protokoll basierende Netzinfrastrukturen, wodurch die Verwaltung und das Management von Intranets erheblich erleichtert wird.

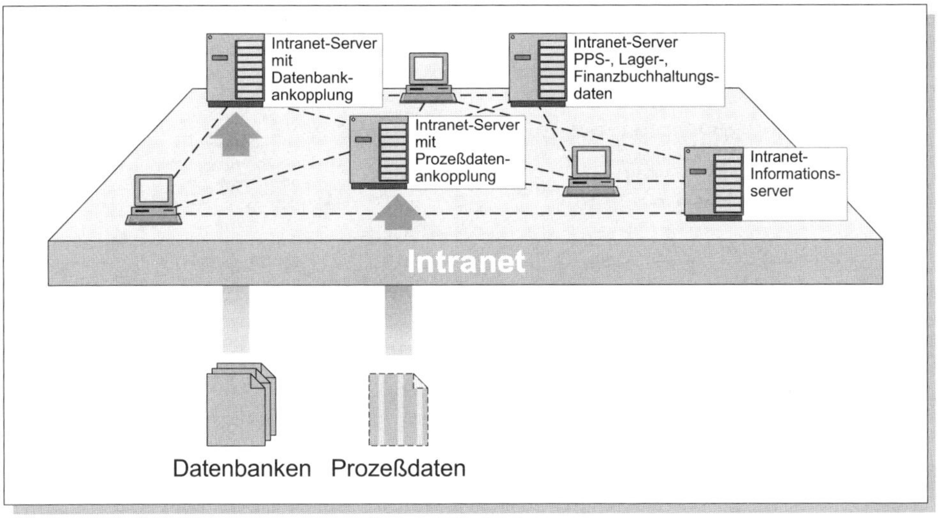

Abb. 20.7: Das universelle Client/Server-Prinzip von Intranets

20.4.2 Unabhängigkeit von Hardwareplattform und Betriebssystem

Eine der Hauptstärken von Intranets besteht in ihrer absoluten Unabhängigkeit von Hardwareplattformen und Betriebssystemen. Praktisch für jede nur denkbare Hard- und Softwareplattform sind heute sowohl WWW-Browser als auch WWW-Serversysteme verfügbar. Diese Plattformunabhängigkeit beschränkt sich jedoch nicht nur auf den Zugriff (WWW-Browser) oder das Verteilen (WWW-Server) von Information, sondern erweitert sich mit der objektorientierten Java-Technologie auch auf die Anwendungsprogramme selbst. In der Internet/Intranet-Programmiersprache Java erstellte Programme werden bei Bedarf über das Netz übertragen, und kommen auf den Clientsystemen zur Ausführung. Damit werden einerseits die Netzserver entlastet, und andererseits entfällt auf den Clientsystemen das speicher- und zeitinsive Applikationsmangement – ähnlich wie es in heutigen PC-Server-Netzen bereits der Fall ist. Beim Einsatz von Java kann allerdings im Unterschied zu herkömmlichen Client-Server-Systemen unabhängig von der Clienthardware für denselben Zweck ein und dasselbe Programm eingesetzt werden. Java-Programme sind nämlich auf allen Plattformen mit entsprechenden Java-Interpretern lauffähig. Damit wird die Richtung für ein wichtiges strategisches Ziel der unternehmensinternen EDV-Infrastruktur vorgegeben: die Plattformunabhängigkeit in Bezug auf Daten *und* Anwendungsprogramme!

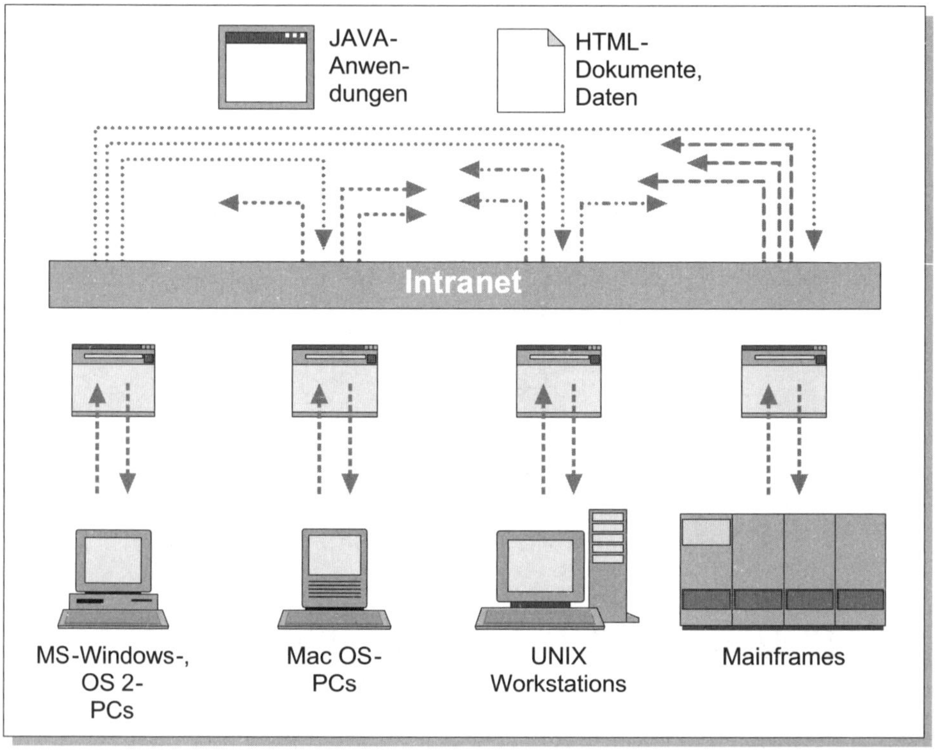

Abb. 20.8: Plattformunabhängigkeit für Daten und Anwendungen

20.4.3 Vereinfachung des Komplexitätsgrades der EDV-Infrastruktur

Verglichen mit dem Fortschritt, der durch die Einführung von Intranettechnologien erzielt wird, nämlich der Schaffung einer einheitlichen, plattformunabhängigen und effizienten Informationsinfrastruktur, ist der Grad an Komplexität der der bestehenden Netz- und Systemarchitektur zunächst hinzugefügt wird, relativ gering. Auf mittlere und lange Sicht ergibt sich bei konsequentem Einsatz von Intranettechnologien sogar eine wesentliche Vereinfachung der Gesamtkomplexität der EDV-Infrastruktur. Multiprotokollumgebungen migrieren dabei zu zunehmend homogenen TCP/IP-Netzen, die Anzahl der genutzten Datenformate reduziert sich und HTML wird zum Unternehmensstandard. Des Weiteren kann mittelfristig die Anzahl der Applikationen und Hardwareplattformen die notwendig sind, um Unternehmensdaten verarbeiten zu können, reduziert werden, da durch die universellen Intranet-Browser ein immer größerer Teil der Funktionen abgedeckt wird. In der ersten Phase der Intraneteinführung wird zunächst – abhängig von der vorhandenen Infrastruktur, in vielen Fällen allerdings ein erhöhter Betriebsaufwand zu verzeichnen sein. Das Intranettransportprotokoll TCP/IP bzw. entsprechende Gateways (z.B. Novell/TCP/IP) müssen eingeführt und installiert, und neue Netzkomponenten mit den Intranetdienstprogrammen (WWW-Clients, WWW-Server, WWW-Serverschnittstellen zu bestehenden Anwendungen und Datenbanken, News-Server etc.) konfiguriert werden. Aufgrund ihrer modularen, auf offenen Standards basierenden Architektur (alle WWW-Server basieren eben auf HTTP und besitzten eine CGI (bzw. NSAPI oder ISAPI)-Schnittstelle zu anderen Serverprogrammen) hält sich die Komplexität von Installation und Betrieb der Intranetanwendungen allerdings in Grenzen, und die nachfolgenden Einsparungs- und Synergieeffekte lassen diesen initialen Zusatzaufwand als vernachlässigbar erscheinen.

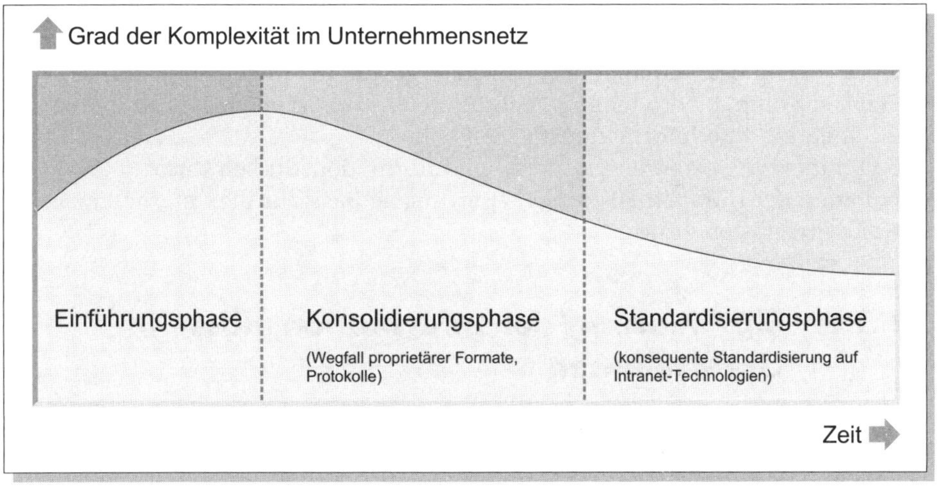

Abb.20.9: Die Komplexität von Unternehmensnetzen nach der Einführung von Intranettechnologien

Durch Intranets entsteht somit eine DV-Infrastruktur, die in aller Regel weniger komplex, jedoch wesentlich kontrollier- und berechenbarer ist als zuvor und die das Unternehmen zugleich in eine zunehmend herstellerunabhängige Position bringt.

20.4.4 Günstiges Preis/Leistungsverhältnis

Aufgrund der universellen Einsatzmöglichkeiten auf praktisch jeder Computerplattform ist in wenigen Jahren ein riesiges Marktpotential für Internet/Intranetsoftware entstanden. Da allerdings die wichtigsten Technologien für Internet (TCP/IP, HTML, HTTP, FTP, etc.) lizenzfrei jedermann zugänglich sind, und zudem aus historischen Gründen eine Vielzahl von ausgereiften Anwendungen kostenlos oder lediglich gegen geringe Lizenzgebühren verfügbar sind, liegen die Preise für kommerzielle Software oft auf einem recht niedrigen Niveau. Die Praxis, Vollversionen von Softwareapplikationen kostenlos zur Verfügung zu stellen, und erst bei dauernder Nutzung Lizenzgebühren einzufordern, setzte sich in kürzester Zeit auch im umkämpften Markt für Intranetsoftware durch.

20.5 Anwendungsorientierte Aspekte von Intranets

Die zentralen, anwendungsbezogenen Eigenschaften von Intranets lassen sich wie folgt beschreiben:

- Optimierung der vorhandenen, computergestützten Informationsflüsse,
- Transfer von papier- oder sprachgestützten Informationsflüssen in intranetgestützte Informationsflüsse,
- Integration von externen und internen Informationsflüssen sowie
- Nutzung der Intranetplattform als universelle Basis für die unternehmensweite Prozeßsteuerung.

20.5.1 Optimierung der Informationsflüsse im Unternehmen

Aufgrund der Flexibilität und Universalität der Intranet-Technologien kann in Intranets auf unternehmensinterne Veränderungen, gleichgültig ob diese technischer oder organisatorischer Natur sind, unmittelbar, rasch und damit kostensparend reagiert werden. Mit einem Intranet befindet sich die Organisation der computergestützten Informationsflüsse auf einem Abstraktionsniveau, das unabhängig von der zugrunde liegenden Hard- und Softwarearchitektur ist (ebenfalls eine Eigenschaft, die als glückliches Erbe aus dem öffentlichen Internet stammt, wo es eine unabdingbar notwendige Vorgabe für das Funktionieren dieses größten und heterogensten Netzes der Welt war). Nahezu entkoppelt voneinander können die Informations- und Datenflüsse auf Intranetebene einerseits gesteuert werden, ohne andererseits direkt auf die darunterliegende Hard- und Softwarestrukturen einwirken zu müssen. Umgekehrt können Komponenten dieser Strukturen ausgetausch und verändert werden, ohne daß dies auf die Daten- und Informationsflüsse des Intranet Einfluß nimmt. (Vorausgesetzt die Schnittstelle zum Intranet wird im Anschluß an die Veränderungen – z.B. neue Hardware oder neue Datenbanksysteme – wieder hergestellt.).

Die Standardisierung auf die Intranet Formate und Protokolle ermöglicht es nun, unabhängig von Produkten und Herstellern notwendige Informationsstrukturen zu schaffen oder diese bei Bedarf zu verändern. Ein wichtiges strategisches Unternehmensziel für die interne Datenverarbeitungsinfrastruktur ist damit erreicht.

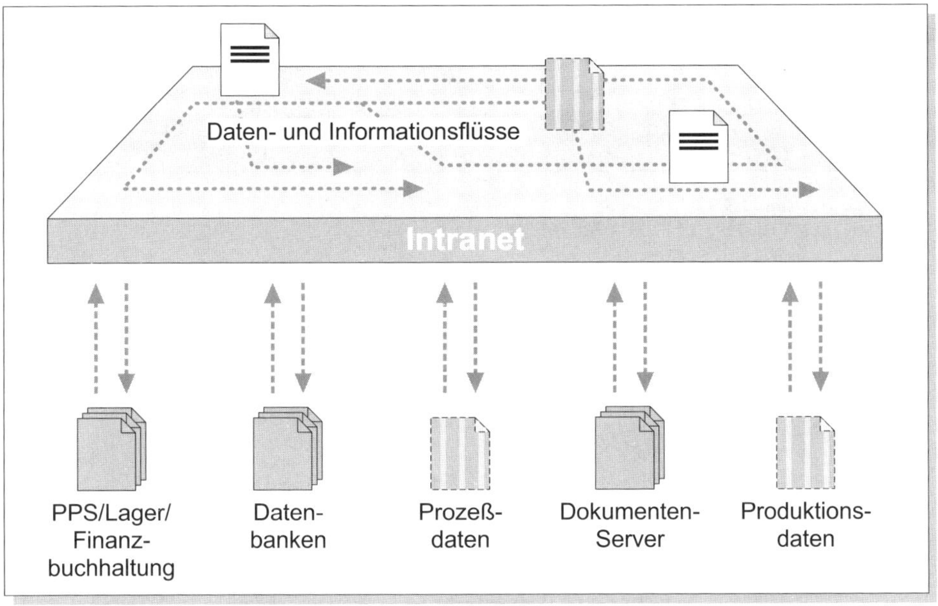

Abb. 20.10: Produkt- und herstellerentkoppeltes Informationsmanagement

20.5.2 Intranetgestützte Informationsflüsse

Durch die mit der Einführung von Intranets unmittelbar verbundenen Verfügbarkeit von modernen Groupware- und Workflowfunktionalitäten, wird es möglich, einen Teil der traditionell sprach- bzw. papiergestützten Informationsflüsse in computergestützte Informationsflüsse umzuwandeln. In unmittelbarer Konsequenz werden dadurch die Reichweiten der Informationen bei sinkenden Kosten erhöht, Medienbrüche bei der Kopplung von Informationsflüssen vermieden, und die Aktualisierungsintervalle (im Fall von papiergestützter Information) verkürzt.

Beispiele dafür sind unter anderem der Einsatz von

- WWW-Seiten anstelle von Ansprachen oder Verlautbarungen,
- E-Mail anstelle von Rundschreiben und Hauspost,
- WWW-Seiten anstelle von schwarzen Brettern (Stellenausschreibungen, Mitarbeiterkauf, etc.),
- E-Mail anstelle von Antragsformularen (Bürobedarfsbestellung, Reiseanträge, Urlaubsanträge etc.),
- E-Mail anstelle von Telefax,
- E-Mail-Kommunikation anstelle von Telefongesprächen sowie
- Videokonferenzen/Dokument-Sharing/Newsgruppen anstelle von Meetings.

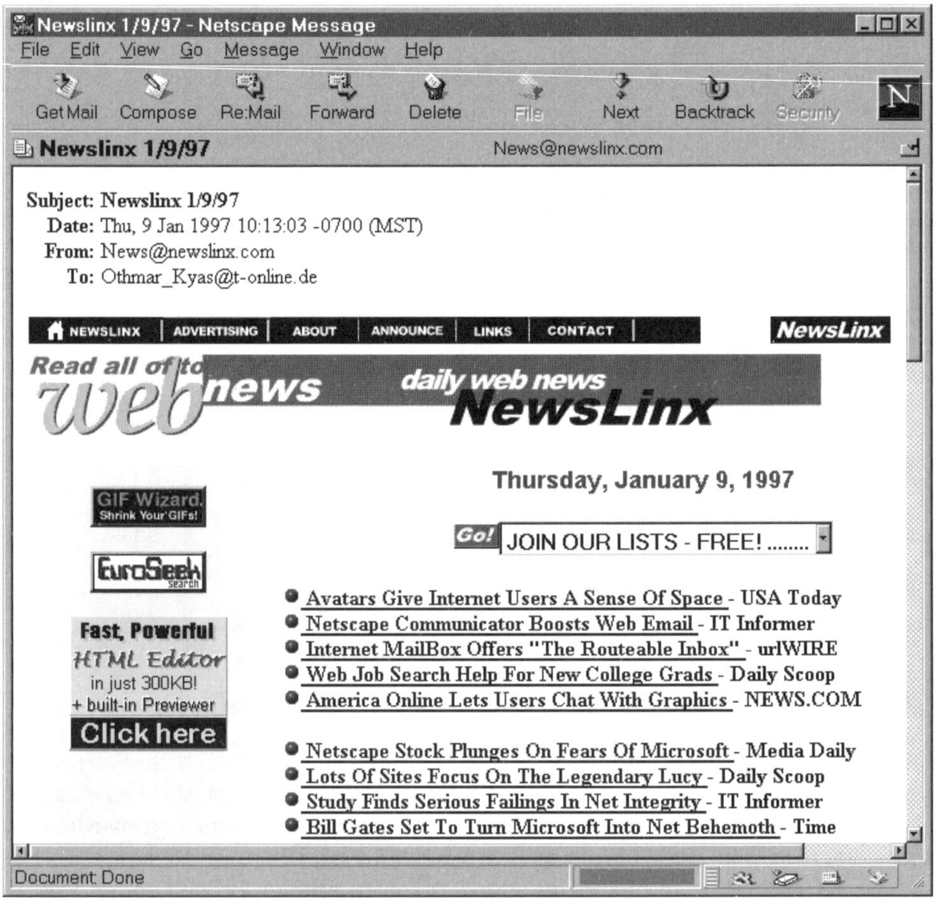

Abb. 20.11: Beispiel für HTML-Mail

Papiergestützte versus intranetgestützte Informationen

Die Vorteile von Informationen in elektronischer Form im Vergleich zu papiergestützten Inhalten sind vielfältig. So können elektronische Dokumente in Kombination mit E-Mail im Unterschied zu traditionellen Schriftstücken

- beliebig oft mit gleichbleibender Qualität vervielfältigt werden,
- mit geringstem Aufwand innerhalb von Minuten an eine beliebige Anzahl von Empfängern, die sich an beliebigen Orten befinden können, versendet werden,
- unter geringsten Kosten archiviert werden,
- extrem rasch und effizient aus Archiven wieder abgerufen werden,
- durch Verschlüsselung und digitale Unterschriften Vertraulichkeit und Authentizität sicherstellen,
- mit geringstem Aufwand weiterbearbeitet, modifiziert und weiterversendet werden sowie
- den Empfang durch den Adressaten automatisch bestätigen.

Traditionelle Probleme mit E-Mail wie mangelnde Grafikfähigkeit oder Probleme bei der Darstellung von beigefügten Dokumenten aufgrund von Hard- oder Softwareinkompatibilitäten gehören seit der Einführung von HTML-Mail im Rahmen von Intranets der Vergangenheit an. E-Mail-Dokumente werden dabei direkt in HTML-Format erstellt oder in dieses konvertiert, und sind damit auf jedem Empfängersystem mit WWW-Browsern darstellbar. Über die reine Integra-

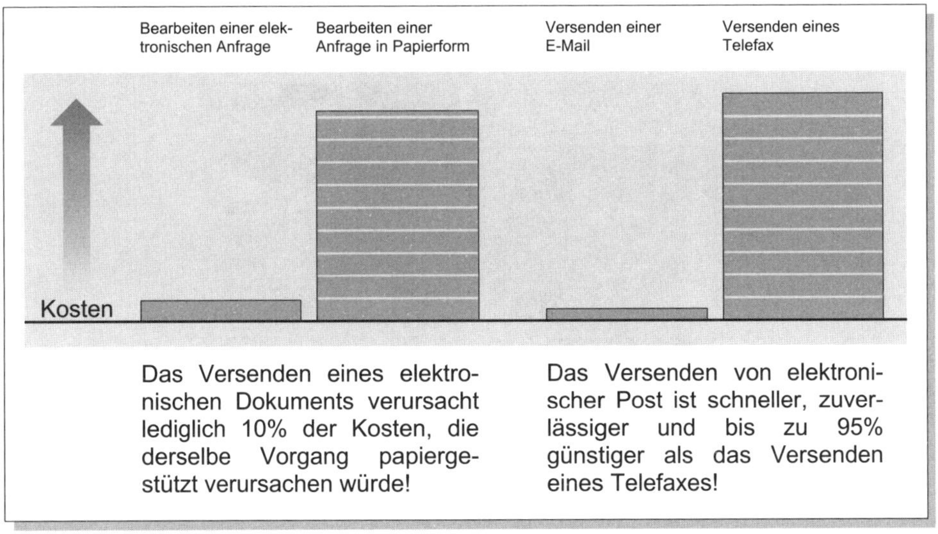

Abb. 20.12: Die Kosten von papiergestützter und elektronischer Informationsverarbeitung im Vergleich

tion von Grafikelementen wird damit echtes Multimedia-Mail mit Ton- und Videoelementen Realität. Die Größenordnungen der Zeit und Kostenersparnis die durch die Umstellung auf elektronische Medien möglich sind, demonstrieren die Grafiken in Abbildung 20.12.

Sprachgestützte Informationsflüsse versus intranetgestützte Informationsflüsse

Sprachgestützte Informationsflüsse, wie sie bei Telefongesprächen oder Meetings entstehen, können selbstverständlich nicht so lückenlos in intranetgestützte Informationsflüsse konvertiert werden, wie dies bei papiergestützten Informationen der Fall ist. In viele Fällen kann ein interaktiv geführtes Gespräch eben nicht durch das Versenden von elektronischen Nachrichten ersetzt werden. Durch die Nutzung von Videokonferenzanwendungen, wie er in Intranets kostengünstig für jeden Computerarbeitsplatz möglich ist, können aber auch hier Effizienzsteigerungen erreicht werden. Vor allem für Meetings von bis zu fünf Personen mit relativ kurzer Dauer sind diese Systeme gut geeignet. Die Notwendigkeit eines Meetingraums entfällt ebenso wie der Zeitverlust, den das Aufsuchen desselben und das Warten auf den letzten Teilnehmer verursacht (10-20 Minuten bei Meetings im selben Gebäude). Darüber hinaus besteht die Möglichkeit, einen oder mehrere externe Teilnehmer über ISDN-Leitungen unmittelbar in das Meeting zu integrieren, was für diese Mitarbeiter erhebliche Zeit- und Reisekostenersparnisse mit sich bringt. Durch den reduzierten Aufwand können so mehrere, kürzere, anstelle weniger, langatmiger Meetings abgehalten werden, wodurch die Geschwindigkeit des Informationsflusses erheblich erhöht werden kann.

Abb. 20.13: Unterstützung von sprachgestützten Informationsflüssen via Intranet: Videconferencing

Eine Reihe von Meetings kann allerdings auch durch den Austausch von E-Mails innerhalb einer eigens dafür eröffneten Newsgruppe wesentlich unterstützt oder sogar vollständig überflüssig gemacht werden. Dieser Ersatz von interaktiver Diskussion durch den Austausch von asynchronen, elektronischen Nachrichten kann vor allem Meetings mit einer großen Anzahl von Teilnehmern sehr effizient ersetzen oder in der Vorbereitungsphase ergänzen. Studien haben ergeben, daß sich im Rahmen elektronischer Kommunikation die Verhaltensweisen der beteiligten Personen zum Teil signifikant verändern. Demnach werden in elektronischen Nachrichten häufiger extreme Meinungen und spontane Ideen geäußert als in Gesprächsrunden. Paradoxerweise bewirkt also gerade die unpersönliche Form des elektronischen Kommunikationsmediums, daß Hemmungen zu sprechen oder sich mitzuteilen verschwinden, oder abgebaut werden.

Und schließlich kann selbst eine aus zwei oder drei kurzen E-Mails bestehende Kommunikation unter Umständen ein Telefongespräch in effizienter Weise ersetzen. Durch den Zwang zur schriftlichen Abfassung wird zum einen die Beschränkung auf das Wesentliche und die klare Abfassung der Mitteilung erzwungen. Zum anderen kann die Nachricht versendet werden, ohne daß eine zeitsynchrone Verbindung von Sender und Empfänger, wie die beim Telefongespräch notwendig ist, hergestellt werden muß. Und schließlich kann die Nachricht zeitgleich mit der Versendung an den primären Empfänger als Informationskopie auch an andere Beteiligte weitergereicht werden, und in ausgedruckter Form später als Grundlage für Diskussionen dienen. Dieselben Vorteile gelten natürlich auch für die Beantwortung des E-Mails. Der wesentliche Vorteil bei der Benutzung von E-Mail im Vergleich zu herkömmlicher Sprachkommunikation ist also die Möglichkeit, unabhängig von Zeit und Raum, Informationen auszutauschen.

20.5.3 Integration von externen und internen Informationsflüssen

Eine weitere Konsequenz, die sich aus der Einführung von Intranets ergibt, ist die Möglichkeit, in einfacher Weise interne und externe Informationsflüsse zu integrieren. Externe Informationsflüsse können dabei entweder über das öffentliche Internet oder aus anderen Intranets (z.B. von externen Geschäftsstellen, Lieferanten oder Partnerfirmen) über dedizierte Datenmietleitungen in das eigene Intranet ge-langen. Da sowohl im öffentlichen Internet als auch in allen anderen Corporate Intranets dieselben Datenformate und Protokolle eingesetzt werden, können alle eingehenden Daten ohne aufwendige Konvertierungen weiterverarbeitet werden. Anwendungen für eine solche Informationsfluß-Integration sind unter anderem

- Kundenanfragen via E-Mail anstelle via Telefon,
- Bestellungen via E-Mail/WWW-Formulare,
- Warenein/ausgangslieferscheine via E-Mail/WWW,
- Unternehmensübergreifende Groupewareanwendungen (Newsgruppen/Videoconferencing),
- Finanztransaktionen (Homebanking, Aktienfondsmanagement via Internet) sowie
- Datenblätter, Preislisten, Spezifikationen in WWW-Format.

Ein Beispiel für die erfolgreiche Integration von internen und externen Informationsflüssen mit Hilfe von Intranets ist der Paketversanddienst TNT Express. Die Daten über jede Paketbewegung können über das öffentliche Internet von jedem Kunden abgerufen werden. Probleme beim Transport oder der Auslieferung können unmittelbar erkannt und verfolgt werden.

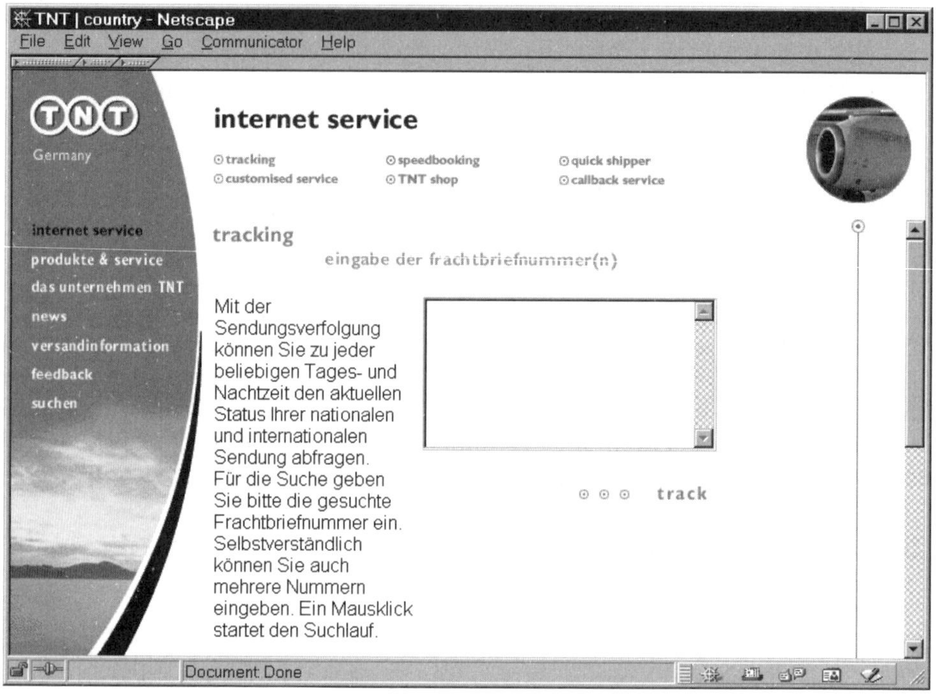

Abb. 20.14: Integration von internen und externen Informationsflüssen: Das TNT-Paketverfolgungssystem

20.5.4 Intranet als Basis für die Steuerung von Unternehmensprozessen

Im Laufe der letzten beiden Jahrzehnte entwickelte sich die Effizienz der Informationsflüsse innerhalb von Unternehmen zum entscheidenden Erfolgsfaktor für die Wettbewerbsfähigkeit in einem immer härter umkämpften, globalisierten Markt. Die daraus resultierenden neuen Managementstrategien wie Just in Time (JIT), TQM (Total Quality Management) und Business Process Reengineering (BPR) zur Erhöhung der Effizienz in den Geschäftsabläufen haben optimierte, fehlerfreie und rasche Informationsflüsse zur Voraussetzung. Darüber hinaus müssen diese flexibel und innerhalb von Wochen, Tagen und Stunden an neue Gegebenheiten anpassbar sein, um auf veränderte Markt- und Geschäftsbedingungen reagieren zu können. Diesen Anforderungen genügen konsequent realisierte Intranets in geradezu idealer Weise.

Von JIT und TQM zum Business Process Reengineering

Um dem ständig wachsenden Wettbewerbs- und Kostendruck, dem Unternehmen heute ausgesetzt sind, standhalten zu können, müssen heute alle Geschäftsprozesse auf ihre Effizienz (mache ich eine Sache richtig?) und Effektivität (mache ich die richtige Sache?) überprüft werden. Das Prinzip der prozeßorientierten

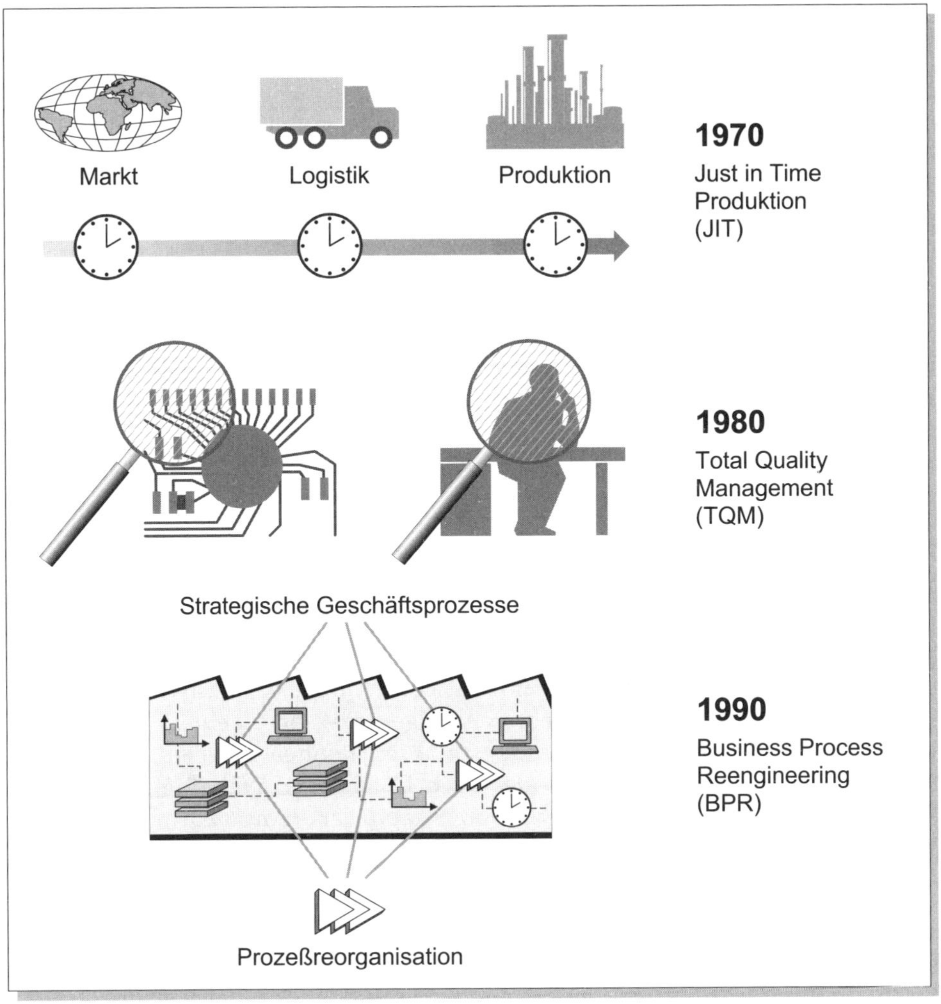

Abb. 20.15: Unternehmensmanagement: Von JIT und TQM zu BPR

Denkweise im Unternehmensmanagement wurde in den siebziger Jahren erstmals von der japanischen Automobilindustrie entwickelt und umgesetzt. (Toyota Production System). Anstelle auf Vorrat zu produzieren, wurde erst nach dem Kauf durch den Endkunden mit der Anlieferung der Produktionsmittel und der Fertigung sowie dem Zusammenbau der Automobile begonnen, was zu erheblichen Einsparungen führte. Ein ausgeklügeltes, fehlerfreies logistisches System und nahezu 100 Prozent Ok-Teile war allerdings die Voraussetzung für eine erfolgreiche Umsetzung von JIT. Anfang der achtziger Jahre begann sich dieses Konzept als Just-in-Time-Produktionsmodell (fertigungssynchrone Anlieferung) weltweit durchzusetzen.

Die darauffolgende Entwicklung, die in ihren Ursprüngen ebenfalls von japanischen Unternehmen stammt, war die Fokussierung auf höchste Qualität in allen Unternehmensabläufen: TQM – Total Quality Management. In den neunziger Jahren setzte sich die TQM-Philosophie schließlich ebenfalls auf breiter Front durch. Mit der offiziellen Zertifizierung nach dem ISO 9000 Standard wird heute von nahezu allen etablierten Großunternehmen werbewirksam auf die Realisierung von Qualitätsmanagement im Unternehmen hingewiesen.

In der konsequenten Weiterentwicklung der Denkansätze von JIT und TQM wurde unter dem Schlagwort Business Process Reengineering (BPR) Mitte der achtziger Jahre die prozeßorientierte Betrachtungsweise auf alle Unternehmensabläufe (Geschäftsprozesse) ausgedehnt und als strategische Managementmethode eingeführt. Im Rahmen von BPR wird dazu zunächst die Gesamtheit der Geschäftsprozesse in einem Unternehmen erfasst. Danach erfolgt die Analyse und das Redesign der Prozesse, und in einer dritten Phase die Implementation der so optimierten Abläufe.

Unternehmensprozesse und Business Process Reengineering

Ein Unternehmensprozeß besteht aus einer Reihe von zusammenhängenden Tätigkeiten, die ein Ausgangsprodukt verändern und dadurch ein (Prozeß-)Endprodukt erzeugen. Dieses Endprodukt stellt einen erhöhten Wert im Vergleich zum Ausgangsprodukt dar, und kann entweder direkt vom Anwender genutzt werden, oder von einem oder mehreren Folgeprozessen zu einem benutzbaren Endprodukt gefertigt werden. Ausgangsprodukte können dabei entweder physische Medien (Metall, Holz, etc) oder auch Daten sein. Wird Metall auf einer Drehbank entsprechend bearbeitet, so kann daraus eine Antriebswelle entstehen. Werden Daten verarbeitet, so kann daraus Information (die Antwort auf eine Frage) entstehen.

In jedem Unternehmen können zwischen fünf und zehn strategische Geschäftsprozesse identifiziert werden. Dies sind jene Geschäftsprozesse, die die größte Wertschöpfung für das Unternehmen erzielen und direkte Auswirkung auf die Kunden sowie die Stellung des Unternehmens im Markt haben. In der Regel bestehen solche Geschäftsprozesse aus einer Kombination von physischen Aktivitäten (Fertigung eines Metallteils) und Informationsflüssen (wie viele Teile sollen wann in welcher Größe gefertigt werden?) und müssen zudem möglichst nahtlos mit einer Vielzahl weiterer (Neben)-Prozesse (mit anderen Aktivitäten und anderen Informationsflüssen) ineinander greifen. Das Prinzip des Bussines Process Reengineering besteht nun im wesentlichen aus dem Erkennen, der Analyse und der fortwährenden Optimierung der strategischen Geschäftsprozesse im Unternehmen.

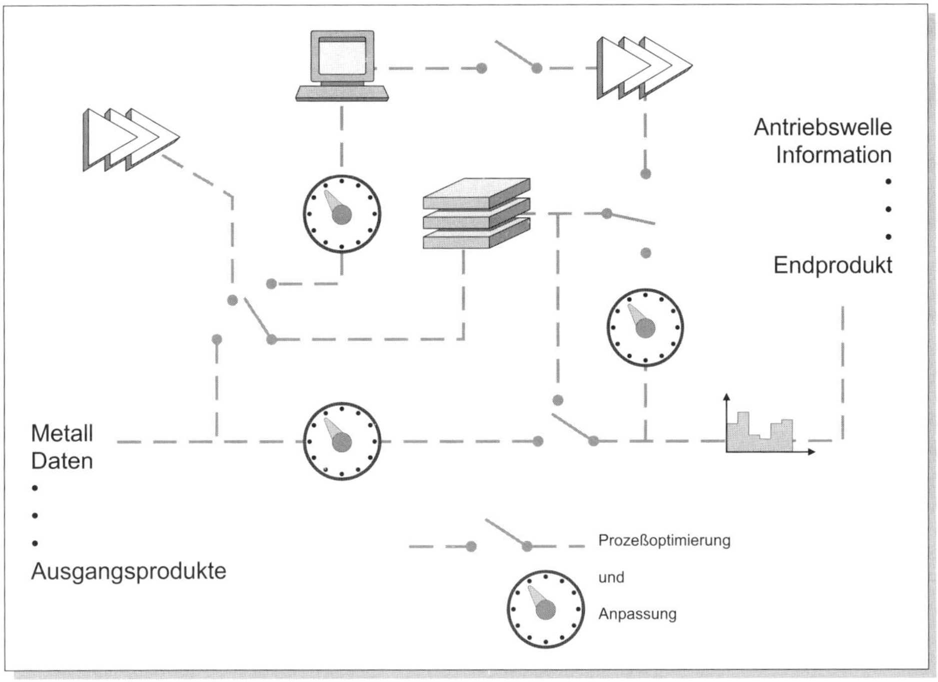

Abb. 20.16: Das Prinzip vom Business Process Reengineering

Business Process Reengineering auf Intranet-Basis

Da der Großteil der Informationsflüsse in heutigen Unternehmen computergebunden abläuft, liegt ein großer Teil der Probleme bei der Umsetzung von BPR-Konzepten in der heterogenen, unflexiblen und in sich inkompatiblen Natur der EDV-Infrastruktur der meisten Unternehmen. Die heterogene Struktur der Informationsflüsse (unterschiedliche Protokoll-, Datenformate) führt zu einer Vielzahl von Medienbrüchen. Bei ihrer Kopplung entsteht enormer Overhead sowie ein hoher Zusatzaufwand an Zeit und Logistik, so daß jede Veränderung innerhalb dieser Strukturen vielfach mit derart hohen Kosten verbunden ist, daß permanente Strukturanpassungen, wie bei BPR nötig, nicht realisierbar sind.

Der konsequente Einsatz von Intranet-Technologien bietet dagegen eine optimale Plattform für die Umsetzung von BPR. Intranets ermöglichen die Überwachung, den Transport und die Steuerung aller computergestützten Informationsflüsse, die innerhalb der Intranetdomäne anlaufen. Ein Redesign der Informationsflüsse ist durch die Standardisierung auf Intranettechnologien jederzeit mit geringem organisatorischen und zeitlichen Aufwand möglich. Die zentralen Voraussetzungen für erfolgreiches Business Process Reengineering sind damit gegeben.

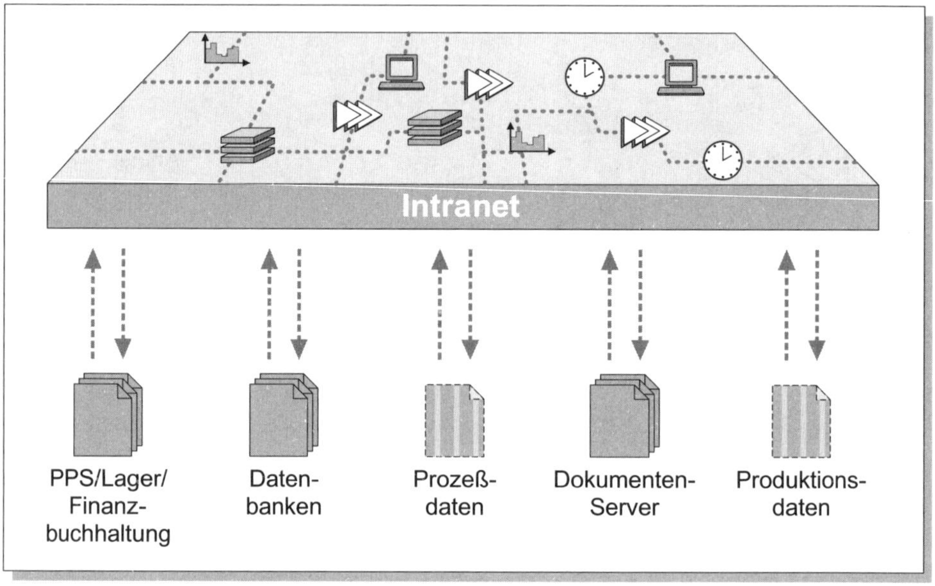

Abb. 20.17: Business Process Reeingineering auf Intranet-Basis

Break Point BPR mit Hilfe von Intranets

In Branchen, in denen die Kerngeschäftsprozesse aus reinen Informationsflüssen (also Informationsflüssen ohne zugehörige physische Aktivität) bestehen, kann die konsequente Einführung von Intranettechnologien sogar zu einem durchbruchsartigen Erfolg in der gesamten Geschäftstätigkeit führen. (Prozeß-Reorganisationen mit Durchbruchsziel sind immer genau dann erfolgreich, wenn Kernprozesse von Unternehmen durch eine radikale Reorganisation wesentlich optimiert werden). Bei Dienstleistungsunternehmen wie Banken, Versicherungen, oder Reisebüros bestehen die Kernprozesse aus reinen Informationsflüssen. Ihre Optimierung, wie sie durch die Einführung von Intranettechnologien erzielt werden, bedeutet in diesen Fällen unmittelbar eine sprunghafte Verbesserung der strategischen Geschäftsprozesse, und damit der Stellung des Unternehmens im Markt. Informationsflüsse als Kernprozesse sind allerdings nicht nur in Branchen anzutreffen, deren Wertschöpfung tatsächlich ausschließlich aus Dienstleistungen besteht, ohne daß physikalische Prozesse wie Warenbewegungen erfolgen müssen. Auch für Vertriebsorganisationen oder Versandhäuser zählen beispielsweise reine Informationsflüsse zu den Kernprozessen.

20.6 Informationen und Archive im Internet

Einführung in Intranets	`http://www.intrack.com/intranet/introd.shtml`
Einführung in Extranets	`http://www.consec.org/slides/W-4_robt/index.htm` `http://www.intrack.com/intranet/extra.shtml`
Just in Time-Produktion	`http://dali.ece.curtin.edu.au/~clive/public_html/jit/jit.htm`
TQM-Magazin	`http://www.mcb.co.uk/tqm.htm`
BPR-Überblick	`http://www.brint.com/BPR.htm`
Groupware online	`http://www.groupware-magazin.de/`

Stichworte für Suchmaschinen

intranet application
extranet solutions
groupware applications
workflow management
just in time
total quality management
business process reengineering

Die Architektur von Intranets und Extranets 21

Grrrr. What's this intranet for, anyway, if you can't find what you need?

(Edmund X. DeJesus)

Corporate Intranets und Extranets sind unternehmensinterne, auf dem Transportprotokoll TCP/IP basierende Netze, die auf der Basis von offenen Internetstandards eine leistungsfähige Infrastruktur für Informationsaustausch, Kommunikation und Applikationen bilden. Ihre Architektur setzt sich aus einer Vielzahl von Funktionseinheiten zusammen, die gemeinsam die Intranetdienste zur Verfügung stellen.

21.1 Die Dienste von Corporate Intranets

Die Dienste, die Intranets zur Verfügung stellen, lassen sich in zwei Gruppen unterteilen: Benutzerdienste und Netzwerkdienste. Die vier zentralen Benutzerdienste sind

- Informationsaustausch und Informations-Management,
- Informationssuche,
- Kommunikation und computergestützte Gruppenarbeit sowie der
- Zugriff auf Applikationen.

Die vier Hauptnetzwerkdienste sind

- Sicherheit (vor allem beim Extranet),
- Replikation,
- Management und
- Verzeichnisdienste (Directory Services)

21.1.1 Intranet-Benutzerdienste

Intranets ermöglichen in einfacher Weise unternehmensweit die Publikation, den Zugriff und das Management von Informationen aller Art. Jeder Mitarbeiter mit den entsprechenden Zugriffsrechten kann so zu jeder Zeit benötigte Informationen unmittelbar in ihrer aktuellsten Version erhalten.

Die Erstellung von Dokumenten erfolgt über leistungsfähige, grafikorientierte Editoren (WYSIWYG) mit drag-and-drop Bedienoberflächen im World Wide Web-Format HTML. Dadurch ist jeder Intranetbenutzer nach einer relativ kurzen Schulungs- und Einarbeitungsphase in der Lage, hypermediale Dokumente selbst zu erstellen (Abb. 21.1). Die Indizierung und Organisation der Dokumente erfolgt aufgrund ihrer offenen, hyperlinkorientierten Struktur automatisch mit dem Vorgang der Onlineschaltung. Spezielle Programme auf den Dokumentenservern überprüfen automatisch in regelmäßigen Abständen die Hyperlinks zwischen den Dokumenten auf ihre Aktualität, und passen diese bei Veränderungen entsprechend an. Bestehende Dokumentenformate können darüber hinaus problemlos in den Publikationsprozeß integriert werden. Das Resultat ist eine unternehmensweite, durchgängig homogene Informationsinfrastruktur mit einheitlichen Zugang (sogenannte Unternehmens-Portale).

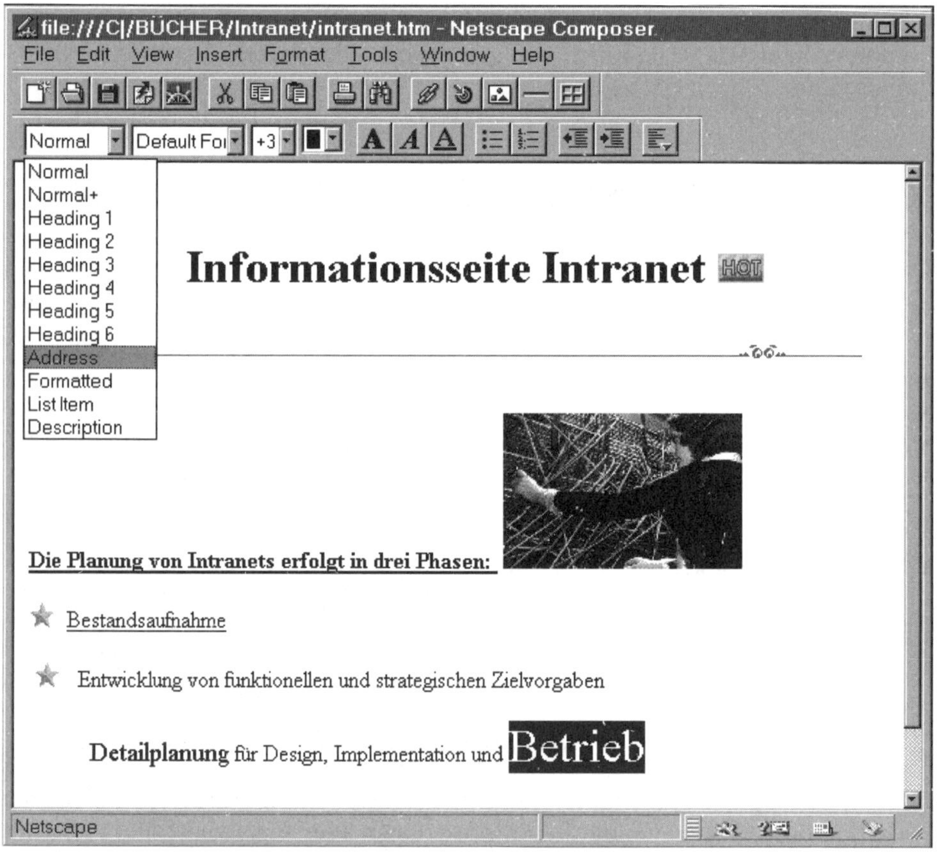

Abb. 21.1: Die Erstellung von hypermedialen Dokumenten

Informationssuche

Die Informationssuchfunktionen in Intranets ermöglichen es, daß mit Hilfe einer einzigen Suchanfrage ein Liste aller relevanten Informationsquellen innerhalb des Netzwerks erzeugt wird. Die Arbeit der dabei eingesetzten »Search-Engines« kann dabei auf Abteilungen, Geschäftsstellen oder das Unternehmen beschränkt oder bis hin in das öffentliche Internet ausgedehnt werden (Abb. 21.2). Alternativ dazu können, nach sachbezogenen Kriterien erstellte und ständig aktualisierte Dokumentenverzeichnisse (Intranet-Listen) zur systematischen Informationssuche verwendet werden. Mit Hilfe von Agentenprogrammen können Benutzer

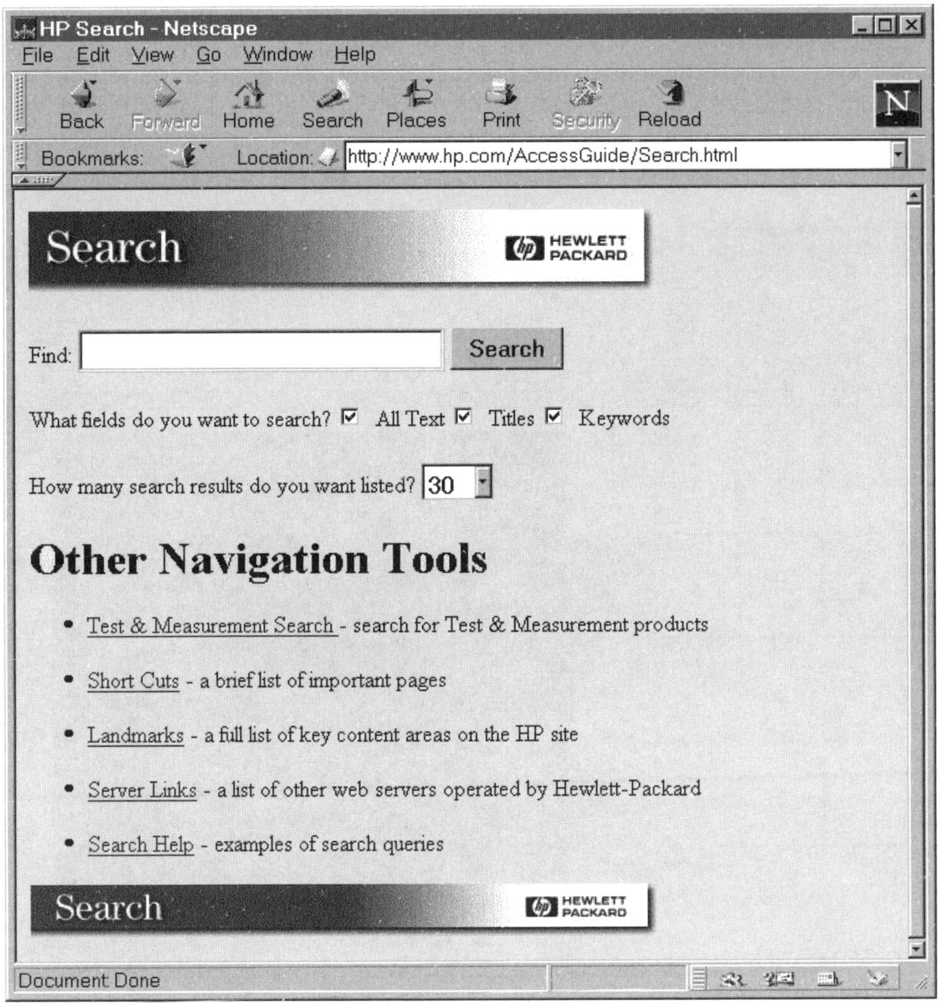

Abb. 21.2: Informationssuche mit Search-Engines

zusätzlich automatisiert nach neuen Informationen Ausschau halten, beziehungsweise bestehende Quellen auf Aktualisierung hin überwachen. Zugriffsbeschränkungen garantieren auch hier, daß ausschließlich autorisierte Personen den Zugang zu Dokumenten für geschlossenen Benutzergruppen erhalten.

Kommunikation und computergestützte Gruppenarbeit

Intranets bieten weiter die Möglichkeit, auf der Basis der offenen Internetstandards unternehmensintern leistungsfähige Groupwarefunktionen zur Verfügung zu stellen. Auf der Basis von multimedialen Messaging-Systemen (HTML-Mail, News) können Diskussionsgruppen in effizienter Weise geführt, unternehmensweites Zeitplan- und Ressourcenmanagement betrieben und Workflow-Anwendungen realisiert werden. Mit den aus dem Internet stammenden, leistungsfähigen Video- und Audiokonferenztechnologien kann die gesamte Bandbreite an computergestützter Gruppenarbeit genutzt werden. Zugangskontroll- und Verschlüsselungsverfahren gewährleisten für die Gesamtheit der Anwendungen Authentifikation und Vertraulichkeit.

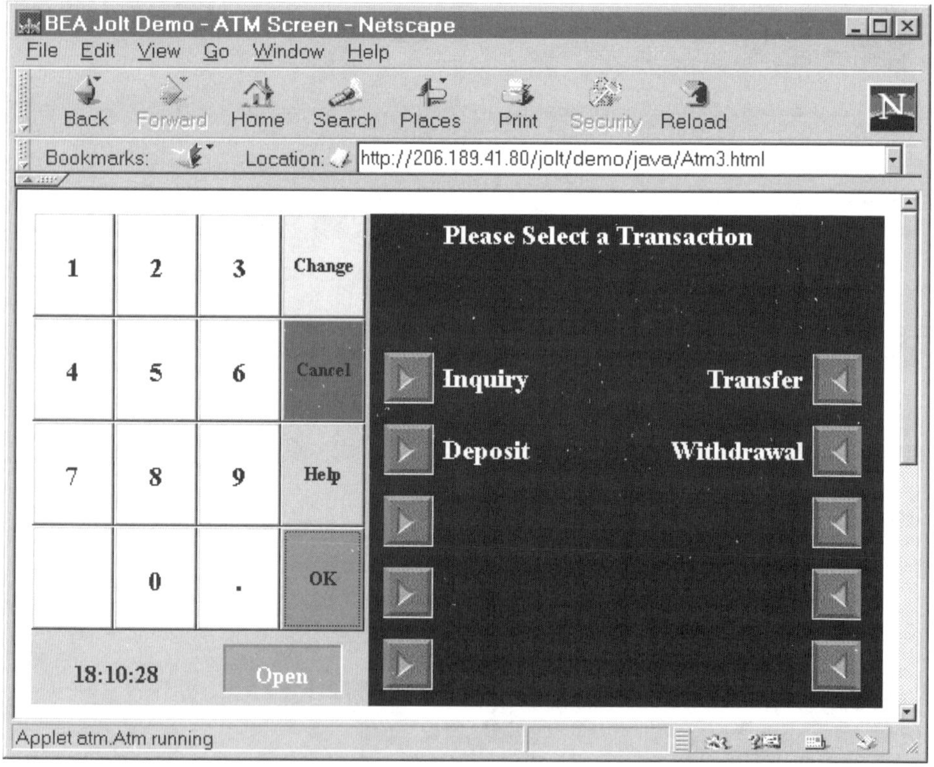

Abb. 21.3: Zugriff auf Anwendungen über die universelle Intranet-Client-Schnittstelle

Applikationszugriff

Schließlich wird in Intranets noch der Zugriff auf die Vielfalt an bestehende Datenquellen und Applikationen im Unternehmen über die universelle Schnittstelle der Intranet-Clients ermöglicht. Damit wird die Gesamtheit der Intranetfunktionen wie Inhaltsmanagement, Replikation oder Verzeichnisdienste auch für die bestehenden Datenbestände verfügbar. Durch das universelle Applikationsinterface können die Inhalte unterschiedlicher Anwendungen nun miteinander verknüpft und transparent über das gesamte Intranet verfügbar gemacht werden. Neue Applikationen, die auf Basis von Java und JavaScript erstellt sind, können rasch unternehmensweit über alle bestehenden Plattformen und Betriebssysteme eingesetzt werden (Abb. 21.3).

21.1.2 Netzwerkseitige Intranetdienste

Verzeichnisdienste

Verzeichnisdienste haben die wichtige Aufgabe, Informationen über Netzteilnehmer, Zugriffsrechte, Server-Konfigurationen, sowie bestimmte, für den Applikationszugriff wichtige Daten aktuell vorzuhalten und netzwerkweit verfügbar zu machen. Ein leistungsfähiger und zuverlässiger Verzeichnisdienst ist daher die Voraussetzung für einen funktionierenden Netzwerkbetrieb. Netzteilnehmer sind damit in der Lage, Informationen über andere Netzteilnehmer wie E-Mail-Adressen, Telefonnummern oder Kryptographiekennungen über das Netzwerk hinweg zu erhalten. Netzverwalter können Parameter wie Zugriffskontrollen oder Serverkonfigurationen zentral verwalten. Die in Intranets eingesetzten Verzeichnisdienste basieren auf den standardisierten Protokollen X.500 bzw. seiner vereinfachten Variante LDAP (Lightweight Directory Access Protocol) und stellen dadurch die entsprechenden Funktionen über alle Plattformen im gesamten Internet und darüber hinaus im Internet zur Verfügung.

Sicherheit

Die Sicherheitsdienste in Intranets und vor allem in Extranets müssen in der Lage sein, Datenbestände gegenüber unautorisierten Benutzern zu schützen, Kommunikationsflüsse zu verschlüsseln und beteiligte Teilnehmer zu authentifizieren sowie Daten und Informationen auf ihre Integrität hin zu verifizieren. Für WWW-Seiten, Diskussionsgruppen, Verzeichnisstrukturen oder Datenbanken können in effizienter Weise Zugriffsbeschränkungen implementiert werden. Die mit den jeweiligen Intranetobjekten verbundenen Benutzerrechte werden dazu über die Verzeichnisdienste im Netzwerk verteilt. E-Mail und Echtzeitkommunikation können auf Basis von Public-Key-Kryptografie gesichert werden, indem die Dateninhalte verschlüsselt und die Kommunikationsteilnehmer authentifiziert werden.

Replikation

Replikationsdienste vervielfältigen Datenbestände wie WWW-Seiten, Diskussionsgruppen, Verzeichnisse oder Datenbankinhalte über das Netzwerk hinweg. Lokal replizierte Datenbestände können so offline genutzt werden, wodurch Netzlast und Leistungskosten gespart werden können. Während einer später folgenden Onlineschaltung erfolgt ein automatischer Abgleich mit den übrigen im Netz befindlichen Replikationen.

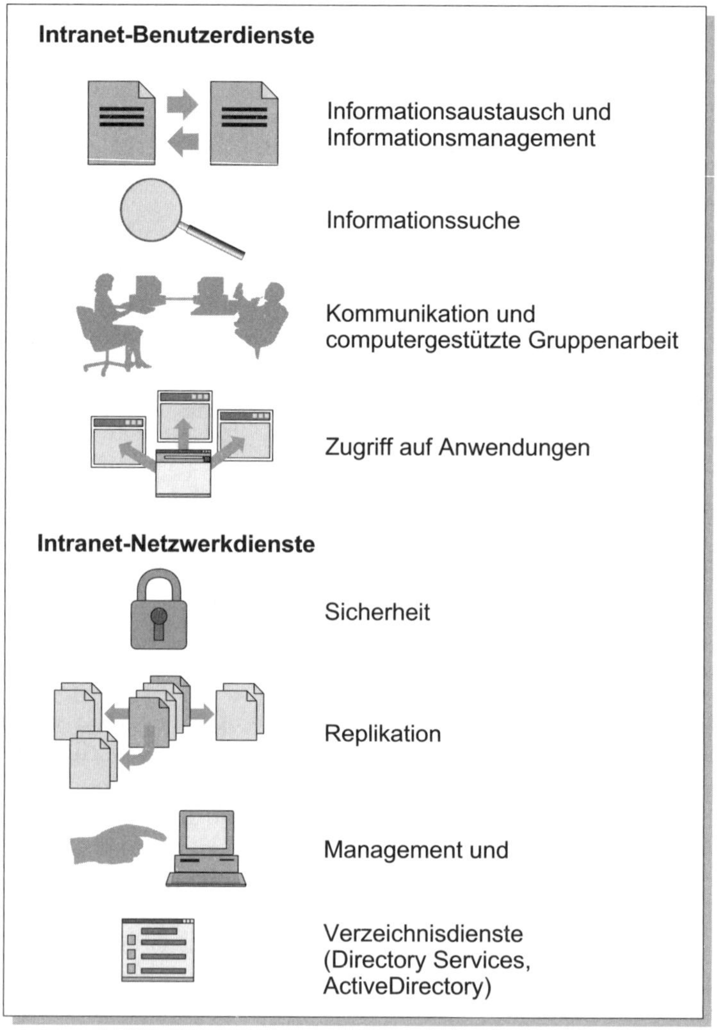

Abb. 21.4: Die Dienste von Corporate Intranets

Management

Über das WWW-basierende Intranetinterface kann netzwerkweit ein flexibles Netz- und Komponentenmanagement betrieben werden. Auf der Basis des neuen HMMP (HyperMedia Management Protocol) wird es künftig möglich sein, die Flexibilität und Plattformunabhängigkeit des World Wide Web auch für das Management von Netzen und Komponenten zu nutzen. Schon heute bieten alle großen Hersteller von Netzwerkmanagementsystemen WWW-Schnittstellen zu ihren Produkten an.

Hier lauern allerdings auch Gefahren für die Sicherheit. Die in einem Switch oder Drucker integrierten Mini-Webserver sind oft nachlässig programmiert und können manipuliert werden. Die Fehler, die die großen Anbieter von Webservern schon vor Jahren ausgemerzt haben (Pufferüberläufe oder falsche Interpretation von Sonderzeichen), tauchen in den kleinen Brüdern und Schwestern wieder auf. Sicherheitsrelevante Komponenten sollten nach Möglichkeit nicht über eine HTML-Schnittstelle gemanagt werden.

21.2 Die Architektur von Intranets

Die physikalische Architektur von Intranets schließt die Gesamtheit der unternehmensinternen Netzwerke ein. Alle Teilnetze, von der Unternehmenszentrale über Geschäftsstellen und Telearbeitern bis hin zu Weitverkehrsverbindungen, werden im Rahmen des Intranets zu einem virtuellen Gesamtnetz integriert. Die Verbindung der einzelnen Teilnetze kann dabei über ein privates Internet auf der Basis von Datenmietleitungen oder ISDN-Verbindungen realisiert werden über das öffentliche Internet (Extranet) oder über eine Kombination beiden Varianten. Die Kopplung über private Datenmietleitungen (X.25, Frame-Relay) hat den Vorteil, daß die genutzten Bandbreiten bei hoher Verfügbarkeit genau definiert und geplant werden können. Darüber hinaus wird die Entstehung von Overhead und potentiellen Flaschenhälsen durch eine Verschlüsselung des Datenstroms vermieden, wie dies bei der Nutzung des öffentlichen Internets als Transportmedium notwendig ist. Nachteilig sind dagegen die höheren Kosten sowie die eingeschränkten Möglichkeiten zur Anbindung von externen und mobilen Netzteilnehmern. Jede Einwahl von außerhalb kann nur über vorkonfigurierte Dial-In oder Dial-Back-Knoten erfolgen. Ist der nächste Einwahlknoten in das private Internet weit vom jeweiligen Standort entfernt, kann dies zu hohen Leitungskosten führen. Im Gegensatz dazu können im Fall von auf dem öffentlichen Internet basierenden Intranets Außendienstmitarbeiter oder kleine Geschäftsstellen weltweit den nächsten Einwahlpunkt zum Internet nutzen, um sich in das unternehmenseigene Intranet einzuwählen. Erhebliche Einsparung bei Leitungskosten können die Folge sein. Zudem sind die Kosten der auf dem öffentlichen Internet basierenden Weitverkehrsanbindung von Unternehmensteilen wesent-

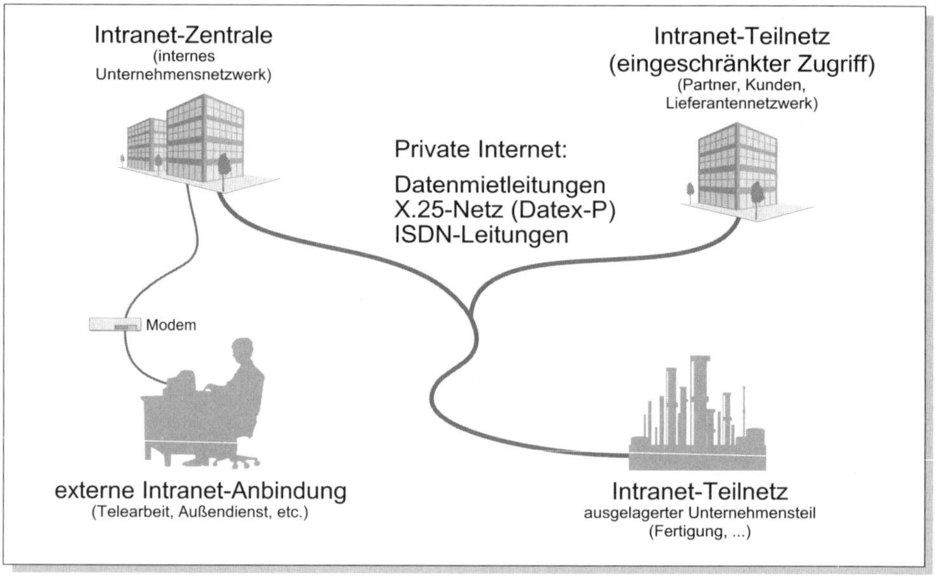

Abb.21.5: Corporate Intranets mit privatem Internet

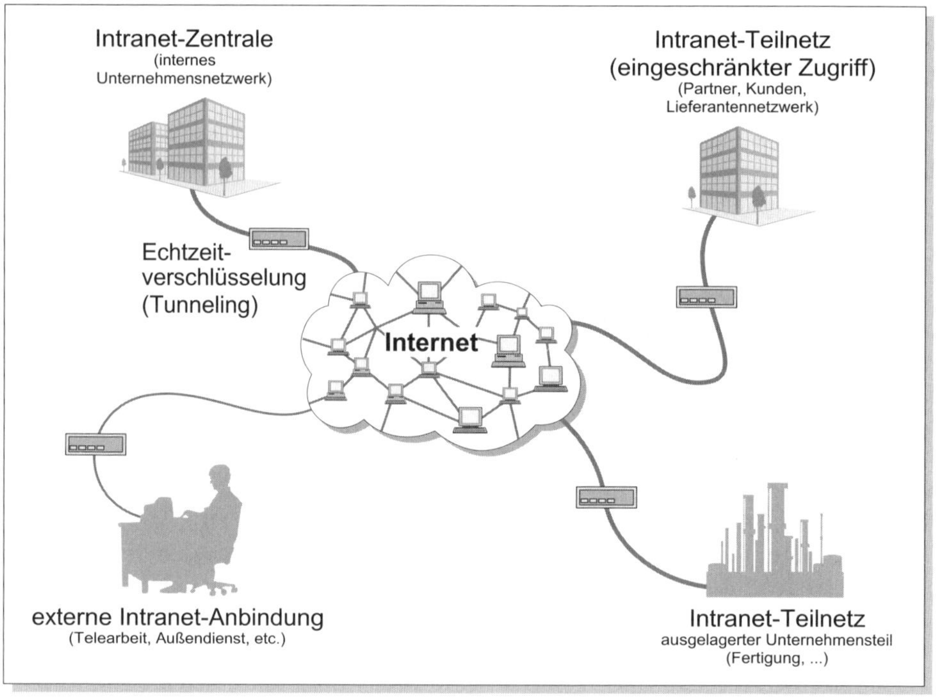

Abb. 21.6: Corporate Intranets via öffentliches Internet (Extranet)

lich kostengünstiger, als dies bei Mietleitungen der Fall ist. Nachteilig sind dabei allerdings die großen Bandbreitenschwankungen, die bei der Nutzung des Internets auftreten. (Zunehmend geben Internetprovider allerdings bereits für jene Internetregionen, die von ihnen oder ihren Partnern abgedeckt werden, Bandbreitenverfügbarkeitsgarantien ab). Darüber hinaus sind beim Extranet zusätzliche Soft- und Hardwarekomponenten notwendig, die für die Verschlüsselung der über das Internet übertragenen Datenströme in Echtzeit sorgen (Tunneling).

Grundsätzlich ist für jede Netzarchitektur im einzelnen eine genaue Analyse des Anforderungsprofils für die Weitverkehrsverbindungen zu erstellen, um dann basierend darauf die optimale Kombination aus privater und öffentlicher Internetanbindung zu ermitteln.

21.3 Die Architektur von Extranets

21.3.1 Extranet und VPN

Ein zentraler Begriff bei der Architektur von Extranets sind die virtuellen privaten Netzwerke (VPN). Ein VPN faßt eine bestimmte Menge von Rechnern und anderen Netzwerkkomponenten zu einem Netzwerk zusammen, auf das Fremde keinen sinnvollen Zugriff haben, selbst wenn sie Pakete mitlesen oder die Verbindung übernehmen können.

Ein VPN geht allerdings in seinen Möglichkeiten über die Anforderungen eines Extranets hinaus. Ein VPN kann auch innerhalb eines Intranets eines einzelnen Standortes Netzwerkknoten zu virtuellen Netzen zusammenfassen, um z.B. die Forschungs- oder Personalabteilung vom Rest des Netzwerks zu entkoppeln.

VPNs können in drei Konfigurationen installiert werden:

- Bei einem 1:1-VPN werden zwei komplette Netzwerke über je ein Gateway gekoppelt. Die Kommunikation zwischen der Gateways, die über das unsichere Netz gekoppelt wird, erfolgt verschlüsselt durch einen Tunnel. Innerhalb der beiden LANs erfolgt keine Verschlüsselung.
- Bei einem 1:n-VPN greifen einzelne Rechner über das unsichere Netz auf ein durch Gateway angekoppeltes LAN zu. Auch hier erfolgt die Kommunikation bis zum Gateway verschlüsselt über einen Tunnel.
- Das n:n-VPN schließlich ordnet die Rechner innerhalb eines LANs nach logischen Strukturen, ganz unabhängig von der Struktur des Netzwerkes. So können einzelne Gruppen oder Abteilungen zu unabhängigen Netzwerken zusammengefaßt werden. Die Kommunikation erfolgt verschlüsselt von Rechner zu Rechner.

VPNs in den Ausprägungen 1:1 und 1:n werden zur Bildung von Extranets benutzt.

21.3.2 1:1-VPN

Sollen die Intranets zweier Standorte zu einem Extranet gekoppelt werden, bietet sich die 1:1-VPN-Lösung an. Die Gateways auf beiden Seiten müssen so konfiguriert werden, daß sie den gleichen Mechanismus zur Authentifizierung und Verschlüsselung benutzen. Meist werden proprietäre Protokolle benutzt, der Standard IPSec setzt sich allerdings mehr und mehr durch. Da IPSec keinen verbindlichen Mechanismus zum Austausch der Schlüssel bietet, werden hier diverse Verfahren eingesetzt, die vom manuellen Austausch über proprietäre Lösungen bis hin zu Standards wie ISAKMP/Oakley oder SKIP reichen.

Zugriffe von einem Netz zum anderen werden über das Gateway, das Internet und das zweite Gateway gesendet. Diese Kommunikation geschieht für den Benutzer völlig unsichtbar, so daß sich aus seiner Sicht des Netzwerks der Kollege im anderen Standort völlig analog zu den Kollegen vor Ort verhält.

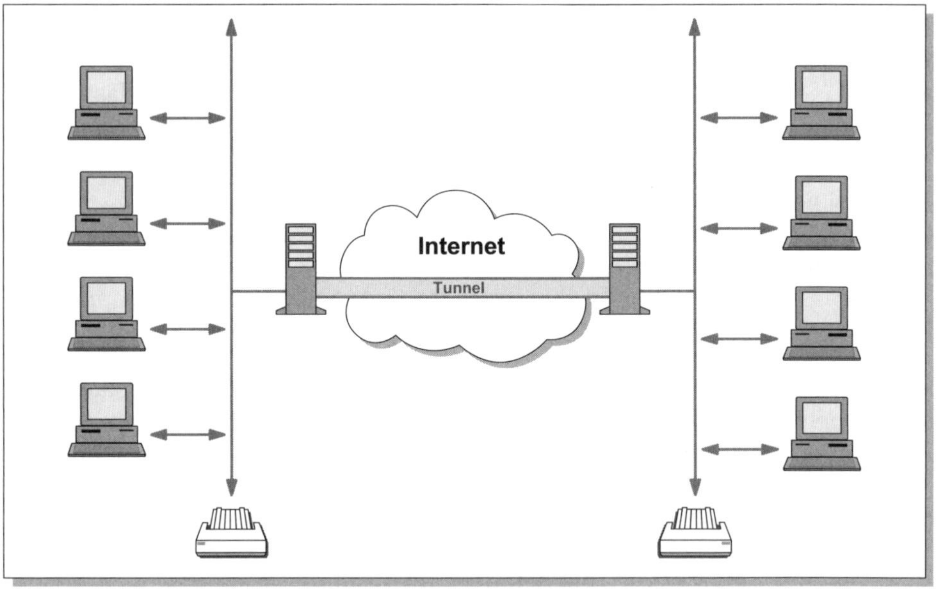

Abb. 21.7: 1:1 Extranet

Diese Überlegungen gelten analog auch für die Kopplung von drei oder mehr Standorten. Als zusätzliche Variante werden Gateways angeboten, die einen verschlüsselten Tunnel zu den anderen Standorten aufbauen und gleichzeitig einen unverschlüsselten Zugang ins Internet gewährleisten.

21.3.1 1:n-Extranets

Neben der Kopplung unterschiedlicher Standorte stellt sich in der Praxis die Aufgabe, einzelne externe Rechner in das eigene Netzwerk zu integrieren. So greifen Außendienstmitarbeiter von ihrem Hotel oder dem Netzwerks des Kunden häufig auf interne Unternehmensdaten zu. Als Transportmedium bietet sich wieder das Internet an, so daß hier die 1:n-Variante von VPNs genutzt werden kann. Alternativ kann der Zugriff auch über einen RAS-Server erfolgen. Die 1:n-Variante des Extranets ist auch für Heimarbeitsplätze interessant, da hier die Mitarbeiter auf alle Ressourcen zugreifen müssen, die ihnen am lokalen Arbeitsplatz zur Verfügung stehen.

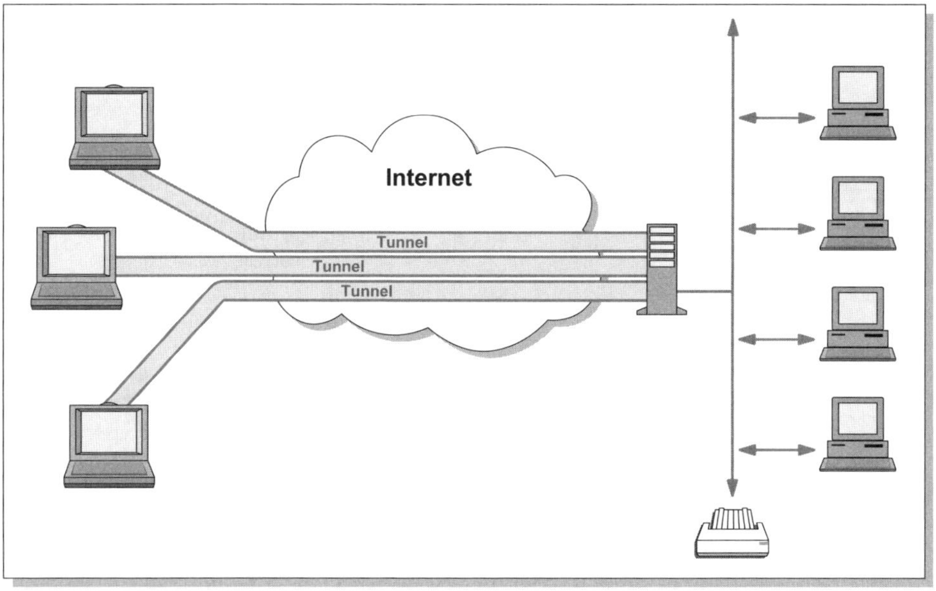

Abb. 21.8: 1:n Extranet

21.4 Die Elemente eines Intranets

Die Eckpfeiler eines Intranets sind auf WWW-Technologien basierende Intranet-Server, ein leistungsfähiges Messagingsystem sowie ein WWW-Browser als universeller Intranet-Client. Die Funktionen des Intranet-Servers sind dabei wesentlich umfangreicher, als dies im Internet der Fall ist. So enthält ein vollständig ausgebauter Intranetserver die Softwaremodule eines:

- WWW-Servers,
- Informationssuch- und Indizierungssystems (Search Engine),
- Public-Key/Security-Servers,
- Directory Servers,
- Mail-Servers,
- News-Servers,
- Applikationsservers (Intranet-Java/Javascript-Applikationen) und eines
- Multimediaservers (Audio/Video).

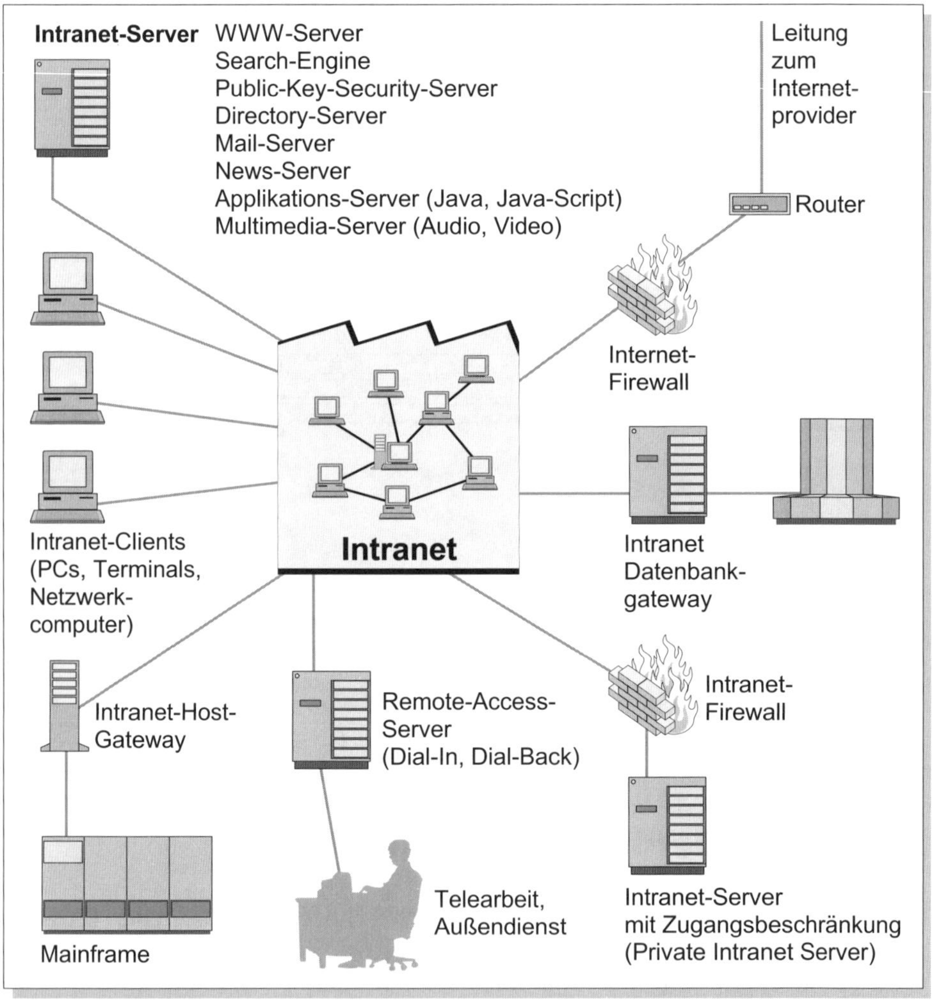

Abb. 21.9: Die Elemente eines Intranets

Die Anbindung von bestehenden Datenquellen und Applikationen erfolgt über Intranet-Gateways. Eigens dafür entwickelte Softwareapplikationen stellen dabei den nahtlosen Übergang zu den betreffenden proprietären Datenformaten und Anwendungen her. Während praktisch alle Datenbankhersteller bereits standardmäßig leistungsfähige WWW-Interfaces für ihre Produkte anbieten (Oracle, Informix), so stellt sich der Anschluß der transaktionsorientierten Mainframesystemen etwas schwieriger dar (TCP/IP kennt keinerlei Transaktionsorientierung). Mittlerweile gibt es jedoch Lösungen (Attachmate, BEA), die die bidirektionale Umsetzung von Hostdaten in das WWW-Format ermöglichen.

Neben den multifunktionalen Intranet-Servern, den Intranetgateways sowie den Intranet-Clients sind Intranet- und Internet-Firewallsysteme die vierte wichtige Komponente in der Architektur von Intranets. Firewallsysteme haben die prinzipielle Aufgabe, gesicherte an ungesicherte Netze zu koppeln. Als ungesichert kann dabei allerdings nicht nur das öffentliche Internet betrachtet werden. In der Regel gibt es auch unternehmensintern Netzsegmente mit durchaus unterschiedlicher Sicherheitsklassifikation. Solche Netze müssen entsprechend mit internen Firewalls (Intranet-Firewalls) gekoppelt werden. Sind nur bestimmte Dateibereiche innerhalb eines Datenservers mit eingeschränkten Zugriffsrechte zu versehen, so kann dies auch durch Verschlüsselung mit Hilfe des Security-Servers bzw. über entsprechendes Zugriffsrechtsmanagement der Verzeichnisdienste geschehen. Abb. 21.9 stellt die Elemente eines Intranets schematisch dar, hier mit einem Heimarbeitsplatz über RAS-Zugang (Remote Access Server).

21.4 Die Softwarearchitektur im Intranet

Die Softwarearchitekur im Intranet besteht im wesentlichen aus dem Transportprotokoll TCP/IP sowie den darauf basierenden Internet-Anwendungsprotokollen. Jede der klassischen Internetanwendungen wie

- Telnet (Telnet-Protokoll)
- Filetransfer (FTP)
- E-Mail (SMTP)
- World Wide Web (HTTP) oder der
- Domain-Namen-Dienst (DNS)

ist mit Hilfe eines anwendungsspezifischen, standardisierten Protokolls realisiert und wird für Intranets unverändert übernommen. Die eigentlichen Intranetanwendungen wie Search-Engines, Intranet-Gateways zu Datenbanken und Applikationen oder Groupwareanwendungen setzen ihrerseits direkt auf diesen Protokollen auf. Viele Intranetanwendungen werden dabei in der plattformunabhängigen Programmiersprache Java erstellt. Java-Programme sind nicht nur auf praktisch jeder Plattform lauffähig, sondern können auf Anforderung auch von Java-

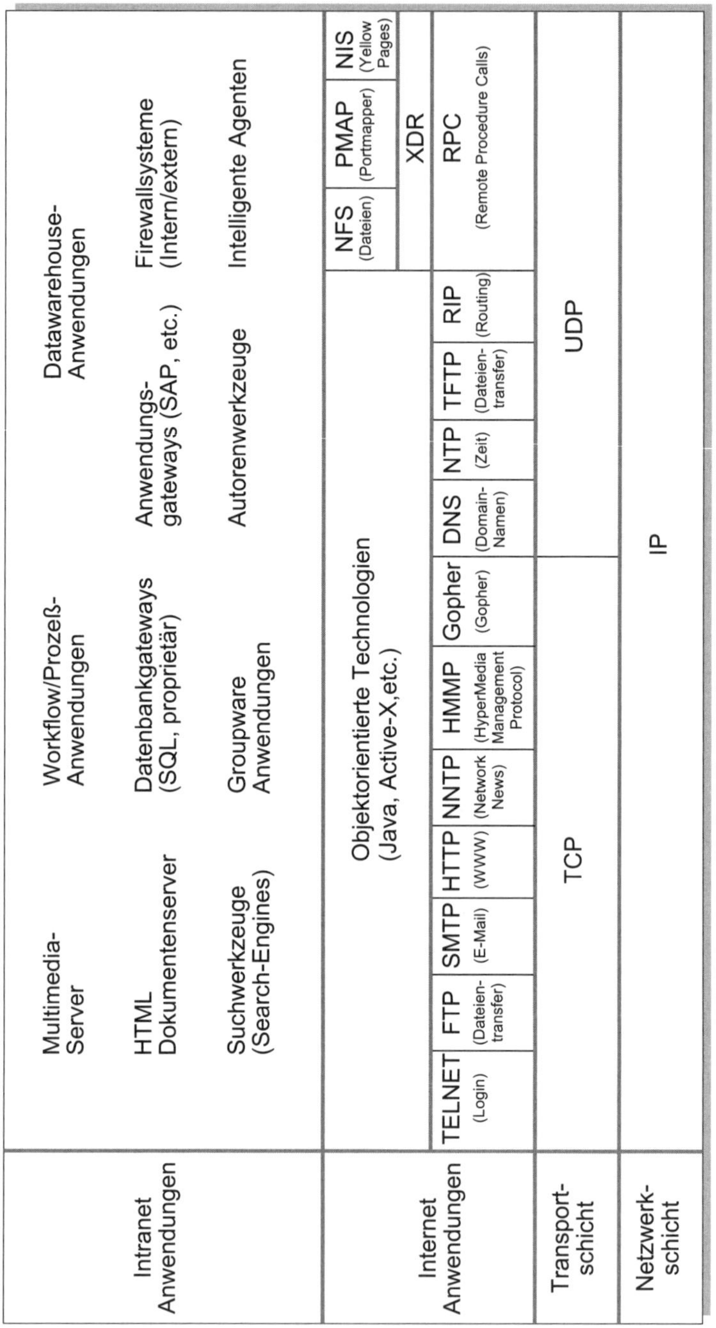

Abb. 21.10: Die Intranet-Softwarearchitektur

Applikationsservern über das Netz hin zum Anwender übertragen werden, wo sie zur Ausführung kommen. Abb. 21.10 zeigt in einer Übersicht die Intranet-Softwarearchitektur.

21.5 Informationen und Archive im Internet

Intranet-Architektur	`http://www.intrack.com/intranet/iarchi.shtml`
Mobiles Intranet	`http://www.cs.umd.edu/users/korpe/thesis/node48.html`
Extranet-Architektur	`http://www.obvia.com/obvia/network/`
VPN-Architektur	`http://comet.columbia.edu/research/architectures/VPN.html`

Stichworte für Suchmaschinen

intranet architecture
extranet architecture
VPN architecture
virtual private networks

Intranets: Strategische Zielsetzung und Planung 22

It sounds like somebody forgot to check who's driving the intranet, and where it's headed. (Mark Schlack).

Am Beginn der Planungen für die Einführung von Intranettechnologien steht eine Bestandsaufnahme der bestehenden Datennetzinfrastruktur im Unternehmen. Auf dieser Basis können dann die funktionellen und strategischen Zielvorgaben für das Intranet entwickelt und daraus abgeleitet, die notwendigen technischen Maßnahmen definiert werden. Im dritten Schritt erfolgt die Detailplanung für Design, Implementation und Betrieb des Intranets.

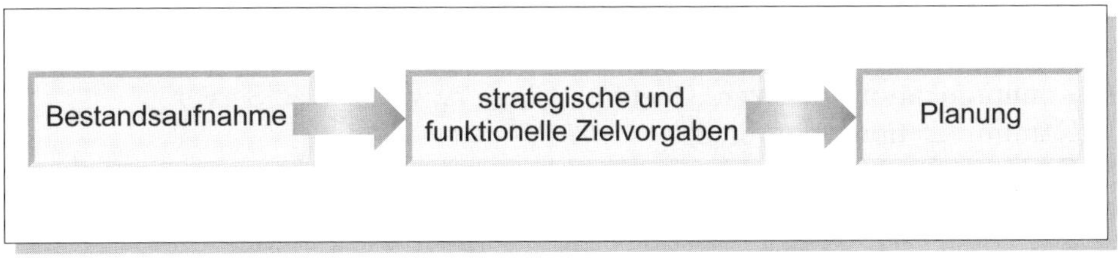

Abb. 22.1: Strukturierte Planung eines Intranet

22.1 Bestandsaufnahme der Infrastruktur

Voraussetzung für die systematische Planung einer jeden umfangreichen Umstrukturierung innerhalb eines Datennetzes sind genaue Kenntnisse über dessen Betriebszustand, Topologie, und Systemarchitektur sowie die darauf betriebenen Anwendungen. Dies gilt selbstverständlich auch für die Planung eines Intranets. Sind solche Informationen nicht oder nur unzureichend vorhanden, muß vor Beginn der Intranetplanungsphase eine umfangreiche Bestandsaufname der Netzinfrastruktur erfolgen. Dies dient nicht nur der möglichst fehlerfreien und umfassenden Planung, sondern auch der vergleichenden Überwachung der Netzbetriebsparameter während der späteren Implementations- und Betriebsphase der Intranetkomponenten. In jedem Fall muß damit gerechnet werden, daß der Einsatz von Intranetanwendungen eine erhöhte Belastung der Datennetze nach sich ziehen kann. Dies liegt zum einen im Anstieg des Volumens der übertragenen Daten insgesamt - bedingt durch ihre erhöhten Verfügbarkeit - und zum andern in der Architektur des WWW-Protokolls HTTP selbst. Als zustandsloses Protokoll erzeugt der Einsatz von HTTP in lokalen Netzen nämlich ein Verkehrsprofil mit einer im Verhältnis zur tatsächlich übertragenen Nutzdatenmenge relativ hohen Anzahl von kurzen und damit das LAN belastenden Datenpaketen. Eine mit der Intraneteinführung begleitende Netzüberwachung sowie der Vergleich mit den entsprechenden Kenngrößen vor der Umstellung erleichert die Lokalisierung von plötzlich auftretenden Engpässen und Leistungsproblemen und ermöglicht es, proaktiv gegenzusteuern.

22.1.1 Betriebsparameter

Die für den Betriebszustand eines Datennetzes entscheidenden Kenngrößen betreffen die OSI-Schichten 2 und 3, also die Verbindungsschicht (Link-Layer) und die Netzwerkschicht (Network Layer). Zu den im Rahmen der Bestandsaufnahme zu ermittelnden Parametern gehören somit im wesentlichen:

OSI-Schicht 2 (Verbindungsschicht)

- Netzlast (in Prozent und KByte),
- Paketgrößenverteilung,
- Kommunikationsmatrizen (Client <> Client bzw. Client <>Server Kommunikationsvolumina),
- Fehlerpakete sowie
- Intersegmentverkehr (via Brücken)

OSI-Schicht 3

- Protokollverteilung,
- Protokollleistungsfähigkeit (je nach Protokoll z.B. Low Time to Live, Low Window Size, Rerouting etc.),
- Protokollfehler sowie
- Intersegmentverkehr (via Router LAN/LAN LAN/WAN).

22.1.2 Intranet und OSI-Schicht-2

Die maximal zulässigen Netzlasten innerhalb von Netzwerksegmenten hängen von einer Vielzahl von Parametern wie der Netztopologie (Ethernet (10/100/1000 Mbit/s), Token Ring, FDDI, ATM), der Anzahl der Stationen, der Paketgrößenverteilung und auch dem Anteil von fehlerhaften Paketen ab. Eine eingehende Diskussion über anzustrebende Werte würde an dieser Stelle zu weit führen. Grundsätzlich kann aber gesagt werden, daß die Einführung von Intranettechnologien tendenziell zu einem Anstieg der durchschnittlichen Netzlast und einem erhöhten Anteil an kurzen Datenpaketen führt. So erzeugt die Nutzung eines WWW-Browsers in einem auf Ethernet basierenden Intranet während eines Zeitraums von einer Stunde im Durchschnitt ein Datenvolumen in der Größenordnung von 4 - 6 Mbytes oder 20.000 Datenpaketen. Die Länge von mehr als 50 Prozent der Datenpakete liegt dabei in der Regel im Bereich zwischen 64 und 128 Bytes (Abb. 22.2).

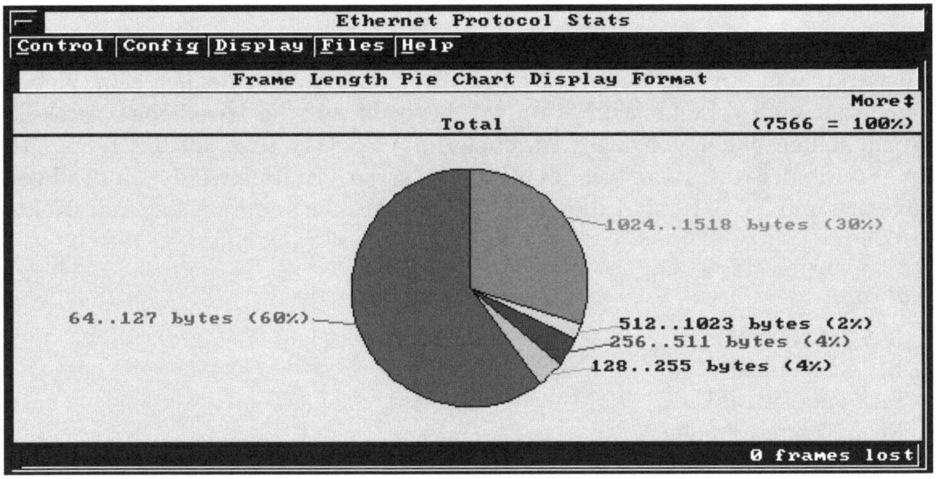

Abb. 22.2: Paketgrößenverteilung für 30 Minuten Websurfen in einem Ethernet-Intranet

Hochgerechnet auf eine durchschnittliche tägliche WWW-Nutzung von zwischen 10 und 60 Minuten pro Anwender, kann dies zu einer signifikanten Mehrbelastung der betroffenen Netzsegemente führen. Liegen die bisherigen Netzlasten und Paketgrößenverteilungen im unkritischen Bereich, so wird sich die Einführung von WWW-Anwendungen allerdings kaum auf die Leistungsfähigkeit des Datennetzes insgesamt auswirken. Wird das Netz allerdings bereits im Hochlastbereich betrieben, so kann der Einsatz von Intranetanwendungen zu Problemen und merkbaren Leistungseinbußen bei anderen Anwendungen führen.

22.1.3 Intranet und OSI-Schicht -3

Umfassende Auswirkungen auf der Netzwerkschicht bei der Einführung von Intranets ergeben sich vor allem bei nicht auf TCP/IP basierenden Netzen. Da alle Intranetanwendungen im wesentlichen dieses Transportprotokoll voraussetzen, sind für diese Netzsegmente entsprechende Maßnahmen zu treffen und deren Auswirkungen abzuschätzen. Grundsätzlich bestehen zwei Möglichkeiten, Intranets über nicht auf TCP/IP basierenden Netze zu betreiben:

- Enkapsulierung von TCP/IP Datenpaketen in das bestehende Transportprotokoll und Einrichtung von Gateways hin zu reinrassigen TCP/IP-Intranets oder
- zusätzliche Einführung des TCP/IP Transportprotokolls zu den bestehenden Protokollen.

Alternativ dazu bieten mittlerweile alle großen Hersteller von Netzwerkbetriebssystemen das Protokoll TCP/IP direkt an.

Je nach der verfolgten Intranet-Migrationsstrategie können die zu erwartenden Auswirkungen auf der Netzwerkschicht durchaus unterschiedlich sein. Neben Durchsatz und Verkehrslastmessungen, bezogen auf die jeweiligen Protokolltypen, sollten daher vor allem Parameter, die Rückschlüsse auf die Transport- und Routingleistungsfähigkeit des Netzes zulassen, ermittelt werden. Im Fall von Netware und TCP/IP sind dies beispielsweise unter anderem folgende Kenngrößen:

Netware

- IPX Paketgröße,
- RIP Paketanzahl,
- SAP Paketanzahl,
- Read Request Pakete,
- Write Request Pakete,
- etc.

TCP/IP

- IP Broadcasts,
- IP Fragmente,
- ICMP Redirects,
- ICMP Unreachables,
- Niedrige TTL,
- Niedrige Fenstergrößen,
- Connection Resets,
- etc.

Werden solche Parameter und deren typische Wertebereiche bereits während der Planungsphase ermittelt, so können die mit der Intraneteinführung verbundenen Auswirkungen im späteren Betrieb verfolgt und eventuelle Fehlerdomänen systematisch eingegrenzt werden (Abb. 22.3, 22.4).

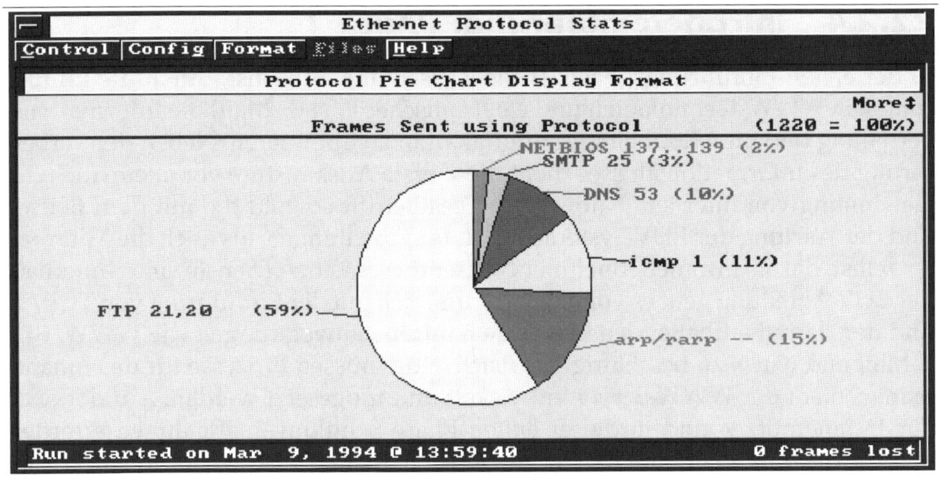

Abb. 22.3: Ermittlung der Protokollnutzungsstatistik

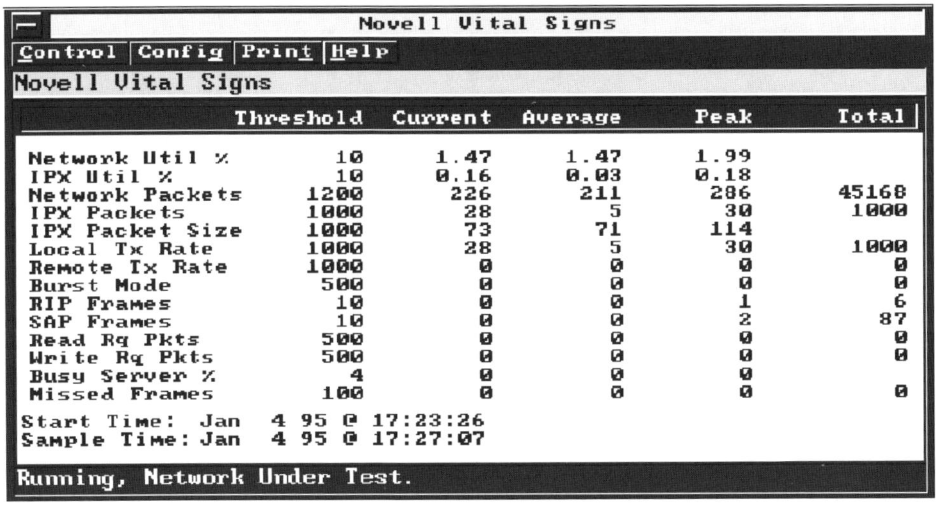

	Threshold	Current	Average	Peak	Total
Network Util %	10	1.47	1.47	1.99	
IPX Util %	10	0.16	0.03	0.18	
Network Packets	1200	226	211	286	45168
IPX Packets	1000	28	5	30	1000
IPX Packet Size	1000	73	71	114	
Local Tx Rate	1000	28	5	30	1000
Remote Tx Rate	1000	0	0	0	0
Burst Mode	500	0	0	0	0
RIP Frames	10	0	0	1	6
SAP Frames	10	0	0	2	87
Read Rq Pkts	500	0	0	0	0
Write Rq Pkts	500	0	0	0	0
Busy Server %	4	0	0	0	
Missed Frames	100	0	0	0	0

Start Time: Jan 4 95 @ 17:23:26
Sample Time: Jan 4 95 @ 17:27:07

Running, Network Under Test.

Abb. 22.4: Messungen der Protokollleistungsparameter für Novell Netware

22.2 Grobplanung bei Intranet-Konzepten

Nach der Bestandsaufnahme der Netzinfrastruktur kann mit der funktionellen und strategischen Zieldefinition für das künftige Intranet begonnen werden. Die jeweiligen Intranetfunktionen werden dabei in Abhängigkeit von ihrer Komplexität schrittweise umgesetzt.

22.2.4 Intraneteinführung: Phase 1

In der ersten Einführungsphase ist die Zielsetzung zunächst, durch die Einführung von WWW-Technologien und elektronischer Post (E-Mail) die Informationsverteilung und die Mitarbeiterkommunikation zu optimieren. Neben der Verbesserung des Informationsflusses dient diese erste Ausbaustufe vor allem auch der Gewinnung von internem Know-how. Dies betrifft sowohl die mit dem Betrieb und der Wartung der EDV-Systeme betrauten Abteilungen, als auch die Mitarbeiter selbst, die als Intranetteilnehmer Nutzer dieser neuen Dienste sind. Innerhalb der EDV-Abteilung geht es vor allem darum, sich mit der Einführung von TCP/IP und den darauf aufbauenden klassischen Intranetanwendungen wie WWW, FTP, E-Mail und News zu beschäftigen. Gleichzeitig müssen Prozesse für das Inhaltsmanagement der WWW-Server entwickelt und umgesetzt werden. Auf der Seite der Intranetnutzer sind in dieser ersten Phase Schulungsmaßnahmen erforderlich, die die Mitarbeiter mit den Möglichkeiten der neuen Anwendungen vertraut machen und zu einer raschen Nutzung innerhalb der täglichen Arbeitsprozesse führen.

22.2.5 Intraneteinführung: Phase 2

In der zweite Phase der Intraneteinführung werden über entsprechende Datenschnittstellen bestehende Datenbanken und Hostanwendungen vom Intranet aus zugänglich gemacht. Gleichzeitig beginnt die Einführung universeller Intranet-Clientapplikationen, die den gesamten Bereich der Bürokommunikation mit den Hypermediafunktionen der klassischen WWW-Browser integrieren (z.B. MS-Office, Star-Office etc.). Damit wird eine einheitliche Benutzeroberfläche für den größten Teil der unternehmensinternen Datenverarbeitung geschaffen. Der zweite Schwerpunkt in dieser Phase ist die Realisierung der Unternehmensanbindung an das öffentliche Internet, falls dies Bestandteil des Intranetkonzepts ist.

22.2.6 Intraneteinführung: Phase 3

Die Zielsetzung im darauffolgenden dritten Implementations-Schritt konzentriert sich auf die Optimierung des bidirektionalen Informationsflusses mit Hilfe der auf Intranetbasis mit geringem Aufwand realisierbaren modernen Methoden der Gruppen- und Teamarbeit. Dies sind Groupware- (Newsgruppen, Dokumenten-Sharing, Workflow) und Videokonferenzanwendungen, die nun erstmals kostengünstig flächendeckend im Unternehmen eingesetzt werden können. Darüber hinaus werden den in dieser Phase mit WWW-Technologien bereits vertrauten Mitarbeitern Werkzeuge zur Verfügung gestellt, die die Erstellung und unternehmensinterne Verbreitung eigener Inhalte mittels World Wide Web-Server unterstützen und fördern. Damit wird im Bereich des Austausches von Information und der Verbreitung von Wissen innerhalb des Unternehmens eine

Effizienz erreicht, die mit herkömmlichen Mitteln nicht auch nur annähernd realisierbar wäre.

	Zielsetzung	Realisierung
Phase 1	• Verbesserung des unidirektionalen Imformationsflusses (WWW) und der Mitarbeiterkommunikation (E-Mail) • Aufbau von internem Know-how • Rasche Umsetzung, geringe Kosten, unmittelbarer ROI	• Schulungsmaßnahmen • Einführung von TCP/IP • Einführung von E-Mail • Aufbau von internen WWW-Servern
Phase 2	• Mitarbeiterproduktivität durch integrierte Browser/Office Anwendungen • Integration der unterschiedlichen Datenschnittstellen • Optimierung der externen Kommunikation durch Anbindung an das öffentliche Internet	• Einsatz von universellen Intranet-Clients • Host- und Datenbank-integration via Schnittstellenbaukästen • Internet-Anbindung
Phase 3	• Optimierung und Produktivitätserhöhung von Gruppen- und Teamarbeit • Optimierung des bidirektionalen Informationsflusses	• Intranet-Groupware • Videoconferencing • Individuelle (formelle / informelle) Inhalte Homepages
Phase 4	• Integration von Unternehmens-anwendungen • Optimierung der Geschäftsprozesse • Anbindung andere Standorte	• Intranet-Einbindung von Unternehmensanwendungen über WWW-Schnittstellen • Begrenzte Integration von externen Intranets (Lieferanten, Partner etc.) • Extranets

Abb. 22.5: Die schrittweise Einführung von Intranettechnologien

22.2.7 Intraneteinführung: Phase 4

Die vierte Phase der Intraneteinführung hat schließlich zum Ziel, die Gesamtheit der Unternehmensanwendungen wie Buchhaltungs-, Warenwirtschafts- oder PPS-Applikationen (PPS: Produktions-Planung und -Steuerung) in das Intranet einzubinden, um damit eine Optimierung der Geschäftsprozesse insgesamt zu erreichen. Darüber hinaus werden nun auch andere Standorte des eigenen Unternehmens über Extranet angebunden. Zusätzlich können die Intranets von Lieferanten, Vertriebspartnern oder Kunden kontrolliert an das eigene Unternehmensnetzwerk angekoppelt werden. Alle computergestützten Informationsflüsse im Unternehmen verlaufen nun über die einheitliche, universelle Intranetplattform. Eine kontrollierbare, kompatible, flexible und offene Architektur für die Informationsverarbeitung ist realisiert. Abb. 22.5 stellt in einer Übersicht die zentralen Ziele und die zu ihrer Realisierung notwendigen Maßnahmen dar.

22.3 Detailplanung bei Intranet-Konzepten

Nachdem in der strategischen Zielsetzung der Funktionsumfang sowie der zeitliche Rahmen für die Realisierung des Intranets vorgegeben ist, kann mit der Detailplanung für die Umsetzung des Intranetkonzeptes begonnen werden. Folgende Planungsbereiche müssen dabei berücksichtigt werden:

- Organisatorische Planung,
- Technische Planung,
- Sicherheitsplanung,
- Planung für Erstellung und Management von Inhalten,
- Kontrollplanung,
- Planung des Pilotprojektes und Implementationsplanung sowie die
- Planung für Mitarbeiterschulung.

22.3.1 Organisatorische Planung

Im Rahmen der organisatorischen Planung wird die Gesamtheit der Aufgaben für die Implementation und den Betrieb des Intranets in einzelne Module zerlegt und an bestimmte Personen bzw. Abteilungen delegiert. Zunächst muß allerdings die Verantwortung für die Koordination aller Intranetaktivitäten an eine Person oder ein zentrales Steuerkomitee übertragen werden. Dies stellt sicher, daß das Intranet systematisch und strukturiert geplant, implementiert, betrieben und erweitert wird und kein unkoordinierter, chaotischer Wildwuchs um sich greift. Gerade im Fall von Plug- and Play-Technologien wie dem Intranet, wo die notwendige Hardware vielfach ohnehin vorhanden ist und Software mehr oder weniger kostenlos zur Verfügung steht, ist die Versuchung groß, auf Abteilungsebene in Eigenregie kleine Pilotprojekte zu starten. In kleinem Rahmen mag dies zwar noch als ein erstes Sammeln von Erfahrungen hingenommen werden. Steht allerdings die Unternehmensentscheidung für die Einführung eines unternehmensweiten Intranets fest, dann muß deren Umsetzung zentral geplant und gemanagt werden, um ein Optimum an Synergieeffekten erzielen zu können. Die Delegierung der Gesamtverantwortung für das Intranetprojekt an eine zentrale Stelle (Intranetmanagement) ist deshalb von zentraler Bedeutung.

Die Intranetorganisation, die von diesem Intranetmanagement geführt wird, besteht dabei aus den folgenden Bereichen:

- Intranet-Technik (Hardware, Software, Datennetz),
- Intranet- und Extranet-Sicherheit,
- Chefredaktion (Verantwortung für Erstellung, Gestaltung und Management der Inhalte),
- Redaktionsteams (Erstellung und Aktualisierung der Inhalte),
- Layout-Team (Gestaltung und Umsetzung von Inhalten und Funktionen – WWW-Seitenlayout, WWW-Formulare etc.),
- Juristische Prüfung sowie
- Mitarbeiterschulung, Benutzersupport

Intranet-Organisation: Technik

Vor allem in der ersten Phase der Intraneteinführung ist die für alle technischen Belange (Hardware, Software, Netz) zuständige Organisationseinheit von großer Bedeutung. Dieser Verantwortungsbereich wird in aller Regel der hausinternen EDV-Abteilung übertragen, die dann – je nach vorhandenem internen Know-how – in Eigenregie oder in Zusammenarbeit mit externen Beratern – für die technische Umsetzung des Intranetkonzeptes verantwortlich ist. In vielen Unternehmen geht die Initiative für die Einführung von Intranettechnologien von der EDV-Abteilung aus und verbleibt auch in weiterer Folge im gesamten Funktionsumfang in deren Verantwortungsbereich. Da der Großteil des Aufwandes für ein Intranets jedoch nicht! in der Aufbauphase, sondern im Betrieb liegt (mehr als fünfzig Prozent der Kosten für ein Intranet entstehen durch Informationsmanagement – also der Erstellung und Aktualisierung von Inhalten –, weniger als 10% durch Hard- und Software!), ist jede EDV-Abteilung damit allerdings hoffnungslos überfordert. Resultat ist ein halbherziges, unstrukturiertes Intranet, welches – wenn überhaupt – von sehr geringem Nutzen ist. In den meisten Fällen wird, im Gegenteil, rasch Skepsis und Frust unter den Benutzern verbreitet, die ihre Vorurteile, daß das Internet ohnehin nur Zeitverschwendung sei, bestätigt sehen. (Der Unterschied zwischen Internet und Intranet wird ohnehin großzügig übersehen). Die in der Praxis kritischen Funktionen innerhalb des Intranetteams sind daher nicht im technischen Bereich angesiedelt, sondern in der Chefredaktion sowie den nachgeordneten Redaktions- und Layoutteams.

Intranet-Organisation: Chefredaktion, Redaktions- und Layoutteams

Die Einführung von WWW-Servern zu Beginn des Aufbaus eines Intranets kann mit relativ geringen Kosten und wenig technischem Aufwand durchgeführt werden, besitzt jedoch eine außerordentlich hohe Sichtbarkeit. Ein großer Teil der unternehmensinternen Informationen und Daten sind für jeden Mitarbeiter plötzlich nur noch einen Mausklick weit entfernt. Die damit erreichbaren Synergieeffekte sind enorm, vorausgesetzt, die Informationen sind aktuell. Es muß daher von Beginn an sichergestellt werden, daß jegliche Information, die über einen WWW-Server verfügbar ist, mit Sicherheit die größte Aktualität besitzt. Der WWW-Server muß die erste Referenz sein, gefolgt in großem Abstand von jeglicher papiergestützter Information. Ist dies nicht gewährleistet, kann sich die Wirkung von WWW-Servern rasch ins Gegenteil umkehren. Veraltete und damit falsche Informationen werden unternehmensweit verteilt und schaden mehr als sie nützen. Zudem wird bei den Intranetnutzern gegenüber den neuen Webbasierenden Diensten ein negatives Vorurteil erzeugt, das nur mühsam wieder beseitigt werden kann. Die Aufgabe des Chefredakteurs ist es daher, gemeinsam mit den für die inhaltliche Gestaltung verantwortlichen Redakteurteams (Editoren) für ein professionelles Informationsmanagement auf den WWW-Servern zu sorgen. Der Verantwortungsbereich des Layoutteams liegt beim Entwurf einer Online-Corporate-Identity sowie eines einheitlichen Web-Seitendesigns. Darüber hinaus unterstützen sie die den Redakteurteams zugeordneten Autoren von Web-Dokumenten bei der Gestaltung und Implementation von aufwendigen Seiten (Homepages, interaktive WWW-Seiten mit Formularen etc.).

Intranet-Organisation: Juristische Prüfung

Mit der Klärung von juristische Fragen, vor allem im Zusammenhang mit dem Inhaltsmanagement sollte ein Mitglied der Rechtsabteilung betraut werden. Selbst wenn Inhalte ausschließlich unternehmensintern verteilt werden, sind die geltenden Copyrightbestimmungen einzuhalten (Nutzung von Texten, Grafiken, Fotos, Cliparts etc.). Werden ausgewählte Seiten aus dem Intranet über einen Internet-Informationsserver veröffentlicht, so unterliegen deren Inhalte darüber hinaus dem Pressegesetz!

Intranet-Organisation: Sicherheit

Unabhängig von allen anderen Organisationseinheiten ist auch ein Verantwortlicher für die Intranetsicherheit zu ernennen. Je umfangreicher und vernetzter die computergestützten Informationsflüsse sind, desto wichtiger ist die Funktion des Sicherheitsbeauftragten für das Intranet, unabhängig von einer eventuell vorhandenen Anbindung an das öffentliche Internet. Studien haben ergeben, daß mehr als zwei Drittel der Verletzungen der Informationssicherheit von Mitarbeitern des eigenen Unternehmens ausgelöst werden. Die Sicherung der internen Informationsflüsse und Datenbestände durch entsprechende Vorschriften, Mitarbeiterschulungen und Systemkomponenten (interne Firewalls, Intrusion Detection Systeme (IDS), Zugangskontrollsysteme, VPNs etc.) durch einen speziell ausgebildeten Mitarbeiter ist somit von zentraler strategischer Bedeutung. In Abb. 22.6 ist in einer Übersicht das Organigramm für den Aufbau und den Betrieb eines Intranets dargestellt.

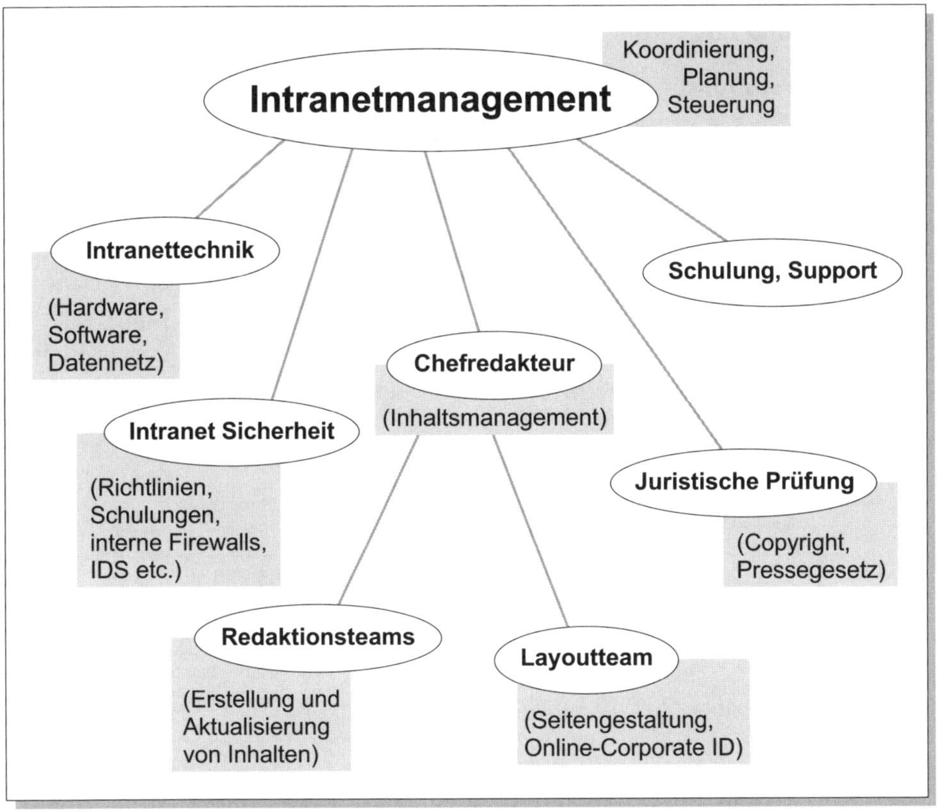

Abb. 22.6: Organisationsstruktur für den Intranetbetrieb

22.3.2 Technische Planung

Nachdem die Organisationsstruktur für das Intranetprojekt definiert und die Zuständigkeiten delegiert sind, kann mit der Detailplanung begonnen werden. In der technischen Planungsgruppe werden dabei die Grundlagen für die Funktionsfähigkeit sowie die Entwicklungs- und Integrationsfähigkeit des Intranets innerhalb der bestehenden EDV-Infrastruktur geschaffen. Es müssen Konzepte für die technische Umsetzung der vom Intranetmanagement definierten Phasen der Intraneteinführung erstellt werden. In der Phase 1 sind dies die folgenden drei Bereiche:

- Erstellung eines Intranetkonzeptes für das Transportnetz (OSI-Schicht 2/3: TCP/IP, Netzlastabschätzungen, etc)
- Auswahl und Einführung von Technologien für Nachrichtendienste (Messaging)
- Auswahl und Einführung von Technologien für das World-Wide-Web

IP-Adreßverwaltung

Die Adressierung der Netzknoten basiert im Fall des Internetprotokolls auf zwei Adressenarten: den vier Byte langen numerischen Adressen (z.B. 128.23.14.162) und den – zwecks leichteren Umgangs – diesen Adressen zugeordneten, maximal 24 Zeichen langen Domainnamen, der über einen DNS-Server in die Adresse umgewandelt werden kann. Das Vorhandensein eines DNS-Servers stellt somit die Voraussetzung für ein funktionierendes TCP/IP-Netz dar. Bei der Zuordnung der numerischen Internetadressen an die Clients ist darauf zu achten, daß jede Adresse nur ein einziges Mal vergeben wird und daß der in der Internet-Richtlinie RFC 1597 zur Vermeidung von Überschneidungen mit den Adressen im öffentlichen Internet definierte Intranet-adreßraum genutzt wird (die sogenannten privaten Adressen).

Adressklasse	Intranetadressbereiche		
A	10.0.0.0	-	10.255.255.255
B	172.16.0.0	-	172.31.255.255
C	192.168.0.0	-	192.168.255.255

Abb. 22.7: IP-Adreßraum für Intranets (RFC 1597)

In modernen Netzwerkbetriebssystemen wird zur Erleichterung der IP-Adressenverwaltung das in RFC 1531 definierte Dynamic Host Configuration Protocol (DHCP) unterstützt. Damit können Netzknoten IP-Adressen dynamisch für einen bestimmten Zeitraum (Stunden, Tage, Wochen) zugeordnet werden. Läuft die »Leihfrist« für die IP-Adresse aus, so fordert der TCP/IP-Client automatisch beim DHCP-Server eine neue Adresse an.

Intranet-Netzlastabschätzung

Der zweite Planungsbereich auf Netzebene, die Hochrechnung der zu erwartenden Netzlast, kann lediglich grobe Richtwerte vorgeben. Das zu erwartende zusätzliche Verkehrsaufkommen hängt im wesentlichen von den angebotenen Diensten, der Vielfalt und Nutzbarkeit der zur Verfügung gestellten Daten sowie der Anzahl der gleichzeitig im Intranet aktiven Mitarbeitern ab. Im Fall von bereits mit relativ hoher Last betriebenen Datennetzen ist es jedenfalls zu empfehlen, über eine begrenzte Anzahl von Testbenutzern die zu erwartende Netzbelastung im Betrieb zu ermitteln und entsprechend auf die Gesamtzahl der Mitarbeiter hochzurechnen.

Die Tabelle in Abb. 22.8 gibt zumindest grobe Richtwerte für das pro Mitarbeiter mittlere zu erwartende zusätzliche Verkehrsaufkommen für die beiden in der ersten Intranetimplementationsphase eingeführten Dienste Email und WWW an.

Intranetdienst	Nutzungsdauer	Datenvolumen
WWW-Client	1 Stunde	4-6 MByte
E-Mail	1 Tag	25 E-Mails/250-500 kByte

Abb. 22.8: Mittlere Intranet-Netzlast für Email und WWW

Auswahl und Einführung von Technologien für Nachrichtendienste (Messaging)

Grundsätzlich besteht die Infrastruktur zur Nachrichtenübertragung in Datennetzen aus einem oder mehreren Mail-Servern, sowie entsprechenden Mail-Clients auf den Computersystemen der Intranetnutzer. Zwischen den Mail-Servern erfolgt die Nachrichtenübertragung entweder mit Hilfe des Internet-Protokolls

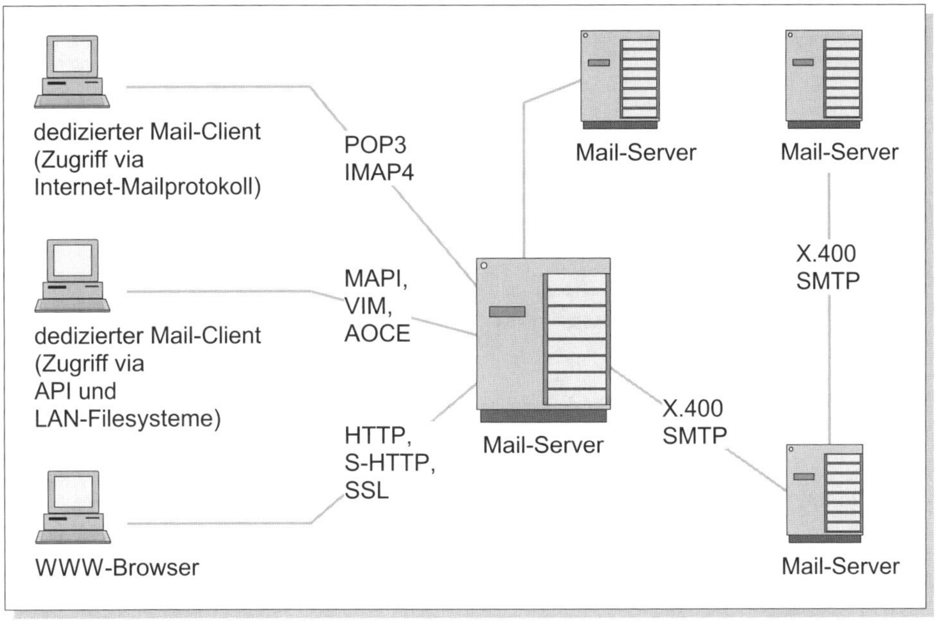

Abb. 22.9: Architektur eines unternehmensinternen Nachrichtendienstes (Messaging Services)

SMTP (Simple Mail Transport Protocol, RFC 821) oder mit dem ISO-Protokoll X.400. Für die Erstellung und den Betrieb von Benutzerverzeichnissen kommen das X.500 Protokoll oder eine vereinfachte Variante davon, das Lightweight Directory Accesss Protocol (LDAP) zum Einsatz. Windows 2000 bietet mit dem ActiveDirectory eine eigene, nicht kompatible Variante an. Clientseitig kann zwischen dedizierten Email-Programmen (Netscape, Eudora etc.) ausgewählt werden, die entweder über spezielle, ursprünglich für das öffentliche Internet entwickelte Mailprotokolle (POP2, POP3, IMAP2, IMAP3, IMAP4, DMSP) oder via LAN-Filesysteme (NFS, SMF) und den entsprechend darauf aufsetzenden APIs (MAPI, VIM, AOCE) auf den Mailserver zugreifen. Alternativ dazu bieten moderne Mailserver den Mailzugriff auch über ein HTML/HTTP-Interface an, wodurch der Einsatz dedizierter Mail-Clientprogramme überhaupt entfällt (Abb. 22.9).

Als weitere Elemente sollten leistungsfähige Mail-Serversysteme darüber hinaus eine Ankopplung an das News-Protokoll NNTP (NNTP Network News Transport Protokoll) zur Abwicklung von Diskussionsgruppen sowie Sicherheitsfunktionen wie die Verschlüsselung von Nachrichten beinhalten. Insbesondere, wenn auch Electronic-Commerce-Anwendungen über einen Intranet/Internet-Verbund abgewickelt werden sollen, ist dies von großer Bedeutung.

Eine wichtige Funktionalität für die Nutzung von Messaging ist die garantierte, zeitmarkierte Übertragung von Nachrichten mit Empfangsbestätigung (Return

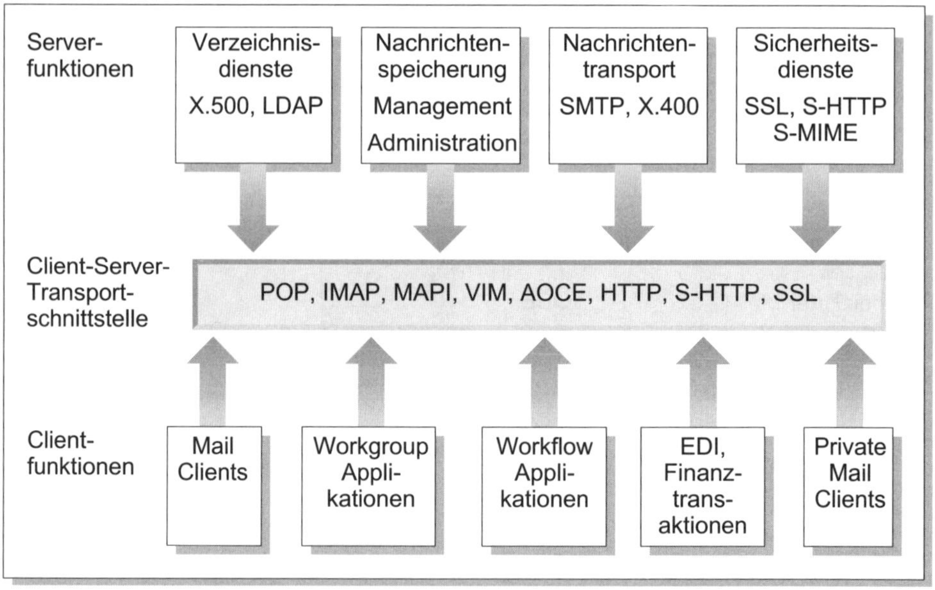

Abb. 22.10: Intranet-Messaging: Funktionsübersicht

Receipt Function). Damit kann das Nachrichtensystem direkt in Workflow-Applikationen integriert oder für unternehmensweite Terminplanungsanwendungen (Meeting und Ressourcenmanagement) genutzt werden. Abb. 22.10 zeigt in einer Übersicht alle wichtigen Funktionen, wie sie in einem universellen Intranet-Messaging-System enthalten sein sollten.

Auswahl und Einführung von Technologien für das World Wide Web

Bei der Technologieauswahl für die WWW-Komponenten des Intranets gibt es weniger Alternativen, als dies bei Messaging-Diensten der Fall ist. Die folgenden Aspekte können im Detail zur Einschätzung der Leistungsfähigkeit eines modernen Intranet-WWW-Servers dienen.

- Leistungsfähigkeit der Serverimplementation,
- Allgemeiner Funktionsumfang (Logging, Scriptsprachen, Aktualität der HTTP-Protokollversion, Dokumentenmanagement, Unterstützung von Java/Javascript, integrierte Search-Engines),
- Unterstützung der im LAN eingesetzten Verzeichnisdienste,
- Leistungsfähiges Server-Cache-Management,
- Replikationsfähigkeit,
- Unterstützung von Datenschnittstellen,
- Verfügbarkeit von Entwicklungsumgebungen und Web-Site-Management-Tools (Erstellung, Verifikation und Reorganisation von Serverapplikationen),
- Multimedia-Erweiterungen zum Ausbau als Mediaserver,
- Umfangreiche Sicherheitsfunktionen (SSL, S-HTTP, Certificate-Serverfunktionen),
- Integrationsfähigkeit in Netzwerkmanagement-Systeme (SNMP-Agent),
- Bedienerfreundlichkeit (Setup, Konfiguration) sowie
- Unterstützung der geforderten Betriebssysteme.

Die Auswahl der Client-Software ist weniger kritisch als noch vor einigen Jahren. Abgesehen von der ActiveX-Fähigkeit des Internet Explorers, auf die unter Sicherheitsaspekten getrost verzichtet werden kann, bieten alle Clients mehr oder weniger denselben Funktionsumfang, entweder direkt implementiert oder als installierbares Plug-in. Wichtig ist allerdings, daß eine einheitliche Software beschafft und installiert wird, da sonst der administrative Aufwand gegen Unendlich geht.

22.3.3 Inhaltliche Planung

Die inhaltliche Planung eines Intranets zählt zu den wichtigsten Abschnitten in der Planungsphase, nicht zuletzt deshalb, weil sie in vielen Fällen vollständig übergangen wird. Dabei ist eine professionelle Inhaltsplanung der Schlüssel zum Erfolg des gesamten Intranetprojekts. Quick-and-Dirty Intranets rufen häufig Frustration bei den Anwendern hervor, weil die inhaltlichen Erwartungen nicht einmal im Ansatz erfüllt werden. Grundsätzlich können im Intranet drei Informationstypen unterschieden werden:

- Formelle Informationen,
- Projekt/Gruppen-Informationen und
- informelle Informationen.

Zu den formellen Unternehmensinformationen gehören Dokumente wie Unternehmensrichtlinien, Telefonlisten, Datenblätter, Produktinformationen, interne Stellenausschreibungen oder Formulare (z.B. Bestellformulare, Reiseanträge), also alle jene Dokumente, die zentral erstellt und verwaltet und unternehmensweit verteilt werden. Projekt- und Gruppen-Informationen sind dagegen für die Benutzung innerhalb eines Teams oder einer Projektgruppe bestimmt. Sie können zur Kommunikation, zum Ideenaustausch oder zur Koordinierung von Aktivitäten genutzt werden. Gruppeninformationen sind in der Regel nicht unternehmensweit verfügbar und werden über Paßwörter und Zugriffsbeschränkungen geschützt. Informelle Informationen beginnen im Intranet aufzutauchen, wenn die Mitarbeiter erkennen, wie einfach und effizient die Publikation von Information über das WWW möglich ist. Dies müssen dabei nicht notwendigerweise persönliche Homepages sein. So können bereits persönliche Verzeichnisse auf einem Intranetserver als Ort für Dokumente, Konzepte, Ideen oder Notizen dienen, die damit an ähnlichen Problemen oder Projekten arbeitenden Mitarbeitern zur Verfügung stehen.

Intranetinhalte: Planung, Erstellung, Updates

Am Beginn der Inhaltsplanung steht die Definition der Inhaltsveranwortlichen (Editoren) für die jeweiligen formellen Informationsbereiche. Die Editoren entscheiden im Detail, welche Informationen im Intranet publiziert werden, organi-

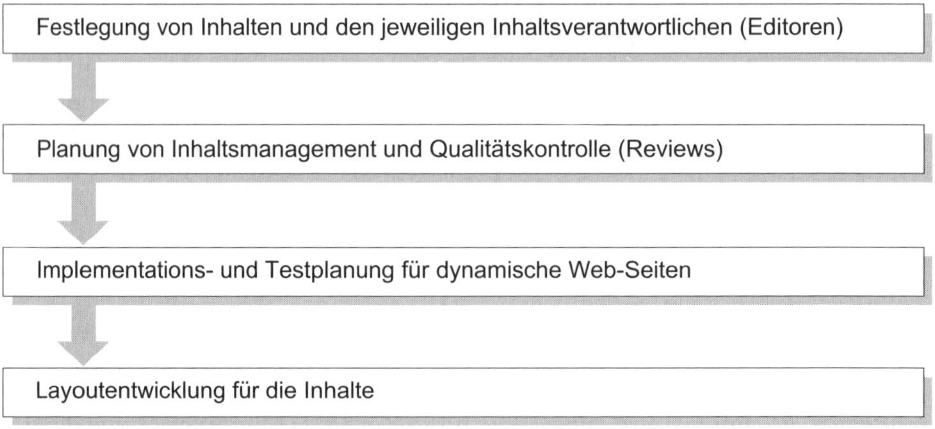

Abb. 22.11: Planung und Implementation von Intranetinhalten

sieren die Erstellung der Dokumente und sind auch für den Updateprozeß und damit die Aktualität der publizierten Informationen verantwortlich. Im Rahmen der Auswahl der Editoren für die jeweiligen Unternehmensbereiche wird gleichzeit festgelegt, wer als Autor für jeden der Editoren fungiert (also die eigentliche Erstellung der WWW-Seiten übernimmt). Darüber hinaus werden regelmäßige Inspektionen (Reviews) der Inhalte zur Qualitätskontrolle vereinbart (Abb. 22.11).

Für die Erstellung von aufwendigen interaktiven Web-Seiten, die mit Datenbanken oder anderen Applikationen interagieren, muß ein Autorenteam definiert werden, welches als Dienstleister für die Editoren zur Verfügung steht. Dieses Team ist verantwortlich für die Erstellung, die Programmierung und den Test dieser Seiten auf einem Testserver.

Intranetinhalte: Layoutentwicklung

Obwohl sich auf den ersten Blick World Wide Web-Seiten nicht wesentlich von Texten in gewöhnlichen Schriftdokumenten zu unterscheiden scheinen, bestehen sowohl bei der Erstellung als auch beim Lesen von Hypertextdokumenten große Unterschiede, die beim Entwurf von WWW-Seiten berücksichtigt werden müssen. So sind herkömmliche Schriftdokumente linear aufgebaut. Der Autor geht davon aus, daß der Leser den Text von vorne beginnend bis zum Ende durchliest.

Bei Hypertextdokumenten ist dies dagegen nicht der Fall. In der Regel werden ausgehend von einer Übersichtsseite (Homepage) Sprungstellen (Hyperlinks) zu unterschiedlichen Textmodulen angeboten, so daß der Leser unmittelbar in der Lage ist, zu seinem Interessengebiet zu verzweigen. Dies setzt sich innerhalb der jeweiligen Textmodule fort, in denen immer wieder Hyperlinks zu Erläuterungen und Hinweisen oder Sprünge zu im selben Text weiter vorne oder weiter hinten befindliche Stellen gewählt werden können. Hypertextdokumente im Intranet bieten darüberhinaus noch vielfach Verzweigungen hin zu völlig anderen Dokumenten, die sich mit verwandten Themen beschäftigen. Autoren von Seiten für das Intranet müssen dementsprechend für die Erstellung von WWW-Dokumenten geschult werden, um eine gute Lesbarkeit der Inhalte sicherzustellen. Durch einen Style-Guide sollte die Einhaltung einer internen Corporate-ID für das Layout der Web-Seiten sichergestellt werden. Der Style-Guide sollte gemeinsam mit einem Toolkit für die Erstellung von Intranetseiten, in dem Grafiken, Cliparts, HTML-Editoren und HTML-Konverter enthalten sind, allen Mitarbeitern zugänglich gemacht werden, die im Intranet publizieren. Abb. 22.12 stellt den Ablauf einer systematischen Intranet-Dokumentenplanung schematisch dar.

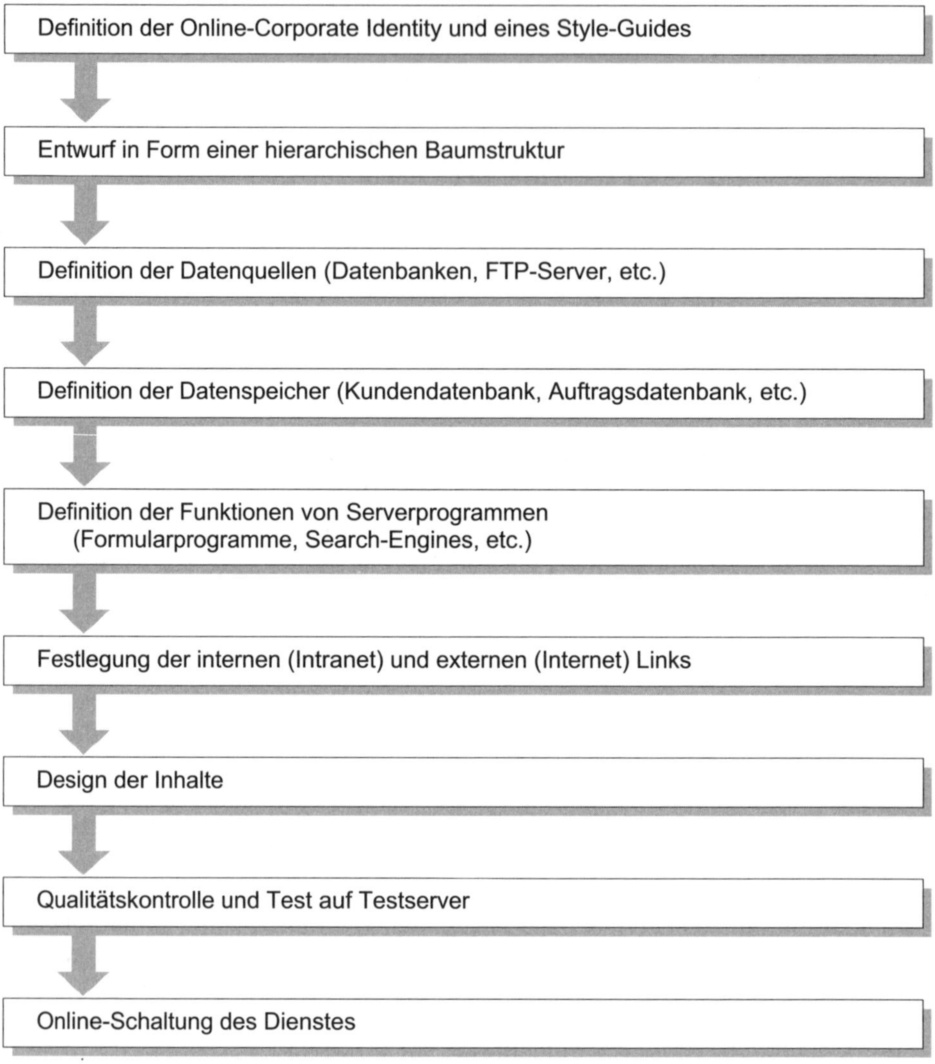

Abb. 22.12: Die strukturierte Planung von WWW-Seiten

22.3.4 Kontroll-Planung

Neben der organisatorischen, technischen, und inhaltlichen Planung ist es notwendig, begleitende Kontrollen für den laufenden Betrieb des Intranets vorzusehen. Dazu gehört die Erstellung von Design-Richtlinien für Intranet-Dokumente, von Unternehmensrichtlinien für die Intranetnutzung sowie die Kostenabschätzung für die Einführung und den Betrieb des Intranets.

Intranet Design-Richtlinien (Online-Corporate-ID)

Der Begriff Online-Corporate-ID bezeichnet jene Layoutrichtlinien, nach denen Unternehmen elektronische Dokumente erstellen, die für die Veröffentlichung (z.B. im Internet oder auf CD-ROMs) bestimmt sind. Zumindest für die formellen Intranetdokumente sollte diese Online-Corporate-ID ebenfalls Gültigkeit haben. Zum einen erhöht sich damit aufgrund des ähnlichen Aufbaues ihre Lesbarkeit, und zum anderen können Inhalte, die später veröffentlicht werden sollen, mit geringem oder ganz ohne weiteren Aufwand im Internet publiziert werden. Zur Unterstützung der Online-CID sollte allen Autoren ein einheitlicher Web-Seiten-Design-Toolkit zur Verfügung stehen, der neben den Layoutrichtlinien (wie zu verwendende Schriftarten, Überschriftsgrößen, Logos etc.) auch eine Web-Clipart-Sammlung mit Grafiksymbolen sowie einen Web-Seiten-Editor beinhaltet.

Kostenabschätzung für das Intranet

Bei der Budgetierung von Einführung und Betrieb eines Intranets ist zu beachten, daß nicht nur in der Einführungsphase mit Kosten wie etwa durch die Anschaffung von Hard- und Software zu rechnen ist, sondern der Großteil der finanziellen Aufwendungen im laufenden Betrieb anfallen. Siebzig Prozent der Kosten für den Betrieb eines Intranets werden dabei durch das Inhaltsmanagement (Entwicklung und Aktualisierung der Intranetinhalte) verursacht und nur etwa 30 Prozent durch Training, Beratung, Hard- und Software sowie Programmentwicklung (Abb. 22.13).

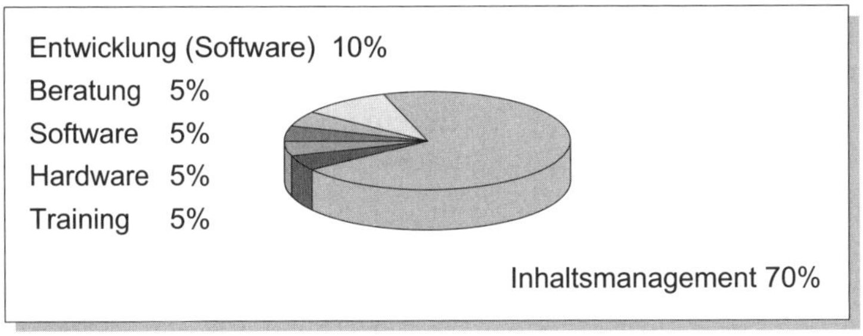

Abb. 22.13: Kostenstruktur für den Betrieb eines Intranets

Unternehmensrichtlinien für die Intranetnutzung

Mit der Einführung von Internet und Intranets im Unternehmen ist es auch notwendig, in Unternehmensrichtlinien die Nutzung dieser neuen Technologien zu regeln. Dabei geht es nicht darum, die Möglichkeiten, die den Mitarbeitern durch das unternehmensweite (im Fall von Internet weltweite) Abrufen und Publizieren von Informationen gegeben werden, zu beschneiden, sondern sinnvolle Rahmenbedingungen für die Internet- und Intranetnutzung zu schaffen.

Die potentiellen Gefahren, die mit deren Einführung verbunden sind, beschränken sich im wesentlichen auf drei Fälle:

- übertriebenes »Web-Surfen«,
- Einspeisung nicht geschäftsbezogener Inhalte in das Intranet sowie
- unautorisiertes Verteilen von vertraulichen Daten.

Die Gefahr des unbeschränkten Surfens im Internet wird von vielen Unternehmen drastisch überschätzt. Produktivitätsausfälle von bis zu 2 Stunden täglich werden befürchtet und dienen als Argument, weder intern noch extern Web-Technologien einzuführen. Tatsächlich ist die Zeit, in der Internet- oder Intranetzugänge mißbräuchlich (als Zeitvertreib oder zu persönlichen Zwecken) benutzt werden, um nichts höher als die, die durch Computerspiele (das Solitär-Phänomen) oder Kaffee- und Zigarettenpausen während der Bürozeiten verschwendet wird. Die Vergeudung von Arbeitszeit ist eben nicht ein mit dem Internet oder dem Intranet verbundenes Phänomen, sondern hat seine Ursachen in Motivationsdefiziten oder persönlichen Problemen der jeweiligen Mitarbeiter.

Die Einspeisung privater Inhalte wird in Intranets in der Regel auf dediziert für private Inhalte vorgesehene „Flohmarktseiten" beschränkt. Die Publikation anderer, nicht unternehmensbezogener Inhalte sollte nur zulässig sein, wenn eine ausdrückliche Genehmigung durch das Management vorliegt.

Um die unautorisierte Verteilung von vertraulichen, geschäftsbezogenen Daten innerhalb des Intranets zu vermeiden, müssen in den Unternehmensrichtlinien darüber hinaus klare Regeln für das Publizieren von Information festgelegt werden. Diese könnten dabei etwa wie folgt lauten: Dokumente mit dem Vermerk:

»Zur internen Verwendung«	dürfen im Intranet publiziert werden,
»Vertraulich«	dürfen im Intranet mit Zugriffsbeschränkung publiziert werden,
»Geheim«	dürfen nicht im Intranet publiziert werden

Um diese Richtlinien befolgen zu können, müssen alle Informationen, die unter eine der obigen Klassifizierungen fallen, auch entsprechend gekennzeichnet sein. Schließlich ist auch darauf zu achten, daß durch im Intranet publizierte Inhalte keinerlei Copyrightverletzungen begangen werden. Dies gilt vor allem für Grafiken, Photos oder Cliparts, wie sie in Web-Seiten häufig eingesetzt werden, oder auch für Texte aus Magazinen oder Zeitungen. Solche Inhalte werden häufig im Internet unter Mißachtung jeglicher Copyrightbestimmungen publiziert und dürfen nicht im Intranet benutzt werden.

22.3.5 Planung, Testinstallation und Implementation

Sind die Detailplanungen für das Intranetprojekt abgeschlossen, können Implementation und Schulungsmaßnahmen konzipiert werden. Die Implementationsplanung umfaßt dabei die Umsetzung der notwendigen organisatorischen und technischen Veränderungen.

Die Installation der Intranetkomponenten erfolgt zunächst vollständig getrennt vom Betriebsnetzwerk und wird von einer ganzen Reihe von Tests begleitet. Die Ergebnisse der Funktions- und Integrationstests fließen dabei immer wieder in den Aufbau des Gesamtsystems ein, bis eine zufriedenstellende Funktion gewährleistet ist. Am Abschluß der Implementationsphase steht die Erstellung der vollständigen Dokumentation des Gesamtsystems sowie die Inbetriebnahme im Produktionsnetzwerk.

Genauso wichtig wie die Implementation des Intranets selbst ist die Einführung von zuverlässigen Betriebsprozessen. Grundlage dafür bildet die Dokumentation der Intranetarchitektur, bestehend aus den drei Teilen

- Systemdokumentation,
- Betriebsdokumentation und
- Logbuch

Die Systemdokumentation beinhaltet alle für den Systemverwalter wichtigen Informationen wie

- Netzwerk-Konfiguration,
- Konfiguration der Internsegmentkomponenten (Brücken, Router),
- Konfiguration der Firewallsysteme und VPN-Komponenten,
- Konfiguration der Intranet-Dienste (DNS; Mail, News, WWW etc.) sowie
- Dokumentation der installierten Überwachungs- und Netzwerkmanagementsysteme.

Die Betriebsdokumentation beschreibt dagegen alle Tätigkeiten, die während des Betriebs im Intranet durchgeführt werden müssen. Dazu zählen

- Durchführung von Backups (Web-Server, FTP-Server, Firewallsystem, etc.),
- Durchführung von Wartungensarbeiten,
- Durchführung von Konfigurationsänderungen (Soft/Hardwareupdates, neue Benutzer),
- Bedienung und Auswertung der Überwachungs- und Netzwerkmanagementsysteme,
- Anleitung für Systemshutdown/Systemstart,
- Verhalten bei Eintritt von Betriebsproblemen und
- Verhalten bei Eintritt eines Sicherheitsvorfalles.

Das Logbuch dient schließlich zur systematischen Erfassung aller Tätigkeiten des Systemadministrators sowie zur Auswertungen der im Einsatz befindlichen Netzwerkmanagementsysteme.

22.3.6 Planung für Mitarbeiterschulung

Genauso wichtig wie die kontrollierte Einführung von Intranettechnologien ist die Durchführung von Mitarbeiterschulungen im Anschluß daran. Aufgrund der intuitiven, Web-basierenden Benutzeroberflächen ist die Lernphase für die Benutzung von Intranets relativ kurz. Die Schwierigkeit bei der Mitarbeiterschulung besteht deshalb weniger in der Vermittlung von Bedienmechanismen, sondern in der erfolgreichen Integration der neuartigen Arbeitsweisen, wie die permanente Nutzung von E-Mail oder die Gewöhnung an vernetzte Informationen, in die täglichen Arbeitsabläufe. Gelingt dies rasch, so ist innerhalb kürzester Zeit eine deutliche Erhöhung der Mitarbeiterproduktivität die Folge. Bei einer Zeitersparnis zwischen 10 und 30 Minuten pro Mitarbeiter und Tag, wie sie in der Praxis gemessen wurden, werden hochgerechnet auf 1000 Mitarbeiter 160 - 500 Stunden zusätzliche Arbeitskapazität frei, was einer zusätzlichen Zahl von 20 - 60 Mitarbeitern entspricht! Da in heutigen Unternehmen die Kosten für Mitarbeiter, bezogen auf ihre Effizienz, stetig steigen, machen sich gerade in diesem Bereich Einsparungen unmittelbar bemerkbar.

22.4 Informationen und Archive im Internet

Beispiele für Vorgehensweise bei einer Intranet-Implementierung:

`http://www.csupomona.edu/~intranet/`

`http://www.k12.wv.us/intranet/implem.htm`

`http://www.itmweb.com/essay502.htm`

`http://advisor.internet.ibm.com/inet.nsf/`

Stichworte für Suchmaschinen

intranet planning
intranet implementation

Informations-beschaffung im Internet

23

I know it is out there - but how do I find it?

(Lycos Inc.)

Mit dem exponentiellen Anstieg von Teilnehmern und Inhalten im Internet wird es zunehmend schwieriger, Informationen in diesem riesigen, stetig wachsenden Datenpool zu finden. Bei der Suche nach Antworten auf konkrete Probleme wird sehr schnell deutlich, wie weit das Internet noch von einem zukünftigen Information-Highway entfernt ist. Zwar erhält man mit Hilfe von Search-Engines – (speziellen Internet-Suchprogrammen) sehr rasch große Datenmengen, die eines oder mehrere der vorgegebenen Stichworte enthalten, echte Informationen – also Antworten auf gestellte Fragen – sind allerdings selten dabei. Erst mit entsprechender Erfahrung und Geduld sowie mit Unterstützung der immer zahlreicheren Informationsbeschaffungswerkzeugen kommt man in den meisten Fällen doch zum Ziel. Das ursächliche Problem des Internet, zwar Daten, jedoch nicht Informationen zur Verfügung zu stellen, wird damit allerdings nicht gelöst. Erst wenn die Infrastruktur des Internet selbst ein gewisses Maß an Intelligenz besitzt

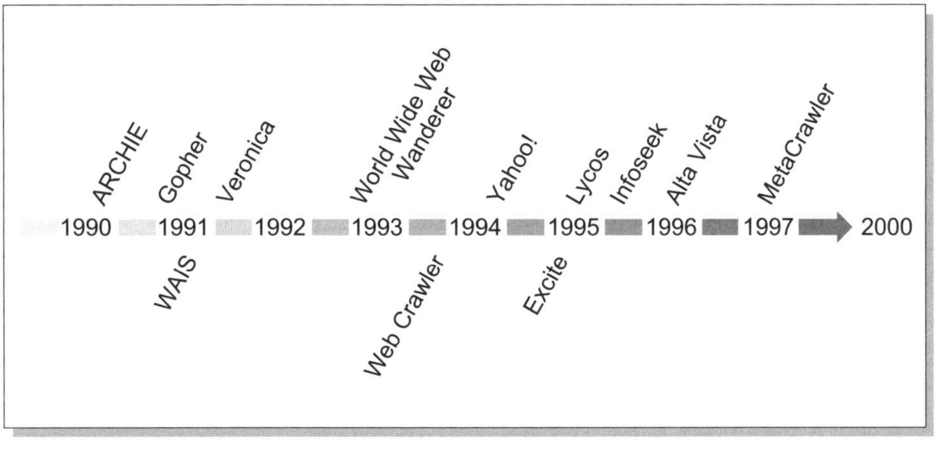

Abb. 23.1: Die Entwicklung von Informationsbeschaffungswerkzeugen im Internet

und den Sinn einer Anfrage zumindest ansatzweise verstehen kann, kann der Begriff Information-Highway zutreffen.

Im Moment muß sich der Internetnutzer noch mit Search-Engines und Netzwerk-Verzeichnissen begnügen, die allerdings, im Vergleich zu den bis Anfang der neunziger Jahre verfügbaren, schon einen enormen Entwicklungssprung darstellen (Abb. 23.1).

Neben den traditionellen Informationssuchwerkzeugen Archie, Gopher, Veronica und Wais, die allerdings mittlerweile an Bedeutung verloren haben, wird Informationsbeschaffung heute hauptsächlich mit Hilfe von

- Internet-Verzeichnissen und
- Suchmaschinen (Search Engines)

durchgeführt. Internetverzeichnisse sind dabei nichts anderes als umfangreiche Internet-Adressensammlungen, die nach Themengebieten geordnet sind.

Suchmaschinen bestehen dagegen aus Datenbanken, die mit Hilfe von automatischen Suchprogrammen, sogenannten Robots, aufgebaut werden. Diese Robots (Spiders, Web Crawlers, Worms, etc.) durchsuchen systematisch die Hypertextstruktur des World Wide Web und speichern die wichtigsten Schlagwörter eines jeden Dokumentes gemeinsam mit seiner WWW-Adresse ab. Mit Hilfe von öffentlich zugänglichen Suchprogrammen können diese Datenbanken nach Schlagworten durchsucht werden. Als Ergebnis erhält man eine Liste von URLs, die die betreffenden Stichworte enthalten, und von der per Mausklick direkt zu den betreffenden Adressen verzeigt werden kann, sofern diese noch existieren.

23.1 Internet-Verzeichnisse und Meta-Listen (Directories)

Internet-Verzeichnisse - Listen mit Internetadressen zu bestimmten Themen - sind im Prinzip schon so alt wie das Internet selbst. Aber erst mit dem World Wide Web - als von den Listeneinträgen direkt - per Mausklick - zu den referenzierten Adressen verzweigt werden konnte, erlangten Internet-Verzeichnisse zunehmende Popularität. Zehntausende Adressen-Verzeichnisse existieren zu den unterschiedlichsten Themen. Erstellt werden sie meist von Personen, die sich intensiv mit einer bestimmten Materie befassen, im Internet Recherchen anstellen, und die gefundenen Adressen über Home-Pages der Internet-Gemeinschaft als Referenz zur Verfügung stellen. Aus diesen relativ kleinen Listen entwickelten sich umfangreiche, professionell geführte Internet-Verzeichnisse, die Einträge für alle nur erdenklichen Themen beinhalten. Die erste dieser Listen entstand 1994 an der Stanford University. Die beiden Studenten David Filo und Jerry Yang hatten auf einem Universitätsrechner eine öffentliche Internet-Adressliste geführt, die im Internet eine derartige Popularität besaß, daß der Betrieb über das Universitätsnetzwerk nicht mehr sinnvoll weitergeführt werden konnte. Unter dem Namen Yahoo Corp. (Ya...Yet another hoo ...Ausdruck für seltsame Person) gründeten sie im April 1995 ein Unternehmen, das das Yahoo Internet-Portal seitdem auf kommerzieller Basis betreibt. Der Zugriff auf das Verzeichnis ist weiterhin kostenlos, Einnahmen erzielt Yahoo! Corp. Ausschließlich durch Werbeeinnahmen.

Abb. 23.2: Das Internet-Verzeichnis Yahoo!

Wöchentlich kommen mehr als 5000 neue Adressen in die Datenbank hinzu. Der Hitcount der Homepage beträgt mehr als 7 Millionen Hits pro Tag, was etwa einer Zahl von ca. 600.000 Besuchern entspricht. Robot-Programme überprüfen permanent die Einträge auf Aktualität. Sobald eine Internet-Adresse nicht mehr reagiert, wir sie gelöscht. Neben WWW-Adressen enthält Yahoo! Auch Einträge von Gopher-Servern, FTP-Servern und Newsgruppen, und umfaßt so praktisch die gesamte Infrastruktur des Internet. Neben der Möglichkeit, sich strukturiert über die Interessensgruppen zu den Adreßeinträgen vorzuarbeiten, bietet Yahoo! auch die Möglichkeit eine Suche innerhalb der Einträge zu einem bestimmten Thema oder auch über alle Adresseinträge hinweg durchzuführen.

Neben dem mit Abstand populärsten Internet-Verzeichnis Yahoo bemühen sich eine zunehmende Anzahl von Konkurrenten um die Gunst der Internetbenutzer, und damit indirekt um höhere Werbeeinnahmen. So bieten zunehmend auch Betreiber von Search Engines Internet-Listen an, um den Benutzern beide Arten der Informationssuche zu ermöglichen. Ein Beispiel dafür ist der Internet-Index der Suchmaschine Alta Vista (Abb. 23.3).

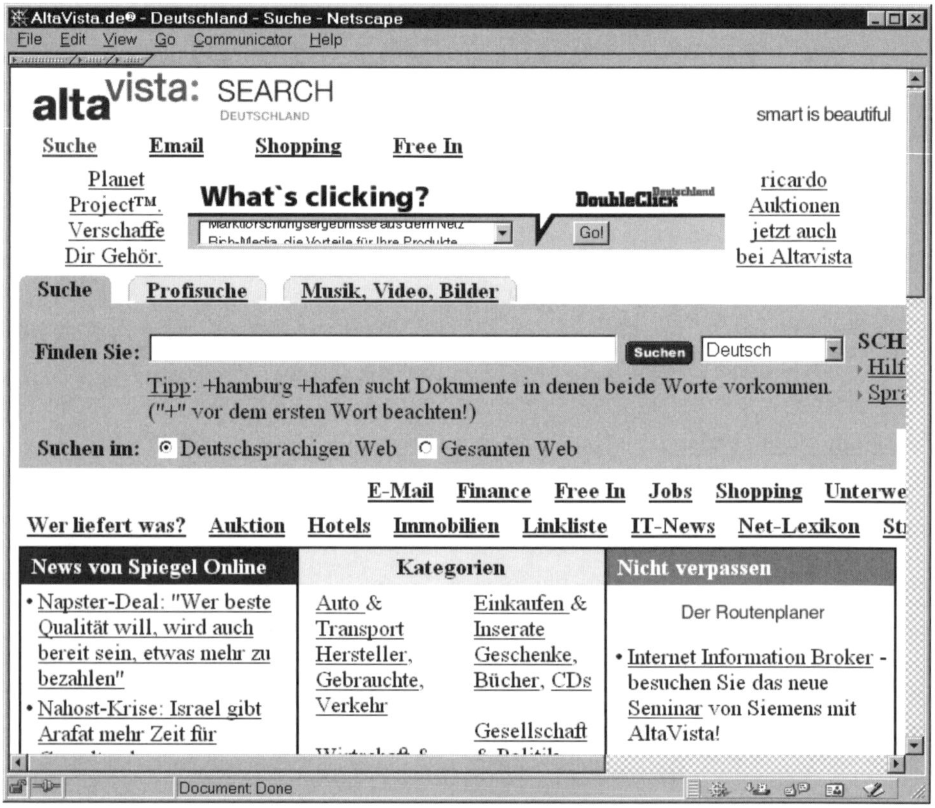

Abb. 23.3: Suchmaschine Alta Vista

Mittlerweile haben die großen Internet-Verzeichnisse in den meisten Ländern nationale Ableger, die von der Sprache und den Inhalten auf der Bedürfnisse der jeweiligen Einwohner abgestimmt sind. Abb. 23.4 und 23.5 zeigen die französische bzw. italienische Startseite der nationalen Yahoo!-Seiten.

Da selbst mit einem gut organisierten Internet-Portal die Informationsflut kaum zu bändigen ist, können viele dieser Sites userbezogen konfiguriert werden. Nach

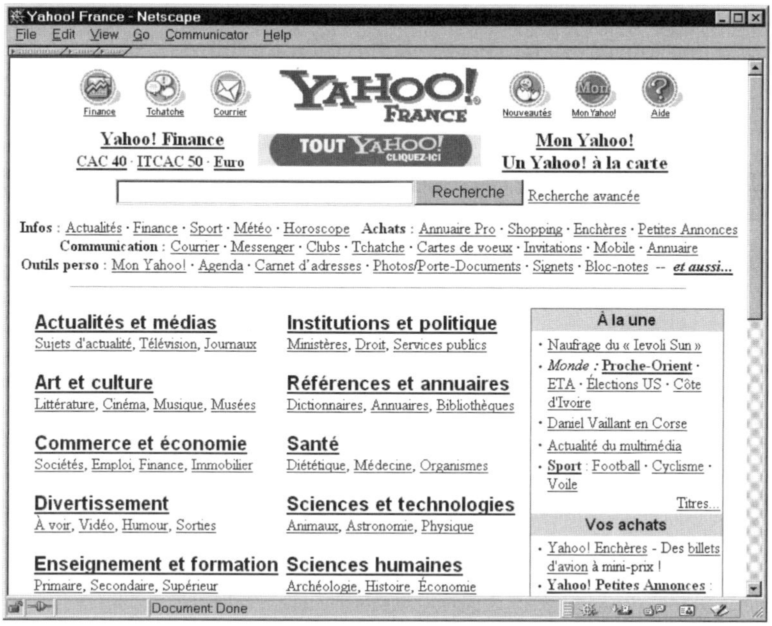

Abb. 23.4: Yahoo! Frankreich

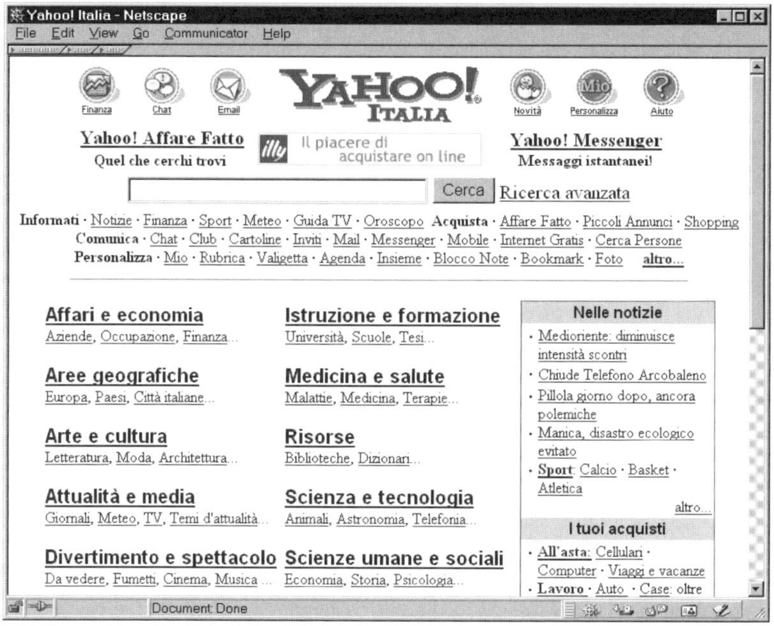

Abb. 23.5: Yahoo! Italien

der Anmeldung mit Account und Paßwort kann das Erscheinungsbild der Seite in weiten Grenzen konfiguriert werden. So können die für den Benutzer wichtigen Informationen übersichtlich präsentiert werden. Abb. 23.6 und 23.7 zeigen Beispiele.

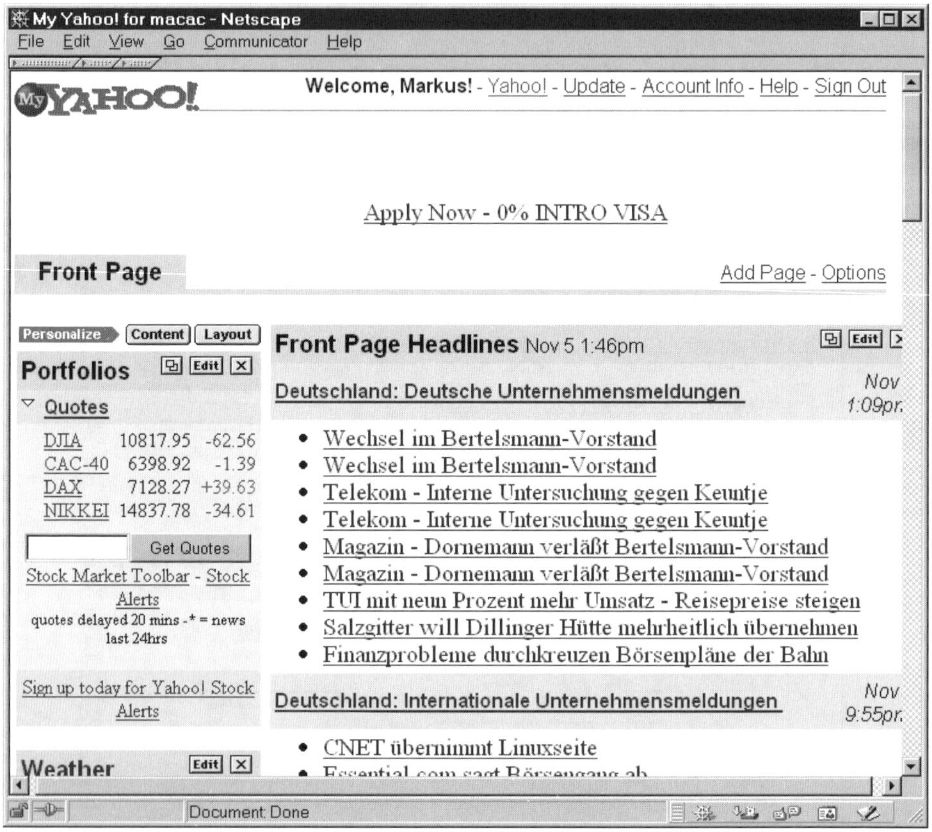

Abb. 23.6: personalisertes Yahoo!

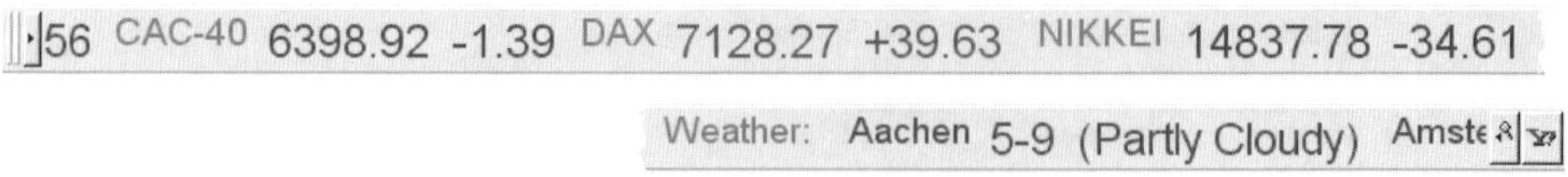

Abb. 23.7: personaliserter Yahoo!-Newsticker

23.2 Suchmaschinen und Robots

Sind Internetverzeichnisse gut geeignet, um Informationen zu einem bestimmten Thema zu finden, so kommt man bei der Suche nach sehr spezifischen Begriffen mit Hilfe von Suchmaschinen meist rascher zum Ziel. Suchmaschinen bestehen je nach Größe aus mehreren zehntausend bis mehreren Millionen von registrierten URLs, die jeweils mit charakteristischen Stichworten ihrer zugeordneten Dokumente verknüpft sind. Die Qualität und die Effizienz von Suchmaschinen hängt hauptsächlich von der Leistungsfähigkeit der Robot-Programme ab, die diese Datenbanken aufbauen beziehungsweise warten. Das entscheidende Kriterium besteht dabei in der Zuordnung der Dokumentinhalte zu den jeweiligen URLs. Suchmaschinen wie Alta Vista mit sehr hoher Computerleistung speichern zu jedem URL den gesamten Text ab, und sind somit in der Lage, eine Volltextsuche über alle registrierten Dokumente durchzuführen. Dies liefert aber nicht notwendigerweise die besten Resultate. Im Gegenteil, die Gefahr, daß Seiten als Suchresultat präsentiert werden, die zwar die angegeben Stichworte enthalten,

Abb. 23.8: Die Search Engine »Web Crawler« (http://www.webcrawler.com/)

jedoch tatsächlich eine völlig andere Thematik behandeln, ist deutlich größer. Intelligentere Robots wie Lycos nutzen komplexe Algorithmen, kombiniert mit Wortstatistikberechnungen, um die tatsächlich relevanten Stichworte innerhalb eines Textes herauszufinden und nur diese dem betreffenden URL zuzuordnen. Persönliche Homepages, die beispielsweise einen Satz wie »...meine Hobbies sind Kochen, Biologie,...« enthalten, werden damit bei einer Stichwortsuche nach »Biologie« nicht berücksichtigt, und ersparen dem Benutzer das zeitraubendes Durchsuchen einer Vielzahl von »blinden« Suchresultaten.

Der Aufbau einer URL-Datenbank beginnt mit einer URL-Basis, die auf Dokumente verweisen, die bekannterweise eine große Anzahl von weiteren Links beinhalten (z.B. Serverlisten, List of Lists etc.). Robotprogramme verfolgen nun jeden URL von Seite zu Seite und speichern während ihrer Reise durch das Internet neue, noch unbekannte URLs ab. Werden Dokumente erreicht, die mehr als einen URL zu anderen Dokumenten enthalten, können Robots sich vervielfältigen, so daß jeder weiterführende Link von einem eigenen Robot verfolgt werden kann. Um Doppelsuchen und Schleifen zu vermeiden, kommunizieren die einzelnen Robots permanent miteinander und wissen so jederzeit, wo sich die Kollegen befinden.

23.2.1 Die Indizierung von Dokumenten

Die wichtigste Aufgabe eines Robots ist die möglichst sinnvolle Zuordnung der Dokumente zu ihren jeweiligen URLs. Dafür werden eine ganze Reihe von Techniken angewandt. Einfache Robots registrieren lediglich den HTML-Titel oder die ersten Absätze, andere führen eine Gewichtung nach den unterschiedlichen benutzten HTML-Befehlen durch. Die leistungsfähigsten Programme benutzen Algorithmen und Verfahren, nach dem Prinzip von Assoziativdatenbanken. Dabei werden für jede Sprache zunächst sehr große Textmengen analysiert. Danach wird ein systematisches Wörterbuch angelegt, wobei zu jedem Wort häufig damit assoziierte Begriffe mitabgespeichert werden. Dazu wird das Auftreten dieses Wortes in unterschiedlichen Texten untersucht, und Begriffe analysiert, die immer wieder kurz vor oder kurz nach dem Gebrauch des betreffenden Wortes benutzt werden. Zu jedem Wort entsteht so eine Begriffsammlung, die die häufig damit assoziierten Worte beinhaltet. Stehen Robot-Programmen solche Assoziativdatenbanken zur Verfügung, so sind sie in der Lage, mit einer hohen Wahrscheinlichkeit zur verstehen, was in einem bestimmten Textabschnitt gemeint ist und welche Schlüsselworte im Text tatsächlich wesentlich sind.

23.2.2 Robots: Probleme und Abwehr

Generell stellen Robotprogramme keinerlei Gefahr für einen Server oder das Internet selbst dar, solange sie durchdacht entwickelt und professionell betrieben

Abb. 23.9: Die deutsche Suchmaschine DINO (http://www.dino-online.de/)

werden. Bei leistungsschwachen Servern kann es allerdings geschehen, daß der Besuch von Robotprogrammen Leistungseinbrüche zur Folge hat. Eine Reihe von Robotprogrammen arbeiten außerordentlich schnell und senden mehrere Anfragen pro Sekunde an den Server (»rapid fire«). Durch eine Analyse des Server-Logs können so Robots relativ leicht erkannt werden. Sind Robotbesuche unerwünscht (d.h. man legt keinen Wert auf allgemeine Bekanntheit des Servers) so kann dies durch die Speicherung der Textdatei »robots.txt« mit dem Inhalt

```
User.agent: *
Disallow: /
```

auf dem Server erreicht werden. Nahezu alle Robotprogramme erkennen diese im »Robot Exclusion Standard« definierte Datei und verschonen die damit markierten Serversysteme. Von einer ganzen Reihe von Robotprogrammen sind im Internet auch die Source-Codes verfügbar, so daß bei der Entwicklung eigener Robotprogramme (z.B. für lokale Server-Suchmaschinen) auf vorhandene Erfahrungen zurückgegriffen werden kann. Eine aktuelle Liste aller im Internet in

Betrieb befindlichen Robotprogramme sowie eine Vielzahl von weiteren Informationen zum Thema Robots findet sich unter `http://info.webcrawler.com/mak/projects/robots/robots.html`.

Eine ziemlich vollständige Liste von Suchmaschinen im Internet bietet Yahoo! an (`http://de.dir.yahoo.com/Computer_und_Internet/Internet/World_Wide_Web/Web_durchsuchen/Suchmaschinen/`).

23.2.3 Meta-Suchmaschinen

Die allgemeine Internet-Inflation hat auch die Suchmaschinen erfaßt. Bei näherem Hinsehen und Test finden sich doch Unterschiede im Output der einzelnen Engines. Deshalb macht es Sinn, mehr als eine Suchmaschine mit der gewünschten Recherche zu beschäftigen. Dieser Vorgang läßt sich auch automatisieren. Such-Programme, die die Benutzereingaben an Suchmaschinen Verteilen und die Ergebnisse in einheitlicher Form präsentieren, werden Meta-Suchmaschinen genannt. Abb. 23.10 bis 23.12 zeigen die Suche im Internet mit der Meta-Suchmaschine Meta-Crawler (`http://www.metacrawler.com/`)

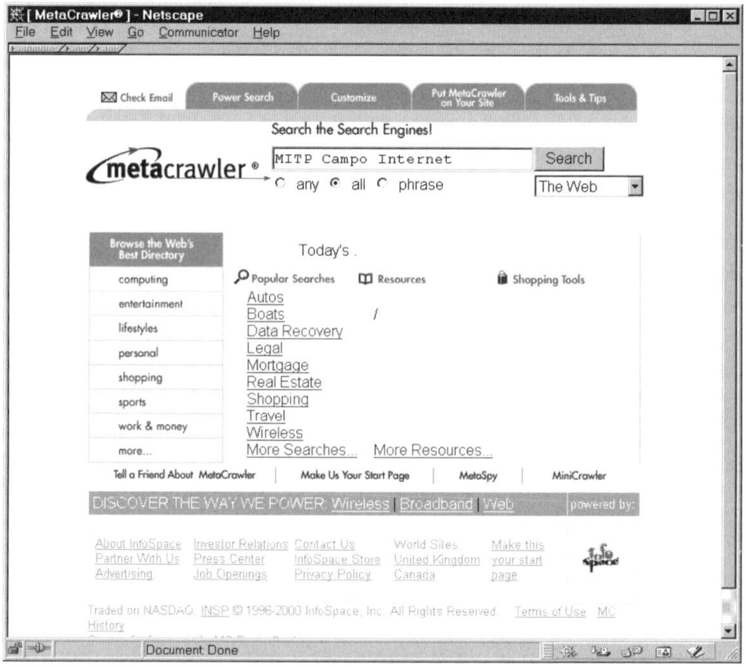

Abb. 23.10: Meta-Crawler: Angabe der Suchbegriffe)

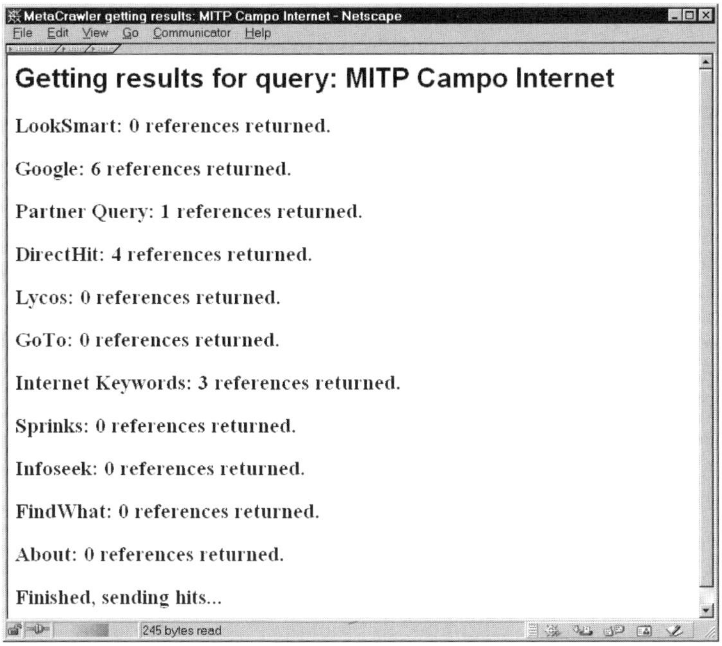

Abb. 23.11: Meta-Crawler: Sammeln der Ergebnisse

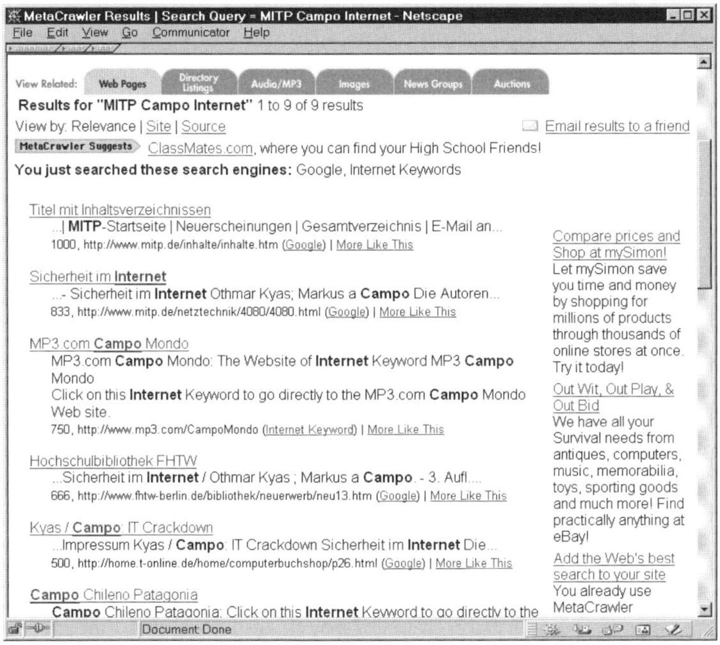

Abb. 23.12: Meta-Crawler: Ausgabe der gefundenen Links

Die Kunst der Programmierung einer Meta-Suchmaschine besteht in der Schnittstelle zwischen Benutzereingabe und dem Aufruf der genutzten Suchmaschinen, da die meisten Suchmaschinen haben eine unterschiedliche Syntax der Befehlseingabe haben.

23.3 Strategien zur Informationsbeschaffung im Internet

Informationsbeschaffung im Internet kann sehr frustrierend und zeitraubend sein, wenn bestimmte Grundregeln nicht beachtet werden. Tatsächlich liegt die Problematik weniger darin, daß bestimmte Informationen nicht im Internet vorhanden wären, sondern darin, diese innerhalb eines vernünftigen Zeitraums zu lokalisieren. Die Hauptursachen für erfolglose Nachforschungen liegen in der Regel bereits im ersten Schritt der Informationssuche, nämlich bei der Formulierung der Frage. Wird bei der Benutzung von Suchmaschinen die gesuchte Information nicht genau genug mit treffenden (positiven und negativen) Schlüsselwörtern beschrieben, so werden als Ergebnis mit großer Wahrscheinlichkeit überwiegend unbrauchbare Dokumente als Suchergebnis präsentiert. Die Benutzeroberflächen der heutigen Suchprogramme sind noch nicht in der Lage, den eigentlichen Sinn von Schlüsselwörtern zu verstehen, und können daher nicht beurteilen, ob eine Suchaufgabe hinreichend genau beschrieben ist oder nicht. Zunächst gilt es also die gesuchten Informationen mit Hilfe von einer Reihe von Assoziativbegriffen möglichst eindeutig zu charakterisieren. Die ausgewählten Schlüsselwörter sollten dabei möglichst wenige Nebenbedeutungen besitzen, und auch nicht im übertragenen Sinn in völlig anderen Zusammenhängen eingesetzt werden können. Ist dies der Fall, so sollten diese unerwünschten Themenkreise durch Benutzung von Negativbegriffen und Ausschlußoptionen ausgefiltert werden. Hilfreich kann auch die Benutzung von Firmennamen und Produktbezeichnungen sein, die typisch für den betreffenden Themenkreis sind. Von zentraler Bedeutung ist schließlich noch die Übersetzung der ausgewählten Schlüsselbegriffe in die entsprechenden englischsprachigen Bezeichnungen. Grundsätzlich steigt die Anzahl und Vielfalt an deutschsprachigen Informationsangeboten stark an, die große Masse der Informationen ist allerdings nach wie vor ausschließlich in englisch verfügbar. Sollen Internet-Adressverzeichnisse für die Suche benutzt werden, so kann zunächst in Metalisten (Listen von Listen, z.B. die Liste des Lawrence Livermore National Laboratory `http://www.llnl.gov/llnl/lists/listsc.html`) nach auf das gesuchte Gebiet spezialisierten Internet-Adresslisten gesucht werden.

Hat man sich für die Benutzung einer Suchmaschine entschlossen, ist es wichtig, sich zunächst mit den wesentlichen Bedienoptionen des betreffenden Programms vertraut zu machen. Die meisten Search-Engines bieten neben der standardmäßigen Eingabeoption von oder-verknüpften Schlüsselwörtern erweiterte Suchfunktionen (advanced queries) an, die grundsätzlich benutzt werden sollten. So bietet die AltaVista Search-Engine von Digital Equipment für Schlüsselworteingaben die Verknüpfungsoptionen

- AND,
- OR,
- NEAR und
- AND NOT

an. Zwei oder mehrere mit AND verknüpfte Schlüsselwörter liefern dabei als Suchergebnis Dokumente, die zwingend alle angegebenen Begriffe enthalten. Mit AND NOT können dagegen Dokumente mit den betreffenden Schlüsselworten ausgeschlossen werden. Zwei Begriffe, die mit dem Operand NEAR verknüpft

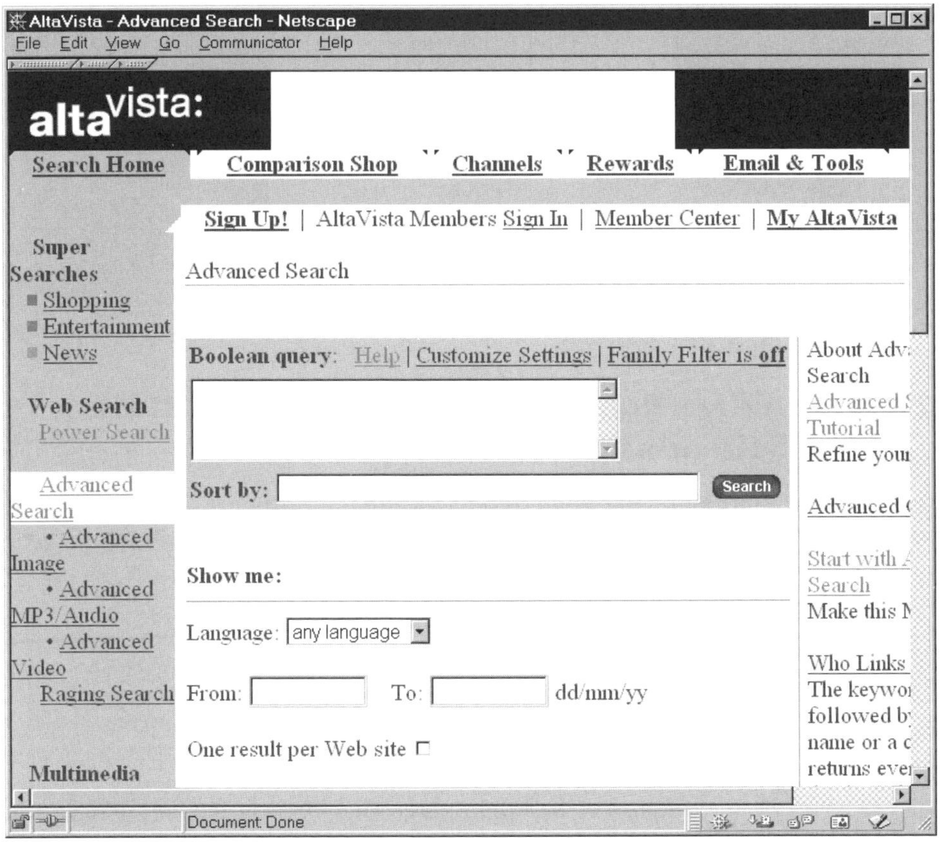

Abb. 23.13: Advanced Queries Alta Vista

sind, müssen in einem Text innerhalb von zehn Worten aufeinander folgen, um für das Suchergebnis relevant zu sein. Weiterhin ist die Benutzung des *-Zeichens als Platzhalter nach mindestens drei aufeinanderfolgenden Zeichen möglich. Wird diese Option genutzt, sollte darauf geachtet werden, daß häufig benutze Begriffe mit derselben Zeichenfolge mit Hilfe der AND NOT-Option ausgefiltert werden. Soll beispielsweise mit Prop* nach Prophet und Prophezeiung gesucht werden, so qualifizieren auch Begriffe wie Propan, Propeller oder Propaganda für diese Suchzeichenfolge (Abb. 23.13).

Eine weitere wichtige Voraussetzung für die erfolgreiche Benutzung von Suchmaschinen ist die Benutzung der im Internet üblichen Umgangssprache. So wirkt die Benutzung der folgenden Begriffe in Kombination mit den ausgewählten Schlüsselbegriffen wahre Wunder:

- help,
- FAQ,
- zine,
- journal,
- white paper,
- tutorial,
- tips,
- archive,
- newsletter,
- homepage,
- news,
- background,
- howto.

23.3.1 Aktive Robot-Unterstützung durch HTML-Seitendesign

Eine korrekte und sinnvolle Bewertung von Inhalten durch Robot-Programme kann wesentlich durch die Benutzung des HTML-META Befehls unterstützt werden. Enthält eine HTML-Seite beispielsweise die Sequenz

```
<META name="description"
content ="Unser Spezialgebiet sind Jugendstilmöbel aus der
Zeit 1900 - 1920"
<META name="keywords" content="Jugendstil Art Nouveau Möbel
furniture Thonet Jahrhundertwende">
```

so wird von den meisten Robot-Programmen der Text dieser Sequenz in die Stichwortliste für den betreffenden URL aufgenommen, also die Wörter

Unser Spezialgebiet sind Jugendstilmöbel aus der Zeit 1900 - 1920
Jugendstil Art Nouveau Möbel furniture Thonet Jahrhundertwende

Darüber hinaus wird bei der Präsentation der URL im Fall eines erfolgreichen Suchlaufs der Inhalt des HTML-Feldes »content« mit dem URL präsentiert, in unserem Fall also

```
http://www.jugendstil.com/ -size 5k - 6June 96
Unser Spezialgebiet sind Jugendstilmöbel aus der Zeit 1900 - 1920
```

23.3.2 Andere Informationsquellen

Führt eine Suche innerhalb des World Wide Web nicht zu den gewünschten Resultaten, so können weitere Informationsquellen des Internet genutzt werden:

- Newsgruppen,
- Mailing-Listen-Archive,
- FTP-Verzeichnisse,
- FAQ-Archive,
- Online-Datenbanken.

Eine Reihe von Suchmaschinen bietet bereits Auswahlmöglichkeiten an, in welchem Bereich des Internet gesucht werden soll. So ist es bei der Benutzung des MetaCrawler möglich, anzugeben, ob im World Wide Web, in Newsgruppenarchiven, nach Bildern oder Audiostücken gesucht werden soll (Abb. 23.14).

Spezialisiert auf die Suche innerhalb von Newsgruppen hat sich der Informationsservice Deja News (`http://www.deja.com/usenet`) (Abb. 23.15).

Auch für die Suche in FTP-Archives gibt es spezielle Suchmaschinen, wie etwa Lycos FTP-Search (`http://ftpsearch.lycos.com/`) (Abb. 23.16)

Eine außerordentlich effiziente Methode der Informationssuche im Internet ist die Nutzung von Frequently Asked Question Listen (FAQs). Läßt sich zum gesuchten Thema eine solche Liste finden, so ist bereits sehr viel gewonnen. Neben einer Vielzahl von beantworteten Fragen enthalten sie in der Regel auch Hinweise auf weitere Informationsquellen, und können so als Ausgangspunkt für weitere Recherchen dienen. Das bekannte FAQ-Archiv von Thomas Fine befindet sich unter `http://hea-www.harvard.edu/~fine/` (Abb. 23.17). Es gibt kaum ein Thema, zu dem nicht schon jemand eine FAQ-Liste erstellt und dort abgelegt hat. Fragen zu Newsgroups werden in den dazugehörigen FAQs unter `http://www.faqs.org` beantwortet.

Bei der Suche nach Mailinglisten zu einem bestimmten Thema stehen eine ganze Reihe von Mailing-Listen-Archiven zur Verfügung. Das größte davon, das LISZT Directory of E-Mail Discussions Groups (`http://www.liszt.com`) , archiviert

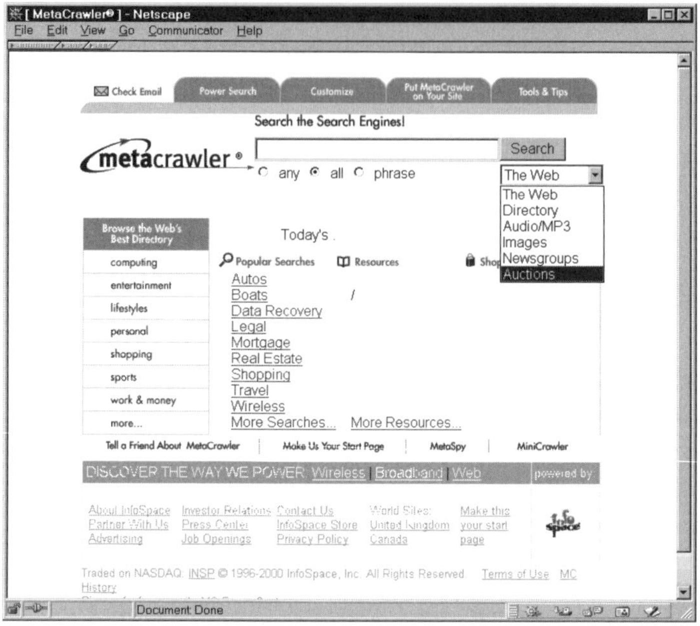

Abb. 23.14: Optionen des MetaCrawler

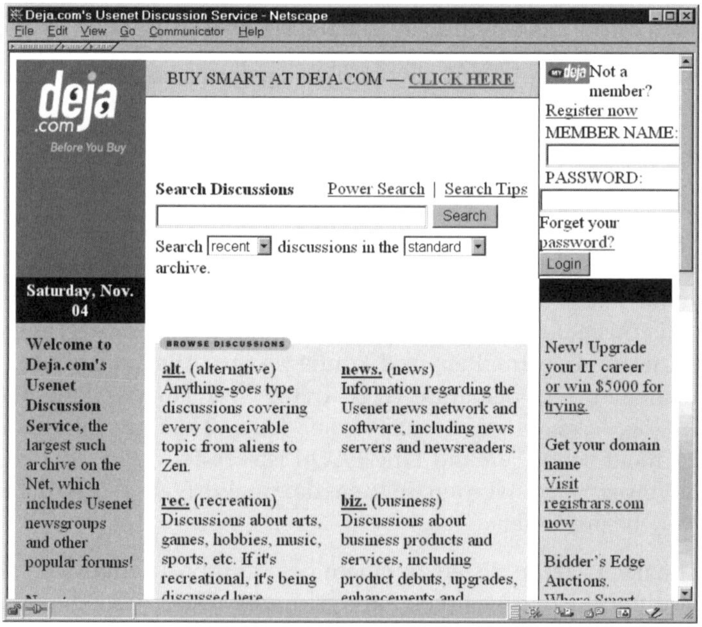

Abb. 23.15: Der Newsgruppen Suchdienst Deja News

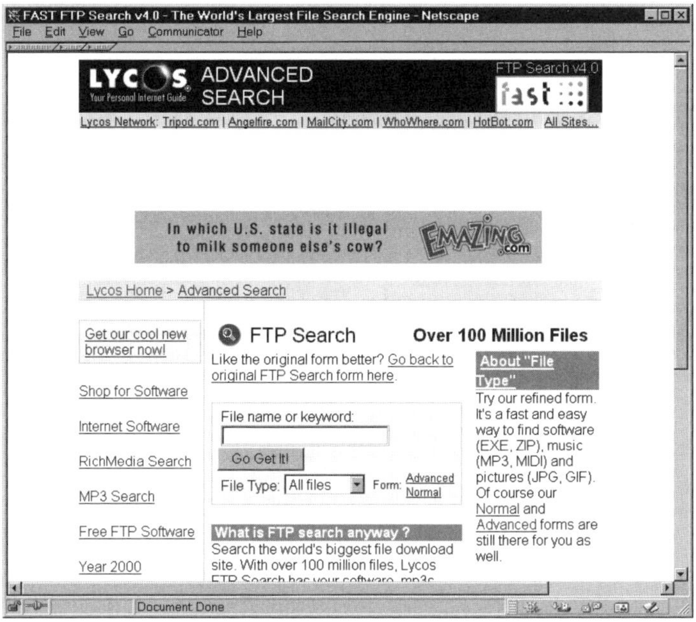

Abb. 23.16: Suche im FTP-Archiv

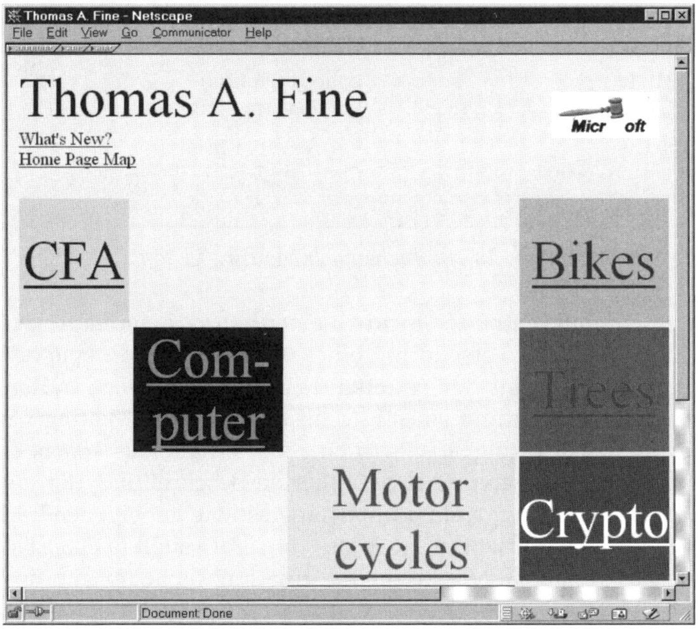

Abb. 23.17: FAQ-Liste von Thomas Fine

etliche tausend E-Mail-Listen und bietet für Recherchen eine Reihe von Suchfunktionen an (Abb. 23.18).

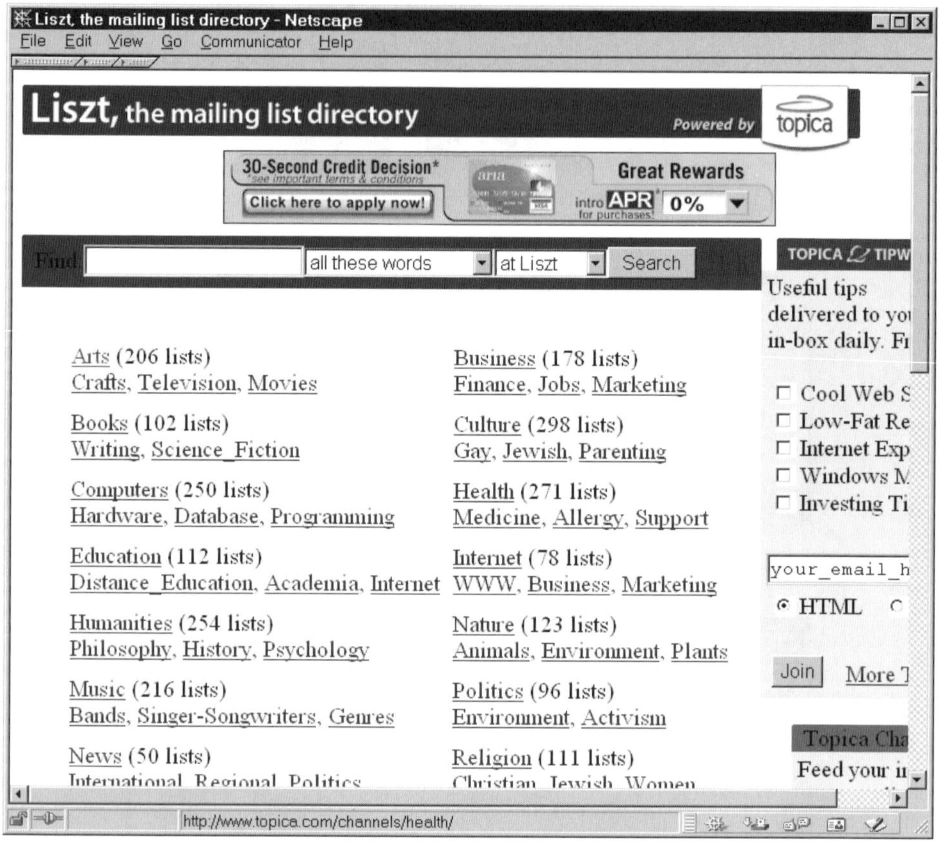

Abb. 23.18: Suche nach Mailing-Listen

Führen alle genannten Methoden nicht zu einer befriedigenden Antwort, besteht noch die Möglichkeit der Versendung eines Newsartikels an eine oder mehrere Newsgruppen, die sich mit der betreffenden oder einer verwandten Thematik befassen, bzw. die Versendung eines E-Mails an geeignete Mailing-Listen. Bleibt noch immer jeglicher Erfolg aus, so kann als letzter Ausweg noch versucht werden, eine WWW-Seite mit einer detaillierten Beschreibung der gewünschten Information, einigen Hintergrunderläuterungen sowie der eigenen E-Mail-Adresse zu erstellen und auf Antwort zu warten. Abb. 23.19 stellt in einer Übersicht die Vorgehensweise für eine systematische Informationssuche im Internet dar.

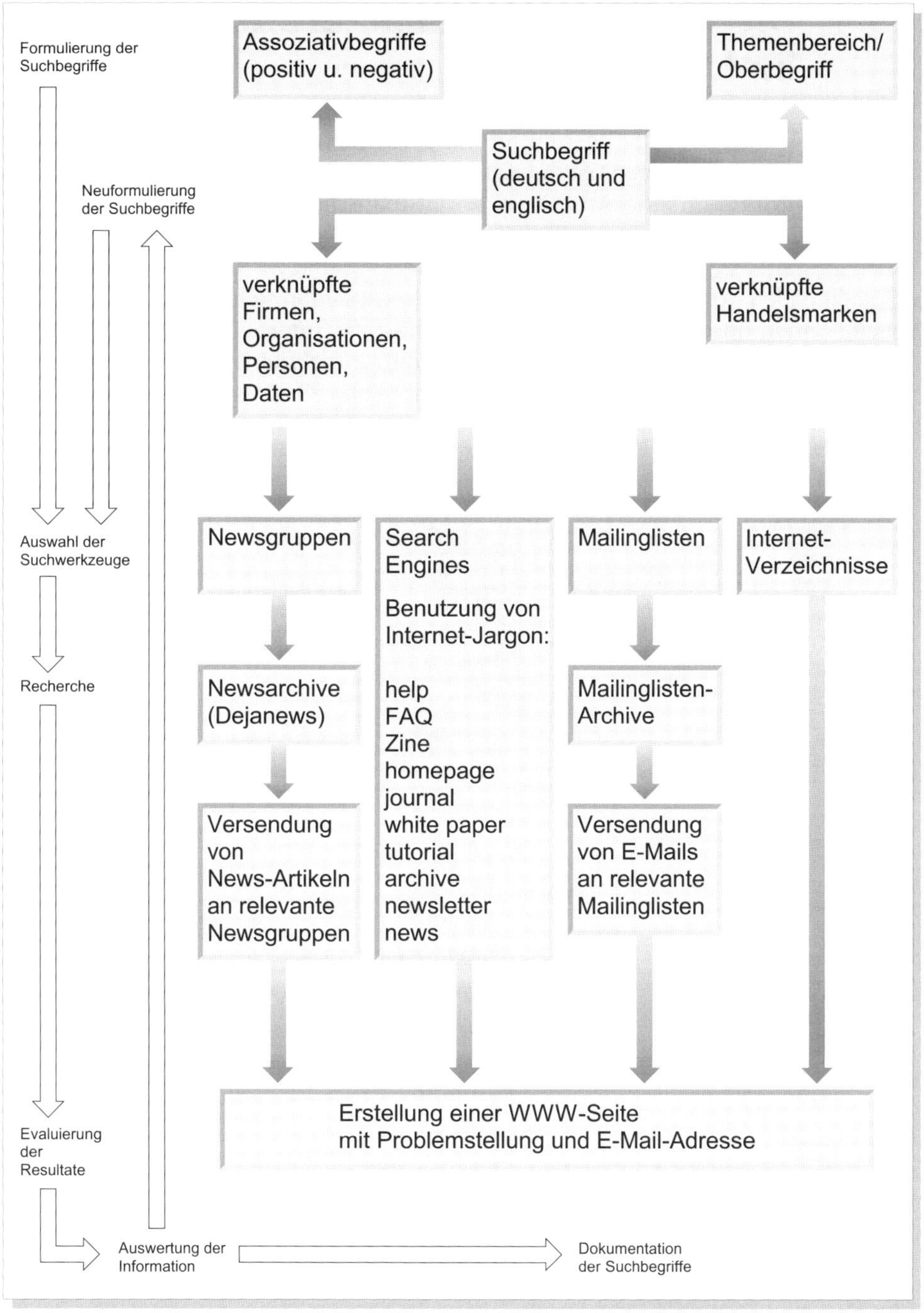

Abb. 23.19: Strategie zur Informationssuche im Internet

23.4 Die Suche nach Benutzeradressen im Internet

Die Voraussetzung für die Benutzung der persönlichen Kommunikationsdienste im Internet (E-Mail, Telefon) ist die Kenntnis der E-Mail- bzw. Internetadresse des jeweiligen Kommunikationspartners. Kennt man die betreffende Adresse nicht, so gibt es im Internet zwar verschiedene Möglichkeiten diese herauszufinden, häufig gestaltet sich die Suche allerdings schwierig und zeitraubend und verläuft in vielen Fällen doch erfolglos. Grundsätzlich sollte man sich daher angewöhnen, neben Namen und Anschrift auch die E-Mail- bzw. Internet-Adresse von Personen zu notieren. Die existierenden Suchprogramme für E-mail-Adressen (z.B. `http://my.email.address.is/eiemail.htm`, Abb. 23.20) sind nur so gut wie ihre Datenbasis, und die ist meist unvollständig.

Abb. 23.20: Internationales Verzeichnis von E-Mail-Suchdiensten

Der Grund für die Schwierigkeiten, im Internet nach Benutzeradressen zu suchen, liegt in seiner heterogenen, dezentralen Struktur. Es gibt weder ein zentrales Benutzerverzeichnis (White Pages) noch die Möglichkeit, eine internetweite Namenssuche durchzuführen. Die einzige zentrale Datenbank im Internet befindet sich auf den Computern des InterNIC. Dort, in der zentralen Registrierungsstelle für Internetadressen sind alle Personen mit Postanschrift, Telefonnummer und E-Mail-Adresse gespeichert, für die ein Domainname aus den Top-Level-Domänen COM, .NET, .ORG und .EDU registriert ist. Über die Directory und Database-Services des InterNIC (`http://rs.internic.net/cgi-bin/whois`) kann diese Datenbank von jedermann durchsucht werden. Ebenfalls benutzt werden kann diese Datenbank zur Klärung, ob ein bestimmter Domainname bereits vergeben ist.

Neben dem InterNIC-Domainnamenverzeichnis gibt es die Möglichkeit über kommerzielle Verzeichnisdienste (z.B. Four11), den weltweiten X.500-Dienst, diverse lokale WHOIS-Datenbanken oder über die E-Mail-Archive von Newsgruppen oder Mailing-Listen zu suchen. Als Überbegriff für die unterschiedlichen Verzeichnisdienste, wird im Internet der amerikanische Ausdruck für Telefonbücher – White Pages (im Unterschied zu Branchenverzeichnissen den Yellow Pages) – benutzt.

23.4.1 Whois-Server

Mit Hilfe einer Whois-Anfrage auf das TCP-Port 43 von Internet-Hosts können Domainname und detaillierte Informationen über den Benutzer des Domainnamens erlangt werden. Allerdings ist die Whois-Funktion lediglich bei einer kleinen Zahl von Internet-Hosts aktiviert.

Die beiden offiziellen Whois-Server für das Internet befinden sich, wie bereits erwähnt, bei der Internetadressregistratur des InterNIC und beinhalten Informationen über alle registrierten Domainnamen (`http://rs.internic.net/cgi-bin/whois`). Über die Eingabe eines Stichwortes können beispielsweise zunächst Domainname und Internetadresse eines bestimmten Unternehmens ermittelt werden (z.B. BMW). Durch die Eingabe des betreffenden Domainnamens erhält man dann im nächsten Schritt die genaue Anschrift des Unternehmens, sowie Name und Telefonnummer des für die Führung des jeweiligen Domain-Namen-Servers verantwortlichen (Abb. 23.21.a,b,c).

Eine Liste aller registrierten Whois-Server erhält man per FTP unter `rtfm.mit.edu` im Verzeichnis `/pub/whois/whois-servers.list`.

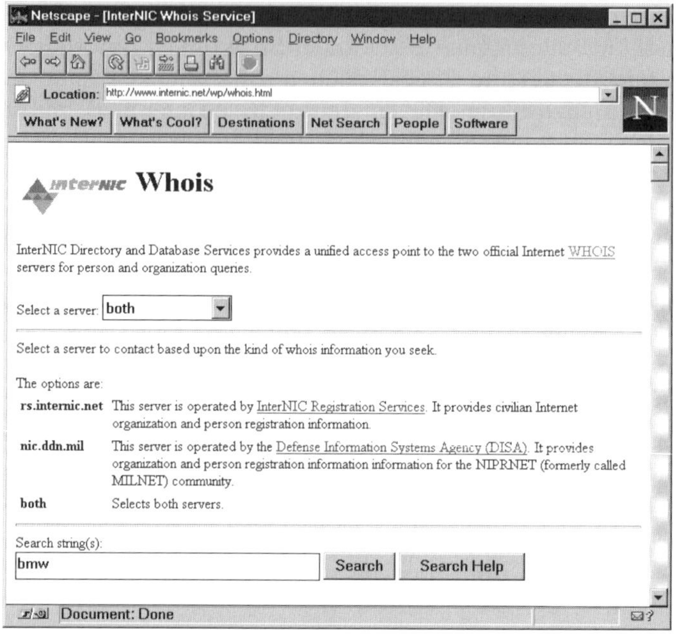

Abb. 23.21a: Internetadresssuche mit Hilfe des offiziellen InternNIC Whois-Servers

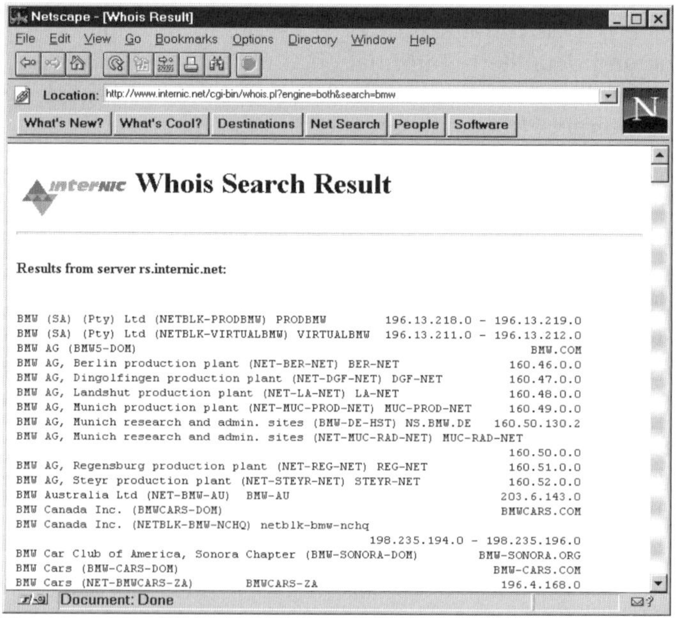

Abb. 23.21b: Ergebnis der InterNIC-Whois-Suche mit dem Suchbegriff »bmw«

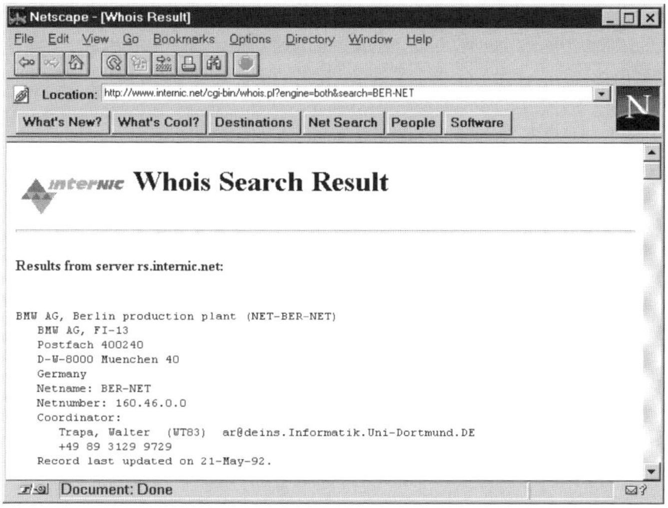

Abb. 23.21c: Detailergebnis der InterNIC-Whois-Suche

23.4.2 X.500- und LDAP-Benutzerverzeichnisse

X.500 und das aus diesem entwickelte, etwas abgespeckte LDAP sind internationale Standards (ISO/CCITT), die die Schaffung eines weltweiten Benutzer-

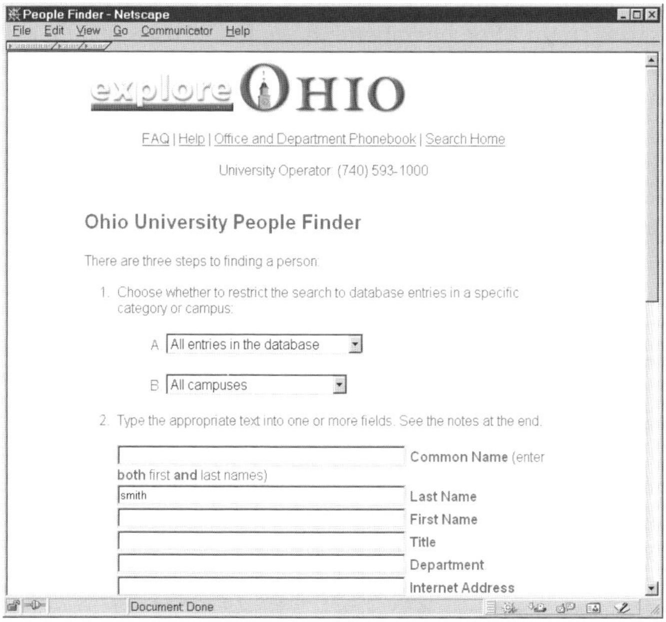

Abb. 23.22: X.500 Benutzerverzeichnis der Ohio University

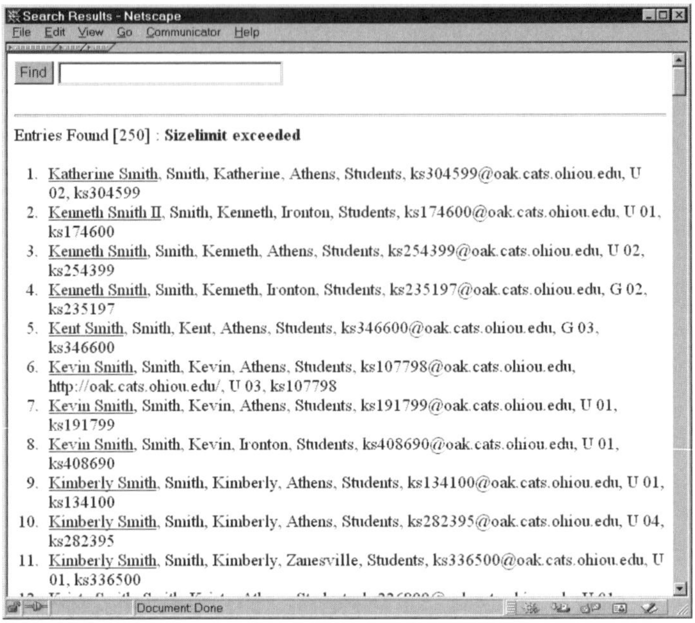

Abb. 23.23: Gefundene Benutzer mit Namen Smith

verzeichnisses ermöglichen sollen. Ein X.500-Verzeichnis besteht dazu aus mehreren hundert verteilten Directory System Agents (DSAs), die wiederum Daten über Organisationen und Personen beinhalten. Jeder der X.500-DSAs ist mit allen anderen X.500-Servern vernetzt. Aus der Sicht des Anwenders ist damit jederzeit ein Zugriff auf die gesamte globale X.500 Datenbank möglich. Der eigentliche Suchvorgang erfolgt auf den jeweiligen X.500-Servern, auf die mit X.500 Clients zugegriffen werden kann. fast alle Firmen und Institutionen, die X.500 einsetzen, bieten auf ihrem Websites Suchprogramme. Nach der Eingabe des Namen der gesuchten Person werden die vorhandenen Informationen (z.B. Name, Telefonnummer, E-Mail-Adresse etc.), die zu dieser Person gespeichert sind, angezeigt (Abb. 23.22 und 23.23).

23.4.3 Sonstige Internet-Adressenverzeichnisse

Eine der umfangreichsten Adressendatenbanken im Internet ist Four11 (mittlerweile Bestandteil von Yahoo, `http://people.yahoo.com/`). Hier kann nach Telefonnummern und E-mail-Adressen gesucht werden. Das ganze funktioniert allerdings nur in den USA. Nach dem Muster von Four11 wurde eine ganze Reihe von Datenbanken ins Internet gestellt, ein allumfassende weltweiter Personen-Suchdienst ist aber immer noch Zukunftsmusik.

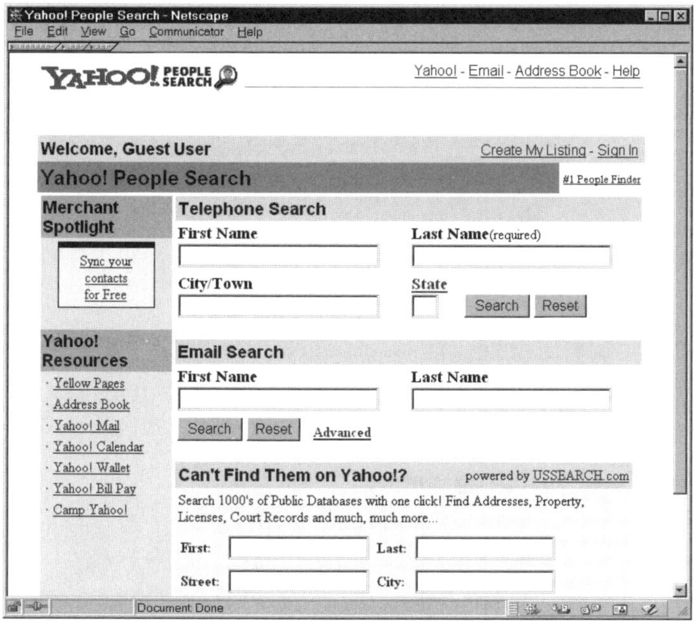

Abb. 23.24: Adressensuche mit Four11

23.5 Informationen und Archive im Internet

Metalisten zur Informationssuche

Yahoo-Suche im Web:
`http://de.dir.yahoo.com/Computer_und_Internet/Internet/World_Wide_Web/Web_durchsuchen/`

Yahoo-Suche nach E-mail-Adressen:
`http://de.dir.yahoo.com/Nachschlagewerke/E_Mail_Adressverzeichnisse/`

Robots

Web Robot Home page	`http://info.webcrawler.com/mak/projects/robots/robots.html`
Mailing Liste Robots	`http://info.webcrawler.com/mailing-lists/robots/info.html`

Web-Suchmaschinen

Lycos	`http://www.lycos.de/`
Hotbot	`http://hotbot.lycos.com/`

Alta Vista	`http://de.altavista.com/`
GO	`http://www.go.com/`
WebCrawler	`http://webcrawler.com/`
Excite	`http://www.excite.de/`
Web.de	`http://web.de/`
DINO	`http://www.dino-online.de`
Astalavista (Hacker)	`http://www.astalavista.box.sk/`

Meta Search Engines

Meta-Crawler	`http://www.metacrawler.de`
W3 Search Engines	`http://cui.unige.ch/meta-index.html`
Soft-Crawler (Software)	`http://www.data-wizard.de/SoftCrawler/`

sonstige Listen und Suchprogramme

Usenet-FAQs	`http://www.faqs.org/`
FAQ-Liste	`http://hea-www.harvard.edu/~fine/`
Meta-Listen	`http://www.llnl.gov/llnl/lists/listsc.html`
News-Gruppen	`http://www.deja.com/usenet`
FTP	`http://ftpsearch.lycos.com/`
E-Mail-Adressen	`http://www.suchen.de/`
E-Mail-Adressen	`http://my.email.address.is/eiemail.htm`
Mailing-Listen	`http://www.liszt.com`
Four11	`http://people.yahoo.com`
Whois	`http://rs.internic.net/cgi-bin/whois`
Whois-Server	`ftp://rtfm.mit.edu/pub/whois/whois-servers.list`

Stichworte für Suchmaschinen

Robot
index robots
address archive
advanced queries
FAQ
List of Lists
Megalist
Megasearch
queries
query strategies
search engine
search web
Web Index

24 Internet-Publishing

It's not a book – it's bits.

(Nicolas Negroponte, MIT Media Labs)

Das Verlagswesen gehört zu den durch das Internet am stärksten beeinflußten und veränderten Wirtschaftszweigen. Der Hauptgrund dafür liegt darin, daß Verlage ihre Produkte über das Internet nicht nur bewerben und vertreiben, sondern darüber hinaus in Form von elektronischen Publikationen auch direkt an die Kunden ausliefern zu können. Die elektronischen Varianten von Büchern, Zeitschriften und Magazinen ersetzen diese dabei nicht etwa, sondern bieten den Verlagen die Möglichkeit dieselben oder ähnliche Inhalte, dem jeweiligen Medium entsprechend (CD, Internet) aufbereitet, ein weiteres Mal zu verkaufen, und dabei neue Märkte zu schaffen. Seit einigen Jahren geschieht dies bereits außerordentlich erfolgreich mit dem elektronischen Medium der Compact-Disc. Vor allem Fach- und Sachbücher sowie Enzyklopädien erscheinen sowohl in gedruckter Form als auch – mit multimedialen Ergänzungen versehen – in elektronischer Form auf CD-ROM. Durch die explosionsartige Verbreitung des Internet wird diese Entwicklung konsequent fortgeführt. Publikationen können mit Hilfe des Internet unter Umgehung der bisher notwendigen zeit- und kostenintensiven Abläufe Produktion und Distribution direkt an den Kunden geliefert werden.

Aber auch Bücher und Zeitschriften, die nicht für elektronische Nutzung am Bildschirm gedacht sind, können über das Internet vertrieben und ausgeliefert werden. Sie müssen dann vom Leser was aber wegen des wesentlich geringeren Preises, der unmittelbaren Lieferung und der garantierten Aktualität im Vergleich zu herkömmlichen Publikationen kein schwerwiegender Nachteil ist.

24.1 Das Internet als Präsentations- und Vertriebsmedium für Verlage

Bereits heute sind praktisch alle renommierten Verlage im Internet mit eigenen Angeboten vertreten und nutzen es als Präsentations- und Vertriebsmedium. Vor allem für kleine und mittlere Verlagen kann das Internet eine Plattform darstellen, um neue Kundenschichten (Leser gleichermaßen wie Autoren) zu erreichen. Buchverlage nutzen das Internet derzeit hauptsächlich als Marketing- und

Abb. 24.1: Die Homepage des MITP-Verlags (http://www.mitp.de/)

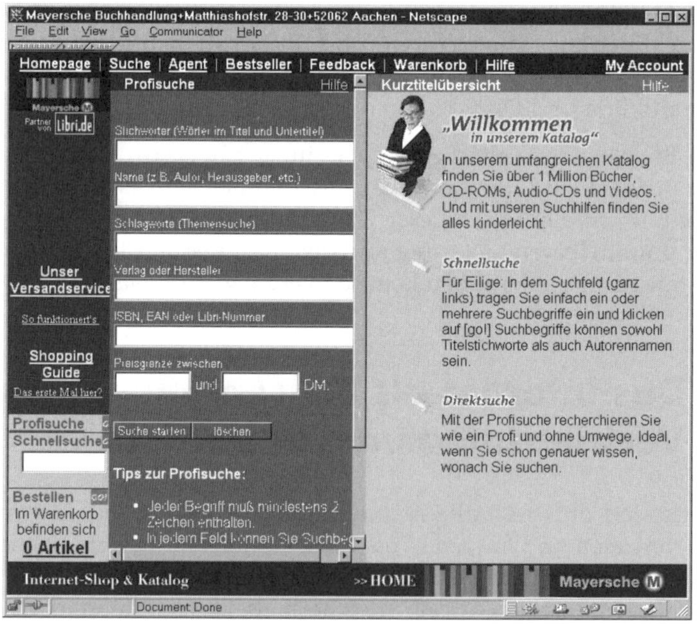

Abb. 24.2: Buch-Recherche bei der Mayerschen Buchhandlung (http://www.mayersche.de/)

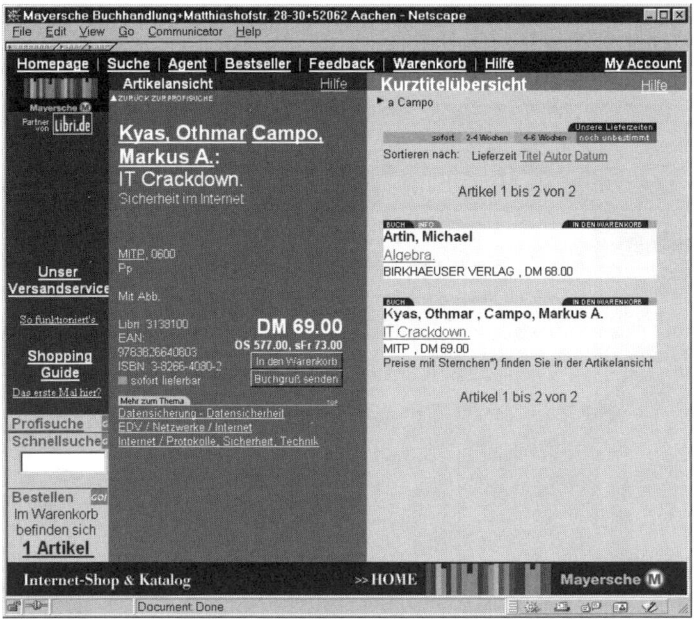

Abb. 24.3: Online-Bestellung eines Buches

Vertriebsmedium. In der Regel werden elektronische Buchkataloge gekoppelt mit Online-Bestellmöglichkeiten angeboten. Darüber hinaus dienen die Internet-Angebote zur Unterstützung der Buchhändler sowie als Interaktionsmöglichkeit zwischen Kunden, Autoren und Verlagsmitarbeitern (Abb. 24.1).

Ähnlich wie die Verlage selbst nutzen auch Buchhändler in zunehmendem Ausmaß das Internet als Instrument zur Vertriebsunterstützung. Umfangreiche online verfügbare Buch-Recherchen sowie einfach zu handhabende Bestellvorgänge machen diese Art des Buchkaufs zunehmend attraktiv.

Zeitungsverlage nutzen das Internet dagegen auch schon, um ihre Printmedien in elektronischer Form zu präsentieren. Wurden anfangs lediglich einige wenige Artikel der jeweiligen Ausgabe auch über das Internet angeboten, so verlieren die Verlage zunehmend die Angst vor Einbußen bei den Verkaufszahlen ihrer Druckauflagen, und stellen die Publikationen in ungekürzter Form zur Verfügung. (z.B. »taz« Berlin, »wired« New York etc.). Die Strategie der Verlage besteht darin, den Onlinedienst im Internet einerseits als Zusatzservice für bestehende Leser und Abonnementen zu nutzen, und gleichzeitig neue Kundenkreise zu werben. So wird beispielsweise die Nutzung von besonderen Zusatzfunktionen wie Online-Recherchen im Archiv oder spezielle für den Online-Service erstellte Zusatzangebote Abonnementen vorbehalten. Damit erhalten Stammleser einen echten Mehrwert geboten, und das Abonnement erhält zusätzliche Attraktivität. Die, für jedermann zugängliche ungekürzte Ausgabe der Publikation dient darüber hinaus dazu, neue Leser zu gewinnen.

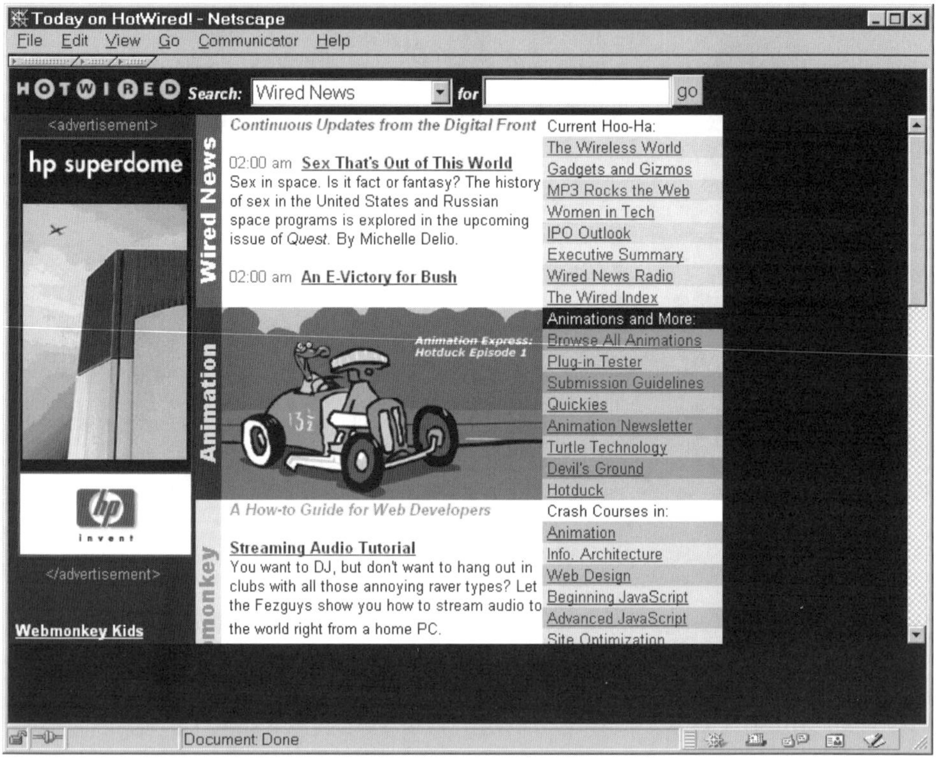

Abb. 24.4: Einer der erfolgreichsten Publikationen im Internet: Wired (http://hotwired.lycos.com/)

Mit der zunehmenden Attraktivität der Online-Publikationen wird es für die Verlage auch interessant, den Anzeigenteil der Druckausgabe in den Online-Dienst mit zu übernehmen. Die im Vergleich zu Printmedien überlegenen Eigenschaften des Internets als Marketing-Instrument mit der Fähigkeit, beispielsweise Statistiken über die Anzahl der Leser einer Anzeige zu erstellen, machen dies sowohl für den Verlag als auch für die Anzeigenkunden außerordentlich interessant. Eine weitere Einnahmequelle stellt die Vermietung von Werbefläche auf den Homepages von populären Online-Magazinen dar. Die Preise für die Plazierung eines Logos auf einer Homepage für eine Woche belaufen sich dabei je nach Popularität der Publikation auf Preise zwischen 2.000 und 20.000 DM.

Zeitungsverlage im Internet

Anwerbung von neuen Abonnenten
Zusatzservice für bestehende Abonnenten
Internet als Medium für Werbung und Produktinformation
Interaktionsmöglichkeit Redaktion - Leser, Leser - Leser

Buchverlage im Internet

Elektronische Buchkataloge
Ankündigung von Neuerscheinungen
Online Buchrecherchen
Verkaufs-/Bestellwesen über das Internet
Unterstützung und Service für Buchhändler
Interaktionsmöglichkeiten: Kunden, Autoren, Verlagsmitarbeiter

Abb. 24.5: Nutzungsmöglichkeiten des Internet für Zeitungs- und Buchverlage

In Abb. 24.6 sind einige der deutschen Tageszeitungen mit ihrer Internetadresse aufgeführt, eine vollständige Liste gibt es unter `http://www.zeitungen.de/`.

Berliner Morgenpost	http://www.berliner-morgenpost.de/
Bild	http://www.bild.de/
BZ-Berlin	http://www.bz-berlin.de
Die Welt	http://www.welt.de
Frankfurter Allgemeine Zeitung	http://www.faz.de
Frankfurter Rundschau	http://www.fr-aktuell.de
Frankfurter Rundschau	http://www.fr-aktuell.de/
Fränkischer Tag	http://www.fraenkischer-tag.de/
General Anzeiger Bonn	http://www.general-anzeiger-bonn.de
Hamburger Morgenpost	http://www.mopo.de
Handelsblatt	http://www.handelsblatt.de
Leipziger Volkszeitung	http://www.lvz-online.de/
Rhein Main Presse	http://www.main-rheiner.de/
Rheinische Post	http://rp-online.de/
Rhein-Zeitung	http://rhein-zeitung.de/
Saarbrücker Zeitung	http://www.sz-newsline.de/
Schwäbische Zeitung	http://www.schwaebische-zeitung.de
Stuttgarter Zeitung	http://www.stuttgarter-zeitung.de/
Süddeutsche Zeitung	http://www.sueddeutsche.de
Südwestpresse	http://www.suedwest-presse.de/
Taz	http://www.taz.de/

Abb. 24.6: Deutsche überregionale Zeitungen im Internet

24.2 Elektronische Publikationen

Neben der elektronischen Verbreitung von Publikationen, die primär als Printmedium erscheinen, entwickelt sich im Internet ein Markt für elektronische Zeitschriften und Bücher, die in gedruckter Form überhaupt nicht vertrieben werden. Vor allem kleine Verlage und Autoren nützen dabei die demokratische Eigenschaft des Internet aus, daß die WWW-Seite eines Verlagsgiganten grundsätzlich nicht mehr Gewicht, Bedeutung und Wirkung hat als die eines unbekannten Autors. Die geringen Kosten, die weltweite Distribution sowie die eindruckvollen multimedialen Möglichkeiten des World-Wide-Web führten so zu einer rasch wachsenden Zahl an Online-Publikationen für nahezu jedes Interessensgebiet. Grundsätzlich unterscheidet man im Internet vier Typen von elektronischen Publikationen:

- Informelle Publikationen: Zines und FAQs,
- Online-Tageszeitungen und -Magazine,
- Elektronische Bücher und
- Informationsdienste.

24.2.1 Informelle Internet Publikationen: FAQs, Zines

Die im Internet am weitesten verbreitete Form informeller Publikationen sind die sogenannten Frequently Asked Question Lists (FAQ), die immer wieder gestellte Fragen zu einem bestimmten Thema beantworten und so ein außerordentlich effizientes Informationsmedium darstellen. Häufig entstehen solche FAQs als Nebenprodukt von Newsgruppen oder Mailing-Listen, andere werden von Spezialisten eines Fachgebiets erstellt und der Allgemeinheit im Internet zur Verfügung gestellt. Dadurch, daß diese Dokumente frei im Internet verfügbar sind, erhält der Autor in der Regel eine Vielzahl von Beiträgen und Kommentaren zu seiner FAQ, so daß sich diese Dokumente mit der Zeit zu sehr umfangreichen Informations- und Faktensammlungen entwickeln. Die Themen, die in FAQs behandelt werden, reichen von Schokolade bis Theater, von Programmiersprachen bis zu Autoreparaturen (Abb. 24.7). Das Thema FAQs wurde in Kapitel 23 bereits behandelt.

Die Newsgruppe news.answers enthält eine lange Liste von FAQs und kann als Referenz für die Suche nach einem bestimmten Thema dienen. Ein WWW-Interface zu dieser Liste stellt die Universität von Utrecht zur Verfügung. Neben einer Stichwortsuche im FAQ-Archiv können die FAQs auch nach Kategorien sortiert angezeigt werden (Abb. 24.8).

Die zweite Art informeller Publikationen wird Zines genannt, und stellt nichts anderes als mehr oder weniger regelmäßig im Internet publizierte Aufsätze oder

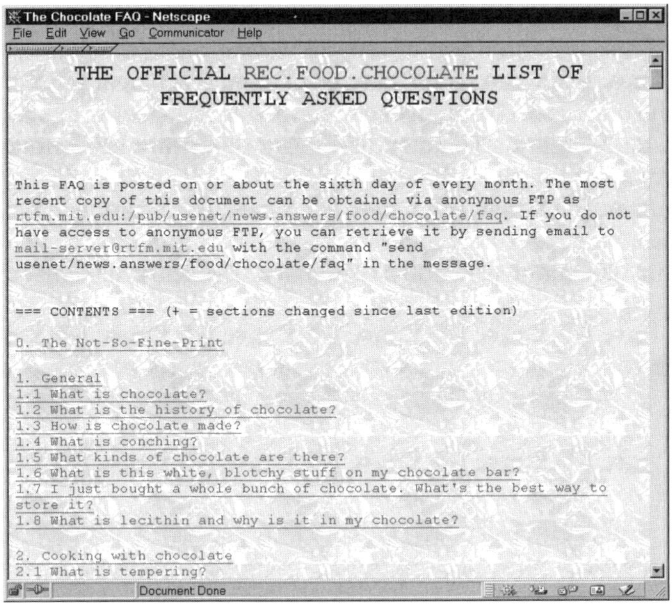

Abb. 24.7: FAQ zum Thema Schokolade (http://www.choco.com/faq.html)

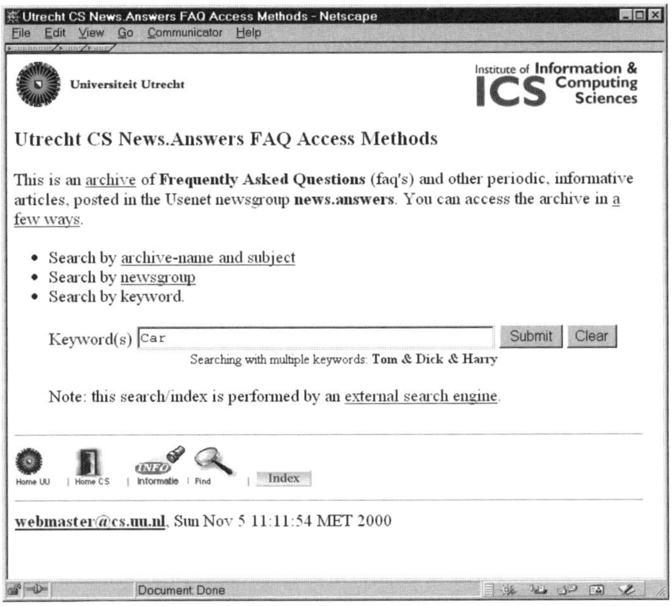

Abb. 24.8: für FAQ-Service der Universität von Utrecht (http://www.cs.ruu.nl/cgi-bin/faqwais)

Kurzmagazine dar. Diese Publikationen werden Zines genannt, weil sie keine vollwertige Zeitschriften darstellen, sondern eben nur ein halbes Magazin, also ein »zine«. Zines exisitieren schon seit den 60er und siebziger Jahren, als Studenten und kleine politische Gruppen begannen, eigene Magazine in kleinsten Auflagen zu drucken. Waren die Themen dieser Zines ursprünglich primär politischer Natur, so entwickelte sich sehr bald eine große Vielfalt an Themen, die von diesen Untergrundmagazine aufgegriffen wurden. Zines über Feminismus, Rock-Gruppen (Fanzines) oder zum Umweltschutz wurden veröffentlicht, von denen sich einige bis hin zu etablierten, überregionalen Zeitschriften entwickelten. Die Vervielfältigung von Untergrundmagazinen war zwar zunehmend billiger ge-

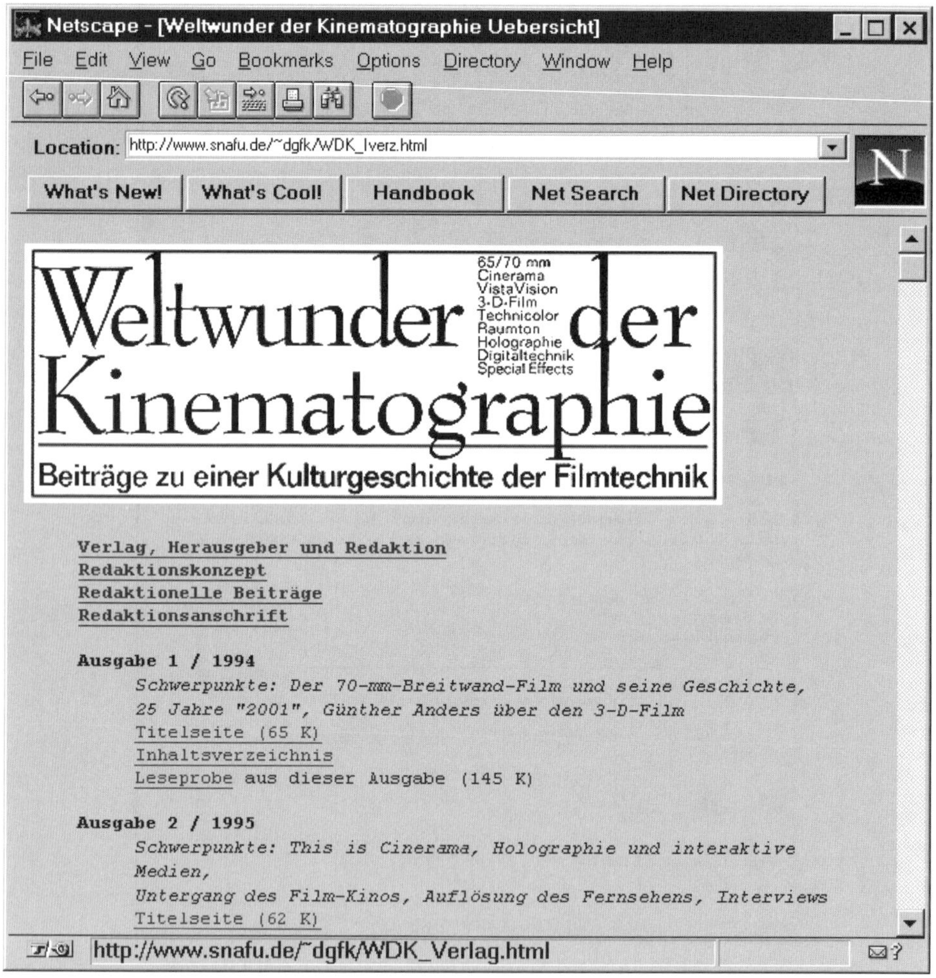

Abb. 24.9: Beispiel für eine E-Zine Publikation: »Weltwunder der Kinematographie«

worden, die Erstellung und Verteilung der Publikationen erforderte jedoch auch Ende der achtziger Jahre noch immer ein nicht von jedermann aufbringbares Maß an Logistik, Organisation und Finanzen. Dies änderte sich mit der Verbreitung des Internet. Plötzlich konnte jedermann Zines verfassen und über das Internet verteilen. Explosionsartig wuchs so die Anzahl der Internet-Zines (E-Zines) über die letzten Jahre an. Heute erscheinen jede Woche eine Vielzahl neuer E-Zines, so daß es nahezu unmöglich ist, eine vollständige Liste dieser Publikationen zu erstellen. Zwei der größten Zine-Archive sind das Etext-Archiv von Paul Southworth (`http://www.etext.org`) sowie die Zine-Liste von John Labovitz (`http://www.meer.net/~johnl/e-zine-list`). Eine weitere Zine-Liste, die allerdings primär Beiträge zum Themenkreis Internet und Computer enthält, ist das E-Zine-Archiv der Electronic Frontier Foundation (`http://www.eff.org/archive.html`).

24.2.2 Online-Tageszeitungen und -Magazine im Internet

Neben den informellen Internetpublikationen wird im Internet eine rasch wachsende Anzahl von reinen Online-Publikationen, die nicht als Printmedium verfügbar sind, angeboten. Ein Beispiel für eine solche, ausschließlich im Cyberspace

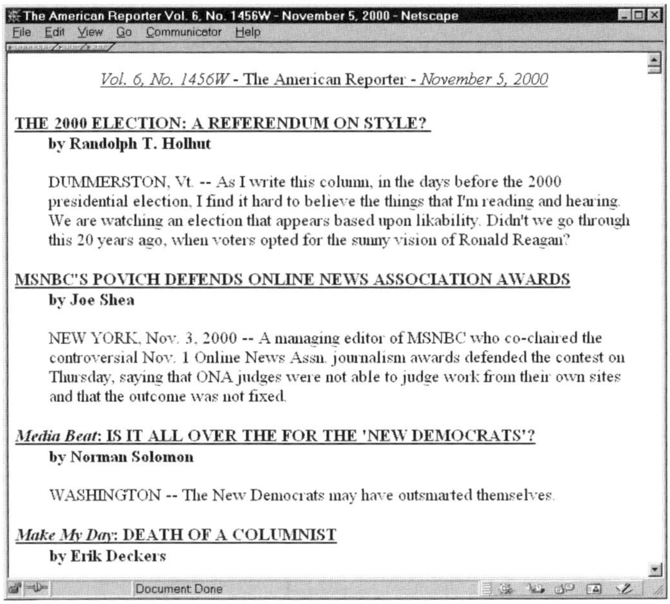

Abb. 24.10: Die amerikanische Cyberzeitung »The American Reporter« (http://www.american-reporter.com/)

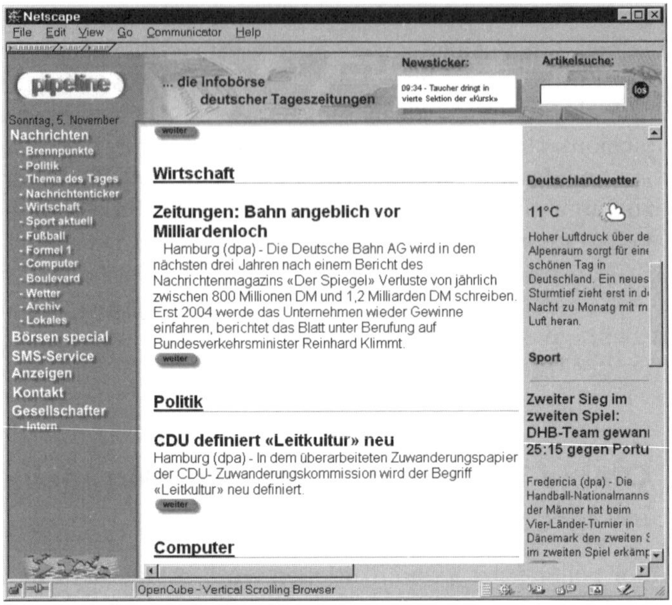

Abb. 24.11: Die deutschsprachige Online-Publikationen Pipeline (http://www.pipeline.de/pipeline/)

Abb. 24.12: Das Cybermagazin des Wochenjournals »Der Stern«

des Internet erscheinende Publikation ist die amerikanische Tageszeitung »The American Reporter«.

Die Finanzierung der Zeitung erfolgt durch Werbeeinnahmen sowie durch den Verkauf der Rechte an den Beiträgen. Jeder im American Reporter erscheinende Artikel kann durch die Zahlung einer Lizenzgebühr pro Wort in anderen Publikationen reproduziert werden. Auch in Deutschland erscheinen einige ausschließlich im Internet verfügbare Tagespublikationen (Abb. 24.11).

Annabelle	http://www.annabelle.ch/
Auto Motor und Sport	http://www.motor-presse-online.de/Zeitschriften/ams/
Auto Zeitung	http://www.autozeitung.de/
Autobild	http://www.autobild.de
BIZZ	http://www.bizz.de/
Brigitte	http://www.brigitte.de/
Bunte Online	http://www.bunte.de/
CE Markt	http://www.ce-markt.de
Chip	http://www.chip.de/
Computerbild	http://www.computerbild.de/
Computerwoche	http://www.computerwoche.de/
Cosmopolitan	http://www.cosmopolitan-net.de
C't - Magazin für Computertechnik	http://www.heise.de/ct/
Das Frauen-e-zine	http://www.frauennews.de
Elle	http://www.elle.de/
Fit for Fun	http://www.fitforfun.de/
Focus	http://www.focus.de
GQ-Magazin	http://www.gq-magazin.de
Hör Zu	http://www.hoerzu.de
iwz-online	http://www.iwz.de
Kicker	http://www.kicker.de
Max	http://www.max.de
Men's Health	http://www.menshealth.de/
Mot	http://www.motor-presse-online.de/Zeitschriften/mot/index.htm
Online Today	http://www.online-today.de/
PC Magazin	http://www.pc-magazin.de
PC Professionell	http://www.zdnet.de/pcpro/pp-wf.htm
PC-Online	http://www.pconline.de/
PC-Praxis	http://www.pcpraxis.de/
Prima Carina	http://www.primacarina.de/
Rtv-online	http://www.rtv.de/
Shape	http://www.shape.de/
Spiegel	http://www.spiegel.de
Sport & Fitness	http://www.sport-fitness.de/
Sportbild	http://www.sport1.de
Stern	http://www.stern.de
SuperIllu	http://www.super-illu.de/
TV Hören und Sehen	http://www.tv-hoeren-und-sehen.de/
TV-Movie	http://www.tvmovie.de/
TV-Spielfilm	http://www.tv-spielfilm.de
TV-Today	http://www.tvtoday.de

Abb. 24.13: Deutschsprachige Magazine im Internet

Aber auch viele der ursprünglich als Zusatzdienst für ein bestehendes Druckmagazin gestarteten Online-Dienste haben sich in kurzer Zeit unter Nutzung der multimedialen und interaktiven Möglichkeiten des Internet derart weiterentwickelt, daß sie faktisch bereits zu den elektronischen Publikationen gezählt werden können. Zunehmend werden von den Verlagen für diese elektronischen Magazine vom Printbereich unabhängige Redaktionsteams aufgebaut, die zunehmend exklusiv für den Onlinedienst verantwortlich sind. Die Nutzung von Diskussionsforen, Video- und Audio-Clips machen diese Dienste zu einem für viele Netzbenutzer attraktiven Internet-Angebot, der rasch beginnt, ein von der Druckausgabe aktives und erfolgreiches Eigenleben zu führen.

Melbourne Age	Australien	http://www.theage.com.au
De Standaart	Belgien	http://www.standaard.be
Jyllands-Posten	Dänemark	http://www.jp.dk/dbp/internetavisen/forside
Morgenavisen	Dänemark	http://www.jp.dk/dbp/internetavisen/forside
Le Monde	Frankreich	http://www.lemonde.fr/
L'Humanité	Frankreich	http://www.humanite.presse.fr/
Libération	Frankreich	http://www.liberation.fr/
Athens News	Griechenland	http://athensnews.dolnet.gr/
Daily Telegraph	Großbritannien	http://www.telegraph.co.uk
The Observer	Großbritannien	http://www.observer.co.uk/
The Times	Großbritannien	http://www.the-times.co.uk/
La Stampa l'Unita	Italien	http://www.unita.it/
De Telegraaf	Niederlande	http://www.telegraaf.nl
De Volkskrant	Niederlande	http://www.volkskrant.nl/
Dagbladet	Norwegen	http://www.dagbladet.no/
Gazeta	Polen	http://www.gazeta.pl/
Journal de Noticias	Portugal	http://www.jnoticias.pt/
Publico	Portugal	http://www.publico.pt/
Romania Libera	Rumänien	http://www.romanialibera.com
Pravda	Russland	http://www.pravda.ru/
The St. Petersburg Times	Russland	http://www.sptimes.ru
Aftonbladet	Schweden	http://www.aftonbladet.se/aftonbladet/start.html
Dnevnik	Slowenien	http://www.dnevnik.si/
ABC	Spanien	http://www.abc.es/
El Pais	Spanien	http://www.elpais.es
Hurriyet	Türkei	http://www.hurriyet.com.tr
Milliyet	Türkei	http://www.milliyet.com.tr
The Daily News	USA	http://www.tdn.com/
USA Today	USA	http://www.usatoday.com/
Washington Post	USA	http://www.washingtonpost.com/
L'Osservatore Romano	Vatikan	http://www.vatican.va/news_services/or/or_quo/index.html

Abb. 24.14: Auswahl an internationalen Magazinen und Tageszeitungen im Internet

24.2.3 Elektronische Bücher im Internet

Das Hauptproblem bei der Publikation von Büchern im Internet liegt in der Durchsetzung des Copyrights von Autoren und Verlagen. Im Gegensatz zu Tageszeitungen und Wochenmagazinen, wo Einnahmen indirekt über Anzeigen und Werbeflächen erzielt werden, ist dies im Büchermarkt nicht oder nur sehr eingeschränkt der Fall. Zeitgenössische Literatur bzw. aktuelle Fach- und Sachbücher sind deshalb eher selten im Internet auffindbar. Mit der beginnenden Standardisierung und Verbreitung von Abrechnungssystemen wird sich dies allerdings in naher Zukunft ändern. Derzeit werden Bücher von Autoren und Verlagen lediglich in Auszügen zu Werbezwecken im Internet zur Verfügung gestellt, um einen Einblick in das Werk zu geben, und potentielle Leser zu einer Bestellung zur veranlassen.

Literatur, die vor 75 Jahren und mehr verfaßt wurde, und daher keinerlei Copyrightbeschränkungen mehr unterliegt, ist allerdings bereits mit einer Vielzahl von Titeln im Internet vertreten. Eine der Hauptinitiativen, um diese Literatur über das Internet jedermann zur Verfügung zu stellen, ist das Projekt Gutenberg von Michael Hart, Professor für elektronischen Text am Benediktiner-College von Illinois. Mehr als 500 Freiwillige arbeiten daran, die 10.000 meistgenutzen copyrightfreien Texte im Internet zur Verfügung zu stellen. Bisher wurden etwa 3000 Titel unterteilt in die drei Kategorien

- Unterhaltung,
- Literatur und
- Referenzen /Enzyklopädien

übertragen.

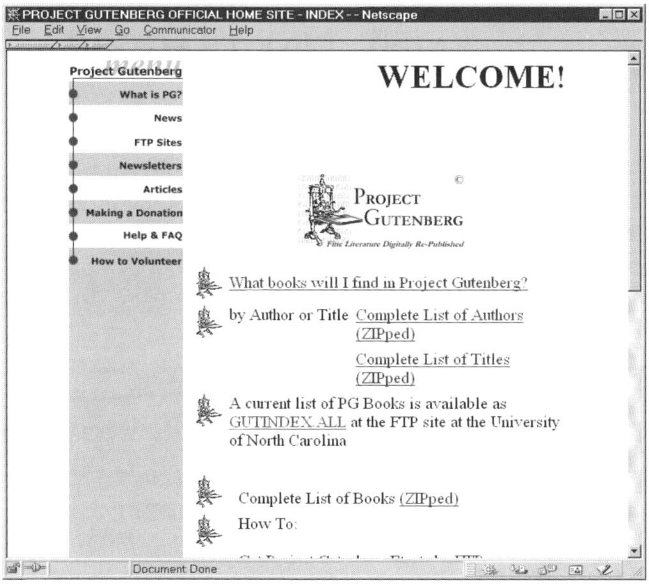

Abb. 24.15: Das Projekt Gutenberg am Benediktiner-College von Illinois (http://www.promo.net/pg/)

Abb. 24.16: Das deutsche »Projekt Gutenberg« (http://gutenberg.aol.de/)

Abb. 24.17: Klassiker aus dem Projekt Gutenberg: Goethes Faust

Im deutschen Ableger des Projektes ist die größte Sammlung an deutschsprachigen Buchtexten zu finden (etwa 350 Titel). Neben Klassikern wie Goethes Faust können eine ganze Reihe von Märchen abgerufen werden.

Eine weitere Sammlung von elektronischen Büchern steht der Öffentlichkeit in der »Public Library of the Internet« – die im Rahmen des Projektes Bartleby der Columbia Universität erstellt wurde, zur Verfügung.

Abb. 24.18: Die »Bartleby Public Library of the Internet« (http://www.bartleby.com/)

24.2.4 Elektronische Informationsdienste (Newsletter)

Die älteste kommerzielle Publikationsform im Internet sind gebührenpflichtige Newsletter. Diese Publikationen werden per E-Mail in regelmäßigen Abständen an Abonnementen versendet, und adressieren in der Regel einen hoch spezialisierten Kundenkreis. So zielte einer der ersten kommerziellen Newsletter, HPCWire, beispielsweise auf die Supercomputerindustrie (1991). Über Werbeeinschaltungen in den Text können weitere Einnahmen erzielt werden. Durch WWW-Magazine wie »Wired«, die ihren Inhalt kostenlos zur Verfügung stellen und sich ausschließlich über Werbeeinnhamen finanzieren, erwächst kommerziellen Newslettern allerdings zunehmend Konkurrenz. Die folgenden drei Grundregeln sind für den Aufbau eines Newsletterdienstes zu beachten:

- thematischer Fokus auf einen engen, hochspezialisierten Kundenkreis,
- kostenlose Verteilung des Inhaltsverzeichnisses und der Werbeeinschaltungen,
- qualitativ hochwertige Inhalte und Entwicklung zu einem »Must-read«-Medium für Spezialisten.

Die Vorteile von Newslettern bestehen vor allem in der unkomplizierten Abrechnung (Abonnement), der hohen Reichweite durch die Nutzung von E-Mail als Distributionsmedium sowie des einfachen Layouts. Einige Newsletter verbinden alte und neue Kommunikations-Strukturen, wie etwas der als E-mail, Printmedium und online-Datenbank erscheinende Security-Newsletter.

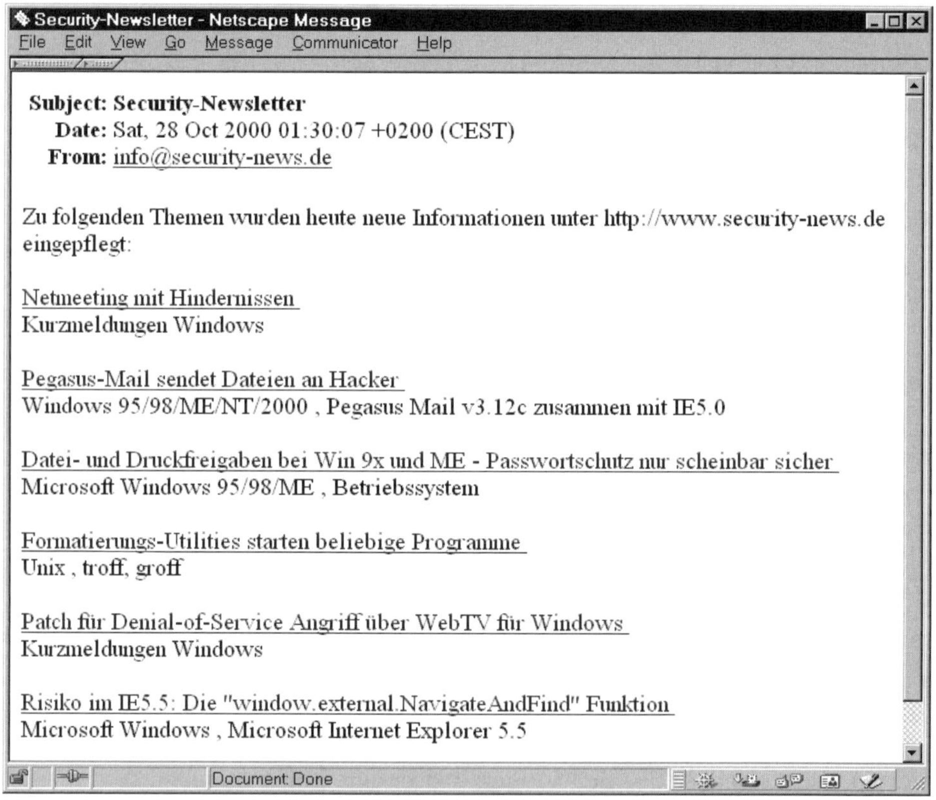

Abb. 24.19a: Der Security-Newsletter

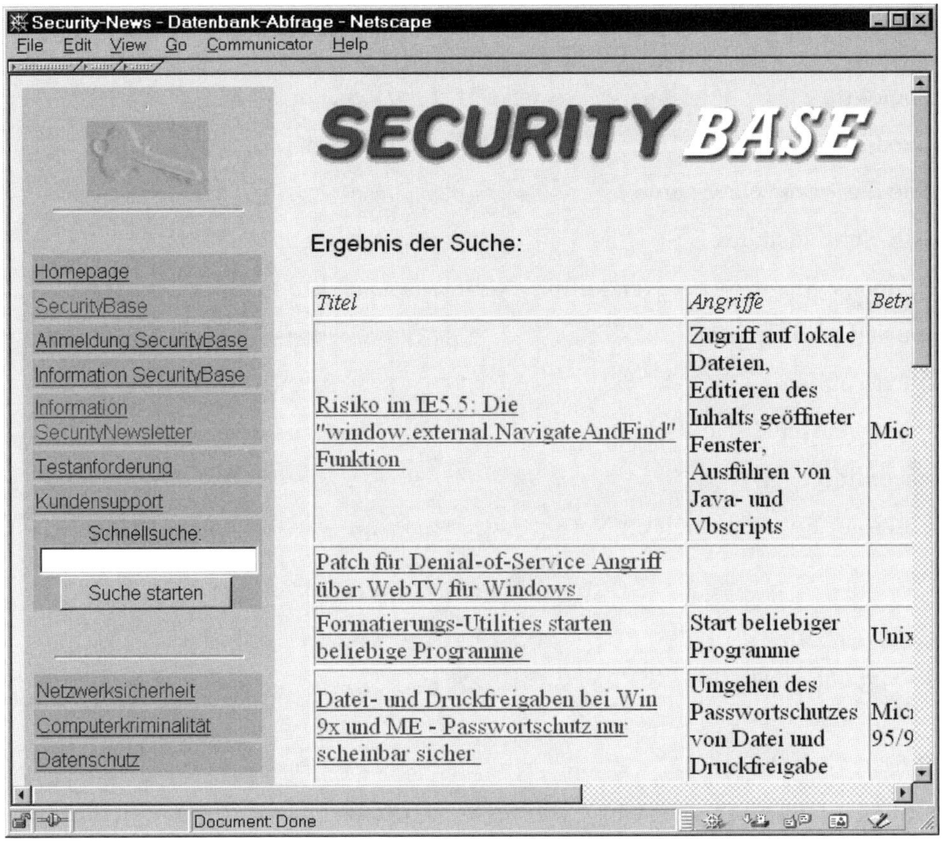

Abb. 24.19b: Datenbank des Security-Newsletters (http://www.security-news.com/)

24.3 Informationen und Archive im Internet

Bookwire	http://www.bookwire.com
Etext-Archiv	http://www.etext.org
The Electronic Newsstand	http://www.enews.com
AJR-Zeitungsindex	http://ajr.newslink.org/
Telepolis: Magazin zur Netzkultur	http://www.heise.de/tp/
Journal of Electronic Publishing	http://www.press.umich.edu:80/jep/
Etext-Archive	http://www.etext.org
Presselandschaft Deutschland	http://www.presse.de/
PZ-online	http://www.pz-online.de/
Links auf Publikationen im Netz	http://www.zeitungen.de/ http://www.zeitung.de/ http://www.glist.com/
Online-Kiosk	http://www.onlinekiosk.com/
FAQ-Service Utrecht	http://www.cs.ruu.nl/cgi-bin/faqwais
Projekt Gutenberg	http://www.promo.net/pg
Gutenberg Deutschland	http://gutenberg.aol.de
Bartleby Public Library of the Internet	http://www.bartleby.com/

Stichworte für Suchmaschinen

epaper
e-zines
zines
newspaper
ebooks
electronic books
electronic publishing
book reviews
bestseller lists
author homepage
text archives
library

Internet-Shopping – Cybermalls und virtuelle Supermärkte

25

If you have never been shopping at tower records at 3 in the morning with your own personal assistant while eating Mu Shu Pork in your underwear - then you have never really been shopping.

(eShop Plaza)

Endlose Parkplatzsuche, überfüllte Einkaufspassagen, überlastete, gestreßte Verkäufer, Schlangen an den Kassen, schreiende Kinder, entnervte Erwachsene, die sich mit Einkaufstüten abschleppen. Bilder, die sich in Deutschland und der Welt jeden Freitag und Samstag wiederholen.

Home-Shopping, das Einkaufen von zu Hause aus, stellt deshalb eine intelligente Alternative dar, die sich zunehmender Beliebtheit erfreut. Erfolgten die Bestellungen bisher per Briefpost oder Telefon (Teleshopping), erfährt Homeshopping durch die zunehmende Nutzung des Internet auch als Handelsplatz eine neue Dimension. Electronic-Shopping im Internet bedeutet für den Kunden die Möglichkeit, aus einer Vielzahl von nationalen und internationalen Angeboten auswählen zu können. Den Anbietern eröffnet sich die Möglichkeit, auf weltweiter Basis zu operieren, und mit geringen Kosten neue Märkte zu erschließen. Für die Kunden bedeuten virtuelle Supermärkte neben der Bequemlichkeit jederzeit von zu Hause aus die neuesten Produkte begutachten, vergleichen und bestellen zu können vor allem auch günstigere Preise. Durch das direkte Einkaufen beim Hersteller oder Großhändler können Handelsspannen vermieden werden, und Produkte zu wesentlich niedrigeren Preisen an den Kunden abgegeben werden. Die Betreiber von Cybermalls können ihre Warendepots zudem in günstigen Lagen mit wenig Personal zu geringen Kosten betreiben und trotz aggressiver Preise Gewinne erzielen.

25.1 Home-, Tele- und Electronic-Shopping

Das Geschäftsvolumen, das bereits heute im klassischen Versandhandel erzielt wird, ist durchaus beachtlich. So ist es kein Wunder, daß gerade die Versandhändler den Möglichkeiten des Internets positiv gegenüberstehen. Der Druck und der Versand der voluminösen Kataloge ist teuer und verbraucht Umweltressourcen. Der Versandhausriese Otto-Versand läßt deshalb schon sein einigen Jahren seinen Produktkatalog zusätzlich zur gewohnten Papierausgabe auch auf CD-Format verteilen. Die Bestellung erfolgt dann über Fax oder Modem. Die konsequente Fortsetzung dieser Vertriebsstrategie ist die Abwicklung des Geschäftsvorgangs über das Internet (Abb. 25.1).

Abb. 25.1: Homeshopping via Internet: Otto-Versand (http://www.otto.de/)

Nach ersten Untersuchungen werden heute bereits mehr als 10% aller Umsätze im Home-Shopping Bereich über interaktive elektronische Versanddienste abgewickelt werden. Den unbestreitbaren Vorteilen von Home-Shopping stehen allerdings auch einige Nachteile gegenüber, weshalb für absehbare Zeit die Existenz der konventionellen Supermärkte gesichert scheint. So wird in Umfragen zu diesem Thema immer wieder das fehlende Einkaufserlebnis mit sozialen Kontakten angeführt, sowie der Wunsch, die Produkte anfassen und unmittelbar begutachten zu können (Abb. 25.2). Auch die Sicherheitsprobleme bei Abrechnung über Kreditkarte oder automatischer Abbuchung vom Girokonto können keinesfalls als gelöst betrachtet werden. Das deutsche Fernabsatzgesetz gibt zwar die Randbedingungen für den Versandhandel einschließlich Internet vor, doch so sicher wie beim Einkauf in Geschäft nebenan kann sich der Konsument keinesfalls fühlen. Auch das sogenannte Co-Shopping bewegt sich in einem unklaren Rechtsraum. Bei dieser Spielart des Home-Shoppings tun sich mehrere Besteller (virtuell) zusammen und können so bessere Preise erzielen. Das kann natürlich auch durch einen online-Anbieter (wie. z.B. `http://www.letsbuyit.com/`) organisiert werden, doch einen Rechtsanspruch auf Auslieferung zu dem angebotenen Preis hat der Kunde nicht.

Vorteile:	
Öffnungszeiten	24 Stunden an 365 Tagen
Zeitersparnis	Keine An- und Abfahrtszeiten
	Keine Parkplatzsuche
	Kein Warten an der Kasse
Geldersparnis	Wenig Personal und sehr geringe Gebäudekosten für die Anbieter resultieren in günstigeren Preisen
Bequemlichkeit	Einkaufen in Unterhose und Bademantel bei einem Glas Rotwein
	Keine Schlepperei: Anlieferung der Ware innerhalb von 24 Stunden in die Wohnung

Nachteile:	
WWW - World Wide Wait	Zu geringe Übertragungsbandbreiten im Internet, lange Wartezeiten bei der Übertragung von Photos und Audio
Fehlendes Einkaufserlebnis	Keine sozialen Kontakte, kein Einkaufsfeeling
Kein Warenkontakt	Waren können weder angefasst, gerochen noch gekostet werden
Sicherheitsprobleme	Transaktionen mit Kreditkarten oder Abbuchung von Girokonto nicht 100% sicher

Abb. 25.2: Vor- und Nachteile von Homeshopping aus Kundensicht

25.2 Handelsplatz Internet

Die Goldgräberstimmung, die ab etwa 1995 die Cybermalls wie Pilze aus dem Boden schießen ließen, ist vorbei. Mechanismen zur sicheren Abwicklung des Zahlungsverkehrs bei einer kommerziellen Nutzung des Internet sind noch immer nicht implementiert, sieht man einmal von den SSL-Verbindungen zwischen Kunde und der Site des Anbieters ab. Was aber mit den Kreditkarten- oder Bankinformationen beim Händler geschieht, bleibt für den Kunden völlig unklar. Die Technik für sichere Transaktionen von der Bestellung bis zur Abbuchung steht längst zur Verfügung (z.B. SET), doch bei der flächendeckenden Einführung der Verfahren hapert es gewaltig. Dazu kommen oft unseriöse Praktiken der Händler (Abbuchung sofort, Lieferung erst später), die die anfängliche Begeisterung für das neue Einkaufsmedium durch eine gesunde Skepsis abgelöst haben.

Vor allem vier Bereiche sind es, in denen Unternehmen im Internet präsent sind:

- Informationsanbieter (Datenbanken), Buchhandlungen, Zeitschriften, CD-ROM-Distributoren,
- Touristikunternehmen,
- Dienstleistung/Support (branchenübergreifend),
- Verkauf/Marketing (branchenübergreifend).

Branchen wie Buchhandel oder der Vertrieb von Tonträgern, die auch in der Zeit vor dem Internet bereits in großem Umfang über den Versandhandel vermarktet wurden, sind dabei naturgemäß führend vertreten. Zudem haftet diesen Produkten beim Vertrieb über das Internet nicht das Manko des »Nichtanfassenkönnens« an. In den meisten Fällen stehen einzelne Kapitel bzw. Musikclips zum Download bereit, und vermitteln so einen guten Vorgeschmack auf das Produkt. In kurzer Zeit können bequem Unmengen an Material durchsucht werden - der Vorteil des Cybershoppings liegt auf der Hand.

Noch erheblich deutlicher wird der Vorteil der Nutzung des Internets als Vertriebsmedium bei Produkten, deren Wert direkt proportional zu ihrer Aktualität sind. Tageszeitungen, Börsen- und Wirtschaftsnachrichten oder Buchungsdaten in der Touristikbranche sind Beispiele dafür. Innerhalb weniger Stunden können Informationen aus diesen Bereichen fast vollständig ihren Wert verlieren. Wer liest schon die Tageszeitung von gestern – und das schönste Urlaubsangebot ist nutzlos, wenn der Anreisetag bereits letzter Freitag gewesen wäre. Solche Informationsprodukte sind lediglich innerhalb eines sehr begrenzten Zeitraums verkäuflich, und müssen zudem ständig aktualisiert werden. In kürzester Zeit muß daher mit geringstem Aufwand eine möglichst große Zahl an Kunden erreicht werden – und genau darin besteht eine der Stärken des Internet.

Generell ist es so, daß sich mit den heute verfügbaren Übertragungsbandbreiten und den damit verbundenen eingeschränkten Möglichkeiten in der Nachbildung der Realität bestimmte Produkte besser verkaufen lassen als andere. Abb. 25.3 gibt eine Übersicht über die Eignung von Produkten für Teleshopping. Leicht verderbliche Lebensmittel stehen dabei naturgemäß ganz unten auf der Liste.

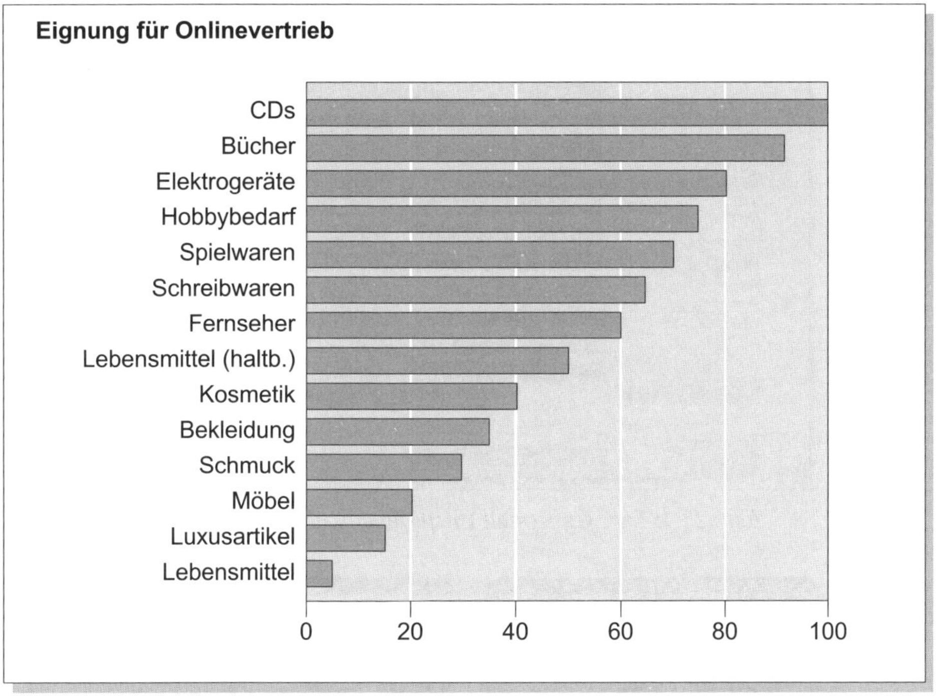

Abb. 25.3: Produkteignung für Teleshopping

25.3 Cybermalls – virtuelle Einkaufspassagen

Aus Effizienz- und Kostengründen bieten viele Unternehmen ihre Produkte und Dienstleistungen gemeinsam mit anderen über eine einzige Betreibergesellschaft im Internet an und bilden quasi eine virtuelle Einkaufspassage. Für den Kunden bieten solche Cybermalls neben der Tatsache, daß alle Anbieter unter einer einzigen Internetadresse erreichbar sind, den Vorteil, daß sie eine einheitliche Benutzerschnittstelle sowie vereinheitlichte Zahlungsmodalitäten zur Verfügung stellen. (Abb. 25.4).

Abb. 25.4: Eine Cybermall (http://www.cybermall.com/)

Abb. 25.5: CD-Händler CDnow (http://www.cdnow.com/)

Ein anderes Beispiel für erfolgreiche Geschäftstätigkeit im Internet ist das Unternehmen CDnow (`http://cdnow.com`). Laut eigenen Angaben stellt CDnow das größte öffentlich zugängliche Musik-Informationsarchiv dar. Neben den mehr als 165.000 CDs, Kasetten und Minidiscs, die ab Lager versendet werden können, steht dem Kunden eine umfangreiche Sammlung an Biographien und Besprechungen von Musiktiteln zur Verfügung. Etliche 1000 Kunden besuchen CDnow täglich auf elektronischem Weg und der dabei erzielte Gesamtumsatz bewegt sich in der Größenordnung von CD-Megastores in zentraler Lage (Abb. 25.5).

Ein Beweis dafür, daß sich – vorausgesetzt man stellt es richtig an – nahezu alles über das Internet vertreiben läßt, stellt PC-Flowers Inc. dar. Das Unternehmen startete im US-Onlinedienst Prodigy damit, Blumenbuketts zu verkaufen. Seit 1994 wird der Dienst auch im Internet angeboten. Zwischenzeitlich liefert das Unternehmen neben Blumen auch Geschenke für alle Anlässe aus und firmiert unter dem Namen PCFlowers and Gifts (Abb. 25.6).

Abb. 25.6: Der Internet Geschenkedienst Pcflowers&Gifts (http://www.pcflowers.com/)

Die Liste mit Beispielen für profitable Geschäftstätigkeit könnte noch beliebig fortgesetzt werden. Um dem potentiellen Kunden einen Überblick über die online-Einkaufsmöglichkeiten im Internet zu geben, wurde sogar eine eigene Suchmaschine zum Thema »Einkaufen« installiert (Abb. 25.7).

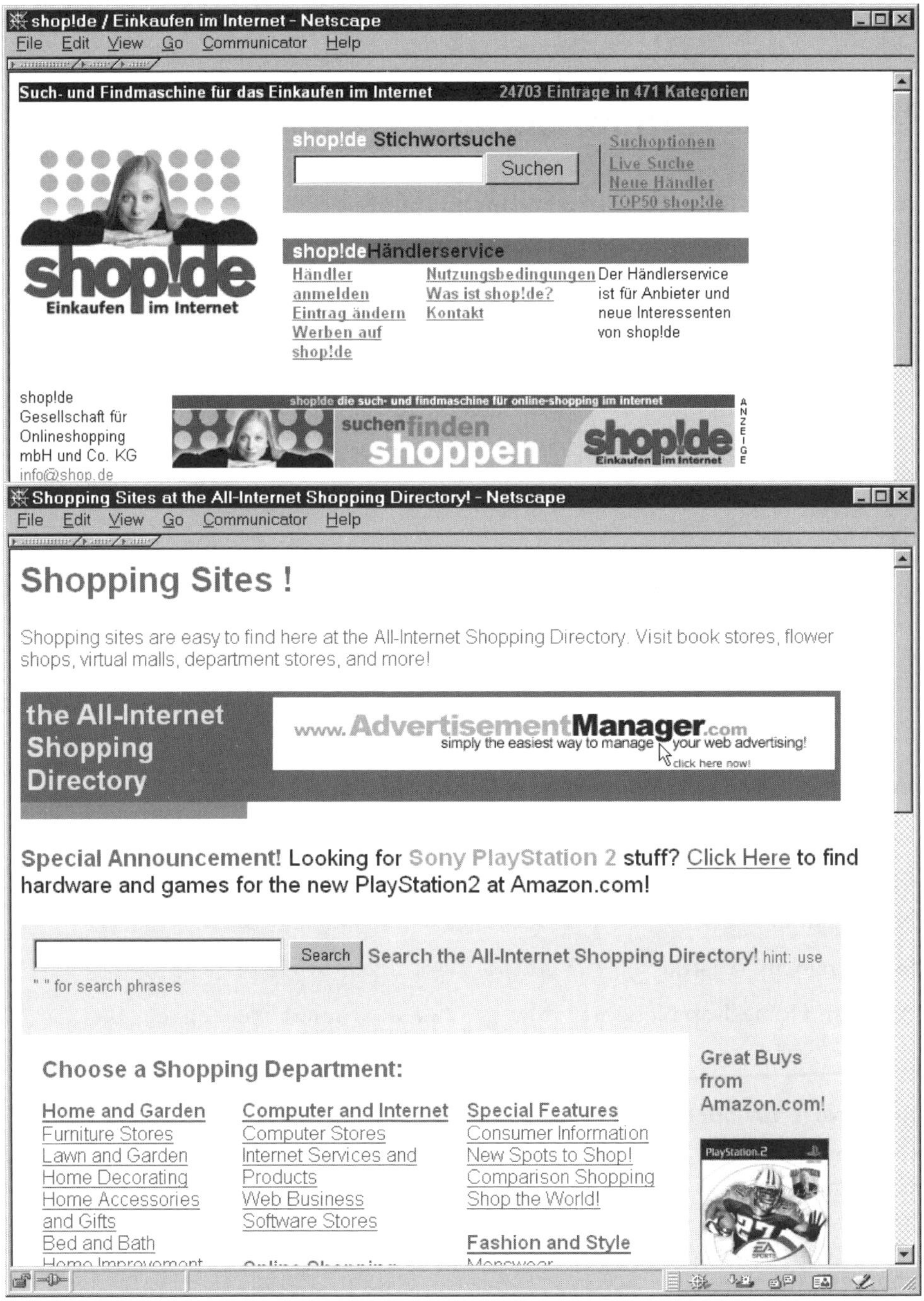

Abb. 25.8: The All Internet Shopping Directory

Abb. 25.7: Suchmaschine zum Einkaufen (http://www.shop.de/)

25.4 Informationen und Archive im Internet

Informationen über Einkaufszentren im Internet

SeekaLot	`http://www.seekalot.com/`
Hall of Malls	`http://nsns.com/MouseTracks/HallofMalls.html`
All Internet Shopping Directory	`http://www.all-internet.com/`
Suchmaschinen Shopping	`http://www.shop.de/`
	`http://www.shopping.de/`
Wer liefert was?	`http://web.wlwonline.de/`

Konsumentenschutz im Internet

Newsgruppen:

`misc.consumers`

`misc.consumers.hoouse`

`misc.kids.consumers`

Internet-Shopping in Deutschland/Österreich

Otto-Versand	`http://www.otto.de/`
Karstadt-Quelle	`http://www.karstadt.de/`
Neckermann	`http://www.neckermann.de/`
Shopping City Austria	`http://www.sca.co.at/`
Austrian Homeshop Network	`http://www.autrian-homeshop.co.at/homeshop/`

Stichworte für Suchmaschinen

Cybermalls
Cybermart
Virtual stores
virtual markets
shopping directory
biggest
largest
cheapest
hot deals
best buy
lowest price

Software für das Internet

A

Softwarearchive für Internetsoftware:

Software-Archiv PCs	http://www.tucows.com/
Software-Archiv Macintosh	http://www.macresource.pair.com/

E-mail Software

Eudora Server/Client	http://www.eudora.com/
Pegasus Server/Client	http://www.pegasus.usa.com/
Netscape Server/Client	http://home.netscape.com/
SLMail-Server	http://www.seattlelab.com/
Sendmail-Server	http://www.sendmail.com/
QMail-Server	http://www.qmail.org/top.html
Hypermail (E-Mail -> HTML)	http://www.hypermail.org/

Telnet Client-Software

TeraTerm Windows-Client	http://hp.vector.co.jp/authors/VA002416/teraterm.html
SSE.-Erweiterung für TeraTerm	http://www.zip.com.au/~roca/ttssh.html
Macintosh-Client	http://www.cstone.net/~rbraun/mac/telnet/
3270/5250-Client	http://www.sdisw.com/Default.htm
Linkliste zu Telnet- und SSH-Software	http://www.softpanorama.org/Net/telnet.shtml

FTP Server-Software

University of Washington wu-FTP	ftp://wuarchive.wustl.edu/packages/wuarchive-ftpd/
ProFTP	http://www.lab-pro.com/articles/ftp.htm
FTP Serv-U	http://FTPServ-U.deerfield.com/

FTP Client-Software

Cute FTP	http://www.cuteftp.com/
Vicomsoft Mac-Client	http://www.vicomsoft.com/ftp_site/client.demo.ftp.html
WS FTP-Pro	http://www.ipswitch.com/Products/WS_FTP/
Rhinosoft Voyager	http://www.ftpvoyager.com/

News Server-Software

INN-Server	http://www.isc.org/products/INN/

News Client-Software

TIFNY-Reader	http://www.tifny2.com/download.html
Free Agent	http://www.forteinc.com/getfa/download.htm
PINE Newsreader	http://www.ii.com/internet/messaging/pine/
WinVM Newsreader	http://www.ksc.nasa.gov/software/winvn/winvn.html

Mailing-Listen Software

Listserv	http://www.listserv.net/
Majordomo	http://www.greatcircle.com/majordomo/
Lyris Listmanager	http://www.lyris.com/
WWW-Gateway LW-Gate	http://www.netspace.org/users/dwb/lwgate.html

IRC-Software

mIRC Client	http://www.mirc.com/
ichat Server/Client	http://www.ichat.com/
Surfing Squirrel Server/Client	http://www.surfingsquirrel.com/
IRCle Client (Mac)	http://www.ircle.com/download.html

Web-Server

CERN-Server	ftp://ftp.w3.org/pub/httpd
NCSA-Server	http://hoohoo.ncsa.uiuc.edu/docs/setup/PreCompiled.html
Apache	http://www.apache.org
Liste von WWW-Servern	http://www.w3.org/Servers.html
WWW-Server Vergleich	http://webservercompare.internet.com/server-main.html

DNS-Server

BIND	http://www.isc.org/products/BIND/

Internetprovider

B

B.1 Deutschland

B.1.1 Aktuelles Verzeichnis deutscher Internetprovider

http://www.heise.de/ix/provider/

http://www.internet-provider.org/

http://de.dir.yahoo.com/Handel_und_Wirtschaft/Firmen/Internet_Dienste/Zugriffsvermittlung/

B.1.2 Adressen deutscher Internetprovider

Quelle: Heise Verlag (Stand 17.10.2000), sortiert nach Postleitzahlen

webit! GmbH
01069 Dresden
Tel.: 03 51/495 20 64
Fax: 03 51/495 20 65
info@webit.de

IBH Prof. Dr. Horn GmbH
01217 Dresden
Tel.: 03 51/477 77-20
Fax: 03 51/477 77-29
info@ibh.de

Schandog GmbH
03226 Vetschau
Tel.: 03 54 33/121 83
Fax: 03 54 33/121 84
pop@schandog.de

transnet Internet Service Leipzig
04107 Leipzig
Tel.: 03 41/984 74-0
Fax: 03 41/984 74-59
info@transnet.de

PrimaCom AG
04356 Leipzig
Tel.: 03 41/60 95 26-0
Fax: 03 41/609 52 57
business@primacom.de

csc-mann
04435 Leipzig-Schkeuditz
Tel.: 03 42 04/625 98
Fax: 03 42 04/644 90
info@csc.de

ESC-Electronic Service Center
06108 Halle
Tel.: 03 45/558 44-0
Fax: 03 45/558 44-99
info@esc.de

Webmatic GmbH
06217 Merseburg
Tel.: 034 61/33 66 30
Fax: 034 61/33 66 40

sicomtec GmbH
06618 Gieckau
Tel.: 03 44 45/21 500
Fax: 03 44 45/21 451
info@sicomtec.de

Professional Internet GbR mHB
06766 Wolfen
Tel.: 034 94/39-40 00
Fax: 034 94/39-44 44
info@professional-internet.de

IZ Plauen/Vogtland GmbH
08525 Plauen
Tel.: 037 41/58 12 05
Fax: 037 41/58 12 03
hartmann@tzv.de

EastLink
09130 Chemnitz
Tel.: 018 05/43 20 60
Fax: 03 71/432 06 26
info@eastlink.de

FreibergNet GbR
09599 Freiberg
Tel.: 037 31/78 13 87
Fax: keine Angaben
info@freibergnet.de

Transmedia GmbH
10115 Berlin
Tel.: 030/44 30 95-0
Fax: 030/44 30 95-9

Business Online AG
10117 Berlin
Tel.: 030/28 53 81-0
Fax: 030/28 53 81-99
info@bo-ag.net

I/P/B/ GmbH
10117 Berlin
Tel.: 030/20 96 29 50
Fax: 030/20 96 29 52
info@ipb.de

MIXX Online GmbH
10119 Berlin
Tel.: 030/44 32 61 00
Fax: 030/44 32 61 90
mixx@mixx.de

TCP/IP GmbH
10405 Berlin
Tel.: 0800/44 33 66-0
Fax: 030/44 33 66-15
info@tcpip-gmbh.de

X9media GbR
10405 Berlin
Tel.: 030/44 05 54 70
Fax: 030/44 05 54 75
info@x9media.com

tro:net GmbH
10437 Berlin
Tel.: 030/76 71 51-0
Fax: 030/76 71 51-13
info@tronet.de

todo GmbH
10553 Berlin
Tel.: 030/89 79 20-0
Fax: 030/89 79 20-29
info@todo.de

Cronon AG
10587 Berlin
Tel.: 030/39 99 11-0
Fax: 030/392 13 13
info@cronon.net

Snafu/Interactive Networx
10623 Berlin
Tel.: 018 02/52 42
Fax: 030/254 31-299
info@inx.de

PowerWeb
10625 Berlin
Tel.: 030/312 81 03
Fax: 030/312 81 03
frank@gadegast.de

COM.BOX-WINET GmbH &Co. KG
10785 Berlin
Tel.: 030/59 00 69-00
Fax: 030/59 00 69-99

Weißhuhn & Weißhuhn GbR
10969 Berlin
Tel.: 030/61 60 93 60
Fax: 030/61 60 93 61
weisshuhn@weisshuhn.de

Sireco Internet Services GmbH
12099 Berlin
Tel.: 030/75 07 23 00
Fax: 030/75 07 23 08
salmon@sireco.de

InSoft GmbH
12435 Berlin
Tel.: 030/53 69 91 47
Fax: 030/53 69 91 49
vertrieb@hspeed.net

http.net Internet GmbH
13355 Berlin
Tel.: 030/21 00 90-0
Fax: 030/21 00 90-90
info@http.net

Schäfer Systems GmbH
13509 Berlin
Tel.: 030/41 90 59-0
Fax: 030/41 90 59-99
info@schaefer-systems.de

Advanced Leased Lines
14055 Berlin
Tel.: 030/30 09 95 43
Fax: 030/30 09 95 49
info@all.de

beehive elektronische medien GmbH
14163 Berlin
Tel.: 030/84 78 20
Fax: 030/84 78 22 99
service@beehive.de

Potsdam COM GmbH & Co. KG
14469 Potsdam
Tel.: 03 31/280 33 44
Fax: 03 31/280 33 64

CityNetworx-Posselt GmbH
16321 Börnicke
Tel.: 033 38/36 64 66
Fax: 033 38/36 64 99
fiedler@citynetworx.de

Bedinetz
16816 Neuruppin
Tel.: 033 91/39 70 01
Fax: 033 91/39 70 06
info@bedinetz.de

Gecko mbH
18057 Rostock
Tel.: 03 81/454 88-0
Fax: 03 81/454 88-50
info@gecko.de

Medeocom GmbH
18182 Rostock
Tel.: 03 81/65 86-0
Fax: 03 81/65 86-99
info@medeocom.de

DV-Zentrum
Meck.-Vorpommern
19059 Schwerin
Tel.: 03 85/48 00-511
Fax: 03 85/48 00-772
marketing@dvz-mv.de

Planet GmbH
19061 Schwerin
Tel.: 03 85/30 30-150
Fax: 03 85/30 30-255
internet@planet.de

GOPAS Internet Services GmbH
20095 Hamburg
Tel.: 040/303 79 79-0
Fax: 040/303 79 79-79
info@gopas.net

n@work GmbH
20097 Hamburg
Tel.: 040/23 88 09 00
Fax: 040/23 88 09 29
n@work.de

Nikoma MediaWorks GmbH
20097 Hamburg
Tel.: 040/80 80 40
Fax: 040/80 80 19 98
vertrieb@nikoma.de

PPP GmbH
20099 Hamburg
Tel.: 040/28 40 22-0
Fax: 040/28 40 22-22
info@ppp.net

NGI AG
20457 Hamburg
Tel.: 040/41 33 02-78
Fax: 040/41 33 02-75
info@ngi-connect.de

ISION AG
20459 Hamburg
Tel.: 040/30 70-0
Fax: 040/30 70-19 99
info@ision.net

POP Point of Presence GmbH
20537 Hamburg
Tel.: 040/251 92 00
Fax: 040/25 81 94
info@pop.de

H/S/D/ Consult GmbH
22083 Hamburg
Tel.: 040/278 21-0
Fax: 040/278 21-444
support@hsd.de

mediascape AG
22083 Hamburg
Tel.: 040/66 86 10-0
Fax: 040/66 86 10-222
info@mediascape.de

Wieske's Crew KG
22087 Hamburg
Tel.: 040/250 01 46
Fax: 040/25 19 19 18

New Media Markets &
Networks GmbH
22149 Hamburg
Tel.: 040/67 21 88 00
Fax: 040/67 21 88 01
info@nmmn.de

MCS Moorbek Computer
Systeme GmbH
22419 Hamburg
Tel.: 040/537 73-0
Fax: 040/537 73-200
info@cityline.net

Dokumenta GmbH
22419 Hamburg
Tel.: 040/537 77-0
Fax: 040/537 77-100
info@dokumenta.net

Crown Neue Medien
22457 Hamburg
Tel.: 040/55 97 25 30
Fax: 040/55 97 25 25
crown@crown.de

UBCOM AG
23554 Lübeck
Tel.: 04 51/45 05-0
Fax: 04 51/45 05-100
info@ubcom.net

JessenLenz GmbH
23556 Lübeck
Tel.: 04 51/87 360-0
Fax: 04 51/87 360-66
sales@jessenlenz.com

iits gmbh
23558 Lübeck
Tel.: 04 51/871 74-60
Fax: 04 51/871 74-73
nkoester@iits.de

LyNet Kommunikation GmbH
23564 Lübeck
Tel.: 04 51/61 31-0
Fax: 04 51/61 31-333
info@lynet.de

TNG - the net generation
24106 Kiel
Tel.: 04 31/70 97-10
Fax: 04 31/70 97-555
info@tng.de

NetUSE GmbH
24107 Kiel
Tel.: 04 31/38 64 35 00
Fax: 04 31/38 64 35 99
info@netuse.de

CoNetiX
24558 Henstedt-Ulzburg
Tel.: 041 93/99 38-00
Fax: [041 93/99 38-01
info@conetix.de

easynet DV GmbH
24576 Bad Bramstedt
Tel.: 041 92/87 94-0
Fax: 041 92/87 94-29
info@easynet.de

PCW AG
24589 Nortorf
Tel.: 043 92/91 45-0
Fax: 043 92/91 45-20
info@pcw-net.de

AP Datentechnik
24837 Schleswig
Tel.: 046 21/232 72
Fax: 046 21/245 71
info@schleswig.net

KomTel GmbH
24937 Flensburg
Tel.: 08 00/909 00 90
Fax: 04 61/909 00 31
info@komtel.net
2 Mbps an Xlink

PIN-NET GmbH
24937 Flensburg
Tel.: 04 61/88 88-0
Fax: 04 61/88 88-600
info@pin-net.de

AllCon GmbH
24941 Flensburg
Tel.: 04 61/90 39 30
Fax: 04 61/903 93 33
info@allcon.net

SHLINK Internet Service
25310 Elmshorn
Tel.: 041 21/26 90 06
Fax: 041 21/26 90 07
info@shlink.de

Talkline GmbH
25388 Elmshorn
Tel.: 041 21/41-22 33
Fax: 041 21/41-45 54
kundenservice@talkline.de

orgatech Ulrich Tiemann
26121 Oldenburg
Tel.: 04 41/983 47-0
Fax: 04 41/983 47-29
info@orgatech.de

internet factory
26122 Oldenburg
Tel.: 04 41/248 85 63
Fax: 04 41/248 98 64
info@internet-factory.de

Nordwest.Net GmbH & Co. KG
26122 Oldenburg
Tel.: 04 41/99 88-82 22
Fax: 04 41/99 88-82 05
info@nwn.de

Digital Druck Köhler GmbH
26127 Oldenburg
Tel.: 04 41/9 35 85 85
Fax: 04 41/9 35 85 15
info@digitaldruck-koehler.de

bbt online GmbH
26131 Oldenburg
Tel.: 04 41/95 09 30
Fax: 04 41/50 44 81
info@bbt-online.net

EWE TEL GmbH
26133 Oldenburg
Tel.: 08 00/835 46 36
Fax: 04 41/80 00-159
sales@ewetel.net

eVision GmbH
26919 Brake
Tel.: 044 01/93 45-0
Fax: 044 01/93 45-29
info@e-vision.de

SeeYou Internet GmbH
27572 Bremerhaven
Tel.: 04 71/700 35 00
Fax: 04 71/700 35 10
info@seeyou.de

isb GmbH
28195 Bremen
Tel.: 04 21/202 59-0
Fax: 04 21/202 59-69
info@isb.net

nordCom GmbH
28197 Bremen
Tel.: 018 01/02 70 00
Fax: 04 21/277 32 99
info@nordcom.net

Netwave GmbH
28329 Bremen
Tel.: 04 21/178 88-0
Fax: 04 21/178 88-99
info@netwave.de

Celler Internet Dienste
29221 Celle
Tel.: 051 41/90 38 98
Fax: 051 41/90 82 88
cid@pop-celle.de

ping Netzwerksysteme GmbH
30159 Hannover
Tel.: 05 11/363 26 13
Fax: 05 11/363 26 18
office@ping-net.de

Krauss-Systeme GmbH
30161 Hannover
Tel.: 05 11/31 92 74
Fax: 05 11/31 92 74
hallo@k-sys.de

SGH Internet Division
30163 Hannover
Tel.: 05 11/909 19 80
Fax: 05 11/39 13 07
info@sgh-net.de

Internet PoP Hannover GmbH
30165 Hannover
Tel.: 05 11/372 94-4
Fax: 05 11/372 94-5
info@pop-hannover.net

SBS Systemberatung und Service
30169 Hannover
Tel.: 0511/980 00 40
Fax: 0511/809 24 74
info@sbs.net

FirstMark GmbH
30177 Hannover
Tel.: 018 03/Firstmark(347 78
62 75)
Fax: 05 11/84 88-15 09
info@firstmark.de

Netzwerkstatt Hunke +Rottkamp GmbH
32108 Bad Salzuflen
Tel.: 052 22/62 80-95
Fax: 052 22/62 80-88
info@netzwerkstatt.de

KKF.net AG
32425 Minden
Tel.: 05 71/94 50-0
Fax: 05 71/94 50-299
info@kkf.net

ITB Ingenieurgesellschaft mbH
32427 Minden
Tel.: 05 71/87 09-0
Fax: 05 71/87 09-40
info@itbnet.de

Systemhaus Krick
32584 Löhne
Tel.: 057 31/15 02-0
Fax: 057 31/15 02-19
krick@krick.net

onix
32675 Lemgo
Tel.: 052 61/98 67-0
Fax: 052 61/98 67-78

wel.de
33102 Paderborn
Tel.: 052 51/49 00 00
Fax: 052 51/49 02 00
mail@wel.de

mediaWays GmbH
33311 Gütersloh
Tel.: 052 41/80-22 23
Fax: 052 41/80-66 24
info@mediaways.net

teuto.net Netzdienste GmbH
33602 Bielefeld
Tel.: 05 21/966 86-0
Fax: 05 21/966 86-22
info@teuto.net

dev/consulting GmbH
33602 Bielefeld
Tel.: 05 21/136 58 00
Fax: 05 21/136 58 03
info@devcon.net

BICOS GmbH
33609 Bielefeld
Tel.: 05 21/932 19-0
Fax: 05 21/932 19-99
pstrunk@bicos.de

MarcanT GmbH
33659 Bielefeld
Tel.: 05 21/959 45-0
Fax: 05 21/959 45-18
info@marcant.net

Nachrichtentechnik Bielefeld GmbH
33719 Bielefeld
Tel.: 05 21/924 09-21
Fax: 05 21/20 40 33
info@ntb.de

Alexander Süß GmbH
34286 Spangenberg
Tel.: 056 63/93 00 45
Fax: 056 63/93 00 46
info@suess-edv.de

Eulink GmbH
35394 Gießen
Tel.: 018 05/67 31 67
Fax: 018 05/67 31 72
info@eulink.net

Internet Managment GmbH
35745 Herborn
Tel.: 027 72/47 07 37
Fax: 027 72/47 07 39
info@imsc.net

regio[.NET] GmbH
36037 Fulda
Tel.: 06 61/250 00-0
Fax: 06 61/250 00-49
info@regio.net

NCC GmbH/European.net
36041 Fulda
Tel.: 018 05/24 13 51
Fax: 06 61/97 75-31
info@ncc-gmbh.de

deltaweb Diehl & Hackl GbR
36304 Alsfeld
Tel.: 066 31/96 93-0
Fax: 066 31/96 93-13

OZET GmbH
37077 Göttingen
Tel.: 05 51/383 09-0
Fax: 05 51/383 09-30
info@ozet.de

Service Network GmbH
37085 Göttingen
Tel.: 05 51/37 00 00-0
Fax: 05 51/37 00 00-9
info@sernet.de

Infotech A. Kuhlmann
37603 Holzminden
Tel.: 055 31/12 83-14
Fax: 055 31/12 83-20
info@infotech-isp.net

Abacom Internet GmbH & Co.
37671 Höxter
Tel.: 052 71/967-0
Fax: 052 71/967-267
info@abacom.net

internet business solutions
38102 Braunschweig
Tel.: 05 31/799 91 26
Fax: 05 31/799 91 28
braselmann@i-bs.de

Cymes GmbH
38102 Braunschweig
Tel.: 05 31/273 85-100
Fax: 05 31/273 85-199
info@cymes.net

Gärtner GbR
38114 Braunschweig
Tel.: 05 31/233 55 55
Fax: 05 31/233 55 56
info@gaertner.de

Mandala GmbH
38114 Braunschweig
Tel.: 05 31/721 51
Fax: 05 31/721 59
info@mandala.de

wolfenline.de
38302 Wolfenbüttel
Tel.: 053 31/93 59 25-0
Fax: 053 31/93 59 25-1
info@wolfenline.de

WOBCOM GmbH
38409 Wolfsburg
Tel.: 053 61/189-0
Fax: 053 61/189-199
info@wobcom.de

MDlink GmbH
39124 Magdeburg
Tel.: 03 91/255 68-0
Fax: 03 91/255 68-99
info@mdlink.de

RegioCom GmbH
39179 Barleben/Magdeburg
Tel.: 018 05/54 43 36
Fax: 018 05/54 43 39
info@regiocom.net

DUSnet bRmH
40210 Düsseldorf
Tel.: 02 11/60 08 05 40
Fax: keine Angaben

CSL Gmbh
40213 Düsseldorf
Tel.: 02 11/867 67-0
Fax: 02 11/867-67-10
info@nrw.net

Sonera Deutschland GmbH
40468 Düsseldorf
Tel.: 02 11/417 71-0
Fax: 02 11/417 71-77
info@sonera.de

Topnet AG (MobilCom)
40549 Düsseldorf
Tel.: 02 11/530 87-0
Fax: 02 11/530 87-199
info@topnet.de

y-design Neue Medien
40810 Mettmann
Tel.: 021 04/532 55
Fax: 021 04/524 41
info@y-design.de

COMCON AG i.Gr.
41061 Mönchengladbach
Tel.: 021 61/939 93-0
Fax: 021 61/939 93-99
vertrieb@com-con.com

Gerichhausen
41199 Mönchengladbach
Tel.: 021 66/91 49-12
Fax: 021 66/91 49-10
info@niederrhein.de

ebner & martin GmbH
41462 Neuss
Tel.: 021 31/52 73 93-0
Fax: 021 31/52 73 93-87
info@arkaden.net

Megabit GmbH
41564 Kaarst
Tel.: 021 31/51 66 99
Fax: 021 31/516 69 70
info@megabit.net

KDT GmbH
42107 Wuppertal
Tel.: 02 02/495-0
Fax: 02 02/495-399
info@kdt.de

Wuppertaler Internet-Service
42111 Wuppertal
Tel.: 02 02/70 90 00
Fax: 02 02/709 09 20
info@w-i-s.net

Laguna EDV
42719 Solingen
Tel.: 02 12/252 26-0
Fax: 02 12/252 26-66
info@laguna-edv.de

CSH Comtron Shop Handels GmbH
44143 Dortmund
Tel.: 02 31/56 22 29-0
Fax: 02 31/56 22 29-29
info@csh-comtron.de

Versatel Deutschland GmbH
44143 Dortmund
Tel.: 08 00/000 10 44
Fax: 02 31/399 16 16
Stefan.Sayder@versatel.de

UUnet GmbH (MCI Worldcom)
44149 Dortmund
Tel.: 02 31/972-0
Fax: 02 31/972-11 11
info@uunet.de

INS GmbH
44575 Castrop-Rauxel
Tel.: 023 05/101-0
Fax: 023 05/101-155
info@ins.net

KOMpool
45131 Essen
Tel.: 02 01/877 79 33
Fax: 02 01/877 79 35
info@kompool.de

TeKoNet Medien GmbH
45356 Essen
Tel.: 02 01/61 30 30
Fax: 02 01/613 03 22
info@tekonet.de

DIG Förster & Förster GbR
45468 Mülheim/Ruhr
Tel.: 02 08/99 19 99
Fax: 02 08/99 19 80
info@dig-online.de

ISPro GmbH
45527 Hattingen
Tel.: 018 01/100 10 10
Fax: 023 24/92 09-70
info@ispro.de

WRD Datentechnik GmbH
45768 Marl
Tel.: 023 65/91 52 42
Fax: 023 65/91 51 10
info@wrd.de

Gelsen-Net GmbH
45886 Gelsenkirchen
Tel.: 02 09/167-20 00
Fax: 02 09/167-20 01
info@gelsen-net.de

Kamp Netzwerkdienste GmbH
46117 Oberhausen
Tel.: 02 08/894 02-0
Fax: 02 08/894 02-40
info@kamp.net

PiN Systemberatung GmbH
46348 Raesfeld
Tel.: 028 65/600 92-0
Fax: 028 65/600 92-9
info@p-i-n.net

Evolution-Fatory GbR
46419 Isselburg-Werth
Tel.: 018 05/05 22 50
Fax: 018 05/05 22 60
info@evolution-factory.net

Momberger Datentechnik
46535 Dinslaken
Tel.: 020 64/401 63
Fax: 020 64/181 50
info@pcf.de

VIA NET.WORKS Deutschland GmbH
47057 Duisburg
Tel.: 02 03/30 93-100
Fax: 02 03/30 93-112
marketing@via-net-works.de

ISDF GmbH
47228 Duisburg
Tel.: 020 65/77 07-0
Fax: 020 65/77 07-29
info@isdf.net

ncore GmbH
47229 Duisburg
Tel.: 020 65/94 77-0
Fax: 020 65/94 77-17
info@ncore.net

tkc GmbH
47800 Krefeld
Tel.: 021 51/580 01
Fax: 021 51/59 86 48
karpp@tkc.de

ADA AG
47877 Willich-Münchheide
Tel.: 021 54/49 09-0
Fax: 021 54/49 09-111
Ulrich.Weber@ada.de

INCAS AG
47906 Kempen
Tel.: 021 52/14 35 00
Fax: 021 52/14 35 35
info@incas.de

Connect Telecom
48147 Münster
Tel.: 02 51/899 88-00
Fax: 02 51/899 88-10
info@cotel.de

@globe GmbH
48151 Münster
Tel.: 02 51/52 05 20
Fax: 02 51/52 05 21
info@globe.de

regionet Datentechnik GmbH
48231 Warendorf
Tel.: 025 81/967 91
Fax: 025 81/967 92
info@regionet-datentechnik.de

x-dot GmbH
48341 Altenberge
Tel.: 025 05/930 95 60
Fax: 025 05/930 95 80
info@x-dot.de

Tele-Zentrum Schöppingen
48624 Schöppingen
Tel.: 025 55/93 98-0
Fax: keine Angaben
info@tzs.de

uni-X Software AG
49084 Osnabrück
Tel.: 05 41/710 08-0
Fax: 05 41/710 08-299
info@uni-x.com

Ibb-Online
49479 Ibbenbühren
Tel.: 054 51/94 35-22
Fax: 054 51/454 69
info@ibb-online.de

PCE-NET
50354 Hürth
Tel.: 022 34/97 29-34
Fax: 022 34/97 29-99
info@pce.de

MSP Kommunikation
50670 Köln
Tel.: 02 21/97 35 32 11
Fax: 02 21/97 35 32 13
info@msp-kommunikation.de

EUC Online Service GmbH
50676 Köln
Tel.: 02 21/923 27 33
Fax: 02 21/21 96 51
ch@euc.de

NetCologne GmbH
50825 Köln Braunsfeld
Tel.: 02 21/22 22-800
Fax: 02 21/22 22-390
NetInfo@NetCologne.de

Pironet AG
50933 Köln
Tel.: 02 21/770-0
Fax: 02 21/770 10 05
support@pironet.com

Karl & Donner GmbH
50969 Köln
Tel.: 02 21/93 64 05 20
Fax: 02 21/93 64 05 55
info@kud.com

XNC GmbH
51147 Köln
Tel.: 022 03/69 50 91
Fax: 022 03/69 50 90
info@xnc.com

NDH IT Service AG
51149 Köln
Tel.: 08 00/321 32 10
Fax: 022 03/935 30-99
info@ndh.net

One-2-One GmbH
51149 Köln
Tel.: 08 00/626 46 24
Fax: 018 05/66 32 33
info@one-2-one.net

Oberberg Online GmbH
51647 Gummersbach
Tel.: 022 61/81 42 40
Fax: 022 61/81 49 19
info@oberberg.net

Öko.neT Müller & Brandt GbR
51674 Wiehl
Tel.: 022 61/97 93 64
Fax: 022 61/97 93 66
info@oeko.net

Westend
52064 Aachen
Tel.: 02 41/70 13 33-0
Fax: 02 41/91 18 79
info@westend.com

NET WWW-Service GmbH
52070 Aachen
Tel.: 02 41/901 93 00
Fax: 02 41/901 93 02
info@net-service.de

GINKO GmbH
52070 Aachen
Tel.: 02 41/44 10-0
Fax: 02 41/44 10-441
info@ginko.net

aixnet multimedia
52080 Aachen
Tel.: 02 41/95 33-10
Fax: 02 41/95 33-55
info@aixnet.com

SoftCom
52353 Düren
Tel.: 024 21/884 24
Fax: 024 21/88 01 42
bh@soco.de

WWWMASTER
52493 Baesweiler
Tel.: 024 01/93 39 34
Fax: 024 01/93 39 38
contact@it-group.de

Deutsche Telekom AG
53105 Bonn
Tel.: 08 00/330 11 80
Fax: 08 00/330 11 79

Blatzheim GmbH
53177 Bonn
Tel.: 02 28/957 07-0
Fax: 02 28/36 17 89
info@blatzheim.com

ID-Pro GmbH
53227 Bonn
Tel.: 02 28/421 54-0
Fax: 02 28/421 54-29
info@id-pro.de

tops.net GmbH & Co. KG
53229 Bonn
Tel.: 02 28/97 71-0
Fax: 02 28/97 71-199
info@tops.net

IVM GmbH
53498 Waldorf
Tel.: 026 36/97 69-0
Fax: 026 36/97 69-999
info@ivm.net

tro:net GmbH
53840 Troisdorf
Tel.: 022 41/87 29-0
Fax: 022 41/87 29-13
info@tro.net

eifel-net GmbH
53881 Euskirchen
Tel.: 022 51/97 00-36
Fax: 022 51/97 00-37
info@eifel-net.net

Christo.Net
54634 Bitburg
Tel.: 065 61/94 10 77
Fax: 065 61/94 20 12
info@christo.net

Twinwave Ingelheim GbR
55218 Ingelheim
Tel.: 061 32/98 30 56
Fax: 061 32/98 30 57

Allar GmbH
56170 Bendorf
Tel.: 026 22/12 07-0
Fax: 026 22/12 07-77
info@allar.net

The German Corner Team
56332 Dieblich
Tel.: 026 07/97 25 12
Fax: 026 07/97 25 11
corner@corner.org

nr-city.net KG
56566 Neuwied
Tel.: 026 31/39 78-0
Fax: 026 31/39 78-33
info@nr-city.net

Wolnet
57076 Siegen
Tel.: 02 71/333 11 83
Fax: 02 71/333 11 84
info@wolnet.de

SDS GmbH
58089 Hagen
Tel.: 023 31/930 75 57
Fax: 0023 31/930 75 58
schuster@sds-hagen.de

RuhrCom GmbH
58239 Schwerte
Tel.: 023 04/93 40 00
Fax: 023 04/93 40 08
info@ruhrcom.de

MK-Net GmbH
58507 Lüdenscheid
Tel.: 023 51/929 95-0
Fax: 023 51/929 95-23
mk-net@mk-net.de

Hamcom GmbH
59063 Hamm
Tel.: 023 81/274-88 14
Fax: 023 81/274-88 99
email@hamcom.de

WEBX interactive media GmbH
59514 Welver
Tel.: 023 84/91 10 18
Fax: 023 84/91 10 19
info@web-x.de

PCT GmbH
59581 Warstein
Tel.: 029 02/97 33-0
Fax: 029 02/97 33-33
info@pctw.de

uniserve GmbH
59872 Meschede
Tel.: 02 91/59 10 00
Fax: 02 91/59 10 20
service@uniserve.de

Global Access Telecomm., Inc.
60313 Frankfurt/M.
Tel.: 018 01/42 83 53
Fax: 069/29 98 96-66
info@ga-telecom.net

Interactive Network GmbH
60313 Frankfurt
Tel.: 069/13 36-0
Fax: 069/13 36-10 00
info@internet.de

Colt Telecom GmbH
60322 Frankfurt
Tel.: 069/959 58-0
Fax: 069/959 58-100
info@colt.de

Level 3 Communications GmbH
60325 Frankfurt
Tel.: 069/50 60 80 00
Fax: 069/50 60 80 01
vertrieb.deutschland@Level3.com

Plus.line GmbH
60327 Frankfurt
Tel.: 069/75 89 150
Fax: 069/75 89 15 33
info@plusline.de

Medianet GmbH
60329 Frankfurt
Tel.: 069/27 40 16-0
Fax: 069/27 40 16-29
info@deutschland.de

AWIC AG
60489 Frankfurt
Tel.: 069/75 30 01-0
Fax: 069/75 30 01-39
info@awic.de

Nextra Frankfurt GmbH
60528 Frankfurt/M.
Tel.: 069/66 44 10
Fax: 069/66 44 11 99
frankfurt@nextra.de

Carrier1 GmbH & Co. KG
60528 Frankfurt
Tel.: 069/664 42-301
Fax: 069/664 42-330
Silke.Wunderle@carrier1.com

Infonet Network Services GmbH
60528 Frankfurt/M.
Tel.: 069/665 22-0
Fax: 069/666 45 66

callisto Germany.net GmbH
60596 Frankfurt/M.
Tel.: 069/633 97-777
Fax: 069/633 97-799
netzdienste@germany.net

NET-Experts Consulting
61130 Nidderau-Heldenbergen
Tel.: 061 87/29 26 40
Fax: 061 87/29 26 49
info@net-experts.net

Aranea GmbH
61138 Niederdorfelden
Tel.: 061 01/53 50-0
Fax: 061 01/53 50-99
info@aranea.net

Ghostnet GmbH
61389 Schmitten
Tel.: 060 82/91 05 19
Fax: 060 82/91 05 29
info@ghostnet.de

3 T GmbH
63067 Offenbach
Tel.: 069/80 08 17-0
Fax: 069/80 08 17-23
keine Angaben

Treml & Sturm Datentechnik GmbH
63073 Offenbach
Tel.: 069/89 90 82-0
Fax: 069/89 90 82-33
info@treml-sturm.de

Connect Internetworking GbR
63110 Rodgau
Tel.: 061 06/84 98-0
Fax: 061 06/84 98-299
info@cin.de

MediaTech Software GmbH
63128 Dietzenbach
Tel.: 060 74/37 19-0
Fax: 060 74/37 19-29
uklaus@mtech.de

NBase-Xyplex GmbH
63128 Dietzenbach
Tel.: 060 74/49 94-0
Fax: 060 74/279 74
vertrieb@nbase-xyplex.de

World Online GmbH (Nacamar)
63303 Dreieich
Tel.: 061 03/916-0
Fax: 061 03/916-199
sales@worldonline.de

Internetdienste.de GmbH
63457 Hanau
Tel.: 061 81/95 75-0
Fax: 061 81/95 75-75
soellner@internetdienste.de

m+h GmbH
63791 Karlstein
Tel.: 061 88/95 04-0
Fax: 061 88/776 37
info@mh-data.de

HEAG MediaNet GmbH
64283 Darmstadt
Tel.: 061 51/709-29 00
Fax: 061 51/709-29 31
vertrieb@heagmedianet.de

Nextra GmbH
64293 Darmstadt
Tel.: 061 51/880 08-0
Fax: 061 51/880 08-11
info@nextra.de

Fahr & Partner
64521 Groß-Gerau
Tel.: 061 52/95 05 69
Fax: 061 52/563 33
mail@gewerbe-park.de

TAT GmbH
64807 Dieburg
Tel.: 060 71/20 24 00
Fax: 060 71/20 24 02
info@tat.de

IPW / RDE GmbH
65191 Wiesbaden
Tel.: 06 11/950 31-310
Fax: 06 11/950 31-555
rdegmbh@ipw.net

VISTEC GmbH
65203 Wiesbaden
Tel.: 06 11/220 38
Fax: 06 11/227 01
vistec@vistec.net

SCOBS! Connect GmbH
65549 Limburg
Tel.: 018 03/33 34 30
Fax: 064 31/924 05
info@scobs.de

Schupp Internet Services
65582 Diez
Tel.: 064 32/92 10 64
Fax: 064 32/92 10 65
info@planet-er.de

PSP Net GmbH
65623 Hahnstätten
Tel.: 064 30/22-33
Fax: 064 30/22-70
info@psp.net

Arcor (Mannesmann AG)
65760 Eschborn
Tel.: 069/21 69-0
Fax: 069/21 69-44 44

Equant Network Services
65760 Eschborn
Tel.: 061 96/96 22 99
Fax: 061 96/96 22 77
keine Angaben

intersaar GmbH
66113 Saarbrücken
Tel.: 06 81/948 19-0
Fax: 06 81/948 19-88
info@intersaar.de

H.P.Internetservice
66482 Zweibrücken
Tel.: 063 32/96 15-0
Fax: 063 32/96 15-99
info@hpi.de

softnet S.A.R.L.
66539 Neunkirchen
Tel.: 068 21/40 17 20
Fax: 068 21/401 72 29
commercial@euro1.com

SaarGate / Zimmer Medienhaus AG
66663 Merzig
Tel.: 068 61/93 12-0
Fax: 068 61/93 12-13
info@saargate.de

ShE GmbH
67059 Ludwigshafen
Tel.: 06 21/59 53-222
Fax: 06 21/59 53-201
info@she.net

comsign AG
67098 Bad Dürkheim
Tel.: 063 22/94 42-0
Fax: 063 22/94 42-10
office@comsign.net

!zip GmbH
67433 Neustadt
Tel.: 063 21/88 08-0
Fax: 063 21/88 08-48
info@zip.at

Internet Solution-Service GmbH
67655 Kaiserslautern
Tel.: 06 31/316 62-0
Fax: 06 31/316 62-14
info@solution-service.de

MAnet GmbH
68159 Mannheim
Tel.: 06 21/33 69-0
Fax: 06 21/33 69-334
office@manet.de

Home of the Brave GmbH
68159 Mannheim
Tel.: 06 21/166 72-0
Fax: 06 21/166 72-22
info@home.of.the.brave.de

Regio-Info GmbH
68163 Mannheim
Tel.: 06 21/418 85-55
Fax: 06 21/418 85-99

CHOIN! HCT GmbH
68309 Mannheim
Tel.: 06 21/72 88-0
Fax: 06 21/72 88-111
info@choin.net

Farside Communications
69115 Heidelberg
Tel.: 062 21/90 54 00
Fax: 062 21/16 07 76
info@farside.net

CAT Systemhaus
69115 Heidelberg
Tel.: 062 21/97 27-0
Fax: 062 21/97 27-90
info@catsys.de

DIG-IT Computer GmbH - online
69151 Neckargemünd
Tel.: 062 23/92 43-80
Fax: 062 23/92 43-81
info@dig-it-computer.de

Airdata GmbH
70178 Stuttgart
Tel.: 07 11/96 43 81 00
Fax: 07 11/96 43 84 44

WebArt GmbH & Co. KG
70191 Stuttgart
Tel.: 07 11/250 11 11
Fax: 07 11/250 11 22
info@webart.net

PEM InterComputing GmbH
70567 Stuttgart
Tel.: 07 11/161 83 01
Fax: 07 11/161 83 33
info@pemic.de

LF.net GmbH
70567 Stuttgart
Tel.: 07 11/900 74-0
Fax: 07 11/900 74-33
info@lf.net

IXEA GmbH
70794 Filderstadt
Tel.: 07 11/708 91 81
Fax: 07 11/708 91 80
info@ixea.net

FX-NET GmbH
71034 Böblingen
Tel.: 070 31/648-285
Fax: 070 31/648-286
info@fx-net.de

TopLink GmbH
71083 Herrenberg
Tel.: 070 32/27 01-0
Fax: 070 32/27 01-19
info@toplink.net

AT&T Global Network Services
71139 Ehningen
Tel.: 070 34/15-35 81
Fax: 070 34/15-22 79
info@de.att.com

ID.net GmbH & Co. KG
71229 Leonberg
Tel.: 071 52/97 33-0
Fax: 071 52/97 33-13
post@idnet.de

Lin4Net GmbH
71720 Oberstenfeld
Tel.: 070 62/937 17-0
Fax: 070 62/937 17-9
info@lin4net.de

T+S Datentechnik
72250 Freudenstadt
Tel.: 074 41/91 14-0
Fax: 074 41/91 14-0
info@tsfds.de

Abacus GmbH
72275 Alpirsbach
Tel.: 074 44/951 20
Fax: 074 44/951 22 22
info@abacus.de

GBC GmbH
72336 Balingen
Tel.: 074 33/99 26-0
Fax: 074 33/99 26-19
info@gbc.net

za-internet GmbH
72379 Hechingen
Tel.: 074 71/973 75
Fax: 074 71/973 74
info@za-internet.de

IFMT Ingenieurbüro Jetter
72461 Albstadt
Tel.: 074 32/128 55
Fax: 074 32/142 21
info@ifmt.de

CMO
72577 Dettingen
Tel.: 071 23/72 67-0
Fax: 071 23/72 67-150
info@cmo.de

Achalm-Net GbR
72764 eutlingen
Tel.: 071 21/62 30 99
Fax: 071 21/33 02 66
info@achalm-net.de

Seicom GmbH
72793 Pfullingen
Tel.: 071 21/97 70-0
Fax: 071 21/97 70-19
info@seicom.net

imos GmbH
73066 Uhingen
Tel.: 071 61/93 33 90
Fax: 07161/933 39 99
info@imos.net

Schmid & Partner GmbH
73084 Salach
Tel.: 071 62/930 60-0
Fax: 071 62/930 60-30
webmaster@sp-online.de

SNS AG
73117 Göppingen
Tel.: 071 61/915 25-0
Fax: 071 61/915 25-40
info@sns.de

synnet internet services
73257 Stuttgart
Tel.: 070 24/978-0
Fax: 070 24/978-150
info@synnet.de

GBO.NET
73430 Aalen
Tel.: 073 61/46 85 25
Fax: 073 61/46 85 24
info@gbo.net

Sontheimer Datentechnik GmbH
73431 Aalen
Tel.: 073 61/93 81-0
Fax: 073 61/93 81-81
info@sdt.net

Interscholz Networking
73760 Ostfildern
Tel.: 07 11/34 01 74-0
Fax: 07 11/34 01 74-29
info@interscholz.net

Connect X GmbH
74076 Heilbronn
Tel.: 071 31/152-0
Fax: 071 31/152-15 20
info@connect-x.de

KPNQwest Germany GmbH
76131 Karlsruhe
Tel.: 07 21/96 52-0
Fax: 07 21/96 52-210
info@kpnqwest.de

planNET Systems GmbH
76131 Karlsruhe
Tel.: 07 21/66 36-0
Fax: 07 21/66 36-199
info@plannet.de

ILK Internet GmbH
76133 Karlsruhe
Tel.: 0721/910 00
Fax: 0721/910 01 91
info@ilk.de

ArgonSoft GmbH
76133 Karlsruhe
Tel.: 0721/92 92 5-0
Fax: 0721/92 92 5-55
support@argonsoft.de

TelemaxX GmbH
76133 Karlsruhe
Tel.: 07 21/130 88-0
Fax: 07 21/130 88-77
info@telemaxx.de

CNT Systeme und Netze AG
76137 Karlsruhe
Tel.: 07 21/669-0
Fax: 07 21/669-20 00
info@cnt.net

DeDeNet GmbH
76275 Ettlingen
Tel.: 072 43/57 52 80
Fax: 072 43/57 52 85
info@dedenet.de

Leitwerk GmbH
77767 Appenweier-Urloffen
Tel.: 07805/918-0
Fax: 078 05/918-200
mg@leitwerk.net

KVG GmbH
78467 Konstanz
Tel.: 0 75 31 - 89 227 40
Fax: 0 75 31 - 89 277 44
info@bodensee.com

DIG GmbH & Co. KG
78727 Oberndorf
Tel.: 074 23/87 50-0
Fax: 074 23/87 50-23
vertrieb@dig.de

Prolink GbRmbH
79100 Freiburg
Tel.: 08 00/776 54 65
Fax: 07 61/45 69 89-99
info@prolink.de

Data Communications GmbH
79111 Freiburg
Tel.: 07 61/47 01-0
Fax: 07 61/47 01-111
info@vfnm.de

Noesis Internet Solutions
80331 München
Tel.: 089/17 80 96 74
Fax: 089/17 80 96 75
zukunft@noesis.de

M.A.X. GmbH
80333 München
Tel.: 089/54 26 26-0
Fax: 089/54 26 26-110

netplace Telematic GmbH
80335 München
Tel.: 089/55 18 05-0
Fax: 089/55 18 05-24
info@netplace.de

RMC Communications
80335 München
Tel.: 089/890 18-0
Fax: 089/890 18-145
info@rmc.de

factsoft AG
80336 München
Tel.: 089/544 66-333
Fax: 089/544 66-377
info@factsoft.de

Roses Online Service GmbH
80337 München
Tel.: 089/530 79 10
Fax: 089/54 45 60 37
vertrieb@roses.de

all-connect GmbH
80337 München
Tel.: 08 00/060 80 00
Fax: 08 00/061 80 00
info@all-connect.net

Freshnet
80469 München
Tel.: 089/26 02 40 32
Fax: [089/26 02 40 34
info@freshnet.de

Linksystem München
80637 München
Tel.: 089/16 78 31 03
Fax: 089/168 96 83
info@link-m.de

HighwayOne
80637 München
Tel.: 089/130 64-0
Fax: 089/130 64-199
keine Angaben

PrimeKOM GmbH
80687 München
Tel.: 089/54 61 27 40
Fax: 089/54 61 27 41
georg.gabrielides@primekom.de

Cable & Wireless ECRC GmbH
80687 München
Tel.: 089/926 99-0
Fax: 089/926 99-170
info@ecrc.de

MuchMoreTele.Com
80805 München
Tel.: 08 00/106 21 06
Fax: 08 00/106 31 06
info@muchmoretele.com

SpaceNet
80807 München
Tel.: 089/323 56-0
Fax: 089/323 56-299
info@space.net

Teampool Hopf & Partner GbR
80807 München
Tel.: 089/35 01 90-35
Fax: 089/35 01 90-19
info@teampool.de

Internetwire GmbH
80939 München
Tel.: 08 00/240 24 02
Fax: 08 00/240 24 04
info@internetwire.de

Viag Interkom
80992 München
Tel.: 089/24 42-0
Fax: 089/24 42-88 88
info@viaginterkom.de

Callino GmbH
81249 München
Tel.: 089/410 75-000
Fax: 089/410 75-009
info@callino.de

ISION Internet AG
81371 München
Tel.: 089/74 61 60-0
Fax: 089/74 61 60-30
info@m.ision.net

Touchnet GmbH
81377 München
Tel.: 089/72 655-120
Fax: 089/72 655-119
info@touch.net

CameloT
81539 München
Tel.: 089/84 93 08-0
Fax: 089/84 93 08-10
info@camelot.de

Zet.Net mbt Online KG
81671 München
Tel.: 089/45 06 52-0
Fax: 089/45 06 52-90
info@zet.net

Cyber Fusion
81827 München
Tel.: 089/43 73 96 87
Fax: 089/43 73 96 47
info@cyberfusion.de

Teamware GmbH
81829 München
Tel.: 089/42 70 05-0
Fax: 089/42 70 05-55

I.S.A.R GmbH
81925 München
Tel.: 089/920 91-0
Fax: 089/920 91-100
Thomas.Meidinger@isar.net

Cybernet AG
81929 München
Tel.: 089/993 15-0
Fax: 089/993 15-199
info@cybernet-ag.net

AlphaCom GmbH
82024 Taufkirchen
Tel.: 089/66 62 89-30
Fax: 089/66 62 89-50
vertrieb@alphacom.de

HETEC Datensysteme GmbH
82110 Germering
Tel.: 089/89 43 67-0
Fax: 089/89 43 67-99
mail@hetec.de

Multi Media Network GmbH
82377 Penzberg
Tel.: 088 56/931-111
Fax: 088 56/931-222
seeger@multi-media.net

Netastic GmbH
83209 Prien
Tel.: 080 51/609 79-0
Fax: 080 51/609 79-9
feedback@icn4u.de

chiemgau.com
83374 Oderberg
Tel.: 08 00/800 12 00
Fax: 086 69/81 99 71
info@chiemgau.com

Alphaware GmbH
83395 Freilassing
Tel.: 086 54/604-0
Fax: 086 54/604-122
sales@alphaware.net

Tronic Planet GmbH
84359 Simbach am Inn
Tel.: 085 71/92 13 50
Fax: 085 71/64 23
bernhard.dawuidow@tronicplanet.de

Milleniums.net GmbH
84478 Waldkraiburg
Tel.: 086 38/88 03 80
Fax: 086 38/88 03 91
info@millenniums.net

CSE
84489 Burghausen
Tel.: 086 77/98 83-0
Fax: 086 77/98 83-20
bkraus@cse-online.de

InfraServ Gendorf
84504 Burgkirchen
Tel.: 086 79/755 99
Fax: 086 79/739 55 99
welcome@gendorf.net

Evolution Systems GmbH
84539 Ampfing
Tel.: 01 30/72 66 39
Fax: 086 36/98 30-99
sales@esib.net

Ingolstadt-Online GmbH
85055 Ingolstadt
Tel.: 08 41/938 48-0
Fax: [08 41/938 48-20
vertrieb@ingolstadt-online.net

Online-Kiosk GmbH
85354 Freising
Tel.: 081 61/430 70
Fax: 081 61/430 71
team@kiosk-online.de

oops GmbH
85356 Freising
Tel.: 081 61/222 93
Fax: 081 61/222 94
info@oops-gmbh.de

PSINet Germany GmbH
85737 Ismaning
Tel.: 089/962 87-200
Fax: 089/96 20 94 25
info-de@psi.com

LEWTelNet GmbH
86150 Augsburg
Tel.: 08 21/328-14 00
Fax: 08 21/328-14 01
info@lewtelnet.de

AugustaNET GmbH&Co
86157 Augsburg
Tel.: 08 21/229 09 44
Fax: 08 21/229 09 45
info@augustanet.de

augsburg.net AG
86159 Augsburg
Tel.: 08 21/589 28 22
Fax: 08 21/589 28 44
info@augsburg.net

K&K GmbH
86161 Augsburg
Tel.: 08 21/258 92 20
Fax: 08 21/258 92 22
info@exklusiv.de

K & K City Lan Internet AG
86161 Augsburg
Tel.: 08 21/258 92 20
Fax: 08 21/258 92 22
info@exklusiv.de

profi.net Hassler & Mair AG
86167 Augsburg
Tel.: 08 21/27 06-0
Fax: 08 21/27 06-999
info@profi.net

CHT Software Service GmbH
86167 Augsburg
Tel.: 08 21/74 06-0
Fax: 08 21/74 06-100
info@cht.de

SICOR GmbH
87719 Mindelheim
Tel.: 082 61/76 41-0
Fax: 082 61/76 41-90
info@sicor.net

easyLINK Internet-Services
88048 Friedrichshafen
Tel.: 075 44/39 27
Fax: 075 44/39 27
info@easylink.de

W4 Werbeagentur für das WWW GmbH
88212 Ravensburg
Tel.: 07 51/244 47
Fax: 07 51/244 51
info@w-4.de

ebis-informationssysteme
88339 Bad Waldsee
Tel.: 075 24/934 21
Fax: 075 24/934 23
info@ebis.de

EPCNet GmbH
89077 Ulm
Tel.: 07 31/141 60
Fax: 07 31/141 61 20
info@epcnet.de

Sänger Consulting GbR
89077 Ulm
Tel.: 07 31/93 59 77-0
Fax: 07 31/93 59 77-99
info@scon.net

ETC GmbH
89331 Burgau
Tel.: 082 22/96 82-0
Fax: 082 22/96 82-28
zink@etc-gmbh.de

ODN OnlineDienst Nordbayern GmbH
90419 Nürnberg
Tel.: 09 11/933 87 70
Fax: 09 11/933 87 77
info@odn.de

noris network GmbH
90425 Nürnberg
Tel.: 09 11/93 52-0
Fax: 09 11/93 52-100
vertrieb@noris.de

NEFkom GmbH & Co. KG
90429 Nürnberg
Tel.: 09 11/18 08-08
Fax: 09 11/18 08-108
info@nefkom.de

IP-Exchange GmbH
90429 Nürnberg
Tel.: 09 11/929 06-0
Fax: 09 11/929 06-99
grosse@ip-partner.de

WWL Internet AG
90449 Nürnberg
Tel.: 09 11/688 66 73 34
Fax: 09 11/68 86 67 11

MSW Medien AG
90518 Altdorf
Tel.: 0700/0MAILBOX
Fax: 018 05/052 55 48 48 33
service@msw-technologies.de

Netdiscounter GmbH
90762 Fürth
Tel.: 09 11/77 45 45
Fax: 09 11/77 49 44
info@netdiscounter.de

Netzland GmbH
91126 Schwabach
Tel.: 091 22/88 92 44
Fax: 091 22/88 92 43
contact@netzland.net

ABC Telemedia AG
93047 Regensburg
Tel.: 09 41/599 83 00
Fax: 09 41/56 57 00
info@tmag.de

Genias Internet
93073 Neutraubling
Tel.: 094 01/809 85
Fax: 094 01/809 87
info@genias.net

Internet für Niederbayern GmbH
94032 Passau
Tel.: 08 51/931 20-0
Fax: 08 51/317 25
info@inet-nb.de

Xact.net Internet Services
94505 Bernried
Tel.: 099 05/701 83
Fax: 099 05/701 77
info@xact.net

hof-online
95028 Hof
Tel.: 092 81/83 00 34
Fax: 092 81/729 14
post@hof-online.de

ecore Kommunikations AG
96052 Bamberg
Tel.: 09 51/932 27-0
Fax: 09 51/932 27-98
info@ecore.net

Rockenstein AG
97070 Nürnberg
Tel.: 09 31/299 34-4
Fax: 09 31/299 34-99
info@rockenstein.de

m@cro Internet Services GmbH
97236 Randersacker
Tel.: 09 31/70 52 71-6
Fax: 09 31/70 52 71-7
info@macrois.de

Fast Connect GmbH
97509 Kolitzheim
Tel.: 093 85/97 40-0
Fax: 093 85/97 40-200
info@fast-connect.de

Lurz Computer+Datensysteme
97980 Bad Mergentheim
Tel.: 079 31/97 11-0
Fax: 079 31/97 11-11
vertrieb@lcd.de

ArtPoint, CRAX & NewOne
98693 Ilmenau
Tel.: 036 77/84 74-0
Fax: 036 77/84 74-44
info@newone.de

B.2 Österreich

B.2.1 Aktuelles Verzeichnis österreichischer Internetprovider

http://www.ispa.at/

http://members.ping.at/sfleck/prov.htm

http://www.news.at/tv-media/techno_extra/extra19/provid.html

http://pcnews.at/srv/pro/~proalp.htm

B.2.2 Adressen österreichischer Internetprovider

Quelle: Internet Service Providers Austria (Stand November 2000), alphabetisch sortiert

!WWA Internetdienstleistungs GmbH
+43-7752-70450
www.wwa.at
office@wwa.at

Abacus Internet Service GmbH
+43-1-521 86 86
www.abacus.at
info@abacus.at

AboveNet Communications GmbH
+43-1-212 86 44-0
www.abovenet.at
office@abovenet.at

ACOnet Vienna University Computer Center
+43-1-4277-14011
www.aco.net

ACSIS Internet & Telekom GmbH
+43-732-331 300 0
www.acsis.net
c.stadlmann@acsis.net

ACW - Carl A. Wernhart KEG
+43-1-715 01 51
www.acw.at
acw@acw.at

ADiTel Telekommunikation GmbH
+43-1-488 50
www.adlerdata.at
pa@aditel.at

Alcatel Austria
+43-1-2773 36 508
www.alcatel.at
uwe.martinz@alcatel.at

APC Deutschland GmbH
+49 89 514 17 256
www.apcc.com
bboehm@apcc.com

arlberg-online, Pirker
Informations-Systeme
+43-5446-2310
www.ski-arlberg.com
juergen.pirker@ski-arlberg.com

Art Mob
+43-316 57 03 62
www.artmob.com
office@artmob.com

AT&T Global Network Services
Austria GesmbH
+43-1-211 45-3900
www.att.com/globalnetwork
info@at.att.com

atel telecommunikation gmbh
+43-6542 70 18 30
mboehm@tera.net

at-net
+43-1-605 52 87
www.atnet.at
ispa@atnet.at

atvirtual.net - Pumpernig & Fischer OEG
+43-1-974 3858
www.atvirtual.net
hostmaster@atvirtual.net

Austria COM
+43-1-4093122
www.austria.com
webmaster@austria.com

Austria Presse Agentur, reg. Gen.m.b.H
+43-1-360 60-0
www.apa.at
marketing@apa.at

Austrian Web Hosting Service
+43-1-968 72 77
www.awhs.at
office@awhs.at

Austria-One/OOeNET Karrer & Partner GmbH
+43-732-757130
www.ooenet.at
office@ooenet.at

B.S.O. EDV und Betriebsberatungs-GesmbH
+43-2742-346-101
www.bso.at
office@bso.at

Basic-Productions OEG
+43-1-799 93 01
www.basic-productions.com
office@basic-productions.com

BCC GmbH
+49-531 383 4336
www.wespe.de
info@wespe.de

BIOS Internet Handels- und DienstleistungsgmbH
+43-1-641 99 41
www.biosnet.at
office@biosnet.at

Blue-C New Economy Consulting & Incubation GmbH
+43-1-5240141
www.blue-c.com
office@blue-c.com

Brainbows Informationsmanagement GmbH
+43-1-79 65 444
www.brainbows.com
monika.langthaler@brainbows.com

Bretterbauer & Kothgassner GmbH/Computer - Technik
+43-3613-3675-2343
www.bretterbauer.at
office@bretterbauer.at

Cable&Wireless Xpoint
+43-1-275 20 0
www.xpoint.at
marketing@xpoint.at

CASINOS AUSTRIA Aktiengesellschaft
+43-1-534 40 130

dieter.hoscher@casinos.at

Chello Broadband GmbH
+43-1-960 62 5000
www.chello.at
office@chello.at

CNet Fugger Computertechnik GesmbH
+43-2632-74242-0
www.cnet.at
info@cnet.at

COLT Telecom Austria GmbH
+43-1-20 500-0
www.colt.at
peter.stolzlederer@colt.at

ComneX
+43-1-8691981
www.comnex.net
mjb@comnex.net

Compufit Datenverarbeitungs- GmbH
+43-2630-2012040
www.compufit.at
office@compufit.at

CompuServe Interactive Services Schweiz GmbH
+41-71-666-7653
www.compuserve.at
frschweiz@cs.com

Computer Communications Club
+43-1-600 99 33-0
www.ccc.or.at
office@ccc.at

comteam
+43-7472 28 127
www.comteam.at
internet@comteam.at

Connect Austria
+43-1-27728 0
www.one.at
helmut.graser@one.at

Council EDV- und Managementberatung GmbH
+43-1-897 26 66-0
www.council.net
gse@council.net

CPSnet EDV Online Service Raimund Zalaudek KEG
+43-1-548 45 99-0
www.cpsnet.at
sales@cpsnet.at

Datakom Austria GmbH
+43-1-501 45 -304
www.datakom.at
birgit.kohn@datakom.at

Datasoft ISDN Systems GmbH
+43-2742-78103
www.datasoft.at
office@datasoft.at

debis Systemhaus Österreich GmbH
+43-1-599 07-0
www.debis.at
helpline@debis.at

DeskTop Team KG
+43-2742-351500
www.shoptoshop.cc
office@shoptoshop.cc

DIC-Online Wolf & Co. KG
+43-512-341033
www.dic.at
office@dic.at

DOM Datenverarbeitungs- und Organisationsmodelle GmbH
+43-7252 -39039
www.sitebuilder.at
office@sitebuilder.at

EARN-E Internet Dienstleitungs GmbH & Co KG
+43-1-718 5300
www.earn-e.at
info@earn-e.at

engine-K Caldrowa & Pelikan OEG
+43-1-408 23 23-41
www.engine-k.net
office@engine-k.net

enter.activity mediaproductions GmbH
+43-664-102 0287
www.enteractivity.com
office@enteractivity.com

ERES NETconsulting GmbH
+43-1-58 65 828
www.immobilien.net
info@immobilien.net

Ericsson Austria AG
+43-1-811 00-0
www.ericsson.at
netzbetreiber@sea.ericsson.se

Ettl-Software KEG
+43-662-457 447
www.ettl.at
office@ettl.co.at

european Telecom International AG
+43-1-50601620
www.europeantelecom.at
evaldes@europeantelecom.at

eWave.at Telekommunikations AG
+43-1-522 38 84
www.ewave.at
info@ewave.at

extranet AIT EDV DienstleistungsgmbH
+43-1-52 558-0
www.extranet.at
office@extranet.at

FUNDAQ AG
+43-1-505 66 70
www.fundaq.com
peter.kutscha-lissberg@fundaq.com

g.a.m.s. edv-Dienstleistungen GmbH
+43-1-895 84 99-15
www.gams.at
ispa@gams.net

GEOCOMP Handelsges.m.b.H.
+43-7672-277 770
www.geocomp.at
office@geocomp.at

GiGaNet.at
+43-5285-63894-15
www.giganet.at
GiGaNet@Kroell.com

Global One Österreich
+43-1-360 370
www.globalone.at
dietmar.frei@globalone.net

Global TeleSystems (Austria) GmbH
+43-1-51633 3134
www.gtsgroup.com
alexander.valenta@gtsgroup.com

Günter Fuchs, EDV Dienstleistungen und Internet Services
+43-1-603 54 21
www.service-partner.at
Office@Serivce-Partner.at

gwinternet.at Gebhart & Company
+43-662-821374-0
www.gwinternet.at
kundendienst@gwinternet.at

HAPPY net Dienstleistungs GmbH
+43-463-292999-0
www.happynet.at
office@happynet.at

Herold Business Data AG
+43-2236-401-0
www.herold.co.at
kundendienst@herold.co.at

Hewlett Packard GesmbH
+43-1-25000-6256
www.hewlett.packard.at
helmut_bernhard@hp.com

Highway 194 Internet Vertriebs GesmbH
+43-1-512 27 30-0
www.aon.at
office@hw194.at

Horus IT GmbH
+43-662-450 636-0
www.horus.at
ispa@archiv.horus.com

HostConnect & Partner GmbH&CoKG
+43-1-877 74 54-20
www.hostconnect.net
service@hostconnect.net

I.M.H. gtld.at registry
+43-6219-7462
www.gTLD.at
office@salzweb.com

IBCL Informatik-Büro C. Lechleitner
+43-676-3013818
www.ibcl.at
lech@ibcl.at

IBM Austria
+43-1-211 45 3815
www.ibm.com
nata.rubia@at.ibm.com

IDEC
+43-316-811394
www.idec.at
office@idec.at

IDG Communications Verlag GmbH
+43-1-523 05 08
www.idg.at
joerg.kilgus@idg.at

IFO.net Internet Service GmbH
+43-311-621 000
ifo.net
ispa@ifo.net

Ikarus Software GesmbH
+43-1-58995
www.ikarus.at
pichlmayr.j@ikarus.at

INCA Handl & Eckler OEG
+43-1-718 51 24/31
www.inca.at
office@inca.at

Infokanal Montafon
+43-5556-77051
www.montafon.com
creativ.team@montafon.com

INFOTECH EDV-Systeme GmbH
+43-7752-81711-0
www.infotech.at
office@infotech.co.at

InfoWeb
+43-1-767 4000
www.infoweb.at
wolfgang@thell.at

Innonet GmbH
+43-1-699 87 84
www.innonet.at
office@innonet.at

inodeTelekommunikationsdienstleistungs GmbH
+43-1-409490990
www.i-node.at
office@inode.at

inodeTelekommunikationsdienstleistungs GmbH Graz
+43-316-818600-0
www.inode.at
offner@graz.inode.at

INS Telekommunikations GmbH
+43-1-52184-0
www.ins.at
office@ins.at

IntelliNet EDV DienstleistungsgmbH
+43-1-595 23 88
www.intellinet.at
office@IntelliNet.at

Internet Werbung Trattner KEG
+43-6562-4300
www.iwt.at
office@iwt.at

internic Datenkommunikationsges.m.b.H.
+43-1-403 96 85
www.internic.at
info@internic.at

InterNOET, Computer & Software Josef Grossteiner GesmbH
+43-2782-856 82-0
www.noet.at
office@noet.at

IS Internet Services
+43-1-367 66 67-0
www.is-europe.at
office@is-europe.at

i-sp internet & system products Ortner KEG
+43-662 633 434
www.i-sp.com
office@i-sp.com

ISP Peak
+43-4784-267
www.peak.at
office@peak.at

ITM Internet & Telekommunikation Marketing GmbH
+43-316-77910
www.itm.at
office@itm.at

iZone Internet Service
+43-1-7544 75 37
www.izone.at
office@izone.at

Kabelsignal Rundfunk-Vermittlungsanlagen AG
+43-2236-45564-0
www.kabelnet.at
office@kabelnet.at

Kapper & Partner Communications KEG
+43-1-319 55 00
www.kap-com.at
info@kap-com.at

KPNQwest Austria GmbH
+43-1-899 33-320
www.kpnqwest.at
office@kpnqwest.at

Lexidata & networkpro
+43-1-888 54 08
consulting@lexidata.com

Libro AG
+43-1-917 17-0
www.lion.cc
herbert.mayrhofer@hq.libro.cc

LIWest Kabelmedien GmbH.
+43-732 72811
www.liwest.at
office@liwest.at

Loral Orion Europe GmbH
+43-1-720 66 70-0
www.loralorion.com
mtuider@loralorion.com

MediaClan Gesellschaft für Onlinemedien m.b.H.
+43-1-407 50 60-0
www.mediaclan.at
office@mediaclan.at

MEDIApower Entertainment Group
+43-662-45 11 25
www.mediapower.at
office@mediapower.at

Medical Net
+43-2774-6003
www.medicalnet.at
sysop@medicalnet.at

Merlin Network Communications GmbH
+43-7242-777 87-0
www.merlin.at
office@merlin.at

Microsoft GembH.
+43-1-61064-0
www.microsoft.at
cdrimmel@microsoft.at

Millenium Communication Network GmbH
+43-1-20700-0
www.mcn-tower.at
office@mcn-tower.at

MMC medic & malecek connexions KEG
+43-2236-3903
www.mmc.at
office@mmc.at

Mobilkom Austria AG
+43-1-33161-3400
www.mobilkom.at
w.schwabl@mobilkom.at

MUR.AT Algorythmics
+43-316-821451-0
www.mur.at
verein@mur.at

NACAMAR INTERNET SERVICES GmbH
+43-1-585-4650-0
www.nacamar.at
info@nacamar.at

Net 4 You EDV-Dienstleistungs- und HandelsgmbH.
+43-4242-50 0 50
www.net4you.net
office@net4you.net

netpark internet- u. netzwerkconsulting gmbH
+43-7285 6424-0
www.netpark.at
office@netpark.at

netProjects
+43-1-622 91 20
www.netprojects.at
office@netpro.at

NETWAY AG
+43-1-21719-0
www.netway.at
info@netway.at

Network Communication Consulting
+43-676 31 61254
www.ncc.at
office@ncc.at

Network Organization
+43-726 02 00 0
www.network.org
ispa@network.org

Network Training & Consulting
+43-732-773936-0
www.ntc-group.com
office@ntc-group.com

Nextra Telekom GmbH
+43-1-52533-0
www.nextra.at
info@nextra.at

Niederösterreich Online
+43-2742-802-0
www.nol.at
info@nol.com

office edv Röthler GmbH & Co KEG
+43-662-82 22 28
www.officedv.at
office@officedv.at

ON STAGE
+43-1-597 27 77-0
www.onstage.at
onstage@onstage.at

OÖ-Online GmbH & Co.KEG
+43-732-7805-333
www.ooe.net
online@ooe.net

Optimum Data AG
+43-2252-21741-0
www.MyCity.at
sales@MyCity.at

ORF Teletext Produktionsgesellschaft m.b.H.
+43-1-503 62 15
www.orf.at
anfrage@orf.at

Österreichischer Verband gemeinnütziger Bauvereinigungen
+43-1-505 58 24-28
www.gbv.at
verband@gbv.at

PGV Computer
+43-2742-366301
www.pgv.at
online@pgv.at

Pixelwings
+43-1-524 58 50
www.pixelwings.com
fly@pixelwings.com

pLANet Rudolf A. Oberst
+43-732-610 961
www.planet.at
info@pLANet.co.at

PRINT & PUBLISHING Verlag
+43-1-983 06 40
www.xaron.com/AT
office.at@xaron.com

PROFINET Telekommunikations AG
+43-1-275 55-0
www.profinet.at
helpdesk@profinet.at

PSINet Austria GmbH
+43-1-888 25 00
www.psinet.at
office@psinet.at

Public Netbase - Verein Institut für Neue Kulturtechnologien Public Netbase t0
+43-1-522 18 34
www.t0.or.at
office@t0.or.at

RAISA Raiffeisen Informatik Service Ausland GmbH
+43-1-211 36-3983
wzbkem@raisa.raiffeisen.at

RIS GmbH
+43-7252-86186-0
www.ris.at
info@ris.at

Salzburg AG für Energie, Verkehr und Telekommunikation
+43-662-8884-2046
www.salzburg-ag.at
office@salzburg-ag.at

Salzburg.at Internetservice GmbH
+43-662-4480-5151
www.salzburg.co.at
office@salzburg.co.at

Serverbase
+43-676-4006968
www.serverbase.com
info@serverbase.com

service.at
+43-1-917 417 017
www.service.at
office@service.at

Silver Server
+43-1-493 32 56
www.sil.at
office@sil.at

Stadtwerkstatt, Verein Kulturvereinigung Friedhofstraße 6
+43-732-731-209
www.servus.at/stwst
stwst@servus.at

standard designs
+43-664 153 45 39
www.standard-designs.com
office@standard-designs.com

store communication
+43-316 271 439
office@store.co.at

Streams-Telecommunications
+43-1-401 59 128
www.streams.at
office@streams.at

StuOnline Internet Service
+43-4276 5121 0
www.stuonline.at
info@stuonline.at

surfEU.com GmbH.
+43-1-998777
www.surfeu.at
office@surfeu.at

Tele.ring Telekom Service GmbH
+43-1-93 10 12-0
www.telering.at
info@telering.co.at

Tele2/Everyday.com
+43-1-811 01 620
www.everyday.com
torsten.schwick@eu.everyday.com

Telekom Austria AG
+43-800 100 130
www.telekom.at
kundenservice@telekom.at

Telekurier GmbH & Co KEG
+43-1-52100 2233
www.kurier.at
diethold.schaar@telekurier.at

TeleMax Internet Service
+43-5574-79489
www.telemax.at
office@telemax.at

tera com. telecom service provider gmbH
+43-6542-722 130
www.teracom.at
rhuber@tera.net

Tirol Online
+43-512-5525 25
www.tirol.com
tirolnet@tirol.com

CH

T-Online.at Internet Service GmbH.
+43-1-70 139
www.t-online.at
h.redtensteiner@t-online.net

TreAngeli Corporate Communication Consultants
+43-1-533 3637-0
www.treangeli.at
service@treangeli.at

Tripple @ Internet Content Services
+43-1-406 59 27 -0
www.tripple.at
office@tripple.at

UTA Telekom AG
+43-1-9009-3618
www.uta.at
info@uta.at

UUNET Austria GmbH
+43-1-725 11-888
www.at.uu.net
contact@at.uu.net

VIANET Telekommunikations AG
+43-1-40 40 20
www.vianet.at
office@vianet.at

Vienna Online
+43-1-4093122
www.vienna.at
office@vienna.at

Viennaweb Internetdienstleistungen, EDV Dienstleistungen Baldermann
+43-1-956 46 06
www.viennaweb.at
office@viennaweb.at

ViP-EDV-Dienstleistungs-GmbH
+43-1-257 33 17
www.vip.at
office@vip.at

virtual-business
+43-1-602 21 86
www.virtual-business.at
office@vibu.at

Vorarlberg Online/Teleport
+43-5572-501-735
www.vol.at
webmaster@vol.at

WebMachine Technologies Inc.
+43-1-27 11 505-0
www.webmachine.at
info@webmachine.at

Well.COM Datahighway Burgenland GmbH
+43-2682-704-3381
www.wellCOM.at
info@wellCOM.at

Worldsites Austria
+43-1-7184533
worldsites.at
merz@worldsites.at

WVNET Informations und Kommunikations GmbH
+43-1-2822-57003-12
www.wvnet.at
sales@wvnet.at

XlargE Informationstechnik
+43-5442-66186 0
www.xlarge.at
writeme@xlarge.at

YC net.works
+43-2252-86860-0
www.ycn.com
office@ycn.com

Yline Web Access Services AG
+43-1-919 99-0
www.yline.com
michael.fink@yline.at

B.3 Internetprovider in anderen Ländern

weltweite Listen mit Providern:	http://www.looksmart.com/ (Computing/Internet/ISP by Region)
	http://thelist.internet.com/
	http://www.freedomlist.com/
	http://dir.yahoo.com/Business_and_Economy/Business_to_Business/Communications_and_Networking/Internet_and_World_Wide_Web/Network_Service_Providers/Internet_Service_Providers__ISPs_/By_Region/
Provider (D, Ö, CH):	http://www.dino-online.de/ (Computer & Internet/Unternehmen/Internet/Access Provider)
Frankreich:	http://www.lesproviders.com/
Großbritannien:	http://www.herbison.com/herbison/iap_meta_list_gb.html
Italien:	http://www.aiip.it/
	http://inews.tecnet.it/provider/
Schweiz:	http://www.providerliste.ch/
	http://www.disp.ch/
USA:	http://www.isps.com/
	http://www.FindISPs.com/

Adressen von wichtigen Internet-Organisationen

C

C.1 Internetadressen in Deutschland

DENIC eG

Domain Verwaltungs- und Betriebsgesellschaft
Wiesenhüttenplatz 26
60329 Frankfurt am Main
http://www.denic.de/index.html
Tel: +49 69 / 27235-0
Fax: +49 69 / 27235-235

Internet-Society Deutschland

ISOC.DE e.V. Sekretariat
c/o GMD
z.H. Frau Renate Küllenberg
Schloß Birlinghoven
D-53754 Sankt Augustin
http://www.digi.de/
Sek@ISOC.DE
Tel: 02241-14-2911
Fax: 02241-14-207

DFN Geschäftsstelle Berlin

Anhalter Str. 1
D-10963 Berlin
dfn-verein@dfn.de
http://www.dfn.de/
Tel: +49 30 884299-23/24
Fax: +49 30 884299-70

C.2 Internetadressen in Österreich

nic.at

Internet Verwaltungs- und Betriebsgesellschaft m.b.H.
Jakob-Haringer-Straße 8
A-5020 Salzburg
http://www.nic.at/
office@nic.at
Tel. +43 (662) 4669-0, In Österreich gebührenfrei: 0800 800 888-0

C.3 Internetadressen in der Schweiz

SWITCH Teleinformatics Services

Limmatquai 138
CH-8001 Zürich,
http://www.nic.ch/
helpdesk@nic.ch
Tel. +41 1 268 15 80
Fax. +41 1 252 04 31

C.4 Internet international

Internet Society International Secretariat

11150 Sunset Hills Road, Suite 100
Reston, VA 20190-5321
USA
http://www.isoc.org/isoc/
isoc@isoc.org
Tel: +1 703 326 9880
Fax: +1 703 326 9881

ICANN

4676 Admiralty Way, Suite 330
Marina del Rey, CA 90292
USA
http://www.icann.org/
icann@icann.org
Tel: +1.310.823.9358
Fax: +1.310.823.8649

CORE - Internet Council of Registars

World Trade Center II,
29, Route de Pre-Bois
CH-1215 Genf
Schweiz
http://www.corenic.org/index.htm
secretariat@corenic.org
Tel: +41.22.929 57 44
Fax: +41.22.929 57 45

The Electronic Frontier Foundation

1550 Bryant Street, Suite 725
San Francisco, CA 94103
USA
http://www.eff.org/
info@eff.org
Tel: +1 415 436 9333
Fax: +1 415 436 9993

International Engineering Task Force

IETF Secretariat
c/o Corporation for National Research Initiatives
1895 Preston White Drive, Suite 100
Reston, VA 20191-5434
USA
http://www.ietf.org/
ietf-info@ietf.org
Tel: +1 703 620 8990
Fax: +1 703 620 9071

The Institute for Global Communications

P.O. Box 29904
San Francisco, CA 94129-0904
USA
http://www.igc.org/
support@igc.apc.org
Tel: +1 415 561-6100,
Fax: +1 415 561-6101

The World Wide Web Consortium

c/o Massachusetts Institute of Technology
Laboratory for Computer Science
200 Technology Square
Cambridge, MA 02139
USA
http://www.w3.org/
janet@w3.org
Tel: +1 617.253.2613
Fax: +1 617.258.5999

Dante

Francis House
112 Hills Road
Cambridge, CB2 1PQ
England
http://www.dante.net/
dante@dante.org.uk
Tel: +44 1223 302 992
Fax: +44 1223 303 005

RIPE NCC

Singel 258
1016 AB Amsterdam
Niederlande
http://www.ripe.net/
ncc@ripe.net
Tel: +31 20 535 4444
Fax +31 20 535 4445

TERENA

Singel 468 - D
NL-1017 AW Amsterdam
http://www.terena.nl/
secretariat@terena.nl
Tel: +31 20 530 4488
Fax: +31 20 530 4499

CEENet

Pasteura 7
PL-02-093 Warschau
Polen
http://www.ceenet.org
secretary@ceenet.org
Tel. +48 22 6685807
Fax: +48 22 8239956

International Telecommunication Union (ITU)

Place des Nations
CH-1211 Genf 20
Schweiz
http://www.itu.int/
itumail@itu.int
Tel: +41 22 730 5111
Fax: +41 22 733 7256

International Organization for Standardization (ISO)

1, rue de Varembé
CH-1211 Genf 20
Schweiz
http://www.iso.ch
central@iso.ch
Tel: +41 22 749 01 11
Fax: +41 22 733 34 30

C.5 Internet Society Mitgliedsorganisationen

Stand November 2000, * = Gründungsmitglieder

Platinum Program Sponsors

Cisco

IBM*

Microsoft*

Nortel Networks

RIPE NCC

SoftCom Technology Consulting Inc.

Sustaining-Gold Members

Advanced Network and Services*

APNIC

BT

Defense Information Systems Agency*

Deutsche Telekom AG

France Telecom*

Geneva Financial Center Foundation
Global Crossing
GTS
Hewlett Packard*
Internet Initiative Japan (IIJ)*
Internet Research Institute(IRI)*
Japan Network Information Center
Library of Congress
Lombard Odier & Cie
Oracle Corporation*
SmartAge
Telstra*
Verizon Communications (GTE)*
WorldCom*
World Online

Silver Members

Ericsson
Morino Institute

Executive Members

3Com*
ACOnet*
Alcatel
America Online, Inc.*
Assumption University of Thailand*
Bell Atlantic
Chevron Corporation
CNR-IAT(Institute for Telematics Applications)*
Coalition for Networked Information*
Compaq*
Corporation for National Research Initiatives*
Deutsches Forschungsnetz*
Dubai Municipality
Dun & Bradstreet
EDUCAUSE*
ENTEL CHILE S.A.
European Laboratory for Particle Physics*
Federal Express
Federation of Insurance & Corporate Counsel (FICC)
Fujitsu Limited
Hitachi, Ltd.
ICL
IEEE Computer Society*
ImagineR Software
Infonet Services Corporation
Intel Corporation*
Internet Association of Japan
Internet Mail Consortium
Italian National Institute for Nuclear Physics/ CNAF*
John Wiley & Sons, Inc.
J.P. Morgan*
Juniper Networks
Kokusai Denshin Denwa (KDD)
Korea Network Information Center (KRNIC)
Level 3 Communications
Lucent Technologies
Merita Bank Ltd
NEC Corporation
Netbanx
Network Associates, Inc.*
New York University
NEXTLINK Communications, Inc.
Nippon Telegraph and Telephone*
Nominet UK
NORDUnet*
Novell, Inc.*
NYSERNet*
O'Reilly and Associates
PSINet, Inc.*
pulver.com
Qwest Communications International
SBC Internet Services*
Siemens AG*
SITA Equant
Smithsonian Institution
Sonera Ltd.*
Sprint*
Stratford College

SUNET*

SURFnet bv*

Telcordia Technologies*

Tele2 AB

Telecom Italia

Teledesic Corporation

Telemonde

Telia AB

Trans-European Research and Education Networking

Association*

UBS AG

UNI-C

University of Notre Dame*

University of Washington*

Winstar Communications

Principal Members

Center for Global Communications

CommTouch Software, Inc.

ECMA

eircom Multimedia

Elisa Communications

Energis (Switzerland) AG

International Broadcasting Bureau

Macmillan Computer Publishing

NIFTY Corporation

RealNetworks, Inc.

Swisscom AG, Bern

Teleglobe International Corporation

UKERNA*

Professional Members

Alis Technologies, Inc.

American University in Dubai

Association for Computing Machinery

Bertelsmann AG

Booz-Allen & Hamilton, Inc.

Centre International Pour le Developpement de l'Inforoute en Francais

COMTELCA

Crawford Communications, Inc.

Dept. of Telecommunications, Gov't of India

ETSI

The Fantastic Corporation

Federal Office for Communications, Switzerland

FirstWorld Communications

Flag Telecom

FUNK Software, Inc.

Gibraltar NYNEX Communications Limited

Gilbert & Tobin

Hungarnet Association

Impress Corporation

Institute for Information Industry

INTAP

INTELSAT

interact

InterNAP Network Services

International Council for Computer Communication

Korea Telecom Corp.

Mosaic Communications, Inc.

Orblynx, Inc.

RAND*

The Research Libraries Group, Inc.

Richemont International Ltd.

Stockholm University

Telia Finland Ltd.

Transwestern Carey Winston

WIDE Project

World Bank

Start-Up Members

Avici Systems, Inc.

Chiliad Publishing , Inc.

COLO.COM

DENIC eG

dynamicsoft, Inc.

e4solutions.com, Inc.

Ethiopian Telecommunications Corporation

Hotsip AB

Internet Gabon
internic Datenkommunikations GmbH
ISAO Corporation
IT Ventures
Lightel Systems Corporation
Keen.com
OLB.com
OptiGlobe Telecom
Orientation Global Network, Inc.
Pihana Pacific
RealNames Corporation
Sendmail, Inc.
Starlab NV
Tachyon, Inc.
Taide Network AS
Tashilon, Inc.
Weir Consulting Ltd
Xpedio AB
Zipee.com

C.6 Internet-Sicherheit

Bundesamt für Sicherheit in der Informationstechnik
http://www.bsi.de/

Computer Emergency Response Team
http://www.cert.org/

FIRST-Team (Forum of Incident Response and Security Teams)
http://www.first.org/

AUSCERT – Australian Computer Emergency Response
http://www.auscert.org.au

DFN-CERT- Deutscher CERT-Zweig
http://www.cert.dfn.de

Purdue University Computer Emergency Response Team
http://www.cs.purdue.edu/pcert/pcert.html

CIAC (U.S. Department of Energy)
http://ciac.llnl.gov

NASA Automated Systems Incident Response Capability, USA
http://www-nasirc.nasa.gov/

Naval Computer Incident Response Team, USA
https://infosec.navy.mil/

Computing Professionals for Social Responsibility
http://www.cpsr.org

IEEE-Arbeitsgruppe für IT-Sicherheit
http://www.ieee-security.org/index.html

IFIP Technical Committee on Security and Protection in Information Processing
http://homes.dsi.unimi.it/~ifip113/

International Association for Cryptologic Research
http://www.swcp.com/~iacr

International Computer Security Association (TruSecure)
http://www.trusecure.com/

Internet Society
http://www.isoc.org

ISSA Home Page
http://www.issa-intl.org/

USENIX
http://www.usenix.org

ARPA Home Page
http://www.arpa.gov/

Central Intelligence Agency Home Page
http://www.odci.gov

Computer Security Technology Center am Lawrence Livermore National Laboratory
http://ciac.llnl.gov/cstc

FBI
http://www.fbi.gov/

NIST Computer Systems Laboratory
http://www.ncsl.nist.gov

NRL Center for High Assurance Computer Systems
http://chacs.nrl.navy.mil/

National Security Agency
http://www.nsa.gov

Internet-Adreßregistrierung

D

D.1 Top-Level-Domainregistrierung für COM, EDU, GOV, INT, MIL, NET, ORG

COM, NET, ORG werden über CORE registriert. CORE ist eine Institution des ICANN.

Adresse:

Internet Council of Registars

World Trade Center II,
29, Route de Pre-Bois,
CH-1215 Genf,
Schweiz,
http://www.corenic.org/index.htm,
secretariat@corenic.org,
Tel: +41.22.929 57 44,
Fax: +41.22.929 57 45

Die Registrierung kann über folgende Provider abgewickelt werden (Stand November 2000):

Aktiv GmbH,
Burgmüllerstr. 8,
D-40235 Düsseldorf,
http://www.firstdomain.net,
nic@firstdomain.net,
Tel: +49 201 247180 10605,
Fax: +49 201 247180 10605

3W-Media GmbH
Osterbrooksweg 71,
D-22869 Schenefeld,
http://www.blue-internet.de,
info@3w-media.de,
Tel: +49 40 840 505-0,
Fax: +49 40 840 505-85

Global Village GmbH
Mehrumer Strasse 16,
D-46562 Vörde,
http://global-village.de,
hostmaster@globvill.de,
Tel: +49 2855 96 51 0,
Fax: +49 2855 96 51 17

CSL GmbH
Rathausufer 16,
D-40213 Düsseldorf,
http://joker.com,
info@joker.com,
Tel: +49 211 867-670,
Fax: +49 211 867-6710

Knipp Medien und Kommunikation GmbH
Martin-Schmeisser-Weg 9,
D- 44227 Dortmund,
http://www.knipp.de,
elmar.knipp@knipp.de,
Tel: +49 231 9703-0,
Fax +49 231 9703-200

Secunet Security Networks GmbH
Im Teelbruch 116,
D-45219 Essen,
http://www.secunet.de,
poc@secunet.cz,
Tel: +49 2054 123 0,
Fax: +49 2054 123 123

wespe.de GmbH
Erftstrasse 15,
D-38120 Braunschweig. http://www.wespe.de,
info@wespe.de,
Tel: +49 531-3 83 43 36,
Fax: +49 531-284 075

Kamp Netzwerkdienste GmbH
Vestische Strasse 89-91,
D-46117 Oberhausen,
http://www.kamp.de/,
hl@kamp.de,
Tel: +49 208 89402-17,
Fax: +49 208 89402-40

Die anderen Top-Level-Domänen sind nicht frei beantragbar. Anfragen können über folgende folgende Websites abgewickelt werden:

EDU: http://www.networksolutions.com/

GOV: http://www.nic.gov/

INT: http://www.iana.org/int-dom/int.htm

MIL: http://www.nic.mil/

D.2 Internet-Adreßregistrierung in Deutschland (Domain DE)

DENIC eG Domain Verwaltungs- und Betriebsgesellschaft
Wiesenhüttenplatz 26
60329 Frankfurt am Main
Tel: +49 69 / 27235-0
Fax: +49 69 / 27235-235
http://www.denic.de/index.html
info@denic.de

D.2.1 Unternehmen mit der Berechtigung zur Vergabe von Internetadressen

Quelle: http://www.denic.de/doc/DENIC/mitglieder.shtml (Stand November 2000)

ABC Televerlag GmbH, D-93047 Regensburg

accom GmbH & Co.KG, D-52070 Aachen

AllCon GmbH, D-24941 Flensburg

arXes Information Design AG, D-51063 Köln

BayCIX GmbH, D-84034 Landshut

BelWü-Koordination, D-70550 Stuttgart

BusinessOnline AG, D-20148 Hamburg

Cable & Wireless ECRC GmbH, D-80687 München

Callino GmbH, D-81249 München

callisto germany.net GmbH, D-60596 Frankfurt am Main

CITYKOM Münster GmbH , D-48155 Münster

CityneT GmbH, D-97424 Schweinfurt

ClaraNET GmbH, D-60314 Frankfurt am Main

COLT TELECOM GmbH, D-60313 Frankfurt am Main

COMCITY AG, D-24143 Kiel

CompuServe I. S. GmbH & Co.KG, D-81673 München

CSH GmbH, D-44143 Dortmund

CSL GmbH, D-40213 Düsseldorf

Cybernet AG, D-81929 München

DC Network Consulting GmbH, D-84405 Dorfen

Deutsche Telekom AG, D-26119 Oldenburg

DFN Verein, D-10963 Berlin

Dieterich Computersysteme, D-74076 Heilbronn

easynet DV GmbH, D-24576 Bad Bramstedt

EDS Infotech und Serv. GmbH, D-65428 Rüsselsheim

EPAG AG, D-40217 Düsseldorf

Evolution Systems GmbH, D-84539 Ampfing

EWE TEL GmbH, D-26133 Oldenburg

FIDUCIA Informationszentrale AG, D-34123 Kassel

freeway GmbH, D-35452 Heuchelheim

GIGABELL AG, D-60325 Frankfurt am Main

GINKO GmbH, D-52070 Aachen

Global Access, Inc., D-60313 Frankfurt am Main

Global Telesystems (Dt.) GmbH, D-40211 Düsseldorf

Global Village GmbH, D-46562 Voerde

GLOBE GmbH, D-48151 Münster

HanseNet Telefon GmbH & Co.KG, D-20097 Hamburg

http.net Internet GmbH, D-13355 Berlin

IBM Deutschland GmbH, D-71139 Ehningen

ID.net GmbH, D-71229 Leonberg

INCAS AG, D-47906 Kempen

infoServe GmbH, D-66115 Saarbrücken

Interactive Network GmbH, D-60313 Frankfurt am Main

INTERACTIVE NETWORX GmbH & Co.KG, D-10623 Berlin

INTERNET AG, D-60329 Frankfurt am Main

InterNetX GmbH, D-93047 Regensburg

intersaar GmbH, D-66113 Saarbrücken

IS Internet Services GmbH & Co., D-21079 Hamburg

ISB GmbH, D-28195 Bremen

iSC internet Service Center GmbH, D-22774 Hamburg

KAMP Netzwerkdienste GmbH, D-46117 Oberhausen

KEVAG Telekom GmbH, D-56073 Koblenz

KKF.net AG, D-32425 Minden

Knipp GmbH, D-44227 Dortmund

KOMPLEX Systemhaus, D-47057 Duisburg

KPNQwest Germany GmbH, D-76131 Karlsruhe

Level 3 Communications GmbH , D-60325 Frankfurt am Main

LF.NET GmbH, D-70567 Stuttgart

mainz-kom GmbH, D-55116 Mainz

Mannesmann Arcor AG & Co.,
D-65760 Eschborn

mbt GmbH & Co. Online KG,
D-81671 München

MCS Moorbek GmbH, D-22419 Hamburg

Mediascape AG, D-20083 Hamburg

mediaWays GmbH, D-33311 Gütersloh

n@work GmbH, D-20097 Hamburg

NACAMAR GmbH, D-63303 Dreieich

ncore GmbH, D-47229 Duisburg

NDH IT Service AG, D-51149 Köln

NEFkom Telek. GmbH & Co.KG,
D-90429 Nürnberg

NetCologne GmbH, D-50825 Köln

netplace Telematic GmbH, D-80335 München

Nextra Darmstadt GmbH, D-64293 Darmstadt

Nextra NRW GmbH, D-53111 Bonn

Nikoma Media Works GmbH,
D-20097 Hamburg

NordCom GmbH, D-28197 Bremen

noris network GmbH, D-90425 Nürnberg

NWU GmbH, D-44536 Lünen

OMCnet Internet Service GmbH,
D-25451 Quickborn

ONE-2-ONE GmbH, D-51149 Köln

ONLINE NOW! GmbH, D-10999 Berlin

OSN GmbH, D-90408 Nürnberg

ping Netzwerksysteme GmbH,
D-30159 Hannover

PIRONET AG, D-50933 Köln

PLANET GmbH, D-19065 Raben Steinfeld

POP Point of Presence GmbH,
D-20537 Hamburg

potsdam.com GmbH, D-14467 Potsdam

PrimeKOM GmbH, D-80687 München

profi.net Hassler & Mair AG,
D-86167 Augsburg

ratiokontakt GmbH, D-96103 Hallstadt

riodata GmbH, D-64546 Mörfelden-Walldorf

Rockenstein AG, D-97070 Würzburg

roka GmbH, D-40549 Düsseldorf

Schlund + Partner AG, D-76133 Karlsruhe

Schwarzwälder Bote GmbH,
D-78727 Oberndorf a.N.

Securitas Internet Systems GmbH,
D-80538 München

Seicom Computer GmbH, D-70036 Stuttgart

SGH Internet Division GmbH,
D-30177 Hannover

SITEC Hard & Software GmbH,
D-84034 Landshut

SONERA GmbH, D-40468 Düsseldorf

Sontheimer Datentechnik GmbH,
D-73431 Aalen

SpaceNet GmbH, D-80807 München

Speed-Link GmbH, D-10178 Berlin

STAR ONE AG, D-60314 Frankfurt am Main

TALKLINE GmbH, D-20097 Hamburg

TAT GmbH, D-64807 Dieburg

TCP/IP GmbH, D-10405 Berlin

TelePassport AG, D-99084 Erfurt

tesion GmbH & Co.KG, D-70174 Stuttgart

tops-net GmbH & Co. KG, D-53229 Bonn

TouchNET GmbH, D-81377 München

tr@nsnet INTERNET Services,
D-81669 München

Transmedia GmbH, D-10115 Berlin

tro:net GmbH, D-53840 Troisdorf

Twinwave GmbH, D-60326 Frankfurt am Main

tXnet Internetservice, D-94486 Osterhofen

UBCOM AG, D-23554 Lübeck

uni-X Software AG, D-49084 Osnabrück

UUNET Deutschland GmbH,
D-44149 Dortmund

VIA NET. WORKS Deutschland GmbH,
D-47057 Duisburg

VIAG Interkom GmbH & Co. OHG,
D-80992 München

WERTRON Datentechnik GmbH, D-49090
Osnabrück

wespe.de GmbH, D-38106 Braunschweig

WESTEND GmbH, D-52064 Aachen

WWW-Service GmbH, D-93073 Neutraubling

D.3 Internet-Adreßregistrierung in Österreich (Domain AT)

nic.at

Internet Verwaltungs- und Betriebsgesellschaft m.b.H.
Jakob-Haringer-Straße 8
A-5020 Salzburg
http://www.nic.at/
office@nic.at
Tel. +43 (662) 4669-0, In Österreich gebührenfrei: 0800 800 888-0

D.4 Internet-Adreßregistrierung in der Schweiz (Domain CH)

SWITCH Teleinformatics Services
Limmatquai 138
CH-8001 Zürich,
http://www.nic.ch/
helpdesk@nic.ch
Tel. +41 1 268 15 80
Fax. +41 1 252 04 31

Informationen und Quellen im Internet

E

E.1 Am Beginn einer neuen Epoche: Das Informationszeitalter

Bundeswirtschaftsministerium	http://www.bmwi.de/infothek.html
Europäische Union	http://www.euroinfocentre.com/
MIT Media Lab	http://www.media.mit.edu/Research/
ISPO	http://www.ispo.cec.be/
Electronic Frontier Foundation	http://www.eff.org/

Stichworte für Suchmaschinen

information society
information highway
internet infrastructure
European Union internet
video on demand
interactive video
digital video
telecommuting
telework
digital community
Personal Digital Assistant

E.2 Die Entwicklung des Internet: Vom Arpa-Netz zum Information Highway

ISPO	http://www.ispo.cec.be/
Electronic Frontier Foundation	http://www.eff.org/
DFN	http://www.dfn.de/
Wissenschaftsnetz WIN	http://www.dfn.de/win/home.html
NII	http://nii.nist.gov/
KPNQwest	http://www.eunet.com/
TERENA	http://www.terena.nl/
DANTE	http://www.dante.net/
EBONE	http://www.gtsgroup.com/ebone
vBNS+	http://www.vbns.net/
Liste des Heise-Verlags mit Internet-Providern	http://www.heise.de/ix/provider/

Stichworte für Suchmaschinen

Internet history
Arpanet infrastructure
vBNS+
National Information Infrastructure Initiative
High speed infrastructure

E.3 Das Internet: Standards und Organisationen

The Electronic Frontier Foundation	http://www.eff.org/
Internet Architecture Board	http://www.iab.org/
International Engineering Task Force	http://www.ietf.org/
Internet Society	http://www.isoc.org/
The Institute for Global Communications	http://www.igc.apc.org/
The World Wide Web Consortium (W3C)	http://www.w3.org/
DANTE	http://www.dante.net/
RIPE (Réseaux IP Européen)	http://www.ripe.net/
TERENA	http://www.terena.nl/
CEENet	http://www.ceenet.org/
InterNIC	http://www.internic.net/
DE-NIC	http://www.denic.de/
DFN	http://www.dfn.de/
ICANN	http://www.icann.org/
RFC Archiv	http://sunsite.auc.dk/
Standards und Standardorganisationen	http://www.iso.ch/
ITU (CCITT)	http://www.itu.ch/

Stichworte für Suchmaschinen

Internet RFC
telecommunication standards
internet standard bodies
internet task force
internic

E.4 Das Internet: Infrastruktur und Übertragungsmechanismen

Internet-Topologie

Yahoo-Übersichtskarten	http://dir.yahoo.com/Computers_and_Internet/Internet/Maps/
ARENA-Übersichtskarten	http://www.internet2.edu/arena/
Topologie der Providerbackbones in Europa	http://www.cyberroadmaps.ch/

Internet-Backbone

RIPE NCC	http://www.ripe.net/
DE-CIC	http://www.eco.de/
Deutsches Provider Network	http://www.dpn.net/
KPNQwest	http://www.eunet.com/
TERENA	http://www.terena.nl/
DANTE	http://www.dante.net/
EBONE	http://www.gtsgroup.com/ebone
Internet2-Projekt	http://www.internet2.edu/
vBNS+	http://www.vbns.net/
Abilene	http://www.ucaid.edu/abilene/
CA*net 3	http://www.canet3.net/
DREN	http://www.hpcmo.hpc.mil/Htdocs/DREN/
ESnet	http://www.es.net/
NREN	http://www.nren.nasa.gov/
STAR TAP	http://www.startap.net

Internet Protokolle

Offizielle Internet Standards (IAB)	http://www.iab.org/recent_documents.html
Internet Drafts (IAB)	http://www.ietf.cnri.reston.va.us/1id-abstracts.html
Inoffizielle FYI Dokumente	http://www.es.net/hypertext/fyi.html
Das RFC HyperText Archiv	http://sunsite.auc.dk/RFC/

Stichworte für Suchmaschinen

Internet protocol standards
European internet backbone
Internet2 infrastructure
National Access Points
Ebone infrastructure

E.5 Benutzergruppen im Internet

Demographische Studien

Zona Research	http://www.zonaresearch.com/
Forrester Research	http://www.forrester.com/
Survey.net	http://www.survey.net
Internet Software Consortium	http://www.isc.org/
ACNielsen	http://acnielsen.com/

Schulen

Schulen ans Netz	http://www.san-ev.de/
Deutsches Schul-Netz	http://www.schule.de/
Deutscher Bildungsserver	http://www.bildungsserver.de/

Kirchen

Evengelische Kirche in Deutschland	http://www.ekd.de/
Katholische Kirche in Deutschland	http://katholische-kirche.de/
Arbeitsgemeinschaft Ökumenische Forschung	http://www.aoef.de
Jüdische Gemeinden in Deutschland	http://www.synagoge.de/

Menschenrechts-/Umweltorganisationen

The Institute for Global Communications	http://www.igc.org/
Amnesty International	http://www.amnesty.de/
Greenpeace	http://www.greenpeace.de/

Kunst

Galerien-Online	http://www.galerie.de/
Yahoo-Seite mit Kunstausstellungen	http://de.dir.yahoo.com/Kunst_und_Kultur/Bildende_Kunst/Malerei/Kuenstler/Einzelausstellungen/
Dino-Seite mit Museen	http://www.dino-online.de/seiten/go05m.htm

Stichworte für Suchmaschinen

demographic studies
internet demographic survey
internet user statistics
telelearning
schoolnet
school network
catholic church
protestant church
jewish synagogues
islamic organisations
artists network

Internet Top Level Domains

F

F.1 Länderspezifische Top-Level Domains

(http://www.ics.uci.edu/pub/websoft/wwwstat/domains.pl)

ad	Andorra
ae	United Arab Emirates
af	Afghanistan
ag	Antigua and Barbuda
ai	Anguilla
al	Albania
am	Armenia
an	Netherlands Antilles
ao	Angola
aq	Antarctica
ar	Argentina
as	American Samoa
at	Austria
au	Australia
aw	Aruba
az	Azerbaijan
ba	Bosnia and Herzegovina
bb	Barbados
bd	Bangladesh
be	Belgium
bf	Burkina Faso
bg	Bulgaria
bh	Bahrain
bi	Burundi
bj	Benin
bm	Bermuda
bn	Brunei Darussalam
bo	Bolivia
br	Brazil
bs	Bahamas
bt	Bhutan
bv	Bouvet Island
bw	Botswana
by	Belarus
bz	Belize
ca	Canada
cc	Cocos (Keeling) Islands
cf	Central African Republic
cg	Congo
ch	Switzerland
ci	"Cote DIvoire (Ivory Coast)",
ck	Cook Islands
cl	Chile
cm	Cameroon
cn	China
co	Colombia
cr	Costa Rica
cs	Czechoslovakia (former)
cu	Cuba
cv	Cape Verde
cx	Christmas Island
cy	Cyprus
cz	Czech Republic
de	Germany
dj	Djibouti
dk	Denmark
dm	Dominica
do	Dominican Republic
dz	Algeria
ec	Ecuador
ee	Estonia
eg	Egypt
eh	Western Sahara
er	Eritrea
es	Spain
et	Ethiopia
fi	Finland
fj	Fiji
fk	Falkland Islands (Malvinas)
fm	Micronesia
fo	Faroe Islands
fr	France
fx	France, Metropolitan
ga	Gabon
gb	Great Britain (UK)
gd	Grenada
ge	Georgia
gf	French Guiana
gh	Ghana
gi	Gibraltar
gl	Greenland
gm	Gambia
gn	Guinea
gp	Guadeloupe
gq	Equatorial Guinea
gr	Greece

gs	S. Georgia and S. Sandwich Isls.
gt	Guatemala
gu	Guam
gw	Guinea-Bissau
gy	Guyana
hk	Hong Kong
hm	Heard and McDonald Islands
hn	Honduras
hr	Croatia (Hrvatska)
ht	Haiti
hu	Hungary
id	Indonesia
ie	Ireland
il	Israel
in	India
io	British Indian Ocean Territory
iq	Iraq
ir	Iran
is	Iceland
it	Italy
jm	Jamaica
jo	Jordan
jp	Japan
ke	Kenya
kg	Kyrgyzstan
kh	Cambodia
ki	Kiribati
km	Comoros
kn	Saint Kitts and Nevis
kp	Korea (North)
kr	Korea (South)
kw	Kuwait
ky	Cayman Islands
kz	Kazakhstan
la	Laos
lb	Lebanon
lc	Saint Lucia
li	Liechtenstein
lk	Sri Lanka
lr	Liberia
ls	Lesotho
lt	Lithuania
lu	Luxembourg
lv	Latvia
ly	Libya
ma	Morocco
mc	Monaco
md	Moldova
mg	Madagascar
mh	Marshall Islands
mk	Macedonia
ml	Mali
mm	Myanmar
mn	Mongolia
mo	Macau
mp	Northern Mariana Islands
mq	Martinique
mr	Mauritania
ms	Montserrat
mt	Malta
mu	Mauritius
mv	Maldives
mw	Malawi
mx	Mexico
my	Malaysia
mz	Mozambique
na	Namibia
nc	New Caledonia
ne	Niger
nf	Norfolk Island
ng	Nigeria
ni	Nicaragua
nl	Netherlands
no	Norway
np	Nepal
nr	Nauru
nt	Neutral Zone
nu	Niue
nz	New Zealand (Aotearoa)
om	Oman
pa	Panama
pe	Peru
pf	French Polynesia
pg	Papua New Guinea
ph	Philippines
pk	Pakistan
pl	Poland
pm	St. Pierre and Miquelon
pn	Pitcairn
pr	Puerto Rico
pt	Portugal
pw	Palau
py	Paraguay
qa	Qatar
re	Reunion
ro	Romania
ru	Russian Federation
rw	Rwanda
sa	Saudi Arabia
sb	Solomon Islands
sc	Seychelles
sd	Sudan
se	Sweden
sg	Singapore
sh	St. Helena
si	Slovenia
sj	Svalbard and Jan Mayen Islands
sk	Slovak Republic
sl	Sierra Leone
sm	San Marino
sn	Senegal
so	Somalia
sr	Suriname
st	Sao Tome and Principe

su	USSR (former)
sv	El Salvador
sy	Syria
sz	Swaziland
tc	Turks and Caicos Islands
td	Chad
tf	French Southern Territories
tg	Togo
th	Thailand
tj	Tajikistan
tk	Tokelau
tm	Turkmenistan
tn	Tunisia
to	Tonga
tp	East Timor
tr	Turkey
tt	Trinidad and Tobago
tv	Tuvalu
tw	Taiwan
tz	Tanzania
ua	Ukraine
ug	Uganda
uk	United Kingdom
um	US Minor Outlying Islands
us	United States
uy	Uruguay
uz	Uzbekistan
va	Vatican City State (Holy See)
vc	Saint Vincent and the Grenadines
ve	Venezuela
vg	Virgin Islands (British)
vi	Virgin Islands (U.S.)
vn	Viet Nam
vu	Vanuatu
wf	Wallis and Futuna Islands
ws	Samoa
ye	Yemen
yt	Mayotte
yu	Yugoslavia
za	South Africa
zm	Zambia
zr	Zaire
zw	Zimbabwe

F.2 Organisationsspezifische Top-Level Domains

com	Commercial
edu	Educational
gov	Government
int	International
mil	US Military
net	Network
org	Non-Profit Organization
arpa	Old style Arpanet
nato	Nato field

F.3 sonstige Top-Level Domains

biz	geschäftliche Domänen
pro	berufliche Informationen
name	Einzelpersonen
info	Informationen
aero	Reiseveranstalter, Flughäfen
coop	genossenschftliche Organisationen

Request for Comments (RFCs)

G

Im Dokumentationsarchiv der Internet Engineering Task Force

`http://www.ietf.cnri.reston.va.us/home.html`

kann auf alle relevanten Internet-Dokumente zugegriffen werden:

IETF Konferenz-Dokumente
IETF Request For Comments (RFC's)
IETF Standard RFC's (STD's)
IETF – For Your Information RFC's (FYI's)
IETF – Internet Drafts (ID's)
IETF Meeting Minutes
Dokumente des IETF Steering Committee (IESG)
Dokumente der Internet Society (ISOC)
RARE Technical Report RFC's (RTR's)

Ein RFC-Archiv mit Hypertext-Benutzeroberfläche steht unter

`http://sunsite.dk/RFC/`

zur Verfügung.

G.1 RFCs im Rang von Internet-Standards

Quelle: `ftp://ftp.denic.de/pub/rfc/std-index.txt`

Internet-Standards

0001 INTERNET OFFICIAL PROTOCOL STANDARDS. J. Reynolds, R. Braden. August 2000. (Format: TXT=90213 bytes) (Obsoletes RFC2600) (Also RFC2700)

0002 Assigned Numbers. J. Reynolds, J. Postel. October 1994. (Format: TXT=458860 bytes) (Also RFC1700)

0003 Host Requirements. R. Braden. October 1989. (Format: TXT=528939 bytes) (Also RFC1122, RFC1123)

0004 Gateway Requirements. R. Braden, J. Postel. June 1987. (Format: TXT=125039 bytes) (Also RFC1009)

0005 Internet Protocol. J. Postel. September 1981. (Format: TXT=241903 bytes) (Also RFC0791, RFC0950, RFC0919, RFC0922, RFC792, RFC1112)

0006 User Datagram Protocol. J. Postel. August 1980. (Format: TXT=5896 bytes) (Also RFC0768)

0007 Transmission Control Protocol. J. Postel. September 1981. (Format: TXT=172710 bytes) (Also RFC0793)

0008 Telnet Protocol. J. Postel, J. Reynolds. May 1983. (Format: TXT=44639 bytes) (Also RFC0854, RFC0855)

0009 File Transfer Protocol. J. Postel, J. Reynolds. October 1985. (Format: TXT=148316 bytes) (Also RFC0959)

0010 SMTP Service Extensions. J. Klensin, N. Freed, M. Rose, E. Stefferud & D. Crocker. November 1995. (Format: TXT=23299 bytes) (Obsoletes RFC1651) (Also RFC821, RFC1869)

0011 Standard for the format of ARPA Internet text messages. D. Crocker. Aug-13-1982. (Format: TXT=109200 bytes) (Obsoletes RFC1653) (Also RFC0822)

0012 Network Time Protocol. D. Mills. September 1989. (Format: TXT=193 bytes) (Also RFC1119)

0013 Domain Name System. P. Mockapetris. November 1987. (Format: TXT=248726 bytes) (Also RFC1034, RFC1035)

0014 Mail Routing and the Domain System. C. Partridge. January 1986. (Format: TXT=18182 bytes) (Also RFC0974)

0015 Simple Network Management Protocol. J. Case, M. Fedor, M. Schoffstall, J. Davin. May 1990. (Format: TXT=72876 bytes) (Also RFC1157)

0016 Structure of Management Information. M. Rose, K. McCloghrie. May 1990. (Format: TXT=82279 bytes) (Obsoletes RFC1065) (Also RFC1155)

0017 Management Information Base. K. McCloghrie, M. Rose. March 1991. (Format: TXT=142158 bytes) (Obsoletes RFC1158) (Also RFC1213)

0018 Exterior Gateway Protocol. D. Mills. April 1984. (Format: TXT=63836 bytes) (Also RFC0904)

0019 NetBIOS Service Protocols. NetBIOS Working Group. March 1987. (Format: TXT=319750 bytes) (Also RFC1001, RFC1002)

0020 Echo Protocol. J. Postel. May 1983. (Format: TXT=1237 bytes) (Also RFC0862)

0021 Discard Protocol. J. Postel. May 1983. (Format: TXT=1239 bytes) (Also RFC0863)

0022 Character Generator Protocol. J. Postel. May 1983. (Format: TXT=6842 bytes) (Also RFC0864)

0023 Quote of the Day Protocol. J. Postel. May 1983. (Format: TXT=1676 bytes) (Also RFC0865)

0024 Active Users Protocol. J. Postel. May 1983. (Format: TXT=2029 bytes) (Also RFC0866)

0025 Daytime Protocol. J. Postel. May 1983. (Format: TXT=2289 bytes) (Also RFC0867)

0026 Time Server Protocol. J. Postel. May 1983. (Format: TXT=3024 bytes) (Also RFC0868)

0027 Binary Transmission Telnet Option. J. Postel, J. Reynolds. May 1983. (Format: TXT=8965 bytes) (Also RFC0856)

0028 Echo Telnet Option. J. Postel, J. Reynolds. May 1983. (Format: TXT=10859 bytes) (Also RFC0857)

0029 Suppress Go Ahead Telnet Option. J. Postel, J. Reynolds. May 1983. (Format: TXT=3712 bytes) (Also RFC0858)

0030 Status Telnet Option. J. Postel, J. Reynolds. May 1983. (Format: TXT=4273 bytes) (Also RFC0859)

0031 Timing Mark Telnet Option. J. Postel, J. Reynolds. May 1983. (Format: TXT=7881 bytes) (Also RFC0860)

0032 Extended Options List Telnet Option. J. Postel, J. Reynolds. May 1983. (Format: TXT=3068 bytes) (Also RFC0861)

0033 Trivial File Transfer Protocol. K. Sollins. July 1992. (Format: TXT=24599 bytes) (Also RFC1350)

0034 Routing Information Protocol. C. Hedrick. June 1988. (Format: TXT=91435 bytes) (Also RFC1058)

0035 ISO Transport Service on top of the TCP (Version: 3). M. Rose, D. Cass. May 1978. (Format: TXT=30662 bytes) (Also RFC1006)

0036 Transmission of IP and ARP over FDDI Networks. D. Katz. January 1993. (Format: TXT=22077 bytes) (Also RFC1390)

0037 An Ethernet Address Resolution Protocol. David C. Plummer. November 1982. (Format: TXT=21556 bytes) (Also RFC0826)

0038 A Reverse Address Resolution Protocol. Ross Finlayson, Timothy Mann, Jeffrey Mogul, Marvin Theimer. June 1984. (Format: TXT=9345 bytes) (Also RFC0903)

0039 Interface Message Processor: Specifications for the Interconnection of a Host and an IMP (Revised). BBN. December 1981. (Not online)

0040 Host Access Protocol specification. Bolt Beranek and Newman. August 1993.

(Format: TXT=152740 bytes) (Obsoletes RFC0907) (Also RFC1221)

0041 Standard for the transmission of IP datagrams over Ethernet networks. C. Hornig. April 1984. (Format: TXT=5697 bytes) (Also RFC0894)

0042 Standard for the transmission of IP datagrams over experimental Ethernetnetworks. J. Postel. April 1984. (Format: TXT=4985 bytes) (Also RFC0895)

0043 Standard for the transmission of IP datagrams over IEEE 802 networks. J. Postel, J.K. Reynolds. August 1993. (Format: TXT=34359 bytes) (Obsoletes RFC0948) (Also RFC1042)

0044 DCN Local-Network Protocols. D.L. Mills. August 1993. (Format: TXT=65340 bytes) (Also RFC0891)

0045 Internet Protocol on Network System's HYPERchannel: Protocol Specification. K. Hardwick, J. Lekashman. August 1993. (Format: TXT=100836 bytes) (Also RFC1044)

0046 Transmitting IP traffic over ARCNET networks. D. Provan. August 1993. (Format: TXT=16565 bytes) (Obsoletes RFC1051) (Also RFC1201)

0047 Nonstandard for transmission of IP datagrams over serial lines: SLIP. J.L. Romkey. August 1993. (Format: TXT=12578 bytes) (Also RFC1055)

0048 Standard for the transmission of IP datagrams over NetBIOS networks. L.J. McLaughlin. August 1993. (Format: TXT=5579 bytes) (Also RFC1088)

0049 Standard for the transmission of 802.2 packets over IPX networks. L.J. McLaughlin. August 1993. (Format: TXT=7902 bytes) (Also RFC1132)

0050 Definitions of Managed Objects for the Ethernet-like Interface Types. F. Kastenholz. July 1994. (Format: TXT=39008, bytes) (Obsoletes RFC1623, RFC1398) (Also RFC1643)

0051 The Point-to-Point Protocol (PPP). W. Simpson, Editor. July 1994. (Format: TXT=151158 bytes) (Obsoletes RFC1549) (Also RFC1661, RFC1662)

0052 The Transmission of IP Datagrams over the SMDS Service. D. Piscitello, J. Lawrence. March 1991. (Format: TXT=24662 bytes) (Also RFC1209)

0053 Post Office Protocol - Version 3. J. Myers & M. Rose. May 1996. (Format: TXT=47018 bytes) (Obsoletes RFC1725) (Also RFC1939)

0054 OSPF Version 2. J. Moy. April 1998. (Format: TXT=447367 bytes) (Also RFC2328)

0055 Multiprotocol Interconnect over Frame Relay. C. Brown, A. Malis. September 1998. (Format: TXT=74671 bytes) (Obsoletes RFC1490, RFC1294) (Also RFC2427)

0056 RIP Version 2. G. Malkin. November 1998. (Format: TXT=98462 bytes) (Updates RFC1723, RFC1388) (Also RFC2453)

0057 RIP Version 2 Protocol Applicability Statement. G. Malkin. November 1994. (Format: TXT=10236 bytes) (Also RFC1722)

0058 Structure of Management Information Version 2 (SMIv2. K. McCloghrie, D. Perkins, J. Schoenwaelder. April 1999. (Format: TXT=89712 bytes) (Obsoletes RFC1902) (Also RFC2578, RFC2579)

0059 Remote Network Monitoring Management Information Base. S. Waldbusser. May 2000. (Format: TXT=198676 bytes) (Obsoletes RFC1757) (Also RFC2819)

0060 SMTP Service Extension for Command Pipelining. N. Freed. September 2000. (Format: TXT=198676 bytes) (Obsoletes RFC2197) (Also RFC2920)

0061 A One-Time Password System. N. Haller, C. Metz, P. Nesser, M. Straw. February 1998. (Format: TXT=56495 bytes) (Obsoletes RFC1757) (Also RFC2289)

G.2 Kommunikationsprotokolle im Internet

G.2.1 Typen von Internet-Protokollen

Standard Protocol

Zum offiziellen Internet-Standard erhobene Protokolle

Draft Standard Protocol

Die Erhebung des Protokolles zum Internet-Standard wird evaluiert

Proposed Standard Protocol

Zur Standardisierung vorgeschlagene Protokolle

Experimental Protocol

Experimentelle Internet-Protokolle, nicht zur allgemeinen Nutzung empfohlen.

Informational Protocol

Protokolle von Herstellern oder anderen Organisationen mit Relevanz für die Internetgemeinschaft, die zu Informationszwecken in Form von RFCs publiziert werden.

Historic Protocol

Protokolle, die nicht mehr zu Standards erhoben werden, da ihre Funktionen von neueren Protokollen ersetzt wurden.

G.2.2 Definitionen des Protokoll-Status

Required Protocol

Jedes System muß diese Protokolle implementieren

Recommended Protocol

Jedes System sollte empfohlene Protokolle implementiert haben

Elective Protocol

Die Implementation dieser Protokolle wird freigestellt

Limited Use Protocol

Diese Protokolle sollten nur unter bestimmten Umständen eingesetzt werden

Not Recommended Protocol

Protokolle, die nicht für die allgemeine Nutzung bestimmt sind

G.2.3 Standard-Protokolle

RFC 2700 Abschnitt 3.2 Stand 8/2000

Abkürzung	Inhalt	RFC
RMON-MIB	Remote Network Monitoring Management Information Base	2819
————	Internet Official Protocol Standards	2600
CONF-MIB	Conformance Statements for SMIv2	2580
CONV-MIB	Textual Conventions for SMIv2	2579
SMIv2	Structure of Management Information Version 2 (SMIv2)	2578
RIP2	RIP Version 2	2453
IP-FR	Multiprotocol Interconnect over Frame Relay	2427
OSPF2	OSPF Version 2	2328
POP3	Post Office Protocol - Version 3	1939
SMTP-SIZE	SMTP Service Extension for Message Size Declaration	1870
SMTP-EXT	SMTP Service Extensions	1869
RIP2-APP	RIP Version 2 Protocol Applicability Statement	1722
————	Assigned Numbers	1700
PPP-HDLC	PPP in HDLC-like Framing	1662
PPP	The Point-to-Point Protocol (PPP)	1661
ETHER-MIB	Definitions of Managed Objects for the Ethernet - like Interface Types	1643
IP-FDDI	Transmission of IP and ARP over FDDI Networks	1390
TFTP	The TFTP Protocol (Revision 2)	1350
MIB-II	Management Information Base for Network Management of TCP/IP-based internets:MIB-II	1213
Concise-MI	Concise MIB definitions	1212
IP-SMDS	Transmission of IP datagrams over the SMDS Service	1209
IP-ARC	Transmitting IP traffic over ARCNET networks	1201
SNMP	Simple Network Management Protocol (SNMP)	1157
SMI	Structure and identification of management information for TCP/IP-based internets	1155
IP-IPX	Standard for the transmission of 802.2 packets over IPX networks	1132
————	Requirements for Internet hosts - application and support	1123
————	Requirements for Internet hosts - communication layers	1122
IGMP	Host extensions for IP multicasting	1112
IP-NETBIOS	Standard for the transmission of IP datagrams over NetBIOS networks	1088
IP-SLIP	Nonstandard for transmission of IP datagrams over serial lines	1055
IP-HC	Internet Protocol on Network System's HYPERchannel	1044
IP-IEEE	Standard for the transmission of IP datagrams over IEEE 802 networks	1042
DOMAIN	Domain names - implementation and specification	1035
DOMAIN	Domain names - concepts and facilities	1034

Abkürzung	Inhalt	RFC
TP-TCP	ISO transport services on top of the TCP	1006
NETBIOS	Protocol standard for a NetBIOS service on a TCP/UDP transport	1002
NETBIOS	Protocol standard for a NetBIOS service on a TCP/UDP transport	1001
DNS-MX	Mail routing and the domain system	974
FTP	File Transfer Protocol	959
———	Internet Standard Subnetting Procedure	950
———	Broadcasting Internet datagrams in the presence of subnets	922
———	Broadcasting Internet Datagrams	919
IP-WB	Host Access Protocol specification	907
RARP	Reverse Address Resolution Protocol	903
IP-EE	Standard for the transmission of IP datagrams over experimental Ethernet networks	895
IP-E	Standard for the transmission of IP datagrams over Ethernet networks	894
IP-DC	DCN local-network protocols	891
TIME	Time Protocol	868
DAYTIME	Daytime Protocol	867
USERS	Active users	866
QUOTE	Quote of the Day Protocol	865
CHARGEN	Character Generator Protocol	864
DISCARD	Discard Protocol	863
ECHO	Echo Protocol	862
TOPT-EXTOP	Telnet Extended Options	861
TOPT-TIM	Telnet Timing Mark Option	860
TOPT-STAT	Telnet Status Option	859
TOPT-SUPP	Telnet Suppress Go Ahead Option	858
TOPT-ECHO	Telnet Echo Option	857
TOPT-BIN	Telnet Binary Transmission	856
TELNET	Telnet Option Specifications	855
TELNET	Telnet Protocol Specification	854
ARP	Ethernet Address Resolution Protocol	826
MAIL	Standard for the format of ARPA Internet text messages	822
SMTP	Simple Mail Transfer Protocol	821
TCP	Transmission Control Protocol	793
ICMP	Internet Control Message Protocol	792
IP	Internet Protocol	791
UDP	User Datagram Protocol	768
———	Status Telnet Option	30

G.2.4 Draft Standard-Protokolle

RFC 2700 Abschnitt 3.3 Stand 8/2000

Abkürzung	Inhalt	RFC
RADIUS	Remote Authentication Dial In User Service (RADIUS)	2865
INTERGRMIB	The Interfaces Group MIB	2863
———	Host Resources MIB	2790
———	HTTP Authentication	2617
———	Hypertext Transfer Protocol — HTTP/1.1	2616
VACM-SNMP	View-based Access Control Model (VACM) for the Simple Network Management Protocol (SNMP)	2575
USM-SNMPV3	User-based Security Model (USM) for version 3 of the Simple Network Management Protocol (SNMPv3)	2574
SNMP-APP	SNMP Applications	2573
MPD-SNMP	Message Processing and Dispatching for the Simple Network Management Protocol (SNMP)	2572
ARCH-SNMP	An Architecture for Describing SNMP Management Frameworks	2571
ICMPv6	Internet Control Message Protocol (ICMPv6) for the Internet Protocol Version 6 (IPv6) Specification	2463
IPV6-AUTO	IPv6 Stateless Address Autoconfiguration	2462
IPV6-ND	Neighbor Discovery for IP Version 6 (IPv6)	2461
IPV6	Internet Protocol, Version 6 (IPv6) Specification	2460
URI-GEN	Uniform Resource Identifiers (URI)	2396
IARP	Inverse Address Resolution Protocol	2390
TN3270E	TN3270 Enhancements	2355
TFTP-Opt	TFTP Timeout Interval and Transfer Size Options	2349
TFTP-Blk	TFTP Blocksize Option	2348
TFTP-Ext	TFTP Option Extension	2347
ONE-PASS	A One-Time Password System	2289
UTF-8	UTF-8, a transformation format of ISO 10646	2279
SMTP-Pipe	SMTP Service Extension for Command Pipelining	2197
DHCP-BOOTP	DHCP Options and BOOTP Vendor Extensions	2132
DHCP	Dynamic Host Configuration Protocol	2131
FRAME-MIB	Management Information Base for Frame Relay DTEs using SMIv2	2115
IP-HIPPI	IP over HIPPI	2067
MIME-CONF	Multipurpose Internet Mail Extensions (MIME) Part Five	2049
MIME-MSG	MIME (Multipurpose Internet Mail Extensions) Part Three	2047
MIME-MEDIA	Multipurpose Internet Mail Extensions (MIME) Part Two	2046
MIME	Multipurpose Internet Mail Extensions (MIME) Part One	2045
PPP-CHAP	PPP Challenge Handshake Authentication Protocol (CHAP)	1994
PPP-MP	The PPP Multilink Protocol (MP)	1990

Abkürzung	**Inhalt**	**RFC**
PPP-LINK	PPP Link Quality Monitoring	1989
SNMPv2-MIB	Management Information Base for Version 2 of the Simple Network Management Protocol (SNMPv2)	1907
TRANS-MIB	Transport Mappings for Version 2 of the Simple Network Management Protocol (SNMPv2)	1906
OPS-MIB	Protocol Operations for Version 2 of the Simple Network Management Protocol (SNMPv2)	1905
CON-MD5	The Content-MD5 Header Field	1864
OSPF-MIB	OSPF Version 2 Management Information Base	1850
RPC	XDR	1832
X.500syn	The String Representation of Standard Attribute Syntaxes	1778
X.500lite	Lightweight Directory Access Protocol	1777
BGP-4-APP	Application of the Border Gateway Protocol in the Internet	1772
BGP-4	A Border Gateway Protocol 4 (BGP-4)	1771
PPP-DNCP	The PPP DECnet Phase IV Control Protocol (DNCP)	1762
802.5-MIB	IEEE 802.5 MIB using SMIv2	1748
RIP2-MIB	RIP Version 2 MIB Extension	1724
SIP-MIB	Definitions of Managed Objects for SMDS Interfaces using SMIv2	1694
———	Definitions of Managed Objects for Parallel-printer - like Hardware Devices using SMIv2	1660
———	Definitions of Managed Objects for RS-232 - like Hardware Devices using SMIv2	1659
———	Definitions of Managed Objects for Character Stream Devices using SMIv2	1658
BGP-4-MIB	Definitions of Managed Objects for the Fourth Version of the Border Gateway Protocol (BGP-4) using SMIv2	1657
SMTP-8BIT	SMTP Service Extension for 8bit-MIMEtransport	1652
OSI-NSAP	Guidelines for OSI NSAP Allocation in the Internet	1629
ISO-TS-ECH	An Echo Function for CLNP (ISO 8473)	1575
DECNET-MIB	DECnet Phase IV MIB Extensions	1559
———	Clarifications and Extensions for the Bootstrap Protocol	1542
DHCP-BOOTP	Interoperation Between DHCP and BOOTP	1534
BRIDGE-MIB	Definitions of Managed Objects for Bridges	1493
IP-X.25	Multiprotocol Interconnect on X.25 and ISDN in the Packet Mode	1356
NTPV3	Network Time Protocol (Version 3) Specification, Implementation	1305
FINGER	The Finger User Information Protocol	1288
IP-MTU	Path MTU discovery	1191
TOPT-LINE	Telnet Linemode Option	1184
NICNAME	NICNAME/WHOIS	954
BOOTP	Bootstrap Protocol	951

G.2.5 Proposed Standard-Protokolle

RFC 2700 Abschnitt 3.4 Stand 8/2000

Abkürzung	Inhalt	RFC
———	Router Renumbering for IPv6	2894
TRANS-IPV6	Transition Mechanisms for IPv6 Hosts and Routers	2893
———	LDAP Control Extension for Server Side Sorting of Search Results	2891
———	Key and Sequence Number Extensions to GRE	2890
———	Megaco Errata	2886
———	Megaco Protocol 0.8	2885
———	An Extension to the Selective Acknowledgement (SACK) Option for TCP	2883
———	Content Feature Schema for Internet Fax (V2)	2879
———	PPP Bridging Control Protocol (BCP)	2878
———	Diffie-Hellman Proof-of-Possession Algorithms	2875
———	DNS Extensions to Support IPv6 Address Aggregation and Renumbering	2874
———	TCP Processing of the IPv4 Precedence Field	2873
RADIUS	RADIUS Accounting Modifications for Tunnel Protocol Support	2867
———	The Inverted Stack Table Extension to the Interfaces Group MIB	2864
———	RTP Payload Format for Real-Time Pointers	2862
MEXT-BGP4	Multiprotocol Extensions for BGP-4	2858
———	The Use of HMAC-RIPEMD-160-96 within ESP and AH	2857
SNMP	Textual Conventions for Additional High Capacity Data Types	2856
———	DHCP for IEEE 1394	2855
———	Generic Security Service API Version 2	2853
———	Deliver By SMTP Service Extension	2852
———	Textual Conventions for Internet Network Addresses	2851
———	The LDAP Data Interchange Format (LDIF) - Technical Specification	2849
———	The PINT Service Protocol	2848
———	LIPKEY - A Low Infrastructure Public Key Mechanism Using SPKM	2847
———	GSTN Address Element Extensions in E-mail Services	2846
———	Secret Key Transaction Authentication for DNS (TSIG)	2845
———	OSPF over ATM and Proxy-PAR	2844
———	Capabilities Advertisement with BGP-4	2842
———	Definitions of Managed Objects for the Fabric Element in Fibre Channel Standard	2837
———	Per Hop Behavior Identification Codes	2836
———	IP and ARP over HIPPI-6400 (GSN)	2835
———	ARP and IP Broadcast over HIPPI-800	2834
———	RTP Payload for DTMF Digits, Telephony Tones and Telephony Signals	2833
HTTP	Using Digest Authentication as a SASL Mechanism	2831
LDAP	Lightweight Directory Access Protocol (v3)	2830

Abkürzung	Inhalt	RFC
———	Authentication Methods for LDAP	2829
———	Integrated Service Mappings on IEEE 802 Networks	2815
———	SBM (Subnet Bandwidth Manager)	2814
———	URLs for Telephone Calls	2806
———	Certificate Management Messages over CMS	2797
———	BGP Route Reflection - An Alternative to Full Mesh IBGP	2796
———	RTP Payload for Text Conversation	2793
———	Mail Monitoring MIB	2789
———	Network Services Monitoring MIB	2788
———	Definitions of Managed Objects for the Virtual Router Redundancy Protocol	2787
———	Generic Routing Encapsulation (GRE)	2784
———	Multicast-Scope Zone Announcement Protocol (MZAP)	2776
RPSL	Routing Policy System Replication	2769
———	Network Address Translation - Protocol Translation (NAT-PT)	2766
———	Stateless IP/ICMP Translation Algorithm (SIIT)	2765
———	Identity Representation for RSVP	2752
RSVP	Signaled Preemption Priority Policy Element	2751
———	RSVP Extensions for Policy Control	2750
———	COPS usage for RSVP	2749
QOS	The COPS (Common Open Policy Service) Protocol	2748
———	RSVP Cryptographic Authentication	2747
———	RSVP Operation Over IP Tunnels	2746
———	RSVP Diagnostic Messages	2745
GSS-API	Generic Security Service API Version 2	2744
GSS-API	Generic Security Service Application Program Interface Version 2, Update 1	2743
———	Definitions of Managed Objects for Extensible SNMP Agents	2742
SNMP	Agent Extensibility (AgentX) Protocol Version 1	2741
———	OSPF for IPv6	2740
———	Calendar Attributes for vCard and LDAP	2739
———	Corrections to „A Syntax for Describing Media Feature Sets“	2738
———	Entity MIB (Version 2)	2737
———	NHRP Support for Virtual Private Networks	2735
———	IPv4 over IEEE 1394	2734
———	An RTP Payload Format for Generic Forward Error Correction	2733
———	Format for Literal IPv6 Addresses in URL's	2732
———	Multicast Address Dynamic Client Allocation Protocol (MADCAP)	2730
———	The Transmission of IP Over the Vertical Blanking Interval of a Television Signal	2728
———	PGP Authentication for RIPE Database Updates	2726

Abkürzung	Inhalt	RFC
———	Routing Policy System Security	2725
———	Traffic Flow Measurement	2720
———	Addition of Kerberos Cipher Suites to Transport Layer Security (TLS)	2712
———	IPv6 Router Alert Option	2711
———	Multicast Listener Discovery (MLD) for IPv6	2710
———	Integrated Services Mappings for Low Speed Networks	2688
PPP	PPP in a Real-time Oriented HDLC-like Framing	2687
PPP	The Multi-Class Extension to Multi-Link PPP	2686
IP	Virtual Private Networks Identifier	2685
———	Multiprotocol Encapsulation over ATM Adaptation Layer 5	2684
———	A Round-trip Delay Metric for IPPM	2681
———	A One-way Packet Loss Metric for IPPM	2680
———	A One-way Delay Metric for IPPM	2679
IPPM-MET	IPPM Metrics for Measuring Connectivity	2678
MIB	Definitions of Managed Objects for the NBMA Next Hop Resolution Protocol (NHRP)	2677
———	IPv6 Jumbograms	2675
MIB	Definitions of Managed Objects for Bridges with Traffic Classes, Multicast Filtering and Virtual LAN Extensions	2674
DNS	Binary Labels in the Domain Name System	2673
———	Non-Terminal DNS Name Redirection	2672
———	Extension Mechanisms for DNS (EDNS0)	2671
MIB	Radio Frequency (RF) Interface Management Information Base for MCNS/DOCSIS compliant RF interfaces	2670
———	DOCSIS Cable Device MIB Cable Device Management Information Base for DOCSIS compliant Cable Modems and Cable Modem Termination Systems	2669
MIB	Definitions of Managed Objects for IEEE 802.3 Medium Attachment Units (MAUs)	2668
———	IP Tunnel MIB	2667
MIB	Definitions of Managed Objects for the Ethernet - like Interface Types	2665
MIB	Definitions of Managed Objects for the ADSL Lines	2662
PPP	Layer Two Tunneling Protocol „L2TP“	2661
———	RTP Payload Format for PureVoice(tm) Audio	2658
———	CIP Transport Protocols	2653
———	MIME Object Definitions for the Common Indexing Protocol (CIP)	2652
———	The Architecture of the Common Indexing Protocol (CIP)	2651
———	The Text/Plain Format Parameter	2646
———	ON-DEMAND MAIL RELAY (ODMR) SMTP with Dynamic IP Addresses	2645
FTP	Internationalization of the File Transfer Protocol	2640
———	Enhanced Security Services for S/MIME	2634

Abkürzung	Inhalt	RFC
———	S/MIME Version 3 Message Specification	2633
———	S/MIME Version 3 Certificate Handling	2632
———	Diffie-Hellman Key Agreement Method	2631
———	Cryptographic Message Syntax	2630
———	IP and ARP over Fibre Channel	2625
———	NFS Version 2 and Version 3 Security Issues and the NFS Protocol's use of RPCSEC_GSS and Kerberos V5	2623
———	Routing Policy Specification Language (RPSL	2622
———	RADIUS Authentication Server MIB	2619
———	RADIUS Authentication Client MIB	2618
———	PPP over SONET/SDH	2615
———	Remote Network Monitoring MIB Extensions for Switched Networks Version 1.0	2613
SLP	DHCP Options for Service Location Protocol	2610
———	Service Templates and Service	2609
SLP	Service Location Protocol, Version 2	2608
———	Directory Server Monitoring MIB	2605
———	ILMI-Based Server Discovery for NHRP	2603
———	ILMI-Based Server Discovery for MARS	2602
———	ILMI-Based Server Discovery for ATMARP	2601
———	An Expedited Forwarding PHB	2598
———	Assured Forwarding PHB Group	2597
———	Use of Language Codes in LDAP	2596
———	Using TLS with IMAP, POP3 and ACAP	2595
———	Definitions of Managed Objects for WWW Services	2594
MIB	Definitions of Managed Objects for the Delegation of Management Script	2592
MIB	Definitions of Managed Objects for Scheduling Management Operations	2591
LDAPv3	Lightweight Directory Access Protocol (v3)	2589
———	Internet X.509 Public Key Infrastructure LDAPv2 Schema	2587
———	Internet X.509 Public Key Infrastructure Operational Protocols	2585
———	Definitions of Managed Objects for APPN/HPR in IP Networks	2584
TCP-CC	TCP Congestion Control	2581
SNMP	Coexistence between Version 1, Version 2, and Version 3 of the Internet-standard Network Management Framework	2576
APP-MIB	Application Management MIB	2564
———	DHCP Option to Disable Stateless Auto-Configuration in IPv4 Clients	2563
———	Definitions of Protocol and Managed Objects for TN3270E Response Time Collection Using SMIv2 (TN3270E-RT-MIB)	2562
———	Base Definitions of Managed Objects for TN3270E using SMIv2	2561
PKIX	X.509 Internet Public Key Infrastructure Online Certificate Status Protocol - OCSP	2560

Abkürzung	Inhalt	RFC
———	Internet X.509 Public Key Infrastructure Operational Protocols - LDAPv2	2559
———	Definitions of Managed Objects for the SONET/SDH Interface Type	2558
MHTML	MIME Encapsulation of Aggregate Documents, such as HTML (MHTML)	2557
———	SMTP Service Extension for Authentication	2554
———	Use of BGP-4 Multiprotocol Extensions for IPv6 Inter-Domain Routing	2545
SIP	SIP	2543
DHK-DNS	Storage of Diffie-Hellman Keys in the Domain Name System (DNS)	2539
SC-DNS	Storing Certificates in the Domain Name System (DNS)	2538
———	RSA/MD5 KEYs and SIGs in the Domain Name System (DNS)	2537
———	DSA KEYs and SIGs in the Domain Name System (DNS)	2536
DNS-SECEXT	Domain Name System Security Extensions	2535
———	Media Features for Display, Print, and Fax	2534
———	A Syntax for Describing Media Feature Sets	2533
———	Extended Facsimile Using Internet Mail	2532
———	Indicating Supported Media Features Using Extensions to DSN and MDN	2530
———	Transmission of IPv6 over IPv4 Domains without Explicit Tunnels	2529
———	Reserved IPv6 Subnet Anycast Addresses	2526
WEBDAV	HTTP Extensions for Distributed Authoring — WEBDAV	2518
ATM-MIBMAN	Definitions of Managed Objects for ATM Management	2515
ATM-TC-OID	Definitions of Textual Conventions and OBJECT-IDENTITIES for ATM Management	2514
———	Managed Objects for Controlling the Collection and Storage of Accounting Information for Connection-Oriented Networks	2513
———	Accounting Information for ATM Networks	2512
X.509-CRMF	Internet X.509 Certificate Request Message Format	2511
PKICMP	Internet X.509 Public Key Infrastructure Certificate Management Protocols	2510
IPCOM-PPP	IP Header Compression over PPP	2509
———	Compressing IP/UDP/RTP Headers for Low-Speed Serial Links	2508
———	IP Header Compression	2507
———	Transmission of IPv6 Packets over ARCnet Networks	2497
DS3-E3-MIB	Definitions of Managed Object for the DS3/E3 Interface Type	2496
———	Definitions of Managed Objects for the DS1, E1, DS2 and E2 Interface Types	2495
———	Definitions of Managed Objects for the DS0 and DS0 Bundle Interface Type	2494
———	Textual Conventions for MIB Modules Using Performance History Based on 15 Minute Intervals	2493
IPv6ATMNET	IPv6 over ATM Networks	2492
IPv6-NBMA	IPv6 over Non-Broadcast Multiple Access (NBMA) networks	2491
———	SMTP Service Extension for Secure SMTP over TLS	2487
NAI	The Network Access Identifier	2486
———	DHCP Option for The Open Group's User Authentication Protocol	2485

Abkürzung	**Inhalt**	**RFC**
———	PPP LCP Internationalization Configuration Option	2484
———	Gateways and MIME Security Multiparts	2480
———	The Simple and Protected GSS-API Negotiation Mechanism	2478
———	Message Submission	2476
———	Definition of the Differentiated Services Field (DS Field) in the IPv4 and IPv6 Headers	2474
———	Generic Packet Tunneling in IPv6 Specification	2473
IPv6-PPP	IP Version 6 over PPP	2472
———	Transmission of IPv6 Packets over Token Ring Networks	2470
———	Transmission of IPv6 Packets over FDDI Networks	2467
ICMPv6-MIB	Management Information Base for IP Version 6	2466
———	Management Information Base for IP Version 6	2465
———	Transmission of IPv6 Packets over Ethernet Networks	2464
———	Internet X.509 Public Key Infrastructure Certificate and CRL Profile	2459
EBN-MIB	Definitions of Managed Objects for Extended Border Node	2457
———	Definitions of Managed Objects for APPN TRAPS	2456
APPN-MIB	Definitions of Managed Objects for APPN	2455
———	IP Version 6 Management Information Base for the User Datagram Protocol	2454
———	IP Version 6 Management Information Base for the Transmission Control Protocol	2452
———	The ESP CBC-Mode Cipher Algorithms	2451
POP3-EXT	POP3 Extension Mechanism	2449
IMIP	iCalendar Message-Based Interoperability Protocol (iMIP)	2447
ITIP	iCalendar Transport-Independent Interoperability Protocol (iTIP) Scheduling Events, BusyTime, To-dos and Journal Entries	2446
ICALENDAR	Internet Calendaring and Scheduling Core Object Specification (iCalendar)	2445
OTP-SASL	The One-Time-Password SASL Mechanism	2444
———	OpenPGP Message Format	2440
———	BGP Route Flap Damping	2439
———	RTP Payload Format for JPEG-compressed Video	2435
———	RTP Payload Format for BT.656 Video Encoding	2431
———	RTP Payload Format for the 1998 Version of ITU- T Rec. H.263 Video (H.263+)	2429
———	FTP Extensions for IPv6 and NATs	2428
MIME-VCARD	vCard MIME Directory Profile	2426
TXT-DIR	A MIME Content-Type for Directory Information	2425
CONT-DUR	Content Duration MIME Header Definition	2424
MIME-VPIM	VPIM Voice Message MIME Sub-type Registration	2423
MIME-ADPCM	Toll Quality Voice - 32 kbit/s ADPCM MIME Sub- type Registration	2422
MIME-VP2	Voice Profile for Internet Mail - version 2	2421

Abkürzung	**Inhalt**	**RFC**
point	The PPP Triple-DES Encryption Protocol (3DESE)	2420
point	The PPP DES Encryption Protocol, Version 2 (DESE-bis)	2419
———	Definitions of Managed Objects for Multicast over UNI 3.0/3.1 based ATM Networks	2417
———	The NULL Encryption Algorithm and Its Use With IPsec	2410
IKE	The Internet Key Exchange (IKE)	2409
ISAKMP	Internet Security Association and Key Management Protocol (ISAKMP)	2408
ISAKMPSEC	The Internet IP Security Domain of Interpretation for ISAKMP	2407
ESP	IP Encapsulating Security Payload (ESP)	2406
ESPDES-CBC	The ESP DES-CBC Cipher Algorithm With Explicit IV	2405
———	The Use of HMAC-SHA-1-96 within ESP and AH	2404
———	The Use of HMAC-MD5-96 within ESP and AH	2403
IP-AUTH	IP Authentication Header	2402
IPSEC	Security Architecture for the Internet Protocol	2401
DATA-URL	The „data" URL scheme	2397
IPCOMP	IP Payload Compression Protocol (IPComp)	2393
CIDMID-URL	Content-ID and Message-ID Uniform Resource Locators	2392
FTP-FNEGO	Feature negotiation mechanism for the File Transfer Protocol	2389
———	Returning Values from Forms	2388
MIME-RELAT	The MIME Multipart/Related Content-type	2387
———	Protection of BGP Sessions via the TCP MD5 Signature Option	2385
POP-URL	POP URL Scheme	2384
———	Interoperation of Controlled-Load Service and Guaranteed Service with ATM	2381
———	RSVP over ATM Implementation Requirements	2380
———	An IPv6 Aggregatable Global Unicast Address Format	2374
———	IP Version 6 Addressing Architecture	2373
TIPV3	Transaction Internet Protocol Version 3.0	2371
OSPF-LSA	The OSPF Opaque LSA Option	2370
———	The Use of URLs as Meta-Syntax for Core Mail List Commands and their Transport through Message Header Fields	2369
URLMAILTO	The mailto URL scheme	2368
PPP-AAL	PPP Over AAL5	2364
PPP-FUNI	PPP Over FUNI	2363
IMAP4UIDPL	IMAP4 UIDPLUS extension	2359
MOBILIPREV	Reverse Tunneling for Mobile IP	2344
IMAP4NAME	IMAP4 Namespace	2342
VRRP	Virtual Router Redundancy Protocol	2338
NHRP-SCSP	A Distributed NHRP Service Using SCSP	2335
SCSP	Server Cache Synchronization Protocol (SCSP)	2334

Abkürzung	Inhalt	RFC
———	NHRP Protocol Applicability Statement	2333
NHRP	NBMA Next Hop Resolution Protocol (NHRP)	2332
UNI-SIG	ATM Signalling Support for IP over ATM - UNI Signalling 4.0 Update	2331
SDP	SDP	2327
RTSP	Real Time Streaming Protocol (RTSP)	2326
IPOA-MIB	Definitions of Managed Objects for Classical IP and ARP Over ATM Using SMIv2 (IPOA-MIB)	2320
DNS-NCACHE	Negative Caching of DNS Queries (DNS NCACHE)	2308
SMFAX-IM	A Simple Mode of Facsimile Using Internet Mail	2305
MINFAX-IM	Minimal FAX address format in Internet Mail	2304
MIN-PSTN	Minimal PSTN address format in Internet Mail	2303
TIFF	Tag Image File Format (TIFF) - image/tiff MIME Sub-type Registration	2302
FFIF	File Format for Internet Fax	2301
EMF-MDN	An Extensible Message Format for Message Disposition Notifications	2298
OR-ADD	Representing the O/R Address hierarchy in the X.500 Directory Information Tree	2294
SUBTABLE	Representing Tables and Subtrees in the X.500 Directory	2293
———	Mobile-IPv4 Configuration Option for PPP IPCP	2290
SLM-APP	Definitions of System-Level Managed Objects for Applications	2287
PPP-EAP	PPP Extensible Authentication Protocol (EAP)	2284
———	Definitions of Managed Objects for IEEE 802.12 Repeater Devices	2266
———	A Summary of the X.500(96) User Schema for use with LDAPv3	2256
LDAP-URL	The LDAP URL Format	2255
STR-LDAP	The String Representation of LDAP Search Filters	2254
LDAP3-UTF8	Lightweight Directory Access Protocol (v3)	2253
LDAP3-ATD	Lightweight Directory Access Protocol (v3)	2252
LDAPV3	Lightweight Directory Access Protocol (v3)	2251
RTP-MPEG	RTP Payload Format for MPEG1/MPEG2 Video	2250
———-	Using Domains in LDAP/X.500 Distinguished Names	2247
transport	The TLS Protocol Version 1.0	2246
SASL-ANON	Anonymous SASL Mechanism	2245
ACAP	ACAP — Application Configuration Access Protocol	2244
OTP-ER	OTP Extended Responses	2243
NETWAREIP	NetWare/IP Domain Name and Information	2242
DHCP-NDS	DHCP Options for Novell Directory Services	2241
HPR-MIB	Definitions of Managed Objects for HPR using SMIv2	2238
IGMP	Internet Group Management Protocol, Version 2	2236
ABNF	Augmented BNF for Syntax Specifications	2234
DLUR-MIB	Definitions of Managed Objects for DLUR using SMIv2	2232
MIME-EXT	MIME Parameter Value and Encoded Word Extensions	2231

Abkürzung	**Inhalt**	**RFC**
FTPSECEXT	FTP Security Extensions	2228
————	Simple Hit-Metering and Usage-Limiting for HTTP	2227
————	IP Broadcast over ATM Networks	2226
IP-ATM	Classical IP and ARP over ATM	2225
SASL	Simple Authentication and Security Layer (SASL)	2222
IMAP4LOGIN	IMAP4 Login Referrals	2221
————	A Common Schema for the Internet White Pages Service	2218
————	General Characterization Parameters for Integrated Service Network Elements	2215
————	Integrated Services Management Information Base Guaranteed Service Extensions using SMIv2	2214
————	Integrated Services Management Information Base using SMIv2	2213
GQOS	Specification of Guaranteed Quality of Service	2212
————	Specification of the Controlled-Load Network Element Service	2211
RSVP-IS	The Use of RSVP with IETF Integrated Services	2210
RSVP-MPR	Resource ReSerVation Protocol (RSVP) — Version 1 Message Processing Rules	2209
RSVP-IPSEC	RSVP Extensions for IPSEC Data Flows	2207
RSVP-MIB	RSVP Management Information Base using SMIv2	2206
RSVP	Resource ReSerVation Protocol (RSVP) — Version 1 Functional Specification	2205
RPCSEC-GSS	RPCSEC_GSS Protocol Specification	2203
RTP-RAD	RTP Payload for Redundant Audio Data	2198
IMAPPOPAU	IMAP/POP AUTHorize Extension for Simple Challenge/Response	2195
IMAP4MAIL	IMAP4 Mailbox Referrals	2193
IMAP-URL	IMAP URL Scheme	2192
————	RTP Payload Format for H.263 Video Streams	2190
————	Communicating Presentation Information in Internet Messages	2183
DNS-CLAR	Clarifications to the DNS Specification	2181
IMAP4-IDLE	IMAP4 IDLE command	2177
SLP	Service Location Protocol	2165
————	Use of an X.500/LDAP directory to support MIXER address mapping	2164
DNS-MCGAM	Using the Internet DNS to Distribute MIXER Conformant Global Address Mapping (MCGAM)	2163
————	Carrying PostScript in X.400 and MIME	2160
————	A MIME Body Part for FAX	2159
————	X.400 Image Body Parts	2158
————	Mapping between X.400 and RFC-822/MIME Message Bodies	2157
MIXER	MIXER (Mime Internet X.400 Enhanced Relay)	2156
MAIL-SERV	Mailbox Names for Common Services, Roles and Functions	2142
URN-SYNTAX	URN Syntax	2141

Abkürzung	**Inhalt**	**RFC**
SDNSDU	Secure Domain Name System Dynamic Update	2137
DNS-UPDATE	Dynamic Updates in the Domain Name System (DNS UPDATE)	2136
DC-MIB	Dial Control Management Information Base using SMIv2	2128
ISDN-MIB	ISDN Management Information Base using SMIv2	2127
ITOT	ISO Transport Service on top of TCP (ITOT)	2126
BAP-BACP	The PPP Bandwidth Allocation Protocol (BAP) / The PPP Bandwidth Allocation Control Protocol (BACP)	2125
VEMMI-URL	VEMMI URL Specification	2122
ROUT-ALERT	IP Router Alert Option	2113
HTTP-STATE	HTTP State Management Mechanism	2109
802.3-MIB	Definitions of Managed Objects for IEEE 802.3 Repeater Devices using SMIv2	2108
PPP-NBFCP	The PPP NetBIOS Frames Control Protocol (NBFCP)	2097
TABLE-MIB	IP Forwarding Table MIB	2096
RIP-TRIG	Triggered Extensions to RIP to Support Demand Circuits	2091
IMAP4-LIT	IMAP4 non-synchronizing literals	2088
IMAP4-QUO	IMAP4 QUOTA extension	2087
IMAP4-ACL	IMAP4 ACL extension	2086
HMAC-MD5	HMAC-MD5 IP Authentication with Replay Prevention	2085
RIP2-MD5	RIP-2 MD5 Authentication	2082
RIPNG-IPV6	RIPng for IPv6	2080
URI-ATT	Definition of an X.500 Attribute Type and an Object Class to Hold Uniform Resource Identifiers (URIs)	2079
MIME-MODEL	The Model Primary Content Type for Multipurpose Internet Mail Extensions	2077
RMON-MIB	Remote Network Monitoring MIB Protocol Identifiers	2074
IMAPV4	Internet Message Access Protocol - Version 4rev1	2060
URLZ39.50	Uniform Resource Locators for Z39.50	2056
SNANAU-APP	Definitions of Managed Objects for APPC using SMIv2	2051
PPP-SNACP	The PPP SNA Control Protocol (SNACP)	2043
SMTP-ENH	SMTP Service Extension for Returning Enhanced Error Codes	2034
RTP-H.261	RTP Payload Format for H.261 Video Streams	2032
RTP-CELLB	RTP Payload Format of Sun's CellB Video Encoding	2029
SPKM	The Simple Public-Key GSS-API Mechanism (SPKM)	2025
DLSW-MIB	Definitions of Managed Objects for Data Link Switching using SMIv2	2024
MULTI-UNI	Support for Multicast over UNI 3.0/3.1 based ATM Networks	2022
RMON-MIB	Remote Network Monitoring Management Information Base Version 2 using SMIv2	2021
802.12-MIB	IEEE 802.12 Interface MIB	2020
TCP-ACK	TCP Selective Acknowledgement Options	2018
URL-ACC	Definition of the URL MIME External-Body Access-Type	2017

Abkürzung	**Inhalt**	**RFC**
MIME-PGP	MIME Security with Pretty Good Privacy (PGP)	2015
MIB-UDP	SNMPv2 Management Information Base for the User Datagram Protocol using SMIv2	2013
MIB-TCP	SNMPv2 Management Information Base for the Transmission Control Protocol using SMIv2	2012
MIB-IP	SNMPv2 Management Information Base for the Internet Protocol using SMIv2	2011
MOBILEIPMI	The Definitions of Managed Objects for IP Mobility Support using SMIv2	2006
———	Applicability Statement for IP Mobility Support	2005
MINI-IP	Minimal Encapsulation within IP	2004
IPENCAPIP	IP Encapsulation within IP	2003
MOBILEIPSU	IP Mobility Support	2002
BGP-COMM	BGP Communities Attribute	1997
DNS-NOTIFY	A Mechanism for Prompt Notification of Zone Changes (DNS NOTIFY)	1996
DNS-IZT	Incremental Zone Transfer in DNS	1995
SMTP-ETRN	SMTP Service Extension for Remote Message Queue Starting	1985
SNA	Serial Number Arithmetic	1982
MTU-IPV6	Path MTU Discovery for IP version 6	1981
PPP-FRAME	PPP in Frame Relay	1973
PPP-ECP	The PPP Encryption Control Protocol (ECP)	1968
GSSAPI-KER	The Kerberos Version 5 GSS-API Mechanism	1964
PPP-CCP	The PPP Compression Control Protocol (CCP)	1962
GSSAPI-SOC	GSS-API Authentication Method for SOCKS Version 5	1961
AUTH-SOCKS	Username/Password Authentication for SOCKS V5	1929
SOCKSV5	SOCKS Protocol Version 5	1928
WHOIS++M	How to Interact with a Whois++ Mesh	1914
WHOIS++A	Architecture of the Whois++ Index Service	1913
DSN	An Extensible Message Format for Delivery Status Notifications	1894
EMS-CODE	Enhanced Mail System Status Codes	1893
MIME-RPT	The Multipart/Report Content Type for the Reporting of Mail System Administrative Messages	1892
SMTP-DSN	SMTP Service Extension for Delivery Status Notifications	1891
RTP-AV	RTP Profile for Audio and Video Conferences with Minimal Control	1890
RTP	RTP	1889
DNS-IPV6	DNS Extensions to support IP version 6	1886
MIME-Sec	MIME Object Security Services	1848
MIME-Encyp	Security Multiparts for MIME	1847
WHOIS++	Architecture of the WHOIS++ service	1835
———	Binding Protocols for ONC RPC Version 2	1833
RPC	RPC	1831

Abkürzung	**Inhalt**	**RFC**
———	The ESP DES-CBC Transform	1829
———	IP Authentication using Keyed MD5	1828
R	Requirements for IP Version 4 Routers	1812
URL	Relative Uniform Resource Locators	1808
CLDAP	Connection-less Lightweight X.500 Directory Access Protocol	1798
OSPF-DC	Extending OSPF to Support Demand Circuits	1793
OSI-Dir	Using the OSI Directory to Achieve User Friendly Naming	1781
MIME-EDI	MIME Encapsulation of EDI Objects	1767
Lang-Tag	Tags for the Identification of Languages	1766
XNSCP	The PPP XNS IDP Control Protocol (XNSCP)	1764
BVCP	The PPP Banyan Vines Control Protocol (BVCP)	1763
Print-MIB	Printer MIB	1759
ATM-SIG	ATM Signaling Support for IP over ATM	1755
IPNG	The Recommendation for the IP Next Generation Protocol	1752
802.5-SSR	IEEE 802.5 Station Source Routing MIB using SMIv2	1749
SDLCSMIv2	Definitions of Managed Objects for SNA Data Link Control (SDLC) using SMIv2	1747
BGP4/IDRP	BGP4/IDRP for IP—OSPF Interaction	1745
AT-MIB	AppleTalk Management Information Base II	1742
MacMIME	MIME Encapsulation of Macintosh Files - MacMIME	1740
URL	Uniform Resource Locators (URL)	1738
POP3-AUTH	POP3 AUTHentication command	1734
IMAP4-AUTH	IMAP4 Authentication Mechanisms	1731
RDBMS-MIB	Relational Database Management System (RDBMS) Management Information Base (MIB) using SMIv2	1697
MODEM-MIB	Modem Management Information Base (MIB) using SMIv2	1696
TMUX	Transport Multiplexing Protocol (TMux)	1692
SNANAU-MIB	Definitions of Managed Objects for SNA NAUs using SMIv2	1666
PPP-TRANS	PPP Reliable Transmission	1663
———	Postmaster Convention for X.400 Operations	1648
UPS-MIB	UPS Management Information Base	1628
PPP-ISDN	PPP over ISDN	1618
DNS-R-MIB	DNS Resolver MIB Extensions	1612
DNS-S-MIB	DNS Server MIB Extensions	1611
FR-MIB	Definitions of Managed Objects for Frame Relay Service	1604
PPP-X25	PPP in X.25	1598
OSPF-NSSA	The OSPF NSSA Option	1587
OSPF-Multi	Multicast Extensions to OSPF	1584
RIP-DC	Extensions to RIP to Support Demand Circuits	1582
TOPT-ENVIR	Telnet Environment Option	1572

Abkürzung	Inhalt	RFC
CIPX	Compressing IPX Headers Over WAN Media (CIPX)	1553
IPXCP	The PPP Internetworking Packet Exchange Control Protocol (IPXCP)	1552
SRB-MIB	Definitions of Managed Objects for Source Routing Bridges	1525
CIDR-STRA	Classless Inter-Domain Routing (CIDR)	1519
CIDR-ARCH	An Architecture for IP Address Allocation with CIDR	1518
———	Applicability Statement for the Implementation of Classless Inter-Domain Routing (CIDR)	1517
———	Definitions of Managed Objects for IEEE 802.3 Medium Attachment Units (MAUs)	1515
HOST-MIB	Host Resources MIB	1514
———	Token Ring Extensions to the Remote Network Monitoring MIB	1513
FDDI-MIB	FDDI Management Information Base	1512
KERBEROS	The Kerberos Network Authentication Service (V5)	1510
———	X.400 Use of Extended Character Sets	1502
HARPOON	Rules for downgrading messages from X.400/88 to X.400/84 when MIME content-types are present in the messages	1496
Equiv	Equivalences between 1988 X.400 and RFC-822 Message Bodies	1494
IDPR	Inter-Domain Policy Routing Protocol Specification	1479
IDPR-ARCH	An Architecture for Inter-Domain Policy Routing	1478
PPP/Bridge	The Definitions of Managed Objects for the Bridge Network Control Protocol of the Point-to-Point Protocol	1474
PPP/IPMIB	The Definitions of Managed Objects for the IP Network Control Protocol of the Point-to-Point Protocol	1473
PPP/SECMIB	The Definitions of Managed Objects for the Security Protocols of the Point-to-Point Protocol	1472
PPP/LCPMIB	The Definitions of Managed Objects for the Link Control Protocol of the Point-to-Point Protocol	1471
IP-TR-MC	IP Multicast over Token-Ring Local Area Networks	1469
X25-MIB	SNMP MIB extension for Multiprotocol Interconnect over X.25	1461
SNMPv2	Introduction to version 2 of the Internet-standard Network Management Framework	1441
PEM-KEY	Privacy Enhancement for Internet Electronic Mail	1424
PEM-ALG	Privacy Enhancement for Internet Electronic Mail	1423
PEM-CKM	Privacy Enhancement for Internet Electronic Mail	1422
PEM-ENC	Privacy Enhancement for Internet Electronic Mail	1421
SNMP-IPX	SNMP over IPX	1420
SNMP-AT	SNMP over AppleTalk	1419
SNMP-OSI	SNMP over OSI	1418
FTP-FTAM	FTP-FTAM Gateway Specification	1415
IDENT-MIB	Identification MIB	1414
IDENT	Identification Protocol	1413
BGP-OSPF	BGP OSPF Interaction	1403

Abkürzung	Inhalt	RFC
———	Default Route Advertisement In BGP2 and BGP3 Version of the Border Gateway Protocol	1397
SNMP-X.25	SNMP MIB Extension for the X.25 Packet Layer	1382
SNMP-LAPB	SNMP MIB Extension for X.25 LAPB	1381
PPP-ATCP	The PPP AppleTalk Control Protocol (ATCP)	1378
PPP-OSINLC	The PPP OSI Network Layer Control Protocol (OSINLCP)	1377
TOPT-RFC	Telnet Remote Flow Control Option	1372
———	Applicability Statement for OSPF	1370
SNMP-PARTY	Definitions of Managed Objects for Administration of SNMP Parties	1353
SNMP-SEC	SNMP Security Protocols	1352
SNMP-ADMIN	SNMP Administrative Model	1351
PPP-IPCP	The PPP Internet Protocol Control Protocol (IPCP)	1332
———	X.400 1988 to 1984 downgrading	1328
TCP-EXT	TCP Extensions for High Performance	1323
NETFAX	A File Format for the Exchange of Images in the Internet	1314
FDDI-MIB	FDDI Management Information Base	1285
———	Encoding Network Addresses to Support Operation over Non-OSI Lower Layers	1277
———	Replication and Distributed Operations extensions to provide an Internet Directory using X.500	1276
———	The COSINE and Internet X.500 Schema	1274
BGP-MIB	Definitions of Managed Objects for the Border Gateway Protocol	1269
ICMP-ROUT	ICMP Router Discovery Messages	1256
OSI-UDP	OSI connectionless transport services on top of UDP	1240
STD-MIBs	Reassignment of experimental MIBs to standard MIBs	1239
IPX-IP	Tunneling IPX traffic through IP networks	1234
IS-IS	Use of OSI IS-IS for routing in TCP/IP and dual environments	1195
IP-CMPRS	Compressing TCP/IP headers for low-speed serial links	1144
TOPT-XDL	Telnet X display location option	1096
TOPT-TERM	Telnet terminal-type option	1091
TOPT-TS	Telnet terminal speed option	1079
TOPT-NAWS	Telnet window size option	1073
TOPT-X.3	Telnet X.3 PAD option	1053
TOPT-DATA	Telnet Data Entry Terminal option	1043
TOPT-3270	Telnet 3270 regime option	1041
NNTP	Network News Transfer Protocol	977
TOPT-TLN	Telnet terminal location number option	946
TOPT-OM	Output marking Telnet option	933
TOPT-TACAC	TACACS user identification Telnet option	927
TOPT-EOR	Telnet end of record option	885

Abkürzung	Inhalt	RFC
TOPT-SNDL	Telnet send-location option	779
TOPT-SUPO	Telnet SUPDUP-Output option	749
TOPT-SUP	Telnet SUPDUP option	736
TOPT-BYTE	Revised Telnet byte macro option	735
TOPT-LOGO	Telnet logout option	727
TOPT-REM	Remote Controlled Transmission and Echoing Telnet option	726
TOPT-EXT	Telnet extended ASCII option	698

G.2.6 Experimentelle Protokolle

RFC 2700 Abschnitt 3.5 Stand 8/2000

Alle experimentellen Internet-Protokolle besitzen den Status „Limited Use Protocol"

Abkürzung	Inhalt	RFC
———	TCP Congestion Window Validation	2861
———	A Time Sliding Window Three Colour Marker (TSWTCM)	2859
point-to-p	PPP over Simple Data Link (SDL) using SONET/SDH with ATM-like framing	2823
———	Diffie-Helman USM Key Management Information Base and Textual Convention	2786
———	An HTTP Extension Framework	2774
———	Encryption using KEA and SKIPJACK	2773
———	GLOP Addressing in 233/8	2770
———	Sampling of the Group Membership in RTP	2762
———	Definitions of Managed Objects for Service Level Agreements Performance Monitoring	2758
HTTP	Hyper Text Caching Protocol (HTCP/0.0)	2756
———	RTFM	2724
———	PPP EAP TLS Authentication Protocol	2716
SPKI	SPKI Certificate Theory	2693
SKPI	SPKI Requirements	2692
———	QoS Routing Mechanisms and OSPF Extensions	2676
———	The Secure HyperText Transfer Protocol	2660
———	Security Extensions For HTML	2659
———	LDAPv2 Client vs. the Index Mesh	2657
———	Registration Procedures for SOIF Template Types	2656
———	CIP Index Object Format for SOIF Objects	2655
CIP	A Tagged Index Object for use in the Common Indexing Protocol	2654
———	An LDAP Control and Schema for Holding Operation Signatures	2649
———	Script MIB Extensibility Protocol Version 1.0	2593
———	The NewReno Modification to TCP's Fast Recovery Algorithm	2582

Abkürzung	Inhalt	RFC
———	Mapping between LPD and IPP Protocols	2569
IPP-RAT	Rationale for the Structure of the Model and Protocol for the Internet Printing Protocol	2568
IPP-DG	Design Goals for an Internet Printing Protocol	2567
IPP-M-S	Internet Printing Protocol/1.0	2566
IPP-E-T	Internet Printing Protocol/1.0	2565
DNS-INFO	Detached Domain Name System (DNS) Information	2540
PHOTURIS-E	Photuris	2523
PHOTURIS-S	Photuris	2522
ICMP-SEC	ICMP Security Failures Messages	2521
NHRP-MNHCS	NHRP with Mobile NHCs	2520
———	URI Resolution Services Necessary for URN Resolution	2483
ECN-IP	A Proposal to add Explicit Congestion Notification (ECN) to IP	2481
———	IPv6 Testing Address Allocation	2471
———	A Distributed MARS Service Using SCSP	2443
TCP-WIN	Increasing TCP's Initial Window	2414
PIM-SM	Protocol Independent Multicast-Sparse Mode (PIM-SM)	2362
———	Domain Names and Company Name Retrieval	2345
RTP-MPEG	RTP Payload Format for Bundled MPEG	2343
———	Intra-LIS IP multicast among routers over ATM using Sparse Mode PIM	2337
———	The Safe Response Header Field	2310
LDAP-NIS	An Approach for Using LDAP as a Network Information Service	2307
HTTP-RVSA	HTTP Remote Variant Selection Algorithm — RVSA/1.0	2296
TCN-HTTP	Transparent Content Negotiation in HTTP	2295
TOPT-COMPO	Telnet Com Port Control Option	2217
———	Core Based Trees (CBT) Multicast Routing Architecture	2201
———	Core Based Trees (CBT version 2) Multicast Routing	2189
———	A Trivial Convention for using HTTP in URN Resolution	2169
———	Resolution of Uniform Resource Identifiers using the Domain Name System	2168
MAP-MAIL	MaXIM-11 - Mapping between X.400 / Internet mail and Mail-11 mail	2162
MIME-ODA	A MIME Body Part for ODA	2161
OSPF-DIG	OSPF with Digital Signatures	2154
IP-SCSI	Encapsulating IP with the Small Computer System Interface	2143
X.500-NAME	Managing the X.500 Root Naming Context	2120
GKMP-ARCH	Group Key Management Protocol (GKMP) Architecture	2094
GKMP-SPEC	Group Key Management Protocol (GKMP) Specification	2093
TFTP-MULTI	TFTP Multicast Option	2090
IP-Echo	IP Echo Host Service	2075
TOPT-CHARS	TELNET CHARSET Option	2066

Abkürzung	**Inhalt**	**RFC**
TFM-ARCH	Traffic Flow Measurement	2063
URAS	Uniform Resource Agents (URAs)	2016
GPS-AR	GPS-Based Addressing and Routing	2009
ETFTP	Experiments with a Simple File Transfer Protocol for Radio Links using Enhanced Trivial File Transfer Protocol (ETFTP)	1986
BGP-RR	BGP Route Reflection An alternative to full mesh IBGP	1966
BGP-ASC	Autonomous System Confederations for BGP	1965
SMKD	Scalable Multicast Key Distribution	1949
SNMPV2SM	User-based Security Model for SNMPv2	1910
SNMPV2AI	An Administrative Infrastructure for SNMPv2	1909
SNMPV2CB	Introduction to Community-based SNMPv2	1901
———	OSI NSAPs and IPv6	1888
DNS-LOC	A Means for Expressing Location Information in the Domain Name System	1876
SGML-MT	SGML Media Types	1874
CONT-MT	Message/External-Body Content-ID Access Type	1873
UNARP	ARP Extension - UNARP	1868
———	A BGP/IDRP Route Server alternative to a full mesh routing	1863
———	IP Authentication using Keyed SHA	1852
ESP3DES	The ESP Triple DES Transform	1851
———	SMTP 521 Reply Code	1846
———	SMTP Service Extension for Checkpoint/Restart	1845
———	SMTP Service Extensions for Transmission of Large and Binary MIME Messages	1830
ST2	Internet Stream Protocol Version 2 (ST2) Protocol Specification - Version ST2+	1819
———	Communicating Presentation Information in Internet Messages	1806
———	Schema Publishing in X.500 Directory	1804
———	MHS use of the X.500 Directory to support MHS Routing	1801
———	Class A Subnet Experiment	1797
TCP/IPXMIB	TCP/IPX Connection Mib Specification	1792
———	TCP And UDP Over IPX Networks With Fixed Path MTU	1791
ICMP-DM	ICMP Domain Name Messages	1788
CLNP-MULT	Host Group Extensions for CLNP Multicasting	1768
OSPF-OVFL	OSPF Database Overflow	1765
RWP	Remote Write Protocol - Version 1.0	1756
NARP	NBMA Address Resolution Protocol (NARP)	1735
DNS-ENCODE	DNS Encoding of Geographical Location	1712
TCP-POS	An Extension to TCP	1693
T/TCP	T/TCP — TCP Extensions for Transactions Functional Specification	1644
MIME-UNI	Using Unicode with MIME	1641

Abkürzung	**Inhalt**	**RFC**
FOOBAR	FTP Operation Over Big Address Records (FOOBAR)	1639
X500-CHART	Charting Networks in the X.500 Directory	1609
X500-DIR	Representing IP Information in the X.500 Directory	1608
SNMP-DPI	Simple Network Management Protocol Distributed Protocol Interface Version 2.0	1592
CLNP-TUBA	Use of ISO CLNP in TUBA Environments	1561
REM-PRINT	Principles of Operation for the TPC.INT Subdomain	1528
DASS	DASS - Distributed Authentication Security Service	1507
EHF-MAIL	Encoding Header Field for Internet Messages	1505
RAP	RAP	1476
TP/IX	TP/IX	1475
X400	Routing Coordination for X.400 MHS Services Within a Multi Protocol/ Multi Network Environment Table Format V3 for Static Routing	1465
DNS	Using the Domain Name System To Store Arbitrary String Attributes	1464
IRCP	Internet Relay Chat Protocol	1459
SIFT/UFT	SIFT/UFT	1440
DIR-ARP	Directed ARP	1433
TOPT-AUTH	Telnet Authentication Option	1416
TEL-SPX	Telnet Authentication	1412
TEL-KER	Telnet Authentication	1411
TRACE-IP	Traceroute Using an IP Option	1393
DNS-IP	An Experiment in DNS Based IP Routing	1383
RMCP	Remote Mail Checking Protocol	1339
MSP2	Message Send Protocol 2	1312
DSLCP	Dynamically Switched Link Control Protocol	1307
———	X.500 and Domains	1279
IN-ENCAP	Scheme for an internet encapsulation protocol	1241
CLNS-MIB	CLNS MIB for use with Connectionless Network Protocol (ISO 8473) and End System to Intermediate System (ISO 9542)	1238
CFDP	Coherent File Distribution Protocol	1235
IP-AX.25	Internet protocol encapsulation of AX.25 frames	1226
ALERTS	Techniques for managing asynchronously generated alerts	1224
MPP	Message Posting Protocol (MPP)	1204
SNMP-BULK	Bulk Table Retrieval with the SNMP	1187
DNS-RR	New DNS RR Definitions	1183
IMAP2	Interactive Mail Access Protocol	1176
NTP-OSI	Network Time Protocol (NTP) over the OSI Remote Operations Service	1165
———	Message Send Protocol	1159
DMF-MAIL	Digest message format	1153
RDP	Version 2 of the Reliable Data Protocol (RDP)	1151

Abkürzung	Inhalt	RFC
———	Standard for the transmission of IP datagrams on avian carriers	1149
TCP-ACO	TCP alternate checksum options	1146
———	The Q Method of Implementing TELNET Option Negotiation	1143
IP-DVMRP	Distance Vector Multicast Routing Protocol	1075
VMTP	VMTP	1045
COOKIE-JAR	Distributed-protocol authentication scheme	1004
NETBLT	NETBLT	998
IRTP	Internet Reliable Transaction Protocol functional and interface specification	938
LDP	Loader Debugger Protocol	909
RDP	Reliable Data Protocol	908

G.2.7 Historische-Protokolle

RFC 2700 Abschnitt 3.6 Stand 8/2000

Abkürzung	Inhalt	RFC
L2F	Cisco Layer Two Forwarding (Protocol) „L2F"	2341
IPV6-UNI	An IPv6 Provider-Based Unicast Address Format	2073
HTML-INT	Internationalization of the Hypertext Markup Language	2070
HTML-TBL	HTML Tables	1942
———	RIPv1 Applicability Statement for Historic Status	1923
———	Internet Official Protocol Standards	1920
IPV6-Addr	IP Version 6 Addressing Architecture	1884
———	Form-based File Upload in HTML	1867
HTML	Hypertext Markup Language - 2.0	1866
SNMPv2	Manager-to-Manager Management Information Base	1451
SNMPv2	Party MIB for version 2 of the Simple Network Management Protocol (SNMPv2)	1447
SNMPv2	Security Protocols for version 2 of the Simple Network Management Protocol (SNMPv2)	1446
SNMPv2	Administrative Model for version 2 of the Simple Network Management Protocol (SNMPv2)	1445
TOPT-ENVIR	Telnet Environment Option	1408
BGP3	Application of the Border Gateway Protocol in the Internet	1268
BGP3	Border Gateway Protocol 3 (BGP-3)	1267
802.4-MIP	IEEE 802.4 Token Bus MIB	1230
SNMP-MUX	SNMP MUX protocol and MIB	1227
OIM-MIB-II	OSI internet management	1214
IMAP3	Interactive Mail Access Protocol	1203
CMOT	Common Management Information Services and Protocols for the Internet (CMOT and CMIP)	1189

Abkürzung	Inhalt	RFC
BGP	Application of the Border Gateway Protocol in the Internet	1164
BGP	Border Gateway Protocol (BGP)	1163
MIB-I	Management Information Base for network management of TCP/IP-based internets	1156
———	Mapping between full RFC 822 and RFC 822 with restricted encoding	1137
———	Privacy enhancement for Internet electronic mail	1115
———	Privacy enhancement for Internet electronic mail	1114
———	Privacy enhancement for Internet electronic mail	1113
IPSO	U.S. Department of Defense Security Options for the Internet Protocol	1108
RIP	Routing Information Protocol	1058
SUN-RPC	RPC	1050
CONTENT	Content-type header field for Internet messages	1049
NFILE	NFILE - a file access protocol	1037
SGMP	Simple Gateway Monitoring Protocol	1028
HEMS	High-level Entity Management System (HEMS)	1021
———	Requirements for Internet gateways	1009
STATSRV	Statistics server	996
HOSTNAME	Hostname Server	953
POP2	Post Office Protocol	937
HFEP	Proposed Host-Front End Protocol	929
RATP	Reliable Asynchronous Transfer Protocol (RATP)	916
THINWIRE	Thinwire protocol for connecting personal computers to the Internet	914
SFTP	Simple File Transfer Protocol	913
EGP	Exterior Gateway Protocol formal specification	904
HMP	Host Monitoring Protocol	869
GGP	DARPA Internet gateway	823
RTELNET	Remote User Telnet service	818
CLOCK	DCNET Internet Clock Service	778
MPM	Internet Message Protocol	759
NETRJS	NETRJS Protocol	740
SUPDUP	SUPDUP Protocol	734
TOPT-OLD	Telnet output linefeed disposition	658
TOPT-OVTD	Telnet output vertical tab disposition option	657
TOPT-OVT	Telnet output vertical tabstops option	656
TOPT-OFD	Telnet output formfeed disposition option	655
TOPT-OHTD	Telnet output horizontal tab disposition option	654
TOPT-OHT	Telnet output horizontal tabstops option	653
TOPT-OCRD	Telnet output carriage-return disposition option	652
NETED	NETED	569
RJE	Remote Job Entry Protocol	407

Internet-News

H

H.1 News-Internetadressen

Usenet FAQs	`http://www.faqs.org/`
DejaNews	`http://www.deja.com/usenet`
Usenet Info Center	`http://www.ibiblio.org/usenet-i/`
NNTP-Protokoll/Usenet	`http://www.academ.com/academ/nntp/index.html`
Erstellung von Newsgruppen	`http://www.landfield.com/faqs/usenet/creating-newsgroups/part1`
News Software-Archiv	`ftp://ftp.uu.net/networking/news/nntp/`

Eine vollständige Liste aller aktiven Newsgruppen steht unter

`ftp://ftp.uu.net/usenet/news.lists`

`http://tile.net/news/`

`http://hyperactive.efn.org/httpnews/UsenetNewsgroups.html`

zur Verfügung. Deutsche Gruppen sind unter

`http://www.dana.de/mod/gruppen.html`

abzurufen.

H.2 Öffentliche News-Server

Newsbot Searcher	`http://www.newzbot.com/search.html`
	`http://freenews.maxbaud.net/`
	`http://newssearch.pilum.net/`

H.3 Wichtige News-Gruppen über den Newsdienst selbst

`news.answers`	FAQ-Listen
`news.groups`	Newsgruppen-Listen
`news.groups.questions`	Fragen zu Newsgruppen
`news.groups.reviews`	Besprechungen von Newsgruppen
`news.lists`	Listen und Statistiken betreffend Internet-News
`news.lists.ps-maps`	Verkehrsflußanalysen über Internet-News-Verkehr

H.4 Internet-News-Gruppen: Hauptgruppen (Top-Level-Hierarchien)

comp .... Computerthemen
humanities ..... Literatur-, Philosophie und humanistische Newsgruppen
misc .... Verschiedenes
news .... Der Internet-News-Dienst selbst
rec .... Hobbies, Freizeit, Kunst
sci .... Wissenschaft
soc .... Soziales
talk .... Diskussionen über verschiedene Themen

H.5 Internet-News-Gruppen: Haupt- und Nebengruppen (Top-Level-Hierarchien)

Quelle: `http://tile.net/news/listed.html`

aaa .... aaa
ab .... Alberta, Canada
abg .... abg
acadia .... Acadia University in Wolfville, Nova Scotia.
acs .... OSU ACS campus
adass .... Astronomical data archiving systems and software
ahn .... Athens, Georgia
air .... air
ak .... Alaska
akr .... Akron, Ohio
alabama .... Alabama newsgroups
alc .... Alcohol
alt .... Miscellaneous alternative topics.
arc .... arc
arkane .... arkane
arnet .... ARNet, Inc.
at .... at
athena .... MIT's Project Athena
atl .... Atlanta Georgia
ats .... ats
aurora .... Aurora, Illinois, USA
aus .... Australia
austin .... Austin, Texas
av .... Antelope Valley
az .... Arizona
ba .... SF Bay Area
backbone .... backbone
balt .... Baltimore, Maryland
bc .... British Columnia, Canada
bcs .... Boston Computer Society
bda .... bda
be .... Belgium
belwue .... belwue
bermuda .... Bermuda
bhm .... bhm
bionet .... Biology.
bit .... Bitnet groups.
biz .... Commercial and business.
blgtn .... Bloomington, Indiana
bln .... Berlin, Germany
bnr .... bnr
boulder .... Boulder, CO
br .... Brazil
brasil .... Brasil
braunschweig braunschweig
btnet .... BTnet
byu .... Brigham Young University
ca .... California
calgary .... calgary
calstate .... California State University
cam .... Cambridge, UK
can .... Canada
capdist .... NY capital district
carleton .... Carleton college
cbd .... cbd
cc cc
cern .... CERN
ch .... Switzerland
chi .... Chicago
chile .... Chile
chinese .... Chinese
christnet .... Christian Network
cl cl
clari .... Commercial news services and other sources.

cle .... cle
cmh .... Columbus, Ohio
cmu .... Carnegie Mellon University
co .... Colorado
comp .... Computer related topics.
computer42 .... computer42
concordia .... concordia
control .... control
cor .... Corvallis
cornell .... Cornell Univ
courts .... courts
creighton .... Creighton Dental School
cris .... cris
crosslink .... CrossLink
crs .... crs
cruzio .... cruzio
cs .... cs
cscuk .... cscuk
csd .... csd
csn .... Colorado SuperNet
csstu .... csstu
ct .... ct
ctdl .... ctdl
cu .... cu
cuug .... cuug
cwo .... cwo
cz .... Czechoslovakia
dal .... dal
dc .... Washington, DC
de .... Germany
demon .... UK internet provider
dfw .... Dallas/Fort Worth, Texas
dk .... Denmark
dn .... dn
dod .... dod
dorsai .... dorsai
dsm .... dsm
dungeon .... DOOM/DOOMII/HERETIC
dwitten
ed .... Edinburgh, Scotland
edm .... Edmonton, Alberta, Canada
emrl .... emrl
erg .... erg
es .... es
escape .... escape
essug .... essug
eug .... Eugene/Springfield, Oregon
eunet .... eunet
evv .... Evansville, Indiana
eye .... EYE Magazine.
fcn .... fcn
fhg .... Fraunhofer Institut für Lasertechnik
fido .... fido
fido7 .... fido7
fidonet .... fidonet
finet .... finet
fiod7 .... fiod7
fj .... fj
fl .... fl
flora .... flora
fnet .... fnet
fr .... France
francom .... francom
fras .... fras
frmug .... frmug
fub .... fub
ga .... Georgia
gac .... gac
gay .... net
geometry .... geometry
georgia
ger .... GerNet
gernet .... gernet
git .... Georgia Institute of Technology
gnu .... Free Software Foundation GNU project.
gov .... gov
gstv .... gstv
gvnc .... gvnc
gwu .... gwu
hackercorp ..... hackercorp
hactar .... hactar
halcyon .... Halcyon
han .... Korea
hannet .... HanNet
hannover .... Hannover, Germany
hanse .... hanse
harvard .... Harvard University
hawaii .... Hawaii
hepnet .... High Energy and nuclear Physics.
hfx .... hfx
hildesheim ..... hildesheim
hiss .... hiss
hk .... hk
houston .... Houston, TX
hsv .... Huntsville, Alabama
humanities ..... Humanities
hun .... hun
hw .... hw
ia .... Iowa
ic
ie .... Ireland
ieee .... The Institute of Electrical and Electronics Engineers.
iij .... IIJ and IIJnet
iijnet .... IIJnet
imsi .... imsi
in .... Indiana
info .... A collection of mailing lists.
interlog .... Toronto's arts newspaper
is .... is
israel .... Israel

it .... Italy
ithaca .... Ithaca
japan
japan .... japan
joelnet .... joelnet
junk
k12 .... Kindergarten through 12th grade.
ka .... ka
kanto .... Akihabara
kaz .... KAZAKSTAN
kc .... Kansas City
kiel .... Kiel, Germany
kingston .... kingston
ks .... Kansas
kw .... Kitchener Waterloo, Canada
kwnet .... KWnet
ky .... Kentucky
la .... Los Angeles
laf
latech .... latech
law .... law
li .... Long Island
list .... list
local .... local
lon .... London
lou .... Louisiana
ls .... ls
mail .... mail
maus .... maus
mcgill .... Mcgill Univ
mcmaster .... McMaster University
mcnc .... MCNC
md .... Maryland
me .... Maine
medlux .... medlux
memphis .... Memphis, TN
mentorg .... mentorg
mercury .... mercury
mex .... Mexico
mi .... Michigan
miami .... Miami
microsoft .... microsoft
milw .... Milwaukee
misc .... Miscellaneous.
mit .... M.I.T.
mn .... Minnesota
monterey .... Monterey, CA
mtl .... Montreal, Canada
muc .... Muenchen
mx .... Mexico
nashville .... Nashville, TN
nb .... New Brunswick, Canada
nbg .... nbg
nbn .... North Bay
nc .... North Carolina
ncar .... NCAR
ncku .... ncku
ncsc .... ncsc
nctu .... NCTU
ncu .... ncu
ne .... New England
nebr .... Nebraska
nersc .... NERSC
net157 .... net157
netbsd .... netbsd
netcom .... netcom
netlink .... netlink
neworleans .... New Orleans
news .... About newsgroups.
nf
nh .... New Hampshire
ni .... ni
niagara .... Niagara
nil .... nil
nj .... New Jersey
nl .... The Netherlands
nlnet .... NLNet
nm .... New Mexico
no .... Norway
nord .... nord
nordunet .... nordunet
north .... HB/OL NorthNet (NW Germany)
ns .... Nova Scotia, Canada
ntu
nv .... Nevada
ny .... New York
nyc .... New York City
nynex .... NYNEX
nyu .... NYU
nz .... New Zealand
oar .... oar
oau .... Orlando, FL
oc .... Orange County, California
ogi .... ogi
oh .... Ohio
ok .... Oklahoma
okinawa .... Okinawa
on .... line
ont .... Ontario, Canada
or .... Oregon
ott .... Ottawa, Ontario, Canada
own .... One World Net
pa .... Pennsylvania
pagesat .... pagesat
pbinfo .... pbinfo
pdaxs .... pdaxs
pdx .... Portland, Oregon
pei .... pei
pgh .... Pittsburgh, PA
phl .... Philadelphia, PA
phri .... phri
phx .... phx

pipex .... pipex
pitt .... University of Pittsburgh
pl .... Poland
pnet .... pnet
pnw .... Pacific Northwest
posc .... posc
prg .... prg
princeton .... Princeton Univ
private .... private
pronet .... pronet
psi .... PSINet
pt .... Portugal
qc .... Quebec, Canada
qtp .... qtp
rabbit .... Rabbit Network
rain .... rain
realtynet .... RealtyNet
rec .... Recreation.
relcom .... list
relcom .... Russian language newsgroups.
revue .... revue
rhein .... rhein
ri .... Rhode Island
rich .... rich
roanoke .... roanoke
robin .... robin
ru .... ru
ruhr ....
saar .... Saar, Germany
sac .... Sacramento, CA
sachsnet .... sachsnet
sanet .... SANet
sat .... San Antonio, TX
sbay .... South Bay
schl .... schl
school .... school
schule .... schule
sci .... Science.
sco .... sco
scot .... Scotland/North England
scruz .... scruz
sdnet .... SDNET, San Diego
se .... se
seattle .... Seattle, WA
seismic .... seismic
sfnet .... sfnet
sg .... sg
sh .... Schleswig Holstein, Germany
shamash .... shamash
sk .... sk
slac .... slac
slo .... slo
soc .... Society.
solent .... Solent
spb
sqnt .... public sqnt public
srg .... Swiss Radio
sri .... sri
sta .... Starnberg
stgt .... Stuttgart, Germany
stl .... St. Loui
sudbury .... Sudbury, MA
sunet .... sunet
sura .... SURAnet
swipnet .... SWIPnet
swnet .... swnet
sybase .... Sybase
tacoma .... Tacoma
talk .... Talk: discussions of various topics.
tamu .... Texas A&M University
taos .... Taos, New Mexico
taronga .... taronga
tdr .... Tansin A. Darcos & Company
tfcn .... tfcn
thelinq .... The Linq
thenet .... TheNet
tn .... Tennessee
tnn .... tnn
to
tor .... Toronto, Ontario, Canada
tp .... tp
trentu .... Trent University
triangle .... Triangle area, NC
trumpet .... Trumpet Software
tub .... tub
tum .... tum
tvontario .... TV in Ontario, Canada
tw .... tw
tx .... bcs
tx .... bcs tx bcs
tx .... Texas
u3b .... AT&T 3B computers, everything except the UNIX PC/3B1.
ualberta .... University of Alberta
uark .... uark
ubc .... University of British Columbia
uberlin .... University of Berlin
uc .... University of California
ucb .... University of California, Berkley
ucd .... University of California, Davis
uch .... uch
ucsb .... ucsb
ucsc .... ucsc
ufra .... ufra
ug .... ug
uiuc .... University of Illinois
uk .... United Kingdom
ukr .... Ukraine
um .... University of Maryland
umiami .... University of Miami
umich .... University of Michigan
umn .... University of Minnesota

umontreal .... U Montreal
un .... un
unicef .... unicef
unihigh
unihigh .... unihigh
uog .... uog
us .... us
usf
ut .... University of Texas
utah .... Utah
utcs .... University of Texas CS Department
utece .... utece
utexas .... University of Texas
uunet .... UUNET
uw .... uw
uwarwick .... U Warwick
uwcsa
uwisc .... University of Wisconsin
uwm .... uwm
uwo .... University of Western Ontario
va .... Virginia
van .... van
vegas .... Las Vegas
vgc .... vgc
viwa
viwa .... viwa
vmsnet .... VMS Digital Equipment Corporation operating system
vnet .... vnet
vu .... Vanderbilt University
vuw .... vuw
wash .... Washington State
well .... well
wesley .... Wesley College
wgtn .... wgtn
wi .... Wisconsin
witten .... witten
wiz .... wiz
wny .... Western New York
wolfhh .... wolfhh
wpg .... Winnipeg, Canad
wpi .... wpi
wtby .... wtby
wu .... wu
wyo .... Wyoming
xs4all xs4all
yakima .... Yakima, WA
yolo .... Yolo County, CA
york .... York University
yuba .... Yuba City/County/College
z .... netz
za .... South Africa
zipnews .... zipnews

H.6 Auswahl an Newsgruppen

H.6.1 Newsgruppen der de-Hierarchie (Deutschland)

de.admin

de.admin.infos	Infotexte zum Netz. <de-admin-infos@krell.snafu.de> (Moderated)
de.admin.lists	Für Statistiken. <de-admin-lists@42.to> (Moderated)
de.admin.misc	Allgemeine Themen zum Netz.
de.admin.net-abuse.announce	Massnahmen gegen Netzmissbrauch. <danaa@thur.de> (Moderated)
de.admin.net-abuse.mail	E-Mail-Missbrauch.
de.admin.net-abuse.misc	Sonstiger Netzmissbrauch.
de.admin.net-abuse.news	Fehlverhalten im Usenet.
de.admin.news.announce	RFDs, CFVs, Zwischen- und Endergebnisse. <moderator@dana.de> (Moderated)
de.admin.news.groups	Diskussionen über (neue) Newsgruppen.
de.admin.news.misc	Sonstige Themen rund um NetNews.
de.admin.news.nocem	NoCeM-Nachrichten für de.* (Achtung, Traffic).
de.admin.news.regeln	Regel- und Einspruchsdiskussion.
de.admin.submaps	Mapdaten für Pathalias. <submaps@dinoex.sub.org> (Moderated)

de.alt

de.alt.0d	Test von Bots.
de.alt.admin	Neue de.alt-Newsgroups und deren Verbreitung.
de.alt.anime	Japanische Zeichentrickfilme.
de.alt.arnooo	Eigenwilliges Verhalten.
de.alt.astrologie	Sterndeuter und Horoskope.
de.alt.augenoptik	Auge - Brille - Kontaktlinse.
de.alt.comics	Rund um Comics.
de.alt.comm.isdn4linux	ISDN in the linux kernel and appropriate utilities (german & english).
de.alt.comm.mgetty	Discussion about the unix fax software mgetty+sendfax (english).
de.alt.comp.rechenzeit	WANsinnig viel Rechenleistung.
de.alt.comp.sap-r3	Betriebswirtschaftliche Standardsoftware SAP R/3.
de.alt.dateien.mannsbilder	Bilder, Töne etc. von männlichen Menschen.
de.alt.dateien.misc	Nicht-Text-Dateien ohne eigene Gruppe.
de.alt.dateien.weibsbilder	Bilder, Töne etc. von weiblichen Menschen.
de.alt.dummschwatz	Für die dümmsten und inhaltsleersten Postings.
de.alt.fan.aldi	Grossdiscounter und Discountkultur.
de.alt.fan.bluemchen	Blümchen - der deutsche Teenie-Star.
de.alt.fan.comedy	Witziges, Skurriles und Bitterböses.
de.alt.fan.die-aerzte	Claudia hat 'ne Usenet-Group.
de.alt.fan.dudenhoeffer	Becker, Laumann & Co.
de.alt.fan.fastfood	Beinahe Essen.
de.alt.fan.fruehstyxradio	Fanclub der frühaufstehenden Radiohörer.
de.alt.fan.furry	Pelzige, kreative, intelligente, anthropomorphe Wesen.
de.alt.fan.haraldschmidt	Fanclub der letzten Hoffnung der dt. Fernsehunterhaltung.
de.alt.fan.helgeschneider	Für die Fangemeinde der singenden Herrentorte.
de.alt.fan.konsumterror	Sinn und Unsinn von Werbung.
de.alt.fan.misc	Schwärmereien ohne Ende.
de.alt.fan.pluesch	Plüschtiere: Aufzucht, Pflege und Knuddeln.
de.alt.fan.pratchett	Rund um die Scheibenwelt!!!
de.alt.fan.prince	Diskussion über den Musiker Prince.
de.alt.fan.rrr	Die virtuelle Motorradfahrervereinigung RRR.
de.alt.fan.stefan-raab	Musik, Aktionen und Shows des Medienmenschen.
de.alt.fan.tabak	Nikotin in jeder Form.
de.alt.fan.tastische4	Fanclub der „fantastischen Vier".
de.alt.flame	Für diejenigen die es nicht lassen können :-).
de.alt.folklore.computer	Anekdoten über Computer und ihre Benutzer.
de.alt.folklore.ddr	Niemand hat die Absicht, eine Newsgroup zu errichten!
de.alt.folklore.usenet	Alte Kabalen & neue Anekdoten.
de.alt.games.half-life	Get Freeman!
de.alt.games.pbem	EMail-Spiele Diskussion / Regeln / Spiele.
de.alt.games.quake	Das Spiel Quake von id Software.
de.alt.games.schach	Das Spiel der Könige.
de.alt.games.unreal	Das 3-D Spiel Unreal von Epic.
de.alt.gblf	Diskussionsforum für Gays (Schwule), Bisexuelle, Lesben und Freunde.
de.alt.gruppenkasper	Endlosdiskussionen, Haarspaltereien etc.
de.alt.hoerfunk	Hörfunk: Radio, Programme, Sendungen etc.
de.alt.jugendschutz	Kinder- und Jugendschutz.
de.alt.mud	Alles über Multi-User-Dungeons.
de.alt.music.alternative	Musik abseits des Mainstreams.
de.alt.music.dj	Scratchen, Cutten, Mixen - Diskjockeys in Aktion.

de.alt.music.hiphop	Kultur und Musik des Hip-Hop.
de.alt.music.jazz	Vom Blues zur freien Musik.
de.alt.music.lyrics	Suche und Identifikation von Songtexten.
de.alt.music.machen	Musizieren und Musikinstrumente.
de.alt.music.metal	Hard Rock, Metal aller Art und Verwandtes.
de.alt.naturheilkunde	Diskussion naturheilkundlicher Therapien.
de.alt.netdigest	Aktueller und klassischer Humor aus allen Netzen und IRC. <de-alt-netdigest@moderators.dana.de> (Moderated)
de.alt.paranormal	Übernatürliches, Unerklärbares, Rätselhaftes.
de.alt.radio-scanner	Gedankenaustausch zwischen radio-scanner(Funkempfänger)-Besitzern.
de.alt.rec.ascii-art	Punkt, Punkt, Komma, Strich ...
de.alt.rec.digitalfotografie	Digitalkameras und Zubehör.
de.alt.rec.fantasy	Magische Welten und ihre Schöpfer.
de.alt.sci.ergonomie	Benutzerfreundlichkeit, Gebrauchstauglichkeit.
de.alt.soc.anarchie	Keine Macht für niemand.
de.alt.soc.antifa	Für Gegner der extremen Rechten.
de.alt.soc.punk	Kultur, Musik und Leben der Punks.
de.alt.soc.tierrechte	Aktülle Situation, Aufrufe, Aktionen und Meinungen.
de.alt.soc.transgendered	Transvestismus, Transsexualität, TG, u.ä.
de.alt.soc.verschwoerung	Mitlesen verboten!
de.alt.sources.linux-patches	Linux-Kernelpatches. <de-linux-patches@dex.de> (Moderated)
de.alt.sport.mountain-bike	Mit dem MTB über Stock und Stein.
de.alt.sport.winter	Sport in der kalten Jahreszeit.
de.alt.sysadmin.recovery	Alles, was Systembetreuer aufmuntert.
de.alt.talk.kasper	Heimstatt der Usenet Kasper aller Art.
de.alt.talk.unmut	Daran reibe ich mich mit Genuss.
de.alt.technik.misc	Wie funktioniert denn das?
de.alt.technik.waffen	Funktionsweise, Herstellung, (Nicht-)Anwendung.
de.alt.test	Tests im de.alt-Teilnetz. Achtung Reflektoren!
de.alt.tv.mash	Ueber die amerikanische Fernseh-Serie: M*A*S*H.
de.alt.tv.reality-soap	Big Brother und die Folgen.
de.alt.tv.soaps	Serien mit Weichspüler.
de.alt.tv.wissenschaft	Wissenschaftssendungen im Fernsehen.
de.alt.ufo	Unidentifizierte fliegende Objekte und ihre Freunde.
de.alt.umfragen	Umfragen im Netz und Diskussionen darüber.
de.alt.wg-geschichten	Rund um die Wohngemeinschaft.
de.alt.windsurfen	Segel an Bretter genagelt.

de.answers

de.answers	Fundgruppe für regelmässige deutschspr. USENET-Artikel. <news-answers@mit.edu> (Moderated)

de.comm

de.comm.anbieter.announce	Informationen zu Tk-Anbietern. <announce@tk-anbieter.de> (Moderated)
de.comm.anbieter.festnetz.misc	Sonstiges zu Tk-Anbietern im Festnetz (z.B. Service).
de.comm.anbieter.festnetz.tarife	Tarife von Tk-Anbietern im Festnetz.
de.comm.anbieter.misc	Service und Tarife sonstiger/gemischter Angebote.
de.comm.anbieter.mobil	Service und Tarife von Tk-Anbietern im Mobilfunk.
de.comm.chatsystems	Chat-Systeme, IRC: Technik, Benutzung und Suchtbekämpfung.
de.comm.geraete.analog.misc	Sonstiges zum Plain Old Telephone System.
de.comm.geraete.analog.modem	Datenfernübertragung im analogen Netz.

de.comm.geraete.isdn.computer	ISDN-Karten/-Adapter für Computer.
de.comm.geraete.isdn.misc	Alles sonstige zu ISDN-Geräten.
de.comm.geraete.isdn.tk-anlage	Tk-Anlagen und a/b-Adapter im ISDN.
de.comm.geraete.misc	Sonstige Kommunikations-Geräte.
de.comm.geraete.mobil.misc	Sonstige mobile Endgeräte und Zubehör.
de.comm.geraete.mobil.nokia	Besonderheiten der Nokia-Geräte.
de.comm.geraete.mobil.pager	Pagingsysteme wie Skyper, Scall, Telmi usw.
de.comm.geraete.mobil.siemens	Besonderheiten der Siemens-Geräte.
de.comm.ham	Amateurfunk, Packet Radio.
de.comm.infosystems.misc	Sonstige Informationssysteme (Hyper-G, gopher, WAIS).
de.comm.infosystems.www.authoring.cgi	CGI-Programme (alle Systeme).
de.comm.infosystems.www.authoring.misc	Erstellung von HTML-Dokumenten.
de.comm.infosystems.www.browsers	WWW-Clients (netscape, Mosaic, lynx usw.).
de.comm.infosystems.www.pages.announce	Ankündigungen von Web-Seiten. <dciwp-announce@bonzo.ndh.com> (Moderated)
de.comm.infosystems.www.pages.misc	Web-Seiten.
de.comm.infosystems.www.servers	Software und Konfiguration von WWW-Servern.
de.comm.internet.commerce	Unternehmensaktivitäten im Internet.
de.comm.internet.misc	Sonstige Themen zum Internet ausser Infosystems.
de.comm.internet.routing	Router, Topologie und Administrativa.
de.comm.misc	Kommunikation: Hardware, Protokolle und Probleme.
de.comm.protocols.misc	Sonstige Protokolle (IPX, DECnet, Appletalk etc).
de.comm.protocols.tcp-ip	TCP/IP-Themen.
de.comm.provider.mail	Zugangsunabhängige E-Mail-Dienste.
de.comm.provider.metronet	Das ist metronet, das geht hier net.
de.comm.provider.misc	Provider und Online-Dienste ohne eigene Gruppe.
de.comm.provider.status	„Das Internet ist kaputt!" „Bei mir tut's aber!".
de.comm.provider.suche	Internetzugangs- und Providersuche.
de.comm.provider.t-online	Online-Dienst T-Online.
de.comm.provider.usenet	Zugangsunabhängige News-Dienste.
de.comm.provider.webspace	Speicherplatz und Umleitung im WWW.
de.comm.software.crosspoint	UUCP- und Pointpaket CrossPoint für MS-DOS.
de.comm.software.forte-agent	News und Mail mit Forte (Free) Agent.
de.comm.software.mailreader.misc	Mailreader und Hilfsprogramme.
de.comm.software.mailreader.pegasus	Pegasus Mail (PMail/WinPMail).
de.comm.software.mailserver	Mailtransport und -zustellung.
de.comm.software.mailtraq	Der Allround-Server für Windows.
de.comm.software.misc	Datenübertragungssoftware ohne eigene Gruppe.
de.comm.software.newsreader	Newsreader und Hilfsprogramme.
de.comm.software.newsserver	Konfiguration, Installation, Administration.
de.comm.software.ums	Das Universal Message System (UMS).
de.comm.technik.isdn	ISDN-Grundlagen (NT, Verkabelung, Protokoll).
de.comm.technik.misc	Sonstige Kommunikations-Grundlagen und -Technik.
de.comm.technik.mobil	Technik der Mobilkommunikations-Netze.
de.comm.uucp	UUCP: Protokolle, Programme und Probleme.
de.comp.advocacy	Mein(e) Computer/Software ist besser als deine(r).
de.comp.audio	Verarbeitung von Audiodaten am Computer.
de.comp.cad	Computer Aided Design und Verwandtes inkl. Programmierung.
de.comp.datenbanken.misc	Datenbanken aller Art.
de.comp.datenbanken.ms-access	Die Software MS Access.
de.comp.editoren	Text- und Hexeditoren.
de.comp.gnu	Software der Free Software Foundation (GNU's Not Unix).

de.comp.graphik	Grafik, insbesondere auf Computern.
de.comp.hardware.cpu+mainboard.misc	Prozessoren und Mainboards.
de.comp.hardware.cpu+mainboard. uebertakten	CPU-Grillen.
de.comp.hardware.drucker	Drucker und Plotter.
de.comp.hardware.graphik	Grafikkarten und Monitore.
de.comp.hardware.laufwerke.brenner	CD-Brenner und DVD-Brenner.
de.comp.hardware.laufwerke.cd+dvd	Glänzende Scheiben am Computer.
de.comp.hardware.laufwerke.festplatten	Festplattenlaufwerke.
de.comp.hardware.laufwerke.misc	Sonstige Laufwerke.
de.comp.hardware.misc	Sonstige Computer-Hardware.
de.comp.hardware.scanner	Vom Blatt auf den Monitor.
de.comp.lang.assembler.misc	Assembler auf sonstigen Systemen.
de.comp.lang.assembler.x86	Assembler auf x86/x87-Kompatiblen.
de.comp.lang.c	Die Programmiersprache C (ISO, ANSI, K&R).
de.comp.lang.delphi.datenbanken	lokale und Server-DBs, ODBC und BDE.
de.comp.lang.delphi.misc	Borlands Delphi, Anwendung + Programmierung.
de.comp.lang.delphi.non-tech	Allgemeinere Diskussionen.
de.comp.lang.forth	Forth, Anwendungen in Forth, Forth-Hardware.
de.comp.lang.iso-c++	ISO-konformes C++. <voyager@bud.prima.de> (Moderated)
de.comp.lang.java	Die Programmiersprache Java.
de.comp.lang.javascript	Programmiersprache JavaScript.
de.comp.lang.misc	Alle Programmiersprachen ohne eigene Gruppe.
de.comp.lang.pascal	Pascal, inkl. Turbo-.
de.comp.lang.perl.cgi	CGI-Programme in der Programmiersprache Perl.
de.comp.lang.perl.misc	Perl (von Larry Wall).
de.comp.lang.php	PHP: Installation, Anwendung und Programmierung.
de.comp.misc	Uebrige Computerthemen.
de.comp.objekt	Objektorientierte Logik, Methodik und Techniken.
de.comp.office-pakete.misc	Office-Pakete allgemein.
de.comp.office-pakete.staroffice	StarOffice-Anwenderforum.
de.comp.os.be	Das Betriebssystem BeOS auf allen Plattformen.
de.comp.os.misc	Diverse Betriebssysteme (z.B. MVS, RTOS).
de.comp.os.ms-windows.misc	Die Betriebssysteme der MS-Windows-Familie.
de.comp.os.ms-windows.nt	Microsoft Windows NT (Workstation und Server).
de.comp.os.ms-windows.programmer	Programmierung unter MS-Windows.
de.comp.os.msdos	MS-DOS und kompatible Betriebssysteme.
de.comp.os.os2.advocacy	Die Vorzüge des Betriebssystems OS/2.
de.comp.os.os2.apps	Diskussion über Programme für OS/2.
de.comp.os.os2.misc	Allgemeines zum Betriebssystem OS/2.
de.comp.os.os2.networking	Netzwerkbetrieb mit OS/2.
de.comp.os.os2.programmer	Programmieren für das Betriebssystem OS/2.
de.comp.os.os2.setup	Installation des Betriebssystems OS/2.
de.comp.os.unix.apps.gnome	Das GNU Network Object Model Environment.
de.comp.os.unix.apps.kde	Das K Desktop Environment.
de.comp.os.unix.apps.misc	Die Anwendungen von Unix.
de.comp.os.unix.bsd	Gottes eigenes Betriebssystem.
de.comp.os.unix.discussion	Nichtigkeiten, Smalltalk und Glaubenskriege.
de.comp.os.unix.linux.hardware	Hardwarefragen zu Linux.
de.comp.os.unix.linux.infos	Informationen zu Linux. <dcouli-mod@revier.com> (Moderated)
de.comp.os.unix.linux.misc	Alles, was sich nicht anders einordnen lässt.
de.comp.os.unix.linux.moderated	Linux und -Distributionen. <dcoulm-moderators@linux-config.de> (Moderated)

de.comp.os.unix.misc	Unix-Systeme ohne eigene Gruppe.
de.comp.os.unix.networking	Rund um Netzwerke und Kommunikation.
de.comp.os.unix.programming	Programmierung unter Unix.
de.comp.os.unix.sinix	SINIX-spezifische Probleme und Informationen.
de.comp.os.unix.x11	Alles zum X Window System unter Unix.
de.comp.os.vms	OpenVMS und VAX/VMS (Betriebssystem von DEC), FreeVMS.
de.comp.presse	Berichterstattung in Zeitschriften und Journaille.
de.comp.security	Sicherheitsrelevante Themen.
de.comp.security.firewall	Sicherheit trotz Netz.
de.comp.security.misc	Computer- und Datensicherheit.
de.comp.shareware.entwicklung	Entwickeln & Vermarkten von Shareware.
de.comp.shareware.misc	Shareware, Freeware und Public Domain.
de.comp.standards	Computerstandards und ihre Auswirkungen.
de.comp.sys.amiga.archive	Listen und Ankündigungen von ftp- und Mailservern.
de.comp.sys.amiga.comm	Kommunikation unter Zuhilfenahme von Amiga-Computern.
de.comp.sys.amiga.misc	Allgemeine Themen des Rechners Amiga.
de.comp.sys.amiga.tech	Programmierung und Hardware des Amigas.
de.comp.sys.amiga.unix	Unix auf dem Amiga.
de.comp.sys.atari	Ataris, kompatible Systeme und Emulatoren.
de.comp.sys.handhelds.misc	Tragbare Mini-Computer allgemein.
de.comp.sys.handhelds.newton	Die Newton-Technologie von Apple.
de.comp.sys.handhelds.palm-pilot	Palm, PalmPilot und Pilot von 3Com & Co.
de.comp.sys.handhelds.psion	Die Psion-Serie und andere Geräte von Psion Inc.
de.comp.sys.handhelds.windows-ce	Geräte mit Windows CE von Microsoft.
de.comp.sys.mac.internet	Der Mac und das Internet.
de.comp.sys.mac.lokale-netze	Macs im (lokalen) Netzwerk.
de.comp.sys.mac.misc	Diskussion zum Mac.
de.comp.sys.mac.soc	Usertreffen, Erfahrungsberichte, Szene-Tratsch.
de.comp.sys.misc	Andere Systeme.
de.comp.sys.next	Rund um NeXT-Technologie.
de.comp.sys.novell	Rund um Novell NetWare.
de.comp.text.dtp	Desktop Publishing (DTP).
de.comp.text.misc	Textverarbeitung und elektronisches Publizieren allgemein.
de.comp.text.ms-word	Microsoft Word in der Praxis.
de.comp.text.tex	TeX, LaTeX & Co.: Fragen und Antworten, Diskussion und Codeschnipsel.
de.comp.tv+video	Fernsehen und Video am Computer.
de.etc	
de.etc.bahn.announce	Termine, Software, Web-Seiten.
de.etc.bahn.eisenbahn	Eisenbahn, klassisch.
de.etc.bahn.misc	Andere Bahnen.
de.etc.bahn.stadtverkehr	Strassenbahn, U-Bahn, S-Bahn.
de.etc.bahn.tarif+service	Preise und Dienste.
de.etc.beruf.misc	Berufsbezogene Fragestellungen.
de.etc.beruf.selbstaendig	Existenzgründung.
de.etc.fahrzeug.auto	Technik, Fahren, Geschichte und Zukunft.
de.etc.fahrzeug.misc	Sonstige Fahrzeuge.
de.etc.finanz.banken+broker	Die mit dem grossen Geld spielen.
de.etc.finanz.boerse.emissionen	IPOs, Börsengänge, Going Public.
de.etc.finanz.boerse.misc	Geschehen an Wertpapierbörsen.
de.etc.finanz.misc	Infos zu & Diskussion über Geld & Anlagen.
de.etc.finanz.software	Finanzsoftware.
de.etc.haushalt	Haushaltsführung, -tips und -geräte.
de.etc.lists	Kurze und lange Listen zu allen Themen.

de.etc.misc	Alles, was woanders nicht hinpasst.
de.etc.notfallrettung	Alles über mediz. und techn. Rettung, Brand- & Katastrophenschutz.
de.etc.schreiben.lyrik	Selbstgeschriebene Lyrik und Kritiken.
de.etc.schreiben.misc	Sonstige Themen und Infotexte über das Schreiben.
de.etc.schreiben.prosa	Selbstgeschriebene Prosa und Kritiken.
de.etc.selbsthilfe.angst	Angst und Panikattacken.
de.etc.selbsthilfe.gehoer	Ohrgeräusche und verwandte Krankheitsbilder.
de.etc.selbsthilfe.misc	Hilfe zur Selbsthilfe.
de.etc.selbsthilfe.missbrauch	Verarbeitung von Missbrauch. <desm@gmx.de> (Moderated)
de.etc.sprache.deutsch	Die deutsche Sprache: Fragen, Antworten und Diskussionen.
de.etc.sprache.klassisch	Latein, Griechisch und Hebräisch.
de.etc.sprache.misc	Das Sammelbecken für andere Sprachen.

de.markt

de.markt.arbeit.biete	Stellenangebote. <dma-biete@moderators.dana.de> (Moderated)
de.markt.arbeit.d	Kommentare, Fragen, Diskussionen.
de.markt.arbeit.suche	Stellengesuche. <dma-suche@moderators.dana.de> (Moderated)
de.markt.buecher	Bücher aller Art.
de.markt.comm	Angebote/Gesuche aus der Telekommunikation.
de.markt.comp.handhelds	Handhelds (Palm, Psion etc.) und Zubehör.
de.markt.comp.hardware.cpu+mainboard	CPUs, Mainboards, Kühler u.ä.
de.markt.comp.hardware.graphik	Grafikkarten, Monitore und Zubehör.
de.markt.comp.hardware.laufwerke	Laufwerke aller Art.
de.markt.comp.hardware.misc	Angebote/Gesuche für EDV-Hardware allgemein.
de.markt.comp.misc	Sonstige computerbezogene Angebote/Gesuche.
de.markt.comp.software	Angebote/Gesuche für Software.
de.markt.fahrzeug.auto	Angebote und Gesuche zu Autos.
de.markt.fahrzeug.misc	Angebote und Gesuche zu sonstigen Fahrzeugen.
de.markt.misc	Angebote/Gesuche. Aussagekräftige Themen bitte!
de.markt.musik	Angebote/Gesuche im Musikbereich.
de.markt.spiele.computer	Computer- und Konsolenspiele.
de.markt.spiele.misc	Spiele aller Art (ausser Computerspiele).
de.markt.tiere	Tiere abgeben und finden.
de.markt.wohnen	Angebote/Gesuche für Wohnraum (Kauf und Miete).

de.newusers

de.newusers.infos	Infos und periodische Postings für neue User. <de-newusers-infos@krell.snafu.de> (Moderated)
de.newusers.questions	Neue Benutzer im Netz fragen, Experten antworten.

de.org

de.org.ccc	Mitteilungen des CCC e.V.
de.org.mensa	Mensa: der weltweite Verein für Spass mit der Intelligenz.
de.org.misc	Organisationen ohne eigene Gruppe.
de.org.politik.misc	Politische Organisationen ohne eigene Gruppe.
de.org.politik.spd	Politik und Organisation der SPD.

de.rec

de.rec.alpinismus	Alpinismus in allen seinen Erscheinungsformen.
de.rec.bodyart	Tattoos, Piercings und andere Körpermodifikationen.
de.rec.buecher	Rund ums Buch.
de.rec.drachen	Drachen (kites), die an Leinen geflogen werden.
de.rec.fahrrad	Alles rund um's Fahrrad.
de.rec.film.heimkino	Filmerlebnis im Wohnzimmer.
de.rec.film.kritiken	Filmkritiken. <tln@zedat.fu-berlin.de> (Moderated)
de.rec.film.misc	Filme, Serien, TV, Video, Kino.
de.rec.fotografie	Fotografie, EBV und verwandte Themen.
de.rec.garten	Gartenbau und Zimmerpflanzen.
de.rec.heimwerken	Doityourself, Tips, Heimwerken.
de.rec.hoerspiel	Hörspiele im Radio und auf Tonträgern.
de.rec.kunst.misc	Darstellende, bildende und sonstige Kunst allgemein.
de.rec.kunst.theater	Theater, Schauspiel, Komödie usw.
de.rec.luftfahrt	Ueber den Wolken.
de.rec.mampf	Alles, was mit Essen und Trinken etc. zu tun hat.
de.rec.misc	Diverse Themen im Bereich Freizeit.
de.rec.modelle.bahn	Alles über Modellbahnen.
de.rec.modelle.misc	Bau von und Spiel mit Modellen.
de.rec.motorrad	Alles rund ums Motorrad.
de.rec.motorroller	Alles rund um Motorroller.
de.rec.music.elektronisch	Elektronische Musik.
de.rec.music.hifi	HiFi-Audio-Technik.
de.rec.music.klassik	Werke, Komponisten, Darbietende.
de.rec.music.misc	Musikbezogene Themen.
de.rec.music.rock+pop	Rockmusik, Popmusik, Rhythm and Blues.
de.rec.orakel	Forum zur Veröffentlichung der konzentrierten Weisheit des Orakels. <orakel-moderator@olymp.org> (Moderated)
de.rec.outdoors	Abseits der Zivilisation - naturnahe Freizeitbeschäftigungen.
de.rec.reisen.camping	Klassisches Camping.
de.rec.reisen.misc	Sonstige Reisethemen.
de.rec.sammeln	Alles ums Sammeln.
de.rec.sf.babylon5.infos	Informationen zu Babylon 5. <drsb5i@owl.de> (Moderated)
de.rec.sf.babylon5.misc	Die SF-Fernsehserie "Babylon 5".
de.rec.sf.misc	Sonstiges im Bereich Speculative Fiction (Phantastik).
de.rec.sf.perry-rhodan	Perry Rhodan, die grösste Weltraumserie.
de.rec.sf.stargate	Stargate - Kommando SG1.
de.rec.sf.startrek.10vorne	Smalltalk bei Guinan.
de.rec.sf.startrek.deep-space-9	Die Station am Wurmloch.
de.rec.sf.startrek.enterprise	Kirk, Picard & Co.
de.rec.sf.startrek.misc	Star-Trek-Themen ohne eigene Gruppe.
de.rec.sf.startrek.technologie	Die Technologie von Star Trek.
de.rec.sf.startrek.voyager	Janeway nach Hause transportieren ...
de.rec.sf.starwars	Themen zum Star Wars-Universum.
de.rec.spiele.brett+karten	Brett-, Karten- und Würfelspiele.
de.rec.spiele.computer.action	Ballern und Treten, was das Zeug hält.
de.rec.spiele.computer.adventure	Adventurespiele.
de.rec.spiele.computer.lan-party	Spielen im Local Area Network (LAN).
de.rec.spiele.computer.misc	Computerspielthemen ohne eigene Gruppe.
de.rec.spiele.computer.rpg	Computer-Rollenspiele.
de.rec.spiele.computer.simulation	Flug-, Renn-, U-Boot- etc.
de.rec.spiele.computer.strategie	Strategie und Taktik.

de.rec.spiele.computer.technik	Hardware-Themen rund um Computerspiele.
de.rec.spiele.misc	Sonstige Spiele aller Art.
de.rec.spiele.rpg.live	Live-Rollenspiel.
de.rec.spiele.rpg.misc	Pen&Paper-Rollenspiele ohne eigene Gruppe.
de.rec.sport.budo	Kampfsport/-kunst, Selbstverteidigung und Meditation.
de.rec.sport.eishockey	Ein Puck ist eine schwarze Scheibe!
de.rec.sport.fallschirm	Fallschirmsport.
de.rec.sport.fussball	Der Ball ist rund.
de.rec.sport.gleitschirm	Gleitschirmfliegen und Hängegleiten.
de.rec.sport.golf	14 Schläger und ein Ball.
de.rec.sport.inlineskating	Von Recreation bis Aggro.
de.rec.sport.misc	Sport allgemein.
de.rec.sport.motorsport.formel1	Die Formel1-Rennsportserie.
de.rec.sport.motorsport.misc	Sonstige Motorsport-Serien.
de.rec.sport.motorsport.motorrad	Motorrad-Rennsport.
de.rec.sport.paintball	Mit Farbkugeln die Fahne erobern.
de.rec.sport.segeln	Segeln und alles, was dazugehört.
de.rec.sport.tauchen	Fragen zum Sporttauchen.
de.rec.tanz	Rund ums Tanzen in allen Formen.
de.rec.tiere.aquaristik	Aquaristik.
de.rec.tiere.hunde	Rund um den Hund.
de.rec.tiere.katzen	Alles, was mit Katzen zu tun hat.
de.rec.tiere.misc	Alles rund um Tiere allgemein.
de.rec.tiere.pferde	Alles rund um Pferde.
de.rec.tiere.ratten	Domestizierte und wildlebende Ratten.
de.rec.tiere.terraristik	Terraristik und Herpetologie.
de.rec.tiere.voegel	Unsere gefiederten Freunde.
de.rec.tv.akte-x	Die Fernsehserie Akte X (The X-Files).
de.rec.tv.buffy	Im Bann der Dämonen.
de.rec.tv.futurama	Matt Grönings Serie der Zukunft.
de.rec.tv.lindenstrasse	Handlung, Schauspieler, Hintergründe.
de.rec.tv.misc	TV/Video/Sat Themen.
de.rec.tv.simpsons	Die gelbe Fernsehfamilie.
de.rec.tv.technik	Geräte und Technik für Fernsehen und Video.

de.sci

de.sci.announce	Wissensch. Ankündigungen und Veröffentlichungen <de-sci-announce@de.uu.net> (Moderated)
de.sci.architektur	Architektur, Bauwesen und Städtebau.
de.sci.astronomie	Astronomie als Wissenschaft.
de.sci.biologie	Biologie als Wissenschaft.
de.sci.chemie	Chemie als Wissenschaft.
de.sci.electronics	Elektronik in Theorie und Praxis.
de.sci.genealogie	Familienforschung und verwandte Themen.
de.sci.geschichte	Geschichtswissenschaft.
de.sci.informatik.ki	Künstliche Intelligenz.
de.sci.informatik.misc	Wissenschaftliche Themen rund um Informatik.
de.sci.ing.elektrotechnik	Elektrotechnik, VDE-Normung und elektrische Sicherheit.
de.sci.ing.misc	Ingenieurwissenschaften.
de.sci.mathematik	Reine und angewandte Mathematik.
de.sci.medizin.allergie	Rund ums Thema Allergie.
de.sci.medizin.diabetes	Diabetes-Forum.
de.sci.medizin.misc	Rund um die Medizin.
de.sci.medizin.pflege	Pflegewissenschaften.

de.sci.medizin.psychiatrie	Psychiatrische Themen im Trialog.
de.sci.misc	Diverse Themen aus der Wissenschaft.
de.sci.museum	Museen.
de.sci.oekonomie	Wirtschaftswissenschaften.
de.sci.paedagogik	Pädagogik als Wissenschaft.
de.sci.philosophie	Philosophie als Wissenschaft.
de.sci.physik	Physik.
de.sci.politologie	Politikwissenschaft.
de.sci.psychologie	Psychologie.
de.sci.raumfahrt	Missionen, Technik, Forschung.
de.sci.soziologie	Sozialwissenschaften und Soziologie.
de.sci.theologie	Religionswissenschaften und Theologie.

de.soc

de.soc.arbeit	News und Diskussionen zum Thema Arbeit.
de.soc.datenschutz	Datenschutzthemen.
de.soc.drogen	Rauschmittel, Nutzen und Gefahren.
de.soc.familie.kinder	Die lieben Kleinen.
de.soc.familie.misc	Familie heute.
de.soc.familie.vaeter	Aspekte des Vaterseins.
de.soc.handicap	Alles zum Thema Behinderung.
de.soc.jugendarbeit	Informationen und Anregungen zur Kinder- und Jugendgruppenarbeit.
de.soc.kontakte.freizuegig	Private freizügige Kontaktanzeigen.
de.soc.kontakte.misc	Sonstige private Kontaktanzeigen.
de.soc.kultur.aegypten	Ägyptische Kultur, gestern und heute.
de.soc.kultur.japan	Das Land der aufgehenden Sonne.
de.soc.kultur.misc	Kulturelle Themen.
de.soc.medien	Medien, Publizistik, Öffentlichkeitsarbeit.
de.soc.menschenrechte	Aktülle Situation, Aufrufe, Aktionen und Meinungen.
de.soc.misc	Diverse gesellschaftliche Themen.
de.soc.netzkultur.misc	Sonstige Netzkultur- und Netzpolitik-Themen.
de.soc.netzkultur.umgangsformen	Höflichkeit im Netz.
de.soc.pflichtdienste	Wehrdienst, Zivildienst, KDV und Ersatzdienste.
de.soc.politik.misc	Sonstige politische Diskussionen.
de.soc.politik.texte	Politische Texte und Dokumente.
de.soc.recht.announce	Gerichtsurteile, Gesetze, Kommentare. <Olaf.Titz@inka.de> (Moderated)
de.soc.recht.datennetze	Juristische Aspekte der Datenkommunikation.
de.soc.recht.misc	Diskussion um Rechtsfragen.
de.soc.senioren	Altenarbeit, -hilfe, -forschung, -politik.
de.soc.studium	Studium, Studienbedingungen usw.
de.soc.studium.verbindungen	Studentenverbindungen, Inhalte, Probleme, Kritik.
de.soc.subkultur.bdsm	Sadomasochisten - Szene & Rituale.
de.soc.subkultur.gothic	Die schwarze Szene: Musik, Mode, Lifestyle und mehr.
de.soc.subkultur.misc	Sonstige Subkulturen.
de.soc.umwelt	Infos zu und sachliche Diskussion über Umweltfragen.
de.soc.verkehr	Autos sowie umweltfreundlichere Verkehrsmittel.
de.soc.weltanschauung.buddhismus	Alles über Buddhismus.
de.soc.weltanschauung.christentum	Fragen zum Christentum allgemein.
de.soc.weltanschauung.misc	Alles was nicht in den anderen d.s.w-Gruppen passt.
de.soc.weltanschauung.scientology	Rund um die Organisation Scientology.
de.soc.wirtschaft	Wirtschaft allgemein.
de.soc.zensur	Zensur.

de.talk

de.talk.bizarre	Für Liebhaber des Unsinnigen, Hintergründigen, Bizarren.
de.talk.jokes	Witze etc.
de.talk.jokes.d	Diskussion über Witze.
de.talk.jugend	Für Kinder und Jugendliche.
de.talk.liebesakt	Menschliche Geschlechtlichkeit.
de.talk.misc	Diverse Endlosthemen. ;-).
de.talk.romance	Zwischenmenschliche (Liebes-)Beziehungen.
de.talk.tagesgeschehen	Worüber man zur Zeit spricht.

de.test

de.test	Tests. Vorsicht Reflektoren!

H.6.2 News-Gruppen der Comp-Hierarchie (Computer)

comp.admin.policy	Discussions of site administration policies.
comp.ai	Artificial intelligence discussions.
comp.ai.alife	Research about artificial life.
comp.ai.doc-analysis.misc	General document understanding technologies.
comp.ai.doc-analysis.ocr	OCR research, algorithms and software.
comp.ai.fuzzy	Fuzzy set theory, aka fuzzy logic.
comp.ai.games	Artificial intelligence in games and game-playing.
comp.ai.genetic	Genetic algorithms in computing.
comp.ai.jair.announce	Announcements & abstracts of the Journal of AI Research. (Moderated)
comp.ai.jair.papers	Papers published by the Journal of AI Research. (Moderated)
comp.ai.nat-lang	Natural language processing by computers.
comp.ai.neural-nets	All aspects of neural networks.
comp.ai.nlang-know-rep	Natural Language and Knowledge Representation. (Moderated)
comp.ai.philosophy	Philosophical aspects of Artificial Intelligence.
comp.ai.shells	Expert systems and other artificial intelligence shells.
comp.answers	Repository for periodic USENET articles. (Moderated)
comp.apps.spreadsheets	Spreadsheets on various platforms.
comp.arch	Computer architecture.
comp.arch.arithmetic	Implementing arithmetic on computers/ digital systems.
comp.arch.bus.vmebus	Hardware and software for VMEbus Systems.
comp.arch.embedded	Embedded computer systems topics.
comp.arch.fpga	Field Programmable Gate Array based computing systems.
comp.arch.storage	Storage system issues, both hardware and software.
comp.archives	Descriptions of public access archives. (Moderated)
comp.archives.admin	Issues relating to computer archive administration.
comp.archives.ms-windows.announce	Announcements about Windows archives. (Moderated)
comp.archives.ms-windows.discuss	Discussing Microsoft Windows archives.
comp.archives.msdos.announce	Announcements about MSDOS archives. (Moderated)
comp.archives.msdos.d	Discussion of materials available in MSDOS archives.
comp.bbs.majorbbs	Support & discussion of The Major BBS from Galacticomm.
comp.bbs.misc	All aspects of computer bulletin board systems.

comp.bbs.tbbs	The Bread Board System bulletin board software.
comp.bbs.tsx	TSX BBS discussions.
comp.bbs.waffle	The Waffle BBS and USENET system on all platforms.
comp.benchmarks	Discussion of benchmarking techniques and results.
comp.binaries.acorn	Binary-only postings for Acorn machines. (Moderated)
comp.binaries.amiga	Encoded public domain programs in binary. (Moderated)
comp.binaries.apple2	Binary-only postings for the Apple II computer.
comp.binaries.cbm	For the transfer of 8bit Commodore binaries. (Moderated)
comp.binaries.geos	Binaries for the GEOS operating system. (Moderated)
comp.binaries.ibm.pc	Binary-only postings for IBM PC/MS-DOS. (Moderated)
comp.binaries.ibm.pc.d	Discussions about IBM/PC binary postings.
comp.binaries.ibm.pc.wanted	Requests for IBM PC and compatible programs.
comp.binaries.mac	Encoded Macintosh programs in binary. (Moderated)
comp.binaries.ms-windows	Binary programs for Microsoft Windows. (Moderated)
comp.binaries.newton	Apple Newton binaries, sources, books, etc. (Moderated)
comp.binaries.os2	Binaries for use under the OS/2 ABI. (Moderated)
comp.binaries.psion	Binaries for the range of Psion computers. (Moderated)
comp.bugs.2bsd	Reports of UNIX* version 2BSD related bugs.
comp.bugs.4bsd	Reports of UNIX version 4BSD related bugs.
comp.bugs.4bsd.ucb-fixes	Bug reports/fixes for BSD Unix. (Moderated)
comp.bugs.misc	General UNIX bug reports and fixes (incl V7, uucp).
comp.bugs.sys5	Reports of USG (System III, V, etc.) bugs.
comp.cad.autocad	AutoDesk's AutoCAD software.
comp.cad.cadence	Users of Cadence Design Systems products.
comp.cad.compass	Compass Design Automation EDA tools.
comp.cad.i-deas	SDRC I-DEAS Masters Series software.
comp.cad.microstation	MicroStation CAD software and related products.
comp.cad.microstation.programmer	Developing software in Microstation CAD.
comp.cad.pro-engineer	Parametric Technology's Pro/Engineer design package.
comp.cad.synthesis	Research and production in the field of logic synthesis.
comp.client-server	Topics relating to client/server technology.
comp.cog-eng	Cognitive engineering.
comp.compilers	Compiler construction, theory, etc. (Moderated)
comp.compilers.tools.pccts	Construction of compilers and tools with PCCTS.
comp.compression	Data compression algorithms and theory.
comp.compression.research	Discussions about data compression research. (Moderated)
comp.constraints	Constraint processing and related topics.
comp.data.administration	Manage data as a corporate asset: stds & methds.
comp.databases	Database and data management issues and theory.
comp.databases.adabas	ADABAS Database topics in general.
comp.databases.gupta	Gupta SQLWindows client-server development.
comp.databases.ibm-db2	Problem resolution with DB2 database products.
comp.databases.informix	Informix database management software discussions.
comp.databases.ingres	Issues relating to INGRES products.
comp.databases.ms-access	MS Windows' relational database system, Access.
comp.databases.ms-sqlserver	Microsoft's SQL Server and related products.
comp.databases.object	Object-oriented paradigms in database systems.
comp.databases.olap	Analytical Processing, Multidimensional DBMS, EIS, DSS.
comp.databases.oracle	The SQL database products of the Oracle Corporation.
comp.databases.oracle.marketplace	Oracle-related jobs, etc.
comp.databases.oracle.misc	Oracle related topics.
comp.databases.oracle.server	Oracle database administration/server topics.
comp.databases.oracle.tools	Oracle software tools/applications.
comp.databases.paradox	Borland's database for DOS & MS Windows.
comp.databases.pick	Pick-like, post-relational, database systems.
comp.databases.progress	The Progress 4GL & RDBMS.

comp.databases.rdb	The relational database engine RDB from DEC.
comp.databases.sybase	Implementations of the SQL Server.
comp.databases.theory	Discussing advances in database technology.
comp.databases.visual-dbase	Database discussions using Visual dBASE.
comp.databases.xbase.fox	Fox Software's xBase system and compatibles.
comp.databases.xbase.misc	Discussion of xBase (dBASE-like) products.
comp.dcom.cabling	Cabling selection, installation and use.
comp.dcom.cell-relay	Forum for discussion of Cell Relay-based products.
comp.dcom.fax	Fax hardware, software, and protocols.
comp.dcom.frame-relay	Technology and issues regarding frame relay networks.
comp.dcom.isdn	The Integrated Services Digital Network (ISDN).
comp.dcom.lans.ethernet	Discussions of the Ethernet/IEEE 802.3 protocols.
comp.dcom.lans.fddi	Discussions of the FDDI protocol suite.
comp.dcom.lans.misc	Local area network hardware and software.
comp.dcom.lans.token-ring	Installing and using token ring networks.
comp.dcom.modems	Data communications hardware and software.
comp.dcom.net-analysis	Network Testing and Analysis Procedures and Results.
comp.dcom.net-management	Network management methods and applications.
comp.dcom.servers	Selecting and operating data communications servers.
comp.dcom.sys.cisco	Info on Cisco routers and bridges.
comp.dcom.sys.wellfleet	Wellfleet bridge & router systems hardware & software.
comp.dcom.telecom	Telecommunications digest. (Moderated)
comp.dcom.telecom.tech	Discussion of technical aspects of telephony.
comp.dcom.videoconf	Video conference technology and applications.
comp.doc.management	Document Management technologies.
comp.doc.techreports	Lists of technical reports. (Moderated)
comp.dsp	Digital Signal Processing using computers.
comp.editors	Topics related to computerized text editing.
comp.edu	Computer science education.
comp.edu.languages.natural	Computer assisted languages instruction issues.
comp.emacs	EMACS editors of different flavors.
comp.emacs.xemacs	Bug reports, questions and answers about XEmacs.
comp.emulators.announce	Emulator news, FAQs, announcements. (Moderated)
comp.emulators.apple2	Emulators of Apple // systems.
comp.emulators.cbm	Emulators of C-64, C-128, PET, and VIC-20 systems.
comp.emulators.game-consoles	Emulators of game console systems.
comp.emulators.mac.executor	ARDI's Mac emulator, Executor.
comp.emulators.misc	Emulators of miscellaneous computer systems.
comp.emulators.ms-windows.wine	A free MS-Windows emulator under X.
comp.fonts	Typefonts — design, conversion, use, etc.
comp.graphics.algorithms	Algorithms used in producing computer graphics.
comp.graphics.animation	Technical aspects of computer animation.
comp.graphics.api.inventor	Object-oriented 3D graphics in Inventor.
comp.graphics.api.misc	Application Programmer Interface issues, methods.
comp.graphics.api.opengl	The OpenGL 3D application programming interface.
comp.graphics.api.pexlib	The PEXlib application programming interface.
comp.graphics.apps.alias	3-D graphics software from Alias Research.
comp.graphics.apps.avs	The Application Visualization System.
comp.graphics.apps.data-explorer	IBM's Visualization Data Explorer (DX).
comp.graphics.apps.freehand	Questions, answers, tips and suggestions.
comp.graphics.apps.gnuplot	The gnuplot interactive function plotter.
comp.graphics.apps.iris-explorer	The IRIS Explorer, aka MVE.
comp.graphics.apps.lightwave	NewTek's Lightwave3D & related topics.
comp.graphics.apps.pagemaker	Question, answers, tips and suggestions.
comp.graphics.apps.photoshop	Adobe Photoshop techniques & help.
comp.graphics.apps.softimage	Softimage applications and products.
comp.graphics.apps.wavefront	Wavefront software products, problems, etc.

comp.graphics.misc	Computer graphics miscellany.
comp.graphics.packages.3dstudio	Autodesk's 3D Studio software.
comp.graphics.rendering.misc	Rendering comparisons, approaches, methods.
comp.graphics.rendering.raytracing	Raytracing software, tools and methods.
comp.graphics.rendering.renderman	RenderMan interface & shading language.
comp.graphics.visualization	Info on scientific visualization.
comp.groupware	Software & hardware for shared interactive environments.
comp.groupware.groupwise	Novell's Groupwise product (Wordperfect Office).
comp.groupware.lotus-notes.admin	Lotus Notes system administration.
comp.groupware.lotus-notes.apps	Application software for Lotus Notes.
comp.groupware.lotus-notes.misc	Lotus Notes related discussions.
comp.groupware.lotus-notes.programmer	Programming for Lotus Notes.
comp.home.automation	Home automation devices, setup, sources, etc.
comp.home.misc	Media, technology and information in domestic spaces. (Moderated)
comp.human-factors	Issues related to human-computer interaction (HCI).
comp.infosystems	Any discussion about information systems.
comp.infosystems.announce	Announcements of internet information services. (Moderated)
comp.infosystems.gis	All aspects of Geographic Information Systems.
comp.infosystems.gopher	Discussion of the Gopher information service.
comp.infosystems.harvest	Harvest information discovery and access system.
comp.infosystems.hyperg	The Hyper-G network hypermedia system and applications.
comp.infosystems.interpedia	The Internet Encyclopedia.
comp.infosystems.kiosks	Informational and transactional kiosks. (Moderated)
comp.infosystems.wais	The Z39.50-based WAIS full-text search system.
comp.infosystems.www.advocacy	Comments and arguments over the best and worst.
comp.infosystems.www.announce	World-Wide Web announcements. (Moderated)
comp.infosystems.www.authoring.cgi	CGI Programming. (Moderated)
comp.infosystems.www.authoring.html	Writing HTML for the Web.
comp.infosystems.www.authoring.images	Using images, imagemaps on the Web.
comp.infosystems.www.authoring.misc	Miscellaneous Web authoring issues.
comp.infosystems.www.browsers.mac	Web browsers for the Macintosh platform.
comp.infosystems.www.browsers.misc	Web browsers for other platforms.
comp.infosystems.www.browsers.ms-windows	Web browsers for MS Windows.
comp.infosystems.www.browsers.x	Web browsers for the X-Window system.
comp.infosystems.www.misc	Miscellaneous World Wide Web discussion.
comp.infosystems.www.servers.mac	Web servers for the Macintosh platform.
comp.infosystems.www.servers.misc	Web servers for other platforms.
comp.infosystems.www.servers.ms-windows	Web servers for MS Windows and NT.
comp.infosystems.www.servers.unix	Web servers for UNIX platforms.
comp.internet.library	Discussing electronic libraries. (Moderated)
comp.internet.net-happenings	Announcements of network happenings. (Moderated)
comp.ivideodisc	Interactive videodiscs — uses, potential, etc.
comp.lang.ada	Discussion about Ada*.
comp.lang.apl	Discussion about APL.
comp.lang.asm.x86	General 80x86 assembly language programming.
comp.lang.awk	The AWK programming language.
comp.lang.basic.misc	Other dialects and aspects of BASIC.
comp.lang.basic.visual.3rdparty	Add-ins for Visual Basic.
comp.lang.basic.visual.announce	Official information on Visual Basic. (Moderated)

comp.lang.basic.visual.database	Database aspects of Visual Basic.
comp.lang.basic.visual.misc	Visual Basic in general.
comp.lang.beta	The object-oriented programming language BETA.
comp.lang.c	Discussion about C.
comp.lang.c++	The object-oriented C++ language.
comp.lang.c++.leda	All aspects of the LEDA library.
comp.lang.c++.moderated	Technical discussion of the C++ language. (Moderated)
comp.lang.c.moderated	The C programming language. (Moderated)
comp.lang.clarion	Technical discussion of Clarion programming.
comp.lang.clipper	Clipper and Visual Objects programming languages.
comp.lang.clos	Common Lisp Object System discussions.
comp.lang.cobol	The COBOL language and software.
comp.lang.dylan	For discussion of the Dylan language.
comp.lang.eiffel	The object-oriented Eiffel language.
comp.lang.forth	Discussion about Forth.
comp.lang.fortran	Discussion about FORTRAN.
comp.lang.functional	Discussion about functional languages.
comp.lang.hermes	The Hermes language for distributed applications.
comp.lang.idl-pvwave	IDL and PV-Wave language discussions.
comp.lang.java.advocacy	Support for and criticism of the Java System.
comp.lang.java.announce	Announcements re the Java System. (Moderated)
comp.lang.java.api	The Java application programming interface.
comp.lang.java.misc	Miscellaneous topics on using the Java System.
comp.lang.java.programmer	Programming in the Java language.
comp.lang.java.security	Security issues raised by Java.
comp.lang.java.setup	Setting up a Java browser.
comp.lang.java.tech	Technical aspects of Java, its inner workings.
comp.lang.javascript	Netscape Communications Corp.'s JavaScript language.
comp.lang.lisp	Discussion about LISP.
comp.lang.lisp.mcl	Discussing Apple's Macintosh Common Lisp.
comp.lang.logo	The Logo teaching and learning language.
comp.lang.misc	Different computer languages not specifically listed.
comp.lang.ml	ML languages including Standard ML, CAML, Lazy ML, etc. (Moderated)
comp.lang.modula2	Discussion about Modula-2.
comp.lang.modula3	Discussion about the Modula-3 language.
comp.lang.mumps	The M (MUMPS) language & technology, in general.
comp.lang.oberon	The Oberon language and system.
comp.lang.objective-c	The Objective-C language and environment.
comp.lang.pascal.ansi-iso	Pascal according to ANSI and ISO standards.
comp.lang.pascal.borland	Borland's Pascal.
comp.lang.pascal.delphi.advocacy	Contentious issues related to Delphi.
comp.lang.pascal.delphi.announce	Delphi related announcements. (Moderated)
comp.lang.pascal.delphi.components.misc	General component issues.
comp.lang.pascal.delphi.components.usage	Using pre-written components.
comp.lang.pascal.delphi.components.writing	Writing Delphi components.
comp.lang.pascal.delphi.databases	Database aspects of Borland Delphi.
comp.lang.pascal.delphi.misc	General issues with Borland Delphi.
comp.lang.pascal.mac	Macintosh based Pascals.
comp.lang.pascal.misc	Pascal in general and ungrouped Pascals.
comp.lang.perl.announce	Announcements about Perl. (Moderated)
comp.lang.perl.misc	The Perl language in general.

comp.lang.perl.modules	Use and development of Perl modules.
comp.lang.perl.tk	Using Tk (and X) from Perl.
comp.lang.pl1	PL/I language discussions.
comp.lang.pop	Pop11 and the Plug user group.
comp.lang.postscript	The PostScript Page Description Language.
comp.lang.prograph	Prograph, a visual object-oriented dataflow language.
comp.lang.prolog	Discussion about PROLOG.
comp.lang.python	The Python computer language.
comp.lang.sather	The object-oriented computer language Sather.
comp.lang.scheme	The Scheme Programming language.
comp.lang.scheme.scsh	SCSH - the Scheme Shell.
comp.lang.sigplan	Info & announcements from ACM SIGPLAN. (Moderated)
comp.lang.smalltalk	Discussion about Smalltalk 80.
comp.lang.tcl	The Tcl programming language and related tools.
comp.lang.tcl.announce	Announcements about Tcl. (Moderated)
comp.lang.verilog	Discussing Verilog and PLI.
comp.lang.vhdl	VHSIC Hardware Description Language, IEEE 1076/87.
comp.lang.visual	General discussion of visual programming languages. (Moderated)
comp.lang.vrml	Virtual Reality Modeling Language discussion.
comp.laser-printers	Laser printers, hardware & software. (Moderated)
comp.lsi	Large scale integrated circuits.
comp.lsi.testing	Testing of electronic circuits.
comp.mail.elm	Discussion and fixes for the ELM mail system.
comp.mail.eudora.mac	Eudora email software for Macintosh.
comp.mail.eudora.ms-windows	Eudora email software for MS Windows.
comp.mail.headers	Gatewayed from the Internet header-people list.
comp.mail.list-admin.policy	Policy issues in running mailing lists.
comp.mail.list-admin.software	Software used in the running of mailing lists.
comp.mail.maps	Various maps, including UUCP maps. (Moderated)
comp.mail.mh	The UCI version of the Rand Message Handling system.
comp.mail.mime	Multipurpose Internet Mail Extensions of RFC 1341.
comp.mail.misc	General discussions about computer mail.
comp.mail.mush	The Mail User's Shell (MUSH).
comp.mail.pine	The PINE mail user agent.
comp.mail.sendmail	Configuring and using the BSD sendmail agent.
comp.mail.smail	Administering & using the smail email transport system.
comp.mail.uucp	Mail in the uucp network environment.
comp.mail.zmail	The various Z-Mail products and their configurability.
comp.misc	General topics about computers not covered elsewhere.
comp.multimedia	Interactive multimedia technologies of all kinds.
comp.music.midi	Computers as components in MIDI music systems.
comp.music.misc	Miscellaneous use of computers in music.
comp.music.research	The use of Computers in Music Research and Composition. (Moderated)
comp.newprod	Announcements of new products of interest. (Moderated)
comp.object	Object-oriented programming and languages.
comp.object.corba	OMG CORBA standard.
comp.object.logic	Integrating object-oriented and logic programming.
comp.org.acm	Topics about the Association for Computing Machinery.
comp.org.cpsr.announce	Computer Professionals for Social Responsibility. (Moderated)
comp.org.cpsr.talk	Issues of computing and social responsibility.
comp.org.decus	Digital Equipment Computer Users' Society newsgroup.
comp.org.eff.news	News from the Electronic Frontier Foundation. (Moderated)
comp.org.eff.talk	Discussion of EFF goals, strategies, etc.

comp.org.fidonet	FidoNews digest, official news of FidoNet Assoc. (Moderated)
comp.org.ieee	Issues and announcements about the IEEE & its members.
comp.org.issnnet	The International Student Society for Neural Networks.
comp.org.lisp-users	Association of Lisp Users related discussions.
comp.org.sug	Talk about/for the The Sun User's Group.
comp.org.team-os2	Users promoting the OS/2 operating system. (Moderated)
comp.org.uniforum	UniForum Association activities.
comp.org.usenix	USENIX Association events and announcements.
comp.org.usenix.roomshare	Finding lodging during Usenix conferences.
comp.org.user-groups.apcug	Association of Personal Computer User Groups.
comp.org.user-groups.management	Running a user group.
comp.org.user-groups.meetings	Planning for user group meetings and events.
comp.org.user-groups.misc	User group discussions in general.
comp.org.user-groups.newsletters	User group newsletter Production.
comp.os.chorus	CHORUS microkernel issues, research and developments.
comp.os.coherent	Discussion and support of the Coherent operating system.
comp.os.cpm	Discussion about the CP/M operating system.
comp.os.geos	The GEOS operating system by GeoWorks for PC clones.
comp.os.lantastic	The LANtastic network operating system.
comp.os.linux.advocacy	Benefits of Linux compared to other operating systems.
comp.os.linux.announce	Announcements important to the Linux community. (Moderated)
comp.os.linux.answers	FAQs, How-To's, READMEs, etc. about Linux. (Moderated)
comp.os.linux.development.apps	Writing Linux applications, porting to Linux.
comp.os.linux.development.system	Linux kernels, device drivers, modules.
comp.os.linux.hardware	Hardware compatibility with the Linux operating system.
comp.os.linux.m68k	Linux operating system on 680x0 Amiga, Atari, VME.
comp.os.linux.misc	Linux-specific topics not covered by other groups.
comp.os.linux.networking	Networking and communications under Linux.
comp.os.linux.setup	Linux installation and system administration.
comp.os.linux.x	Linux X Window System servers, clients, libs and fonts.
comp.os.lynx	Discussion of LynxOS and Lynx Real-Time Systems.
comp.os.mach	The MACH OS from CMU & other places.
comp.os.magic-cap	Everything about General Magic's Magic Cap OS.
comp.os.minix	Discussion of Tanenbaum's MINIX system.
comp.os.misc	General OS-oriented discussion not carried elsewhere.
comp.os.ms-windows.advocacy	Speculation and debate about Microsoft Windows.
comp.os.ms-windows.announce	Announcements relating to Windows. (Moderated)
comp.os.ms-windows.apps.comm	MS-Windows communication applications.
comp.os.ms-windows.apps.compatibility.win95	Running DOS&Win3 apps in Win95.
comp.os.ms-windows.apps.financial	MS-Windows financial & tax software.

comp.os.ms-windows.apps.misc	MS-Windows applications.
comp.os.ms-windows.apps.utilities.win3x	Utility/add-on programs for Win3.x.
comp.os.ms-windows.apps.utilities.win95	Utility/add-on programs for Win95.
comp.os.ms-windows.apps.winsock.mail	Winsock email applications.
comp.os.ms-windows.apps.winsock.misc	Other Winsock applications.
comp.os.ms-windows.apps.winsock.news	Winsock news applications.
comp.os.ms-windows.apps.word-proc	MS-Windows word-processing applications.
comp.os.ms-windows.misc	General discussions about Windows issues.
comp.os.ms-windows.networking.misc	Windows and other networks.
comp.os.ms-windows.networking.ras	Windows RAS networking.
comp.os.ms-windows.networking.tcp-ip	Windows and TCP/IP networking.
comp.os.ms-windows.networking.win95	Win95 to Novell, TCP/IP, other nets.
comp.os.ms-windows.networking.windows	Windows' built-in networking.
comp.os.ms-windows.nt.admin.misc	Windows NT system administration.
comp.os.ms-windows.nt.admin.networking	Windows NT network administration.
comp.os.ms-windows.nt.admin.security	Windows NT Security topics.
comp.os.ms-windows.nt.advocacy	Windows NT advocacy arguments.
comp.os.ms-windows.nt.announce	Windows NT announcements. (Moderated)
comp.os.ms-windows.nt.misc	General discussion about Windows NT.
comp.os.ms-windows.nt.pre-release	Unreleased and beta Windows NT versions.
comp.os.ms-windows.nt.setup.hardware	Windows NT hardware setup.
comp.os.ms-windows.nt.setup.misc	Windows NT software setup.
comp.os.ms-windows.nt.software.backoffice	Windows NT BackOffice.
comp.os.ms-windows.nt.software.compatibility	Win NT software compatibility.
comp.os.ms-windows.nt.software.services	Windows NT system services software.
comp.os.ms-windows.pre-release	Pre-release/beta versions of Windows.
comp.os.ms-windows.programmer.controls	Controls, dialogs and VBXs.
comp.os.ms-windows.programmer.graphics	GDI, graphics and printing.
comp.os.ms-windows.programmer.memory	Memory management issues.
comp.os.ms-windows.programmer.misc	Programming Microsoft Windows.
comp.os.ms-windows.programmer.multimedia	Multimedia programming.
comp.os.ms-windows.programmer.networks	Network programming.
comp.os.ms-windows.programmer.nt.kernel-mode	Windows NT driver development.
comp.os.ms-windows.programmer.ole	OLE2, COM and DDE programming.
comp.os.ms-windows.programmer.tools.mfc	MFC-based development for Windows.
comp.os.ms-windows.programmer.tools.misc	Windows Development tools.
comp.os.ms-windows.programmer.tools.owl	OWL-based development for Windows.
comp.os.ms-windows.programmer.tools.winsock	Winsock programming.
comp.os.ms-windows.programmer.vxd	Windows VxD and driver development.
comp.os.ms-windows.programmer.win32	32-bit Windows programming interfaces.
comp.os.ms-windows.programmer.winhelp	WinHelp/Multimedia Viewer development.
comp.os.ms-windows.setup.win3x	Setup, hardware, and driver issues in Win3.x.
comp.os.ms-windows.setup.win95	Setup, hardware, and driver issues in Win95.
comp.os.ms-windows.video	Video adapters and drivers for Windows.
comp.os.ms-windows.win95.misc	Miscellaneous Topics about Windows 95.
comp.os.ms-windows.win95.setup	Setup and Configuration of Windows 95.
comp.os.msdos.apps	Discussion of applications that run under MS-DOS.
comp.os.msdos.desqview	QuarterDeck's Desqview and related products.
comp.os.msdos.djgpp	DOS GNU C/C++ applications and programming environment.
comp.os.msdos.mail-news	Administering mail & network news systems under MS-DOS.
comp.os.msdos.misc	Miscellaneous topics about MS-DOS machines.
comp.os.msdos.pcgeos	GeoWorks PC/GEOS and PC/GEOS-based packages.
comp.os.msdos.programmer	Programming MS-DOS machines.

comp.os.msdos.programmer.turbovision	Borland's text application libraries.
comp.os.netware.announce	Netware announcements. (Moderated)
comp.os.netware.connectivity	Connectivity products (TCP/IP, SAA, NFS, MAC).
comp.os.netware.misc	General Netware topics.
comp.os.netware.security	Netware Security issues.
comp.os.os2.advocacy	Supporting and flaming OS/2.
comp.os.os2.announce	Notable news and announcements related to OS/2. (Moderated)
comp.os.os2.apps	Discussions of applications under OS/2.
comp.os.os2.beta	All aspects of beta releases of OS/2 systems software.
comp.os.os2.bugs	OS/2 system bug reports, fixes and work-arounds.
comp.os.os2.comm	Modem/Fax hardware/drivers/apps/ utils under OS/2.
comp.os.os2.games	Running games under OS/2.
comp.os.os2.mail-news	Mail and news apps/utils (on- & offline) under OS/2.
comp.os.os2.marketplace	Forsale/wanted; shopping; commercial ads; job postings.
comp.os.os2.misc	Miscellaneous topics about the OS/2 system.
comp.os.os2.moderated	OS/2 usage tips, info, discussion. (Moderated)
comp.os.os2.multimedia	Multi-media on OS/2 systems.
comp.os.os2.networking.misc	Miscellaneous networking issues of OS/2.
comp.os.os2.networking.server	Administration of NetWare, Warp Server, etc.
comp.os.os2.networking.tcp-ip	TCP/IP under OS/2.
comp.os.os2.networking.www	World Wide Web (WWW) apps/utils under OS/2.
comp.os.os2.programmer.misc	Programming OS/2 machines.
comp.os.os2.programmer.oop	Programming system objects (SOM, WPS, etc).
comp.os.os2.programmer.porting	Porting software to OS/2 machines.
comp.os.os2.programmer.tools	Compilers, assemblers, interpreters under OS/2.
comp.os.os2.scitech	Real-time, engineering/CAD, sciences, etc.
comp.os.os2.setup.misc	Installing/configuring OS/2; misc. hardware/drivers.
comp.os.os2.setup.storage	Disk/Tape/CD-ROM hardware/drivers under OS/2.
comp.os.os2.setup.video	Base video hardware/drivers under OS/2.
comp.os.os2.utilities	General purpose utils (shells/backup/compression/etc).
comp.os.os9	Discussions about the os9 operating system.
comp.os.parix	Forum for users of the parallel operating system PARIX.
comp.os.plan9	Plan 9 from Bell Labs. (Moderated)
comp.os.qnx	Using and developing under the QNX operating system.
comp.os.research	Operating systems and related areas. (Moderated)
comp.os.vms	DEC's VAX* line of computers & VMS.
comp.os.vxworks	The VxWorks real-time operating system.
comp.os.xinu	The XINU operating system from Purdue (D. Comer).
comp.parallel	Massively parallel hardware/software. (Moderated)
comp.parallel.mpi	Message Passing Interface (MPI).
comp.parallel.pvm	The PVM system of multi-computer parallelization.
comp.patents	Discussing patents of computer technology. (Moderated)
comp.periphs	Peripheral devices.
comp.periphs.scsi	Discussion of SCSI-based peripheral devices.
comp.programming	Programming issues that transcend languages and OSs.
comp.programming.contests	Announcements & results of programming contests.
comp.programming.literate	Knuth's "literate programming" method and tools.
comp.programming.threads	All issues about multithreaded programming.
comp.protocols.appletalk	Applebus hardware & software.
comp.protocols.dicom	Digital Imaging and Communications in Medicine.
comp.protocols.dns.bind	Berkeley Internet Name Domain (BIND). (Moderated)
comp.protocols.dns.ops	DNS operations (where not BIND specific). (Moderated)
comp.protocols.dns.std	DNS standards activities, including IETF. (Moderated)
comp.protocols.ibm	Networking with IBM mainframes.

comp.protocols.iso	The ISO protocol stack.
comp.protocols.kerberos	The Kerberos authentication server.
comp.protocols.kermit.announce	Kermit announcements. (Moderated)
comp.protocols.kermit.misc	Kermit protocol and software.
comp.protocols.misc	Various forms and types of protocol.
comp.protocols.nfs	Discussion about the Network File System protocol.
comp.protocols.ppp	Discussion of the Internet Point to Point Protocol.
comp.protocols.smb	SMB file sharing protocol and Samba SMB server/client.
comp.protocols.tcp-ip	TCP and IP network protocols.
comp.protocols.tcp-ip.ibmpc	TCP/IP for IBM(-like) personal computers.
comp.publish.cdrom.hardware	Hardware used in publishing with CD-ROM.
comp.publish.cdrom.multimedia	Software for multimedia authoring & publishing.
comp.publish.cdrom.software	Software used in publishing with CD-ROM.
comp.publish.electronic.developer	Electronic publishing developer tools.
comp.publish.electronic.end-user	Electronic publishing end-user tools.
comp.publish.electronic.misc	General electronic publishing issues.
comp.publish.prepress	Electronic prepress.
comp.realtime	Issues related to real-time computing.
comp.research.japan	The nature of research in Japan. (Moderated)
comp.risks	Risks to the public from computers & users. (Moderated)
comp.robotics.misc	All aspects of robots and their applications.
comp.robotics.research	Academic, government & industry research in robotics. (Moderated)
comp.security.firewalls	Anything pertaining to network firewall security.
comp.security.gss-api	Generic Security Service Application Program Interface.
comp.security.misc	Security issues of computers and networks.
comp.security.pgp.announce	New PGP versions, utils and such. (Moderated)
comp.security.pgp.discuss	PGP and its implications.
comp.security.pgp.resources	PGP related resources, information and more.
comp.security.pgp.tech	Use of PGP, bug reports and help.
comp.security.ssh	SSH secure remote login and tunneling tools.
comp.security.unix	Discussion of Unix security.
comp.simulation	Simulation methods, problems, uses. (Moderated)
comp.society	The impact of technology on society. (Moderated)
comp.society.cu-digest	The Computer Underground Digest. (Moderated)
comp.society.development	Computer technology in developing countries.
comp.society.folklore	Computer folklore & culture, past & present. (Moderated)
comp.society.futures	Events in technology affecting future computing.
comp.society.privacy	Effects of technology on privacy. (Moderated)
comp.soft-sys.app-builder.appware	Novell's visual development environment.
comp.soft-sys.app-builder.forte	Discussion of Forte development software.
comp.soft-sys.app-builder.uniface	Uniface Client/Server App Development.
comp.soft-sys.dce	The Distributed Computing Environment (DCE).
comp.soft-sys.khoros	The Khoros X11 visualization system.
comp.soft-sys.math.mathematica	Mathematica discussion group. (Moderated)
comp.soft-sys.matlab	The MathWorks calculation and visualization package.
comp.soft-sys.middleware.opendoc	OpenDoc and its related technologies.
comp.soft-sys.powerbuilder	Application development tools from PowerSoft.
comp.soft-sys.ptolemy	The Ptolemy simulation/code generation environment.
comp.soft-sys.sas	The SAS statistics package.
comp.soft-sys.shazam	The SHAZAM econometrics computer program.
comp.soft-sys.stat.spss	The statistical program package SPSS.
comp.soft-sys.stat.systat	The statistical program package SYSTAT.
comp.software-eng	Software Engineering and related topics.
comp.software.config-mgmt	Configuration management, tools and procedures.
comp.software.international	Finding, using, & writing non-English software.
comp.software.licensing	Software licensing technology.

comp.software.measurement	Discussions of software metrics.
comp.software.testing	All aspects of testing computer systems.
comp.software.year-2000	Year 2000 compliance: projects and issues.
comp.sources.acorn	Source code-only postings for the Acorn. (Moderated)
comp.sources.amiga	Source code-only postings for the Amiga. (Moderated)
comp.sources.apple2	Source code and discussion for the Apple2. (Moderated)
comp.sources.bugs	Bug reports, fixes, discussion for posted sources.
comp.sources.d	For any discussion of source postings.
comp.sources.delphi	Delphi and ObjectPascal source code. (Moderated)
comp.sources.games	Postings of recreational software. (Moderated)
comp.sources.games.bugs	Bug reports and fixes for posted game software.
comp.sources.hp48	Programs for the HP48 and HP28 calculators. (Moderated)
comp.sources.mac	Software for the Apple Macintosh. (Moderated)
comp.sources.misc	Posting of software. (Moderated)
comp.sources.postscript	Source code for programs written in PostScript. (Moderated)
comp.sources.reviewed	Source code evaluated by peer review. (Moderated)
comp.sources.sun	Software for Sun workstations. (Moderated)
comp.sources.testers	Finding people to test software.
comp.sources.unix	Postings of complete, UNIX-oriented sources. (Moderated)
comp.sources.wanted	Requests for software and fixes.
comp.sources.x	Software for the X Window System. (Moderated)
comp.specification.larch	Larch family of formal specification languages.
comp.specification.misc	Formal specification methods in general.
comp.specification.z	Discussion about the formal specification notation Z.
comp.speech	Research & applications in speech science & technology.
comp.std.c	Discussion about C language standards.
comp.std.c++	Discussion about C++ language, library, standards. (Moderated)
comp.std.internat	Discussion about international standards.
comp.std.lisp	User group (ALU) supported standards. (Moderated)
comp.std.misc	Discussion about various standards.
comp.std.unix	Discussion for the P1003 committee on UNIX. (Moderated)
comp.std.wireless	Examining standards for wireless network technology. (Moderated)
comp.sw.components	Software components and related technology.
comp.sys.3b1	Discussion and support of AT&T 7300/3B1/UnixPC.
comp.sys.acorn.advocacy	Why Acorn computers and programs are better.
comp.sys.acorn.announce	Announcements for Acorn and ARM users. (Moderated)
comp.sys.acorn.apps	Acorn software applications.
comp.sys.acorn.extra-cpu	Extra CPUs in Acorn computers.
comp.sys.acorn.games	Discussion of games for Acorn machines.
comp.sys.acorn.hardware	Acorn hardware.
comp.sys.acorn.misc	Acorn computing in general.
comp.sys.acorn.networking	Networking of Acorn computers.
comp.sys.acorn.programmer	Programming of Acorn computers.
comp.sys.alliant	Info and discussion about Alliant computers.
comp.sys.amiga.advocacy	Why an Amiga is better than XYZ.
comp.sys.amiga.announce	Announcements about the Amiga. (Moderated)
comp.sys.amiga.applications	Miscellaneous applications.
comp.sys.amiga.audio	Music, MIDI, speech synthesis, other sounds.
comp.sys.amiga.cd32	Technical and computing talk for Commodore Amiga CD32.
comp.sys.amiga.datacomm	Methods of getting bytes in and out.
comp.sys.amiga.emulations	Various hardware & software emulators.
comp.sys.amiga.games	Discussion of games for the Commodore Amiga.
comp.sys.amiga.graphics	Charts, graphs, pictures, etc.

comp.sys.amiga.hardware	Amiga computer hardware, Q&A, reviews, etc.
comp.sys.amiga.introduction	Group for newcomers to Amigas.
comp.sys.amiga.marketplace	Where to find it, prices, etc.
comp.sys.amiga.misc	Discussions not falling in another Amiga group.
comp.sys.amiga.multimedia	Animations, video, & multimedia.
comp.sys.amiga.networking	Amiga networking software/hardware.
comp.sys.amiga.programmer	Developers & hobbyists discuss code.
comp.sys.amiga.reviews	Reviews of Amiga software, hardware. (Moderated)
comp.sys.amiga.uucp	Amiga UUCP packages.
comp.sys.amstrad.8bit	Amstrad CPC/PcW/GX4000 software/hardware.
comp.sys.apollo	Apollo computer systems.
comp.sys.apple2	Discussion about Apple II micros.
comp.sys.apple2.comm	Apple II data communications.
comp.sys.apple2.gno	The AppleIIgs GNO multitasking environment.
comp.sys.apple2.marketplace	Buying, selling and trading Apple II equipment.
comp.sys.apple2.programmer	Programming on the Apple II.
comp.sys.apple2.usergroups	All about Apple II user groups.
comp.sys.arm	The ARM processor architecture and support chips.
comp.sys.atari.8bit	Discussion about 8 bit Atari micros.
comp.sys.atari.advocacy	Attacking and defending Atari computers.
comp.sys.atari.announce	Atari related hard/software announcements. (Moderated)
comp.sys.atari.programmer	Programming on the Atari computer.
comp.sys.atari.st	Discussion about 16 bit Atari micros.
comp.sys.atari.st.tech	Technical discussions of Atari ST hard/software.
comp.sys.att	Discussions about AT&T microcomputers.
comp.sys.be	General topics related to BeBox computer.
comp.sys.cbm	Discussion about Commodore micros.
comp.sys.concurrent	The Concurrent/Masscomp line of computers. (Moderated)
comp.sys.convex	Convex computer systems hardware and software.
comp.sys.dec	Discussions about DEC computer systems.
comp.sys.dec.micro	DEC Micros (Rainbow, Professional 350/380).
comp.sys.encore	Encore's MultiMax computers.
comp.sys.harris	Harris computer systems, especially real-time systems.
comp.sys.hp.apps	Discussion of software and apps on all HP platforms.
comp.sys.hp.hardware	Discussion of Hewlett Packard system hardware.
comp.sys.hp.hpux	Issues pertaining to HP-UX & 9000 series computers.
comp.sys.hp.misc	Issues not covered in any other comp.sys.hp.* group.
comp.sys.hp.mpe	Issues pertaining to MPE & 3000 series computers.
comp.sys.hp48	Hewlett-Packard's HP48 and HP28 calculators.
comp.sys.ibm.as400.misc	IBM AS/400 miscellaneous topics.
comp.sys.ibm.pc.demos	Demonstration programs which showcase programmer skill.
comp.sys.ibm.pc.digest	The IBM PC, PC-XT, and PC-AT. (Moderated)
comp.sys.ibm.pc.games.action	Arcade-style games on PCs.
comp.sys.ibm.pc.games.adventure	Adventure (non-rpg) games on PCs.
comp.sys.ibm.pc.games.announce	Announcements for all PC gamers. (Moderated)
comp.sys.ibm.pc.games.flight-sim	Flight simulators on PCs.
comp.sys.ibm.pc.games.marketplace	PC clone games wanted and for sale.
comp.sys.ibm.pc.games.misc	Games not covered by other PC groups.
comp.sys.ibm.pc.games.naval	PC computer games devoted to naval warfare.
comp.sys.ibm.pc.games.rpg	Role-playing games on the PC.
comp.sys.ibm.pc.games.sports	Discussion of sports games for the IBM PC.
comp.sys.ibm.pc.games.strategic	Strategy/planning games on PCs.
comp.sys.ibm.pc.hardware.cd-rom	CD-ROM drives and interfaces for the PC.
comp.sys.ibm.pc.hardware.chips	Processor, cache, memory chips, etc.
comp.sys.ibm.pc.hardware.comm	Modems & communication cards for the PC.
comp.sys.ibm.pc.hardware.misc	Miscellaneous PC hardware topics.

comp.sys.ibm.pc.hardware.networking	Network hardware & equipment for the PC.
comp.sys.ibm.pc.hardware.storage	Hard drives & other PC storage devices.
comp.sys.ibm.pc.hardware.systems	Whole IBM PC computer & clone systems.
comp.sys.ibm.pc.hardware.video	Video cards & monitors for the PC.
comp.sys.ibm.pc.misc	Discussion about IBM personal computers.
comp.sys.ibm.pc.rt	Topics related to IBM's RT computer.
comp.sys.ibm.pc.soundcard.advocacy	Advocacy for a particular soundcard.
comp.sys.ibm.pc.soundcard.games	Questions about using soundcards with games.
comp.sys.ibm.pc.soundcard.misc	Soundcards in general.
comp.sys.ibm.pc.soundcard.music	Music and sound questions using soundcards.
comp.sys.ibm.pc.soundcard.tech	Technical questions about pc soundcards.
comp.sys.ibm.ps2.hardware	Microchannel hardware, any vendor.
comp.sys.ibm.sys3x.misc	IBM System/34, System/36, System/38 diverse topics.
comp.sys.intel	Discussions about Intel systems and parts.
comp.sys.intergraph	Intergraph hardware and software products.
comp.sys.isis	The ISIS distributed system from Cornell.
comp.sys.laptops	Laptop (portable) computers.
comp.sys.m6809	Discussion about 6809's.
comp.sys.m68k	Discussion about 68k's.
comp.sys.m68k.pc	Discussion about 68k-based PCs. (Moderated)
comp.sys.m88k	Discussion about 88k-based computers.
comp.sys.mac.advocacy	The Macintosh computer family compared to others.
comp.sys.mac.announce	Important notices for Macintosh users. (Moderated)
comp.sys.mac.apps	Discussions of Macintosh applications.
comp.sys.mac.comm	Discussion of Macintosh communications.
comp.sys.mac.databases	Database systems for the Apple Macintosh.
comp.sys.mac.digest	Apple Macintosh: info&uses, but no programs. (Moderated)
comp.sys.mac.games.action	Action games for the Macintosh.
comp.sys.mac.games.adventure	Adventure games for the Macintosh.
comp.sys.mac.games.announce	Announcements for Mac gamers. (Moderated)
comp.sys.mac.games.flight-sim	Flight simulator gameplay on the Mac.
comp.sys.mac.games.marketplace	Macintosh games for sale and trade.
comp.sys.mac.games.misc	Macintosh games not covered in other groups.
comp.sys.mac.games.strategic	Strategy/planning games on the Macintosh.
comp.sys.mac.graphics	Macintosh graphics: paint, draw, 3D, CAD, animation.
comp.sys.mac.hardware.misc	General Mac hardware topics not already covered.
comp.sys.mac.hardware.storage	All forms of Mac storage hardware and media.
comp.sys.mac.hardware.video	Video input and output hardware on the Mac.
comp.sys.mac.hypercard	The Macintosh Hypercard: info & uses.
comp.sys.mac.misc	General discussions about the Apple Macintosh.
comp.sys.mac.oop.macapp3	Version 3 of the MacApp object oriented system.
comp.sys.mac.oop.misc	Object oriented programming issues on the Mac.
comp.sys.mac.oop.powerplant	Metrowerks' PowerPlant (CodeWarrior) Framework.
comp.sys.mac.oop.tcl	Symantec's THINK Class Library for object programming.
comp.sys.mac.portables	Discussion particular to laptop Macintoshes.
comp.sys.mac.printing	All about printing hardware and software on the Mac.
comp.sys.mac.programmer.codewarrior	Macintosh programming using CodeWarrior.
comp.sys.mac.programmer.games	Macintosh game programming.
comp.sys.mac.programmer.help	Help with Macintosh programming.
comp.sys.mac.programmer.info	Frequently requested information. (Moderated)
comp.sys.mac.programmer.misc	Other issues of Macintosh programming.
comp.sys.mac.programmer.tools	Macintosh programming tools.
comp.sys.mac.scitech	Using the Macintosh in scientific & technological work.
comp.sys.mac.system	Discussions of Macintosh system software.
comp.sys.mac.wanted	Postings of "I want XYZ for my Mac."

comp.sys.mentor	Mentor Graphics products & the Silicon Compiler System.
comp.sys.mips	Systems based on MIPS chips.
comp.sys.misc	Discussion about computers of all kinds.
comp.sys.msx	The MSX home computer system.
comp.sys.ncr	Discussion about NCR computers.
comp.sys.newton.announce	Newton information posts. (Moderated)
comp.sys.newton.misc	Miscellaneous discussion about Newton systems.
comp.sys.newton.programmer	Discussion of Newton software development.
comp.sys.next.advocacy	The NeXT religion.
comp.sys.next.announce	Announcements related to the NeXT computer system. (Moderated)
comp.sys.next.bugs	Discussion and solutions for known NeXT bugs.
comp.sys.next.hardware	Discussing the physical aspects of NeXT computers.
comp.sys.next.marketplace	NeXT hardware, software and jobs.
comp.sys.next.misc	General discussion about the NeXT computer system.
comp.sys.next.programmer	NeXT related programming issues.
comp.sys.next.software	Function, use and availability of NeXT programs.
comp.sys.next.sysadmin	Discussions related to NeXT system administration.
comp.sys.nsc.32k	National Semiconductor 32000 series chips.
comp.sys.oric	Oric computers (Oric1, Atmos, Telestrat, et cetera).
comp.sys.palmtops	Super-powered calculators in the palm of your hand.
comp.sys.pen	Interacting with computers through pen gestures.
comp.sys.powerpc.advocacy	Why the PowerPC is Good/Evil (delete one).
comp.sys.powerpc.misc	Miscellaneous questions about PowerPC processors.
comp.sys.powerpc.tech	Programming and architecture of PowerPC processors.
comp.sys.prime	Prime Computer products.
comp.sys.proteon	Proteon gateway products.
comp.sys.psion.announce	Announcements of Psion related products. (Moderated)
comp.sys.psion.apps	Discussion about Psion specific programs.
comp.sys.psion.marketplace	Buy and sell Psion computers and accessories.
comp.sys.psion.misc	Discussion about miscellaneous Psion related topics.
comp.sys.psion.programmer	Discussion about Psion programming.
comp.sys.psion.reviews	Reviews about anything related to Psion computers. (Moderated)
comp.sys.pyramid	Pyramid 90x computers.
comp.sys.ridge	Ridge 32 computers and ROS.
comp.sys.sequent	Sequent systems, (Balance and Symmetry).
comp.sys.sgi.admin	System administration on Silicon Graphics's Irises.
comp.sys.sgi.announce	Announcements for the SGI community. (Moderated)
comp.sys.sgi.apps	Applications which run on the Iris.
comp.sys.sgi.audio	Audio on SGI systems.
comp.sys.sgi.bugs	Bugs found in the IRIX operating system.
comp.sys.sgi.graphics	Graphics packages and issues on SGI machines.
comp.sys.sgi.hardware	Base systems and peripherals for Iris computers.
comp.sys.sgi.marketplace	SGI-specific for sale, wanted and jobs.
comp.sys.sgi.misc	General discussion about Silicon Graphics's machines.
comp.sys.sinclair	Sinclair computers, eg. the ZX81, Spectrum and QL.
comp.sys.stratus	Stratus products, incl. System/88, CPS-32, VOS and FTX.
comp.sys.sun.admin	Sun system administration issues and questions.
comp.sys.sun.announce	Sun announcements and Sunergy mailings. (Moderated)
comp.sys.sun.apps	Software applications for Sun computer systems.
comp.sys.sun.hardware	Sun Microsystems hardware.
comp.sys.sun.misc	Miscellaneous discussions about Sun products.
comp.sys.sun.wanted	People looking for Sun products and support.

comp.sys.tahoe	CCI 6/32, Harris HCX/7, & Sperry 7000 computers.
comp.sys.tandy	Discussion about Tandy computers: new & old.
comp.sys.ti	Discussion about Texas Instruments.
comp.sys.transputer	The Transputer computer and OCCAM language.
comp.sys.unisys	Sperry, Burroughs, Convergent and Unisys* systems.
comp.sys.xerox	Xerox 1100 workstations and protocols.
comp.sys.zenith.z100	The Zenith Z-100 (Heath H-100) family of computers.
comp.terminals	All sorts of terminals.
comp.text	Text processing issues and methods.
comp.text.desktop	Technology & techniques of desktop publishing.
comp.text.frame	Desktop publishing with FrameMaker.
comp.text.interleaf	Applications and use of Interleaf software.
comp.text.pdf	Adobe Acrobat and Portable Document Format technology.
comp.text.sgml	ISO 8879 SGML, structured documents, markup languages.
comp.text.tex	Discussion about the TeX and LaTeX systems & macros.
comp.theory.info-retrieval	Information Retrieval topics. (Moderated)
comp.unix.admin	Administering a Unix-based system.
comp.unix.advocacy	Arguments for and against Unix and Unix versions.
comp.unix.aix	IBM's version of UNIX.
comp.unix.amiga	Minix, SYSV4 and other *nix on an Amiga.
comp.unix.aux	The version of UNIX for Apple Macintosh II computers.
comp.unix.bsd.386bsd.announce	Announcements pertaining to 386BSD. (Moderated)
comp.unix.bsd.386bsd.misc	386BSD operating system.
comp.unix.bsd.bsdi.announce	Announcements pertaining to BSD/OS. (Moderated)
comp.unix.bsd.bsdi.misc	BSD/OS operating system.
comp.unix.bsd.freebsd.announce	Announcements pertaining to FreeBSD. (Moderated)
comp.unix.bsd.freebsd.misc	FreeBSD operating system.
comp.unix.bsd.misc	BSD operating systems.
comp.unix.bsd.netbsd.announce	Announcements pertaining to NetBSD. (Moderated)
comp.unix.bsd.netbsd.misc	NetBSD operating system.
comp.unix.cde	The Common Desktop Environment.
comp.unix.dos-under-unix	MS-DOS running under UNIX by whatever means.
comp.unix.internals	Discussions on hacking UNIX internals.
comp.unix.large	UNIX on mainframes and in large networks.
comp.unix.machten	The MachTen operating system and related issues.
comp.unix.misc	Various topics that don't fit other groups.
comp.unix.osf.misc	Various aspects of Open Software Foundation products.
comp.unix.osf.osf1	The Open Software Foundation's OSF/1.
comp.unix.pc-clone.16bit	UNIX on 286 architectures.
comp.unix.pc-clone.32bit	UNIX on 386 and 486 architectures.
comp.unix.programmer	Q&A for people programming under Unix.
comp.unix.questions	UNIX neophytes group.
comp.unix.sco.announce	SCO and related product announcements. (Moderated)
comp.unix.sco.misc	SCO Unix, Systems, and Environments.
comp.unix.sco.programmer	Programming in and for SCO Environments.
comp.unix.shell	Using and programming the Unix shell.
comp.unix.sys3	System III UNIX discussions.
comp.unix.sys5.misc	Versions of System V which predate Release 3.
comp.unix.sys5.r3	Discussing System V Release 3.
comp.unix.sys5.r4	Discussing System V Release 4.
comp.unix.ultrix	Discussions about DEC's Ultrix.
comp.unix.unixware.announce	Announcements related to UnixWare. (Moderated)
comp.unix.unixware.misc	Products of Novell's Unix Systems Group.
comp.unix.user-friendly	Discussion of UNIX user-friendliness.
comp.unix.wizards	For only true Unix wizards. (Moderated)
comp.unix.xenix.misc	General discussions regarding XENIX (except SCO).
comp.unix.xenix.sco	XENIX versions from the Santa Cruz Operation.

comp.virus	Computer viruses & security. (Moderated)
comp.windows.garnet	The Garnet user interface development environment.
comp.windows.interviews	The InterViews object-oriented windowing system.
comp.windows.misc	Various issues about windowing systems.
comp.windows.news	The Network extensible Windowing System. (Moderated)
comp.windows.open-look	Discussion about the Open Look GUI.
comp.windows.suit	The SUIT user-interface toolkit.
comp.windows.ui-builders.teleuse	Using/augmenting the TeleUSE UI Builder.
comp.windows.ui-builders.uimx	Using and augmenting the UIM/X UI Builder.
comp.windows.x	Discussion about the X Window System.
comp.windows.x.announce	X Window System announcements. (Moderated)
comp.windows.x.apps	Getting and using, not programming, applications for X.
comp.windows.x.i386unix	The XFree86 window system and others.
comp.windows.x.intrinsics	Discussion of the X toolkit.

H.6.3 News-Gruppen der humanities-Hierarchie

humanities.answers	Repository for periodic USENET articles. (Moderated)
humanities.classics	Discussion of ancient Greece and Rome.
humanities.design.misc	Theory, practice, history & aesthetic issues in design.
humanities.language.sanskrit	The Sanskrit language and related topics.
humanities.lit.authors.shakespeare	Poetry, plays, history of Shakespeare.
humanities.misc	General topics in the arts & humanities.
humanities.music.composers.wagner	The life and works of Richard Wagner.
humanities.philosophy.objectivism	The ideas of Ayn Rand. (Moderated)

H.6.4 News-Gruppen der misc-Hierarchie

misc.activism.militia	Citizens bearing arms for the common defense. (Moderated)
misc.activism.progressive	Information for Progressive activists. (Moderated)
misc.answers	Repository for periodic USENET articles. (Moderated)
misc.books.technical	Discussion of books about technical topics.
misc.business.consulting	The business of consulting. (Moderated)
misc.business.credit	Domestic and international business credit. (Moderated)
misc.business.facilitators	Forum for group facilitation professionals. (Moderated)
misc.business.marketing.moderated	Roundtable for marketing topics. (Moderated)
misc.business.records-mgmt	All aspects of professional records management.
misc.consumers	Consumer interests, product reviews, etc.
misc.consumers.frugal-living	Practicing a frugal lifestyle.
misc.consumers.house	Discussion about owning and maintaining a house.
misc.consumers.house.homeowner-assn	Common interest housing developments.
misc.creativity	Promoting the use of creativity in all human endeavors.
misc.education	Discussion of the educational system.
misc.education.adult	Adult education and adult literacy practice/research.
misc.education.home-school.christian	Christian home-schooling.
misc.education.home-school.misc	Almost anything about home-schooling.
misc.education.language.english	Teaching English to speakers of other languages.
misc.education.medical	Issues related to medical education.
misc.education.multimedia	Multimedia for education. (Moderated)
misc.education.science	Issues related to science education.
misc.emerg-services	Forum for paramedics & other first responders.

misc.entrepreneurs	Discussion on operating a business.
misc.entrepreneurs.moderated	Entrepreneur/business topics. (Moderated)
misc.fitness.aerobic	All forms of aerobic activity.
misc.fitness.misc	All other general fitness topics.
misc.fitness.walking	Fitness walking: help, instruction, events.
misc.fitness.weights	Bodybuilding, weightlifting, resistance.
misc.forsale.computers.discussion	Discussions only about items for sale.
misc.forsale.computers.mac-specific.cards.misc	Macintosh expansion cards.
misc.forsale.computers.mac-specific.cards.video	Macintosh video cards.
misc.forsale.computers.mac-specific.misc	Other Macintosh equipment.
misc.forsale.computers.mac-specific.portables	Portable Macintosh systems.
misc.forsale.computers.mac-specific.software	Macintosh software.
misc.forsale.computers.mac-specific.systems	Complete Macintosh systems.
misc.forsale.computers.memory	Memory chips and modules for sale and wanted.
misc.forsale.computers.modems	Modems for sale and wanted.
misc.forsale.computers.monitors	Monitors and displays for sale and wanted.
misc.forsale.computers.net-hardware	Networking hardware for sale and wanted.
misc.forsale.computers.other.misc	Miscellaneous other equipment.
misc.forsale.computers.other.software	Software for other systems.
misc.forsale.computers.other.systems	Complete other types of systems.
misc.forsale.computers.pc-specific.audio	PC audio equipment.
misc.forsale.computers.pc-specific.cards.misc	PC expansion cards.
misc.forsale.computers.pc-specific.cards.video	PC video cards.
misc.forsale.computers.pc-specific.misc	Other PC-specific equipment.
misc.forsale.computers.pc-specific.motherboards	PC motherboards.
misc.forsale.computers.pc-specific.portables	Portable PC systems.
misc.forsale.computers.pc-specific.software	PC software.
misc.forsale.computers.pc-specific.systems	Complete PC systems.
misc.forsale.computers.printers	Printers and plotters for sale and wanted.
misc.forsale.computers.storage	Disk, CDROM and tape drives for sale and wanted.
misc.forsale.computers.workstation	Workstation related computer items.
misc.forsale.non-computer	Non-computer items for sale and wanted.
misc.handicap	Discussions of interest to persons with disabilities.
misc.headlines	Current interest: drug testing, terrorism, etc.
misc.health.aids	AIDS issues and support.
misc.health.alternative	Alternative, complementary and holistic health care.
misc.health.arthritis	Arthritis and related disorders.
misc.health.diabetes	Discussion of diabetes management in day to day life.
misc.health.infertility	Treatment & support of infertility.
misc.health.injuries.rsi.misc	All about Repetitive Strain Injuries.
misc.health.injuries.rsi.moderated	Experts answer questions about RSI. (Moderated)
misc.health.therapy.occupational	All areas of occupational therapy.
misc.immigration.canada	Canada immigration issues.
misc.immigration.misc	Miscellaneous countries immigration issues.
misc.immigration.usa	USA immigration issues.
misc.industry.electronics.marketplace	Electronics products & services.
misc.industry.insurance	General forum for all insurance issues. (Moderated)
misc.industry.printing	A forum for the printing industry. (Moderated)
misc.industry.pulp-and-paper	Technical topics in the pulp and paper industry.
misc.industry.quality	Quality standards and other issues.
misc.industry.utilities.electric	The electric utility industry.
misc.int-property	Discussion of intellectual property rights.

misc.invest.canada	Investing in Canadian financial markets.
misc.invest.financial-plan	Financial planning in general. (Moderated)
misc.invest.futures	Physical commodity and financial futures markets.
misc.invest.marketplace	All other ads/promotions.
misc.invest.misc	Investments not in other misc.invest.* groups.
misc.invest.mutual-funds	Mutual Funds.
misc.invest.options	Financial options on stocks and futures.
misc.invest.real-estate	Property investments.
misc.invest.stocks	Forum for sharing info about stocks and options.
misc.invest.technical	Analyzing market trends with technical methods.
misc.jobs.contract	Discussions about contract labor.
misc.jobs.fields.chemistry	Employment in the chemical sciences.
misc.jobs.misc	Discussion about employment, workplaces, careers.
misc.jobs.offered	Announcements of positions available.
misc.jobs.offered.entry	Job listings only for entry-level positions.
misc.jobs.resumes	Postings of resumes and "situation wanted" articles.
misc.kids	Children, their behavior and activities.
misc.kids.breastfeeding	Information, support, and decisions re breastfeeding.
misc.kids.computer	The use of computers by children.
misc.kids.consumers	Products related to kids.
misc.kids.health	Children's health.
misc.kids.info	Informational posts related to misc.kids hierarchy. (Moderated)
misc.kids.pregnancy	Pre-pregnancy planning, pregnancy, childbirth.
misc.kids.vacation	Discussion on all forms of family-oriented vacationing.
misc.legal	Legalities and the ethics of law.
misc.legal.computing	Discussing the legal climate of the computing world.
misc.legal.moderated	All aspects of law. (Moderated)
misc.misc	Various discussions not fitting in any other group.
misc.news.bosnia	News, articles, reports & information on Bosnia. (Moderated)
misc.news.east-europe.rferl	Radio Free Europe/Radio Liberty Daily Report. (Moderated)
misc.news.internet.announce	News bulletins from the Internet. (Moderated)
misc.news.internet.discuss	Discussion of news bulletins from the Net.
misc.news.southasia	News from Bangladesh, India, Nepal, etc. (Moderated)
misc.rural	Devoted to issues concerning rural living.
misc.survivalism	Disaster and long-term survival techniques and theory.
misc.taxes	Tax laws and advice.
misc.taxes.moderated	Tax professionals meeting place and answers to queries. (Moderated)
misc.test	For testing of network software. Very boring.
misc.test.moderated	Testing of posting to moderated groups. (Moderated)
misc.transport.air-industry	Airlines, airports, commercial aircraft. (Moderated)
misc.transport.air-industry.cargo	Questions/comments regarding air cargo. (Moderated)
misc.transport.marine	Maritime and inland waterways transportation.
misc.transport.misc	General transportation issues.
misc.transport.rail.americas	Railroads & railways in North & South America.
misc.transport.rail.australia-nz	Railways in Australia & New Zealand.
misc.transport.rail.europe	Railroads & railways in all of Europe.
misc.transport.rail.misc	Rail issues not in other geographic groups.
misc.transport.road	Road and highway transportation.
misc.transport.trucking	Commercial trucking related issues.
misc.transport.urban-transit	Metropolitan public transportation systems.
misc.wanted	Requests for things that are needed (NOT software).
misc.writing	Discussion of writing in all of its forms.
misc.writing.screenplays	Aspects of writing and selling screenplays.

H.6.5 News-Gruppen der news-Hierarchie

news.admin.announce	Announcements for news adminstrators. (Moderated)
news.admin.censorship	Censorship issues in news administration.
news.admin.hierarchies	Network news hierarchies.
news.admin.misc	General topics of network news administration.
news.admin.net-abuse.announce	Information regarding network resource abuse. (Moderated)
news.admin.net-abuse.bulletins	Bulletins of action about net abuse. (Moderated)
news.admin.net-abuse.email	Discussion of abuse of email systems.
news.admin.net-abuse.misc	Network facility abuse, including spamming.
news.admin.net-abuse.policy	Discussion of net abuse policy. (Moderated)
news.admin.net-abuse.sightings	Sightings of net abuse. (Moderated)
news.admin.net-abuse.usenet	Discussion of abuse of the Usenet system.
news.admin.technical	Technical aspects of maintaining network news. (Moderated)
news.announce.conferences	Calls for papers and conference announcements. (Moderated)
news.announce.important	General announcements of interest to all. (Moderated)
news.announce.newgroups	Calls for newgroups & announcements of same. (Moderated)
news.announce.newusers	Explanatory postings for new users. (Moderated)
news.answers	Repository for periodic USENET articles. (Moderated)
news.groups	Discussions and lists of newsgroups.
news.groups.questions	Where can I find talk about topic X?
news.groups.reviews	What is going on in group or mailing list named X? (Moderated)
news.lists	News-related statistics and lists. (Moderated)
news.misc	Discussions of USENET itself.
news.newusers.questions	Q & A for users new to the Usenet.
news.software.anu-news	VMS B-news software from Australian National Univ.
news.software.b	Discussion about B-news-compatible software.
news.software.nn	Discussion about the "nn" news reader package.
news.software.nntp	The Network News Transfer Protocol.
news.software.readers	Discussion of software used to read network news.

H.6.6 News-Gruppen der rec-Hierarchie

rec.animals.wildlife	Wildlife related discussions/information.
rec.answers	Repository for periodic USENET articles. (Moderated)
rec.antiques	Discussing antiques and vintage items.
rec.antiques.marketplace	Buying/selling/trading antiques.
rec.antiques.radio+phono	Audio devices and materials of yesteryear.
rec.aquaria.freshwater.cichlids	Care and keeping of freshwater cichlids.
rec.aquaria.freshwater.goldfish	Care and keeping of goldfish, koi, carp.
rec.aquaria.freshwater.misc	Freshwater aquaria in general.
rec.aquaria.freshwater.plants	Keeping of freshwater aquarium plants.
rec.aquaria.marine.misc	Marine aquaria in general.
rec.aquaria.marine.reefs	Marine Reef aquaria.
rec.aquaria.marketplace	Aquarium advertising & announcements.
rec.aquaria.misc	Closed System aquaria in general.
rec.aquaria.tech	Aquarium related technology and equipment.
rec.arts.animation	Discussion of various kinds of animation.
rec.arts.anime.creative	Original works by fans, related to anime/manga. (Moderated)
rec.arts.anime.fandom	Important issues concerning Japanese animation fans.

rec.arts.anime.games	Video games, card games, and RPGs based on anime.
rec.arts.anime.info	Announcements about Japanese animation. (Moderated)
rec.arts.anime.marketplace	Things for sale in the Japanese animation world.
rec.arts.anime.misc	Japanese animation fan discussions.
rec.arts.anime.models	Models designed after Japanese animation characters.
rec.arts.anime.music	Music as it pertains to Japanese animation.
rec.arts.ascii	ASCII art, info on archives, art, & artists. (Moderated)
rec.arts.bodyart	Tattoos and body decoration discussions.
rec.arts.bonsai	Dwarfish trees and shrubbery.
rec.arts.books	Books of all genres, and the publishing industry.
rec.arts.books.childrens	All aspects of children's literature.
rec.arts.books.hist-fiction	Historical fictions (novels) in general.
rec.arts.books.marketplace	Buying and selling of books.
rec.arts.books.reviews	Book reviews. (Moderated)
rec.arts.books.tolkien	The works of J.R.R. Tolkien.
rec.arts.comics.alternative	Alternative (non-mainstream) comic books.
rec.arts.comics.creative	Encouraging good superhero-style writing.
rec.arts.comics.dc.lsh	The Legion of Super-Heroes and related characters.
rec.arts.comics.dc.universe	DC Comics' shared universe and characters.
rec.arts.comics.dc.vertigo	Comics from the Vertigo imprint.
rec.arts.comics.elfquest	The Elfquest universe and characters.
rec.arts.comics.european	European comics, sequential art.
rec.arts.comics.info	Reviews, convention information and other comics news. (Moderated)
rec.arts.comics.marketplace	The exchange of comics and comic related items.
rec.arts.comics.marvel.universe	Marvel Comics' shared universe and characters.
rec.arts.comics.marvel.xbooks	The Mutant Universe of Marvel Comics.
rec.arts.comics.misc	Comic books, graphic novels, sequential art.
rec.arts.comics.other-media	Comic book spinoffs in other media.
rec.arts.comics.strips	Discussion of short-form comics.
rec.arts.dance	Any aspects of dance not covered in another newsgroup.
rec.arts.disney.animation	Animated features, cartoons, short subjects.
rec.arts.disney.announce	FAQs, lists, info, announcements. (Moderated)
rec.arts.disney.merchandise	Toys, videos, music, books, art, collectibles.
rec.arts.disney.misc	General topics pertinent to the Disney Company.
rec.arts.disney.parks	Parks, resorts, dining, attractions, vacations.
rec.arts.drwho	Discussion about Dr. Who.
rec.arts.drwho.info	Information about Doctor Who. (Moderated)
rec.arts.erotica	Erotic fiction and verse. (Moderated)
rec.arts.fine	Fine arts & artists.
rec.arts.int-fiction	Discussions about interactive fiction.
rec.arts.manga	All aspects of the Japanese storytelling art form.
rec.arts.marching.band.college	College marching bands.
rec.arts.marching.band.high-school	High school marching bands.
rec.arts.marching.colorguard	Competitive color guard activity.
rec.arts.marching.drumcorps	Drum and bugle corps.
rec.arts.marching.misc	Marching-related performance activities.
rec.arts.misc	Discussions about the arts not in other groups.
rec.arts.movies.announce	Newsworthy events in the movie business. (Moderated)
rec.arts.movies.current-films	The latest movie releases.
rec.arts.movies.erotica	Aspects of erotic films and videos. (Moderated)
rec.arts.movies.lists+surveys	Top-N lists and general surveys.
rec.arts.movies.local.indian	Indian movies and the Indian film industry.
rec.arts.movies.misc	General aspects of movies not covered by other groups.
rec.arts.movies.movie-going	Going-to-movies experiences.
rec.arts.movies.past-films	Past movies.
rec.arts.movies.people	People in the movie business.

rec.arts.movies.production	Filmmaking, amateur and professional.
rec.arts.movies.reviews	Reviews of movies. (Moderated)
rec.arts.movies.tech	Technical aspects of movies.
rec.arts.mystery	Mystery and crime books, plays and films.
rec.arts.poems	For the posting of poems.
rec.arts.prose	Short works of prose fiction and followup discussion.
rec.arts.puppetry	For discussion of puppets in any form or venue.
rec.arts.sf.announce	Major announcements of the SF world. (Moderated)
rec.arts.sf.composition	The writing and publishing of speculative fiction.
rec.arts.sf.fandom	Discussions of SF fan activities.
rec.arts.sf.marketplace	Personal forsale notices of SF materials.
rec.arts.sf.misc	Science fiction lovers' newsgroup.
rec.arts.sf.movies	Discussing SF motion pictures.
rec.arts.sf.reviews	Reviews of science fiction/fantasy/horror works. (Moderated)
rec.arts.sf.science	Real and speculative aspects of SF science.
rec.arts.sf.starwars.collecting	Topics relating to Star Wars collecting.
rec.arts.sf.starwars.games	Star Wars games: RPG, computer, card, etc.
rec.arts.sf.starwars.info	General information pertaining to Star Wars. (Moderated)
rec.arts.sf.starwars.misc	Miscellaneous topics pertaining to Star Wars.
rec.arts.sf.tv	Discussing general television SF.
rec.arts.sf.tv.babylon5	Babylon 5 creators meet Babylon 5 fans.
rec.arts.sf.tv.babylon5.info	Announcements about TV show _Babylon 5_. (Moderated)
rec.arts.sf.tv.babylon5.moderated	Babylon 5 creators meet Babylon 5 fans. (Moderated)
rec.arts.sf.tv.quantum-leap	Quantum Leap TV, comics, cons, etc.
rec.arts.sf.written	Discussion of written science fiction and fantasy.
rec.arts.sf.written.robert-jordan	Books by author Robert Jordan.
rec.arts.startrek.current	New Star Trek shows, movies and books.
rec.arts.startrek.fandom	Star Trek conventions and memorabilia.
rec.arts.startrek.info	Information about the universe of Star Trek. (Moderated)
rec.arts.startrek.misc	General discussions of Star Trek.
rec.arts.startrek.reviews	Reviews of Star Trek books, episodes, films, &c. (Moderated)
rec.arts.startrek.tech	Star Trek's depiction of future technologies.
rec.arts.theatre.misc	Miscellaneous topics and issues in theatre.
rec.arts.theatre.musicals	Musical theatre around the world.
rec.arts.theatre.plays	Dramaturgy and discussion of plays.
rec.arts.theatre.stagecraft	Issues in stagecraft and production.
rec.arts.tv	The boob tube, its history, and past and current shows.
rec.arts.tv.interactive	Developments in interactive television.
rec.arts.tv.mst3k.announce	Mystery Science Theater 3000 announcements. (Moderated)
rec.arts.tv.mst3k.misc	For fans of Mystery Science Theater 3000.
rec.arts.tv.soaps.abc	Soap operas produced by or for the ABC network.
rec.arts.tv.soaps.cbs	Soap operas produced by or for the CBS network.
rec.arts.tv.soaps.misc	Postings of interest to all soap opera viewers.
rec.arts.tv.uk.comedy	Regarding UK-based comedy shows.
rec.arts.tv.uk.coronation-st	Regarding the UK based show Coronation Street.
rec.arts.tv.uk.eastenders	Regarding the UK based show Eastenders.
rec.arts.tv.uk.emmerdale	All about the British soap, Emmerdale.
rec.arts.tv.uk.misc	Miscellaneous topics about UK-based television.
rec.arts.wobegon	"A Prairie Home Companion" radio show discussion.
rec.audio.car	Discussions of automobile audio systems.
rec.audio.high-end	High-end audio systems. (Moderated)
rec.audio.marketplace	Buying and selling of home audio equipment.
rec.audio.misc	Post about audio here if you can't post anywhere else.
rec.audio.opinion	Everybody's two bits on audio in your home.
rec.audio.pro	Professional audio recording and studio engineering.

rec.audio.tech	Theoretical, factual, and DIY topics in home audio.
rec.audio.tubes	Electronic audio circuits which use vacuum tubes.
rec.autos.4x4	The on and off-road four wheel drive vehicle.
rec.autos.antique	Discussing all aspects of automobiles over 25 years old.
rec.autos.driving	Driving automobiles.
rec.autos.makers.chrysler	Dodge, Plymouth, Jeep, Eagle, etc info/talk.
rec.autos.makers.ford.explorer	1991+ Ford Explorer SUV.
rec.autos.makers.ford.mustang	Ford Mustangs in all their flavours.
rec.autos.makers.honda	Honda automobiles.
rec.autos.makers.jeep+willys	discussions on Jeep and Willys vehicles.
rec.autos.makers.mazda.miata	Mazda MX-5 Miata Forum.
rec.autos.makers.saturn	All about Saturn cars, fans and company.
rec.autos.makers.vw.aircooled	Bug, Bus, Ghia, Squareback, Thing, etc.
rec.autos.makers.vw.watercooled	Golf, Jetta, Corrado, Vanagon, new models, etc.
rec.autos.marketplace	Buy/Sell/Trade automobiles, parts, tools, accessories.
rec.autos.misc	Miscellaneous discussion about automobiles.
rec.autos.rod-n-custom	High performance automobiles.
rec.autos.simulators	Discussion of automotive simulators.
rec.autos.sport.f1	Formula 1 motor racing.
rec.autos.sport.indy	Indy Car motor racing.
rec.autos.sport.info	Auto racing news, results, announcements. (Moderated)
rec.autos.sport.misc	Organized, legal auto competitions.
rec.autos.sport.nascar	NASCAR and other professional stock car racing.
rec.autos.sport.rally	Any type of interest in any form of rally motorsport.
rec.autos.sport.tech	Technical aspects & technology of auto racing.
rec.autos.tech	Technical aspects of automobiles, et. al.
rec.aviation.aerobatics	Aerobatics and unusual attitude flying.
rec.aviation.announce	Events of interest to the aviation community. (Moderated)
rec.aviation.answers	Frequently asked questions about aviation. (Moderated)
rec.aviation.hang-gliding	Hang-gliding, paragliding, foot-launched flight.
rec.aviation.homebuilt	Selecting, designing, building, and restoring aircraft.
rec.aviation.ifr	Flying under Instrument Flight Rules.
rec.aviation.marketplace	Aviation classifieds.
rec.aviation.military	Military aircraft of the past, present and future.
rec.aviation.military.naval	Discussion of Naval Aviation subjects.
rec.aviation.misc	Miscellaneous topics in aviation.
rec.aviation.owning	Information on owning airplanes.
rec.aviation.piloting	General discussion for aviators.
rec.aviation.products	Reviews and discussion of products useful to pilots.
rec.aviation.questions	Aviation questions and answers. (Moderated)
rec.aviation.restoration	Forum for debate on aircraft restoration.
rec.aviation.rotorcraft	Helicopters and other rotary wing aircraft.
rec.aviation.simulators	Flight simulation on all levels.
rec.aviation.soaring	All aspects of sailplanes and hang-gliders.
rec.aviation.stories	Anecdotes of flight experiences. (Moderated)
rec.aviation.student	Learning to fly.
rec.aviation.ultralight	Light aircraft in general, all topics.
rec.backcountry	Activities in the Great Outdoors.
rec.bicycles.marketplace	Buying, selling & reviewing items for cycling.
rec.bicycles.misc	General discussion of bicycling.
rec.bicycles.off-road	All aspects of off-road bicycling.
rec.bicycles.racing	Bicycle racing techniques, rules and results.
rec.bicycles.rides	Discussions of tours and training or commuting routes.
rec.bicycles.soc	Societal issues of bicycling.
rec.bicycles.tech	Cycling product design, construction, maintenance, etc.
rec.birds	Hobbyists interested in bird watching.
rec.boats	Hobbyists interested in boating.

rec.boats.building	Boat building, design, restoration, and repair.
rec.boats.cruising	Cruising in boats.
rec.boats.electronics	Electronics, hardware, software on boats.
rec.boats.marketplace	Boating products for sale and wanted. (Moderated)
rec.boats.paddle	Talk about any boats with oars, paddles, etc.
rec.boats.racing	Boat racing.
rec.boats.racing.power	Speed-based competition of all motorized watercraft.
rec.climbing	Climbing techniques, competition announcements, etc.
rec.collecting	Discussion among collectors of many things.
rec.collecting.books	Issues related to collecting books of all types.
rec.collecting.cards.discuss	Discussion of sports and non-sports cards.
rec.collecting.cards.non-sports	Non-sports cards.
rec.collecting.coins	Coin, currency, medal, etc. collecting forum.
rec.collecting.dolls	Doll and bear collecting and crafting.
rec.collecting.paper-money	Paper money and related collecting.
rec.collecting.phonecards	Info and Marketplace group for phonecards.
rec.collecting.postal-history	Study of the movement of the mails worldwide.
rec.collecting.sport.baseball	Baseball memorabilia (cards, photos, etc).
rec.collecting.sport.basketball	Basketball memorabilia (cards, photos, etc).
rec.collecting.sport.football	Football memorabilia (cards, photos, etc).
rec.collecting.sport.hockey	Hockey memorabilia (cards, photos, etc).
rec.collecting.sport.misc	Sports memorabilia not in any other group.
rec.collecting.stamps	Discussion of all things related to philately.
rec.collecting.villages	Collectible houses, cottages, villages, and accessories.
rec.crafts.beads	Making, collecting, and using beads.
rec.crafts.brewing	The art of making beers and meads.
rec.crafts.carving	Exchange of information on carving and its techniques.
rec.crafts.dollhouses	Collecting and making of dollhouse miniatures.
rec.crafts.glass	All aspects of glassworking and glass.
rec.crafts.jewelry	All aspects of jewelry making and lapidary work.
rec.crafts.marketplace	Small-scale ads for craft products of all kinds.
rec.crafts.metalworking	All aspects of working with metal.
rec.crafts.misc	Handiwork arts not covered elsewhere.
rec.crafts.polymer-clay	Techniques & resources relating to polymer clay.
rec.crafts.pottery	The ancient art of making clay pots.
rec.crafts.rubberstamps	The rubberstamp craft- tips, supplies, swaps.
rec.crafts.textiles.marketplace	Ads for textile products.
rec.crafts.textiles.misc	Fiber and textile crafts not covered elsewhere.
rec.crafts.textiles.needlework	Any form of decorative stitching done by hand.
rec.crafts.textiles.quilting	All about quilts and other quilted items.
rec.crafts.textiles.sewing	Sewing: clothes, furnishings, costumes, etc.
rec.crafts.textiles.yarn	Yarn making & use: spin, dye, knit, weave etc.
rec.crafts.winemaking	The tasteful art of making wine.
rec.crafts.woodturning	Woodturning and turned objects.
rec.drugs.announce	Announcements about drugs and related issues. (Moderated)
rec.drugs.cannabis	The drug cannabis (marijuana).
rec.drugs.chemistry	Chemistry, pharmacology and related issues.
rec.drugs.misc	Stimulants, sedatives, smart drugs, et cetera.
rec.drugs.psychedelic	LSD, Ecstasy, magic mushrooms and the like.
rec.drugs.smart	Smart drugs (nootropics).
rec.equestrian	Discussion of things equestrian.
rec.folk-dancing	Folk dances, dancers, and dancing.
rec.food.baking	Baking and baked goods, e.g. bread, pastries.
rec.food.chocolate	Chocolate.
rec.food.cooking	Food, cooking, cookbooks, and recipes.
rec.food.drink	Wines and spirits.

rec.food.drink.beer	All things beer.
rec.food.drink.coffee	The making and drinking of coffee.
rec.food.drink.tea	Tea as beverage and culture.
rec.food.equipment	Food-related equipment, appliances, utensils.
rec.food.historic	The history of food making arts.
rec.food.marketplace	Buying and selling food-related items.
rec.food.preserving	Preserving foodstuffs, herbs, and medicinals.
rec.food.recipes	Recipes for interesting food and drink. (Moderated)
rec.food.restaurants	Discussion of dining out.
rec.food.sourdough	Making and baking with sourdough.
rec.food.veg	Vegetarians.
rec.food.veg.cooking	Vegetarian recipes, cooking, nutrition. (Moderated)
rec.gambling.blackjack	Analysis of and strategy for blackjack, aka 21.
rec.gambling.craps	Analysis of and strategy for the dice game craps.
rec.gambling.lottery	Strategy and news of lotteries and sweepstakes.
rec.gambling.misc	All other gambling topics including travel.
rec.gambling.other-games	Gambling games not covered elsewhere.
rec.gambling.poker	Analysis and strategy of live poker games.
rec.gambling.racing	Wagering on animal races.
rec.gambling.sports	Wagering on human sporting events.
rec.games.abstract	Perfect information, pure strategy games.
rec.games.backgammon	Discussion of the game of backgammon.
rec.games.board	Discussion and hints on board games.
rec.games.board.ce	The Cosmic Encounter board game.
rec.games.board.marketplace	Trading and selling of board games.
rec.games.bolo	The networked strategy war game Bolo.
rec.games.bridge	Hobbyists interested in bridge.
rec.games.bridge.okbridge	Okbridge forum.
rec.games.chess.analysis	Analysis of openings/middlegames/endgames.
rec.games.chess.computer	Reports on game servers, databases, software.
rec.games.chess.misc	Forum for news/discussion related to chess.
rec.games.chess.play-by-email	Reports/discussions regarding email chess.
rec.games.chess.politics	News of nat'l/international chess organizations.
rec.games.chinese-chess	Discussion of the game of Chinese chess, Xiangqi.
rec.games.computer.doom.announce	Info/FAQs/reviews about DOOM. (Moderated)
rec.games.computer.doom.editing	Editing and hacking DOOM-related files.
rec.games.computer.doom.help	DOOM Help Service (new players welcome).
rec.games.computer.doom.misc	Talking about DOOM and id Software.
rec.games.computer.doom.playing	Playing DOOM and user-created levels.
rec.games.computer.puzzle	Puzzle-solving computer games.
rec.games.computer.quake.announce	Info/FAQ/Announcements about Quake. (Moderated)
rec.games.computer.quake.editing	Editing and hacking Quake-related files.
rec.games.computer.quake.misc	General discussion of Quake.
rec.games.computer.quake.playing	Playing Quake and user-created levels.
rec.games.computer.quake.quake-c	Modifying Quake with Quake-C.
rec.games.computer.quake.servers	Setup and maintenance of servers.
rec.games.computer.stars	The strategy game "Stars!".
rec.games.computer.ultima-dragons	forum for fans of the Ultima games.
rec.games.computer.xpilot	About the X11 game XPilot.
rec.games.corewar	The Core War computer challenge.
rec.games.design	Discussion of game design related issues.
rec.games.diplomacy	The conquest game Diplomacy.
rec.games.empire	Discussion and hints about Empire.
rec.games.frp.advocacy	Flames and rebuttals about various role-playing systems.
rec.games.frp.announce	Announcements of happenings in the role-playing world. (Moderated)
rec.games.frp.archives	Archivable fantasy stories and other projects. (Moderated)

rec.games.frp.cyber	Discussions of cyberpunk related roleplaying games.
rec.games.frp.dnd	Fantasy role-playing with TSR's Dungeons and Dragons.
rec.games.frp.gurps	The GURPS role playing game.
rec.games.frp.live-action	Live-action roleplaying games.
rec.games.frp.marketplace	Role-playing game materials wanted and for sale.
rec.games.frp.misc	General discussions of role-playing games.
rec.games.frp.storyteller	World of Darkness and StoryTeller games.
rec.games.frp.super-heroes	Super-hero role playing games.
rec.games.go	Discussion about Go.
rec.games.int-fiction	All aspects of interactive fiction games.
rec.games.mecha	Giant robot games.
rec.games.miniatures.historical	Historical and modern tabletop wargaming.
rec.games.miniatures.misc	Miniatures and various tabletop wargames.
rec.games.miniatures.warhammer	Wargaming in the Warhammer Universe.
rec.games.misc	Games and computer games.
rec.games.mud.admin	Administrative issues of multiuser dungeons.
rec.games.mud.announce	Informational articles about multiuser dungeons. (Moderated)
rec.games.mud.diku	All about DikuMuds.
rec.games.mud.lp	Discussions of the LPMUD computer role playing game.
rec.games.mud.misc	Various aspects of multiuser computer games.
rec.games.mud.tiny	Discussion about Tiny muds, like MUSH, MUSE and MOO.
rec.games.netrek	Discussion of the X window system game Netrek (XtrekII).
rec.games.pbm	Discussion about Play by Mail games.
rec.games.pinball	Discussing pinball-related issues.
rec.games.playing-cards	Recreational (non-gambling) card playing.
rec.games.programmer	Discussion of adventure game programming.
rec.games.roguelike.angband	The computer game Angband.
rec.games.roguelike.announce	Major info about rogue-styled games. (Moderated)
rec.games.roguelike.misc	Rogue-style dungeon games without other groups.
rec.games.roguelike.moria	The computer game Moria.
rec.games.roguelike.nethack	The computer game Nethack.
rec.games.roguelike.rogue	The computer game Rogue.
rec.games.trading-cards.announce	Important news about trading card games. (Moderated)
rec.games.trading-cards.jyhad	Jyhad trading card game discussions.
rec.games.trading-cards.magic.misc	General "Magic: the Gathering" postings.
rec.games.trading-cards.magic.rules	"Magic: the Gathering" rules Q&A.
rec.games.trading-cards.magic.strategy	"Magic: the Gathering" strategy.
rec.games.trading-cards.marketplace.magic.auctions	Auctions of Magic cards.
rec.games.trading-cards.marketplace.magic.sales	Selling Magic cards.
rec.games.trading-cards.marketplace.magic.trades	Trading Magic cards.
rec.games.trading-cards.marketplace.misc	Trading trading card stuff.
rec.games.trading-cards.misc	Other trading card game discussions.
rec.games.trading-cards.startrek	Star Trek Trading Card Games.
rec.games.trivia	Discussion about trivia.
rec.games.video.3do	Discussion of 3DO video game systems.

rec.games.video.advocacy	Debate on merits of various video game systems.
rec.games.video.arcade	Discussions about coin-operated video games.
rec.games.video.arcade.collecting	Collecting, converting, repairing etc.
rec.games.video.atari	Discussion of Atari's video game systems.
rec.games.video.cd-i	CD-i topics with emphasis on games.
rec.games.video.cd32	Gaming talk, info and help for the Amiga CD32.
rec.games.video.classic	Older home video entertainment systems.
rec.games.video.marketplace	Home video game stuff for sale or trade.
rec.games.video.misc	General discussion about home video games.
rec.games.video.nintendo	All Nintendo video game systems and software.
rec.games.video.sega	All Sega video game systems and software.
rec.games.video.sony	Sony game hardware and software.
rec.games.xtank.play	Strategy and tactics for the distributed game Xtank.
rec.games.xtank.programmer	Coding the Xtank game and its robots.
rec.gardens	Gardening, methods and results.
rec.gardens.orchids	Growing, hybridizing, and general care of orchids.
rec.gardens.roses	Gardening information related to roses.
rec.guns	Discussions about firearms. (Moderated)
rec.heraldry	Discussion of coats of arms.
rec.humor	Jokes and the like. May be somewhat offensive.
rec.humor.d	Discussions on the content of rec.humor articles.
rec.humor.funny	Jokes that are funny (in the moderator's opinion). (Moderated)
rec.humor.oracle	Sagacious advice from the USENET Oracle. (Moderated)
rec.humor.oracle.d	Comments about the USENET Oracle's comments.
rec.hunting	Discussions about hunting. (Moderated)
rec.hunting.dogs	Hunting topics specifically related to using dogs. (Moderated)
rec.juggling	Juggling techniques, equipment and events.
rec.kites	Talk about kites and kiting.
rec.knives	Anything that goes cut or has an edge.
rec.mag	Magazine summaries, tables of contents, etc.
rec.mag.dargon	DargonZine fantasy fiction emag issues and discussion.
rec.martial-arts	Discussion of the various martial art forms.
rec.misc	General topics about recreational/participant sports.
rec.models.railroad	Model railroads of all scales.
rec.models.rc.air	Radio-controlled air models.
rec.models.rc.helicopter	Model helicopter flying, construction, and tips.
rec.models.rc.land	Radio-controlled land models.
rec.models.rc.misc	Radio-controlled miscellaneous items.
rec.models.rc.water	Radio-controlled water models.
rec.models.rockets	Model rockets for hobbyists.
rec.models.scale	Construction of models.
rec.motorcycles	Motorcycles and related products and laws.
rec.motorcycles.dirt	Riding motorcycles and ATVs off-road.
rec.motorcycles.harley	All aspects of Harley-Davidson motorcycles.
rec.motorcycles.racing	Discussion of all aspects of racing motorcycles.
rec.music.a-cappella	Vocal music without instrumental accompaniment.
rec.music.afro-latin	Music with Afro-Latin, African and Latin influences.
rec.music.ambient	Ambient music and artists.
rec.music.arabic	All aspects of the music of the Arab world.
rec.music.artists.amy-grant	All aspects of Amy Grant's career.
rec.music.artists.beach-boys	The Beach Boys' music & the effect they've had.
rec.music.artists.bruce-hornsby	The music of Bruce Hornsby.
rec.music.artists.danny-elfman	Composer Danny Elfman's music.
rec.music.artists.debbie-gibson	The music of Deborah Gibson.
rec.music.artists.emmylou-harris	Emmylou Harris, her music, her friends.

rec.music.artists.kings-x	Gretchen Goes to Usenet.
rec.music.artists.kiss	The rock band KISS and related projects.
rec.music.artists.mariah-carey	Mariah Carey and her music.
rec.music.artists.queensryche	The Thinking Mind's Metal Band.
rec.music.artists.reb-st-james	All aspects of Rebecca St. James' career.
rec.music.artists.springsteen	Forum for fans of Bruce Springsteen's music.
rec.music.beatles	Postings about the Fab Four & their music.
rec.music.beatles.info	Latest press notes about the Beatles. (Moderated)
rec.music.beatles.moderated	Fab Four analytical & investigative articles. (Moderated)
rec.music.bluenote	Discussion of jazz, blues, and related types of music.
rec.music.bluenote.blues	The Blues in all forms and all aspects.
rec.music.brazilian	All aspects of brazilian music.
rec.music.celtic	Traditional and modern music with a Celtic flavor.
rec.music.christian	Christian music, both contemporary and traditional.
rec.music.classical	Discussion about classical music.
rec.music.classical.contemporary	Contemporary classical music.
rec.music.classical.guitar	Classical music performed on guitar.
rec.music.classical.performing	Performing classical (including early) music.
rec.music.classical.recordings	Classical music on CD, vinyl, cassette, etc.
rec.music.collecting.cd	Compact discs of collector value (NO wanted or forsale).
rec.music.collecting.misc	Memorabilia (NO wanted, forsale, CD or vinyl).
rec.music.collecting.vinyl	Collecting vinyl records (NO wanted or forsale).
rec.music.compose	Creating musical and lyrical works.
rec.music.country.old-time	Southern fiddle/banjo music and beyond.
rec.music.country.western	C&W music, performers, performances, etc.
rec.music.dementia	Discussion of comedy and novelty music.
rec.music.dylan	Discussion of Bob's works & music.
rec.music.early	Discussion of pre-classical European music.
rec.music.filipino	All types and forms of Filipino music.
rec.music.filk	Music genre originated in the sf/fantasy fan community.
rec.music.folk	Folks discussing folk music of various sorts.
rec.music.funky	Funk, soul, rhythm & blues and related.
rec.music.gaffa	Discussion of Kate Bush & other alternative music. (Moderated)
rec.music.gdead	A group for (Grateful) Dead-heads.
rec.music.hip-hop	Hip-Hop music and culture in general.
rec.music.indian.classical	Hindustani and Carnatic Indian classical music.
rec.music.indian.misc	Discussing Indian music in general.
rec.music.industrial	Discussion of all industrial-related music styles.
rec.music.info	News and announcements on musical topics. (Moderated)
rec.music.iranian	Discussion of Iranian music.
rec.music.makers	For performers and their discussions.
rec.music.makers.bagpipe	Music and playing of all types of bagpipes.
rec.music.makers.bands	For musicians who play in groups with others.
rec.music.makers.bass	Upright bass and bass guitar techniques and equipment.
rec.music.makers.bowed-strings	Violin family (current & old) performance.
rec.music.makers.builders	Design, building, repair of musical instruments.
rec.music.makers.choral	Choral groups and choral music.
rec.music.makers.dulcimer	Dulcimers and related instruments.
rec.music.makers.french-horn	About horn players and playing.
rec.music.makers.guitar	Electric and acoustic guitar techniques and equipment.
rec.music.makers.guitar.acoustic	Discussion of acoustic guitar playing.
rec.music.makers.guitar.jazz	All aspects of jazz guitar.
rec.music.makers.guitar.tablature	Guitar tablature/chords.
rec.music.makers.marketplace	Buying & selling used music-making equipment.
rec.music.makers.percussion	Drum & other percussion techniques & equipment.
rec.music.makers.piano	Piano music, performing, composing, learning, styles.

rec.music.makers.saxophone	All aspects of the saxophone and its music.
rec.music.makers.songwriting	All about songwriting.
rec.music.makers.squeezebox	Accordions, concertinas, and related free reeds.
rec.music.makers.synth	Synthesizers and computer music.
rec.music.makers.trumpet	The exchange of trumpet related information.
rec.music.marketplace.cd	Buying and selling collectible compact discs.
rec.music.marketplace.misc	Buying and selling non-vinyl/CD music.
rec.music.marketplace.vinyl	Buying and selling collectible vinyl records.
rec.music.misc	Music lovers' group.
rec.music.movies	Music for movies and television.
rec.music.newage	"New Age" music discussions.
rec.music.opera	All aspects of opera.
rec.music.phish	Discussing the musical group Phish.
rec.music.progressive	Symphonic rock, art rock, fusion, Canterbury, RIO, etc.
rec.music.promotional	Information and promo materials from record companies. (Moderated)
rec.music.ragtime	Ragtime and related music styles.
rec.music.reggae	Roots, Rockers, Dancehall Reggae.
rec.music.rem	The musical group R.E.M.
rec.music.reviews	Reviews of music of all genres and mediums. (Moderated)
rec.music.rock-pop-r+b.1950s	1950s Rock, Pop, and Rhythm & Blues music.
rec.music.rock-pop-r+b.1960s	1960s Rock, Pop, and Rhythm & Blues music.
rec.music.rock-pop-r+b.1970s	1970s Rock, Pop, Soul, and Rhythm & Blues music.
rec.music.tori-amos	Discussion of the female singer/songwriter Tori Amos.
rec.music.video	Discussion of music videos and music video software.
rec.nude	Hobbyists interested in naturist/nudist activities.
rec.org.mensa	Talking with members of the high IQ society Mensa.
rec.org.sca	Society for Creative Anachronism.
rec.outdoors.camping	General camping, any camping you could do by auto.
rec.outdoors.fishing	All aspects of sport and commercial fishing.
rec.outdoors.fishing.bass	Freshwater bass.
rec.outdoors.fishing.fly	Fly fishing in general.
rec.outdoors.fishing.fly.tying	Issues relating to tying flies for flyfishing.
rec.outdoors.fishing.saltwater	Saltwater fishing, methods, gear, Q&A.
rec.outdoors.marketplace	All business related to the outdoors.
rec.outdoors.national-parks	Activities and politics in national parks.
rec.outdoors.rv-travel	Discussions related to recreational vehicles.
rec.parks.theme	Entertainment theme parks.
rec.pets	Pets, pet care, and household animals in general.
rec.pets.birds	The culture and care of indoor birds.
rec.pets.cats	Discussion about domestic cats.
rec.pets.dogs.activities	Dog events: showing, obedience, agility, etc.
rec.pets.dogs.behavior	Behaviors and problems: housetraining, chewing, etc.
rec.pets.dogs.breeds	Breed specific — breed traits, finding breeders, etc.
rec.pets.dogs.health	Info about health problems & how to care for dogs.
rec.pets.dogs.info	General information and FAQs posted here. (Moderated)
rec.pets.dogs.misc	All other topics, chat, humor, etc.
rec.pets.dogs.rescue	Information about breed rescue, placing and adopting.
rec.pets.herp	Reptiles, amphibians and other exotic vivarium pets.
rec.photo.darkroom	Developing, printing and other darkroom issues.
rec.photo.digital	Digital cameras, scanners, printers, software, PhotoCD.
rec.photo.equipment.35mm	35mm cameras and lenses.
rec.photo.equipment.large-format	Large format cameras and lenses.
rec.photo.equipment.medium-format	Medium format cameras and lenses.
rec.photo.equipment.misc	Other formats, tripods, projectors, bags etc.
rec.photo.film+labs	Film and commercial photofinishing.
rec.photo.marketplace	Trading of personal photographic equipment.

rec.photo.misc	General issues related to photography.
rec.photo.moderated	The art and science of photography. (Moderated)
rec.photo.technique.art	Issues of fine art, framing, display.
rec.photo.technique.misc	Other non-equipment posts about technique.
rec.photo.technique.nature	Wildlife, landscapes, travel tips etc.
rec.photo.technique.people	Portraits, figure studies, weddings etc.
rec.ponds	Pond issues: plants, fish, design, maintenance.
rec.puzzles	Puzzles, problems, and quizzes.
rec.puzzles.crosswords	Making and playing gridded word puzzles.
rec.pyrotechnics	Fireworks, rocketry, safety, & other topics.
rec.radio.amateur.antenna	Antennas: theory, techniques and construction.
rec.radio.amateur.boatanchors	Vacuum tube-based amateur radio equipment.
rec.radio.amateur.digital.misc	Packet radio and other digital radio modes.
rec.radio.amateur.dx	Discussion, tips, notices and news for DXers.
rec.radio.amateur.equipment	All about production amateur radio hardware.
rec.radio.amateur.homebrew	Amateur radio construction and experimentation.
rec.radio.amateur.misc	Amateur radio practices, contests, events, rules, etc.
rec.radio.amateur.policy	Radio use & regulation policy.
rec.radio.amateur.space	Amateur radio transmissions through space.
rec.radio.broadcasting	Discussion of global domestic broadcast radio. (Moderated)
rec.radio.cb	Citizen-band radio.
rec.radio.info	Informational postings related to radio. (Moderated)
rec.radio.noncomm	Topics relating to noncommercial radio.
rec.radio.scanner	"Utility" broadcasting traffic above 30 MHz.
rec.radio.shortwave	Shortwave radio enthusiasts.
rec.radio.swap	Offers to trade and swap radio equipment.
rec.roller-coaster	Roller coasters and other amusement park rides.
rec.running	Running for enjoyment, sport, exercise, etc.
rec.scouting.guide+girl	Guiding and girl scout organizations.
rec.scouting.issues	Issues related to scouting policy.
rec.scouting.misc	General and international guiding and scouting topics.
rec.scouting.usa	USA specific scouting and guiding topics.
rec.scuba	Hobbyists interested in SCUBA diving.
rec.scuba.equipment	Scuba equipment, purchase, pros/cons, use.
rec.scuba.locations	Scuba travel, location questions.
rec.skiing.alpine	Downhill skiing technique, equipment, etc.
rec.skiing.announce	FAQ, competition results, automated snow reports. (Moderated)
rec.skiing.backcountry	Backcountry skiing.
rec.skiing.marketplace	Items for sale/wanted.
rec.skiing.nordic	Cross-country skiing technique, equipment, etc.
rec.skiing.resorts.europe	Skiing in Europe.
rec.skiing.resorts.misc	Skiing in other than Europe and North America.
rec.skiing.resorts.north-america	Skiing in North America.
rec.skiing.snowboard	Snowboarding technique, equipment, etc.
rec.skydiving	Hobbyists interested in skydiving.
rec.sport.archery	All aspects of archery for archers of any skill level.
rec.sport.baseball	Discussion about baseball.
rec.sport.baseball.analysis	Analysis & discussion of baseball. (Moderated)
rec.sport.baseball.college	Baseball on the collegiate level.
rec.sport.baseball.data	Raw baseball data (Stats, birthdays, scheds).
rec.sport.baseball.fantasy	Rotisserie (fantasy) baseball play.
rec.sport.basketball.college	Hoops on the collegiate level.
rec.sport.basketball.europe	A European basketball forum.
rec.sport.basketball.misc	Discussion about basketball.
rec.sport.basketball.pro	Talk of professional basketball.
rec.sport.basketball.women	Women's basketball at all levels.

rec.sport.billiard	Billiard sports, including pool, snooker, carom games.
rec.sport.boxing	Boxing in all its pugilistic facets and forms.
rec.sport.cricket	Discussion about the sport of cricket.
rec.sport.cricket.info	News, scores and info related to cricket. (Moderated)
rec.sport.curling	All aspects of the Sport Curling.
rec.sport.disc	Discussion of flying disc based sports.
rec.sport.fencing	All aspects of swordplay.
rec.sport.footbag	Discussion about the sport of footbag.
rec.sport.football.australian	Discussion of Australian (Rules) Football.
rec.sport.football.canadian	All about Canadian rules football.
rec.sport.football.college	US-style college football.
rec.sport.football.fantasy	Rotisserie (fantasy) football play.
rec.sport.football.misc	Discussion about American-style football.
rec.sport.football.pro	US-style professional football.
rec.sport.golf	Discussion about all aspects of golfing.
rec.sport.hockey	Discussion about ice hockey.
rec.sport.hockey.field	Discussion of the sport of field hockey.
rec.sport.jetski	Using Personal Water Craft, aka "jet skiing".
rec.sport.misc	Spectator sports.
rec.sport.officiating	Sports officials and officiating athletic contests.
rec.sport.olympics	All aspects of the Olympic Games.
rec.sport.orienteering	All matters related to the sport of orienteering.
rec.sport.paintball	Discussing all aspects of the survival game paintball.
rec.sport.pro-wrestling	Discussion about professional wrestling.
rec.sport.pro-wrestling.fantasy	Rotisserie league professional wrestling.
rec.sport.pro-wrestling.info	Informational postings about wrestling. (Moderated)
rec.sport.rodeo	Anything dealing with the sport of rodeo.
rec.sport.rowing	Crew for competition or fitness.
rec.sport.rugby.league	Everything related to playing/supporting Rugby League.
rec.sport.rugby.union	Everything related to playing/supporting Rugby Union.
rec.sport.skating.ice.figure	Figure/artistic skating.
rec.sport.skating.ice.recreational	Recreational ice skating.
rec.sport.skating.inline	Inline skating, aka Rollerblading.
rec.sport.skating.misc	Miscellaneous skating topics.
rec.sport.skating.racing	Racing and speed skating.
rec.sport.skating.roller	Conventional (quad) roller skating.
rec.sport.snowmobiles	Snowmobiling and related issues.
rec.sport.soccer	Discussion about soccer (Association Football).
rec.sport.softball	All aspects of fastpitch and slowpitch softball.
rec.sport.squash	Forum for all apects of squash.
rec.sport.sumo	This group is dedicated to the Japanese sport Sumo.
rec.sport.swimming	Training for and competing in swimming events.
rec.sport.table-soccer	Table-soccer of all types: foosball and subbuteo.
rec.sport.table-tennis	Things related to table tennis (aka Ping Pong).
rec.sport.tennis	Things related to the sport of tennis.
rec.sport.triathlon	Discussing all aspects of multi-event sports.
rec.sport.unicycling	All sorts of fun on one wheel.
rec.sport.volleyball	Discussion about volleyball.
rec.sport.water-polo	Discussion of water polo.
rec.sport.waterski	Waterskiing and other boat-towed activities.
rec.toys.action-figures	Action figure toys and related accessories.
rec.toys.cars	Toy car collecting.
rec.toys.lego	Discussion of Lego, Duplo (and compatible) toys.
rec.toys.misc	Discussion of toys that lack a specific newsgroup.
rec.toys.vintage	Toys older than 20 years valued as historic/memorabilia.
rec.travel.africa	Travel on the African continent.
rec.travel.air	Airline travel around the world.

rec.travel.asia	Travel in Asia.
rec.travel.australia+nz	Travel Information for Australia and New Zealand.
rec.travel.bed+breakfast	A forum for bed and breakfast guests. (Moderated)
rec.travel.caribbean	Travel to the islands of the Caribbean, sans pirates.
rec.travel.cruises	Travel by cruise ship.
rec.travel.europe	Travel in Europe.
rec.travel.latin-america	Travel in Caribbean, Central and South America.
rec.travel.marketplace	Tickets and accomodations wanted and for sale.
rec.travel.misc	Everything and anything about travel.
rec.travel.resorts.all-inclusive	All-inclusive resorts. (Moderated)
rec.travel.usa-canada	Travel in the United States and Canada.
rec.video	Video and video components.
rec.video.cable-tv	Technical and regulatory issues of cable television.
rec.video.desktop	Amateur, computer-based video editing and production.
rec.video.desktop.toaster	The Video Toaster and Flyer systems.
rec.video.marketplace	Video equipment marketplace.
rec.video.production	Making professional quality video productions.
rec.video.professional	Professional video, technical and artistic. (Moderated)
rec.video.releases	Pre-recorded video releases on laserdisc and videotape.
rec.video.satellite.dbs	DBS systems and technologies.
rec.video.satellite.europe	European satellite broadcasting.
rec.video.satellite.misc	Non-TVRO and non-DBS satellite information.
rec.video.satellite.tvro	"Large Dish" ("BUD") systems and technologies.
rec.windsurfing	Riding the waves as a hobby.
rec.woodworking	Hobbyists interested in woodworking.

H.6.7 News-Gruppen der sci-Hierarchie

sci.aeronautics	The science of aeronautics & related technology. (Moderated)
sci.aeronautics.airliners	Airliner technology. (Moderated)
sci.aeronautics.simulation	Aerospace simulation technology. (Moderated)
sci.agriculture	Farming, agriculture and related topics.
sci.agriculture.beekeeping	Beekeeping, bee-culture and hive products.
sci.agriculture.fruit	Agricultural techniques for fruit, berries & nuts.
sci.agriculture.poultry	Chickens, ducks, geese, and other poultry.
sci.agriculture.ratites	Ostrich, emu, rhea, or cassowary ranching.
sci.answers	Repository for periodic USENET articles. (Moderated)
sci.anthropology	All aspects of studying humankind.
sci.anthropology.paleo	Evolution of man and other primates.
sci.aquaria	Only scientifically-oriented postings about aquaria.
sci.archaeology	Studying antiquities of the world.
sci.archaeology.mesoamerican	The field of mesoamerican archaeology.
sci.archaeology.moderated	All aspects of archaeology. (Moderated)
sci.astro	Astronomy discussions and information.
sci.astro.amateur	Amateur astronomy equipment, techniques, info, etc.
sci.astro.fits	Issues related to the Flexible Image Transport System.
sci.astro.hubble	Processing Hubble Space Telescope data. (Moderated)
sci.astro.planetarium	Discussion of planetariums.
sci.astro.research	Forum in astronomy/astrophysics research. (Moderated)
sci.bio.botany	The scientific study of plants.
sci.bio.conservation	Conservation biology research. (Moderated)
sci.bio.ecology	Ecological research.
sci.bio.entomology.homoptera	Research on homopteran (sap-sucking) insects.
sci.bio.entomology.lepidoptera	Lepidoptera: butterflies & moths.

sci.bio.entomology.misc	General insect study and related issues.
sci.bio.ethology	Animal behavior and behavioral ecology.
sci.bio.evolution	Discussions of evolutionary biology. (Moderated)
sci.bio.fisheries	All aspects of fisheries science and fish biology.
sci.bio.food-science	Topics related to food science and technology.
sci.bio.herp	Biology of amphibians and reptiles.
sci.bio.microbiology	Protists, fungi, algae, other microscopic organisms.
sci.bio.misc	Biology and related sciences.
sci.bio.paleontology	Life of the past (but no creation vs evolution!).
sci.bio.phytopathology	All aspects of plant diseases and pests. (Moderated)
sci.bio.systematics	Systematics, taxonomy, and the tree of life.
sci.chem	Chemistry and related sciences.
sci.chem.analytical	Analytical chemistry.
sci.chem.coatings	Paints and Coatings practitioners.
sci.chem.electrochem	The field of electrochemistry.
sci.chem.electrochem.battery	Analyzing all aspects of all types of batteries.
sci.chem.labware	Chemical laboratory equipment.
sci.chem.organomet	Organometallic chemistry.
sci.classics	Studying classical history, languages, art and more.
sci.cognitive	Perception, memory, judgement and reasoning.
sci.comp-aided	The use of computers as tools in scientific research.
sci.cryonics	Theory and practice of biostasis, suspended animation.
sci.crypt	Different methods of data en/decryption.
sci.crypt.research	Cryptography, cryptanalysis, and related issues. (Moderated)
sci.data.formats	Modelling, storage and retrieval of scientific data.
sci.econ	The science of economics.
sci.econ.research	Research in all fields of economics. (Moderated)
sci.edu	The science of education.
sci.electronics.basics	Elementary questions about electronics.
sci.electronics.cad	Schematic drafting, printed circuit layout, simulation.
sci.electronics.components	Integrated circuits, resistors, capacitors.
sci.electronics.design	Electronic circuit design.
sci.electronics.equipment	Test, lab, & industrial electronic products.
sci.electronics.misc	General discussions of the field of electronics.
sci.electronics.repair	Fixing electronic equipment.
sci.energy	Discussions about energy, science & technology.
sci.energy.hydrogen	All about hydrogen as an alternative fuel.
sci.engr	Technical discussions about engineering tasks.
sci.engr.biomed	Discussing the field of biomedical engineering.
sci.engr.chem	All aspects of chemical engineering.
sci.engr.civil	Topics related to civil engineering.
sci.engr.color	The art, science, and industry of coloring.
sci.engr.control	The engineering of control systems.
sci.engr.electrical.compliance	Laws, regulations and design for EMC, safety.
sci.engr.electrical.sys-protection	Power system protection.
sci.engr.geomechanics	Geomechanics issues and related topics.
sci.engr.heat-vent-ac	Heating, ventilating, air conditioning & refrigeration.
sci.engr.lighting	Light, vision & color in architecture, media, etc.
sci.engr.manufacturing	Manufacturing technology.
sci.engr.marine.hydrodynamics	Marine Hydrodynamics.
sci.engr.mech	The field of mechanical engineering.
sci.engr.metallurgy	Metallurgical Engineering.
sci.engr.micromachining	Devices enabled by micromachined structures.
sci.engr.mining	Mining engineering and mining technical topics.
sci.engr.safety	All aspects of the safety of engineered systems.
sci.engr.semiconductors	Semiconductor devices, processes, materials, physics.

sci.engr.surveying	Measurement and mapping of the earth surface.
sci.engr.television.advanced	HDTV/DATV standards, equipment, practices, etc.
sci.engr.television.broadcast	Broadcast facility equipment and practices.
sci.environment	Discussions about the environment and ecology.
sci.finance.abstracts	Abstracts of unpublished finance working papers. (Moderated)
sci.fractals	Objects of non-integral dimension and other chaos.
sci.geo.earthquakes	For discussion of earthquakes and related matters.
sci.geo.eos	NASA's Earth Observation System (EOS).
sci.geo.fluids	Discussion of geophysical fluid dynamics.
sci.geo.geology	Discussion of solid earth sciences.
sci.geo.hydrology	Surface and groundwater hydrology.
sci.geo.meteorology	Discussion of meteorology and related topics.
sci.geo.oceanography	Oceanography, oceanology and marine science.
sci.geo.petroleum	All aspects of petroleum and the petroleum industry.
sci.geo.rivers+lakes	Science of rivers and lakes.
sci.geo.satellite-nav	Satellite navigation systems, especially GPS.
sci.image.processing	Scientific image processing and analysis.
sci.lang	Natural languages, communication, etc.
sci.lang.japan	The Japanese language, both spoken and written.
sci.lang.translation	Problems and concerns of translators/interpreters.
sci.life-extension	Slowing, stopping or reversing the ageing process.
sci.logic	Logic — math, philosophy & computational aspects.
sci.materials	All aspects of materials engineering.
sci.materials.ceramics	Ceramic science.
sci.math	Mathematical discussions and pursuits.
sci.math.research	Discussion of current mathematical research. (Moderated)
sci.math.symbolic	Symbolic algebra discussion.
sci.mech.fluids	All aspects of fluid mechanics.
sci.med	Medicine and its related products and regulations.
sci.med.aids	AIDS: treatment, pathology/biology of HIV, prevention. (Moderated)
sci.med.cardiology	All aspects of cardiovascular diseases.
sci.med.dentistry	Dentally related topics; all about teeth.
sci.med.diseases.als	Amyotrophic Lateral Sclerosis research and care.
sci.med.diseases.cancer	Diagnosis, treatment, and prevention of cancer.
sci.med.diseases.hepatitis	Hepatitis diseases.
sci.med.diseases.lyme	Lyme Disease: patient support, research & information.
sci.med.diseases.osteoporosis	Osteoporosis information exhange.
sci.med.immunology	Medical/scientific aspects of immune illness.
sci.med.informatics	Computer applications in medical care.
sci.med.laboratory	All aspects of laboratory medicine and management.
sci.med.midwifery	The practice of obstetrics by midwives. (Moderated)
sci.med.nursing	Nursing questions and discussion.
sci.med.nutrition	Physiological impacts of diet.
sci.med.obgyn	Obstetrics & gynecology. (Moderated)
sci.med.occupational	Repetitive Strain Injuries (RSI) & job injury issues.
sci.med.orthopedics	Orthopedic Surgery, related issues and management. (Moderated)
sci.med.pathology	Pathology and laboratory medicine.
sci.med.pharmacy	The teaching and practice of pharmacy.
sci.med.physics	Issues of physics in medical testing/care.
sci.med.prostate.bph	Benign prostatic hypertrophy.
sci.med.prostate.cancer	Prostate cancer.
sci.med.prostate.prostatitis	Prostatitis.
sci.med.psychobiology	Dialog and news in psychiatry and psychobiology.
sci.med.radiology	All aspects of radiology.

sci.med.radiology.interventional	Vascular and interventional radiology.
sci.med.telemedicine	Hospital/physician networks. No diagnosis questions.
sci.med.transcription	Information for and about medical transcriptionists.
sci.med.vision	Human vision, visual correction, and visual science.
sci.military.moderated	Military technology. (Moderated)
sci.military.naval	Navies of the world, past, present and future.
sci.misc	Short-lived discussions on subjects in the sciences.
sci.nanotech	Self-reproducing molecular-scale machines. (Moderated)
sci.nonlinear	Chaotic systems and other nonlinear scientific study.
sci.op-research	Research, teaching & application of operations research.
sci.optics	Discussion relating to the science of optics.
sci.optics.fiber	Fiber optic components, systems, applications.
sci.philosophy.tech	Technical philosophy: math, science, logic, etc.
sci.physics	Physical laws, properties, etc.
sci.physics.accelerators	Particle accelerators and the physics of beams.
sci.physics.computational.fluid-dynamics	Computational fluid dynamics.
sci.physics.cond-matter	Condensed matter physics, theory and experiment.
sci.physics.electromag	Electromagnetic theory and applications.
sci.physics.fusion	Info on fusion, esp. "cold" fusion.
sci.physics.particle	Particle physics discussions.
sci.physics.plasma	Plasma Science & Technology community exchange. (Moderated)
sci.physics.relativity	The theory of relativity.
sci.physics.research	Current physics research. (Moderated)
sci.polymers	All aspects of polymer science.
sci.psychology.announce	Psychology-related announcements. (Moderated)
sci.psychology.consciousness	On the nature of consciousness. (Moderated)
sci.psychology.journals.psyche	E-journal on consciousness. (Moderated)
sci.psychology.journals.psycoloquy	E-journal on psychology. (Moderated)
sci.psychology.misc	General discussion of psychology.
sci.psychology.personality	All personality systems & measurement.
sci.psychology.psychotherapy	Practice of psychotherapy.
sci.psychology.research	Research issues in psychology. (Moderated)
sci.psychology.theory	Theories of psychology & behavior.
sci.research	Research methods, funding, ethics, and whatever.
sci.research.careers	Issues relevant to careers in scientific research.
sci.research.postdoc	Anything about postdoctoral studies, including offers.
sci.skeptic	Skeptics discussing pseudo-science.
sci.space.history	Historical manned and unmanned space flight programs.
sci.space.news	Announcements of space-related news items. (Moderated)
sci.space.policy	Discussions about space policy.
sci.space.science	Space and planetary science and related technical work. (Moderated)
sci.space.shuttle	The space shuttle and the STS program.
sci.space.tech	Technical and general issues related to space flight. (Moderated)
sci.stat.consult	Statistical consulting.
sci.stat.edu	Statistics education.
sci.stat.math	Statistics from a strictly mathematical viewpoint.
sci.systems	The theory and application of systems science.
sci.techniques.mag-resonance	Magnetic resonance imaging and spectroscopy.
sci.techniques.mass-spec	All areas of mass spectrometry. (Moderated)
sci.techniques.microscopy	The field of microscopy.

sci.techniques.spectroscopy	Spectrum analysis.
sci.techniques.testing.misc	General testing techniques in science.
sci.techniques.testing.nondestructive	Nondestructive tests in science.
sci.techniques.xtallography	The field of crystallography.
sci.virtual-worlds	Virtual Reality - technology and culture. (Moderated)

H.6.8 News-Gruppen der soc-Hierarchie

soc.adoption.adoptees	Discussion of adoption by adoptees. (Moderated)
soc.adoption.parenting	Adoptive parenting by adoptive parents.
soc.answers	Repository for periodic USENET articles. (Moderated)
soc.atheism	Living as an atheist and atheism in society. (Moderated)
soc.bi	Discussions of bisexuality.
soc.college	College, college activities, campus life, etc.
soc.college.admissions	The university admissions process.
soc.college.financial-aid	Financial aid issues, college and beyond.
soc.college.grad	General issues related to graduate schools.
soc.college.gradinfo	Information about graduate schools.
soc.college.org.aiesec	The Int'l Assoc. of Business and Commerce Students.
soc.college.teaching-asst	Issues affecting collegiate teaching assistants.
soc.couples	Discussions for couples (cf. soc.singles).
soc.couples.intercultural	Inter-cultural and inter-racial relationships.
soc.couples.wedding	Wedding planning.
soc.culture.afghanistan	Discussion of the Afghan society.
soc.culture.african	Discussions about Africa & things African.
soc.culture.african.american	Discussions about Afro-American issues.
soc.culture.albanian	Albania and Albanians around the world.
soc.culture.algeria	From A to Z about Algeria.
soc.culture.arabic	Technological & cultural issues, *not* politics.
soc.culture.argentina	All about life in Argentina.
soc.culture.asean	Countries of the Assoc. of SE Asian Nations.
soc.culture.asian.american	Issues & discussion about Asian-Americans.
soc.culture.assyrian	Assyrian culture, history, language, current diaspora.
soc.culture.asturies	Asturian culture.
soc.culture.australian	Australian culture and society.
soc.culture.austria	Austria and its people.
soc.culture.baltics	People of the Baltic states.
soc.culture.bangladesh	Issues & discussion about Bangladesh.
soc.culture.basque	Basque culture and related issues. (Moderated)
soc.culture.belarus	All things about Belarus. (Moderated)
soc.culture.belgium	Belgian society, culture(s) and people.
soc.culture.bengali	Sociocultural identity of worldwide Bengali population.
soc.culture.berber	The berber language, history, and culture.
soc.culture.bolivia	Bolivian people and culture.
soc.culture.bosna-herzgvna	The independent state of Bosnia and Herzegovina.
soc.culture.brazil	Talking about the people and country of Brazil.
soc.culture.breton	All about Breton culture and Brittany.
soc.culture.british	Issues about Britain & those of British descent.
soc.culture.bulgaria	Discussing Bulgarian society.
soc.culture.burma	Politics, culture, news, discussion about Burma.
soc.culture.cambodia	Cambodia and its people.
soc.culture.canada	Discussions of Canada and its people.
soc.culture.caribbean	Life in the Caribbean.
soc.culture.catalan	The Catalan language and the lands where it is spoken.
soc.culture.celtic	Irish, Scottish, Breton, Cornish, Manx & Welsh.
soc.culture.chile	All about Chile and its people.

soc.culture.china	About China and Chinese culture.
soc.culture.colombia	Colombian talk, social, politics, science.
soc.culture.cornish	All things Cornish and Cornwall, worldwide.
soc.culture.costa-rica	Topics about Costa Rica.
soc.culture.croatia	The lives of people of Croatia.
soc.culture.cuba	Cuban culture, society and politics.
soc.culture.czecho-slovak	Bohemian, Slovak, Moravian and Silesian life.
soc.culture.dominican-rep	The life and people of the Dominican Republic.
soc.culture.ecuador	The culture and people of Ecuador.
soc.culture.egyptian	Egypt, and its society, culture, heritage, etc.
soc.culture.el-salvador	Topics about El Salvador, Central America.
soc.culture.estonia	Estonian culture, language, news, politics. (Moderated)
soc.culture.ethiopia.misc	Unmoderated forum to discuss Ethiopian culture.
soc.culture.ethiopia.moderated	Ethiopian culture. (Moderated)
soc.culture.europe	Discussing all aspects of all-European society.
soc.culture.filipino	Group about the Filipino culture.
soc.culture.french	French culture, history, and related discussions.
soc.culture.german	Discussions about German culture and history.
soc.culture.greek	Group about Greeks.
soc.culture.guinea-conakry	Guinea (ne French Guinea, in West Africa).
soc.culture.haiti	Haiti specific development and cultural issues.
soc.culture.hawaii	Aloha kakou, E KOMO MAI! Eh, no forget hemo da shoes. (Moderated)
soc.culture.hmong	Discussion of Hmong people and its culture.
soc.culture.honduras	General topics regarding Honduras and Central-America.
soc.culture.hongkong	Discussions pertaining to Hong Kong.
soc.culture.hongkong.entertainment	Entertainment in Hong Kong.
soc.culture.indian	Group for discussion about India & things Indian.
soc.culture.indian.delhi	Information related to Delhi, capital of India.
soc.culture.indian.gujarati	Gujarati cultural group.
soc.culture.indian.info	Info group for soc.culture.indian, etc. (Moderated)
soc.culture.indian.jammu-kashmir	The culture of Jammu & Kashmir.
soc.culture.indian.karnataka	Karnataka's culture, history, and present.
soc.culture.indian.kerala	Culture of the people of Keralite origin.
soc.culture.indian.marathi	Discussion related to Marathi Culture.
soc.culture.indian.telugu	The culture of the Telugu people of India. (Moderated)
soc.culture.indonesia	All about the Indonesian nation.
soc.culture.intercultural	People of mixed "culture", "ethnicity", "race".
soc.culture.iranian	Discussions about Iran and things Iranian/Persian.
soc.culture.iraq	Iraq, its society, culture and heritage.
soc.culture.irish	Ireland and Irish culture.
soc.culture.israel	Israel and Israelis.
soc.culture.italian	The Italian people and their culture.
soc.culture.japan	Everything Japanese, except the Japanese language.
soc.culture.japan.moderated	Anything Japanese. (Moderated)
soc.culture.jewish	Jewish culture & religion (cf. talk.politics.mideast).
soc.culture.jewish.holocaust	The Shoah. (Moderated)
soc.culture.jewish.parenting	Issues about raising Jewish children. (Moderated)
soc.culture.jordan	All topics concerning The Hashemite Kingdom of Jordan.
soc.culture.kenya	Kenyan peoples, politics, culture, and affairs.
soc.culture.korean	Discussions about Korea & things Korean.
soc.culture.kurdish	People from Kurdistan and Kurds around the world.
soc.culture.kuwait	Kuwaiti culture, society, and history.
soc.culture.kuwait.moderated	Kuwaiti culture, society, and history. (Moderated)
soc.culture.laos	Cultural and Social Aspects of Laos.
soc.culture.latin-america	Topics about Latin-America.
soc.culture.lebanon	Discussion about things Lebanese.

soc.culture.liberia	The culture of Liberia.
soc.culture.maghreb	North African society and culture.
soc.culture.magyar	The Hungarian people & their culture.
soc.culture.malagasy	Madagascar and the Malagasy culture.
soc.culture.malaysia	All about Malaysian society.
soc.culture.mexican	Discussion of Mexico's society.
soc.culture.mexican.american	Mexican-American/Chicano culture and issues.
soc.culture.misc	Group for discussion about other cultures.
soc.culture.mongolian	Everything related to Mongols and Mongolia.
soc.culture.native	Aboriginal people around the world.
soc.culture.nepal	Discussion of people and things in & from Nepal.
soc.culture.netherlands	People from the Netherlands and Belgium.
soc.culture.new-zealand	Discussion of topics related to New Zealand.
soc.culture.nicaragua	Topics related to the country of Nicaragua in general.
soc.culture.nigeria	Nigerian affairs, society, cultures, and peoples.
soc.culture.nordic	Discussion about culture up north.
soc.culture.pacific-island	Culture of the pacific islands (except Hawaii).
soc.culture.pakistan	Topics of discussion about Pakistan.
soc.culture.pakistan.education	Education in Pakistan. (Moderated)
soc.culture.pakistan.history	History of Pakistan. (Moderated)
soc.culture.pakistan.moderated	Discussions on Pakistan. (Moderated)
soc.culture.pakistan.politics	Political discussions on Pakistan.
soc.culture.pakistan.religion	Religious discussions related to Pakistan.
soc.culture.pakistan.sports	Sports in Pakistan.
soc.culture.palestine	Palestinian people, culture and politics.
soc.culture.peru	All about the people of Peru.
soc.culture.polish	Polish culture, Polish past, and Polish politics.
soc.culture.portuguese	Discussion of the people of Portugal.
soc.culture.puerto-rico	Puerto Rican culture, society and politics.
soc.culture.punjab	Punjab and Punjabi culture.
soc.culture.quebec	Quebec society and culture.
soc.culture.rep-of-georgia	The Caucasian Republic of Georgia and Georgians.
soc.culture.romanian	Discussion of Romanian and Moldavian people.
soc.culture.russian	All things Russian in the broadest sense.
soc.culture.russian.moderated	Moderated discussion of Russian culture. (Moderated)
soc.culture.scientists	Cultural issues about scientists & scientific projects.
soc.culture.scottish	Anything regarding Scotland or things Scots.
soc.culture.sierra-leone	The culture of Sierra Leone.
soc.culture.singapore	The past, present and future of Singapore.
soc.culture.singapore.moderated	Singapore & Singaporeans. (Moderated)
soc.culture.slovenia	Slovenia and Slovenian people.
soc.culture.somalia	Somalian affairs, society, and culture.
soc.culture.south-africa	South African society, culture, & politics.
soc.culture.south-africa.afrikaans	The Afrikaans language and speakers.
soc.culture.soviet	Topics relating to Russian or Soviet culture.
soc.culture.spain	Spain and the Spanish.
soc.culture.sri-lanka	Things & people from Sri Lanka.
soc.culture.swiss	Swiss culture.
soc.culture.syria	Syrian cultural matters and affairs.
soc.culture.taiwan	Discussion about things Taiwanese.
soc.culture.tamil	Tamil language, history and culture.
soc.culture.thai	Thai people and their culture.
soc.culture.turkish	Discussion about things Turkish.
soc.culture.ukrainian	The lives and times of the Ukrainian people.
soc.culture.uruguay	Discussions of Uruguay for those at home and abroad.
soc.culture.usa	The culture of the United States of America.
soc.culture.venezuela	Discussion of topics related to Venezuela.

soc.culture.vietnamese	Issues and discussions of Vietnamese culture.
soc.culture.welsh	The people, language and history of Wales.
soc.culture.yugoslavia	Discussions of Yugoslavia and its people.
soc.culture.zimbabwe	Culture and other issues pertaining to Zimbabwe.
soc.feminism	Discussion of feminism & feminist issues. (Moderated)
soc.genealogy.african	Genealogy of Africa and the African Diaspora. (Moderated)
soc.genealogy.australia+nz	Australia, New Zealand, and their territories.
soc.genealogy.benelux	Genealogy in Belgium, the Netherlands and Luxembourg.
soc.genealogy.computing	Genealogical computing & net resources.
soc.genealogy.french	Francophone genealogy.
soc.genealogy.german	Family history including a German background.
soc.genealogy.hispanic	Genealogy relating to Hispanics.
soc.genealogy.jewish	Jewish genealogy group. (Moderated)
soc.genealogy.marketplace	Genealogy services and products.
soc.genealogy.medieval	Genealogy in the period from roughly AD500 to AD1600.
soc.genealogy.methods	Genealogical methods and resources. (Moderated)
soc.genealogy.misc	General genealogical discussions.
soc.genealogy.nordic	Genealogy in the Scandinavian countries.
soc.genealogy.slavic	Genealogy of Slavic peoples.
soc.genealogy.surnames	Surname queries & tafels. (Moderated)
soc.genealogy.uk+ireland	Genealogy of Britain, Ireland & offshore isles.
soc.genealogy.west-indies	Genealogy of the West Indies.
soc.history	Discussions of things historical.
soc.history.african.biafra	History of Biafra (Eastern Nigeria). (Moderated)
soc.history.living	Living history and reenactment, issues and info.
soc.history.medieval	The historic period of the middle ages.
soc.history.moderated	All aspects of history. (Moderated)
soc.history.science	History of science and related areas.
soc.history.war.misc	History & events of wars in general.
soc.history.war.us-civil-war	Aspects of the U.S. Civil War. (Moderated)
soc.history.war.us-revolution	American Revolution/international perspectives.
soc.history.war.vietnam	The Vietnam War. (Moderated)
soc.history.war.world-war-ii	History & events of World War Two. (Moderated)
soc.history.what-if	Alternate history.
soc.libraries.talk	Discussing all aspects of libraries.
soc.men	Issues related to men, their problems & relationships.
soc.misc	Socially-oriented topics not in other groups.
soc.motss	Issues pertaining to homosexuality.
soc.net-people	Announcements, requests, etc. about people on the net.
soc.org.nonprofit	Nonprofit organizations.
soc.org.service-clubs.misc	General info on all service topics.
soc.penpals	In search of net.friendships.
soc.politics	Political problems, systems, solutions. (Moderated)
soc.politics.arms-d	Arms discussion digest. (Moderated)
soc.politics.marxism	Karl Marx and his legacy in theory and practice. (Moderated)
soc.religion.bahai	Discussion of the Baha'i Faith. (Moderated)
soc.religion.christian	Christianity and related topics. (Moderated)
soc.religion.christian.bible-study	Examining the Holy Bible. (Moderated)
soc.religion.christian.youth-work	Christians working with young people. (Moderated)
soc.religion.eastern	Discussions of Eastern religions. (Moderated)
soc.religion.gnosis	Gnosis, marifat, jnana & direct sacred experience. (Moderated)
soc.religion.hindu	Discussion about the Hindu dharma, philosophy, culture. (Moderated)
soc.religion.islam	Discussions of the Islamic faith. (Moderated)
soc.religion.mormon	The Church of Jesus Christ of Latter-day Saints. (Moderated)
soc.religion.paganism	Networking for Pagans. (Moderated)

soc.religion.quaker	The Religious Society of Friends.
soc.religion.shamanism	Discussion of the full range of shamanic experience. (Moderated)
soc.religion.sikhism	Sikh Religion and Sikhs all over the world. (Moderated)
soc.religion.unitarian-univ	Unitarian-Universalism & non-creedal religions. (Moderated)
soc.religion.vaishnava	All aspects of Vishnu and Vaishnavism. (Moderated)
soc.retirement	For seniors: retirement, aging, gerontology issues.
soc.rights.human	Human rights & activism (e.g., Amnesty International).
soc.singles	Newsgroup for single people, their activities, etc.
soc.singles.moderated	Conversations among people who are or were single. (Moderated)
soc.support.depression.crisis	Personal crisis situations.
soc.support.depression.family	Coping with depressed people.
soc.support.depression.manic	Bipolar/manic-depression.
soc.support.depression.misc	Depression and mood disorders.
soc.support.depression.seasonal	Seasonal affective disorder.
soc.support.depression.treatment	Treatments of depression.
soc.support.fat-acceptance	Self-acceptance for fat people. No diet talk.
soc.support.loneliness	Mutual help and chat for those of us who feel alone. (Moderated)
soc.support.pregnancy.loss	Support and Information about Pregnancy Loss.
soc.support.transgendered	Transgendered and intersexed persons.
soc.support.youth.gay-lesbian-bi	Gay youths helping each other. (Moderated)
soc.veterans	Social issues relating to military veterans.
soc.women	Issues related to women, their problems & relationships.
soc.women.lesbian-and-bi	Lives of lesbian and bisexual women. (Moderated)

H.6.9 News-Gruppen der talk-Hierarchie

talk.abortion	All sorts of discussions and arguments on abortion.
talk.answers	Repository for periodic USENET articles. (Moderated)
talk.atheism	Debate about the validity and nature of atheism.
talk.bizarre	The unusual, bizarre, curious, and often interesting.
talk.environment	Discussion the state of the environment & what to do.
talk.euthanasia	All aspects of euthanasia.
talk.origins	Evolution versus creationism (sometimes hot!).
talk.philosophy.humanism	Humanism in the modern world.
talk.philosophy.misc	Philosophical musings on all topics.
talk.politics.animals	The use and/or abuse of animals.
talk.politics.china	Discussion of political issues related to China.
talk.politics.crypto	The relation between cryptography and government.
talk.politics.drugs	The politics of drug issues.
talk.politics.european-union	The EU and political integration in Europe.
talk.politics.guns	The politics of firearm ownership and (mis)use.
talk.politics.libertarian	Libertarian politics & political philosophy.
talk.politics.medicine	The politics and ethics involved with health care.
talk.politics.mideast	Discussion & debate over Middle Eastern events.
talk.politics.misc	Political discussions and ravings of all kinds.
talk.politics.soviet	Discussion of Soviet politics, domestic and foreign.
talk.politics.theory	Theory of politics and political systems.
talk.politics.tibet	The politics of Tibet and the Tibetan people.
talk.rape	Discussions on stopping rape; not to be crossposted.
talk.religion.buddhism	All aspects of Buddhism as religion and philosophy.
talk.religion.course-miracle	A Course in Miracles.
talk.religion.misc	Religious, ethical, & moral implications.
talk.religion.newage	Esoteric and minority religions & philosophies.
talk.rumors	For the posting of rumors.

Mailing-Listen

I

I.1 Listen von Mailing-Listen

Listen von Mailing-Listen sind unter anderem verfügbar unter:

	ftp://ftp.uu.net/usenet/news.lists
Liszt (fast 100.000 Einträge)	http://www.liszt.com/

I.1.1 Internetadressen zum Thema Mailing-Listen

Tile Net	http://tile.net/lists/
The Dart List	http://alabanza.com/kabacoff/Inter-Links/talk.html
E-Mail Discussion Group/ Lists Rescources	http://www.webcom.com/impulse/
WWW-Seite: »Finding Newsgroups and Mailing Lists«	http://www.synapse.net/~radio/finding.htm
Listserv User Guide	http://list.nih.gov/LISTSERV_WEB/usersgde.htm
CataList (Listserv-Katalog)	http://www.lsoft.com/lists/listref.html

I.1.2 Deutsche Mailinglisten (Auswahl)

Quelle: http://www.infoletter.de/ (Stand Nov. 2000)

Internet

Die Netz-Schule - Hot
Hier treffen sich Einsteiger und »alte Hasen«, um auf jede dumme Frage eine schlaue Antwort zu finden! Rund um Internet und HTML ist jedes Thema willkommen.
Anmeldung via Email an: eintragen@Netz-Schule.de
mit folgendem Subject: [egal]
und/bzw. mit folgendem Body: [egal]

[i-worker] - Diskussionsliste für Internetworker
[i-worker] ist eine offene Diskussionsliste für Internetworker. Dabei machen wir keine Unterschiede zwischen Grafikern, Textern, Programmierern, Fotografen oder anderen Spezialisten, zwischen Selbständigen und Angestellten, Männern und Frauen. [i-worker] will eine Plattform schaffen für alle Fragen zu HTML oder Webgrafik, Datenbanken oder technische Fragen, oder die Suche nach Projektpartnern und Kooperationen.
Anmeldung via Email an: eintragen@i-worker.de
mit folgendem Subject: egal
und/bzw. mit folgendem Body: egal

CreativeArts
Mailingliste für Publisher (Grafiker, Fotografen, Multimedia-Producer etc.) digital & Print. Angesprochen werden Fortgeschrittene und Profis des digitalen und analogen Publizierens.
Anmeldung via Email an: creativearts-subscribe@onelist.com
mit folgendem Subject: egal
und/bzw. mit folgendem Body: egal

Deutschsprachige Pegasus Mail Diskussionsliste
Die PMAIL-DE Diskussionsliste ist ein Diskussionsforum für alle Benutzer von Pegasus Mail (Plattformen: DOS, Windows 3.1/95/98/NT (läuft auch unter OS/2) und Macintosh).
Auch das Mailtransportsystem Mercury (Plattformen: NetWare, Windows 95/NT) soll hier diskutiert
werden. Diskussionssprache ist Deutsch.
Anmeldung via Email an: majordomo@rumms.uni-mannheim.de
mit folgendem Subject:
und/bzw. mit folgendem Body: subscribe pmail-de

FreiZeitTreff (FZT)
Chat, Postkartenservice, Gästebuch, Linklisten zu verschiedenen Themen und ständig etwas neues. Schau doch mal vorbei. :-)
Anmeldung via Email an: fzt@fzt.at
mit folgendem Subject: FreiZeitTreff (FZT) - Chat, Postkartenservice, Gästebuch, Linklisten
und/bzw. mit folgendem Body: FreiZeitTreff (FZT) - Chat,
Postkartenservice, Gästebuch, Linklisten

JavaScript-Mailingliste
Probleme, Frage zu JavaScript und allen damit verbundenen Themen ?
Die deutschsprachige JavaScript-Mailingliste hilft.
Anmeldung via Email an: javascript-list@web-solution.de
mit folgendem Subject:
und/bzw. mit folgendem Body: SUBSCRIBE javascript-list

SF-Newsletter-Mailingliste
Der San Francisco Newsletter berichtet monatlich über Trends und Hintergründe der Internet-Industrie in der Bay Area.
Anmeldung via Email an: sfnliste_abo@weide.com
mit folgendem Subject: subscribe
und/bzw. mit folgendem Body:

SuchForum.de
Forum zur kostenlosen Internet-Recherche mit moderierter Mailingliste von YourInternetGuide
Anmeldung via Email an: sufo-subscribe@ecircle.de
mit folgendem Subject:
und/bzw. mit folgendem Body:

Web Promotion Diskussionsliste
Promotion im Internet ist gar nicht so schwierig. In der Web Promotion Mailingliste diskutieren Webmaster, wie sie ihre Site erfolgreich beworben haben. Und welche Tricks und Kniffe es sonst noch im Internet-Marketing gibt. Diskutieren Sie mit! Hier können Sie einfach Ihre Fragen stellen. Selbstverständlich sind Sie auch gerne eingeladen, Ihre Tipps weiterzugeben. Tauschen Sie Ideen mit Gleichgesinnten aus.
Anmeldung via Email an: listserv@listserv.adiscon.com
mit folgendem Subject:
und/bzw. mit folgendem Body: subscribe letspromoteit

WebSchrift-Talk
WebSchrift-Talk ist die Diskussions-Liste zum Online Magazin WebSchrift. Suxess startete dieses Experiment am 4. September 1997. Seither ist das Experiment zu einer Institution geworden, die Mailingliste eine Informations- und Meinungs-Drehscheibe für Web-Designer, Autoren und Site-Administratoren geworden.
Anmeldung via Email an: WebSchrift-Talk-on@ceo.suxess.net
mit folgendem Subject: subscribe WebSchrift-Talk
und/bzw. mit folgendem Body:

Medien

[webcasterlist]
Die [webcasterlist] ist eine moderierte Diskussionslist mit News und Diskussionen zum Webcasting im deutschsprachigen Raum. Sie richtet sich an alle, die sich beruflich mit dem Thema Webcasting auseinandersetzen und soll die Entwicklung diskutieren. Jede Woche wird eine Ausgabe an alle Mitglieder der List gesendet. Zu den Mitgliedern der List gehören die Webcasting-Verantwortlichen deutscher und österreichischer Radio-Stationen sowie Agenturen und Institutionen.
Anmeldung via Email an: webcasters-subscribe@listbot.com
mit folgendem Subject:
und/bzw. mit folgendem Body:

Kinofilme bewerten
Jedes Mitglied des Newsletters kann Kino Filme bewerten
Anmeldung via Email an: kinofilme-subscribe@ecircle.de
mit folgendem Subject:
und/bzw. mit folgendem Body:

Kornblume - Natur, Umwelt, Ökologie und neue Medien
Kornblume ist eine Diskussionsliste zum Themenkreis Natur, Umwelt, Ökologie und Medien mit dem Schwerpunkt Internet. Die Diskussionsliste basiert auf einem weit gefassten Katalog von Themen, die diskutiert werden können, naemlich alles, was in den Kontext Naturschutz, Umweltschutz, Ökologie, Umweltbildung, Naturpädagogik etc. passt.
Anmeldung via Email an: liste-eintragen@kornblume.de
mit folgendem Subject: leer
und/bzw. mit folgendem Body:

Musik Cds bewerten, empfehlen oder kritisieren
Jedes Mitglied kann sich zu CDs äussern, Liste ist moderiert ! (auch für Kinofilme und Videofilme)
Anmeldung via Email an: musikcds-subscribe@ecircle.de
mit folgendem Subject:
und/bzw. mit folgendem Body:

Nachrichten aus dem VKRG
Nachrichten aus dem Verband Katholischer Religionslehrer/innen und Gemeindereferenten/innen in Süddeutschland und dem Bundesverband der Religionslehrer/innen und Gemeindereferenten/innen. Meldungen, Berichte, Meinungen, die etwas mit den pastoralen Berufen in der Kirche zu tun haben.
Anmeldung via Email an: vkrg-subscribe@ecircle.de
mit folgendem Subject: leer oder egal
und/bzw. mit folgendem Body: leer oder egal

Marketing

NetWorker - Diskussion für Online Marketer
NetWorker-Digest ist die Diskussionsliste zum E-Business und dient dem Erfahrungs- und Informationsaustausch zwischen Teilnehmern, die beruflich oder aus Interesse mit den Themen New Economy, Werbung, Online- Marketing, E-Commerce, Permission Marketing und Bannerwerbung befasst sind.
Anmeldung via Email an: networker-request@liste.netrepreneur.de
mit folgendem Subject: xx
und/bzw. mit folgendem Body: subscribe digest

IMAFDI - Internet Marketingtips für Diplomanden
Mailingliste (nicht nur) für Studenten, die sich z.B. im Rahmen einer Diplomarbeit mit Internet Marketing, Communities, B2B, etc. beschäftigen
Anmeldung via Email an: join-imafdi@kbx.de
mit folgendem Subject: subscribe
und/bzw. mit folgendem Body: subscribe

Loyalty Circle
Der Loyalty Circle ist eine Diskussionsliste rund um Kundenbindung, CRM, Permission Marketing, loyalitaetsbasiertes Management, Beschwerdemanagement und One-to-One Marketing.
Anmeldung via Email an:
majordomo@mailingliste.kundenserver.de
mit folgendem Subject:
und/bzw. mit folgendem Body: subscribe
loyalty-circle@kundentreue.de [E-Mail-Adresse]

OnlineMarketer DIGEST
Internet-Marketing, E-Commerce, Erfolg im Internet ... 14-taegige, kostenlose Internet-Marketing-Mailingliste, Immer mehr wird das Internet zur Geschäftsplattform, eCommerce steht vor der Tür. Diese Entwicklung gehört zu den spannendsten Themen unserer Zeit. Jetzt anmelden, mitlesen und mitlernen, Anmeldung KOSTENLOS!
Anmeldung via Email an: onlinemarketer@autoresponder.de
mit folgendem Subject: OnlineMarketer
und/bzw. mit folgendem Body:

Sport

bodyfun@ecircle.de
Lassen Sie uns Erfahrungen, Meinungen und Ansichten zum Thema Ernahrung, Gesundheit, Bewegung und Körpergefühl austauschen. BodyFun - mehr als nur ein Wort!
Anmeldung via Email an: presse@bodyfun.de
mit folgendem Subject: mailingliste
und/bzw. mit folgendem Body: send mail

Dartturniere
Aktuelle Dartturnier-Ausschreibungen
Anmeldung via Email an: doriseggert@gmx.de
mit folgendem Subject: Newsletter abbonieren
und/bzw. mit folgendem Body:

Die Formel1-Fans Mailingliste
Hier ist sie, vielleicht hast Du nur darauf gewartet, die größte deutschsprachige Formel1 Mailingliste mit über 110 Mitgliedern, die über alle Themen diskutieren, die sich rund um die Formel 1 drehen.
Die Diskussionen sind so hart, wie der Rennsport selbst.
Anmeldung via Email an: formel1-fans-owner@onelist.com
mit folgendem Subject: subscribe
und/bzw. mit folgendem Body:
oder Anmeldung via Email an: apollo@rz-online.de
mit folgendem Subject: subscribe f1
und/bzw. mit folgendem Body:

Die ultimative DEL-Mailingliste
Hier gehört alles dazu, was sich rund um das Thema DEL bewegt. Es ist alles erlaubt, solange es mit Eishockey zu tun hat. (Zugehörige URL gibt es leider nicht.)
Anmeldung via Email an: delfans-subscribe@onelist.com
mit folgendem Subject:
und/bzw. mit folgendem Body:

FFI- Frauenfussball international
frauenfussball von der schoensten Seite Heisse news und die Chance,
seinen eigenen Senf loszuwerden
Anmeldung via Email an: frauenfussball@everymail.net
mit folgendem Subject: Subscirbe
und/bzw. mit folgendem Body:

Frauenfussball-News
Aktuelle Informationen rund um die Bundesliga und die Nationalmannschaft. Hintergründig, analytisch und kompetent. Bitte
unter http://Frauenfussball.listbot.com anmelden
Anmeldung via Email an: FFN-Redaktion@gmx.de
mit folgendem Subject: Anmeldung
und/bzw. mit folgendem Body:

NHL Fans Germany - Die 1.deutsche NHL-Mailingliste
Eine Mailingliste rund um die National Hockey League (NHL).
(Zugehörige URL gibt es leider nicht.)
Anmeldung via Email an: Kloppi19@gmx.de
mit folgendem Subject: Anmeldung NHL
und/bzw. mit folgendem Body:

TK79 Formel1 talk
TK79 Formel1 talk ist die Mailingliste aus der TK79 Formel1-Reihe.
Hier kannst Du Fragen über die Formel1 stellen, Kommentare zu Rennen abgeben und mit anderen Formel1-Fans über Formel1-Themen diskutieren.
Anmeldung via Email an: f1ndex-subscribe@onelist.com
mit folgendem Subject:
und/bzw. mit folgendem Body:

Kunst und Kultur

Alles über Swedenborg bei www.swedenborg.ch
Gegenstand ist der schwedische Naturforscher und Seher Emanuel Swedenborg (1688 - 1772).
Anmeldung via Email an: swedenborg-subscribe@egroups.com
mit folgendem Subject:
und/bzw. mit folgendem Body:

Amateurfilm - (Rating: 6, Votes: 2) [Rate It]
Amateurfilmer und alle Leute, die irgendwie die Medien- oder Kulturlandschaft bereichern, sind hier genau richtig.
Anmeldung via Email an: amateurfilm-subscribe@egroups.com
mit folgendem Subject: [EGAL]
und/bzw. mit folgendem Body: [OHNE TEXT]

ASml - Arno Schmidt Mailingliste
Diskussionsliste zu Arno Schmidt und Umfeld.
Anmeldung via Email an: asml-request@dca.damaschke.de
mit folgendem Subject:
und/bzw. mit folgendem Body: join

Diskussionsliste über Islam
Diskussionsliste für Muslime und Nichtmuslime zum Islam. Moderiert vom Zentralrat der Muslime in Deutschland unter Teilnahme der österr. und schweiz. Organisationen
Anmeldung via Email an: bestellen@islam.de
mit folgendem Subject:
und/bzw. mit folgendem Body:

Gastronomie Hotellerie
Webseite Hotellerie Gastronomie
Anmeldung via Email an: webmasterin@gastronomie-verband.de
mit folgendem Subject: x
und/bzw. mit folgendem Body: x

Inspirierende Predigten und Aufsätze
Predigten und Aufsätze: praxisorientiert und alltagsnah aus der Evangelisch methodistischen Kirche Neuenhain in Bad Soden am Taunus
Anmeldung via Email an: webmaster@taunusportal.de
mit folgendem Subject: Newsletter
und/bzw. mit folgendem Body:

Liebe-s-Kontakte
Liebe-s-Kontakte ist eine weitere schwule Mailing-Liste... aber eine, in der die Teilnehmer selber Engagement zeigen, und Ihr eigenes Programm machen. Das Thema ist schnell genannt : Alles was Schwul oder Lesbisch istm, sei es die eigenen Probleme, die man damit hat...
Anmeldung via Email an: liebe-s-kontakte-subscribe@onelist.com
mit folgendem Subject:
und/bzw. mit folgendem Body:

Textgalerie
Die Mailingliste Textgalerie lädt ein, gemeinsam über Literatur, Lektüre und Schreiben zu diskutieren. Die Mailingliste Textgalerie ist kein literaturwissenschaftliches Forum und auch keine Schreibwerkstatt. Sie dient der Begegnung, der Verbreitung von Gerüchten aus dem Literaturbetrieb, der gegenseitigen Hilfe, dem Streit über Geschmack und dem Vergnügen.
Anmeldung via Email an: majordomo@postland.de
mit folgendem Subject:
und/bzw. mit folgendem Body: subscribe textgalerie

Computer

E-Online Magazin
Im E-Online Magazin erscheinen Artikel zu den Themen Elektronik, Computertechnik, Kommunikationstechnik und Sicherheitstechnik. Zusätzlich gibt es einen Kalender mit Terminen zu den aktuellen Messen, sowie Linktips und aktuelle News.
Anmeldung via Email an: e-online-magazin-subscribe@ecircle.de
mit folgendem Subject:
und/bzw. mit folgendem Body:

adventureforever
adventureforever : Hier kann über die schönsten Adventures diskutiert werden. Ein Themenvorschlag : Was sind Eure Lieblingsadventures ? Interessante Links und Tips und Lösungshilfen sind immer herzlich willkommen . Ein weiterer Themenvorschlag : Sind Adventures vielleicht sogar vom Aussterben bedroht ? Sobald es etwas neues gibt auf meiner Homepage
`http://www.adventuregamesforever.de,`
werde ich eine Nachricht in diese Liste schreiben , damit ihr Bescheid wißt und nichts verpasst .
Anmeldung via Email an: Moe_Kloggs@gmx.de
mit folgendem Subject: adventureforever
und/bzw. mit folgendem Body:

CGI Mailingliste
In dieser Mailingliste kannst Du Fragen über die Perl- und CGI-Programmierung stellen. Da sehr viele kompetente Leute in dieser Mailingliste vertreten sind, hilft Dir garantiert jemand!
Anmeldung via Email an: cgi@july.de
mit folgendem Subject: subscribe
und/bzw. mit folgendem Body:

Director_List, die deutschsprachige Director-mailingliste
Director_List richtet sich an Anwender von Macromedias Director. Es gibt ein Mailarchiv zum Durchsuchen, viele Lingoscripte zum Download usw. Director_List ist offizielle MMUG (Macromedia User Group) und besteht seit April '98
Anmeldung via Email an: macjordomo@startmovie.net
mit folgendem Subject:
und/bzw. mit folgendem Body: SUBSCRIBE Director_List Vorname Nachname

Wirtschaft

Betriebsrat
Diskussions-Mailingliste rund um die Arbeit von Betriebs- und Personalräten, Jugend- und Azubi-Vertretern, Schwerbehinderten-Vertretern sowie für arbeitsrechtliche Fragen
Anmeldung via Email an: Betriebsrat-subscribe@listbot.com
mit folgendem Subject:
und/bzw. mit folgendem Body:

Boersenverteiler
- News, Gerüchte, Trends rund um den Neuen Markt und der Nasdaq -
technische Aktienanayalyse - Termine die Kurse bewegen
Anmeldung via Email an: Boersenverteiler-subscribe@ecircle.de
mit folgendem Subject:
und/bzw. mit folgendem Body:

Bullstocks.de Börsen Mailinglist
Tipps, Analysen, und sonstiges...
Anmeldung via Email an: mailing@bullstocks.de
mit folgendem Subject: bullstocks.de
und/bzw. mit folgendem Body: Ich möchte an ihre Mailingliste teilnehmen!

creawork - Netzwerk für Geschäftsleute (Innovation und Kreativität)
Das CreaWork-Netzwerk ist eine werbefreie und kostenpflichtige Kommunikationsplattform für Geschäftsleute, welche Informationen in den Bereichen Kreativität und Innovation schnell und effizient austauschen wollen. Mit dem CreaWork-Netzwerk sparen Sie nicht nur Zeit, sondern Sie erhalten wertvolle Informationen und können interessante Kontakte knüpfen. Anonyme Teilnehmer/innen werden nicht angenommen.
Anmeldung via Email an: creawork@egroups.de
mit folgendem Subject: leer lassen
und/bzw. mit folgendem Body: leer lassen

Das Existenzgründerforum
Austausch zu allen Themen der Existenzgründung
Anmeldung via Email an: gruendung@e-circle.de
mit folgendem Subject: Anmeldung Existenzgründerforum
und/bzw. mit folgendem Body:

Die kostenlose Mailingliste für alle Tourismusprofis
Die kostenlose Mailingliste für Tourismusprofis. Ein Projekt von
Futurista e.V. Schon über 250 Teilnehmer angemeldet.
Anmeldung via Email an: join-futurista@mailliste.de
mit folgendem Subject:
und/bzw. mit folgendem Body:

Wissenschaft

Aesthetische.Chirurgie@eCircle.de
Erfahrungsaustausch zwischen PatientInnen und Interessenten zum Thema ästhetische / kosmetische / plastische / rekonstruktive Chirurgie (Rhinoplastik, Liposuktion, Brustaugmentation...): Erfolge, Misserfolge, Aerzte, Kliniken, Methoden, Risiken, Preise...). Nicht erwuenscht sind werbende Beitraege von AerztInnen.
Anmeldung via Email an:
aesthetische.Chirurgie-subscribe@eCircle.de
mit folgendem Subject:
und/bzw. mit folgendem Body:

Arbeitslosen-Forum.de
Ein Forum für Arbeitslose um Probleme und Anregungen auszutauschen. Mit Linkverzeichnis, Chat und Jobanzeigen /-gesuche.
Anmeldung via Email an: arbeitslosenforum-subscribe@ecircle.de
mit folgendem Subject: subscribe
und/bzw. mit folgendem Body:

Psychotherapie
Die deutschsprachige Psychotherapie-Diskussionsliste. Die Liste ist für alle an Psychotherapie Interessierten frei zugänglich und kann dazu genutzt werden, über Psychotherapie-bezogene Themen jeder Art zu diskutieren.
Anmeldung via Email an: psychoth-ger-subscribe@eGroups.com
mit folgendem Subject: subscribe
und/bzw. mit folgendem Body:

Spacelovers- Mailingliste
Die SPACELOVERS Mailingliste ist mit über 90 Mitgliedern die Mailingliste Nr. 1, wenn es darum geht über alle Themen, die die Astronomie und die Raumfahrt betreffen zu diskutieren. Hier treffen sich Astronomen, Physiker, aber auch Astronomielaien, um sich auszutauschen und zu diskutieren. Werde auch Du Mitglied in der Spacelovers- Mailingliste und sei ab sofort aktiv dabei.
Anmeldung via Email an: spacelovers-owner@onelist.com
mit folgendem Subject: subscribe
und/bzw. mit folgendem Body:

Spacelovers- mailingliste
Die SPACELOVERS Mailingliste ist mit über 60 Mitgliedern die Mailingliste Nr. 1, wenn es darum geht über alle Themen, die die Astronomie und die Raumfahrt betreffen zu diskutieren. Hier treffen sich Astronomen, Physiker, aber auch Astronomielaien, um sich auszutauschen und zu diskutieren.
Anmeldung via Email an: apollo@rz-online.de
mit folgendem Subject: subscribe spacelovers
und/bzw. mit folgendem Body:

Thermografie - Termperaturmessung und zerstörungsfreie Prüfung
Alles rund um die Thermografie, Temperaturmessung im Infrarot und der zerstörungsfreien Prüfung.
Anmeldung via Email an: thermografie-subscribe@ecircle.de
mit folgendem Subject: Anmeldung: Thermografie
und/bzw. mit folgendem Body:

Freizeit

BIG - Biker Newsletter
Newsletter der BIG - Biker Interessen Gemeinschaft - mit interessanten Informationen rund ums Motorrad.
Anmeldung via Email an: RicoChantre@freenet.de
mit folgendem Subject: Eintrag Mailinglist
und/bzw. mit folgendem Body:

Die Tierschutzfälle.de
Diese Mailingliste ist nur für Tierschützer. Nach dem Ausfüllen eines Fragebogen können Sie aufgenommen werden. Diese Mailingliste dient dazu Tierschutzfälle an andere Tierschützer in Deutschland zu verteilen.
Anmeldung via Email an: Tierschutzfaelle-subscribe@egroups.de
mit folgendem Subject:
und/bzw. mit folgendem Body:

Eine ML für Dummschwätzer
Eine Mailing-Liste für und über Dummschwätzer.
Anmeldung via Email an: dummschwatz-subscribe@listbot.com
mit folgendem Subject:
und/bzw. mit folgendem Body: subscribe

Eine ML für Spiele
Eine Mailing-Liste für und über Spiele.
Anmeldung via Email an: spiel1-subscribe@listbot.com
mit folgendem Subject:
und/bzw. mit folgendem Body: subscribe

Erste deutsche Seinfeld-Mailingliste
Seinfeld-Fans tauschen sich über ihre Lieblings-Sitcom aus. Hier dreht sich alles um Nichts!
Anmeldung via Email an: Seinfeld-subscribe@ecircle.de
Seinfeld-subscribe@ecircle.de Seinfeld-subscribe@ecircle.de
mit folgendem Subject: subscribe
und/bzw. mit folgendem Body:

Lloret de Mar Mailinglist
Mailinglist über Lloret de Mar / Spanien
Anmeldung via Email an: lloret@july.de
mit folgendem Subject: SUBSCRIBE
und/bzw. mit folgendem Body:

Mailingliste fuer Retriever-Interessierte
Eine Mailingliste rund ums Thema Retriever mit allem was dazugehoert.
Anmeldung via Email an: majordomo@uni-giessen.de
mit folgendem Subject:
und/bzw. mit folgendem Body: subscribe retriever

MML - Mopped Mailing List
Infos für OnlineBiker, Treffen, Touren, Biker helfen Bikern, Service für dein Motorrad, Motorradfahrer live und online im Chat treffen, gemeinsame Touren, Biker Tips, usw.
Anmeldung via Email an: KlausHetti@MMLinfo.de
mit folgendem Subject: MML: Anmeldung
und/bzw. mit folgendem Body:

Norwegen-Dänemark
Für Leute, die gern nach Skandinavien reisen und auch gern darüber plaudern.
Anmeldung via Email an: peine-subscribe@ecircle.de
mit folgendem Subject: -
und/bzw. mit folgendem Body: -

Reisen in alle Welt
Airpass, kostenlose Fluganfragen,Erarbeitung von Reisezielen speziell
Lateinamerika
Anmeldung via Email an: info@continentalreisen.de
mit folgendem Subject: feedback
und/bzw. mit folgendem Body:

Skandinavien Mailingliste
Hier ist alles willkommen rund um das Thema Skandinavien
Anmeldung via Email an: skanmail-subscribe@ecircle.de
mit folgendem Subject:
und/bzw. mit folgendem Body:

Taverne (Das Schwarze Auge)
Eine Mailingliste zum DSA spielen und über DSA diskutieren!
Anmeldung via Email an: in-tavern@lists.spunge.org
mit folgendem Subject:
und/bzw. mit folgendem Body:

tresurbain.community
Subkulturelles Veranstaltungsforum für den Grossraum Frankfurt/Main.
Aktuelle Partyupdates aus dem Spektrum House, Techno, Elektro, Drum'n'bass etc. Teilweise sehr lebhaftes Diskussionsforum zu Zeitgeist und Lifestylethemen.
Anmeldung via Email an: tresurbain-subscibe@ecircle.de
mit folgendem Subject: subscribe
und/bzw. mit folgendem Body: subsrcribe

tresurbain.community
subkulturelles veranstaltungsforum für den grossraum frankfurt/main.
aktuelle partyupdates aus dem spektrum house, techno, elektro, drum'n'bass etc.
Anmeldung via Email an: tresurbain-subscribe@egroups.com
mit folgendem Subject: nicht erforderlich
und/bzw. mit folgendem Body: nicht erforderlich

Diverses

BvD Forum
Öffentliche Datenschutzdiskussionliste des Berufsverbands der Datenschutzbeauftragten Deutschlands e.V.
Anmeldung via Email an: majordomo@it-sec.de
mit folgendem Subject:
und/bzw. mit folgendem Body: subscribe bvd-forum

Coffeeshop
Interessante Informationen, Neuigkeiten zum Thema Kaffee & Espresso, Tips & Tricks und vieles mehr fassen wir in unserem regelmäßig erscheinenden Newsletter für Sie zusammen
Anmeldung via Email an: newsletter@coffeeshop.de
mit folgendem Subject: subscribe
und/bzw. mit folgendem Body:

corexim-srl
fertigung von gesteckunterlagen und kraenzen
Anmeldung via Email an: corexim@kezdi.cosys.ro
mit folgendem Subject: fertigung von gesteckunterlagen und
kraenzen
und/bzw. mit folgendem Body:

Damasko Uhren
Online-verkauf hochwertiger Damen- und Herren- Armbanduhren aus neuartigem korrossionsfreien, ultraharten Stahl mit patentiertem Dichtsystem vom deutschen Hersteller Damasko mit schweizer Präzisionswerken, mechanisch und elektronisch.
Anmeldung via Email an: f.wiedmann@bnmsp.de
mit folgendem Subject: f.wiedmann@bnmsp.de
und/bzw. mit folgendem Body: f.wiedmann@bnmsp.de

Die 1. deutsche Matrix-Mailingliste
Für alle, die sich gern über diesen wunderbaren Film mit Gleichgesinnten austauschen möchten
Anmeldung via Email an: matrix-germany-subscribe@onelist.com
mit folgendem Subject:
und/bzw. mit folgendem Body:

Ergotherapie
Informationen über die Ergotherapie Ergotherapeuten und Patienten
Anmeldung via Email an: ergotherapie@ecircle.de
mit folgendem Subject: Anmeldung Ergotherapie
und/bzw. mit folgendem Body:

fortschritts-rundbrief; computerkritik; öpnv; regenbogenliste-progressiv; regenbogenliste;
Die Internetseite führt zu verschiedenen Sozialen Themen mit angegliederten E-Mail-Listen: Für Sozialen UND Technischen Fortschritt. Die Listen sind gedacht für FORTSCHRITTLICH denkende Menschen.
http://www.beepworld.de/members/fortschrittsinitiative
http://www.beepworld.de/members/histrionisch-narzistisch
Anmeldung via Email an: fortschrittsinitiative@epost.de
mit folgendem Subject: egal, anfragen
und/bzw. mit folgendem Body: egal, anfragen

germnews
What's going on in Germany - a summary of daily news from Germany (in German)
Anmeldung via Email an: listserv@listserv.gmd.de
mit folgendem Subject:
und/bzw. mit folgendem Body: subscribe germnews

Golden REtriever und andere Hunde
Für Leute die grosses Interesse an die Golden Retriever und andere Hunde haben.
Anmeldung via Email an: golden_heart-subscribe@onelist.com
mit folgendem Subject:
und/bzw. mit folgendem Body:

Hamburger Eltern-Forum
Eine Mailingliste für Eltern im Hamburger Schulwesen.
Anmeldung via Email an: majordomo@hh.schule.de
mit folgendem Subject:
und/bzw. mit folgendem Body: subscribe eltern-forum

handicaplist
mailing liste für menschen mit behinderung
Anmeldung via Email an: marignon@stud.uni-frankfurt.de
mit folgendem Subject: subscribe
und/bzw. mit folgendem Body: subscribe handicaplist

HANDIFEM - Mailingliste für behinderte Frauen
HANDIFEM ist eine thematisch nicht gebundene Mailingliste für behinderte Frauen. Die Anmeldung erfolgt über die Homepage
http://www.ortegalink.com/handifem/
Anmeldung via Email an: service@ortegalink.com
mit folgendem Subject: Handifem
und/bzw. mit folgendem Body: Persoenliche Vorstellung und Tel.nummer

J.B.O.-Mailingliste
Mailinliste „Die Rosa Helden“ über die Rockband J.B.O.!
Anmeldung via Email an: RosaHelden-subscribe@listbot.com
mit folgendem Subject:
und/bzw. mit folgendem Body:

Kanadamailing.de - Die deutschsprachige Kanada-Mailingliste
Die deutschsprachige Kanada-Mailingliste. Tauschen Sie Kanada-Informationen in deutscher Sprache mit anderen Menschen aus. Teilen Sie Informationen zu Reisen, Auswanderung, Immobilien, Veranstaltungen und anderen interessanten Themen rund um Kanada mit anderen kanadabegeisterten Listen-Teilnehmern. Knüpfen Sie Geschäftskontakte von und nach Kanada, denn auch kommerzielle Partner sind in dieser Liste herzlich willkommen!
Anmeldung via Email an: join-kanada@liste.kanadamailing.de
mit folgendem Subject:
und/bzw. mit folgendem Body:

KidsWorld Mailingliste
Spezielle Mailingliste für Kinder und Jugendliche von 6-16 Jahren. Ein Service von KidsWorld!
Anmeldung via Email an: kidsworld@july.de
mit folgendem Subject: Anmelden
und/bzw. mit folgendem Body:

Krebskranke Kinder
Erfahrungsaustausch von betroffenen Eltern, Aerzten und Interessierten
Anmeldung via Email an: subscribe-krebskranke-kinder@kbx.de
mit folgendem Subject:
und/bzw. mit folgendem Body:

Kritisches Forum für Kinder
Diskussion zum Kinderschutz und Kinderrechten
Anmeldung via Email an: mettler@kindex.de
mit folgendem Subject: Subscribe
und/bzw. mit folgendem Body:

Logopädie
Informationen über die Logopädie für Lehr-/Ligopädien, Studierende und Patienten
Anmeldung via Email an: logopaedie@ecircle.de
mit folgendem Subject: Anmeldung Logopädie
und/bzw. mit folgendem Body:

Mailingliste Geomantie
Diese Mailingliste richtet sich an alle an Geomantie interessierten, gleich welchen Wissenstandes. Vorwiegend werden Themen der europäischen Geomantie behandelt. Interessierte können sich die bereits verfaßten Mails auf der angeführten Homepage auch bereits ansehen, ohne Mitglied zu sein.
Anmeldung via Email an: geomanie@kbx7.de
mit folgendem Subject: subscribe
und/bzw. mit folgendem Body:

Mehr-Power - Comedy
Comedy-de Die Deutsche Mailingliste rund um Comedy
Anmeldung via Email an: majordomo@power-lists.de
mit folgendem Subject: subscribe comedy-de
und/bzw. mit folgendem Body:

Mehr-Power - Giga Fan
GIGA Fan Mailingliste
Anmeldung via Email an: majordomo@power-lists.de
mit folgendem Subject: subscribe giga
und/bzw. mit folgendem Body:

Regenbogenliste
Für Schwule: die Regenbogenliste, Mailingliste für INAHLTLICHES, Raum Münster, Gütersloh, Osnabrück, Hamm. Keine Sexkontakte.
Anmeldung via Email an: regenbogenliste@web.de
mit folgendem Subject: (mitteilen das amn eingeschrieben werden möchte)
und/bzw. mit folgendem Body: (s.o.)

Sammelklage
Mailingliste über das CDU-Spendenskandal
Anmeldung via Email an: sammelklage-subscribe@onelist.com
mit folgendem Subject:
und/bzw. mit folgendem Body:

SchmuckZone
Themen, Infos, Neuigkeiten aus den Bereichen Modeschmuck und Accessoires, Silberschmuck, Doubleschmuck und Uhren - für Einzelhändler, Großhändler, Hersteller, Endverbraucher und sonstige Firmen oder Personen mit besonderem Interesse zu den oben genannten Sortimenten.
Anmeldung via Email an: schmuckzone-owner@kbx7.de
mit folgendem Subject: Anmeldung zur Liste 'schmuckzone'
und/bzw. mit folgendem Body: Anmeldung zur Mailingliste 'schmuckzone' (über gallay.de) () Ich moechte eine Bestaetigung der Anmeldung?subject=Anmeldung zur Liste 'schmuckzone'&body=Anmeldung zur Mailingliste 'schmuckzone' (bitte Bestätigung schicken!)

Weinforum - Forum für Weinfreunde
Diskussion unter Weinfreunden
Anmeldung via Email an: listserver@apris.de
mit folgendem Subject: subscribe weinforum
und/bzw. mit folgendem Body:

Witz-De
Eine Mailingliste für Witze.
Anmeldung via Email an: majordomo@power-lists.de
mit folgendem Subject:
und/bzw. mit folgendem Body: subscribe witz.de

Zur Integration blinder u. sehbehinderter Kinder
Dieses Forum dient dem Austausch zum Thema Blindheit und Sehbehinderung bei Kindern und deren Integration. Angesprochen sind Betroffene, Eltern, Angehörige, Ärzte, Lehrer, Organisationen und Interessierte.
Anmeldung via Email an:
integration_blinder_kinder-subscribe@egroups.de
mit folgendem Subject:
und/bzw. mit folgendem Body:

HTML-Referenzen

J

Dokumente für das World-Wide-Web werden in der sogenannten HTML-Syntax (Hypertext-Markup-Language) erstellt. Ende 1995 wurde die HTML-Spezifikation 2.0 zum Internetstandard RFC 1866 erhoben und bildet seitdem die Basis für alle WWW-Dokumente. Mitte 1996 wurde schließlich vom W3-Konsortium, nachdem es zunächst eine Vielzahl von unterschiedlichen Erweiterungsvorschlägen (HTML 3.0, HTML+) gegeben hatte, mit HTML 3.2 die neue offizielle Version von HTML veröffentlicht, die neben einer Vielzahl von neuen Gestaltungselementen auch die Integration von Java-Programmen ermöglicht. Die Weiterentwicklung des HTML-Standards wird zentral durch das »HTML Editorial Review Board« (HTML-ERB) des World Wide Web Consortiums (W3C) unter Leitung von Dave Raggett koordiniert. Die aktuelle Version ist 4.0.1.

In den früheren Auflagen dieses Buches war an dieser Stelle eine komplette Kurzreferenz der HTML-Befehle zu finden. Die aktuelle Version 4.0.1 ist in ihrem Sprachumfang gegenüber den Vorgängerversionen stark gewachsen, so daß eine Referenz den Rahmen dieses Buches sprengen würde. Deshalb sind nur einige Links angegeben, unter denen Dokumente und Referenzlisten aus dem Internet geladen werden können.

W3-Konsortium	`http://www.w3.org/TR/html401/`

Links auf deutsche Referenzen	`http://www.iri.uni-hannover.de/html-doku/htmlkurs.htm`
	`http://www.teamone.de/selfaktuell/`
	`http://www.hiz.de/HTMLothek/HTMLothek.htm`

Glossar, Abkürzungen

K

4.2 BSD UNIX	4.2 Bevkeley Software Distribution UNIX 1983 von der Universität Berkeley in Kalifornien vorgestellte UNIX-Version, die erstmals als integralen Bestandteil das Kommunikationsprotokoll TCP/IP enthielt
Active Directory	Verzeichnisdienst von Microsoft mit einem abgespeckten X.500-Protokoll, zu LDAP nicht kompatibel
ActiveX	Programmschnittstelle von Microsoft, bei der Programme auf dem Client ausgeführt werden
ADSL	Asymmetric Digital Subscriber Line, ein Übertragungssystem mit einem schnellen Download-Kanal (768 kBit/s) und einem langsamen Rückkanal (normales ISDN)
AH	Authentication Header, Optionaler IP-Header im IPSec, gibt das Verfahren zur Authentifizierung an
AOL	American Online – Onlinedienst und Internetprovider (http://www.aol.de/)
AP-CCIRN	Asiatische Teilorganisation von CCIRN
ARCHIE	veraltetes Dateiensuchprogramm im Internet
ARPANET	Advanced Research Projects Agency Network Weltweit erstes Datennetz, basierend auf paketorientierter Datenübertragung (USA,1969)
ASP	Active Server Pages, Microsofts Nachfolger für CGI, serverbasierte Scriptsprache auch: Application Service Providing, komplettes Outsourcing von Hard- und Software mit Zugriff über das Internet
ATM	Asynchroner Transfer Mode Übertragungsverfahren in der Datenkommunikation, basierend auf Asynchronem Zeitmultiplexing (ATDM) unter Verwendung von Informationseinheiten konstanter Länge (53 Bytes Zellen). Besonders geeignet für Hochgeschwindigkeitsdatenübertragung (155 Mbit/s – 2,4 Gbit/s)
B2B	Business to Business, Applikationen zur Online-Austausch von Geschäftsdaten zwischen zwei Unternehmen
B2C	Business to Customer, Applikationen zur Geschäftsabwicklung mit dem Endkunden
Bcc	Blind carbon copy Eintrag auf dem Verteiler von elektronischen Nachrichten: »Vertrauliche Kopie an....«
BITNET	Because Its Time Network 1981 von der City Universität New York und der Yale-Universität gegründetes Datennetz auf der Grundlage des von IBM entwickelten NJE-Protokolles (Network Job Entry)
BOTA	Programm zur Umwandlung einer Textdatei in eine Binärdatei und umgekehrt
BTX	Bildschirmtext, seit 1993 in DATEX-J umbenannt. Ehemaliges Online-Informationsservice der deutschen Bundespost (früher BTX).
CA	Certification Authority, Organisation oder Behörde, die Zertifikate zur Überprüfung von Schlüsselpaaren ausgibt
Cc	Carbon copy Eintrag auf dem Verteiler von elektronischen Nachrichten: »Kopie an....«

CCIRN	Coordinating Committee for Intercontinental Research Networks 1987 gegründete Organisation zur internationalen Koordinierung von nationalen Forschungsnetzen
CGI	Common Gateway Interface Programmschnittstelle zwischen beim WWW-Server eingehenden Benutzerdaten und angeschlossenen Programmen (Datenbanken, etc.) (http://hoohoo.ncsa.uiuc.edu/cgi/overview.html)
CORE	Internet Council of Registars, ist im Auftrag von ICANN für die Registrierung von Top-Level-Domänen zuständig
CSNET	Computer Science Network Vom NFS 1981 eingerichtetes wissenschaftlich orientiertes nordamerikanisches Datennetz
CSO-Namen-Server	Computing Services Office Namen-Server Computersystem, welches ein Benutzerverzeichnis aller Netzwerkbenutzer der betreffenden Organisation enthält
DANTE Ltd.	Delivery of Advanced Network Technology to Europe Organisation der europäischen Betreiber von Wissenschaftsnetzen, die die EuropaNET-Aktivitäten koordiniert
DATEX-J	Online-Informationsservice der deutschen Bundespost (früher BTX), heute T-Online, mit Internetgateway
DDoS	verteilter Denial-of-Service, bei dem das Opfer von einer Fülle von Rechnern angegriffen wird und seinen Dienst ganz oder teilweise einstellt.
DE-NIC	Deutscher Ableger des InterNIC
DFN	Verein zur Förderung eines Deutschen Forschungsnetzes 1984 gegründeter Verein mit der Zielsetzung, die Entwicklung eines leistungsfähigen Datennetzes für deutsche Forschungsstätten zu fördern. Gemeinsam mit der deutschen Bundespost wurde vom DFN in den achtziger Jahren das deutsche Wissenschafts-Datennetz (WIN) aufgebaut
DHTML	Dynamic HTML, Erweiterung der HTML-Sprache um dynamische Elemente
Dial-Up-IP	Interaktiver Zugang zum Internet mit Hilfe einer seriellen Verbindung sowie des SL-IP-Protokolles (Serial Line IP)
DNS	Domain Namensystem Mechanismus, mit dessen Hilfe den Internet-Domain-Namen die entsprechenden numerischen Internetadressen zugeordnet werden können
Domain-	1986 für das Internet eingeführtes systematisches Adressen-Namen-Adressensystem System für alle an das Internet angeschlossenen Computersysteme
DoS	Denial-of-Service, Angriff auf ein System, das anschließend seinen Dienst ganz oder teilweise einstellt.
Draft-Standard	Ein »Proposed-Standard«, der im Internet anhand von mindestens zwei voneinander unabhängigen Implementationen getestet wurde, kann zum »Draft-Standard« ernannt werden.
EARN	European Academic and Research Network Europäisches Weitverkehrsnetz, welches als Gegenstück zum nordamerikanischen BITNET geschaffen wurde und das als einer der Vorläufer des heutigen europäischen Internet bezeichnet werden kann
EBONE	European Backbone Das seit 1992 bestehende europäische Internetbackbone EBONE verbindet alle wichtigen europäischen Datennetze und stellt den ersten zentralen europäischen Internet-Hauptverkehrsweg für Datenkommunikation dar. Wird heute von der Firma GTS betreut.
E-Commerce	Handel über das Internet
EEPG	European Engineering Planning Group
E-mail	Electronic Mail, Dienst im Internet, mit dem der Versand von Texten und Dokumenten möglich ist Europäische Teilorganisation von IPEG

ESP	Encapsulated Security Payload, Optionaler IP-Header im IPSec, gibt das Verschlüsselungsverfahren an
Ethernet	1983 von Xerox und DEC entwickeltes Verfahren zur Übertragung von Daten zwischen Computern im lokalen Umfeld (LAN) basierend auf dem CSMA/CD-Algorithmus und einer Übertragungsrate von 10 Mbit/s.
ETSI	European Telecommunications Standards Institute
Euro-CCIRN	Europäische Teilorganisation von CCIRN
Extranet	Erweiterung des Intranets über unsichere Netze hinweg
FAQ	Frequently Asked Questions Hitliste der am häufigsten gestellten Fragen mit den entsprechenden Antworten, die dazu dient, im Rahmen des Internet-News-Dienstes wiederholte Anfragen neuer Gruppenmitglieder zu verhindern. In der Newsgruppe news.answers sind die meisten FAQ-Listen aller Newsgruppen enthalten
Federal Research	Zeitweilige Bezeichnung für das nordamerikanische Internet-InternetBackbone
FEPG	Federal European Planning Group
FAG	Gesetz über Fernmeldeanlagen Nordamerikanische Teilorganisation von IPEG
Finger	Software zur Verwaltung der Benutzerinformationen eines lokalen Computersystems. Ist Bestandteil jedes UNIX-Betriebssystems
Firewalls	Spezielle Computersysteme zum Schutz von privaten Datennetzen gegenüber dem öffentlichen Internet
FTP	File Transfer Protocol
Géant	Neuer schneller europäischer Internet-Backbone Internetdienst zur Übertragung von Dateien
Gopher	veraltetes Informationssuchprogramm im Internet, welches Informationen in Form von hierarchisch verschachtelten Auswahlmenüs strukturiert
Groupware	Applikationen, mit denen eine verteilte Arbeit innerhalb einer Benutzergruppe möglich wird
HTML	Hypertext Markup Languae, Beschreibungssprache für die Erstellung von Web-Seiten, Untermenge von SGML (Standard Generalized Markup Language)
HTTP	Hypertext Transport Protocol Protokoll zur Datenübertragung im Rahmen des World Wide Web (WWW)
Hypertext	Textdokument, welches über besonders hervorgehobene Schlüsselwörter Verzweigungen in andere Textdokumente ermöglicht
Hypertext-Editor	Programm zur Erstellung von Hypertextdokumenten
IAB	Internet Activities Board
IANA	Internet Assigned Numbers Authority
ICANN	Internet Corporation for Assigned Names and Numbers, international besetzte Internet-Organisation, die administrative Aufgaben wahrnimmt
IETF	Internet Engineering Task Force
IMAP	Internet Message Access Protocol, Protokoll zum Abholen der E-mail von einem Mail-Server
Internet	Weltweiter, loser Verbund von Computernetzwerken, basierend auf dem Kommunikationsprotokoll TCP/IP
InterNIC	Network Information Center, vergibt in den USA die Internet-Adresse und Domänennamen
Intranet	Die Nutzung von Internet-Technologien in internen Unternehmensnetzwerken (LANs)
IP	Internet Protocol Basis-Kommunikationsprotokoll im Internet, welches die Daten paketorientiert, verbindungslos und nicht garantiert überträgt.
IPCP	IP Control Protocol Network Control Protocol (NCP) zur Übertragung von IP mittels des PPP (Point-to-Point-Protocol)

IPEG	Intercontinental Engineering Planning Group Unterorganisation von CCIRN zur technischen Planung der CCIRN-Projekte
IPng	Internet Protocol Next Generation: inoffizielle Bezeichnung für IPv6
IPv6	Internet-Protokoll Version 6. Wesentlich erweiterte Version des Internet-Protokolls mit vergrößertem Adreßraum sowie Funktionen für Sicherheit und Multimedia-Applikationen
IPSec	Erweiterung von IPv4 bzw. IPv6, führt Verschlüsselung und Authentifizierug ein
IRC	Inter Relay Chat Online-Kommunikationsforum im Internet
IRTF	Internet Research Task Force
ISDN	Integrated Services Digital Network Digitales Datenkommunikationsnetzwerk zur integrierten Übertragung von Sprache und Daten, welches in absehbarer Zeit das herkömmliche analoge Telefonnetz zunehmend ersetzen wird
ISOC	Internet Society 1991 von CNRI, EDUCOM, RARE und IAB gegründete Internet-Gesellschaft zur Koordinierung der internationalen Weiterentwicklung des Internet (ietf.cnri.reston.va.us)
IuKDG	Informations- und Kommunikationsdienste-Gesetz
Java	Programmiersprache für das Internet. Javaprogramme können sicher über das Internet übertragen werden und hardwareunabhängig auf jeder Plattform mit Java-Interpreter ausgeführt werden. Viele Anwendungen können damit anstatt auf zentralen Internet-Servern auf den Clientcomputern ausgeführt werden.
JavaScript	JavaScript ist eine in die HTML-Syntax integrierte Programmiersprache. Entsprechende WWW-Browserprogramme interpretieren den in der WWW-Seite enthaltenen Programmcode und führen das entsprechende Programm lokal aus
Listserv-Server	Computersysteme, die mit Hilfe des Listserve-Programmes Mailing-Listen betreiben
LDAP	Lightweight Directory Access Protocol, Verzeichnisdienst mit einem abgespeckten X.500-Protokoll
KPNQwest	Jetziger Betrieber des ehemaligen EUnet-Backbones
Mailbox	Computer-Kommunikationsnetzwerk, in dem die einzelnen Teilnehmer über Modem und Telefonnetz über einen zentralen Gastrechner (Mailbox-Rechner) miteinander verbunden sind
Mail-Gateway	Verbindungsknoten zwischen den E-Mail-Diensten der verschiedenen Computer-Netzwerke
Mailinglisten	Diskussionsforen im Internet, die auf dem Prinzip von Verteilerlisten basieren. Jeder Teilnehmer wird in den betreffenden E-Mail-Verteiler des jeweiligen Diskussionsforums aufgenommen und bekommt ab diesem Zeitpunkt alle Beiträge automatisch zugestellt
Meta-Suchmaschine	Suchmaschine, die ihrerseits mehrere andere Suchmaschinen aufruft, die Ergebnisse sammelt und in einer einheitlichen Form präsentiert
MIME	Multipurpose Internet Mail Extensions Erweiterung des Internet-E-Mail-Protokolles SMTP, welche die Übertragung von binären Dateien unterstützt
MiniPay	Standard zum elektronischen Bezahlen im Internet
MIT	Massachusetts Institute of Techology, Technische Universität in Cambridge, MA
MOSAIC	WWW-Clientprogramm mit graphischer Benutzeroberfläche, welches vom National Center for Supercomputing Applications der Universität von Illinois entwickelt wurde
MTA	Message Transfer Agent Softwareprogramm zur Vermittlung von elektronischer Post im Internet

MTP	Mail Transfer Protocol Protokoll im Internet zur Übertragung von elektronischen Nachrichten, heute durch SMTP ersetzt
NA-CCIRN	Nordamerikanische Teilorganisation von CCIRN
NCP	Network Control Protocol Teilprotokoll von PPP (Point-to-Point Protocol) zum Transport der verschiedenen Protokolle
NCSA	National Center for Supercomputing Applications Organisation an der Universität von Illinois, die unter anderem den legendären WWW-Client MOSAIC entwickelte
Netlaw	Überbegriff für gesetzliche Bestimmungen, gültig für das Internet und Onlinedienste
News-Artikel	Beitrag für eine Diskussionsgruppe innerhalb des Internet-News-Dienstes
News-Feed	Bezeichnung für den Vorgang der Übertragung eines neuen News-Artikels auf alle News-Server
News-Gruppen	Thematische Gliederung der Diskussionsforen des Internet-News-Dienstes. Die mehr als 6000 News-Gruppen werden in sieben Haupt- und elf Nebengruppen organisiert
News-Reader	Programm zur Teilnahme an den Use-Net-Diskussionsforen im Internet
News-Server	Computer im Internet oder UseNet, der News-Artikel zum Abruf bereithält
NIC	Network Information Center Zentrale Stelle zur weltweit koordinierten Vergabe von Internetadressen
NNT	Network News Transport Protocol Protokoll, mit dem im Internet die News-Artikel des Internet-News-Dienstes transportiert werden
NREN	National Research and Education Network 1991 wurde das nordamerikanische Internetbackbone (NSF-Backbone) in NREN-Backbone umbenannt
NSF	National Science Foundation Organisation der US-Regierung, die seit Mitte der achtziger Jahre den Aufbau und die Weiterentwicklung der nordamerikanischen Internet-Hautpdatenwege (Backbones) des Internet koordiniert
NSF-Backbone	Bezeichnung für die 1986 unter Führung der National Science Foun-dation erneuerten Hauptdatenwege des nordamerikanischen Internet. 1995 zugunsten der neuen amerikanischen Internet-Backbone-Struktur mit NAPs (National Access Points) aufgelöst und privatisiert
PGP	Pretty Good Privacy, Applikation zur Authentifizierung und Verschlüsselung von Dateien, konkurriert mit S/MIME
PHP	Hypertext Preprocessor, serverbasierte Scriptsprache
POP	Point of Presence: Internetzugangspunkt von Internet-Anbietern auch: Post Office Protocol, Protokoll zum Abholen der E-mail von einem Mail-Server
PPP	Point-to-Point-Protocol Leistungsfähiges Protokoll, um das Internet-Protokoll und andere Protokolle auch über serielle Wählleitungen betreiben zu können (RFC 1331, Dezember 1993)
Proposed-Standard	RFC-Dokument, welches als Internet-Standard vorgeschlagen wurde
Public-Key-Verfahren	Public-Key-Verfahren basieren auf dem Prinzip, nicht mehr nur einen Schlüssel zur Kodierung von Nachrichten zu verwenden wie in den bekannten symmetrischen Verfahren, sondern zwei – einen geheimen und einen öffentlichen. Beide Schlüssel werden so konstruiert, daß mit dem öffentlichen Schlüssel verschlüsselte Botschaften nur mit dem korrespondierenden, geheimen Schlüssel wieder entschlüsselt werden können. Jeder Sender von verschlüsselten Botschaften muß also in Besitz des öffentlichen Schlüssels des Empfängers sein (die Veröffentlichung des öffentlichen Schlüssels ist unproblematisch, weil damit nur verschlüsselt werden kann)

RARE	Réseaux Associés pour la Recherche Européen 1986 gegründete Organisation zum Aufbau einer paneuropäischen Hochgeschwindigkeitsdateninfrastruktur
Real Audio	Hochkomprimiertes Audioformat, welches das Abspielen von Audiodateien bei Übertragungsraten ab 14.400 bit/s in Echtzeit ermöglicht (http://www.realaudio.com)
Remote Login	Interaktiver Fernzugriff auf einen Gastcomputer mit Hilfe eines Modems und eines Terminalprogrammes
RFC	Request for Comment Dokument mit Vorschlägen, Spezifikationen oder Richtlinien, das Internet betreffend
RIP	Graphikorientierte Benutzeroberfläche für Mailboxen
rot13	Verschlüsselungsverfahren, mit dem in News-Artikeln potentiell beleidigende Passagen verschlüsselt dargestellt werden. Mit dem entsprechenden Dekodierungsbefehl kann jedes Newsreader-Programm diese Passagen entschlüsseln.
Search Engines	Spezielle Internet-Serversysteme, die umfangreiche Datenbanken mit Verzeichnissen von Inhalten im Internet (WWW-Seiten, FTP-Serververzeichnisse etc.) enthalten und die zur Suche nach spezifischen Informationen genutzt werden können.
SET	Secure Electronic Transaction, Standard zum elektronischen Bezahlen im Internet
S-HTTP	Secure HTTP. Um Kryptographiefunktionen erweiterte Version des WWW Protokolls HTTP (Terisa Systems)
SLIP	Serial Line Interface Protocol Protokoll, um das Internet-Protokoll auch über serielle Wählleitungen betreiben zu können, mittlerweile von PPP abgelöst
Smileys	In E-Mails verwendete Symbole zur Beschreibung von Gefühlen und Stimmungen, z. B. :-)
S/MIME	Secure MIME, Erweiterung des MIME-Protokolls um Sicherheitsfunktionen (Authentifizierung, Verschlüsselung, Digitale Signatur)
SMTP	Simple Mail Transfer Protocol Protokoll im Internet zur Übertragung von elektronischen Nachrichten
SSH	Secure Shell, Internet-Protokoll ähnlich zu Telnet, aber mit Authentifizierung und Verschüsselung
SSL	Secure Socket Layer Protokollschicht zum sicheren Transport von höheren Internetprotokollen wie HTTP, Gopher etc. (siehe auch S-HTTP) Auf das OSI-Schicht-3-Protokoll IP aufsetzendes Datenübertragungsprotokoll, welches Daten im Rahmen von virtuellen Verbindungen garantiert überträgt
Suchmaschine	siehe Search Engine
TAN	Transaktionsnummer, Einmalpaßwort beim Online-Banking
Telnet	Programm, welches über Datennetze interaktiven Zugriff auf entfernte Computersysteme ermöglicht.
TCP	Transmssion Control Protocol, auf IP aufsetzende verbindungsorientierte Übertragungsschicht
T-DSL	ADSL-Variante der Deutschen Telekom
Terena	Trans-European Research and Education Networking Association (Nachfolgeorganisation von RARE (1994))
Thread	Alle News-Artikel, die zum Diskussionsverlauf über ein bestimmtes Thema gehören, werden als Thread bezeichnet (wörtlich: Faden, Leitfaden)
TKG	Telekommunikationsgesetz
T-Online	Online-Informationsservice der deutschen Bundespost (früher BTX) heute T-Online, mit Internetgateway http://www.t-online.de/

Trojanisches Pferd	Angriffsprogramm, das unbeabsichtigt auf den eigenen Rechner geladen wird
TTL	Time To Live Feld innerhalb von Internet-Protokoll-Datenpaketen zur Begrenzung der Lebensdauer zielloser Datenpakete
UA	User Agent Softwarekomponente zur Erstellung bzw. zum Empfangen und Versenden von elektronischen Nachrichten
UDP	User Datagram Protocol, auf IP aufsetzende verbindungslose Übertragungsschicht
UNIX	1969 vom AT&T Forschungszentrum Bell Laboratories entwickeltes Multiuser-Computerbetriebssystem
URL	Uniform Resource Locator Adressierungsform für Internetdateien, die vor allem innerhalb des World Wide Web (WWW) zur Anwendung kommt
UMTS	Universal Mobile Telecommunications System, schneller Komminikationsstandard für Mobiltelefone (144 KBit/s bis 2 MBit/s), soll den Durchbruch beim Internet für Mobiltelefone bringen
USENET	Users Network 1979 von der Universität von Nord-Carolina und der Duke-Universität gegründetes Datennetzwerk auf der Basis des UUCP-Protokolles (Unix-to-Unix-Copy-Program). Die Gemeinschaft aller UUCP-Netzwerke wird als USENET bezeichnet. Die Popularität des Dienstes »Network-News« machten das USENET über seine Grenzen hinweg bekannt und führte zu einer engen Anbindung an das Internet
UUCP	Unix to Unix Copy Programm Programm zur Übertragung von Dateien über serielle Verbindungen, ursprünglich für das UNIX-Betriebssystem erstellt, heute für alle gängigen Computerplattformen erhältlich
UUDECODE	Programm zur Umwandlung einer Textdatei in eine Binärdatei
UUENCODE	Programm zur Umwandlung einer Binärdatei in eine Textdatei
vBNS+	very High Speed Backbone Network Hochgeschwindigkeitsnetzwerk zwischen den Supercomputerzentren in den USA (Betrieb mit bis zu 2,4 Gbit/s) und gleichzeitig Teil des Internet-Backbones in Nordamerika)
Virus	Angriffsprogramm, das sich durch Einkopieren in lauffähige Programme und Dokumente mit Makrosprachen vermehrt
VPN	Virtuelles Privates Netz, Kopplung von Rechnern und Netzwerken über die Grenzen unsicherer Netze hinweg
VRML	Virtual Reality Modelling Language Beschreibungssprache für das Internet, welches innerhalb des WWW die Darstellung von dreidimensionalen Objekten ermöglicht. Der erste Schritt in Richtung Cyberspace!
WAIS	Wide Area Information Service Informationssuchprogramm im Internet, welches auf Volltextsuche von Datenbanken beruht
WAP	Wireless Application Protocol, stark abgespeckter Internetzugang für Mobiltelefone
White Pages	Benutzeradreßlisten im Internet
Whois	Programm zur Verwaltung bzw. Suche von Benutzeradressen im Internet
WIN	Wissenschafts-Netz Vom Verein zur Förderung eines Deutschen Forschungsnetzes (DFN) aufgebautes Datennetz, welches alle wichtigen Universitäten und Forschungsstätten in Deutschland miteinander verbindet. Über Gateways besteht auch Anbindung an das Internet. 1996 zum Hochgeschwindigkeitsnetz B-WIN (34 Mbit/s und 155 Mbit/s auf ATM-Basis) ausgebaut. Heute wird das Gigabit-WIN mit 2,5 GBit/s betrieben.

Workflow	Datenfluß im Unternehmen, wird von Workflow-Applikationen unterstützt (Ideal vom papierlosen Büro)
WWW	World Wide Web Auf Hypertext basierendes Informationssystem im Internet
Wurm	Angriffsprogramm, das sich über Netzwerkverbindungen vermehrt
X.400	OSI-Standard für E-Mail-Systeme
X.500	OSI-Standard für Benutzerverzeichnisse
X.509	OSI-Standard für Zertifikate, mit denen Schlüsselpaare authentifiziert werden können
XML	Extensible Markup Language, „großer Bruder" von HTML, Beschreibungsprache für Webseiten, ebenfalls Untermenge von SGML (Standard Generalized Markup Language)

Literaturverzeichnis

L

Brown, Mark
Using Netscape 2
Que Corporation, 1995
ISBN 0-7897-0612-1

a Campo, Markus (Redaktion)
Security-Newsletter
Interest Verlag GmbH, Augsburg, 1998 - 2000

Cavazos, Edward Morin,Gavino
Cyberspace and the Law
MIT Press 1994
ISBN 0-262-53123-2

Cook, David, Sellers, Deborah
Launching a Business on the Web
Que Corporation, 1995
ISBN 0-7897-0188-X

Kyas, Othmar, a Campo, Markus
IT-Crackdown - Sicherheit im Internet
MITP-Verlag, Bonn, 2000
ISBN 3-8266-4080-2

Lynch, Daniel. C, Lundquist, Leslie
Digital Money
John Wiley& Sons Inc. 1996
ISBN 0-471-14178-X

Morrison, Deborah
IBMs Official Guide to Building a Better Web Site
IBM Press
IDG Books Worldwide Inc. 1995
ISBN 1-56884-599-5

Pohlmann, Norbert
Firewall-Systeme
MITP-Verlag GmbH, Bonn, 2000
ISBN 3-8266-4075-6

Pohlmann, Norbert (Herausgeber)
Organisationshandbuch Netzwerksicherheit
Interest Verlag GmbH, Augsburg, 1998 - 2000
ISBN 3-8245-9975-9

Schneier, Bruce
Angewandte Kryptographie
Addison-Wesley, 1996
ISBN 3-89319-854-7

Stanek, R. William, Purcell, Lee
Electronic Publishing Unleashed
Sams Publishing, 1995
ISBN 0-672-30752-9

HTML Sourcebook
Graham, Ian
John Wiley& Sons Inc. 1996
ISBN 0471-11849-4

Stichwortverzeichnis

M

W

X

Z

672 Seiten, 2000
DM 69,00
ISBN 3-8266-0612-4

Autor: Lars Eilebrecht

Apache Web-Server

Installation, Konfiguration, Administration
3., überarbeitete und erweiterte Auflage

Der Apache ist mit rund 60% Marktanteil der meistverbreitete Web-Server im Internet. Verfügbar für Linux, alle Unix-Derivate sowie für Netware, Mac OS X, OS/390, OS/2, BS2000 OSD, AmigaOS und Windows ist er die erste Wahl, wenn Sie einen leistungsfähigen, flexiblen und stabilen Web-Server suchen.

Gedacht für den ambitionierten Einsteiger ebenso wie für den erfahrenen Administrator, macht Sie dieses Buch zunächst mit der Funktionsweise und Installation des Apache vertraut, um Ihnen im Anschluß daran zu zeigen, wie Sie seine enormen Möglichkeiten ausschöpfen und so einen Web-Server aufbauen, der genau Ihren Bedürfnissen entspricht.

Der Autor behandelt dazu nicht nur sämtliche Standardmodule und stellt ihre Konfigurationsanweisungen ausführlich vor, sondern er erläutert deren Einsatz anhand zahlreicher Anwendungsbeispiele. Zudem beschreibt er wichtige Zusatzmodule wie SSL, JServ und PHP und liefert wertvolle Informationen zu zentralen Themen wie z.B. das Common Gateway Interface, Server-Side Includes, Content Negotiation, die Logfile-Analyse, Webrobots, Suchsysteme und Sicherheitsaspekte.

Die Anhänge, die u.a. eine http-Einführung, Übersichten der Zusatzmodule und wichtige Apache-Fehlermeldungen bieten sowie Informationen zu Mailinglisten und Newsgroups bereithalten, runden die umfassende Darstellung ab und machen dieses Buch zu einer unentbehrlichen Referenz für jeden, der sich gründlich mit dem Apache auseinandersetzen möchte.